GW01607608

Du même auteur :

- *Les triomphes de la psychanalyse*
- *Comprendre les femmes et leur psychologie profonde*
- *L'interprétation des rêves*
- *Les voies étonnantes de la nouvelle psychologie*
- *Psychologie et liberté intérieure*

Aux éditions Saint-Germain-des-prés :

- *de Chant d'homme* (60 poèmes)

Pierre Daco

LES PRODIGIEUSES VICTOIRES DE LA PSYCHOLOGIE

Je dédie ce livre au
Professeur Etienne DE GREEF
psychiatre respecté
et grand humaniste.

N. B. - Certains termes ne sont pas immédiatement expliqués. Consultez l'index en fin de volume; il vous reportera, soit au dictionnaire de la page 451, soit aux endroits où le terme est défini ou étudié.

INTRODUCTION

L'enfant a l'ambition de devenir un homme ; mais combien d'hommes ont cette même ambition?

Ce qu'est un psychologue

Il est un cerveau et un cœur, et ne juge jamais. Il constate, aime, et comprend.

Il ne voit pas l'action elle-même, sinon pour la corriger si elle est mauvaise. Mais il cherche les intentions profondes; que l'intention soit corrigée, et l'action suit le même chemin.

Ses connaissances humaines, psychologiques, physiologiques — elles doivent être immenses! — lui servent de grammaire. Il s'appuie sur elles, mais les revoit sans cesse. Car le mental humain ne subit aucune classification toute faite.

Il n'oublie jamais que tout être humain souffre; telle est sa condition même. L'homme cherche solution à cette souffrance, par les moyens dont il dispose. Et la plupart des actions « méchantes » ne sont d'ailleurs que cette recherche.

Le psychologue est religieux. Je veux dire : il travaille à se sentir de plus en plus relié à tout ce qui l'entoure. Il sait que beaucoup d'hommes ont peur et sont plongés dans l'angoisse. Les hommes cherchent donc, avant tout, la sécurité. Celle-ci doit leur être donnée par la famille et la société. Quand ils ne l'y trouvent point, monte leur angoisse. Leur donner une sécurité nouvelle sera le rôle du psychologue. Il travaillera à ce que chacun la trouve en soi.

Il marche sur des sables terriblement mouvants : ceux de l'humanité tout entière. Il regarde d'un même œil toutes les actions humaines; rien ne l'étonne, rien ne l'écœure. Parce qu'il cherche les motifs, et comprend sans juger jamais.

Viennent vers lui des centaines d'adolescents et de mères, d'adolescentes et de pères, d'époux et d'épouses. Leurs sentiments sont souvent contradictoires, ou exacerbés. Parfois, on les voit dressés l'un contre l'autre.

Le psychologue rétablit la balance, par l'équilibre et la lucidité qu'il donne à chacun.

Devant les sots, il voit si cette sottise est réelle, ou possibilités non développées. Si elle est réelle, il empêche qu'elle devienne méchanceté.

Il parle à chacun son langage, et n'oublie jamais le terrible pouvoir des mots.

Il entend secrets et confessions que nul autre, sauf le prêtre, n'entend jamais. C'est la matière humaine qui se déverse devant lui. Il considère cela comme un honneur, et ne s'en glorifie pas en lui-même.

Tout ceci n'est pas sentiment, mais condition essentielle de son rôle...

I

DE QUOI S'OCCUPE LA PSYCHOLOGIE?

Au cours des années de pratique de cette belle profession qu'est celle de psychologue, je me suis rendu compte combien le terme « psychologie » est entouré d'ombre et de mystère... Que de fois ai-je entendu : « ...mais qu'est-ce au juste, la psychologie? De quoi s'occupe-t-elle? Que guérit-elle?... » Certains croient que le psychologue est un monsieur « qui fait passer des tests ». Ou qu'il est uniquement une sorte de directeur de conscience: A moins qu'on ne le prenne pour une espèce de sorcier ou de mage... que sais-je encore!

Si beaucoup de personnes connaissent le but et les moyens de la psychologie, innombrables sont celles qui l'ignorent. On vient me trouver aussi bien au sujet de la timitité que pour une névrose. Des mères viennent me dire (épouvantées à tort parce que ne connaissant pas la question) que « leur enfant s'intéresse vraiment trop à son corps... si jeune, monsieur, c'est terrible!... » Ou bien, des adolescents révoltés, qui en ont « gros sur le cœur », sonnent à ma porte à onze heures du soir, flanqués de leur père furieux. D'autres personnes, qui désirent apprendre, purement et simplement. D'autres encore, désirant savoir ce qu'ils sont, ce qu'ils peuvent être, et ce qu'il y a au fond d'eux-mêmes... Des « dépressions nerveuses ». Des ulcères d'estomac. Des problèmes sexuels. Des problèmes de ménage. De très graves questions d'éducation... où l'on constate parfois que beaucoup d'adultes exigent d'un enfant ce qu'ils sont incapables d'exiger d'eux-mêmes... J'ai vu des parents admirables; des parents qui cherchent la vérité; des parents inconscients. J'ai vu d'admirables adolescents, et des adolescents inconscients. J'ai vu que tout a une cause, la grandeur comme la bassesse... J'ai observé d'innombrables visages qui défilent et qui souffrent...

Tout cela fait-il partie de ma profession? Oui, absolument. C'est une profession à base rigoureusement scientifique, mais avant tout de foi humaine. Tout ce qui est humain est du ressort de la psychologie; que cet humain soit normal ou anormal.

Mais voilà... A cause de la trop lente propagation de la psychologie dans le public, d'innombrables personnes n'osent pas, ou hésitent, durant des années parfois... Jusqu'à ce qu'elles viennent me trouver à deux doigts du désespoir ou du suicide! J'ai cependant donné de très nombreuses conférences. J'ai reçu des centaines et des centaines de lettres, toujours profondément émouvantes. J'ai vu sans cesse l'intérêt immédiatement produit par cette branche de la connaissance humaine. J'ai constaté souvent ceci : on croit pouvoir, toujours, s'aider soi-même... Or, c'est souvent faux. Pourquoi? Mais parce que l'on se voit à travers soi... ce qui risque d'être dévié neuf fois sur dix.

Quand Jacqueline D... vint me trouver, son ménage était à dix centimètres de la faillite; et cela durait depuis trois ans! Il a suffi de trois semaines de simples entretiens psychologiques pour que ce ménage reprenne vie nouvelle. Parce que Jacqueline avait compris les mécanismes profonds de l'être humain.

Et Jean, jeune homme tourmenté par des problèmes sexuels qui le menaient tout droit à la névrose et à l'obsession? En trois mois, il a considéré les choses sous un tout autre angle. En trois mois, il a repris la route normale, et a commencé une vie neuve... (ce sont ses propres termes).

Et Paul R..., qui souffrait de violents troubles cardiaques? Et qui était loin de se douter que, si son cœur était malade, sa personnalité entière l'était plus encore? Que sa maladie cardiaque était provoquée par de violents troubles émotionnels inconscients, eux-mêmes déclenchés par des refoulements?...

Et Yvette, qui passait de l'urticaire à l'obsession; qui passait de l'obsession à l'eczéma; puis de l'eczéma à la colite; puis tombait à nouveau dans les obsessions?... Sans savoir, elle aussi, que sa personnalité psychologique était malade, et qu'elle relevait de la fameuse médecine psychosomatique?

Et tant d'autres, dont la vie était basée sur des connaissances intérieures tout à fait faussées?

Montrer ce qu'est la psychologie sera donc la raison de mon livre, que j'espère fécondant... Il renferme de nombreuses vérités sur l'homme. Je crois que chacun pourra y retrouver ses problèmes, ses angoisses, ses doutes. Il existe, bien sûr, des millions de problèmes différents; mais, au fond, ils se rejoignent tous dans une même souffrance humaine. Le tréfonds des hommes est identique. L'inconscient profond d'un Papou est presque semblable à celui d'un Européen. Cette constatation n'est-elle pas rassurante en cette période de séparatisme humain?

J'espère que ce livre sera une grammaire, un bréviaire, une base. La psychologie est école de sagesse et d'équilibre. Je voudrais ardemment que mon ouvrage produise ceci : que la psychologie devienne pour tous une branche plus ou moins familière, et non plus un terme vague, plongé dans la brume.

Et si une personne, désirant dépasser les connaissances acquises par ce livre, s'adresse au psychologue,... qu'elle le fasse en connaissance de cause.

Définissons la psychologie.

A parler sèchement, psychologie vient de :

Psukhé = Ame; et de Logos = Traité.

La psychologie serait donc, d'une façon générale, la science de l'âme ou de l'esprit. Mais cette définition n'est pas satisfaisante. Car les mots « esprit » et « âme » ont des significations trop diverses. Et prise dans ce sens strict, la science de l'esprit serait alors la métaphysique.

Je propose donc cette définition : la psychologie est l'étude des phénomènes mentaux, quels qu'ils soient. Elle étudie les faits conscients et inconscients. Janet, ce géant de la psychologie française, disait : « La psychologie touche absolument à tout. Elle est universelle. Il y a des faits psychologiques partout ».

La psychologie :

1° — observe tous les comportements humains, intérieurs et extérieurs.

2° — recherche les motifs, intérieurs ou extérieurs, de ces comportements.

Par exemple, chez un timide, la psychologie :

1° — observera son comportement extérieur (voix, gestes, démarche, rire, etc.).

2° — recherchera les motifs extérieurs ayant amené la timidité (famille, éducation, religion, circonstances particulières).

3° — recherchera les motifs intérieurs, conscients ou inconscients (fatigue, hérédité, inadaptations, prédispositions, émotions, complexes).

4° — mettra en œuvre l'une des techniques psychothérapiques en vues de la guérison.

La psychologie est donc la science — et l'art — du comportement humain, dans ses millions de manifestations possibles. Ces manifestations pouvant être normales ou anormales.

Il est donc impossible de séparer la psychologie des autres sciences humaines. Car toute science, en fin de compte, s'occupe de l'homme, puisque faite par lui.

Quelle est la différence entre psychologie et psychiatrie?

On croit généralement que le psychiatre est uniquement « médecin des maladies mentales ». Or, la psychologie englobe la *totalité* des phénomènes mentaux, *sains ou malsains*. On pourrait dire, alors, que la psychiatrie entre en jeu à partir d'un certain degré de maladie mentale. Or, c'est faux également. Car, dès qu'il y a « inadaptation » mentale à une circonstance, il y a « maladie » mentale. Cette « maladie » pouvant durer cinq minutes, ou vingt ans. Un homme souffrant d'une légère indigestion est un « malade physique ». Un homme atteint du cancer également. De même, un petit timide est un « malade psychologique ». Mais un aliéné aussi. Il y a donc ici une question de « degré » dans la maladie, sans que l'on puisse jamais établir une frontière tranchée. Psychologie et psychiatrie sont donc question de mots. Si l'on veut, la psychologie, étant science générale, englobe la psychiatrie.

Je répète que la psychologie s'occupe aussi bien de l'homme parfaitement équilibré, que du déséquilibré. Si le mot « psychiatre » a conservé son sens péjoratif, c'est par la non-évolution d'une idée populaire.

Cette distinction entre les deux termes est donc assez vaine. Notons d'ailleurs que nombre d'Américains parfaitement équilibrés, consultent régulièrement leur « psychiatre ». Ce terme ayant perdu là-bas le sens absurdement péjoratif qu'il a conservé ici.

POURQUOI LA PSYCHOLOGIE EST-ELLE A L'ORDRE DU JOUR?

Tout dépend de tout; toutes les choses se tiennent, il n'y a rien de séparé. Si les gens pouvaient changer, tout pourrait changer.

G. GURDJIEFF.

Pourquoi la psychologie intéresse-t-elle tant de personnes? La réponse est simple : l'immense développement de la psychologie correspond à un immense besoin.

Dans l'état actuel d'un monde désaxé, une recherche s'impose. Un terrain solide de reconstruction doit être trouvé. Le cœur se serre à regarder autour de soi. *Des maladies sont devenues de véritables modes de vie : l'épuisement, la dépression, l'agitation, les sentiments d'infériorité, la crispation, l'agressivité, la compétition hargneuse, l'hostilité, la peur, l'angoisse, la recherche d'une supériorité à tout prix*... Beaucoup de choses primordiales sont faussées : la sexualité, l'éducation, le climat social, les valeurs humaines, les religions...

Il est pénible de constater que beaucoup d'hommes ne sont rien, face à ce qu'ils pourraient être. Les contacts humains se rompent. La Foule et la Masse remplacent l'Individu conscient. La flânerie est prise pour paresse. La maîtrise de soi disparaît. Le calme et la sérénité deviennent objets de curiosité. Une action supérieure — qui devrait être normale — est qualifiée d'extraordinaire. De plus en plus, beaucoup d'hommes ont inconsciemment horreur d'eux-mêmes, sans savoir que c'est là le commencement de toute grandeur... à condition d'en sortir.

Rien sans équilibre!

Il n'y a qu'une solution : trouver un terrain solide de départ. Un seul existe : l'équilibre physique et mental. Sans lui, rien ne peut être accompli. Sans lui, toute plénitude est impossible. L'équilibre est l'outil de la perfection humaine. Tout déséquilibre coupe l'homme de sa totalité physiologique et psychologique; et par conséquent, le sépare de son humanité possible. Toute maladie, toute déficience psychologique, tout déséquilibre, séparent l'homme de lui-même et de ses possibilités.

Prenons un simple exemple : si un homme souffre d'une rage de dents, cette rage de dents l'envahit tout entier. Son esprit se concentre sur cette rage et, en dehors d'elle, plus rien n'existe. L'homme s'identifie alors à cette rage; il « devient » cette rage. Ces maux de dents le séparent de lui-même, de son travail possible, de ses pensées. Toute lucidité disparaît.

La plupart des maladies psychologiques sont semblables à cette rage. L'homme n'agit plus d'après sa lucidité, mais d'après sa maladie. C'est le cas des timides, des agressifs, des angoissés. C'est le cas de personnes atteintes d'idées fixes, de complexes, de crispations, etc...

Notre belle époque...

Beaucoup d'hommes modernes sont *inadaptés*. Qui dit inadaptation dit contradiction. Qui dit contradiction dit tiraillement. Et qui dit tiraillement, dit angoisse. Une des plus grandes contradictions est celle-ci : l'homme est tiraillé entre ce qu'il « est », et ce qu'il « croit être ». Il est alors écartelé entre ses tendances profondes et son comportement extérieur. Et le psychologue constate que, huit fois sur dix, le malade est inadapté, non pas à son travail ou à son époque, mais à lui-même, par les nombreux conflits intérieurs qui agissent en lui.

Notre époque est une époque de *refoulement* [1].

Ces refoulements sont de puissants facteurs de maladies physiques et psychologiques. De plus en plus, on nous apprend à considérer les instincts comme abjects, surtout dans le domaine sexuel. Mais n'oublions pas que ces « instincts « restent présents et font leur travail; qu'ils soient refoulés ou non. Or, si ces instincts sont clairement vus, et *sainement* acceptés ou rejetés, rien n'est à craindre. Mais le contraire se passe souvent, avec toutes les conséquences possibles

Beaucoup veulent « arriver ». Arriver à quoi? Il n'en savent rien. Ce qu'ils savent, c'est qu'ils veulent arriver premiers. Premiers en quoi? Pourquoi? Où? Ils l'ignorent également. Ils veulent *surtout* être supérieurs. Pourquoi? Parce qu'ils se sentent inférieurs. Jamais, probablement, le sentiment d'infériorité ne fut aussi développé qu'aujourd'hui...

L'individu conscient disparaît. L'homme moderne est sollicité, non plus par sa raison ou sa pensée consciente, mais par son émotivité maladive. Les moyens employés sont souvent

[1] Nous étudierons ce terme dans les chapitres sur « La Psychanalyse » et « La Médecine Psycho-Somatique ».

d'une grossièreté inouïe. Il suffit de voir certains slogans publicitaires, certains journaux, d'entendre certaines radios. Il suffit de jeter un coup d'œil sur l'amoncellement de journaux dessinés, empêchant toute lecture consciente. Notons bien que toutes ces atteintes sont émotives, et *inconscientes* la plupart du temps. Il y a donc de quoi être épouvanté. Le bourrage de crâne règne à l'état épidémique. Et ceux qui « tirent les ficelles » connaissent bien la puissance de l'émotivité.

Nous verrons combien le « conscient » humain tient relativement peu de place dans la vie. Si le conscient a la grandeur d'un lac, l'inconscient a l'étendue d'un océan. Nous verrons aussi que beaucoup de maladies proviennent de conflits entre la couche consciente et la couche inconsciente. *Une des grandes tâches de la psychologie est d'aider l'homme à retrouver son inconscient ; et de remettre ce dernier en accord avec les couches conscientes de la vie quotidienne. En cela d'ailleurs, le primitif des forêts est infiniment plus « complet » que la plupart des civilisés.*

Il faut retrouver un équilibre et une adaptation. Il faut retrouver une vérité et un bonheur. La psychologie est une école de dégagement et de lucidité. Elle dégage des instincts mal compris et mal digérés. Elle permet à ses instincts d'agir normalement, sans que l'angoisse apparaisse. Elle dégage des éducations mal faites et des religions mal comprises. La psychologie est une école d'aisance et de maîtrise. De sérénité aussi.

Elle permet la connaissance de soi, la recherche de la spiritualité mariée avec la matérialité. Mais pour cela, il faut connaître. Et pour connaître il faut apprendre.

L'HOMME BLOQUÉ.

Supposons un homme qui ignorerait totalement l'existence des ondes radiophoniques. Qui ignorerait l'existence de stations émettrices et d'appareils de radio. Un jour, un poste lui est offert, et on lui dit : « Si vous enfoncez cette fiche dans la prise de courant vous entendrez de la musique. » L'homme le fait. Il entend de la musique. Il est émerveillé. Il ne sait pas comment se fabrique cette musique, ni d'où elle vient. Un simple geste lui suffit. Supposons qu'il reste ainsi toute sa vie. Toute sa vie, il aura entendu le même genre de musique, les mêmes voix, les mêmes paroles, le même climat social et politique, le même climat géographique. Mais en ignorant l'existence d'autres centaines de postes émetteurs, de voix et de musiques possibles...

Imaginons qu'un jour, un technicien se présente chez lui. L'homme, tout content, montre son poste. Le technicien se penche, et constate que le poste est bloqué sur Radio-Paris. Il constate également l'existence d'un condensateur. Et le technicien débloque ce condensateur. Brusquement, des centaines de langues, des centaines de musiques apparaissent. Le monde entier défile. Et l'homme stupéfait, bourré de regrets, commence à se rendre compte qu'il croyait vivre dans la musique du monde entier, mais qu'il n'en était rien...

Des millions de personnes sont semblables à cet homme. Bloquées toute leur vie sur quelques idées, quelques pensées apprises, quelques réflexes toujours les mêmes... Ne connaissant ni le point de départ, ni le point d'aboutissement. *Ne connaissant même pas l'existence de leurs propres possibilités.* Malgré cela, elles croient vivre. En fait, elles tournent, comme des poissons dans leur bocal; jusqu'à ce qu'un jour, un technicien...

ETRE UN INDIVIDU CONSCIENT ET DONNANT.

C'est la perfection possible de toute vie humaine. Mais une réalisation parfaite exige des conditions parfaites, physiologiques et psychologiques. Elle exige d'être un homme *complet*, et non pas divisé en de multiples fragments bourrés de peurs et de complexes (comme la rage de dents de tout à l'heure). Beaucoup d'hommes sentent qu'il leur manque quelque chose pour être eux-mêmes. La plupart des maladies psychologiques viennent de la recherche — mal dirigée — de ce quelque chose.

Etre un individu conscient exige l'harmonie de la totalité de l'être humain. L'harmonie vient de la cohérence. Et la cohérence vient de l'équilibre. Toute maladie coupe donc la possibilité de conscience; parce qu'elle *divise* l'homme et empêche son harmonie. Sans cohérence, il n'y a pas d'action authentique (c'est-à-dire qui corresponde harmonieusement aux tendances profondes de l'individu). L'homme, alors, sent la contradiction entre ce qu'il *fait* et ce qu'il *est;* et souffre.

Sans cohérence, il n'y a ni amour, ni amitié possibles. L'amour consiste à donner. Donner signifie posséder quelque chose. Et posséder quelque chose signifie que l'on est psychologiquement fort. Aucune force réelle n'est possible sans équilibre. Sinon, nous tombons dans le faux-amour, qui ne fait que recevoir et prendre, sans pouvoir jamais donner. Nous tombons dans l'*accrochage*, qui se présente souvent dans les éducations mal faites, et qui sont facteurs fréquents de maladies.

LE ROLE PRIMORDIAL DE L'ÉDUCATION.

Pas à pas, au cours de cet ouvrage, nous verrons le rôle capital de l'éducation. Un chapitre lui sera consacré. N'oublions pas que la première éducation consiste en un « dressage ». Elle consiste à imposer certains réflexes à l'enfant. Certains de ces réflexes s'implantent à jamais, bons... ou mauvais.

Voici un dessin représentant la « balance » de la constellation familiale.

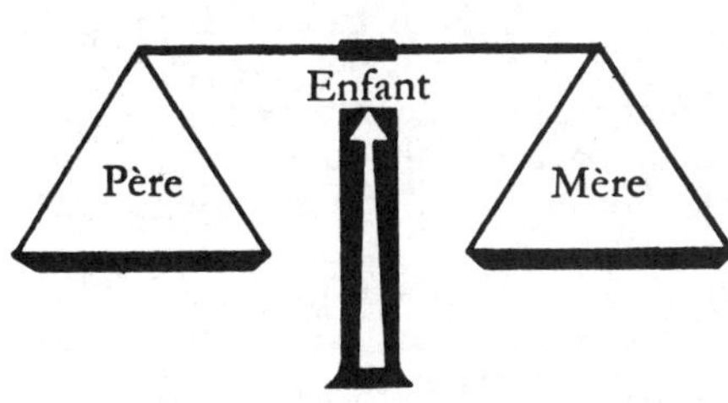

On voit immédiatement qu'une éducation parfaite exige que les trois éléments soient parfaits. Ce qui est utopique. Et si même les parents sont parfaits, leur éducation devrait correspondre parfaitement au tempérament profond de l'enfant. Ce qui est utopique également. L'éducation est donc toujours une solution de compromis. On ne s'improvise pas éducateur. De plus en plus nombreux sont les parents qui le comprennent et retournent à l'école de la psychologie. Eduquer consiste à transmettre des connaissances; mais surtout, *à transmettre un état d'âme*. On conçoit donc bien que toute déformation de cet état d'âme sera transmise telle quelle à l'enfant. Si le parent ou l'éducateur a en lui un « prisme » qui déforme sa vision des choses, cette vision fausse passera, neuf fois sur dix, à sa postérité.

Comme ceci :

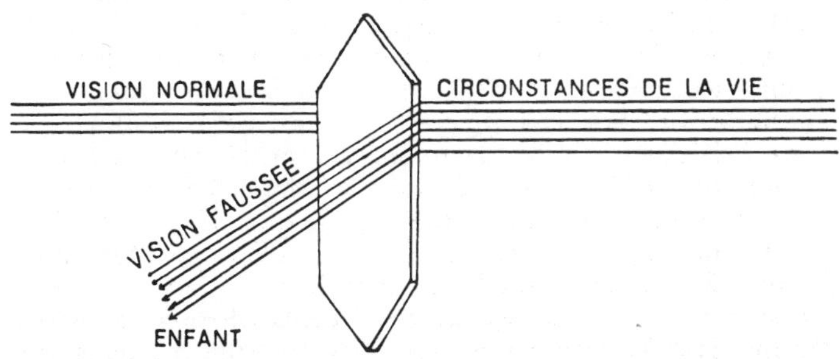

Une éducation parfaite devrait donc se baser sur l'équilibre des éducateurs. La plupart des maladies psychologiques adultes ont leurs racines dans le milieu familial [1]. L'éducation est un rôle d'amour; mais nous savons qu'il n'y a pas d'amour *authentique* sans équilibre harmonieux. L'amour authentique est celui qui *donne* d'une façon permanente. Sinon, l'amour est souvent basé sur l'émotivité ou l'impulsion du moment. Si un parent est atteint de déficience psychologique (dépression, peur, faiblesse, angoisse, etc.) il va évidemment chercher à *combler* cette déficience. Pourquoi? Pour trouver la sécurité. A qui va-t-il s'adresser? A son enfant. Il va *s'accrocher* à lui, parce que cet enfant représente sa sécurité et *comble sa faiblesse.* Dans ce cas très fréquent, le parent croit donner; mais il ne fait que recevoir. Il croit élargir le champ de vision de l'enfant, mais il le rétrécit.

Il faut retrouver sa propre lucidité et son propre équilibre. Pour soi, tout d'abord. Pour l'éducation ensuite. *N'oublions pas que l'éducation est une immense chaîne de transmission, dont chaque maillon doit être le moins imparfait possible.*

[1] Il ne faut évidemment pas généraliser. Il est certain qu'on a parfois affaire à des enfants pervertis, pour une cause quelconque. L'éducateur se heurte alors à des difficultés parfois insurmontables. J'en reparlerai au cours de cet ouvrage.

II

LA FATIGUE ET LA DÉPRESSION

La fatigue est un signal d'alarme, un feu rouge. Devant ce signal, le moteur humain doit freiner, jusqu'à l'arrêt complet. Le repos et le sommeil sont des besoins naturels. Ils deviennent plus exigeants au fur et à mesure que l'activité se prolonge. Le sommeil est une période de restauration : les cellules cérébrales se débarrassent des déchets *toxiques* accumulés au cours de leur activité. Par conséquent, le manque de sommeil produit un véritable empoisonnement. Les cellules cérébrales épuisent leurs réserves, accumulant les déchets toxiques. Durant le sommeil, elles reconstituent leurs réserves alimentaires, sources de leur énergie.

La fatigue est donc un mécanisme naturel, qui permet à l'être humain de se préparer au sommeil, *et d'éviter ainsi l'intoxication de ses cellules cérébrales*.

Donc, après avoir dormi, l'homme doit se sentir parfaitement dispos, comme un moteur décrassé. Ses cellules nerveuses doivent avoir récupéré leur vitalité. Tout être humain devrait se lever en état de fraîcheur dispose; tout être humain devrait se lever en chantant, célébrant joyeusement la renaissance du jour!...

Regardons cependant autour de nous, et nous verrons qu'il n'en est rien. La fatigue est une des grandes déficiences actuelles. La journée commence à peine, et la plupart des gens traînent déjà une fatigue, collée à eux comme de la glu. Quel est le refrain moderne?

« dès le matin je me sens fatigué... le matin je suis irritable...

« ...le matin je suis de si méchante humeur que j'ai envie de chercher querelle pour un rien... le matin je dois faire des efforts terribles pour démarrer; puis cela passe vers onze heures... etc. »

Cette fatigue-là n'est pas, évidemment, une fatigue normale. Mais, tout anormale qu'elle soit, elle règne à l'état épidémique. C'est une fatigue devenue mode de vie; et qu'un repos, même prolongé, ne parvient pas à éliminer.

On sait parfaitement bien que la vie trépidante moderne empêche souvent le rythme naturel de l'homme. Mais il y a plus. *On a « moralisé » la fatigue;* et c'est à peine si on n'en a pas fait une déficience volontaire et méprisable. D'ailleurs voici un tableau qui résume cette page, très peu glorieuse, de notre époque.

Examinons bien le tableau de la page 19 :

Que semble-t-il dire? Qu'un homme peut être méprisé parce qu'il est fatigué. Et aussi qu'un homme peut être admiré et récompensé... parce qu'il est épuisé! Absurde? Voyons cela de plus près.

Le mépris de la fatigue.

Le climat moderne est donc basé sur l'hyperactivité, la compétition, l'agressivité, la volonté hypertendue. On entend souvent : « Il m'énerve, celui-là, d'être aussi calme! » — Ou bien : « Ah là là!... il prend toujours son temps, celui-là! » ou bien : « Il m'énerve... c'est à croire qu'il n'a pas de nerfs ».

Voici quelques-unes de ces maximes actuelles qui font tant de mal :

— Allons, surmonte ta fatigue; on n'a pas le temps d'être fatigué!

— Fatigué?... Mais tu es un homme, oui ou non?... alors surmonte-la!

— Fatigué?... Tu n'as qu'à faire un effort!

— Moi, fatigué ou pas fatigué, je vais de l'avant!

— La fatigue? Connais pas! (sous-entendu : « ...et par conséquent je ne comprends rien à ceux qui sont fatigués; je les méprise; ils n'ont qu'à faire un effort »).

— Tu te sens fatigué et déprimé? Passe à l'attaque et fonce!

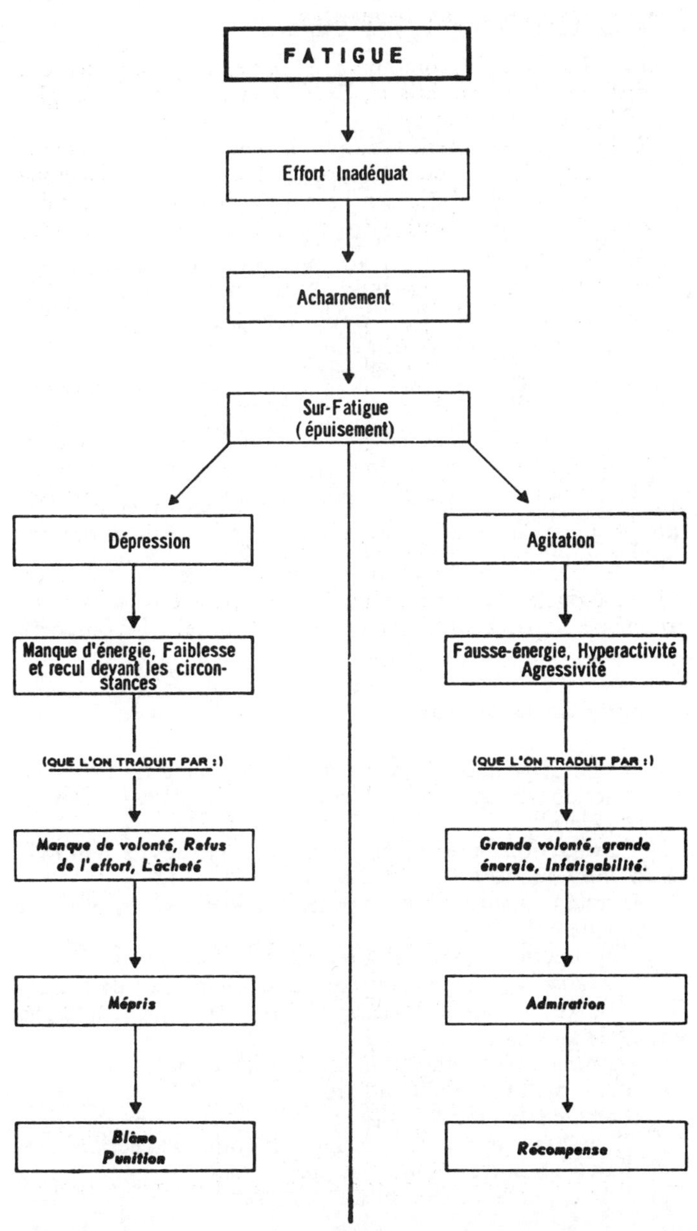
FATIGUE
Effort Inadéquat
Acharnement
Sur-Fatigue
(épuisement)
Dépression
Agitation
Manque d'énergie, Faiblesse et recul devant les circonstances
Fausse-énergie, Hyperactivité Agressivité
(QUE L'ON TRADUIT PAR :)
(QUE L'ON TRADUIT PAR :)
Manque de volonté, Refus de l'effort, Lâcheté
Grande volonté, grande énergie, Infatigabilité.
Mépris
Admiration
Blâme
Punition
Récompense

— Tu es déprimé? Pure imagination. Un peu de volonté, voyons! etc.

Devant cette avalanche d'absurdités, que fait souvent une personne fatiguée?

Elle craint le mépris. Elle craint la honte, et redresse l'échine. Elle continue. Passe outre. Se met à l'affût de tous les excitants lui permettant de « surmonter » cette fatigue. Elle accomplit efforts sur efforts. Comme cette personne est fatiguée, l'effort est évidemment plus pénible. C'est comme si elle devait bander tous ses muscles pour ouvrir une porte... Et la personne fatiguée s'entête, s'obstine, s'acharne. Et aboutit rapidement à la super-fatigue, et à *l'épuisement*.

Reportons-nous au tableau de la page 19.

Et examinons l'état normal de l'homme. Cet état normal est-il permanent?

Non; il balance entre deux pôles. Il est comme une vague calme; il oscille entre le moins et le plus, le négatif et le positif; entre le « creux » et la « bosse ». L'activité normale se présente comme ceci :

a) Il agit sans hâte. Agir est la nature même de l'homme; cette action peut être manuelle, musculaire, mentale, verbale, etc.;

b) Cette action amène une sensation : la fatigue naturelle, *qui doit être agréable parce que naturelle ;*

c) L'action ralentit, puis s'arrête. L'homme se repose dans une détente complète;

d) Il récupère, se remet en marche et agit à nouveau.

L'homme normal, donc, doit passer régulièrement de l'action au repos, et du repos à l'action. Avec, au milieu, le signal *respecté* de la fatigue.

Observons maintenant l'homme de tout à l'heure :

a) il agit mal (parce que fatigué);

b) il arrive à la grande fatigue;

c) il repousse cette grande fatigue, et continue l'action;

d) il arrive à la très grande fatigue;

e) il la repousse, et aboutit à l'*épuisement ;*

LES EFFETS IMMÉDIATS DE L'ÉPUISEMENT.

L'épuisement produit une double réaction :

a) la dépression;

b) l'agitation.

Tantôt l'une tantôt l'autre. *Il n'y a pas de dépression sans agitation; il n'y a pas d'agitation sans dépression.* C'est d'ailleurs la caractéristique de l'épuisé; il bascule sans cesse entre ces deux pôles. La vague calme de l'instabilité naturelle est devenue une vague affolée, touchant alternativement les extrêmes.

L'homme épuisé devient une *caricature* de l'homme normalement fatigué.

a) le « creux » s'approfondit, et devient *dépression.*

b) La « bosse » exagère ses effets, et devient *agitation.*

Comme ceci :

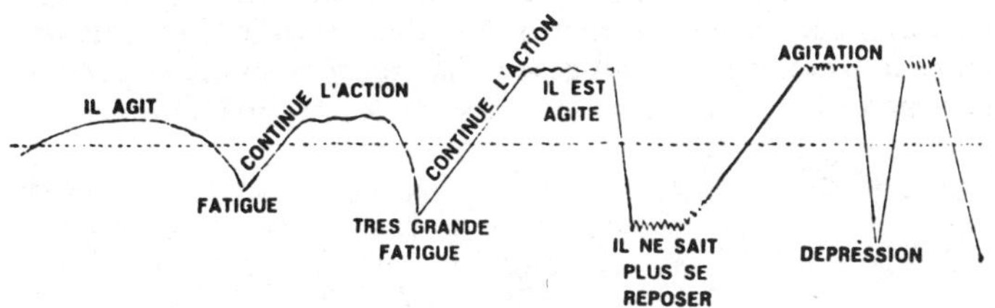

Et la norme : — il agit
— il devient fatigué
— il se repose
— il agit de nouveau.

devient : — il s'agite
— il devient épuisé
— il ne peut plus se reposer
— il s'agite, puis se déprime, etc.

Et c'est alors une chaîne infernale qui se déroule sans répit ni fin. Car l'épuisement est comme un poison; il provoque la stupeur (dépression) d'une part, et l'excitation (agitation) d'autre part.

Où l'épuisé récolte le mépris.

Dans la dépression, l'activité est fortement réduite; le déprimé ralentit ses gestes, dans un but d'économie vitale. Il se plaint de lassitude et d'insomnie. L'amaigrissement apparaît souvent; les fonctions digestives sont troublées. Des tremblements de fatigue peuvent se produire, ainsi qu'un affaiblissement de la vision, des troubles cardiaques, etc.

La dépression produit automatiquement une *difficulté d'agir*, puisqu'il y a *incapacité d'agir!* L'énergie n'est plus suffisante pour assumer avec aisance des tâches normales. Un travail bénin devient, pour le déprimé, une montagne à soulever.

Il est donc normal que ce déprimé recule devant les circonstances demandant l'action, puisque son système nerveux ne lui permet pas cette action.

Tout cela est donc mécanisme purement physique.

Mais comment la société va-t-elle interpréter ce recul devant l'action? Elle prétendra que ce déprimé manque d'énergie. Ce qui est évident. Mais ici, on commet souvent une très grave erreur : *on croit que l'être humain est maître de son énergie, et qu'il la produit à volonté.* Ce qui est absolument faux. La société dira donc du déprimé qu'il manque d'énergie, parce qu'il manque de « volonté »... Et, ce qui est mieux encore : on le jugera responsable de ce manque de volonté! Sans se rendre compte que la volonté normale est une question de santé et d'équilibre.

Au lieu de dire : « ayez de la volonté », on devrait dire : « ayez la santé physique et nerveuse *qui produit automatiquement la volonté* ».

Car la volonté est tout simplement l'aisance. La volonté consiste à déclarer : « je désire faire ceci, et je le fais sans difficulté, dans une aisance parfaite ». Nous pouvons déjà conclure : *dès que, pour accomplir une action, on doit faire appel à la volonté, c'est qu'on manque de volonté réelle; dès que l'action devient crispée, la véritable volonté (aisance) disparaît. Dès que l'on doit se battre avec un problème, c'est le problème qui nous bat. La volonté véritable et saine doit être comme l'élégance : invisible.* L'acte de volonté réelle consiste à puiser *sans* effort dans le réservoir d'énergie.

Or le problème est souvent faussé par l'intervention du mérite. Plus un homme surmonte les difficultés, plus il a de mérite. Mais ne serait-il pas plus simple de dire : plus un homme possède la santé et l'équilibre, mieux il agit; cela lui permet de diminuer l'effort; et l'énergie sauvegardée le laisse dispos pour d'autres tâches? Je reparlerai de tout cela.

Les efforts du déprimé.

Un état déficient empêche le déprimé d'agir correctement. Tout effort, (presque inutile à une personne normale) devient terrible pour le déprimé. Aussi évident que si un ingambe gravit sans difficulté exagérée une montagne, l'estropié y rencontrera un échec presque insurmontable.

Or, on doit se rendre compte que le déprimé fait sans cesse de grands efforts pour surmonter sa déficience — parce qu'il souffre et parce qu'il craint le mépris. Malgré cela, on dira qu'il *refuse* l'effort!... En somme, on le taxe purement et simplement de lâcheté, de faiblesse morale et de couardise. On lui flanque sans cesse de cuisantes gifles; et le déprimé maudit l'incompréhension dont il est entouré. Souhaitant même — qui ne le comprendrait? — que tout son entourage sombre dans la dépression, afin qu'il sache que si lui, déprimé, n'agit pas, hésite et recule, c'est parce que *son état* l'oblige à ne point agir, à hésiter, à reculer.

Mais cela est trop simple pour être généralement admis,

Et les conséquences de mépris apparaissent : le blâme et la punition.

Le déprimé se trouve alors parmi d'autres hommes qui le jugent et le méprisent... parce qu'ils considèrent, sans doute, que l'épuisé a « voulu son épuisement »!

L'épuisement et la dépression

« ...Vous êtes au bord de la dépression... »

Voici ce que des millions de personnes ont entendu. Et le médecin prescrit généralement :

La gamme des calmants ou des excitants. Les fortifiants nerveux. Les toniques généraux. Les conseils de repos. Les distractions et les voyages. Si nécessaire, le retrait du milieu familial et l'isolement, un traitement psychologique, etc.

De plus, les troubles gastriques sont examinés avec soin, les réflexes nerveux également; le médecin a pu chercher les signes d'une hypertension artérielle ou d'un diabète. Ou les signes d'une affection nerveuse ou d'une artério-sclérose cérébrale.

Que signifie le terme dépression?

Qui dit « Dépression », dit « Chute de pression ». La dépression est un fléchissement de la tension nerveuse ou psychologique. Dépression est donc un terme tout à fait général. C'est une étiquette qui peut recouvrir toute une série d'états. Ces états porteront à leur tour des noms particuliers : asthénie, neurasthénie, psychasthénie, obsessions, schizophrénie, manie-dépressive, allant donc du bénin au très grave. J'examinerai ces états dépressifs au moment voulu. (Voir index.)

Le nombre des symptômes de la dépression est donc élevé. La dépression peut voir une base purement physique (comme dans la neurasthénie), avec des phénomènes psychologiques surajoutés.

Physiquement encore, une ménopause déclenche parfois la dépression. Mais il ne faut pas conclure que toute ménopause amène une dépression! Car le terrain prédisposant est toujours important. La prédisposition sera organique (hypertension, diabète) ou psychologique. La ménopause sert alors d'« interrupteur ». Elle déclenche une situation qui existait depuis longtemps à l'état latent.

De même, la dépression peut avoir une base psychologique, familiale, religieuse; elle peut apparaître à la suite de tracas prolongés, de doutes, d'anxiétés, de craintes, etc. qui amènent, par épuisement, un fléchissement de tension.

Les symptômes communs aux états dépressifs.

Le déprimé se reconnaît facilement à son attitude. Il semble morne, inerte. Ses réactions motrices sont réduites au minimum. Il est avare de gestes; la moindre action le fatigue. Très souvent l'insomnie apparaît. L'amaigrissement est plus ou moins important.

Des tremblements de fatigue peuvent se produire : ainsi que : maux de tête, hypotension artérielle, sensation d'immense lassitude, obsession de la fatigue, impossibilité de se concentrer, indécision ou hésitation, tristesse sans raison apparente, des manies, des scrupules, cerveau « creux, vide, froid », douleurs dans la nuque, troubles de la vue. Et le plus souvent :

a) aboulie (manque de volonté).
b) mélancolie.
c) peur de devenir fou.

L'ABOULIE.

On connaît la réflexion d'Amiel : « Aimer, rêver, sentir, apprendre, comprendre, je puis tout; pourvu qu'on me dispense de *vouloir* »...

Pour le déprimé, « vouloir » est probablement la grosse difficulté. Mais cette insuffisance se fait surtout sentir dans le passage de l'idée à l'acte. Il désire faire telle chose; et ce désir est souvent grand. Mais la réalisation de ce désir reste lettre morte.

Le « vouloir » ne se déclenche pas; l'inertie l'emporte. Puis apparaît un autre désir. Puis un autre encore. C'est une véritable pluie de désirs.

« ...Je ferai ceci tout à l'heure... je ferai cela demain... »

Et cependant, ni tout à l'heure, ni demain, la volonté ne se met en branle pour réaliser l'idée. *On assiste à une véritable dispersion de la volonté qui se fragmente en de nombreux morceaux.* Mais chacun de ces morceaux demeure insuffisant pour réaliser l'action...

Il se peut que l'aboulie soit légère. Dans ce cas, l'action sera tout de même réalisée par la volonté. Mais l'activité sera lente, pénible, avec efforts épuisants. De plus, l'action manquera de durée, de « souffle ». L'envergure fera défaut, ainsi que la persévérance. L'aboulique léger accomplira donc toute une série de petites actions dispersées, parce qu'il est incapable de l'aisance demandée par une action prolongée.

Dans les formes les plus graves, des actions élémentaires deviennent impossibles. Toute activité est abandonnée. Que disent ces abouliques?

— « ...Je suis incapable de prendre les poussières; je le désire pourtant; je suis honteuse devant mon mari qui pourtant me comprend; mais j'en suis incapable; soulever un torchon est pour moi une action au-dessus de mes forces... ...je devrais faire les repas pour mon mari, et je n'y parviens pas; je me disperse en des centaines de petites idées; mais quand je dois les rassembler, c'en est trop, et j'abandonne tout; je suis tellement découragée... je me sens incapable de faire le plus petit compte de ménage; je laisse tout aller; me peigner est pour moi une action qui me laisse haletante; je me sens triste à mourir... »

— « ...Je suis toujours indécis et hésitant; il me faut une heure pour acheter un crayon; je doute, et *je me rends parfaitement compte* que je suis maniaque; mais il m'est impossible de faire autrement; au bout d'un certain temps, je sens comme une crise de rage contre moi; je sens aussi un tremblement qui monte; alors, j'abandonne tout et je m'enfuis sous un prétexte quelconque; sinon, d'exaspération, je serais capable de gifler ou d'insulter n'importe qui... »

— « ...Je vérifie dix fois le robinet du gaz avant de me coucher, puis je me relève pour vérifier encore. Puis je me recouche. Je sais l'avoir fermé... mais je me relève encore. Cela m'épuise ».

Tout ceci reste dans le domaine de la dépression « normale »... si l'on peut dire. Mais dans les cas plus graves encore, l'activité est absolument arrêtée. Le déprime se confine au lit, avec tout un cortège de sentiments psychologiques qui le font souffrir, souvent atrocement. Pourquoi?

Parce que, dans la dépression, *tous les phénomènes sont ressentis consciemment par le malade.*

Donc, conscient de cette impossibilité de vouloir, le déprimé se trouve face à son entourage. Qui comprend... ou ne comprend pas. La deuxième possibilité est, évidemment, la plus fréquente. De là à l'accuser de « paresse », de « fainéantise », de « mauvaise volonté », il n'y a qu'un pas. On l'accuse aussi de « manquer de volonté ». *Alors que c'est justement la conséquence de sa maladie!*

Quel est le traitement de l'aboulie?

L'aboulie est un *symptôme* de dépression. Elle n'est pas la dépression elle-même. Disparaisse la dépression, et l'aboulie fera de même. Sachons toutefois une chose, et répétons le mot célèbre : « Il n'y a pas de paresseux; il n'y a que des malades. » Ce qui est profondément vrai. La fonction humaine est : agir et vouloir. Parce que les muscles commandent l'action; et que le système nerveux déclenche automatiquement le vouloir. Encore faut-il que l'un et l'autre soient en bon état.

Dès qu'une personne (qu'il s'agisse d'un enfant ou d'un adulte) est « paresseux », la cause doit être recherchée immédiatement. Cette paresse est le symptôme, soit d'une déficience physique ou nerveuse, soit d'une souffrance psychologique pouvant provenir de multiples sources.

Redonner la volonté et l'action revient à dire : donner un nouvel équilibre. Nous verrons cela plus loin, dans « Le traitement de la dépression ».

LA MÉLANCOLIE.

Elle consiste en une tristesse perpétuelle, profonde, que rien ne semble justifier. Le pessimisme est total, et s'étend à toutes choses.

Comment apparaît le mélancolique? Tous ses gestes sont las; ses lèvres tombent aux commissures; le front est creusé de rides; la voix est parfois inaudible. Puisons ici dans l'excellente description de J. Sutter, médecin des hôpitaux psychiatriques :

Le discours est en accord avec l'apparence extérieure ; pour le mélancolique, tout est sujet d'affliction ; les événements néfastes sont démesurément grossis, leurs conséquences envisagées sous le jour le plus défavorable ; les faits heureux eux-mêmes sont prétexte à tristesse et l'ingéniosité morbide du malade s'applique à leur trouver une signification désastreuse. Son pessimisme s'étend à toutes choses, de la façon parfois la plus illogique et la plus imprévue ; il ne désarme jamais.

Le dégoût de vivre est la première réaction du mélancolique. Tout lui devient indifférent, même sa propre souffrance. Chaque matin est une souffrance qui recommence : l'anéantissement est son grand désir. L'aboulie est évidemment totale, ainsi que l'impuissance. Rien ne lui reste, qu'une immense indifférence.

Des phénomènes psychologiques se greffent rapidement : comme tout lui est indifférent, le mélancolique se reproche cette indifférence. Telle mère mélancolique dira : « ...je ne parviens plus à aimer mes enfants; et je les adorais il y a un an... Mon indifférence m'obsède; je voudrais pouvoir souffrir, en avoir du chagrin; je n'ai même pas cela... »

Le mélancolique est souvent obsédé par des idées d'indignité. Il éprouve de terribles sentiments d'auto-accusation, de remords, de culpabilité. Le mélancolique s'accuse sans cesse des pires choses. Sa souffrance morale est intense, parfois atroce. Il semble atteint d'un tourment fixe, monotone. Son activité mentale se canalise sur ces idées de culpabilité et de remords, et le conduisent parfois à une rumination telle qu'il arrive à l'immobilité complète, et au refus des aliments. Des perturbations organiques existent dans la mélancolie : manque d'appétit, constipation extrême, mauvaise circulation. Dans certains cas plus graves, l'alimentation doit se faire artificiellement. Comme le mélancolique est accablé de remords, il cherche parfois à se punir; il cherche parfois des sanctions pouvant aller jusqu'au suicide.

Une autre forme de mélancolie, très particulière, apparaît parfois chez les jeunes filles. Il s'agit de :

L'ANOREXIE MENTALE.

L'anorexie est la perte de l'appétit. Or, certaines jeunes filles, entre quinze et vingt ans (donc peu après la puberté) diminuent volontairement leur alimentation, sans donner de raisons valables. Le refus de se nourrir est bien ancré; elles abusent des laxatifs, ou rejettent les aliments en vomissant en cachette. Progressivement la sous-alimentation apparaît, avec amaigrissement considérable. Dans certains cas, la mort en est la conséquence (voulue, semble-t-il, par la malade). Il semble bien que cette maladie soit liée à une réaction affective. On la constate parfois chez les nourrissons (à l'occasion du sevrage, d'un changement de nourrice). On la dépiste aussi chez certaines femmes mariées, à la suite de conflits conjugaux. La femme se réfugie alors dans la maladie (ou se venge par la maladie) en refusant de s'alimenter ou en rejetant les aliments qu'elle a absorbés. Chez certains enfants (vers quatre ou cinq ans) le refus de se nourrir suit la naissance d'un petit frère ou d'une petite sœur. Il y a donc ici une peur d'être frustré; l'enfant déclenche une maladie pour garder l'attention de ses parents.

Chez les jeunes filles? Dans certains cas, on constate un violent sentiment de honte naissant avec la puberté. Des scrupules religieux ou sexuels s'installent. Avec, comme conséquence, la recherche d'une autopunition sous forme de châtiment corporel.

Dans d'autres cas, la puberté de l'adolescente peut servir d'interrupteur, déclenchant des situations qui existaient à l'état latent (comme le fait également la ménopause, vue plus haut).

Parfois également, cette anorexie représente un « chantage » destiné à conserver l'amour intégral des parents. C'est un cas d'infantilisme. Ou bien ce refus d'aliments (et la maladie qui en dérive) peut concrétiser une vengeance contre les parents.

En plus d'un examen médical sévère, le milieu familial sera examiné en premier lieu, et à fond. De terribles drames affectifs y sont parfois découverts. Dans ce cas, l'isolement sera prescrit, et un traitement psychologique immédiatement entrepris.

Pour conclure, la mélancolie ralentit l'activité physique et mentale. Elle pousse à l'inaction complète (comme dans l'aboulie). Le mutisme est fréquent. Le malade demeure prostré, le regard vague, ruminant son désespoir.

Dans les cas graves, un suicide est à redouter, ou le refus pur et simple des aliments.

J'ai placé la mélancolie parmi les symptômes de la dépression par épuisement. Mais de nombreuses autres causes sont possibles. Ces causes peuvent être neurovégétatives, ovariennes, thyroïdiennes, etc...

La cause première est alors purement physique; les répercussions mentales apparaissent ensuite?

Et si la mélancolie est un effet de la dépression? Les conclusions sont les mêmes que dans l'*aboulie;* et c'est la dépression elle-même qui doit être traitée.

LA PEUR DE DEVENIR FOU.

On la rencontre souvent chez les déprimés. Cette peur est parfois une véritable obsession. Une obsession lancinante, féroce, impitoyable. Même prononcer les mots « fou », « folie », « asile », est pour ces déprimés un effort insurmontable. Ils n'osent lire aucun article se rapportant à l'aliénation mentale; ils n'osent voir aucun film la représentant.

On sait que le déprimé ressent un « vide » du cerveau; qu'il est incapable de « ramasser ses idées ». Ses pensées sont souvent brumeuses. Il est donc logique qu'il ait l'obsession de la fatigue cérébrale. Et qu'il croie que cette fatigue le conduit à la folie.

Que disent beaucoup de déprimés?

« ...ce creux dans la tête, surtout le matin, avec toutes mes idées qui partent, me donne la certitude que je deviendrai fou... »;

« ...ma fatigue, le froid de mon cerveau, mes maux de tête m'angoissent au-delà de toute expression; comment voulez-vous que je garde ma raison, avec ces angoisses perpétuelles? »;

« ...pour ma dépression, le médecin m'a conseillé un traitement psychiatrique. C'est bien la preuve que je suis à moitié fou... »

Avant tout, *sachons que ces craintes ne correspondent jamais à une réalité possible*. Chez le déprimé, la peur de la folie est tout à fait absurde. Mais n'oublions pas que, chez eux, le moindre mot est capté et amplifié. Ils sont très réceptifs à une suggestion... à condition qu'elle soit maléfique! Dites à un déprimé qu'il risque la folie; il vous croira immédiatement! Dites-lui qu'il n'a pas la plus petite chance de devenir fou, il ne vous croira pas! Le déprimé est fortement aidé, en cela, par les préoccupations excessives au sujet de sa santé (hypocondrie). Le déprimé est obsédé par le fonctionnement de ses organes, de ses idées, de ses pensées. Son épuisement le porte à s'observer sans cesse; et la moindre déficience et interprétée dans un mauvais sens. Pourquoi? Parce que la réaction spontanée fait défaut. Elle fait défaut tout simplement parce qu'elle est déficiente. L'idée morbide n'a aucun ennemi. Mais elle a un ami tout-puissant : la dépression elle-même. Et ainsi, cette idée morbide se cultive toute seule, comme un chardon en serre chaude. Elle se développe comme une tumeur morale. Elle est comme un microbe s'épanouissant dans un organisme sans défense.

Or, par quoi le déprimé est-il particulièrement hanté? Par les impressions qu'il « ressent dans la tête ». Par ses « vides », ses migraines, ses pertes de mémoire, son incapacité de concentration, son impossibilité de continuer une action entreprise. Par ses manies, qui exagèrent l'hésitation et le doute normaux. Par ses ruminations mentales, qui ne cessent pas.

De là à croire qu'il va basculer brusquement dans la folie, il n'y a qu'un pas... Et je répète que, malgré sa hantise ou sa certitude, *jamais* cette dépression ne risque d'aboutir à la folie redoutée.

Les causes de la dépression

Dépression est donc un terme tout à fait général. Parmi les nombreux états dépressifs, existent des symptômes communs. Chaque cas sera donc un cas particulier, dont l'examen devra être fait avec une minutie d'horloger.

On conçoit bien que des centaines de causes différentes puissent faire fléchir la tension nerveuse! Cependant, une des causes principales reste l'épuisement nerveux et mental.

Dans ce cas, rechercher la cause de la dépression revient à trouver les causes de cet épuisement. Quelles sont les causes de l'épuisement? La Palice répondrait : « L'épuisement a pour cause des actions qui épuisent. » Et La Palice dirait vrai, comme toujours. On doit alors se demander : quelles sont les actions qui épuisent? Et pourquoi épuisent-elles? On songe donc, immédiatement, au surmenage.

QU'EST-CE QUE LE SURMENAGE?

Ce mot me fait apparaître l'image d'un malheureux étudiant. Il est deux heures du matin. Dans la fumée bleue de multiples cigarettes, une tasse de café fort à portée, l'étudiant « bloque » ses examens. Cela dure depuis un mois. L'étudiant est épuisé. Va-t-il automatiquement aboutir à la dépression? Pourquoi tel étudiant y aboutira-t-il, et tel autre non? Supposons en effet qu'à cette préparation d'examens, se mêlent des sentiments « moraux ». Supposons que, pour cet étudiant, les examens finaux représentent une dernière ressource. Qu'il travaille dans l'angoisse de ne pas réussir, que cette angoisse devienne de la peur. Peur de son père, par exemple; peur de manquer toute sa carrière; peur du mépris, etc. Il est certain qu'au surmenage de l'étude, *s'ajoutent des éléments émotifs qui renforceront l'épuisement*. On voit donc que la possibilité de surmenage varie selon les individus.

Il y a surmenage quand la dépense d'énergie dépasse les possibilités. Abuser d'un organe (cerveau, par exemple), c'est diminuer sa puissance. Exactement comme avec une auto. Se surmener, c'est gaspiller un capital. La sensation de fatigue est le signal le plus précieux qui soit. Dépasser cette sensation, c'est risquer de tomber dans l'épuisement. Un épuisement encore récupérable, soit! Mais un épuisement quand même. Si cet épuisement est *prolongé*, ou répété de multiples fois, on va en droite ligne vers la dépression.

Il y a surmenage dès que les grands réparateurs naturels (repas, sommeil) sont insuffisants.

Le surmenage dépend donc des forces disponibles, cela est évident!

Se surmener = dépenser plus que ses revenus. N'oublions pas, une fois de plus, que la fatigue est un signal *destiné à empêcher l'intoxication des cellules nerveuses*. Le surmenage doit donc être envisagé sous forme *préventive*. Chaque être humain doit connaître sa puissance propre. Et je sais, pour l'avoir souvent enseigné, que c'est une très grande difficulté!

Il ne faut pas croire qu'une dépression se déclenche toujours immédiatement après l'action épuisante. C'est même un cas assez rare. Tout médecin, tout psychologue constatent fréquemment que la dépression suit de loin une série d'actions épuisantes, s'étageant parfois sur de nombreuses années.

Un cas courant avec épuisement direct.

X..., employé modèle, se voit brusquement nommé chef de bureau. Désirant être considéré dans son nouvel emploi, X... travaille avec acharnement pendant deux mois. Il veille tard dans la nuit, dépasse sans cesse sa fatigue. Au bout de ces deux mois, il présente tous les phénomènes du « claquage ». X... s'effondre, épuisé, avec les symptômes d'une « dépression nerveuse ». Surmenage mental? Bien sûr... Mais il travaillait tout autant dans son emploi précédent! Alors?

Tout d'abord, le premier emploi de X... était formé d'une somme d'habitudes. Bien que son travail fût intensif, les adaptations à de nouvelles situations étaient rares. X... travaillait dans une sorte d'automatisme qui lui évitait toute fatigue mentale.

Au contraire, dans son nouvel emploi, X... doit *s'adapter rapidement* à des responsabilités qui se présentent sans cesse, et qui demandent une forte somme de travail mental. Conséquence? Epuisement et dépression.

On croit avoir tout dit... et cependant il n'en est rien.

X... fut élevé dans une famille aisée. Il fut sans cesse « surprotégé » et « couvé » par des parents qui l' « adoraient ». Tout était fait, pensé, et décidé à sa place. X... déboucha donc dans la vie avec une difficulté de vouloir (aboulie)... *et de multiples complexes psychologiques*, (que nous envisagerons plus loin). L'emploi de chef de bureau lui est présenté. Il l'accepte. Il se surmène, c'est entendu. Mais, *avant de commencer*, X... avait déjà sombré (sans le savoir), dans l'angoisse, le doute, le scrupule, l'échec. Il y a eu surmenage intellectuel, oui! *Mais il y a eu, surtout, surmenage émotif*. Toute action comportant une responsabilité était sous-tendue par ses complexes psychologiques, qui, automatiquement, empêchaient l'adaptation immédiate et la liquidation de l'action. L'action (qui pour un être normal aurait été terminée) continuait à tourner dans le mental de X..., déclenchant scrupules, doutes, angoisses, manies, insomnies. Mais, en même temps, d'autres responsabilités se présentaient!. Amenant, elles aussi, tout un cortège psychologique épuisant. Et ainsi de suite...

On ne peut même pas dire ici que X... se soit surmené. Sa nouvelle situation fut *l'interrupteur, le commutateur*. Ses complexes profonds rendirent terriblement difficiles des actions de responsabilité qui eussent été envisagées normalement par un autre. *Il y a eu, ici, dépression à base psychologique éducative.*

Un autre cas.

Y..., jeune médecin sombre dans la « dépression nerveuse » au bout de six mois. Diagnostic : surmenage d'études et de travail médical. Bien sûr, bien sûr... Mais si nous savons que toute ordonnance magistrale déclenchait chez Y... une série de scrupules et de doutes, nous comprendrons déjà mieux. Si nous savons que Y..., après une ordonnance délicate, consultait ses livres pendant des heures, et attendait avec angoisse le résultat de son ordonnance (imaginant toujours le pire), nous comprendrons mieux.

Quelle est donc ici, la cause de la dépression? Le travail? Non. Les études? Non. Les ordonnances? Non. Les scrupules? Les angoisses? A moitié. Car il fallait connaître le pourquoi des scrupules angoissés. Il fallait savoir pourquoi l'action « écrire une ordonnance », continuait à tourner, angoissante dans le cerveau de Y...

Il serait trop long de faire une analyse détaillée du cas de Y... Mais il montre une chose : *toute dépression doit être examinée sous toutes ses coutures*. Les causes en remontent souvent loin; mais ce sont ces causes qu'il faut trouver.

Le surmenage physique n'entre pratiquement jamais seul en ligne de compte. Plus souvent le surmenage mental, (l'étudiant, par exemple). Nous verrons d'ailleurs un peu plus loin, combien est dangereuse une concentration prolongée. Et combien il est indispensable de couper la concentration par des distractions. Je ne donne pas un « conseil »; je présente une exigence pure et simple du cerveau.

Beaucoup plus dangereux sont les *surmenages émotifs*, les idées fixes, les obsessions, le cerveau qui tourne sur une même pensée, les ruminations mentales. On dira souvent : « Laissez de côté les sentiments tristes, les mélancolies, les idées noires. Réagissez à l'abattement, au découragement, à la prostration. » — Je trouve cela très gentil, mais tous ces phénomènes sont déjà des effets d'un état déficient! Ce n'est certes pas pour son plaisir qu'une personne rumine des idées noires ou des obsessions.

Il faut donc, en premier lieu, trouver le réservoir dans lequel se sont formées ces idées. C'est la tâche de la psychologie. Mais il faut le faire : car ces idées morbides deviennent à leur tour des causes, grossissant de plus en plus, et poussant la personne vers l'épuisement nerveux. Ces idées obsédantes risquent alors de devenir des idées fixes, canalisant à leur profit toute l'énergie du sujet.

LES ACTIONS ÉPUISANTES.

Il est toujours un peu vain de « cataloguer » les comportements humains. Mais une chose est certaine : tout effort humain se fait en vue de *l'adaptation* à une situation, quelle qu'elle soit. Qu'il s'agisse d'ouvrir une porte ou de se marier!

Il existe donc une hiérarchie dans les difficultés d'adaptation. Et par conséquent dans la quantité d'énergie dépensée.

Le sujet ne ressent pas toujours ses actions épuisantes.

Beaucoup d'entre elles demeurent subconscientes. (Nous verrons cela au chapitre « Psychanalyse »). Mais subconscientes ou non, elles n'en font pas moins leur travail de destruction. Je crois que le *milieu familial* est une des sources les plus fécondes d'épuisement et de dépression (celles-ci se déclenchant alors à retardement). Le très grave problème de l'éducation est ici en jeu. Certains adolescents portent en eux un nombre inouï d'adaptations intérieures manquées; chacune de ces inadaptations porte une charge émotive. De plus, la vie en famille est un problème d'adaptation réciproque continuelle. Divers caractères sont en présence; ils exigent une adaptation souple et compréhensive. D'inévitables heurts se produisent. Tout est bien lorsque ces heurts se « liquident » immédiatement : soit par l'équilibre de la personne, soit par une explication, soit par une colère. Tout est donc bien si la « décharge » se fait. Mais bien souvent cette décharge n'a pas lieu; c'est ce qui arrive fréquemment chez les enfants vis-à-vis de leurs parents. La décharge (colère, reproches), n'a pas lieu, parce que le code moral, qui régit les devoirs des enfants, l'interdit. C'est alors la rumination mentale, chargée d'émotions, qui peut devenir un gros noyau de fatigue. (Nous verrons d'ailleurs cela, dans « Les personnes fatigantes » page 129.) Qu'on songe alors au nombre d'années pendant lesquelles des inadaptations émotives peuvent se prolonger et se nourrir...

J'ai constaté que *la religion mal comprise*, elle aussi, est fréquemment un terrain d'épuisement et de dépression. Tout dépend de l'éducateur religieux, et des prédispositions du sujet. De nombreux adolescents portent en eux la peur et l'angoisse religieuses. De la terreur, même.

Fréquemment, de fausses notions d'un Dieu cruel, vengeur et impitoyable se mélangent à la sexualité troublée des adolescents... Je puis dire les ravages produits par la masturbation (voir index). Non par la masturbation elle-même, mais par les émotions et les remords qu'elle produit, face à une éducation mal comprise, et ravalée au rang d'un impitoyable code moral.

La puberté physique.

Je cite Janet : *Chez beaucoup de sujets, les premières manifestations se présentent entre douze et quatorze ans, à l'époque de la puberté physique qui a déjà affaibli considérablement leur force de résistance. C'est en même temps l'époque où l'attention des enfants est attirée sur les exercices religieux de la première communion. C'est à ce moment que commencent les manies de répéter les prières, les manies de perfection, les terreurs de l'enfer et (chez les plus précoces) les obsessions sacrilèges. Ces troubles peuvent rester limités aux actes religieux et persister indéfiniment.*

Donc, toute adaptation importante peut être une action épuisante... de même que toute action banale. Mme X. a une crise de dépression chaque fois qu'elle rentre de voyage. Action banale, cependant, s'il en est. La préparation d'un petit voyage dure déjà quinze jours; avec hésitations, doutes, lenteurs, impossibilité de faire une valise sans la défaire immédiatement « parce qu'on peut toujours oublier quelque chose »; en voyage, se produit l'anxiété; elle craint de tomber malade loin de chez elle, elle craint de perdre son argent, elle craint que sa maison ne brûle, elle craint l'accident. Elle me dit : « ...pendant les trajets en chemin de fer, je suis toujours dans l'attente angoissée d'un choc catastrophique; le sifflet de la locomotive me fait pâlir; je ne puis pas m'empêcher de demander à mes voisins la vitesse que l'on fait... » Elle met des heures à choisir un hôtel, à faire ses comptes, à hésiter, à ruminer, de plus en plus épuisée.

Et Mme X. revient de voyage avec un « claquage » complet, bonne à se mettre au lit. C'est alors l'aboulie, la mélancolie, et la rumination mentale de ses insuffisances.

Un simple voyage est donc pour elle un important surmenage. Parce qu'elle n'est pas capable de s'adapter aux nombreuses circonstances exigées par ce voyage. La psychologie devra donc, dans ce cas, rechercher les causes premières ayant produit cette déficience.

Le cas de Jacqueline D.

Jacqueline est une ravissante jeune fille de vingt-trois ans. Elle est victime, depuis l'enfance, d'une très forte déviation de la colonne vertébrale. Elle présente tous les symptômes de la dépression nerveuse. De plus, la vue de tout représentant de l'autorité (prêtre, agent de police, gendarme, et même employé derrière un guichet), fait apparaître des tremblements nerveux ou des sensations d'évanouissement qui la font s'enfuir. Elle n'ose pas regarder en face; elle passe pour hypocrite. Elle est tendue, agressive, et d'une culture fantastique dont elle se vante sans cesse. Il ne fallait pas être grand clerc pour en deviner la raison :

— Mais votre culture est fantastique, mademoiselle... Pourquoi?

— (agressive)... Eh bien... devinez, monsieur!

— C'est fait.

— Ah?

— Ce que vous appelez votre infirmité vous a donné, dès la petite enfance, un terrible sentiment d'infériorité, n'est-ce pas?

— Oui, monsieur. (Agressive). Maintenant, continuez mon histoire!

— (Doucement) : ...bon... je vais donc repasser mon bachot...

— (Soudain humble) : Oh... ne croyez pas cela, monsieur, je vous en prie! Mais j'ai tellement ruminé ma vie... et j'ai tellement souffert!

— Bien sûr. Nous en étions donc au sentiment d'infériorité, n'est-ce pas?

— Oui, monsieur.

— Vous avez fortement souffert de sentiments de frustration, d'humiliation; d'être rejetée de tout et par tous, n'est-ce pas? Vous vous révoltiez contre votre sort, et cela de jour et de nuit...

— Oui, monsieur; à m'en tuer, parfois.

— Mais... ce sentiment d'infériorité vous a fait perdre toute sécurité. Vous vous sentiez affreusement solitaire. Il fallait donc à tout prix que vous la retrouviez, cette sécurité... Où? Chez vos parents?

— Oh non! Mes parents, au fond, me détestaient. J'ai entendu (j'avais dix ans) mes parents se disputer. Mon père parlait de moi en disant « ta fille... » ...J'étais un objet d'occasion dont on cherche le propriétaire... Et puis j'ai entendu ma mère : « J'ai honte de sortir avec elle. J'ai honte de voir l'apitoiement des gens. Si au moins elle était un génie, hein? Ça ferait balance!

— Et c'est à ce moment-là que tout a commencé.

— Oui, monsieur.

— Alors, Jacqueline, vous avez serré les mâchoires. Vous n'avez pas dit un seul mot de tout cela à vos parents. Et vous avez commencé à étudier à fond, toute seule, avec rage. Vous deviez devenir un monstre sacré de la connaissance. Votre seule supériorité possible se trouvait dans la connaissance intellectuelle. Et aussi, dites-moi?... comme vous n'étiez pas forte physiquement, vous désiriez vous venger de vos parents par votre épuisement?

— Oui... en y songeant maintenant... j'avais cette idée en moi... Mais je l'ai sans cesse rejetée... je me disais souvent : « si je meurs, on l'aura voulu... » Monsieur, c'est encore plus compliqué que je ne le croyais!...

— Mais non, mais non, Jacqueline, vous allez voir...

— Merci, monsieur.

— Allons-y. On descend dans la cave. Vous me suivez?

— (sourire). Passionnément.

— Vous vous êtes donc mise au travail, en cachette, le soir, le matin, sans cesse. Chaque chose apprise à fond devenait votre supériorité. Comme un judoka, vous vous sentiez de plus en plus capable de « caler » n'importe qui... et de le rendre ridicule. Chacun son tour, vous disiez-vous... C'était votre arme secrète.

— Oui, monsieur. Mais j'ai été épuisée en deux ans.

— Eh bien... vous avez mis le temps! A ce régime... Vous avez donc repoussé la fatigue pour deux raisons :

1) vous vouliez à tout prix être une grande intellectuelle;

2) vous désiriez inconsciemment, pour punir vos parents, vous faire mourir de fatigue. D'accord?

— D'accord, monsieur. Dites... c'est toujours aussi compliqué, votre profession?

— Souvent beaucoup plus, Jacqueline! Continuons. Donc, vous avaliez la connaissance à la louche. Vous étiez épuisée. Le tout, dans un silence complet. Puis vous avez lâché vos connaissances comme des bombes. Je suppose que vous avez posé des « colles » à vos professeurs et que vous avez raflé absolument tous les prix...

— (sourire; elle baisse la tête)... Sauf le prix de gymnastique...

— Cela viendra, Jacqueline. Et vos professeurs, vos amies, vos parents, vous ont contemplée avec stupéfaction. Du coup, on n'a plus parlé de votre infirmité, pas vrai?

— Oh non!...

— Mais je suppose que vous n'avez rien dit encore... vous avez pris un air désinvolte, comme si c'était tout naturel et sans effort? Votre vraie supériorité était à ce prix?

— Oui, monsieur, et j'ai continué ainsi très longtemps...

— Et personne ne vous a prise à part? Personne n'a trouvé cela... anormal...

— Oh non! Ils étaient bien trop fiers pour m'arrêter! Pensez! Je devenais une encyclopédie! La gloire de mes parents et de l'établissement!

— Hum!... C'est du joli...

— Oui, monsieur.

— Ensuite, *dans votre épuisement*, la puberté est venue.

— Oui. Et des amies m'ont mise au courant.

— Au courant de quoi?

— Mais... de tout.

— Alors?

— Alors, monsieur, beaucoup de choses ont commencé... J'entrais dans un nouveau domaine. Pendant toute mon enfance, j'avais été repoussée par tout le monde. Pensez! Une demi-bossue! J'avais souvent des haines intérieures épouvantables. J'aurais tout cassé... ma tête en tournait, et je devais m'asseoir... Puis je suis devenue très « calée »; (un cri de révolte) mais je restais tout de même une bossue, une sale bossue! Et je devenais une jeune fille, fréquentant les garçons! Tous m'ont repoussée aussi... sauf deux ou trois, qui me protégeaient... Et je ressentais leur protection comme une insulte supplémentaire. J'étais très désagréable avec eux parce qu'ils ne songeaient jamais à...

— Ils ne songeaient pas à votre rôle de femme. D'autant plus que, je suppose, vous leur lanciez vos connaissances comme des seaux d'eau glacée?

— Je voulais abattre leur supériorité de mâles.

— Et ça n'a pas duré.

— Non, monsieur. Ils m'ont abandonnée, et je me suis retrouvée seule.

— Quand avez-vous commencé la masturbation?

— (Jacqueline rougit violemment. Elle crispe les mains; se lève à moitié. Mais son « intellectualisme » se doit de considérer froidement le problème sexuel. Elle se rassied, et continue)... Vers quinze ans.

— Remords?

— Pas tout de suite. Plutôt de la haine. Je me vengeais toute seule, parce que je m'épuisais davantage. Mais j'étais dans une école catholique; un jour, un prédicateur étranger a fait un sermon. Il a parlé de la chair. J'avais quinze ans, vous savez... Je l'entends encore tonner. Tout cela semblait sans pitié... Et jamais je n'ai osé avouer ce que je faisais. C'étaient alors des confessions et des communions sacrilèges.

— Votre confesseur aurait pourtant compris, Jacqueline!

— Oui, monsieur. Mais j'avais quinze ans... Et après chaque communion sacrilège, j'avais l'impression (c'était atroce) que tout allait m'anéantir. Je croyais être foudroyée à chaque pas. Je me sentais pourrir à l'intérieur. C'était tellement fort que je croyais porter une odeur nauséabonde et que je m'inondais de parfum pour qu'on ne s'en aperçoive pas... La vue d'un prêtre me faisait trembler... Je croyais avoir les plus sales maladies possible, je consultais pendant des heures tous les ouvrages de médecine... Dans la rue, il me semblait que (j'étais comme folle) les agents de police me suivaient du regard... Cela a duré cinq ans; cinq ans, monsieur! Et je supportais cela toute seule, dans la vie courante, mes parents ne savaient rien, ne se doutaient de rien. J'avais souvent des évanouissements, des vertiges, des pertes de mémoire. Je n'ai jamais osé dire quoi que ce soit à personne, sauf aujourd'hui... et c'est beaucoup moins difficile que je ne le croyais... C'est alors, au bout de cinq ans, que j'ai rencontré un ami d'enfance qui avait quitté le pays à l'époque... Il a été tellement gentil, tellement naturel, que... j'en ai été bouleversée... une gentillesse, vous comprenez?... Je ne lui ai pas parlé de tout ceci, mais de ma dépression... il m'a forcée gentiment à vous voir... et voilà... me voici... monsieur; je ne sens plus mon corps, tellement je suis fatiguée... mais je me sens moins monstrueuse d'avoir dit tout cela... et surtout, je sens que vous ne me jugez pas...

Jacqueline, maintenant, est mariée et heureuse. Conte de fée? Pas du tout. Mais histoire de chaque jour humain. Trois sciences sont intervenues dans sa guérison :

La médecine en premier lieu, pour rétablir l'état général nerveux de Jacqueline. En même temps un traitement psychologique *en profondeur* extrayait les complexes, comme des dents cariées. Il s'agissait d'éliminer dix années d'angoisses, de refoulements, de haines, de crispations... Il s'agissait de redresser une sexualité faussée. Apprendre la détente, l'économie des forces. Ensuite, un médecin réussit à réduire la scoliose. Tout cela fut fait avec la collaboration enthousiaste de la jeune fille; tout cela fut fait, et réussi! Bonne vie, Jacqueline!...

L'épuisement et l'agitation

J'ai dit que l'épuisement provoque :

a) la dépression

b) l'agitation.

Dans l'agitation apparaissent deux grands symptômes :

a) les réactions aux circonstances sont *désordonnées* et nettement *exagérées* (réactions musculaires, torrent de paroles, etc.);

b) l'agité donne l'impression d'être le jouet de ses impulsions, sans posséder le *frein* nécessaire pour que se fasse l'adaptation équilibrée.

Le comportement de l'agité devient une série de *décharges brusques*, qu'il ne parvient pas à contrôler. La « maîtrise de soi » disparaît.

Disparaît également l'aisance harmonieuse que donne une vitalité normale. Les gestes sont rapides et saccadés; la parole devient un torrent. Des tics apparaissent (tics de gestes, tics de langage); des mimiques brusques, des spasmes avec douleurs, des crampes, etc. Tout cela, selon le degré d'agitation évidemment.

Je signale ceci : *ces réactions agitées sont très souvent confondues avec un « trop-plein » d'énergie... Or, il s'agit exactement du contraire.*

Attention ici! On croit souvent que la « maîtrise de soi » consiste-à serrer les mâchoires pour « se mater ». Cela est totalement faux. Si se maîtriser demande un effort, c'est qu'il n'y a pas maîtrise de soi. *La maîtrise de soi disparaît dès que l'effort apparaît.* La vraie maîtrise est égale à l'aisance. Elle doit apparaître sous l'effet d'une énergie harmonieusement répartie.

Dans ce sens, elle est comme la volonté : si l'individu doit faire appel à la volonté ou à la maîtrise de soi... c'est qu'il en manque. Sinon, pourquoi devrait-il l'appeler?

Sans entrer dans des détails purement neurologiques, il est nécessaire de connaître un très important mécanisme de la formidable horlogerie nerveuse. Car, nous allons voir que, de ce mécanisme, peuvent être tirées des conclusions qui englobent l'équilibre, la santé, la façon quotidienne de vivre ou l'éducation.

On croit généralement que, lorsqu'on pense à quelque chose, la totalité du cerveau travaille. Or, c'est faux. On croit que, si on se concentre sur un problème, tout le cerveau travaille intensément. C'est encore plus faux.

Dans la concentration, seule une petite partie du cerveau est en activité; tout le restant est bloqué, et dort. Nous allons voir pourquoi. Nous connaissons tous l'homme qui se « concentre » sur une lecture ou sur une étude; il n'entend rien en dehors d'elles. Les paroles, les radios, les conversations ne semblent même pas exister. On connaît aussi le cas du professeur « distrait » (c'est-à-dire concentré sur un problème) et qui ne verra pas une voiture le frôler à toute vitesse. Si nous allons plus loin, nous tombons dans le cas de l'idée fixe; la personne ne remarque rien hormis son idée. Pourquoi?

UN MAGNIFIQUE MÉCANISME.

Dès que le système nerveux reçoit un « message », il déclenche automatiquement deux grandes réactions :

a) Il canalise le message vers les centres nerveux directement intéressés par ce message. C'est le phénomène de *dynamogénie :* (de dunamis = force; et gennân = engendrer). Cette canalisation permet l'excitation des centres nerveux intéressés. A son tour, cette excitation nerveuse permet la puissance exigée par l'action du moment.

b) *En même temps*, le système nerveux *bloque* les centres nerveux qui n'ont rien à voir avec l'action du moment. Il provoque ainsi un arrêt de toutes les formes de comportement qui ne sont pas intéressées par l'action.

C'est le phénomène d'*inhibition* : (de inhibere = retenir).

Cette inhibition est donc un blocage, donc un *sommeil.*

Les parties du cerveau ne participant pas à l'action du moment dorment.

Comme ceci :

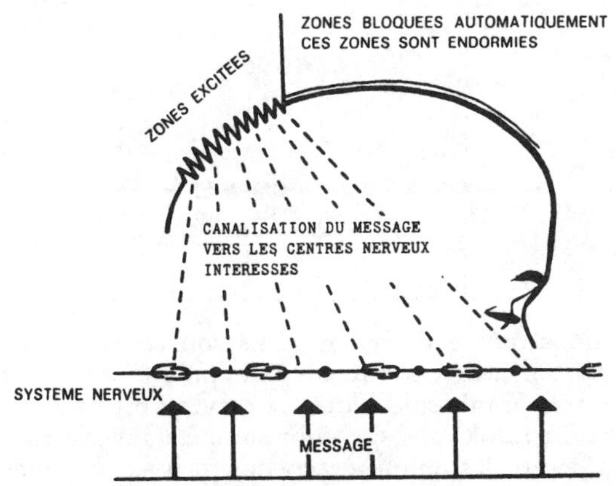

Exemple : supposons que nous assistions a une conférence.

a) le conférencier est un point qui émet des messages (visuels, auditifs, etc.);

b) le système nerveux draine ces messages vers les centres nerveux intéressés;

c) ces centres nerveux sont excités; l'excitant arrive aux centres sous forme d'impulsions électriques. L'homme fait alors attention, ou se concentre;

d) *en même temps*, les parties du cerveau qui ne sont pas intéressées par les messages du moment, dorment. Le restant de l'écorce cérébrale cesse donc de fonctionner (inhibition).

■ *Retenons donc la règle suivante :* l'excitation de certains centres nerveux est accompagnée automatiquement du blocage des autres. Dans le cerveau : *plus* la zone d'excitation est réduite, plus les zones bloquées sont étendues. Voici d'ailleurs quelques schémas montrant les conditions de lucidité maximum du cerveau; et par conséquent, de blocage (sommeil) minimum.

La rêverie.

Dans la rêverie, le cerveau n'est sollicité par aucun sujet particulier. C'est un état d'abandon; le sujet est spectateur

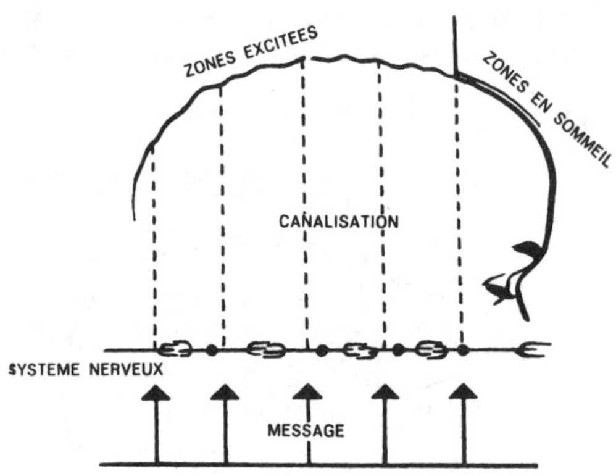

des sensations qui se déroulent dans son cerveau. Le rêveur n'a son attention attirée par aucun point précis. Les « messages » sont donc très nombreux. Donc, le cerveau est ouvert, éveillé au maximum; le blocage est minimum. La rêverie est parfois un refuge pour les faibles; cependant il existe une forme supérieure de rêverie : c'est la méditation.

La méditation.

La méditation est nerveusement semblable à la rêverie. Je sais que l'on confond souvent « méditation » et « concentration ». Or, rien n'est plus faux. La véritable méditation ne consiste pas à penser (avec effort) à quelque chose de précis. Au contraire, la méditation laisse « flotter » le cerveau autour d'un thème général. L'homme en méditation est passif; son cerveau reçoit le maximum de sensations. C'est donc une rêverie « en profondeur ». Etant donné le « flottement » du cerveau et le nombre de centres nerveux en action, les idées se déroulent facilement. L'esprit se recueille en une sorte de « fermentation » généralisée, et sans le moindre effort. L'esprit s'étend avec aisance à toutes choses. La réceptivité et la lucidité sont magnifiques.

La méditation est probablement le degré le plus élevé de la pensée humaine. Pensée lucide, très élargie, très étendue, pleine d'aisance. La réceptivité est au maximum; tandis que le blocage est minime.

L'attention.

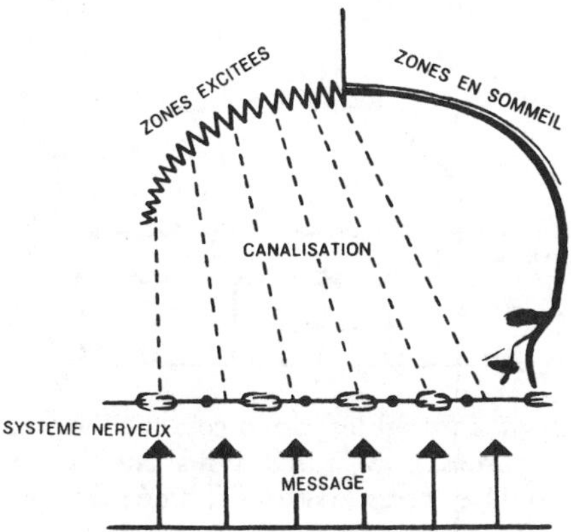

Faire attention signifie : faire attention à quelque chose. Ici, l'esprit se fixe déjà sur quelque chose, sur un ou des points précis. (Une conférence, par exemple.) L'attention est une sorte de concentration faible. Puisque l'attention se dirige vers un point précis, les messages sont canalisés vers certains centres nerveux. Le blocage des autres se fait donc immédiatement. Il existe évidemment divers degrés d'attention; ils vont de l'attention dispersée (écolier distrait) à l'attention fixe (conférence écoutée avec intérêt). Si nous allons plus loin, nous tombons dans la concentration.

La concentration.

La concentration consiste à fixer sa pensée avec *effort* sur un point *unique*. (Un problème difficile, par exemple). La zone du cerveau en activité est alors très réduite; ce qui est normal, puisque l'attention est fixée en un seul point (donc un seul message). Par conséquent, les zones bloquées sont très étendues. C'est au cours d'une forte concentration que la plus grande partie du cerveau dort. Cela nous explique pourquoi l'homme qui se concentre ne remarque rien autour de lui. Il ne remarque rien, parce que les zones bloquées de

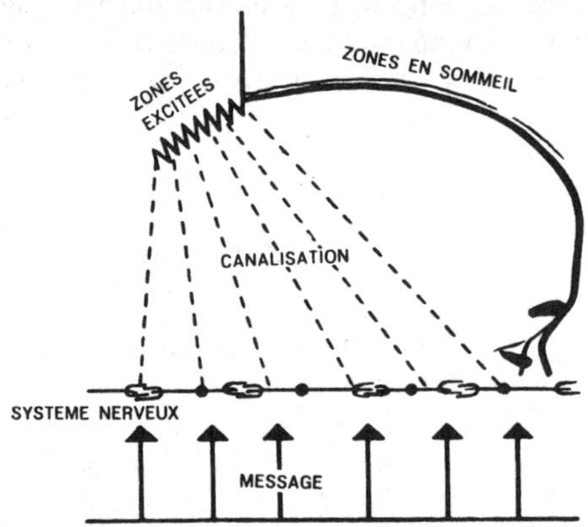

son cerveau sont incapables de recevoir d'autres messages, (bruits, radio, paroles). Si nous poussons la concentration jusqu'à la pathologie, nous arrivons à l'idée fixe.

L'idée fixe.

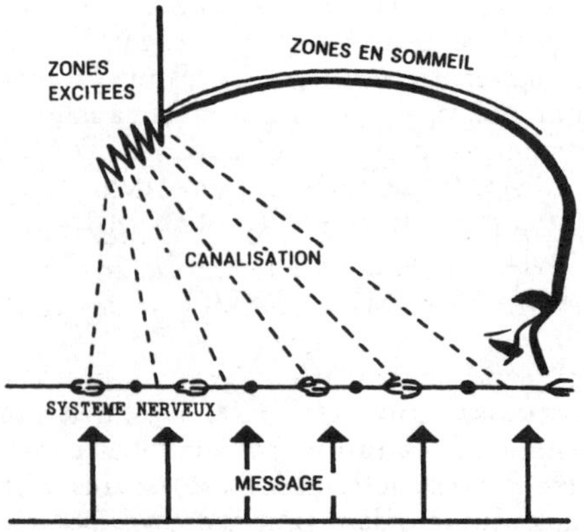

L'idée fixe, (de même que l'obsession, les ruminations mentales, etc.) sont des concentrations involontaires et maladives. Elles restent perpétuellement fixées sur le même sujet. D'où très forte excitation de quelques centres du cerveau, qui travaillent *jusqu'à épuisement*. L'idée fixe représente un seul message, toujours le même : donc, une très petite partie du cerveau est en activité exagérée; tout le restant dort. On sait d'ailleurs que le sujet atteint d'idées fixes est incapable de remarquer quoi que ce soit en dehors d'elles. J'en reparlerai.

En résumé.

	Zones du cerveau en activité	Zones du cerveau bloquées	Champ de lucidité et de conscience
Rêverie et Méditation	Etendues	Réduites	Grand
Attention	↓ de moins en moins étendues	↓ de plus en plus grandes	↓ de plus en plus rétréci
Concentration			
Idée fixe, obsession rumination mentale.	Très réduites	Etendues	Presque nul

Si une concentration dure trop longtemps.

Nous savons tous que la concentration est une action fatigante. C'est évident, puisque les centres nerveux en activité sont soumis à une forte excitation. Ils s'épuisent donc très vite. C'est pourquoi l'on voit des étudiants qui « bloquent » leurs cours (concentration), céder brutalement au sommeil. Fatigue générale? Non. Mais, épuisement des centres nerveux en très grande activité prolongée.

Toute concentration doit donc être coupée de distractions. Pourquoi? Une distraction est, évidemment, une circonstance différente de la concentration initiale. Cette distraction est donc un autre « message ». Elle sera canalisée vers d'*autres* centres nerveux (qui, pendant la concentration, étaient inhibés : donc, en sommeil). Ces centres nerveux seront excités à leur tour; tandis que les centres qui travaillaient pendant la concentration deviennent inhibés, se reposent et récupèrent.

La concentration empêche la lucidité.

Qu'est-ce que la lucidité ? C'est une perception nette, étendue; c'est une vigilance paisible qui s'étend dans de multiples directions. Cette lucidité exige (on le comprend) le fonctionnement d'un grand nombre de centres nerveux. Un homme qui se concentre est donc aux antipodes de la lucidité... puisque les trois quarts de son cerveau sont inactifs!

Je sais que la concentration est parfois nécessaire. Mais voyons bien ceci : quand un homme doit-il se concentrer? Quand il éprouve de grandes difficultés à la compréhension d'un problème. *Concentration signifie donc gros effort. Gros effort veut dire « manque de maîtrise ». Ce manque de maîtrise, à son tour, montre un manque d'aisance et d'étendue de pensée.*

Quelle est la conclusion? Que l'aisance mentale, une fois de plus, est primordiale. Elle élimine la nécessité de se concentrer. Elle permet de *jongler* avec le problème. Elle permet de voir (comme la méditation) des données lointaines qui se rapportent à lui. De plus, l'aisance évite la fatigue, puisqu'elle laisse ouvert un très large champ de conscience! De très nombreux messages peuvent donc toucher un cerveau très éveillé, dont la lucidité s'étend parfois jusqu'à l'infini...

Les crampes mentales.

L'entêtement, l'obstination, les opinions acharnées *subissent le même mécanisme*. L'entêtement et l'obstination sont semblables à l'idée fixe. La personne est possédée par une opinion exclusive, par une prévention, par un préjugé, qui deviennent un clou planté dans son mental. Cet entêtement est donc un « message » unique, qui suit les mêmes lois *nerveuses* que la concentration et l'idée fixe... petite partie du cerveau qui travaille; grande partie qui dort...

Je crois inutile de dire *qu'un obstiné manque absolument de lucidité*, par le rétrécissement du champ de conscience. Si l'on veut, l'entêtement est un état involontaire de concentration... sans le moindre résultat pratique.

Nous connaissons tous des gens qui ne connaissent que très peu de choses, mais s'y cramponnent avec l'énergie du désespoir. Bien sûr, quand on ne possède que quelques idées fixes, on y tient comme à quelques maigres francs que l'on aurait en poche. De plus, combien de gens sont obstinés, parce que leur état « intérieur » tourne autour de problèmes affectifs qui n'ont jamais été liquidés? Qui sont devenus des sortes de crampes mentales?

Et voyez-vous, le grand malheur est que ces gens dorment. Mais comme tous ceux qui dorment, ils ne se rendent pas compte de ce qu'ils font... Et ils tournent en rond, bloqués sur des opinions-crampons, comme des écureuils en cage... et se croyant lucides. Mais comme toute obstination bloque une grande partie de leur cerveau, aucun autre message ne peut les atteindre. Avez-vous déjà désespérément tenté de convaincre un obstiné?

De plus, le mot *obstination* a un sens plus étendu qu'il ne semble. Un homme qui se fixe sur des opinions préjugées est un obstiné. Un homme qui ne connaît que peu de choses et s'y accroche est un obstiné. Un homme qui tourne sans cesse sur le même problème intérieur est un obstiné. Un homme qui se crispe intérieurement est un obstiné. Un homme qui est incapable de voir autre chose que son « Moi-Je » est un obstiné!

Etre dégagé.

Notre rôle d'homme exige que nous nous posions sans cesse des questions. Soyons donc toujours en éveil au sujet de nos obstinations possibles... Demandons-nous : en ce moment, n'ai-je pas une obstination? Même si je ne la vois pas immédiatement? Ne suis-je pas obstiné parce que je suis fatigué, ce qui diminue mon champ de conscience? Ou parce que je suis crispé? Ne suis-je pas obstiné parce que tel problème me fait peur? Parce que tel problème correspond à une chose que j'ai toujours refoulée? Ne suis-je pas obstiné parce que je me raidis par timidité? Parce que je suis agressif? Parce que je me sens inférieur et que je désire m'imposer? Ne suis-je pas obstiné parce que mon idée représente pour moi une sécurité? Le problème est-il vu en entier? Suis-je certain de ne pas l'examiner à travers une partie faussée de mon « Moi »?

Car, dès que l'étendue de la lucidité diminue, l'obstination risque de naître. Nous voyons ainsi combien il est important d'être *dégagé* de tous les crampons mentaux et de tous les comportements commandés par une affectivité faussée ou figée. Combien il est important d'être sans cesse en éveil; en éveil large, calme, étendu comme un radar qui fouillerait les horizons... Combien il est important d'être *à l'aise;* à l'aise physiquement, à l'aise mentalement; d'élargir le champ de vision; de faire extirper de soi tout ce qui diminue le champ de conscience, et ferme une trappe sur le cerveau, le séparant ainsi de ses possibilités humaines...

Comment le système nerveux provoque dépression ou agitation.

Le système nerveux peut être considéré comme un gouvernement. Comme un coordinateur, qui aiguille l'excitation (dynamogénie) et le sommeil (inhibition) selon les besoins du moment.

Que se passe-t-il dans l'épuisement? Ce gouvernement, *empoisonné* de fatigue, laisse passer les messages sans contrôle. Et c'est l'anarchie totale. Le bon fonctionnement de l'écorce cérébrale dépend évidemment de cellules nerveuses en bon état. Dépend aussi de la correction des aiguillages faits par le système nerveux.

S'il y a épuisement, ces canalisations seront réparties anormalement. Dans le cas qui nous occupe, il y a donc :

a) ou bien prépondérance anormale de l'inhibition; c'est la *dépression ;*

b) ou bien prépondérance anormale de l'excitation; c'est *l'agitation.*

Dans l'agitation, les centres nerveux réagissent exagérément aux messages qu'ils reçoivent; *l'inhibition normale ne se fait plus.* L'agité devient incapable de réprimer les impulsions inutiles. Ses mouvements semblent déclenchés par de puissants ressorts, alors que les circonstances (messages) ne le demandent nullement.

De plus, le comportement de l'agité montre bien que le contrôle de sa volonté est nettement déficient. Pourquoi? Parce que la volonté réelle exige un fonctionnement correct des cellules cérébrales (aisance), dépendant à son tour du fonctionnement harmonieux du système nerveux tout entier. Et c'est ainsi que l'agité est incapable de *freiner* les multiples réactions commandées par son système nerveux anarchique... Nous verrons d'ailleurs plus tard comment ce « frein » dépend du bon fonctionnement cérébral.

L'agité « se sent mieux » que le déprimé.

Dans l'agitation, les idées noires disparaissent, et font place à des sentiments de trop forte joie et d'exaltation. Une formidable vitalité semble se déclencher. Disparaissent : le sentiment d'être incomplet, le sentiment d'être inférieur, le doute, l'hésitation. L'agité ne doute plus, n'hésite plus. Il devient triomphant, sûr de lui. Mais, cependant, de pénibles sensations de grande fatigue demeurent ou augmentent.

Si le déprimé est *trop* calme, (inhibition), l'agité est *trop actif*, (excitation). Mais, cinq minutes plus tard (ou une année...), cette agitation glissera à nouveau vers la dépression; qui sera d'autant plus forte que l'agitation aura épuisé les réserves d'énergie.

L'ÉPUISÉ (AGITÉ) EST PARFOIS RÉCOMPENSÉ.

Croirait-on qu'un épuisé puisse être récompensé? Non pas malgré son épuisement, *mais à cause de lui?* Voyons cela de plus près, et regardons à nouveau le tableau de la page 19 en observant spécialement la partie de droite.

L'agité s'agite. C'est évident. En s'agitant, en courant, en parlant, en paraissant sûr de lui, il semble bourré d'activité, d'énergie, de force.

La société l'observe *extérieurement*. Elle voit donc la croûte du gâteau, mais non la pâte. C'est une première chose.

Deuxièmement : souvent la volonté et l'énergie sont considérées faussement comme ceci :

— beaucoup d'action ininterrompue — effort sans relâche — concentration perpétuelle — serrer les poings — serrer les mâchoires — froncer les sourcils — être infatigable — remuer beaucoup d'air — imposer sa présence.

Si l'on considère ainsi les choses, l'agité présente tous les aspects de l'énergie et de la volonté! Il sera donc classé dans le camp des « énergiques » et des « volontaires ». On ne songe même pas qu'un bûcheron, fort et calme, ne s'amuse pas à faire cent gestes au lieu d'un seul.

Or, c'est cela que fait l'agité.

On prend donc fréquemment l'apparence pour la réalité.

On croit que l'agité est :

— Très fort; *or*, il est affaibli (hyper-excitation par déficience nerveuse).

— Très énergique; *or*, il manque d'énergie.

— Infatigable; *or*, il semble infatigable parce qu'il n'est plus capable de se reposer (excitation) [1].

Quel est donc l'aboutissement de ces fausses interprétations?

[1] L'agité est incapable de se reposer, puisque les excitations sont trop fortes. Il en devient capable au début de la guérison. Cela semble un paradoxe : c'est à la fin de la maladie qu'il sent à nouveau la fatigue. L'épuisement s'en va : et la fatigue la vraie fatigue, saine, normale, agréable, apparaît.

On l'admire et on le récompense, parce qu'on le croit super-actif et super-volontaire. On dit aussi qu'il fait efforts sur efforts. Mais il ne lui est pas possible de faire autrement! Je répète que *l'effort apparaît dès que la maîtrise disparaît.*

Un pianiste, maître de son clavier, jouera sans effort une étude de Chopin. Il est maître de sa matière, et en état d'aisance. Si la fatigue apparaît, la maîtrise et l'aisance disparaissent. L'effort et la concentration deviennent nécessaires.

A ce moment, le pianiste n'est plus maître de son Etude; mais cette Etude devient maître de lui! Le pianiste ne la « joue » plus, mais il tente de la « mater »; c'est-à-dire de se mater lui-même, parce qu'il sent que l'aisance indispensable s'en va...

SOUVENT, L'AGITÉ MÉPRISE LE DÉPRIMÉ.

Si ce n'était triste, je trouverais cela du plus haut comique, puisque l'agité et le déprimé sont nerveusement semblables. En comparant avec une pièce de monnaie, je pourrais dire : la dépression est le côté « pile », et l'agitation le côté « face ». La dépression et l'agitation ont la même base; seuls les comportements extérieurs sont différents.

Nous verrons d'ailleurs le même jeu dans la timidité et l'agressivité.

Or, que se passe-t-il? Le déprimé, lui, a un comportement extérieur qui traduit nettement son état intérieur. Ce qu'il est à l'intérieur, il le paraît à l'extérieur. Il est déprimé; on voit qu'il est déprimé, tout semble donc normal : nous avons affaire à un déprimé *authentique*.

Mais il n'en est plus de même chez l'agité, loin de là! Bien qu'il soit un déprimé, son comportement extérieur semble dire exactement le contraire... Nous l'avons vu. On considère fréquemment, qu'il possède beaucoup d'énergie. Et j'ai vu nombre d'agités se prendre au jeu... et considérer que cela était vrai. Puis se fait le raisonnement suivant : « si j'ai acquis beaucoup d'énergie, si j'ai une super-activité, c'est parce que je l'ai voulu. J'ai serré les poings, et ça n'a pas traîné! »

Cela n'a pas traîné, en effet. Le système nerveux détraqué a tout simplement changé ses aiguillages; l'inhibition exagérée est devenue excitation tout aussi exagérée... Or, l'agité est plus fatigué encore que le déprimé authentique. C'est normal : le déprimé « inhibé » ralentit ses actions et traînaille. Tandis que l'agité, lui, parle, court, agit sans cesse, gaspille capital et revenus... Tout cela sans compter, parce qu'*il ne connaît plus son état réel et profond.* Que fait-il alors? Il méprise son frère, le déprimé. Pourquoi? Parce qu'il le juge « incapable de surmonter sa dépression et de prendre le taureau par les cornes... »

Nous avons alors affaire à deux frères jumeaux dont l'un dirait à l'autre : « Moi?... je ne te ressemble plus. » — C'est absurde, et c'est dommage. Non seulement pour le climat d'incompréhension dans lequel reste plongé le déprimé inhibé; mais aussi pour le jeu faux que joue le déprimé-agité; et cela avec la meilleure foi du monde. Mais l'épuisement est là qui veille, jusqu'au jour où le système nerveux change à nouveau ses aiguillages. L'agité retombe alors dans la dépression. Et j'en ai vu beaucoup pour lesquels c'était le commencement de la compréhension, de la sagesse, du réapprentissage de la vie.

Le cas d'un ouvrier d'usine.

Nous sommes dans une usine... mettons de production de papier. A la rogneuse, un jeune ouvrier. Pendant huit heures, il prend des rames de papier (cinq cents grandes feuilles), placées derrière lui. Il les soulève avec un « han » de tout son être. Les dépose sur une autre table située à sa droite. Règle la machine. Pousse un bouton. Le papier étant rogné, coupé et recoupé, il reprend les paquets et les pose sur d'autres, déjà préparés. Tout cela est donc le travail normal d'un ouvrier rogneur.

Observons-le de plus près :

Cet ouvrier abat trois fois plus de travail qu'un ouvrier normal, accomplissant le même travail. Notre ouvrier est très maigre, plein de tics. Il transpire. Tout son comportement montre l'effort. Toutes les deux minutes, il boit à même sa gourde. Consultons son dossier médical : asthénie, faiblesse, dépression nerveuse, surmenage.

A côté de cela, voyons ses cotes de travail : *nombreux points de mérite au travail;* points de mérite à la production; récompenses annuelles. J'interroge son chef : « Celui-là? Un phénomène! Il abat du travail comme pas un! Il n'arrête jamais, vous pouvez m'en croire! (je le crois!) Il court tout le temps, *à croire qu'il est infatigable!* Il produit à tout casser; c'est le meilleur ouvrier de l'équipe!... »

Dans ce cas, c'est l'ouvrier le plus rapide... parce que le plus malade

Je l'interroge :

— ... J'ai vingt-trois ans, et j'ai deux enfants.

— A quel âge vous êtes-vous marié?

— A vingt ans.

— Hum!... vous n'avez pas attendu longtemps!...

— (Il sourit)... oh! je ne me suis marié... parce que j'aimais ma fiancée, bien sûr. Mais...

— Mais?...

— Mais aussi pour fiche le camp de ma famille.

— Ce qui est, hélas, courant.

— Oui, je sais. Je dois vous dire que j'ai été élevé par la deuxième femme de mon père.

— Avez-vous connu votre mère?

— Non.

— Comment était votre père?

— Oh... un dictateur, terriblement autoritaire. Il me faisait toujours sentir mon manque d'intelligence; et pourtant je savais, moi, que je n'étais pas bête! Est-ce que vous me trouvez bête?

— Certainement non. Il suffit de vous regarder.

— Merci.

— Pas de quoi. Si vous êtes intelligent, ce n'est pas de votre faute, n'est-ce pas? Alors, pas de quoi vous en vanter.

— C'est vrai, ça, au fond.

— Alors, on continue?

— Oui. Au fond, je crois que mon père m'aimait, mais il était « de caractère faible »; vous voyez?

— Je vois. Sinon, il n'aurait pas été despotique, mon vieux. Et sa seconde femme ne vous aimait pas.

— Ne m'aimait pas? Elle me détestait. Elle ne ratait jamais une occasion de m'humilier, d'essayer de me faire croire que je n'étais rien, que j'étais un obstacle entre elle et mon père; pas un jour sans me sentir rejeté et haï, tout seul, dans mon coin, avec interdiction formelle d'en sortir. Et j'ai vécu quinze ans comme ça.

— Jour après jour.

— Tout juste. Jour après jour. Et il y en a des jours! C'est tellement... tellement fort... tellement désespérant qu'on ne peut pas l'expliquer. On n'a qu'un désir, s'échapper. Vous me comprenez?

— Bien sûr. Avez-vous une religion?

— Je n'en ai pas, ou plutôt, je n'en ai plus. Mais j'ai été élevé dans le protestantisme. Ce n'est pas drôle, quand on y réfléchit. Serré, qu'on est... alors pour me venger, je volais du sucre et des bonbons, que je suçais dans mon coin. Je me souviens bien que je me disais : « c'est toujours ça que j'ai et vous n'en savez rien! »

— Bien sûr. Comme d'autres se masturbent pour la même raison.

— Je le faisais aussi.

— Beaucoup?

— Oh... presque tous les jours.

— Avec sentiments de culpabilité? Je veux dire : vous sentiez-vous coupable?

— Oui alors... Nom d'un chien, oui!

— Coupable envers qui? Votre religion? Votre père?

— Ben... c'est difficile à dire... J'avais le sentiment de détester mon père, mais...

— Mais vous vous sentiez coupable de le détester, parce qu'il était votre père. Vous sentiez-vous coupable de détester sa femme?

— Oh non, sûrement pas. Là, j'y allais de tout mon cœur! C'est tout ce qui me restait!

— Vous aviez peur de votre père?

— Oui... ça ne manquait pas. Chaque fois qu'il apparaissait, j'avais une crampe d'estomac. A table, j'avais toujours envie de vomir. Finalement, le moindre bruit me faisait sursauter... Et, c'est bizarre... je tenais tout de même à l'estime de mon père...

— Mon vieux... on tient toujours à l'estime de quelqu'un... et vous n'aviez que lui... et vous essayiez malgré tout de le placer sur un piédestal. Avez-vous eu des dépressions nerveuses chez vos parents?

— A quinze ans. On m'a ordonné un séjour, seul, à la campagne; mais il n'y avait pas assez d'argent, vous voyez? Et puis je travaillais déjà.

— Alors?

— Alors? C'a été infernal. « Dépression nerveuse »? qu'ils ont dit, dépression nerveuse? Qu'est-ce pour une imbécillité, ça? Tu as mal quelque part, oui? Tu as mal au ventre? A l'estomac? le docteur nous a dit que c'était nerveux! Alors, c'est de l'imagination! Tu n'as qu'à faire un effort! Compris? Je t'en ficherai, moi, de la dépression nerveuse! » Et hop en avant... j'ai dû continuer. Je ne sais pas comment j'ai pu le faire. Vous comprenez?

— Mon vieux... bien sûr...

— Alors, voilà.

— Encore une question. Vous avez peur de votre père?

— Oui, je l'ai déjà dit. Pourquoi?

— Et maintenant, avez-vous peur de votre chef?

— De mon chef? Oui, je n'ai pas à le cacher. Un gueulard comme ça... j'ai l'impression d'avoir affaire à mon père...

Tout est devenu clair et triste d'incompréhension humaine. Le produit de cette incompréhension se trouve maintenant derrière une machine de production accélérée. Sous les yeux d'un chef criard, agressif, sans cesse en alerte.

Alors, l'ouvrier rogneur, émotif, peureux, tremblant, agité, travaille à fond. Sans arrêt. Peur d'être « mal vu ». Peur perpétuelle de perdre son emploi. Peur d'une remarque de son chef, qu'il ruminerait alors pendant des jours et des nuits. L'ouvrier travaille. Vite. Impeccablement. Plus vite. Plus impeccablement. La machine tourne à fond. La production monte. Et comme la production se traduit par des points de mérite en fin d'année, l'ouvrier-rogneur n'a qu'à ouvrir son sac. Les points y tombent sans difficulté. Et sur sa veste trempée de peur et d'émotion, on piquera probablement une médaille, récompense absurde d'une incompréhension absurde...

Le traitement de la dépression

Avant tout, rechercher :

a) la nature de l'état dépressif; je répète que « dépression » est un terme général. Il faut donc soulever la croûte pour découvrir la plaie.

b) les *causes* de cette plaie. C'est de là que partira le traitement. Un examen médical très complet est indispensable (notamment nerveux, humoral, rénal, hépatique). Ensuite, un examen psychologique décèlera si des motifs mentaux ont provoqué l'épuisement et la dépression. La psychologie est applicable également si des troubles moraux ont suivi la dépression physique.

Nous connaissons les deux grands phénomènes nerveux : la *dynamogénie* et *l'inhibition*. Le rétablissement de cette admirable balance nerveuse sera le but final du traitement.

Ce traitement psychologique doit se faire en profondeur. C'est évident. Une psychothérapie de surface ne servirait à rien. Elle collerait simplement une emplâtre sur une jambe de bois.

Mais, *en attendant* les effets de ce traitement profond? Le déprimé devra être immédiatement aidé. Et cette aide immédiate viendra de l'extérieur (psychologue ou médecin). Il est presque impossible au déprimé de s'aider lui-même. Parce que sa possibilité de volonté et de conscience est réduite, par l'anarchie de son système nerveux. *Il veut bien vouloir; mais il est incapable de vouloir*. De plus (et ceci est important), existent en lui des « prismes », mal placés et déformant toutes les circonstances qui passent à travers ces « prismes ». Le déprimé se voit donc lui-même d'une façon déformée. La première tâche du psychologue sera de les redresser, afin que le déprimé puisse commencer à s'observer avec justesse.

Ces aides de surface seront évidemment apportées *en même temps* que se fera le traitement en profondeur. Elles permettront de ne plus disperser aux quatre vents une énergie indispensable à un redressement profond.

QUELS SONT LES PRINCIPAUX GASPILLAGES D'ÉNERGIE?

La dispersion des efforts.

Un déprimé, dit-on, « vit au-dessus de ses moyens ». On devrait plutôt dire qu'il jette son capital par les portes et fenêtres, parce qu'il ne peut pas agir autrement. Le déprimé est souvent caractérisé par un affaiblissement cérébral, qui l'empêche de faire la synthèse des circonstances. Il n'a pas de volonté généralisée et durable; mais il a *des* volontés, *des* désirs; il entreprend *des* actions en quantité, tout en étant incapable de terminer et de liquider ces actions. D'où grande fatigue et manque d'envergure. Il manque donc de volonté normale parce que son énergie n'est pas harmonieusement distribuée.

Notons que ceci est valable également pour l'agitation. *Un agité est un déprimé excité;* toutes les règles à observer dans la dépression sont valables dans l'agitation.

Il faudra donc leur demander de dépenser moins, afin d'accumuler un capital d'énergie. Ils apprendront à vivre (temporairement) avec les moyens du bord. Ils devront rétrécir leur champ de vie; les décisions que doivent prendre les déprimés sont souvent pour eux une énorme dépense d'énergie. Donc, pendant un certain temps, il arrivera que le psychologue doive prendre ces décisions; ce qui permettra aux déprimés de se laisser « flotter », et d'éviter d'épuisantes hésitations. Ils pourront avoir l'impression d'une « petite vie terne ». Impression désagréable, peut-être, mais nécessaire et strictement temporaire. Cependant elle permet au traitement de produire ses pleins effets. Je ne conçois pas, en effet, un automobiliste allumant les grands phares pendant la charge de la batterie! Ne vaut-il pas mieux que l'on mette la lampe en veilleuse pendant qu'on verse de l'huile?

On parle beaucoup de *l'entraînement* à faire subir aux déprimés. C'est évidemment très bien! Mais ils sont, neuf sur dix, incapables de suivre un entraînement progressif, puisque celui-ci est réservé aux bien-portants et aux convalescents. En psychologie, on s'aperçoit d'ailleurs de ceci : dès que le traitement profond commence ses effets (au bout d'un mois environ) le déprimé commence à agir tout seul et sans l'aide de personne. Pourquoi? Parce qu'il commence à regrouper ce qui était dispersé. Donc, il commence à s'intéresser à ce qui l'entoure. *Et comme il est intéressé, il agit.* Agir est un acte automatique dépendant de la force retrouvée. On constate alors que le déprimé recommence à faire son ménage, à vouloir, à décider, à avoir de l'ordre; qu'il se lève plus tôt, qu'il se désintéresse de plus en plus de tout ce qui le hantait auparavant. Ce qui est tout à fait normal.

Les déprimés centrent leur attention sur certains troubles.

Ici aussi, une somme d'énergie est dépensée en pure perte. La plupart des déprimés, par exemple, ont une véritable obsession de la fatigue. On s'est battu longtemps, afin de savoir si la *fatigabilité* des déprimés était réelle ou exagérée. Fallait-il appliquer le repos absolu, ou fallait-il leur ordonner l'action? Je pense que la question est sans grand intérêt. Le problème est celui-ci : *Quelles sont les actions épuisantes pour tel déprimé?* Quelle en est la cause? S'agit-il d'actions émotives personnelles? Du milieu familial? Du milieu religieux? etc...

Il est inutile, par exemple, d'ordonner un repos complet dans la famille, si cette famille est la cause initiale de la dépression. Il arrive fréquemment aussi que se confiner au lit est pour le déprimé une fuite devant certaines responsabilités. Ou devant certaines situations. Retirez le déprimé de cette situation (familiale, par exemple) et vous le voyez immédiatement reprendre l'action. Tout ceci pour montrer que la recherche des causes doit être poursuivie sans trêve ni repos.

La plupart des déprimés sont également obsédés par leurs *troubles gastriques*. Leur dire que ces troubles n'existent pas réellement, serait mentir. Ces troubles existent. Dans la dépression, la sécrétion des glandes gastriques est diminuée; l'estomac manque de tension musculaire nécessaire; la stagnation des aliments s'y prolonge; d'où fermentation anormale. La digestion est lente, incomplète. Les déprimés sont toujours occupés à mal digérer. Et c'est un cercle vicieux : l'affaiblissement nerveux provoque une mauvaise nutrition; et cette mauvaise nutrition restaure mal l'énergie dépensée. D'où intoxications qui vicient le sang, et augmentent la débilité des cellules nerveuses. Ici donc, un examen médical approfondi sera fait. On connaît les troubles amenés par les insuffisances du foie. Troubles de l'humeur, avec parfois, mélancolie. Cauchemars nocturnes, troubles digestifs, légères hémorragies, etc... De même, l'insuffisance rénale peut produire des troubles psychologiques (et réciproquement, puisque des troubles psychologiques peuvent produire une néphrite, ainsi que nous le verrons en « Psychosomatique »).

De toute façon, dans les états dépressifs, on peut considérer que sept fois sur dix, les troubles gastriques sont dus à la dépression elle-même. Et par suite, disparaissent avec elle, Le « centrage » du déprimé sur ses intestins, son alimentation. ses constipations, etc. devra être combattu avec force. Chez certains déprimés, l'obsession finit par se porter sur les aliments eux-mêmes. Le sujet a peur de manger. Et dans certains cas, arrive à l'extrême : il devient super-épuisé et famélique...

Certains autres déprimés « centrent » leur attention sur la langue. Ils ont en poche un petit miroir. Ils le sortent cent fois par jour, et examinent leur langue, qui, disent-ils, est « un reflet de leur estomac, tout de même! »... Or, en général, c'est faux. La couche blanche recouvrant la langue est localisée à l'organe lui-même. Combien de déprimés se font des rinçages de la langue plusieurs fois par jour! Même à l'eau oxygénée! : qui oxyde la langue. Et cette langue, bien sûr, prend une teinte très peu rassurante. Qui à son tour déclenche une frayeur, (peur du cancer, peur de la syphilis, etc...).

Donc, ici également, l'aide devra être immédiate. Les documents médicaux (examens cliniques, radiographies) devront être présentés au malade, et discutés. Il doit être en face de la vérité concernant ses troubles physiques; que cette vérité soit positive ou négative. Et, fréquemment, elle sera négative. Les premiers effets du traitement psychologique en profondeur, faisant disparaître rapidement la plupart de ces troubles (maux de tête, insomnies, cauchemars, etc.) le convaincront alors.

Les grandes dispersions d'énergie seront donc dépistées avec soin. Car le but du traitement dépressif est l'*unification* de la personne [1].

Il s'agit de ramasser en un seul centre les multiples fragments qui tiraillaient la personne en tous sens. Il s'agit de lui donner une *force ;* et pour cela, d'éliminer les milliers de petits morceaux de force qui agissaient dans tous les sens.

Le traitement psychologique en profondeur cherchera autre chose encore.

Tout déprimé à base psychologique est un inadapté.

Tous ces malades sont arrêtés quelque part, bloqués, accrochés à des obstacles qu'ils n'ont pu franchir. Nous verrons le même cas dans le chapitre suivant : La timidité. L'adaptation ne s'est pas faite pour une raison quelconque; or, cette adaptation demandait une modification de leur monde intérieur. La circonstance nouvelle devait s'*ajuster* dans le champ de leur conscience. Toutes les situations difficiles demandent toujours un pareil ajustement. (Par exemple, la vie en famille, où l'ajustement à des situations nouvelles est fréquemment demandé.)

L'adaptation ne se fait pas lorsqu'il y a insuffisance à l'adaptation. Cette insuffisance peut provenir de nombreuses causes : manque d'intelligence, manque de compréhension, mentalité étroite, émotivité, complexes psychologiques déjà existants, opinions trop ancrées, sentiments patriotiques ou religieux faussés, etc.

On peut donc dire : dans ces cas, si l'adaptation ne s'est pas faite, c'est que la *liquidation* de l'action ne s'est pas accomplie. La personne reste alors *fixée* à l'événement traumatique, *et se conduit dans le temps présent avec des émotions passées.*

Quand une situation se liquide-t-elle?

Quand nous avons réagi de telle sorte que cette situation s'est intégrée dans notre personnalité générale. Je pourrais traduire : il y a adaptation, quand la nouvelle situation s'est *diluée* dans le réservoir général de notre personnalité. En

[1] En étudiant Janet, page 122, nous verrons mieux ce que nous entendons par là.

étudiant Janet, nous verrons l'importance de cette dilution et de cette « synthèse » de la conscience. Nous verrons aussi que certaines inadaptations peuvent vivre en dehors de la conscience générale, et mener une existence propre.

Chez le déprimé, toutes les situations non liquidées devront être recherchées, aussi loin qu'elles remontent. Ce sera la tâche des psychologies en profondeur, que nous étudierons plus loin.

Quel est le résultat? La personne *dispersée* devient une personne *unifiée*. Je risque une image : au lieu *d'avoir* des dizaines de petits avions volant sans le carburant nécessaire et tombant vite, il faut *être* un avion solide, capable de revenir se ravitailler à la base, pour repartir vers de nouvelles tâches.

Cela implique donc, une fois de plus, *l'aisance*. Qui implique, à son tour, l'équilibre général, permettant un effort normal et adapté à la tâche du moment.

Pour terminer...

Voici un petit tableau montrant les rapports normaux ou anormaux entre l'action et la fatigue.

Action prolongée →	Fatigue →	Repos →	Action	*Normal*
Action prolongée →	Forte fatigue → (agréable)	Repos (long) →	Action	*Normal*
Action prolongée → ou non	Fatigue (désa- → gréable)	Abrutissement, → sommeil trop profond	Action	*Anormal*
Action agitée →	Epuisement →	Ne plus pouvoir → se reposer	Action agitée	*Anormal*

III

LA TIMIDITÉ

Le professeur Jacques R... pénètre dans le hall luxueux de la Radiodiffusion. Il jette un coup d'œil anxieux à l'horloge : 19 h 30.

A 20 h, Jacques R... fera au micro, le premier de ses quatre exposés...

Dans une demi-heure!

Et déjà, cette fraction précise de temps prend un sens inexorable, physique. Le sens d'une situation à laquelle la fuite seule lui permettrait d'échapper... La sensation de cette portion de temps qui va diminuer, se grignoter, s'amenuiser, jusqu'à l'action redoutée...

Jacques monte dans l'ascenseur. Prend place dans le hall d'attente, s'assied. Il est 19 h 35. Jacques frotte l'extrémité de ses doigts : de la sueur y suinte déjà! Le trac... Le trac maudit, le tremblement maudit, l'émotivité maudite... cette timidité aiguë, paralysante, qui empêche la réussite de ses actions...

19 h 40. L'immense horloge de la Radio glisse impitoyablement ses secondes, sans le moindre arrêt souhaité; et en Jacques, montent la contradiction et l'angoisse. Des régisseurs passent et saluent. Lui parlent. Des banalités. Mais Jacques entend, comme un étranger, sa propre voix : sourde, contractée, comme sortant d'une brume. Et que sera-ce donc quand il se trouvera au micro?... Il se rassied. La peur s'installe.

19 h 50. Jacques s'est levé et assis dix fois, essuyant ses mains moites, qui commencent à trembler. Son imagination travaille; il anticipe son action, et s'en torture. Jamais il n'a vu un micro. Des milliers d'auditeurs sont à l'écoute. Il les voit, se gobergeant stupidement au moindre accrochage. Il sait que la plus petite anicroche, qu'une respiration trop forte de timide, seront captées par ces milliers d'oreilles... Et il sent par-dessus tout que, dans cette crise d'intimidation, il lui serait absolument impossible d'improviser quoi que ce soit pour pallier un accroc!

19 h 55. Un speaker s'approche. Jacques sent une brusque contraction du cœur et de l'épigastre. Un bourdonnement dans les oreilles. L'action est proche, l'action est là. Il se sent pris au piège.

« Si vous voulez bien me suivre, monsieur?... » — Mais de cette torpeur brumeuse qui possède Jacques, émerge un nouveau coup émotif : le speaker est une speakerine! Une femme! Devant laquelle Jacques perd déjà toute contenance en temps normal... Et cette femme, durant toute l'émission, sera devant lui, passive et observante, de l'autre côté du micro... Jacques sera l'*objet* regardé. Qu'il soit admiré, peut-être, pour sa voix, son texte, sa beauté (car il possède tout cela) ne lui vient même pas à l'esprit...

Une bouffée impérieuse : l'escalier. Une panique en un éclair : partir! fuir! Comme cela lui est arrivé un jour, durant un dîner où sa raideur et sa maladresse de timide avaient projeté le homard sur la nappe...

Mais la peur de l'énorme ridicule le retient; la peur de l'échec définitif; car plus jamais alors il n'oserait envisager de parler au micro... Comme plus jamais il n'a osé assister à un grand dîner...

Maintenant, Jacques *se sent* marcher, *se sent* s'asseoir. Il n'est plus qu'un automate. Une minute encore. De son texte connu à fond, plus rien ne subsiste, qu'un trou noir. Plus de retrait possible. Dans le haut-parleur du studio, la musique d'enchaînement va diminuer et se fondre... Et ce sera son tour. Pas moyen de bouger. Pas moyen de se lever pour rompre cette infernale tension. Et Jacques, sous la table du micro, serre les mains, à se rompre les os.

« Chers auditeurs, vous allez entendre maintenant... »

Jacques à l'impression de se jeter à l'eau. Son « bonsoir chers auditeurs » claque comme un fouet. Et ce claquement est au fond un « mouvement brusque », déclenché pour libérer un peu sa tension... Ses premières paroles lui semblent se perdre tant elles sont hors de sa conscience...

Jacques fixe son texte, obstinément, désespérément. Et sans savoir ce qu'il dit, dans cette conscience obscurcie, il lit ce texte.

Et ici, joue à fond la réaction-type de timide : *plus rien n'existe en dehors des circonstances intimidantes qui sont : le micro, les auditeurs, la speakerine.* Une sorte de carcan s'est refermé sur son cerveau. Une terrible tentation le sollicite : bouger. Bouger les yeux. Se forcer à regarder. Faire un geste. Et Jacques lève brusquement les yeux, sans bouger la tête. Une fraction de seconde... mais suffisante plour plonger dans le regard de la speakerine immobile, qui le regarde en souriant. Et ce sourire, Jacques le considère immédiatement comme ironique!

Un nouveau carcan l'enserre, plus dense : la *speakerine seule devient la circonstance intimidante!* Encore deux pages à lire : mais voici que lès mains de Jacques tremblent plus fort, que sa voix va devenir souffle, et casser. Et soudain, impulsivement, il saute les deux pages; sans aucun enchaînement, lit la dernière phrase du texte : « Bonsoir, chers auditeurs! »...

Le trac a gagné. Alors une lente détente se fait en Jacques, morne, vague, épuisé, inerte. C'est fini. Et il sait en sortant, abattu et honteux, que, plus jamais, il ne remettra les pieds au studio.

QU'EST-CE QUE LA TIMIDITÉ?

La définir est presque impossible. Tout d'abord, parce qu'un timide est bourré d'éléments très complexes; ensuite, parce qu'il existe autant de timidités que de timides...

On peut distinguer grosso modo : les timides proprement dits; les timides épisodiques; les grands timides; et ceux dont la timidité annihile totalement la personnalité et les actes personnels.

Là-dessus, viennent se greffer les circonstances intimidantes. (La personne est-elle particulièrement intimidée par l'autre sexe, par l'autorité? Si par l'autorité, sous quelle forme? Religieuse? Sociale? Artistique? — La personne souffre-t-elle de crises d'intimidation périodiques? Ou bien la timidité est-elle un trait de caractère permanent?)

On voit donc immédiatement que l'examen psychologique du timide doit être très fouillé et complet. Les causes de sa timidité doivent être recherchées avec patience et minutie. Ces causes sont-elles familiales? sociales? religieuses? sexuelles? physiques?

La personne est-elle timide parce que hyper-émotive, ou le contraire?

Et si l'on tente une définition de la timidité, on citera un trait qui semble commun à tous les timides : la timidité est une disposition affective ou émotive, qui se présente dans les rapports entre le timide et les *autres ;* c'est une maladie fonctionnelle, qui se manifeste par une inadaptation pouvant être temporaire, ou permanente.

QUELLES SONT LES MANIFESTATIONS COMMUNES AUX TIMIDES?

1° Manifestations physiologiques.

Troubles sécrétoires (transpiration, surtout aux extrémités; tarissement de la salive; déglutitions exagérées.)

— Vasodilatation des vaisseaux périphériques : d'où rougeur du visage (ce dont souffre le timide.)

— Vasoconstriction des vaisseaux périphériques : d'où pâleur du visage.

— Trouble parfois important de la parole et de la respiration; crispation thoracique, cordes vocales raidies; d'où parole entrecoupée, manque d' « haleine », bégaiement, respiration saccadée, changement de la voix, voix parfois inaudible ou inintelligible.

— Raideur musculaire : grande maladresse des mouvements volontaires, hésitations, « sorties manquées », trébuchements, bris d'objets, manque d'équilibre.

— Tremblement des doigts.

— Contractions précordiales : sensation que le « cœur va manquer », extra-systoles.

— Après la crise d'intimidation : épuisement, sueurs, mornitude, passivité, abattement prolongé.

2° Manifestations psychologiques.

Ce sont évidemment les plus nombreuses; on ne peut donc qu'en dépister les traits communs.

— La lucidité d'observation, le champ de la conscience se rétrécissent considérablement. Une seule chose frappe le timide : la circonstance intimidante. En dehors d'elle, il ne sait rien, ne voit rien, n'observe rien. (Par exemple le conférencier qui ignore, après sa conférence, avoir débité les passages de son texte.) — Le champ de conscience rétrécit : une réaction immédiate devient impossible. Le timide se sent nettement paralysé. L'intelligence ne se manifeste plus, ou réagit absurdement. (Ce qui fait souvent juger « stupide » un timide très intelligent.)

— Par contre, la circonstance intimidante est observée avec une acuité impitoyable. Tout se fixe dans le cerveau du timide : les moindres détails, les moindres paroles; la *rumination* mentale suivra, tournant comme un moulin.

— La panique, avec oppression intérieure considérable et sensation d'étouffement. Cette panique sera, ou non, suivie de fuite. La fuite peut être partielle (le conférencier qui écourte son texte) — Elle peut être suivie de stupeur et d'inertie. La fuite proprement dite est plus rare : mais repousser ce désir de fuite ne fait que renforcer la panique. Toute retraite est alors coupée, et le timide ressent (cela peut lui être réellement atroce!) la peur d'un animal acculé. D'autant plus que, ne l'oublions pas, la raison et l'intelligence sont enfermées dans une brume opaque et paralysante.

— Le refus d'affronter une situation que le timide connaît d'avance comme intimidante. (Refus d'assister à une réunion — refus d'assister à un dîner — refus d'aller au théâtre — refus d'entrer dans un cinéma pendant l'entracte — refus de rendez-vous dans un café — arrangement pour arriver après la personne qui a fixé rendez-vous afin de n'avoir pas à appeler le garçon et à passer commande, etc...).

Cette crainte anticipée déclenche souvent des malaises physiques : faux rhume par vasodilatation, maux d'estomac par contractions épigastriques, maux de cœur par contractions précordiales.

La timidité est un tronc sur lequel peuvent se greffer d'innombrables branches. Très souvent ce sont : la culpabilité, l'auto-punition et l'homosexualité (latente ou réelle). Nous en verrons les détails plus loin.

Le cas de Paul Y.

Paul Y. est grand, excessivement maigre, humble, écrasé. Il bégaie de timidité, et de honte.

Au cours du premier entretien, il dévoile ce qui le fait souffrir, en plus de sa timidité : ses sentiments *obsédants de culpabilité vis-à-vis de sa mère, décédée*. Paul a 27 ans; il est célibataire. (On le conçoit.)

— Quand a commencé cette obsession de culpabilité?
— A la mort de ma mère, ou à peu près...
— Vous avez été élevé par votre mère?
— ...Comment le savez-vous?
— A quel âge avez-vous perdu votre père?
— J'avais sept ans.
— Ni frère, ni...
— Si, oh si! Une sœur! (Paul s'anime prodigieusement) Je... je vais vous dire tout de suite (il sort son mouchoir et s'éponge)... Veuillez m'excuser.
— Mais... de quoi?
— Euh... (il sourit, ce sourire semble stupide; et cependant ses travaux dénotent une grande intelligence.)
— Votre sœur était plus âgée que vous?
— Oui, six ans de plus.
— Comment était votre mère?

L'entretien continue. A la mort du père, la mère dit à la sœur :

— Tu es plus âgée que ton frère. Tu as douze ans. Tu es une grande fille. Tu dois m'aider à veiller sans cesse sur Paul, ce petit chéri. (Et pourtant, le « petit chéri » était un jeune gaillard râblé, viril, qui en aurait imposé aux garnements du monde entier.)

Et la sœur prit cela au pied de la lettre, d'autant plus qu'elle n'aimait pas son frère. Pourquoi?

— Parce que j'étais le chéri de ma mère, qui avait toujours désiré un garçon... Oh!... elle aimait ma sœur, mais il y avait toute de même une grosse différence...
— Et vous étiez, de plus, le benjamin...
— Elles ne disaient pas le « benjamin », elles disaient le « petit ». (Paul ricane et une bouffée de colère lui empourpre le visage) — le « petit »!... combien de fois ai-je entendu cela, alors, zut et zut! A en crever les murs avec mes poings.
— Et votre sœur, en vous... « protégeant », s'est vengée sur vous.
— Exactement. Ce n'était pas une protectrice, c'était une véritable mouche bourdonnante.

...Et l'histoire d'une vie se déroule. La mère de Paul? Une femme autoritaire, susceptible, boudeuse. Avec cela, « adorant » son fils, faisant tout pour lui, l'admirant devant lui et devant tous, même devant sa sœur. Cette sœur se sentait diminuée chaque jour, et se vengeait de sa frustration perpétuelle sur la cause : Paul, qui, à son tour, se sentait de plus en plus frustré dans sa jeune virilité. Puisqu'elle le « protégeait », la sœur rapportait toutes les actions de Paul. Il va de soi qu'il ne fallut pas bien longtemps pour que Paul étouffe...

— Monsieur, je ne pouvais plus accomplir la moindre action librement. Quand ce n'était pas l'une c'était l'autre... enfin je veux dire ma mère... Je me sentais ridicule, grotesque à ne pouvoir l'exprimer... Un jour, fou de colère, j'ai flanqué une raclée à ma sœur... Elle n'a pas dit un mot et l'a rapporté à ma mère.

— Alors?

— Ma mère s'est mise à pleurer. Puis ç'a été le grand drame. Elle faisait tout pour moi, elle se tuait de travail, elle était bourrée de tracas, et voilà comment je la récompensais! Ça a duré un mois. Un mois de reproches, de bouderies, (vous savez : « non, je ne t'embrasserai pas! non, je ne te pardonne pas, etc. »)

— Ma sœur triomphait, vous pensez! Et avait repris de plus belle. Et moi, je me sentais devenir de plus en plus idiot...

— Vous n'avez jamais fait de fugue?

— Non, mais l'envie ne manquait pas... Je me sentais tellement démuni, tellement incapable de faire face, seul, à une situation qui pour moi aurait été formidable... Je ne bougeais pas, tout en m'accusant sans cesse de lâcheté, de couardise. J'étais le « petit »! Même ma sœur, parfois, m'appelait comme on appelle les poules, en disant : « petit-petit-petit!... » Et j'y allais, avec une envie de la tuer. Et les colères que je rentrais... J'étais d'une timidité monstrueuse. Je n'osais plus lever les yeux sur quiconque. A table, d'un côté, ma sœur; de l'autre, ma mère, me couvrant des yeux, me servant, allant jusqu'à découper ma viande... à me servir à boire... Et dire quelque chose, n'aurait servi strictement à rien...

— Et personne ne le lui a jamais fait remarquer?...

— Pensez-vous? Dire quoi? Puisqu'elle était d'une bonté excessive, puisqu'elle faisait tout pour moi; puisqu'elle aurait vendu sa chemise pour moi! Il n'aurait d'ailleurs pas fallu que je dise un mot contre elle! Seigneur!...

— Oui, je vois.

— Quand un étranger venait, j'entrais. Regards admiratifs de ma mère, envers le « petit ». On regardait l'objet rare, le plus beau, le plus intelligent; et ma mère semblait dire : « c'est moi qui ai fait cela, avec mes privations... » J'étais l'objet qu'on regardait et qui disait : « Bonjour, monsieur. Bonjour, madame. » J'étais celui auquel ma mère disait à table et devant les autres : « Tiens-toi droit, tiens-toi convenablement. As-tu assez? Il est si timide, vous savez, le « petit! »... (Paul serre les poings.) Bon Dieu, ce que tout ça peut faire mal... et avec les meilleures intentions du monde!... Parce que je ne comprenais pas, moi, à l'époque! Bien sûr, j'avais des révoltes! Mais toute révolte contre ma mère était détruite immédiatement, *puisque ma mère faisait tout pour moi! Me révolter intérieurement était un acte monstrueux qui me laissait pantelant, et plus soumis encore!*

On voit donc très bien l'histoire... Une timidité intense s'installe. De puissantes révoltes gravitent, immédiatement refoulées. *Et cela sans arrêt.*

Paul aimait-il sa mère? Ou la détestait-il? Il est certain que les deux réactions apparaissaient, consciemment ou non, se contrariant mutuellement, faisant naître l'angoisse, le remords et la fatigue. Une décharge possible, pourtant : la haine envers la sœur. Pourquoi? Parce que si la mère était *tabou*, si la mère était une personne à laquelle les lois morales interdisaient de toucher, la sœur, elle, n'était pas *tabou.* Et il est heureux, dans un sens, que Paul en ait bénéficié. Une soupape, cependant, s'ouvrait pour Paul vis-à-vis de ses révoltes contre sa mère : les rêves nocturnes. Il rêvait chaque nuit : et chaque nuit, de violentes disputes l'opposaient à sa mère. Il lui faisait des reproches sans fin, sans retenue aucune, qui lui faisaient honte le lendemain!

Tout cela amena Paul à l'âge de vingt ans. Horriblement timide, désemparé, tremblant devant toute situation nouvelle, le « petit » vit mourir sa mère. *Il en éprouva à la fois soulagement et remords*, ce qui est évident.

Soulagement, parce que cette disparition le plaçait devant une liberté qu'il n'avait jamais connue, *mais dont sa timidité l'empêchait de jouir, parce qu'il était incapable de l'exploiter!*

Du remords, parce qu'il se considérait comme un « monstre repoussant » de se sentir soulagé! Ce nouveau drame s'installe en Paul, doublé d'un autre : sa sœur le quitte brusquement pour se marier. Or, si Paul détestait sa sœur, il avait appris sans cesse à compter sur elle!

Voici donc Paul à vingt ans, seul, sans appui, sans critiques valables. Le voici plongé dans la timidité, l'impuissance, la solitude, et la sensation féroce d'être un petit garçon, bon à rien, stupide, incapable de quoi que ce soit, et obsédé de remords.

Ayant un peu d'argent, il étudie avec passion la branche publicitaire. Pour deux raisons : avoir une profession libérale qui lui évite au maximum le contact avec les autres (timidité); et pour essayer d'oublier son nouveau drame d'angoisse intérieure et de remords. Sans cesse il se répète : « je n'ai pas de chagrin, je suis odieux... » — D'autant plus que les gens disaient : « Une si bonne personne, votre mère!... Elle vous a tout donné, on ne voit pas ça tous les jours... Ah! vous avez eu bien de la chance!... »

Et devant tout cela, Paul se répète : « Je suis odieux, je suis un monstre d'ingratitude! » Et quelques années coulent sur toute cette lave sourde... Paul conquiert ses diplômes, et commence à frapper aux portes. Mais n'oublions pas que Paul est un *grand timide permanent et angoissé.* Il est devenu hyper-nerveux, très maigre, et souffrant d'ulcère à l'estomac. (L'armée le réformera d'ailleurs pour insuffisance physique.)

Il est parfaitement capable de faire valoir ses projets et son intelligence — mais par lettre! Et par lettre seulement.

Mais dès qu'il se trouve face à un Autre, tout s'écroule. La paralysie intérieure s'installe, avec tous les symptômes de la grande timidité. Les affaires ratent, les unes après les autres. Et à chaque nouvelle affaire possible, *Paul part battu d'avance et il le sait.*

C'est donc le cercle vicieux de l'échec et de la culpabilité.

Arrêtons-nous à ce stade de Paul, chez qui il y eut :

1) Rétrécissement de toute action possible, par les actions conjuguées de la mère et de la sœur. — Désir de la mère de garder son fils « petit garçon » le plus longtemps possible.

2) Sensation d'impuissance de plus en plus forte.

3) Révolte contre cette sensation d'impuissance.

4) *Refoulement* de la révolte contre la mère, au nom du *tabou.*

5) Décharges émotives violentes et fréquentes, qui ne trouvent qu'une seule porte de sortie : la haine intérieure contre la sœur. Notons que cette haine ne peut pas s'extérioriser, à cause de la présence redoutable de la mère.

6) Sentiment perpétuel de diminution, apparition et extension de la timidité...

Il est très important de noter que ces réactions sont permanentes, et durent, minute par minute, pendant plus de dix années. Il est fatal que l'épuisement apparaisse.

7) Mort de la mère, départ de la sœur. Paul est dans la jungle, sans aucune arme!

8) Obsession angoissée (augmentée par la fatigue) entre les deux réactions suivantes : soulagement d'être « libre » et honte de ressentir ce soulagement.

9) Continuation de l'obsession angoissée, renforçant la timidité et l'épuisement.

10) Incapacité de s'adapter à toute action sociale normale.

11) Echecs successifs, sans cesse renforcés l'un par l'autre.

12) Certitude de l'échec.

13) Inertie totale, culpabilité, obsession épuisante...

En observant le cas de Paul (qui est malheureusement assez courant) nous voyons que sa timidité de base est une timidité *acquise*. C'est-à-dire *provoquée* et *entretenue* par de nombreux facteurs psychologiques *cumulés et sans cesse répétés*.

QUAND LA TIMIDITÉ APPARAIT-ELLE LE PLUS FRÉQUEMMENT?

Quand la personne a eu, dès son enfance, un mode de vie anormal et prolongé dans les contacts sociaux.

Cas courants :

— Enfants *trop protégés* par des parents « croyant bien faire »; ces parents décidant tout à la place de l'enfant.

— Enfants *découragés* par un climat trop adulte, dans lequel la sensibilité ne peu pas s'épanouir librement (par exemple, un orphelin élevé par une personne âgée.)

— Enfants *frustrés* par un manque d'affection.

— Enfants *frustrés* par un manque de compréhension (par exemple un enfant « idéaliste » avec des parents « matérialistes »).

— Enfants *écrasés* par un ou des parents dominateurs qui ne supportent pas une volonté différente de la leur.

— Enfants *dont le père* se croit super-intelligent, et le fait sentir sans cesse.

Existent aussi les timidités « localisées » :

« ...Je suis devenue timide parce que je louche... »

« ...Je suis devenue timide parce que j'avais l'impression que chacun regardait mon nez, qui est beaucoup trop long... »

« ...Je suis devenu timide parce que je suis petit... »

« ...Je suis devenue timide parce que j'avais les cheveux roux... »

« Je suis devenue timide parce que je suis trop grande... »

« ...En classe, l'on se moquait toujours de mon accent... l'institutrice m'humiliait devant mes compagnes qui riaient à gorge déployée... »

« ...Si j'étais riche et si j'avais une 300 SL Mercédès, je vous jure bien que je ne serais plus timide... »

Ici, les causes de la timidité sont dénoncées par la personne elle-même. Mais ces causes... sont-elles vraiment des causes? *Non.*

Ces personnes sont *vraiment timides*, mais « cherchent un coupable ». Et le défaut qu'ils trouvent en eux leur semble justifier cette timidité. Notons immédiatement qu'un être *normal* serait rigoureusement indifférent à son nez, à sa taille, ou à ses cheveux.

Tout ce qu'on peut dire, c'est que la timidité *de base* (qu'il faut chercher ailleurs) est *renforcée* par le défaut corporel, parce que le sujet croit que les autres ne voient que ce défaut.

LES TIMIDITÉS LOCALISÉES SUR CERTAINES PERSONNES.

Par exemple, beaucoup de gens devant l'uniforme (surtout gendarme). Pourquoi? Parce que l'uniforme représente une *barrière*, une impossibilité de discuter, de se faire comprendre. L'uniforme que porte l'Autre donne à son interlocuteur une sensation d'impuissance et de frustration. D'où humilité devant le Gendarme, ou bien sécheresse, grossièreté, agressivité (qui en sont les compensations).

Nous trouvons ce même genre de timidité devant *les sots*. Pourquoi? Parce que la sottise, pour l'homme intelligent, représente, elle aussi, une barrière, un mur. La sottise représente l'impossibilité de communiquer. L'impossibilité, pour l'homme intelligent, de parler le langage du sot afin de s'en faire comprendre. L'homme intelligent et timide craindra donc de se faire bafouer (humiliation et frustration) sans aucune possibilité de réponse.

Donc, à la base, il y a presque toujours des phénomènes de frustration et d'infériorisation.

La caractéristique de la timidité est donc de se manifester devant *les autres*, devant *autrui*.

Il est très rare qu'un timide ait sa crise chez lui (sauf par anticipation d'une action qu'il redoute : par exemple un orateur devant parler le soir, et souffrant du trac toute la journée).

Mais quand le timide est seul, sans circonstances intimidantes à l'horizon immédiat, tout est parfait; il réagit normalement.

Et si l'on cherche la *peur* principale du timide, on trouve la crainte de l'*ironie* ou de l'*incompréhension*.

Par exemple : cet excellent pianiste aura une crise de timidité s'il doit jouer devant un non-musicien qui risque d'ironiser, parce que ce non-musicien se sentant lui-même inférieur, réagira en essayant d'abaisser l'autre (d'où ironie).

Autre exemple : tel homme se sent très timide devant ses *inférieurs*. Pourquoi? Encore la peur de l'ironie. Ce cas se présente souvent lorsque les inférieurs sont *groupés*. Un chef de bureau, par exemple, devant un groupe d'ouvriers. Que se passe-t-il? Ce groupe d'ouvriers représente un bloc uni, mais se sentant lui-même inférieur au chef de bureau. Si le chef de bureau ne parle pas le langage ouvrier, l'infériorisation de ces derniers déclenchera l'ironie (latente ou active). Ironie contre laquelle le chef de bureau se sentira impuissant, parce que, par exemple :

— meilleure éducation, et par conséquent impossibilité d'employer les mêmes armes;

— peur de parler trop correctement, ce qui augmentera l'ironie des ouvriers.

Si le chef de bureau est timide, que fera-t-il?

Ou bien il se raidira; ou bien il tentera de flatter les ouvriers; ou sa colère éclatera; ou les sanctions tomberont. Toutes ces réactions étant anormales.

POURQUOI LE TIMIDE CRAINT-IL L'IRONIE?

a) L'ironie consiste à dire précisément le contraire de ce que l'on veut signifier, avec une intention de moquerie ou de reproche.

b) L'ironie simule souvent l'ignorance; elle est malicieuse, mordante ou cruelle.

c) Notons que l'ironie est parfois la soupape de la timidité elle-même; elle peut se manifester également dans l'indignation ou dans le désespoir. Poussée plus loin, elle devient persiflage. *Par exemple :*

a) Quelqu'un parlant à un hyper-émotif dira : « Et puis... chacun sait combien tu es maître de toi, n'est-ce pas?... »

b) Une femme à un homme timide : « Vraiment... j'ignorais votre timidité... à part votre maladresse et vos rougeurs, qui la remarquerait?... »

Nous voyons donc que l'ironie dévalorise la personne qui la subit; l'ironie ridiculise et amoindrit. Au moment où il reçoit l'ironie, le timide devient un *objet* aux yeux des autres;

un objet que l'on regarde, et dont les défauts sont dénoncés. Or, le timide sera incapable de réagir à l'ironie, qui demande une adaptation et une réponse immédiate (du tac au tac). Ses seules réponses immédiates pourront être une colère, une insulte ou un coup de poing (agressivité). Réponses qu'il refoulera souvent, parce que prouvant son impuissance...!

La timidité et l'émotivité

L'émotivité est une propriété fondamentale et normale de tout être humain. Elle lui permet de réagir à toutes les excitations externes ou internes. Toutes ces excitations peuvent être appelées « *circonstances* ».

L'émotivité est une réaction élémentaire, déclenchée par des modifications brusques et immédiates (par exemple : le timide qui se trouve brusquement dans un salon et doit, de ce fait, réagir immédiatement — une personne qui assiste, sans préparation, à un accident soudain — une personne qui apprend une mauvaise nouvelle.)

L'émotivité se traduit par des réactions étendues : psychologiques, physiologiques, neurologiques, musculaires et expressives (puisque l'expression dépend du jeu des muscles).

Répétons donc que l'émotivité est une réaction élémentaire; on peut en distinguer quatre modes principaux : le plaisir, la tristesse, la colère, la peur.

Quand l'émotivité est-elle anormale? Quand y a-t-il hyperémotivité?

Il va de soi que l'hyperémotivité apparaît lorsque la réaction « dépasse la frontière »... La réaction est alors *disproportionnée* à la circonstance (par exemple telle personne qui tremble à la vue d'une araignée — telle personne qui se sent paralysée de peur en entendant un bruit dans l'obscurité, etc.).

L'hyperémotivité est donc :

— une réponse *trop intense* à la circonstance

— une réponse *trop longue* à la circonstance

— une réponse *trop en surface;* il y a discordance entre le sentiment (sans effet profond) et la réaction qui dépasse la mesure (manifestations bruyantes et qui paraissent manquer de sincérité; par exemple, « crise de nerfs »).

Toutes les réactions de l'hyperémotivité sont excessives :

— rires ou pleurs exagérés et entrecoupés (spasmodiques)
— rougeurs et pâleurs
— forte sudation
— spasmes de la face
— spasmes coliques
— fort papillotement des paupières
— regard tout à fait instable
— gestes saccadés (spasmodiques), etc...

Mais si l'homme naît avec son émotivité, l'hyperémotivité peut, également, exister dès la naissance. C'est l'être humain à constitution *émotive*. De plus, l'hyperémotivité peut s'installer à la suite de « grands chocs », tels que : ébranlements nerveux graves, asthénies post-infectieuses, épuisement prolongé, modifications humorales : menstruation, puberté, ménopause, etc....

Certaines hyperémotivités se traduisent par :

L'IMPULSIVITÉ.

L'*impulsivité* est une sorte de besoin irrésistible, poussant le sujet à un acte irraisonné : d'où son caractère dangereux et parfois brutal.

Cette impulsion peut se produire à la suite d'une poussée « intérieure », sans qu'une cause extérieure intervienne : c'est alors la satisfaction d'un instinct, d'un désir ou d'un besoin. Mais elle se déclenche aussi par cause extérieure : alors la riposte est trop immédiate, et disproportionnée à la cause...

Quelle est la différence entre hyperémotivité et impulsivité?

L'impulsivité, comme l'hyperémotivité, est un trait dominant du déséquilibre psychologique. Au fond, l'hyperémotivité et l'impulsivité semblent se confondre, dans l'exagération de la réaction... Mais l'impulsivité est surtout liée à l'amour-propre et à la susceptibilité. L'impulsivité serait donc une réaction psycho-sociale.

Considérons comme excellente la classification de FURSAC, qui distinguait quatre catégories d'impulsions :

1° *Les impulsions affectives*, en rapport avec l'irritabilité. Elles se déclenchent fréquemment dans les états « passionnels », jalousie, érotisme, haine.

2° *Les impulsions motrices*, semblant se produire en dehors de l'affectivité : par exemple chez les épileptiques, les déments.

3° *Les impulsions-obsessions*, le sujet se sent « poussé malgré lui » à commettre un acte correspondant à son obsession.

4° *Les impulsions de stéréotypie* (voir stéréotypie au dictionnaire.)

Les impulsions peuvent être, on le voit, de sortes très variées : sexuelles, sanguinaires, criminelles, destructives, incendiaires, à la fugue, au vol, etc...

Revenons maintenant à la *timidité* et l'*émotivité*.

Tout timide est-il émotif?... ou bien : tout émotif est-il timide?...

La réponse est presque impossible à donner, puisque les deux manifestations sont souvent intimement liées...

Or, on identifie souvent timidité et hyperémotivité. Est-ce à tort, ou à raison? On sait bien que l'hyperémotif est esclave de ses réactions émotives... et que, en même temps, il est souvent impulsif! De même, le timide, pendant sa crise d'intimidation, devient, lui aussi, l'esclave de ces mêmes réactions...

La timidité est souvent présentée comme un phénomène d'émotivité. D'après cela, tout émotif serait timide!

Or, si l'on considère l'émotivité, *on ne peut pas y accrocher la timidité!* D'après l'expérience, beaucoup d'émotifs ne sont nullement timides... et beaucoup de timides ne sont pas hyperémotifs!

D'où l'on peut conclure que : *si la crise de timidité déclenche une hyperémotivité, cette hyperémotivité a des causes particulières*, qu'il faut rechercher.

Par exemple :

X... est terriblement intimidé devant les femmes, avec gros coups d'hyperémotivité. Il y a neuf chances sur dix que cette hyperémotivité ne soit pas déclenchée par sa timidité proprement dite; *mais qu'elle soit l'effet d'une peur sexuelle.*

Si l'on soigne cette peur, on s'aperçoit que l'hyperémotivité disparaît, ainsi que cette timidité particulière. X., au fond, n'était donc pas « timide » devant une femme, mais hyperémotif par refoulement. Et cette « tension », cette crispation, offraient tous les symptômes de la timidité...

Autre exemple :

Un examen clinique montre que Z. possède une émotivité normale. Et cependant Z. est très timide, très maladroit, avec réactions trop lentes devant l'*ironie féminine, uniquement.* Pendant l'intimidation, aucune émotivité particulière n'apparaît.

Seul, un « tassement » et un sourire forcé dénoncent la timidité.

Or, Z. fut élevé par sa mère seule, et « couvé ». Loin de se révolter, il s'est accroché à sa mère, qui représentait pour lui une solution de facilité... Pour Z..., les femmes représentent le sexe dangereux, qu'il craint par-dessus tout. (Parce que représentant un effort d'adaptation.) Mais il sait que cette position est fausse et *infantile*. Malheureusement, il n'est plus capable de sortir d'une situation dans laquelle il s'est réfugié durant tellement d'années. Son désir profond (il a 34 ans) *est de se trouver blotti dans les bras des femmes, comme un petit garçon*. Pur infantilisme donc, qui le rend incapable de regarder une femme *autrement que comme sa mère;* ce qui le rend incapable aussi de s'adapter aux différentes situations. Face aux femmes qu'il rencontre, il fuit afin de n'avoir pas le moindre problème que son infantilisme ne pourrait résoudre.

Dans ce cas, on peut croire qu'un tempérament lymphatique et l'accrochage à une solution de bien-être et de facilité, sans révoltes épuisantes, a empêché l'apparition de l'hyperémotivité.

L'opinion d'autrui devient donc le mobile essentiel du timide. Le timide se sent sous une menace latente, qui peut se préciser brusquement (un enfant timide sur les bancs de la classe est en état d'alerte, de crispation et de peur, même si on ne l'interroge pas; cet état d'alerte correspond à la crainte de voir les yeux du professeur se poser sur lui, pour un interrogatoire qui fera apparaître la crise proprement dite).

— Le timide craint d'être jugé, même en bien! Parce que ce jugement en bien, *s'il est fait devant les autres*, amènera chez lui cette sensation d'être un *objet*, sensation qu'il craint par-dessus tout. (Impossibilité de réagir immédiatement.)

— Il craindra donc aussi, plus encore, d'être mal jugé. Pourquoi? Mais simplement par peur d'être un « objet » infériorisé et ridicule!

Ce qui amène à dire que la base de la timidité est un *sentiment d'infériorité, localisé ou non*. La timidité est donc une variante de l'*inhibition*.

L'INHIBITION DANS LA TIMIDITÉ.

— Un employé se dirige vers la porte de son chef, pour solliciter une permission. Au moment de frapper, quelque chose freine son bras, qui reste suspendu, en attente hésitante. Que se passe-t-il?

La circonstance « solliciter la permission » a déclenché chez cet employé :

a) la nécessité de voir son chef;

b) la réaction motrice de se lever, de marcher vers le bureau du chef;

c) la réaction motrice de lever le bras;

d) au moment d'accomplir l'acte de frapper à la porte, l'énergie qui devait déclencher l'acte se bloque, sous un frein psychologique (timidité, crainte, etc.).

Il y a ici, *inhibition de l'acte de frapper, avec arrêt ou suspension de cet acte.*

— Un enfant sensible cède brusquement à l'impulsion de courir vers sa mère pour l'embrasser. Il se lève, marche, court. Au moment où il arrive près de sa mère, il bifurque sans accomplir l'acte prévu.

Il y a eu *inhibition, avec acte détourné,* pour une raison quelconque (crainte de voir sa poussée sentimentale rejetée par une mère affairée ou autoritaire).

L'inhibition consiste donc en un blocage de l'énergie nécessaire à l'accomplissement d'un acte. L'action psychologique ou motrice diminue ou s'arrête.

Il est certain que *l'éducation* — même bien comprise — oblige l'être humain à un nombre considérable d'inhibitions... De nombreux actes, de nombreux désirs, de nombreux instincts doivent être *inhibés,* freinés, arrêtés ou détournés, en fonction des lois sociales, familiales ou religieuses existantes.

Au fond, *l'éducation canalise les réactions,* en les adaptant sans cesse aux circonstances du moment.

L'on comprend donc le danger d'une éducation mal faite. Le nombre d'inhibitions grandit et dépasse la normale; ces inhibitions en appellent d'autres, suivant une chaîne sans fin. Et *l'inhibition devient du refoulement.*

L'inhibition emprisonne l'énergie (par exemple, le « trac » qui anéantit la mémoire, provoque le bégaiement ou le mutisme complet).

Nous avons vu que l'inhibition est à la base de l'éducation. Est-elle nécessaire? Oui, sans doute! Il est certain que, chez l'enfant, de nombreux comportements instinctifs doivent être inhibés (*par exemple,* sucer ses doigts, jouer avec les excréments, frapper, détruire, etc...).

Mais ici également, un juste milieu est absolument indispensable, afin que l'inhibition reste normale.

En quoi le timide est-il inhibé?

Nous savons que le timide est incapable de riposter immédiatement à l'opinion d'autrui, surtout de donner la seule réponse possible : faire une démonstration de sa force ou de son esprit.

En ce moment, l'énergie nécessaire se bloque, avec apparition de l'anxiété et de l'impulsivité. Il y a donc inhibition de la réponse, arrêt de l'énergie indispensable à cette réponse.

LES COMPENSATIONS DE LA TIMIDITÉ.

Jusqu'ici n'a été examiné que le timide « qui est timide », dont chacun voit qu'il est timide, qui supporte sa timidité, qui en souffre.

Bref, n'a été examiné que le timide *authentique*, *réagissant d'une façon timide aux circonstances intimidantes.*

C'est le timide sans masque!

Mais... il existe une immense ronde, le Grand Carnaval des Timides Masqués, des Timides-Fantômes, des Timides-Invisibles... et des Timides-Matamores.

Ouvrons les portes : les voici!

Si la timidité est souffrance — et elle l'est — que fera l'homme qui souffre de cette souffrance? Il cherchera solution, sécurité et paix.

Mais cette sécurité et cette paix, où voulez-vous qu'il la trouve? En lui-même? Dans ce terrain instable, sablonneux, chaotique? Impossible. Car il ne trouvera pas la sécurité dans l'insécurité. Pas plus qu'il ne trouvera l'assurance dans sa propre peur.

Alors? *Il est évident qu'il devra chercher la paix à l'extérieur.* C'est l'extérieur qui devra lui faire ce cadeau. Soit qu'il recherche les soins appropriés à son état, soins qui lui permettront de s'appuyer sur lui-même, et de se retrouver. Soit qu'il trouve une solution boiteuse, un pis-aller, qui puisse lui donner — tant que cela dure — *une illusion de sécurité.*

Nous aurons alors le *Timide Masqué*, présentant un visage composé, une façade, un faux maintien, que les circonstances lui ont imposés. Cette façade sera une défense et une sécurité très relatives qui ne correspondent pas à son Moi réel... La façade sera un Moi en dehors de son Moi, et sa personnalité sera double...

Il feint la désinvolture, la dureté, l'indifférence, l'humour. Il raille, ironise, persifle.

Mais l'intensité de la façade dépend de l'intensité de la timidité. La compensation est semblable à un thermomètre. Si l'infériorisation marque... disons —10°, la compensation marquera +10°. Elle n'indiquera jamais 0°, car ce point est un point de force et d'équilibre que la guérison seule peut donner.

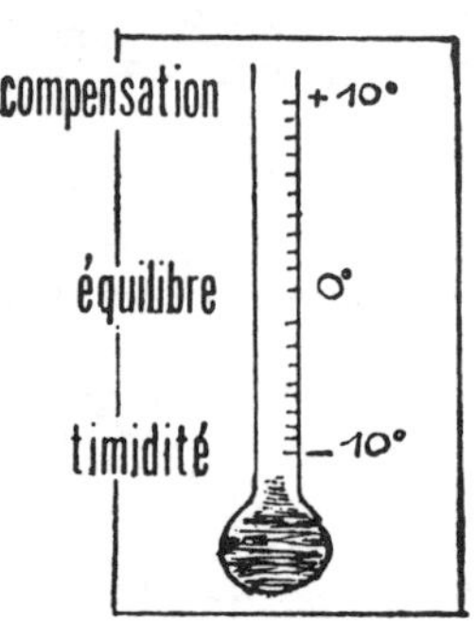

Il y a les petites façades bénignes, apparaissant selon les circonstances. Mais voici également « les forteresses », dures comme du sable vitrifié; et dans ces forteresses, se cache le timide. C'est le timide-invisible! Car la forteresse qu'il présente aux yeux de chacun est opaque, inabordable. Parfois hérissée de barbelés, pointant sans cesse des canons prêts à tirer, même sur un petit lapin... C'est le timide inauthentique, dont le comportement ne correspond plus du tout à ses réactions affectives profondes (qui sont donc la peur, le recul, la fuite).

Il est devenu un homme dur, orgueilleux, sec, cassant, hautain, méprisant. C'est l'homme *trop* sûr de lui, n'hésitant jamais devant une circonstance nouvelle. C'est l'homme craint par ses inférieurs, mais troublé devant ses supérieurs. Et ceux-ci, souvent trompés par sa « forteresse », déclarent : « c'est un fort!... »

Pauvre fort, qui n'est qu'un faux-fort! Qui n'est qu'un faux-dur, un faux-sec, un faux-méprisant! Mais qui parfois, à la longue, se prend à son jeu. N'a-t-il pas fait efforts sur efforts pour se rendre inexpugnable?... avec angoisse profonde, dès qu'une pierre semblait se détacher de sa forteresse?

Le perfectionnisme

Ce terme semble se définir : perfectionnisme = tendre vers la perfection. Mais... quelle perfection? Quel genre de perfection? Et pourquoi?

Sachons que le perfectionniste est toujours *obsédé* de perfection. (Apparente!) Cette obsession même en montre le caractère inauthentique et névrotique...

Alors, corrigeons.

Le perfectionnisme est-il un besoin permanent, sous forme d'obsession, qui pousse à rechercher la perfection?

Cette définition est-elle correcte? Non, et voici pourquoi :

Le timide, l'infériorisé en qui s'installe cette compensation, sait parfaitement bien que la perfection lui est impossible.

Car un état imparfait ne permettra jamais une action parfaite.

Si cette perfection réelle lui est impossible, intérieurement comme extérieurement, par quoi la remplacera-t-il? Par l'*apparence* de la perfection.

Corrigeons donc encore : le perfectionnisme est un besoin permanent, poussant l'infériorisé à rechercher une *apparence* de perfection; cette recherche s'accompagnant d'obsession diffuse, ou forte, ou angoissée.

Voilà donc un homme qui, souffrant d'infériorisation, cherche une solution qui lui donnera plus de souffrances encore, mais qui *sauvera les apparences!* Il tendra donc vers un semblant de perfection, perpétuelle et totale.

Il aura toujours, en lui, la recherche de tout ce qui peut lui conserver cette apparence.

Mais de qui dépend cette consécration de perfection? D'autrui, évidemment! Donc le perfectionniste fera tout, sans trêve ni repos, pour que les autres le reconnaissent parfait. Il s'agit pour lui de maintenir, sans faille ni cassure, une façade absolument impeccable!

Dur travail de chaque jour; avec, sans cesse, l'opinion d'autrui bourdonnant à ses oreilles... N'oublions pas que sa sécurité intérieure en dépend! *Le caractère obsessionnel du perfectionnisme saute aux yeux.*

Il sera celui qui n'a aucune imperfection, ni de savoir, ni d'objectivité, ni de maintien, ni de calme, ni d'amabilité. Qui ne s'irrite jamais, qui est bon, juste, intègre, loyal; qui aime et ne déteste jamais... Toutes ces qualités à maintenir, au moyen de sa façade de chaque jour et de chaque instant!...

Tout échec de l'une de ces perfections provoquera chez lui raidissement et angoisse. Parce que les autres risquent de remarquer *que ce qu'il paraît être n'est pas ce qu'il est.*

Le perfectionniste doit donc passer pour supérieur à tous ceux qu'il fréquente, ou du moins égal aux plus grands! Il s'agit donc d'une compensation *agressive.* Il s'agit d'un *défi,* mais attention : qui doit se présenter sans cesse sous forme parfaite, sans *agressivité visible.* A l'intérieur donc, agressivité et défi; à l'extérieur, amabilité et calme souriant...

Chacun connaît le cas courant du perfectionniste « léger », se manifestant dans certaines circonstances d'infériorisation. *Par exemple :* une personne non spécialisée dans tel domaine converse avec un spécialiste. On voit alors le perfectionniste hocher la tête en souriant à chaque terme, à chaque auteur cité par l'autre; semblant affirmer, « oui,... oui... je connais très bien... cela m'est familier... » — alors qu'il n'en connaît pas le premier mot. (Situation à laquelle une personne normale réagirait, soit par indifférence à son manque de savoir, soit par questions. — Encore qu'ici, le perfectionniste puisse réagir en posant des questions *qui ne l'intéressent pas*, mais qui le feront paraître intelligent et courtois).

Telle autre perfectionniste « moins légère », dactylo par exemple. Sa timidité a exigé d'elle la perfection de son travail et l'intelligence parfaite de ce même travail. On lui offre un emploi de secrétaire. Elle refuse sous un quelconque prétexte; par la crainte angoissée d'y être reconnue incompétente, donc imparfaite; situation à laquelle son perfectionnisme ne saurait s'adapter.

Maintenant, un perfectionniste « lourd » : l'attitude *extérieure* de « grand seigneur », parfait, détaché et désinvolte. Même pauvre, il paiera pour les autres. Il refusera d'être remboursé, en disant avec hauteur et désinvolture : « Voyons... cela n'en vaut pas la peine. » (Sous-entendu : « ma perfection de grand seigneur est au-dessus de cela... ») Obtenant des billets de théâtre, il en favorisera ses amis, au détriment de son propre désir d'y assister (sous-entendu : « de cette façon, les autres sauront que j'ai des relations... je leur paraîtrai supérieur encore... ») Il fera, pour les autres, démarches sur démarches; il procurera même des emplois : (ce qu'il signalera, avec désinvolture toujours, dans la conversation. « C'est si peu de chose pour moi, n'est-ce pas?... »).

Il fouillera ciel et terre pour aider les autres. Et comme c'est « pour les autres » il se sentira à l'aise devant ceux qu'il sollicite. N'a-t-il pas la sécurité que représente son rôle de protecteur? Et pour ceux qu'il aide, n'a-t-il pas « le bras long?... ».

Il va de soi que, lorsqu'il sollicite pour lui, son infériorisation apparaît; et sa maladresse le condamne à l'échec. D'ailleurs, comme chacun est habitué à cette attitude de Grand Seigneur Parfait, il n'envisagerait même plus de solliciter pour lui-même, sinon, peut-être, des emplois fastueux... qu'il daignerait accepter!

C'est le cercle vicieux... Ce grand seigneur, s'il est pauvre, restera grand seigneur pauvre. Comment pourrait-il faire autrement, puisque sa sécurité repose sur son rôle, et que les autres croient que cette apparence est réalité?

A la base d'un tel homme, il y a toujours une infériorisation et une humiliation profondes.

Le perfectionniste devient donc un être dont le comportement dépend étroitement d'autrui, et est imposé par autrui. Or, le perfectionnisme est une compensation d'infériorité devant les autres. Il est donc un défi (intérieurement agressif) lancé aux autres.

Et nous avons :

timidité envers les autres : qui amène...
défi envers les autres : qui amène...
refus des autres : qui amène...
façade de perfection : qui amène...
besoin des autres.

L'on voit donc bien la forte contradiction; *il repousse les autres, mais a besoin de ces mêmes autres pour clamer sa perfection!*

Et comme le perfectionniste est en état de défi, il se considère comme *indépendant*. Or, il n'est évidemment pas indépendant, puisque sa sécurité repose sur l'avis d'autrui. Il repoussera exagérément l'idée de « foule », au nom de l'individu indépendant (lui)! — Mais que cette foule l'acclame, n'ayez crainte : il ne la repoussera plus, à condition qu'elle proclame sa supériorité et sa perfection.

De plus, le perfectionniste est angoissé face à lui-même. Car le voilà sans cesse plongé dans la contradiction de son « *être* » et de son « *paraître* ». Et quand il est seul, les autres sont encore présents : il forge alors de nouvelles armes, ou rumine l'opinion publique...

Comme le timide, le perfectionniste est *inhibé*.

Cela va de soi! La spontanéité meurt en lui, parce qu'elle risquerait de dévoiler sa personne réelle... Ses seules « spontanéités » contrôlées seront alors celles qui correspondent à sa facade : par exemple franchise, loyauté, bonté, vertueuse indignation.

Le perfectionniste est un solitaire. Non par sagesse, loin de là! Mais par peur de s'avancer et de se découvrir. C'est un desséché intérieur, que seul le traitement psychologique peut rendre à lui-même.

■ *Je résume le processus :* perfectionnisme=façade=autosécurité, venant d'une insécurité.

Insécurité = timidité = souffrance = solution (être à l'aise, être supérieur) = impossible d'être à l'aise parce que timide = paraître à l'aise = perfection dans le « paraître à l'aise » afin que nul ne voie la vérité = désinvolture = perfection dans la désinvolture = perfection du maintien, de la parole, de la connaissance, du maintien psychologique = inhibition des spontanéités = dessèchement = solitude...

L'Agressif

Une porte. Sur cette porte, un écriteau :

Attention! On tire sans avertissement!

Nous sommes dans le repaire de l'agressif!

Brusquement, nous nous trouvons aveuglés d'éclats, de paroles attaquantes, de persiflage, de gifles. Tout le repaire tremble : le plancher, les murs, les habitants. Face à tout cela, comme une tempête, un Timide-Matamore : l'agressif.

Au repos : sourcils froncés, mâchoires serrées, poings fermés, hyper-nerveux; mais semble terriblement sûr de lui. Tout son comportement indique qu'il n'a peur de rien, ni de personne. A première vue, il semble même n'avoir pas peur de lui!

En action : déchaîné, criant, gesticulant, feintant, attaquant même si personne ne songe à l'attaquer, sabrant d'estoc et de taille, se moquant, persiflant, répondant avant qu'on ne lui parle. Justifiant à merveille l'écriteau ci-dessus.

Toujours : raide, gonflé, crispé. Semble figé dans un tétanos mental.

Il serait pourtant normal que, devant une situation nouvelle, cet agressif marque un temps d'arrêt, lui permettant l'observation des faits nouveaux, et par conséquent l'adaptation... Mais pas question pour lui. Il se redresse dès qu'on le regarde, braque tous ses canons, et tire à pleins feux. Il fonce à travers tout et tous, claquant sec dans le typhon qu'il crée; courant tête baissée dans un fatras de circonstances qu'il paraît pulvériser. Que fait-on vis-à-vis de lui? On prend des gants, très doux; on prépare sa phrase, on la suce, on la mâche, on la retourne dans tous les sens... Puis on se risque à pas feutrés. On avance sur la pointe des pieds. La moindre arête (et Dieu sait s'il y est sensible) fera tonner sa foudre. On baisse la tête, on fuit. Sa femme recule, ses enfants tremblent, ses amis disparaissent. On le craint, on le déteste parfois; on l'envie souvent pour la *soi-disant* force qui émane de lui. On l'envie de n'avoir peur de personne, on craint ses répliques cinglantes, définitives, nettes, insultantes, infériorisantes.

Un inférieur paraît-il? L'agressif tonne, fait la leçon sèchement, méprise, laisse tomber de haut quelque parole cinglante.

Un supérieur se montre-t-il? Voici l'agressif qui se huile et s'adoucit. Les canons sont rentrés. Le repaire devient lit de roses... Sois doux, ô supérieur, car cet agressif-là n'est qu'un grand timide...

Et ce même agressif, aussi, un soir de confidence, après boire peut-être, vous dira : « moi?... j'étais mou, timide... mais un jour j'en ai eu assez et j'ai réagi! »

Il regarde alors ses mains avec complaisance. Car il a serré les poings, ce jour-là! Et il a commencé à taper. A droite et à gauche, puis devant et derrière, puis partout à la fois. Il a tapé dans tout ce qui, pour lui, constituait un danger... Mais *tout* constituait un danger, puisqu'il était grand timide! Alors, c'est très simple, il a tapé dans tout pour se faire la main, *et pour se protéger de la peur.*

Le timide-inauthentique pur était né, et son entourage n'avait qu'à bien se tenir...

Regardez-le. *Tout sonne faux.* Il emploie une bombe atomique pour creuser un simple puits. Sa voix sonne faux. Sa poignée de main, cassante comme un étau, sonne faux. Sa marche saccadée, raide, trop puissante, trop rapide, sonne faux. Son sourire, crispé, autoritaire, dur, sonne faux! — L'agressif est un ensemble de cloches fêlées, dans un clocher branlant...

Ainsi donc, l'agressif *croit* avoir réagi. Il croit avoir « décidé » sa réaction d'attaque. Alors que *cela s'est fait malgré lui.* Très souvent, les efforts déployés pour surmonter sa timidité ou son émotivité ont fatigué son système nerveux. Et celui-ci est devenu aussi excité qu'il était déprimé...

Qu'est-ce que l'agressivité?

La biologie nous apprend que l'agression est *fondamentale* chez tout être vivant. Elle montre que, chez les animaux et chez les hommes, l'agression est liée à l'instinct.

Cette agression, dans son sens fondamental, permet à l'organisme d'employer ce qui l'entoure pour satisfaire les besoins essentiels de sa vie.

Dans ce sens-là, *l'agression est normale.*

Freud, dans sa théorie des instincts, envisage deux instincts fondamentaux :

a) L'instinct de *vie*, qui serait représenté par l'instinct sexuel.

b) L'instinct de *mort*, qui serait les impulsions agressives et les tendances destructrices qu'elles représentent.

Pour Freud toujours, tous les phénomènes de la vie viendraient de la *combinaison* ou de *l'opposition* de ces deux instincts.

Anna Freud dit ceci : « Chez l'enfant, il y a parallélisme ou fusion de ces deux instincts. Les impulsions sexuelles prennent leur force dans les impulsions agressives; grâce à cela, les impulsions sexuelles atteignent leur but.

Ainsi, les forces agressives sont dépouillées de leurs conséquences destructrices; et s'orientent vers la vie (sexe) au lieu de s'orienter vers la destruction (mort). »

L'AGRESSIVITÉ CHEZ L'ENFANT.

Que fait l'enfant? Il tente d'assurer sa vie.

Comment? Par la mise en action de ses instincts agressifs.

Devant cela, que fait sa famille? Elle oriente, canalise, discipline la vie de l'enfant. Comment? En s'imposant à l'enfant, au moyen de forces également agressives. Il y a donc agression (enfant) contre agression (famille), avec interférences constantes entre ces deux forces.

Si l'on a affaire à un enfant normal dans une famille normale et compréhensive, tout est bien : l'enfant sera amené à des réactions constructives.

Mais si les parents exagèrent :

a) en se montrant trop exigeants, trop dominateurs ou autoritaristes;

b) en se montrant trop peu exigeants, cédant trop vite aux exigences agressives de l'enfant; il est certain que les réactions enfantines seront anormales, comme le sont celles des parents.

Heuyer a bien souligné *la réaction d'opposition* de l'enfant, qui est souvent le point de départ de déficiences ou de névroses. (Fugues, hypocrisie, haine sournoise, haine déclarée, menaces refoulées, menaces déclarées.) Ici, les « refoulements » sont évidemment plus graves; parce que le refoulement empêche toute décharge libératrice, et engendre, à la longue, de très graves désordres du caractère.

Que peut alors faire l'enfant?

Si la famille représente pour lui un *danger*, ou une *pénible réalité*, l'enfant *s'enfuira* vers des conceptions imaginaires, qui lui serviront de compensations. Et pour peu qu'il y ait prédisposition nerveuse, ces compensations formeront la base de son futur comportement anormal.

L'AGRESSIVITÉ CHEZ L'ADULTE.

Chez l'adulte, l'agressivité est une disposition à l'attaque; elle se rencontre chez les êtres en état d'hostilité. L'agressivité peut être active ou refoulée (au nom, par exemple, de principes moraux : un adulte en état d'agressivité intérieure contre son père, et ravalant cette agressivité au nom de « La morale interdit d'attaquer son père de quelque façon que ce soit »).

Agressivité constitutionnelle.

Apparaît chez les tempéraments impulsifs et violents; chez les épileptiques; dans certaines races humaines.

Le paranoïaque (voir ce mot au dictionnaire) possède également une agressivité constitutionnelle et lucide, sans cesse en éveil et ne désarmant jamais.

Agressivités acquises.

Ce sont des agressivités *accidentelles*, résultat d'un état psychologique, accidentel également.

Par exemple, dans la trop grande susceptibilité, dans les blessures d'amour-propre, dans les états passionnels.

Les traumatismes crâniens, eux aussi, laisseront souvent des troubles du caractère, déclenchant parfois l'agression.

On trouve l'agressivité acquise dans la schizophrénie (voir dictionnaire), les psychoses hallucinatoires (le sujet « entend des voix » qui lui dictent l'agression); chez les persécutés, chez les persécuteurs, dans les délires de jalousie, etc...

Et notre *agressif*, dans tout cela?

Eh bien... notre agressif se range simplement dans le mécanisme de la compensation devant la peur, et devant la fuite ordonnée par cette peur.

Devant la peur? Tout son comportement semble indiquer, non seulement qu'il n'a pas peur, mais qu'il n'a jamais peur!

Devant la fuite? Il attaque, tout simplement, il se rue, il fonce; avant même qu'on ne l'ait touché!

Alors?... nous retombons ici dans le même jeu que la fatigue devenant agitation, et prise pour action énergique.

Comme l'agressif s'agite beaucoup, il croit que son action est réelle, voulue, volontaire. *Il se prend au sérieux*. Il croit que son agitation *est* de l'énergie; et qu'il a conquis cette énergie à la force des poignets, en serrant les dents pour surmonter sa timidité.

N'est-il pas logique qu'il se prenne au sérieux, puisqu'il le croit? Et (alors que, son système nerveux s'est compensé sans qu'il y soit pour rien) n'est-il pas logique que cet agressif s'admire? Pensez donc! Il a osé, lui, surmonter sa timidité! Tout seul! *Lui qui avait peur des autres, fait maintenant peur aux autres*! Grâce à ses attaques incessantes, il se croit sûr de lui. Il s'étonne même, très naïvement, de voir se faire le vide autour de sa personne...

Mais parfois cependant, l'agressif sent que « tout cela n'est pas vrai... » Il sent que sa force est de la fausse-force, que son énergie, dispersée aux quatre vents, est de la fausse-énergie.

Il sent donc la *contradiction* entre ce qu'il paraît être, et ce qu'il est (comme chez le perfectionniste). Et cette contradiction fait naître une angoisse. Il doit donc compenser cette angoisse, *en renforçant son agressivité!* Là également s'amorce un cercle vicieux. Il dépense son énergie en pure perte, fait efforts sur efforts pour maintenir son « standing » de force, et au bout de quelques années, il arrive à l'*épuisement nerveux*.

Il rejoint alors les phénomènes de fatigue : épuisement, dépression, agitation. La dépression renforce sa timidité initiale; l'agitation renforce l'agressivité... jusqu'au claquage complet.

Le jeu complexe de la timidité

Ce jeu est infiniment complexe. Car un timide n'est pratiquement jamais *que timide*. Il passe, selon les circonstances, par tous les stades s'imbriquant dans la timidité. Il sera timide maintenant, perfectionniste tantôt, agressif demain. Nous savons que les plaies du timide sont : l'impuissance, l'impossibilité de « vouloir », l'impossibilité de s'adapter immédiatement à une circonstance.

En résumé :

— La timidité et l'hyperémotivité sont souvent liées.

— Chez le timide, il y a toujours repli sur soi-même, ou projection violente hors de soi.

— Le timide « rumine » ses échecs, ce qui augmente sa timidité.

— L'ambition du timide (qui est souvent intelligent) est contrecarrée par sa timidité; d'où naissance de l'orgueil (sécurité).

— La timidité déclenche toujours, suivant les circonstances, des réflexes de protection (insolence, être bourru, être cassant).

Chacun de ces jeux, tour à tour, représentera pour lui *la sécurité du moment*. Mais ce n'est pas tout!

Car sur la timidité peuvent se greffer d'autres phénomènes, partiellement ou totalement : le narcissisme, la culpabilité, l'auto-punition, l'angoisse, l'homosexualité, le refoulement. (Pour chacun de ces termes, voir index.)

Le traitement de la timidité

La timidité est-elle guérissable? Oui. Existe-t-il *un* traitement de *la* timidité? Non.

Mais il existe *tel* traitement pour *telle* timidité. Souvenons-nous qu'il y a, pratiquement, autant de timidités que de timides. Et que « timidité » est souvent une plaque qui recouvre des canalisations bien différentes... !

Dans chaque cas, devra être faite une estimation exacte des facteurs constitutionnels et acquis. Et puisque la timidité acquise est due à des facteurs psychologiques, le traitement psychologique est, évidemment, indiqué.

La psychothérapie en profondeur ou la psychanalyse sont toujours employées avec succès.

Faut-il « raisonner » le timide?

Chaque timide sait bien que le raisonnement n'a pas prise sur sa timidité. Ne passe-t-il pas son temps à faire efforts sur efforts pour se raisonner? Pour se démontrer l'absurdité *rationnelle* de cette « maladie »? Il ne demande qu'à éliminer sa déficience, bien sûr! *Il veut bien*, mais ne *peut pas*. Et pour tenter de rendre compatibles son *vouloir* et son *pouvoir*, il cherche en lui tous les motifs raisonnables qu'il possède.

Cet avocat, par exemple, horriblement timide, est beau, riche, très intelligent et admiré. Il se dit, à longueur de journée : « Voyons... tu es beau, tu es riche. Les gens t'admirent. Tu n'as donc aucune *raison* d'être timide!... » A quoi cela lui sert-il? A rien.

Parce que des facteurs rationnels n'éliminent pas des facteurs affectifs[1].

Alors?...

Je répète que la timidité est chose trop complexe pour être envisagée en bloc. Le traitement devra donc, en premier lieu :

— Dépister les complexes, les blessures morales, les frustrations, les humiliations.

— Dépister les « cristallisations » du timide. Sachons que le timide est souvent *bloqué* sur des événements antérieurs, auxquels il demeure fixé. Ses événements antérieurs sont *comme un clou planté dans son passé affectif.*

— Or, si le corps du timide a grandi, vieilli, évolué, une part de son affectivité reste empalée sur ce clou! Un lambeau flotte en arrière, en quelque sorte...

— Donc, il réagira à une circonstance d'aujourd'hui... avec une affectivité d'hier. La recherche de ces *infantilismes* est donc importante.

Qu'est-ce que l'infantilisme?

Un infantilisme est — psychologiquement parlant — *une fixation affective ou émotive dans le passé.* Cette fixation empêche l'évolution psychologique du sujet, dans toutes les circonstances se rapportant à elle. La fixation peut également déterminer une très grande partie du comportement, faisant réagir le sujet d'une manière unique, devant des circonstances différentes.

Par exemple : Christiane, trente ans. Christiane est très timide, surtout envers les hommes... ce qui ajoute encore à son charme. Elle est charmante, en effet, très jolie, et paraît avoir seize ans.

Quels sont les éléments de la vie de Christiane?

— Mère (seconde mère) haineuse.

— Père faible, adorant sa fille... et craignant sa femme. En état complet d'insécurité, Christiane s'accroche à son père et « joue » sans cesse à la petite fille. Ce jeu permettra au père de la protéger, et de lui faire croire en une force qu'il ne possède pas. Cela continue sans cesse : la, sécurité de Christiane et celle de son père sont à ce prix.

Parfois battue par sa mère, toujours humiliée, Christiane déteste les femmes en général. Elle grandit dans cette

[1] Sauf dans certains cas bénins et pris au début. Par exemple un enfant est intimidé parce que faible en latin (timidité localisée). Il est certain qu'une solution peut être trouvée rationnellement. — Mais ce n'est pas là un cas de timidité proprement dite.

atmosphère, mais continue le jeu envers son père, qu'elle étend aux hommes en général. Elle s'habille comme une petite fille, a des mines de petite fille, des gestes de petite fille. Tout son comportement est envahi.

A vingt ans, elle perd ses parents dans un accident de voiture. Voilà Christiane seule, sans force morale, inhibée, humiliée, frustrée, désemparée.

Elle cherche à se marier, en continuant le même jeu, *qui est devenu pour elle la seule réaction possible devant des circonstances pourtant diverses !*

Elle s'accroche à tout homme qu'elle connaît, parce que ces hommes, pour elle, représentent son père, et la sécurité. Or, ces hommes qui, au début, sont amusés par ce comportement enfantin, et trouvent satisfaction à la protéger, reculent bien vite : *Christiane demande tout, sans avoir rien à donner...* Les échecs s'accumulent jusqu'à trente ans. Elle est faible, hypernerveuse, angoissée, infantile... Et voici qu'à trente ans, elle réagit comme à quinze ans, dans un comportement unique et figé...

Mais... Christiane est-elle vraiment « timide »? — Non! Elle est « fixée » à son père, qu'elle projette sur les autres hommes, auxquels elle demande ce qu'elle demandait à son père : la protection; et elle se considère donc d'avance, non pas comme épouse possible, mais comme petite fille...

Ici également, cette « timidité » n'était qu'un écran artificiel...

Le traitement psychologique devra analyser les conditions de vie : familiale — scolaire — maritale — religieuse — etc., analyser les culpabilités, les hontes.

On examinera également si la timidité n'est pas à *base sexuelle due à l'adolescence.*

LA TIMIDITÉ ET L'ADOLESCENCE.

Durant l'*adolescence*, apparaît une forme de timidité particulière, envers les représentants de l'autre sexe. Chez les timides, elle constitue une nouvelle forme d'intimidation. Mais chez les non-timides, elle fait son apparition également. Toutes les caractéristiques émotives de l'adolescence sont canalisées vers un terrain inconnu et troublant. Toute présence féminine paralyse les garçons. Et ce sont les supplices bien connus de chaque jour : saluer une femme... prendre congé d'une femme... dîner aux côtés d'une femme... acheter quelque chose dans un magasin tenu par des vendeuses (ce qui amène souvent la fuite!)... devoir offrir sa place à une femme dans un tramway (amenant souvent une « paralysie » rivant à son siège l'adolescent, qui passe ainsi pour grossier!) Et notre adolescent devient maladroit, gauche, raide, souvent discourtois ou goujat, cynique envers les femmes.

Les jeunes filles cachent leur gaucherie sous une agressive ironie; les garçons répliquent par le dédain et le mépris. Tout ceci est bien connu.

Mais à qui appartient (socialement) l'initiative de l'approche? Et l'initiation sexuelle? Au garcon. — Mais si la timidité-dédain, si la timidité-mépris, si la peur en un mot, durent trop longtemps, les conséquences les plus graves peuvent se développer. Allant du célibat prolongé aux perversions sexuelles, en passant par une homosexualité latente ou déclarée. Avec, bien sûr, tout le cortège des phénomènes secondaires : hyperémotivité, culpabilité, auto-punition, etc.

Quand tous les mécanismes seront mis à jour, commencera le travail effectif. Travail de déblocage; travail d'extirpation; travail de reconstruction ou de rééducation.

Tout ceci relève des thérapeutiques psychologiques, qui seront envisagées plus loin.

La façade du timide sera démolie, et pas à pas, le psychologue remontera le sentier. Tranche de vie par tranche de vie. Ces sentiers seront parcourus ensemble; et le timide verra comment il a réagi devant les circonstances causales, et comment il *aurait dû* réagir! Débloqué, le timide repartira à zéro; il verra alors spontanément la façon normale de réagir. La réadaptation se fera harmonieusement, par une formation d'habitudes nouvelles correspondant à la constitution physique et psychique de l'individu. Habitudes incluses, évidemment, dans un système de tendances vers un but, conditionné par ces mêmes possibilités.

Et le timide qui, de son clavier, ne jouait que quelques notes, apprendra à jouer des gammes entières...

Ce n'est plus un ancien timide qui se tient devant le psychologue; mais un être *qui s'est retrouvé*, un homme neuf, s'adaptant automatiquement et correctement aux circonstances. Heureux comme il ne le fut depuis longtemps; sentant en lui une liberté montante, une sociabilité, une courtoisie généreuse; et respirant un air nouveau dont il ignorait la saveur...

En ce moment-là, le timide, être séparé et solitaire, devient un être communiant. Il prend alors pied dans la grande lignée des hommes actifs, pouvant et voulant. Cet homme nouveau *pourra donner*. Car la générosité est richesse; mais *vous ne pouvez donner que ce que vous possédez*. Et ce timide, qu'il soit dépressif ou agressif, que peut-il donner, puisqu'il ne possède rien? Comment pourrait-il oser, puisqu'il est en état de défense? Sa fuite est une défense, son agressivité une défense!

Ainsi donc, *atteindre l'équilibre devient presque un devoir* dans notre époque fatiguée et vulgarisée; les hommes voulant agir (mais ne pouvant ou n'osant) n'ont-ils pas à considérer comme morale première de se compléter, de s'équilibrer, afin de toucher du doigt la communion humaine... et leur propre bonheur?

IV

LA SPÉLÉOLOGIE DU MENTAL

Comme la suite de ce livre n'est souvent compréhensible qu'à partir de la connaissance des grandes thérapeutiques, examinons-les donc.

En même temps, nous rendrons hommage aux pionniers et aux pères de la psychothérapie.

1. Creuseurs de galeries et tailleurs de pierres.

Mesmer et l'hypnotisme

Trois jeunes femmes s'agitaient dans d'extraordinaires convulsions. Elles étaient tombées à la renverse, agitées de rires spasmodiques et de hoquets puissants. La crise nerveuse éclatait.

Tout de soie vêtu, un homme regardait. Cet homme était grand-prêtre de ce lieu mystérieux. L'obscurité, dans la chambre, était quasi totale; les fenêtres recouvertes d'épais rideaux coupaient les rayons du soleil. Et Mesmer, père du « Magnétisme Animal », pionnier de l'hypnotisme, tenant à la main une baguette métallique, songeait.

Les trois jeunes femmes étaient en pleine crise. Au centre de la chambre « miraculeuse », trônait un baquet de bois.

A l'intérieur, de l'eau, du verre pilé, de la limaille. Sortant du baquet par les trous du couvercle, des tiges de fer souple.

Les patients pénétraient dans ce temple en grande cérémonie; on entendait des sons mélodieux; le silence des malades était total, et chacun d'eux appuyait une tige de fer sur l'endroit malade.

Puis Mesmer apparaissait dans sa robe d'apparat. Il passait lentement devant les malades, en les fixant des yeux. Il promenait sa baguette sur leurs corps... C'est alors que les trois jeunes femmes tombèrent...

Et Mesmer, magnétiseur et guérisseur, revoit sa vie...

1734. Il naît à Radolfzell, sur le lac de Constance. Son père? Un garde-forestier. A dix ans, suivant le désir de sa mère, il entre au monastère pour y être instruit de son rôle de futur prêtre. Jusqu'à l'Université, il étudie la théologie, mais aussi l'astronomie, la physique et les mathématiques. Il lit Paracelse, cet homme qui croît aux astres influents...

Mesmer, à ce moment, fait demi-tour. L'orientation de sa vie bascule. Il abandonne l'Eglise, et se dirige vers la Médecine. Il deviendra prêtre du corps.

Mesmer entre donc, tête première, dans la médecine rigoureusement scientifique de l'époque, n'admettant rien qui ne puisse être prouvé physiquement. Or, Mesmer, lui, croit à des forces inconnues et mystérieuses. Avant lui, Guillaume Maxwell ne considérait-il pas toutes les maladies comme une soustraction de fluide vital de nos organes? Et ne croyait-il pas rétablir l'équilibre par la restitution de la « force magnétique »? — Mesmer va suivre, lui aussi, cette voie.

1765. Mesmer a 31 ans. Mozart a neuf ans. Ce Mozart que Mesmer protégera, vers 1768... Et Mesmer passe sa thèse de médecine « L'influence des planètes sur le corps humain... ». Cet examen est comme un défi à la médecine scientifique qui l'a instruit. Et il réussit! Les bonzes de l'époque ne crient nullement à l'imposture; fallait-il que Mesmer eût été un excellent étudiant!

Voilà donc médecin officiel, l'homme au baquet, reconnu, patenté. Oh! il gagne peu... Il est pauvre. Pensez! Il passe son temps à soigner les miséreux sans se préoccuper ni de salaires, ni de gloire...

Mais sa vie bifurque une nouvelle fois. En 1768, Mesmer épouse une riche veuve. Et lui, qui ne recherchait ni honneur, ni gloire, va les trouver soudain sur son chemin.

Mesmer pensait : il existe un fluide universel, dans lequel sont plongés tous les corps... Il croyait que la volonté humaine a le pouvoir de mettre ce fluide en œuvre, de le faire sortir d'un point, de le faire s'accumuler sur un autre...

Nous sommes donc en 1768. Mme Mesmer a une demoiselle de compagnie, Fräulein Franzl Gesterlin, dont la mauvaise santé sera le plateau d'argent de Mesmer. De quoi souffre Fräulein Gesterlin? De tout... paralysie temporaire, troubles d'intestins, vomissements spasmodiques, dépressions, transes, évanouissements, cécité passagère. *D'hystérie* [1], en un mot. Et le traitement de Mesmer guérit cette femme.

Voilà les tambours de la renommée battant la charge pour Mesmer, qui avait eu foi en son travail, et aussi le courage d'affronter les pontifes scientifiques de l'époque. Son nom éclate, sa réputation retentit.

Mais Mesmer, esprit pratique, trouva probablement trop long de soigner chaque malade individuellement...

Et il inventa son baquet collectif! Ainsi, les malades pouvaient s'engouffrer dans le temple, par fournées...

Des personnages célèbres tenaient les fers du baquet. L'écrivain La Harpe était présent, lui aussi, qui correspondait avec le grand duc Paul de Russie! Tout était donc bien, semblait-il, et le magnétisme animal promis aux plus hautes destinées...

Mais deux forces veillaient : la Médecine et la Mode.

■ *La mode*. Imaginez les dames de l'époque bavardant de magnétisme! N'ont-elles pas fait de même en déballant leurs complexes, lorsque régnait Freud?

■ *La médecine*. Car ces mêmes professeurs qui acceptèrent la thèse audacieuse de Mesmer, attendirent l'occasion. Elle se présenta sous la forme d'une jeune *aveugle* (Thérésa von Paradis), pianiste protégée par l'Impératrice. Aucun traitement, même des meilleurs oculistes de Vienne, n'avait donné quoi que ce soit.

Or, voici que — en désespoir de cause — on l'amène chez Mesmer... qui lui rend la vue par un traitement poussé. L'histoire est invraisemblable? Peut-être, mais vraie. *Il s'agissait de cécité hystérique*. Et maintenant écoutez... La vue recouvrée, la jeune fille se trouva ne plus jouer aussi bien. Donc, les revenus liés à sa vie de pianiste risquaient de s'en aller. Les docteurs examinèrent la jeune fille; ils reconnurent qu'elle

[1] L'hystérie sera étudiée plus loin : page 139.

avait recouvré la vue, mais nièrent qu'elle pouvait voir, parce qu'elle ne savait pas comment s'appelaient les objets!! (Or, cette jeune fille était aveugle depuis l'âge de trois ans.) Les docteurs se répandirent en imprécations contre Mesmer, qui raconta lui-même comment le père de la jeune fille entra chez lui, fou furieux et l'épée à la main! Mais la vue ayant de nouveau quitté la jeune fille (ce qui confirme la cécité hystérique), Mesmer fut expulsé de la Faculté, et chercha refuge en France.

Et... comme cela se passe souvent, la commission chargée d'étudier le Mesmérisme *ne se préoccupa nullement de savoir si Mesmer avait guéri ou non; mais de découvrir l'exactitude de ses théories!* Quelle théorie? Qu'est-ce que le « magnétisme animal »? Toute démonstration étant impossible, les guérisons de Mesmer furent mises au compte de... l'imagination. Et l'on passa muscade.

L'HYPNOSE ET LA SUGGESTION.

1814. Mesmer est dans l'ombre... Son procédé demeure. Le bien connu M. de Puységur, officier d'armée et chercheur, travaille le magnétisme en son domaine de Soissons. Mais ce magnétisme commence à se passer de cérémonie, de musiques, de rideaux. Le merveilleux commence à faire place à la science! Rien qu'un arbre, un grand arbre, magnétisé par lui, suffisait. (Dont Frankini déclara qu'il n'avait nullement besoin d'être magnétisé pour être magnétique...)

Un jour, (l'histoire est bien connue) un jeune berger « magnétisé » ne tomba pas en contorsions. Pas du tout. Au lieu de cela il s'endormit. Non par fatigue ou indifférence... Mais d'un sommeil bizarre... On fait du bruit; on s'agite, on crie. Rien à faire. Le jeune berger ne se réveille pas. Mieux encore! Voici qu'il se lève, marche, parle, et contracte totale obéissance à M. de Puységur... qui n'est pas loin de se prendre pour la volonté universelle. L'hypnotisme était découvert. La suggestion hypnotique aussi.

Après Mesmer et de Puységur, Deleuse découvre la suggestion post-hypnotique. Il remarque que, éveillée, une personne répond aux ordres donnés durant le sommeil. (Par exemple un cas facile et courant : on endort une personne hypnotisable; on lui suggère que l'eau qu'elle boira sera pleine de poivre; on la réveille : la personne crachera alors avec dégoût, et rien au monde ne pourra lui enlever cette opinion de l'esprit. Pour la lui ôter il faudrait l'endormir à nouveau).

De nombreux chercheurs continuèrent leurs travaux et l'hypnotisme atteignit la cote de l'enthousiasme.

Mais les mesméristes parlaient trop... Malgré de grands succès opératoires sous hypnose (et nous sommes au XIXe siècle!) le mesmérisme retomba d'autant plus bas qu'il était monté haut...

La vague finale se déclenche en Angleterre où le docteur Elliotson se convertit au mesmérisme, ce qui, en 1838,... entraîna sa démission forcée de l'hôpital.

Or, aujourd'hui, c'est l'Angleterre qui, en 1955, conclut à l'efficacité de l'hypnotisme et demande, par la voie du British Medical Association, que l'hypnotisme soit pratiqué dans les hôpitaux et enseigné au même titre que les autres branches. Et ce, après l'U.R.S.S., et beaucoup de pays de langue anglaise.

Or, en 1838, de terribles amputations *sans douleur sous hypnose* étaient déjà réalisées. Donc, notre époque ne fait que reprendre un problème thérapeutique des plus passionnants...

Nous arrivons *(toujours au XIXe siècle)* au docteur Esdaille, médecin anglais aux Indes. Il pratique l'hypnose, et réussit plus de trois cents grandes opérations sous hypnose, et sans la moindre douleur! Et par quoi cette magnifique réalisation fut-elle accueillie? Par le mépris... Son hôpital fut fermé.

HYPNOTISME, PORTE DE L'INCONSCIENT.

Les revues populaires l'ont bien décrit... Que voulez-vous, le merveilleux!... Un patient, étendu si possible... une ambiance calme... Une voix basse, monocorde, insinuante, fatigante, celle de l'hypnotiseur. — « Vous allez dormir... vous avez une envie très grande de dormir... Regardez-moi dans les yeux... » En même temps, le sujet fixe un objet brillant placé au-dessus de ses yeux, à une vingtaine de centimètres en avant. Et la voix basse, toujours : « Vous allez dormir... vous avez envie de dormir... ».

Le patient bat les paupières. Il n'a plus envie de rien, ni d'ouvrir ses paupières lourdes, ni de dégager son cerveau devenu gourd et sans force... Ou bien aussi, les globes oculaires sont comprimés, pendant que la respiration se fait profonde, rythmée, lente... Et la voix qui aide, toujours, la voix chaude, qui pénètre, jointe au prestige de l'opérateur...

Et la « suggestion » hypnotique commence : « A partir de cet instant, aucune de vos démangeaisons ne vous fera plus souffrir... Dès maintenant, vos boutons vont guérir...

Votre eczéma va disparaître... Vous entendez? Votre eczéma va guérir... Votre peau sera belle, lisse, parfaite, sans boutons... Sans boutons... ».

Et souvent l'eczéma guérit et les boutons disparaissent...

Ou bien l'hypnose pré-opératoire :

Le cas, en 1956, de cette Anglaise, opérée sous hypnose, et qui a défrayé la chronique. Le médecin avait tracé, sur l'abdomen de la malade, un carré imaginaire de vingt centimètres. La malade dormait sous sommeil hypnotique. Et le médecin insinuait : « Je vais insensibiliser votre ventre... L'engourdissement se fera à l'intérieur des limites que je suis occupé à tracer... A l'intérieur de ce carré, vous ne sentirez rien... vous ne sentirez aucune douleur... ».

L'opération commença, et se pratiqua sans la moindre douleur.

L'hypnose peut faire apparaître des ampoules sur la peau, en suggérant que cet endroit a été brûlé. Par suggestion hypnotique, on peut augmenter ou diminuer les battements du cœur, en suggérant que la personne assiste à un accident, par exemple. Ici donc, ces modifications cardiaques se produisent en déclenchant une émotion. L'influence de l'hypnotisme est grande sur l'appareil respiratoire; considérable sur l'appareil digestif. L'hypnose agit sur les mouvements et les sécrétions de l'estomac et des intestins. Elle agit également sur l'appareil urinaire (accroissement et diminution de la quantité d'urine). Sur les fonctions sexuelles également; il semble vrai qu'on puisse, entre autres, retarder ou avancer les règles. L'influence de l'hypnose sur les phénomènes vasomoteurs est immense. Sur la peau, notamment, par apparition de stigmates sanglants et d'ampoules... (La peau est en rapport intime avec le système nerveux sympathique.)

Que cela prouve-t-il? Que les phénomènes hypnotiques montrent les rapports très étroits existant entre « l'esprit » et « le corps ». J'y reviendrai en étudiant l'hystérie et la médecine psycho-somatique. On se rend compte des possibilités de l'hypnose... et l'on comprend la tentation d'en faire une panacée universelle!

Comment se présente le sommeil hypnotique?

L'hypnose est un sommeil incomplet, provoqué par la *suggestion* hypnotique (tandis que la *narcose* est le sommeil provoqué par des techniques chimiques). Le sommeil hypnotique n'est pas un sommeil total; la conscience est engourdie, mais non absente. Le sujet conserve la possibilité de concentration de l'attention; ses perceptions sensorielles existent. Le tonus des muscles n'est jamais complètement absent. C'est d'ailleurs ce qui permet à l'hypnotisé de marcher, de se lever, et de garder certaines attitudes qui seraient terriblement fatigantes pour un homme normal.

Supposons, par exemple, que l'on dise à un sujet sous hypnose qu'il lui est impossible de bouger son bras droit. Même s'il le veut, on verra :

— qu'il contracte les muscles fléchisseurs pour plier le bras;

— qu'il contracte les muscles extenseurs pour l'empêcher de plier.

Au cours de l'hypnose, on sait que le sujet se montre obéissant — dans une certaine limite! — envers l'opérateur. Il répond aux questions et exécute certains ordres. Les ordres devant être exécutés *après* le sommeil hypnotique, le seront souvent; mais on n'a jamais constaté un acte de ce genre accompli, qui serait en contradiction profonde avec les sentiments de moralité du sujet.

■ *Est-il possible d'endormir une personne contre son gré!* L'époque de Charcot le croyait. L'époque moderne le nie. Bien que ce ne soit pas une généralité, une personne *hystérique* est hypnotisable au maximum... ce qui ne signifie pas que toute personne hypnotisable soit hystérique!

. Babinsky prétend :

— que le sujet ne perd pas la mémoire de ce qui se passait durant l'hypnose;

— que le sommeil léthargique n'est nullement inconscient;

— que le sujet ne perd nullement tout contrôle volontaire; et que, par conséquent, il ne répondra pas aveuglément à tous les ordres de l'opérateur.

Et Babinsky ajoute : « Dans les circonstances sérieuses, les hypnotisés redeviennent maîtres de leurs actions dans la mesure où ils le sont à l'état de veille ». Cette dernière réflexion fait songer à l'amusante histoire racontée par Janet : l'opérateur qui présentait une patiente hypnotisée permit à ses étudiants en médecine de faire des suggestions. Un des étudiants (évidemment) suggéra qu'elle ait à quitter ses vêtements. A ces mots, l'hypnotisée s'éveilla brusquement, et sortit en colère... — Ce qui, en fin de compte, est bien rassurant.

De même, il est, dit-on, assez invraisemblable que l'on puisse persuader une personne hypnotisée de commettre un crime. Mais si la personne a en elle une tendance au crime? L'expérience seule pourrait répondre.

Comment faut-il considérer l'hypnose?

Aussi froidement que d'autres thérapeutiques, malgré son caractère à première vue « merveilleux ». Malheureusement, il est certain que la croyance populaire actuelle demeure celle de 1870 : l'hypnotiseur semble un mage, doué de pouvoirs, et qui tient entre ses mains la destinée entière de son sujet! La réalité est tout de même un peu moins miraculeuse *et se base uniquement sur le fonctionnement nerveux*, comme nous le verrons.

L'hypnose peut être un agent anesthésique. Et si de grandes opérations furent réalisées sous sommeil hypnotique, n'oublions jamais qu'elles l'étaient déjà au XIXe siècle, et rendons hommage à ces précurseurs! Un grand pouvoir de l'hypnose est donc de remplacer l'anesthésie chimique. Mais on constate que dix pour cent d'individus seulement peuvent être placés dans cette manifestation hypnotique, ce qui réduit déjà singulièrement les possibilités pratiques.

Autre pouvoir capital : la suggestion hypnotique peut éviter les douleurs post-opératoires (pansements, etc.).

Quel est le pouvoir de l'hypnose au point de vue psychologique?

■ *Dans les maladies mentales*, il semble qu'aucun résultat positif n'ait été obtenu. Beaucoup d'aliénés sont rebelles à l'hypnose; celle-ci produit souvent chez eux des réactions délirantes.

■ *En psychologie* : de spectaculaires « faux-succès » peuvent être obtenus. Il semblait très logique de pouvoir, par hypnose, délivrer des idées fixes, des phobies, du bégaiement, des obsessions.

Et l'on constate souvent, en effet, que certains *troubles* disparaissent rapidement. Les *symptômes* s'en vont. Cependant les résultats ne sont nullement permanents. Pourquoi? Parce que la *tendance profonde* demeure.

Or, les symptômes sont produits par cette tendance profonde; *et si un symptôme disparaît, il y a beaucoup de chances pour qu'un autre prenne sa place*. Faites disparaître ce deuxième, et un troisième risque d'apparaître... Ce qui montre que la *tendance maladive* n'est nullement éliminée par l'hypnotisme.

Et ce sera la fameuse succession des symptômes, venant de la même cause, toujours vivante en profondeur. (Dont l'hystérie est un exemple frappant.)

Car, si l'on veut tuer l'orvet, point ne suffit de lui couper la queue...

LA NÉVROSE.

N'oublions pas ceci (nous le verrons d'ailleurs au cours de ce livre) : la névrose se présente souvent comme un mécanisme de sécurité intérieure. Un névrosé est une personne *qui s'est réfugiée dans la névrose pour y trouver la sécurité mentale.* Donc, puisqu'elle y trouve la sécurité, il va de soi que la névrose *elle-même* lui est (inconsciemment ou consciemment) nécessaire. En général, une personne ne se plaint pas de sa névrose. Elle se plaint de ce qui la fait souffrir. Or, ce qui la fait souffrir n'est pas la névrose elle-même, qui devient inconsciente. Mais cette névrose produit des *symptômes ;* ces symptômes sont douloureux, et ce sont eux que la personne désire éliminer.

■ *Voici un exemple simple :* un *perfectionniste* (revoir page 78). Supposons que ce perfectionniste souffre de sa solitude, de son abandon, de son émotivité, de sa timidité. Il désirera donc guérir de cette émotivité, de cette solitude, de cette timidité, qui sont des *symptômes.* Mais désirera-t-il guérir de sa névrose profonde : son perfectionnisme? Non... puisque ce perfectionnisme est pour lui une sécurité!

On voit donc, dans un cas de ce genre, que l'hypnotisme est inopérant. La volonté de l'hypnotiseur entrerait en conflit avec la volonté profonde de l'hypnotisé; et aucun résultat ne serait atteint. Ici, seule pourrait agir une psychothérapie en profondeur. Ramenons donc l'hypnose à sa juste valeur, qui est tout de même bien grande!

Charcot, de la Salpétrière

Avec le professeur Charcot (1825-1913) neurologue à l'hôpital de la Salpétrière, l'étude de l'hypnotisme entre dans la phase... disons officielle. Mieux! Scientifique. Charcot, qui s'occupait des maladies du système nerveux, se rendait compte de la très grande importance de l'hypnotisme, toujours prôné ou rejeté avec la même passion.

Or, Charcot était neurologue, et non psychiatre. En neurologue, il s'occupait de la physiologie de l'hypnotisé; de ses mouvements et de ses réflexes. Tout cela le laissait passer à côté des phénomènes psychologiques. Danger de la spécialisation!...

Il faut noter que Charcot n'a jamais hypnotisé personne. Et nous pouvons l'imaginer arrivant dans une salle... où les élèves lui présentaient la personne hypnotisée.

Malgré tout, Charcot avait raison... Trouvant que les phénomènes psychologiques étaient d'une étude délicate, il désirait avant tout connaître les caractères physiques de cet état anormal, afin de le reconnaître par des signes ne prêtant à aucune simulation. Répétons donc que Charcot se mit, avant tout, à l'étude des mouvements et des réflexes des personnes sous sommeil hypnotique.

Le grand Charcot entreprit donc une étude physiologique de l'hypnotisme. Or, il se passa ceci — l'école de la Salpétrière se « fournissait » uniquement de femmes *hystériques* (facilement hypnotisables) sur lesquelles étaient faites les observations. Et Charcot passa du particulier au général avec un peu trop de facilité. Il déclara que seules les malades de ce genre étaient susceptibles d'être hypnotisées!... Pour lui, les phénomènes hypnotiques étaient des phénomènes anormaux.

Bernheim, ou la déclaration de guerre

Bernheim, de l'école de Nancy, n'était pas d'accord du tout, et ne se gêna nullement pour le dire.

Seuls les malades sont hypnotisables? Pas du tout, répliqua Bernheim! L'hypnotisme est un phénomène tout à fait normal, et la plupart des gens sont hypnotisables.

Voici ce qu'il déclare : « Ce qu'on appelle hypnotisme n'est autre chose que la mise en activité d'une propriété normale du cerveau : *la suggestibilité*, c'est-à-dire l'aptitude à être influencé sans discussion par une idée. Il n'y a pas d'hypnotisme : je veux dire qu'il n'y a pas d'état spécial, anormal, méritant ce nom; il n'y a que des sujets plus ou moins suggestibles, auxquels peuvent être suggérés des idées, des émotions, des actes, des hallucinations... ».

Que peut-on conclure?... *que la possibilité d'être hypnotisé est conditionnée par l'état organique du moment;* et que les phénomènes de l'hypnose sont dus à une cause psychique : la suggestibilité, que nous verrons un peu plus loin.

Babinsky, l'homme qui conclut...

Joseph Babinsky (1857-1932) confirma les vues de Bernheim. Pour lui, l'hypnotisme est une *suggestion*, renforcée par un état de *non-contrôle*. Il considère donc l'hypnotisme comme un « état psychique, rendant le sujet qui s'y trouve, capable de subir les suggestions d'autrui ». Sautant alors dans *l'hystérie*, il la considère, non pas comme une maladie organique, mais comme un état psychique rendant le sujet qui s'y trouve capable de *s'autosuggestionner et d'être facilement suggestionné par autrui*.

LA SUGGESTION ÉMOTIVE.

La cour d'Assises est assemblée; une tête d'homme sera jouée dans un instant. L'avocat de la défense déploie manches et effets oratoires. Epuisés, bombardés d'arguments, les jurés écoutent. N'a-t-on pas fait appel à leur raison, à leur vertu, à leur intégrité d'hommes? Et l'avocat parle, tentant de *persuader* ces juges...

Brusquement, le plaideur envisage l'enfance de l'accusé. Père ivrogne, mère ivrogne, disputes, misère, batailles... Et l'avocat crie : « Songez à cette enfance atroce, messieurs les jurés, et acquittez!... ». Un juré a pâli. Comme une flèche, ce commandement le frappe, *non plus dans sa raison, mais en plein centre de son émotion*. Car ce juré se rappelle, lui aussi, son père buveur, sa mère absente, sa misère, son enfance malheureuse. La parole de l'avocat le pénètre profondément.

C'en est fait. Devant ce juré, l'avocat a gagné. Le raisonnement et la persuasion ont cédé le pas à l'émotion. Et l'impulsion qui en découle reste maîtresse du terrain. De ce juré, viendra un acquittement ou une réduction de peine...

Ou la logique et la raison battaient de l'aile, la suggestion émotive emportait la bataille.

Et cette puissance de la suggestion, les meneurs de foules la connaissent bien! Elle la savait bien aussi, cette Leni Riefenstahl, cinéaste du troisième Reich allemand, qui mettait en scène les entrées de Hitler, aux formidables fêtes du Parteitag! Plus de cent mille hommes, rangés; des milliers de drapeaux; les cloches de Nuremberg sonnant; une arène de pierre et de marbre; une ouverture prolongée par la grande forêt... Et dans cette ouverture végétale, Hitler qui avance, tout seul, sans gardes, tandis que les chants retentissent et qu'au loin, roule le canon... Théâtral? Bien sûr. Mais surtout suggestif par une émotion puissante.

Car en ce moment, un seul ordre suggestif aurait pu emporter cette marée humaine comme un torrent...

Et les défilés militaires, cadencés comme un ballet, brillants, piaffants? Cette musique qui sonne, ces timbales qui roulent? Et qui font penser au plus antimilitariste : « ...cela me fait quelque chose... »? Suggestion émotive, encore!

QU'EST-CE QUE LA SUGGESTION?

Il ne faut pas confondre suggestion et persuasion.

Si je cherche à vous *persuader*, je m'adresserai à votre raison. J'essaierai d'obtenir votre adhésion volontaire et consciente. Vous serez persuadés si vous reconnaissez que j'ai raison, et vous donnerez votre assentiment à mes arguments.

Si je cherche à vous *suggestionner*, j'emploierai un procédé entièrement différent. Je devrai m'adresser à votre suggestibilité... ce qui semble être une lapalissade. Pour cela, je devrai passer outre votre conscient et votre raison, et toucher vos centres nerveux inconscients; ce qui exige donc des circonstances particulières, puisque la raison et la volonté doivent disparaître dans une mesure plus ou moins grande. On est donc *suggestionné* quand la possibilité de résistance volontaire n'existe plus.

QU'EST-CE QUE LA SUGGESTIBILITÉ?

C'est une disposition mentale, qui permet d'obéir *trop facilement et sans discussion* aux ordres donnés.

Cette disposition peut se présenter dans de nombreux cas :

— La suggestibilité peut provenir de la naïveté et de la crédulité. Ce sont les personnes qui « avalent tout ». Mais ce n'est pas de la suggestibilité proprement dite.

— La suggestibilité se manifeste dans certains désordres passagers : la grande fatigue; l'épuisement nerveux; tous les désordres émotifs faisant perdre le contrôle de soi (on connaît les paniques collectives!); dans l'hyperémotivité; (comme le juré qui était en premier lieu persuadé, puis devient suggestionné). Le plus haut degré de la suggestibilité se rencontre dans l'*hystérie* (étudiée page 139).

En résumé :

La persuasion :	*La suggestion :*
se fait à la suite d'une discussion consciente. Autrui est alors convaincu volontairement.	C'est un fait accepté par autrui sans raisonnement ni discussion. Ce fait est immédiatement consideré comme une vérité. La suggestion s'adresse à l'inconscient (comme dans la suggestion hypnotique, que nous étudierons.)

■ *Exemple de suggestion :* un de vos amis est assis dans le fauteuil du dentiste et subit un fraisage sérieux. Il se peut que *vous* ressentiez brusquement une douleur, soit à l'une de vos dents, soit ailleurs. En ce moment, vous souffrez donc sans qu'aucune lésion ne justifie cette souffrance. On vous dira : « imagination », alors que vous souffrez réellement. On soupçonne immédiatement que le système nerveux doit y être pour quelque chose. Nous le verrons.

■ *D'autre part,* la suggestion correspond souvent à une idée se trouvant en profondeur chez l'individu. Voyez ce timide sortant d'une salle où passe un film de Douglas Fairbanks! Regardez-le bien : il *joue* à être Fairbanks; il *est* Fairbanks; il se sent léger, désinvolte, il regarde hardiment!

Cet homme est suggestionné... *et Fairbanks a réveillé en lui un sentiment inconscient :* le sentiment de la force qu'il désire, en contrepartie de sa faiblesse. La suggestion est donc une idée introduite dans le cerveau, et acceptée par lui. Elle vise à créer une impulsion non consciente, d'où découlera l'action.

LES CONDITIONS DE LA SUGGESTION.

Si la suggestion est une chose particulière, les conditions doivent l'être également. Et ce n'est que dans ces conditions que la suggestion pourra se réaliser.

1. La suggestion relativement normale.

Je rappelle le timide sortant du spectacle. Il désire de la force parce qu'il se sent faible. Ce désir se trouve donc au fond de lui-même. Fairbanks a-t-il suggestionné ce timide? Non. Il n'a fait que déclencher le mécanisme; et *l'autosuggestion* du timide a fait le reste. Le désir est devenu une croyance temporaire qui produit des actions (démarche, regard, voix, gestes, etc.).

■ *Condition nº 1 :* La suggestion *normale* doit correspondre à un sentiment se trouvant déjà dans l'inconscient du sujet, et pouvant produire l'impulsion.

■ *Condition nº 2 :* Il faut que le refus de la suggestion ne se fasse pas. Cas courants : fatigue, émotions, timidité, trac, dépression, panique, etc. Ainsi, la résistance mentale diminue, et le suggestionneur agit facilement. *Par ex. :* si on dit à un hyperémotif en pleine crise de trac : « ...mon Dieu, que tu sembles mal à l'aise et que tu es pâle... ! » cette suggestion ne rencontrera aucune résistance. De plus, elle touche un sentiment se trouvant déjà dans le sujet. Et la panique se déclenche immédiatement.

Que fait donc le suggestionneur? Il tisonne, il active, il pousse l'idée inconsciente. Le sujet passe alors à l'autosuggestion. On voit donc que la suggestion est difficile ou impossible si le sujet est en possession de tous ses moyens; il discutera, raisonnera, etc... et nous retombons dans la persuasion. La suggestion normale a donc des effets *temporaires*, parce qu'elle dépend d'un état *temporairement déficient*.

2. La suggestion pathologique.

Voici un cas, pris dans les innombrables observations de Janet. Irène, jeune femme de 21 ans, tomba gravement malade à la suite de la mort de sa mère. Elle refusait de boire l'eau du robinet, parce qu'elle prétendait que ce robinet ne débitait pas de l'eau, mais du sang rouge. Quand avait commencé cette autosuggestion, cette hallucination? Quand Irène avait vu, un jour, couler l'eau goutte à goutte... « comme le sang des lèvres de sa mère... ».

L'autosuggestion d'Irène est devenue une *idée fixe*. L'idée fixe est une autosuggestion poussée au maximum. L'hypnotisme est le terrain idéal pour implanter une idée fixe dans le cerveau de quelqu'un. Voici une expérience banale d'*hypnotisme :*

Une personne est endormie. On lui suggère, sous hypnose, que le verre qu'elle tient en mains est rempli d'eau très salée. Puis on la réveille. Elle boit cette eau (qui est absolument pure!) et la crache immédiatement, avec les signes du plus profond dégoût. Elle déclare que l'eau est « affreusement salée », et rien, *aucun raisonnement*, *aucune démonstration* ne pourront la convaincre du contraire. Pour ce faire, il faudrait l'endormir à nouveau et opérer la suggestion inverse.

Cette personne a donc, par hypnose, été atteinte d'idée fixe : l'eau est salée. La suggestion est venue de l'hypnotiseur;

elle est devenue une conviction absolue chez l'hypnotisé; puis une autosuggestion et une idée fixe. Je répète qu'il y a, dans tous ces procédés, un mécanisme purement nerveux que nous examinerons en son temps. La suggestion n'est pas un miracle; et dès que l'on comprend le procédé nerveux, le mystère « affolant » disparaît!...

QU'EST-CE QUE L'IDÉE FIXE?

On peut la considérer comme une idée vivant en « parasite » dans le psychisme humain. Cette idée parasite possède suffisamment de puissance et de constance pour éliminer toutes les autres. Aucun raisonnement, aucune discussion, ne pourront éliminer une idée fixe, qui se montre comme un roc inébranlable.

Il existe des milliers d'idées fixes, allant de l'anormal léger au pathologique extrême. Elles peuvent imposer leur présence pendant un temps court, long, ou très long. Pendant toute la vie, parfois... pour le plus grand malheur de l'entourage. Des milliers d'idées fixes peuvent donc s'implanter dans un cerveau humain. Ici également, le pathologique n'est que l'exagération du normal, en profondeur et en durée.

Les idées fixes considérées comme normales.

— Un savant marche, et un problème le hante... Ce problème l'a envahi tout entier. Qui s'étonnera de voir ce savant prendre une craie pour écrire inconsciemment sur une automobile à l'arrêt? Qui s'étonnera de sa totale « distraction »? Ce savant, en ce moment, est en proie à une idée fixe : son problème! Mais cette idée est temporaire; elle durera jusqu'à la résolution de la difficulté... ou jusqu'à ce qu'une voiture, stoppant net à dix centimètres, ne le « réveille » de ce songe éveillé.

— Un artiste possédé par son œuvre en gestation, ne sachant et ne voyant qu'elle? Idée fixe également. Artistique et agréable, soit; mais idée fixe tout de même!

— Cet homme, obsédé par des ennuis ménagers, commettant faute sur faute dans son travail, empilant les erreurs? Idée fixe, également, temporaire, désagréable et épuisante.

Les idées fixes considérées comme anormales [1].

Dans le monde actuel, fatigué, émotif, des dizaines de milliers d'êtres humains, couchés pour la nuit, se relèvent. Ils vérifient

[1] Je reparlerai de cela dans « Névroses et Psychoses ».

la fermeture du robinet de gaz. Ils se recouchent. Puis un doute apparaît : « Ai-je bien fermé le robinet... ? ». Et la *raison* répond : « Oui, tu l'as fermé ». Mais l'affectivité inconsciente continue de douter. Et c'est « plus fort qu'eux ». Ils se relèvent. Vérifient à nouveau. Se recouchent. On pourrait croire que deux ou trois vérifications convaincront leur affectivité? Il n'en est rien. Ils se relèvent encore, de plus en plus fatigués, et de moins en moins capables de lutter contre cette idée fixe, *qu'ils reconnaissent comme absurde, mais contre laquelle tout leur raisonnement ne peut rien!* J'ai donné ici un exemple d'idée fixe légère, souvent liée à une déficience passagère, à un surmenage, à une anxiété. Mais c'est une idée fixe tout de même, qui est le *symptôme* d'un état maladif.

Je voudrais vous présenter d'autres idées fixes... mais elles existent en trop grand nombre! Il faut bien comprendre qu'il y en a une gamme immense, allant du bénin au très grave, du temporaire au durable. De toute façon, l'idée fixe est toujours produite par un mécanisme inconscient.

Quelles sont les idées fixes les plus courantes? — Toutes les obsessions. — Toutes les phobies (et Dieu sait s'il y en a!...). — La plupart des angoisses. — Les petites manies, les grandes manies, superficielles ou profondes. — Les tics, tant qu'ils demeurent inconscients et « machinaux ». — L'obsession de devenir fou, si courante. — L'obsession de tomber dans la rue, etc., etc...

Et l'on peut se demander si notre belle époque, bourrée de fatigues, de refoulements et d'émotions énervantes, n'est pas le bouillon de culture idéal des grandes idées fixes, dont je ne souhaite à personne d'être atteint, malgré la guérison possible.

L'inhibition dans l'idée fixe.

Le savant, concentré sur son problème, passe pour « distrait ». Pourtant, il n'est pas distrait : *il est inhibé.* J'ai parlé déjà de l'inhibition dans la fatigue et la timidité. Si le savant ne remarque rien, c'est parce qu'il est nerveusement incapable de voir ou entendre autre chose que ce qui le préoccupe. Pourquoi? Dans son cerveau, tous les centres nerveux qui ne travaillent pas pour le problème du moment *sont bloqués.*

Dans l'idée fixe, les cellules bloquées ne peuvent évidemment présenter les fluctuations nécessaires! Et les messages extérieurs ne déclenchent plus aucune réaction. *Par exemple :* pour ce savant obsédé, une voiture arrivant sur lui en klaxonnant ne sera pas perçue par son cerveau; parce que l'idée fixe bloque les autres cellules nerveuses qui auraient normalement réagi à l'auto ou à autre chose.

Et l'on voit ainsi combien la disponibilité de l'esprit, sans opinion ancrée, sans obstination, sans entêtements, est une belle et sainte chose!...

Comment s'implante l'idée fixe pathologique?

Au cours d'une journée ordinaire, chacun est bombardé d'argumentations, d'insinuations, de suggestions de toutes sortes. Alors, pourquoi n'avons-nous pas tous des idées fixes? Je dois, à nouveau, établir une différence entre :

a) l'idée prédominante du moment;

et b) l'idée fixe proprement dite (pathologique).

Si l'idée fixe s'installe, c'est que « quelque chose », dans l'état du sujet, *lui permet de le faire.*

Deux conditions entrent en jeu :

1) la suggestion;

2) l'état physique et mental du sujet au moment où il reçoit cette suggestion.

Pour apparaître, l'*idée fixe demande une déviation de l'équilibre habituel* du cerveau; soit par prédisposition, surmenage intensif, infections, émotions, etc. Mais elle s'implante surtout, je le répète, quand elle exagère un facteur affectif préexistant. Je reprends encore l'exemple du timide sortant du cinéma. La suggestion opérée par le film est devenue une auto-suggestion. Mais cette suggestion n'a fait que « pousser en avant » un état existant : un grand désir d'être fort, sûr de soi, à l'aise, etc.

L'idée fixe peut être :

a) *consciente.* Un obsédé sait très bien qu'il est atteint d'idée fixe!... puisqu'il lutte contre elle avec sa raison... sans succès d'ailleurs.

b) *inconsciente.* Ce fut le cas d'Irène (page 105). C'est aussi le cas d'une idée fixe produite par suggestion hypnotique. Mais, de toute façon, la *cause* permettant l'apparition de l'idée fixe est toujours inconsciente.

L'hypnotisme peut produire une idée fixe, du moins chez certains. Mais peut-on dire que toutes les personnes qui en sont atteintes furent hypnotisées? Non, évidemment! Alors, puisque l'idée n'a pas été implantée de l'extérieur, comment l'autosuggestion peut-elle jouer à ce point? Comment, par exemple, un choc émotionnel grave peut-il persister et provoquer une idée fixe, un tic, une phobie, une obsession, etc.? Nous le verrons en étudiant Janet.

Emile Coué et le match intérieur...

Emile Coué (1857-1926), malgré les bases très élémentaires de sa méthode, eut un grand mérite. Il mit en pratique l'autosuggestion, qu'il considérait donc comme une suggestion venant du malade lui-même.

Nous savons ceci : dans les maladies psychologiques, le raisonnement conscient ne sert pas à grand-chose. Ni l'argumentation raisonnable, ni la persuasion. *Par exemple :* un grand timide se donne sans cesse de bonnes raisons de n'être pas timide; il tente de se convaincre à grands coups de poing moraux. Cela empêche-t-il les crises d'intimidation? Non... bien au contraire! A plus forte raison, l'inutilité du raisonnement éclate dans les obsessions, les phobies, les angoisses, etc.

Un psychologue sait donc qu'il est inutile de « raisonner » un malade psychologique. Et qu'il serait ridicule de lui dire que son comportement est absurde pour telle ou telle raison; et qu'il doit « faire un effort », etc... Trop de malades psychologiques sont en butte à l'incompréhension à cause de cela, justement! Toute la journée, on leur lance à la tête les notions de volonté; sans songer que cette faculté est faussée au départ. Pourquoi? *Parce que le mécanisme nerveux qui permet la volonté est faussé.* Cela reviendrait à demander à un violoniste de jouer le mi, sur une corde accordée sur le fa. Ce violoniste veut bien jouer, lui... mais son archet fait sortir le fa. Faut-il donc crier, hurler, le mépriser, le pousser à toute force à jouer ce fameux mi? Non; il faut prendre le violon... et réajuster la corde sur la note « mi ».

Toute manifestation de volonté réelle demande, pour se manifester, des conditions de base. Zbinden déclarait : « Raisonner faux est un vice aussi funeste que prendre de la morphine ou de la cocaïne... ». Qu'est-ce à dire? Si raisonner « juste » est le résultat d'une affectivité « juste », raisonner « faux » est le résultat d'une affectivité « fausse ». Malheureusement, on l'oublie neuf fois sur dix... et je suis optimiste!

Si l'affectivité inconsciente dit « Non! », le raisonnement a beau s'épuiser à dire « Oui! ». C'est l'affectivité qui gagnera à chaque coup. L'être normal le comprend rarement. Pourquoi? Parce que, chez lui, règne un accord entre sa volonté, son désir, et son affectivité. *Il y a accord entre son vouloir et son pouvoir.* Mais n'arrive-t-il pas qu'il sente parfois en lui une sorte de tiraillement, accompagné d'angoisse? Parce que « quelque chose » le pousse à faire le contraire de ce qu'il voudrait? Qu'en imagination il augmente cette contradiction; qu'il l'agrandisse en durée, en intensité et en profondeur; peut-être alors comprendra-t-il!

Donc, puisque toute maladie psychique est à base affective, tout traitement psychologique devra viser l'affectivité. C'est là que se trouvera, tapi dans l'ombre, le cancer psychologique.

Coué a donc tenté de le faire, lorsqu'il déclarait : « Quand l'imagination et la volonté sont en lutte, c'est l'imagination qui l'emporte, *sans aucune exception...* ». Coué attribuait donc un rôle capital au psychisme inconscient, qu'il appelait imagination. Bien sûr, sa méthode était rudimentaire; elle tentait d'éliminer une suggestion maladive par une contre-suggestion saine. Un ordre et un contrordre, en somme. On connaît cette méthode célèbre; Coué demandait aux malades de répéter souvent, même sans y croire, mais de manière à impressionner l'oreille : « Tous les jours à tous points de vue, je vais de mieux en mieux... ».

Ces paroles, répétées mécaniquement, doivent ainsi se canaliser vers l'inconscient (affectivité); et cet inconscient, finalement convaincu par réflexe, pousse la personne à agir normalement, rationnellement et volontairement.

Cette méthode est rudimentaire, parce qu'elle n'envisage que les *symptômes* en bloc. Elle n'envisage que la souffrance ressentie, et n'élimine que très rarement les tendances profondes. La méthode Coué reste évidemment dans la ligne de la suggestion; la personne entend une voix (la sienne) lui suggérer une amélioration; et cette conviction devient de l'autosuggestion.

Il est trop banal de dire encore (en regard des découvertes de la psychologie moderne et de la médecine psycho-somatique) que l'esprit affecte le corps; et que, si l'esprit peut déclencher une maladie... ce même esprit peut la guérir. (Par « esprit », il faut entendre « cerveau »!) *Cela est un fait.* Nous verrons d'ailleurs que tout l'organisme est sous le contrôle du cerveau. Et par-là, la méthode Coué est parfaitement acceptable.

Si vous désirez pratiquer l'autosuggestion.

L'autosuggestion, comme la suggestion venant d'autrui, est un excellent moyen d'éduquer l'action et la volonté. Je signale que l'autosuggestion ne s'adresse pas qu'à des malades! Bien au contraire. L'autosuggestion *bien faite* dépose dans l'inconscient de nouvelles énergies, et y groupe de nouvelles lucidités. Elle est un bon moyen d'extension et de renforcement de la personnalité. Elle permet le redressement de déficiences affectives. Je répète encore : *le cerveau possède sur le corps un pouvoir quasi dictatorial...*

Les conditions de l'autosuggestion.

Il faut considérer l'autosuggestion comme une forme de méditation, et *non pas de concentration*. La méditation est un flottement de l'esprit; une ouverture passive et calme; elle permet sans effort l'entrée des idées et des sensations. Tandis que la concentration est un effort posé sur un point. Nous avons vu que la concentration endort une grande partie du cerveau; elle élimine donc, d'office, des centaines de sensations pouvant être utiles...

Obstacle... et obstacle de taille! Le docteur Dubois, de Berne, donnait à ses malades de très excellents conseils; « écartez tous vos tracas... éliminez tous vos soucis... enlevez vos préoccupations... tournez votre esprit vers les sujets plaisants..., etc... ».

Mais, comme dit *Janet* : « ...c'est évidemment très gentil, mais un peu ironique quand il s'agit de personnes incapables de diriger leurs pensées. Quand ils sont immobiles dans leur lit, ils se forgent continuellement des chimères, ils s'épuisent en calculs et en combinaisons difficiles... ».

Ce qui est l'évidence même! Autant dire à un obsédé : « ...ne songez plus à votre obsession... »; ou à un agité : « ...mais soyez calme, voyons, très calme!... ».

C'est, n'est-ce pas, un peu enfantin.

Comment éliminer cet obstacle?

Aider à ce que l'idée maladive s'écarte au maximum de l'esprit. Il faut donc toucher, autant que possible, les centres nerveux de l'inconscient, en laissant « flotter » le conscient. Une détente est donc absolument indispensable. *Comment obtenir cette détente?* Le corps doit être couché et immobile. Des techniques spéciales existent, qui relâchent progressivement et complètement les muscles; elles doivent être conduites par un spécialiste. Sentir ensuite les membres s'alourdir, l'un après l'autre. Fermer les yeux, en laissant flotter les paupières. Arriver ainsi à un état de torpeur, et à la sensation de planer au-dessus de son corps. L'endroit doit être, évidemment, silencieux et obscur. On ne conçoit pas la méditation parmi le bruit!

Quel est le meilleur moment?

Pour les personnes n'ayant pas l'entraînement à la détente musculaire, choisir le moment où le mélange Conscient-Inconscient s'accomplit presque automatiquement. C'est-à-dire dans la torpeur, dans la somnolence qui précèdent le sommeil.

Ou bien dans la torpeur qui suit le réveil, quand l'esprit commence à capter les choses qu'il revoit.

Obstacle : Beaucoup de sujets n'arrivent jamais à la torpeur (agités, obsédés, insomniaques, etc.). — L'intervention de, médicaments est donc parfois nécessaire. De toute façon l'apprentissage de la détente profonde doit être conduit par un spécialiste.

Ensuite? L'état de torpeur atteint (sensation d'engourdissement et de flottement), et libre de toute préoccupation, introduire l'idée utile dans le subconscient. Cette idée sera, pour les malades, évidemment opposée à leur état déficient. Ne jamais conduire cette méditation flottante jusqu'à la concentration. Dès que l'effort apparaît, l'abandon s'impose.

Y a-t-il un moment idéal?

Oui, mais difficile à atteindre sans entraînement. Il ne faut pas que le conscient et le subconscient soient *trop* séparés : la suggestion (qui doit rester volontaire) perdrait évidemment de son efficacité [1]. Avant d'atteindre le plan du rêve, le cerveau plonge dans la somnolence. *Mais il demeure conscient, sans idée préoccupante toutefois.* Chacun connaît l'état de demi-sommeil, cet état « à cheval » sur le rêve et la réalité. A ce moment, l'homme (qui auparavant était acteur) devient spectateur. Il cesse de *jouer* le jeu, pour passer à la *contemplation* du jeu. Il assiste alors à une sorte de cinéma se déclenchant devant ses yeux. Il regarde une succession d'images ne correspondant

[1] Ne pas oublier que le conscient et le subconscient reposent sur le travail de certains centres nerveux.

presque plus au réel. Il *sait* qu'il ne rêve pas, puisqu'il demeure conscient. Le tic-tac d'une horloge, le bruit de la rue, le craquement d'une porte, l'aboiement d'un chien lui parviennent dans une clarté et une intensité parfaites. Il lui semble flotter au-dessus de la vie, et au-dessus de son corps. Ce phénomène est d'ailleurs profondément agréable. Les images et les sensations défilent, comme un dessin animé, avec des absurdités que l'homme accepte comme naturelles. Il peut même diriger les images, supprimer tel personnage, le remplacer par un autre, etc. C'est le moment idéal pour la pratique de la suggestion.

Donc : Attendre que la vague d'inhibition ait presque submergé l'écorce cérébrale, siège de la conscience volontaire. L'état obtenu sera un état de rêverie, avec champ de conscience maximum, (tandis que dans la concentration, le champ de conscience rétrécit considérablement).

Autres moyens : Beaucoup plus puissants. Mais le concours d'un psychologue est indispensable. Une projection d'images symboliques peut se faire; mais nous entrons ici dans le domaine de la psychologie des grandes profondeurs. J'en reparlerai plus loin, aux chapitres « Symboles » et « Rêve éveillé ».

Qu'amène la pratique de l'autosuggestion?

Elle offre l'avantage de préparer une attitude mentale bénéfique. Elle peut agir sur le corps (il existe à cet égard des milliers de cas classiques).

Voici un exemple pris dans un hôpital : — Un homme, malade depuis longtemps, semble souffrir du cancer et il en offre tous les symptômes. L'opération est décidée, et le chirurgien ouvre le ventre du patient. Il y trouve des intestins très imparfaits; mais nulle trace de cancer. Les analyses se font : nulle trace de cancer. Les médecins sont stupéfaits; tous les symptômes dont souffrait cet homme étaient pourtant ceux de la terrible maladie...

Que s'était-il passé? Il serait trop long de raconter en détail la vie atroce de ce pauvre homme. Vie de malchance, de solitude, d'abandon, de pauvreté physique, de grande misère morale.

Un jour, il tombe malade. Sans ressources, il est hospitalisé. A ce moment, dans la chambre commune, et *pour la première fois de sa lamentable vie*, l'homme se sent heureux. Il est parmi d'autres personnes qui souffrent, et chacun sait combien la souffrance commune réunit les hommes... Voici les médecins, affables, paternels, souriants. Voici les infirmières compréhensives, aux mains douces. Voici un lit, non de solitude et de misère, mais humain. *Voici une sécurité mentale et matérielle.* Et le mécanisme inconscient se met en marche. « Il faut que tu restes ici... tu dois continuer à être malade, de plus en plus malade... » tu ne dois pas sortir d'ici où tu es heureux... ». — L'autosuggestion commençait, lancinante, puissante, continuelle. Et le non-malade devint malade. Les symptômes du cancer se montrèrent, de plus en plus violents, jusqu'à l'opération inutile... Le « cancer » représentait, pour cet homme, une « sécurité » idéale. Et ce cas montre bien la puissance du cerveau, ainsi que nous le verrons en médecine psycho-somatique.

— Vous connaissez le monsieur atteint du « mal de mer? ». Le bateau est à quai, et le monsieur repose dans sa cabine. La nuit tombe. Au milieu de cette nuit, des bruits de moteurs traversent la paroi. « Le navire est en mer... » se dit le monsieur. Et tout commence : nausées, vomissements, angoisse profonde, désir de mourir... Honteux, le monsieur se terre et souffre en silence jusqu'au matin. Mais voici qu'il se lève, jette un coup d'œil par le hublot... le navire n'a pas bougé!

Le pouvoir de la suggestion est bien connu. Mais n'est-il pas bon de le rappeler de temps à autre?

On conçoit donc sans peine la puissance d'une suggestion *bien faite*, dans des conditions la permettant. Les exercices mentaux personnels doivent, évidemment, être répétés chaque jour, surtout si la personne ne possède qu'un rudiment de technique.

Que peut traiter la suggestion?

Je veux parler ici de suggestion en profondeur, technique spéciale qu'une personne seule ne peut pas employer sans entraînement. Parmi les cas courants : l'impuissance sexuelle, la frigidité féminine, les peurs, les phobies, les angoisses, les insomnies, les tics, les habitudes nocives, la « faiblesse de caractère », certains troubles de la peau, et de nombreuses maladies hysteriques.

Et l'on voit donc que, malgré son caractère élémentaire, la méthode trouvée par Emile Coué posait des bases pour la psychologie de demain... Saluons donc, et continuons [1].

[1] Je reparlerai de la suggestion dans la « Médecine Psychosomatique ».

Pavlov, le Russe; notre ami le chien et la mécanique de l'esprit

Dérivons maintenant vers un autre horizon, aux conséquences presque incalculables. Qui était Pavlov Ivan, physiologue célèbre, pauvre et incapable d'assumer les frais de sa lune de miel avec sa femme Sérafina Karschevoskaya? Mais qui, en 1895, fut nommé professeur de physiologie, et qui, en 1904, reçut le Prix Nobel?

Un homme intègre, tout simplement, et passionné de recherches. Un homme qui se mit à réfléchir à certaines manifestations observées depuis des siècles; et qui employa ce qui était connu, pour essayer d'expliquer l'inconnu...

On savait, bien sûr, que l'homme salivait en voyant un citron! On savait aussi que parler d'un splendide repas faisait venir « l'eau à la bouche »... Mais on considérait ces réactions comme des phénomènes de l'« esprit », sans y attacher d'importance. *Mais songeait-on que l'histoire de l'homme et du citron, poussée dans ses limites extrêmes, pouvait anéantir la morale, le libre-arbitre, la justice et les valeurs humaines?...*

Faisons une expérience clinique : tel malade est traité, depuis un certain temps au moyen de piqûres calmantes. Or, un jour, un infirmier, pris de haute fantaisie, injecte au malade de l'eau distillée. — ...Et la vertu calmante agit!

On peut croire à première vue, que le malade fut la proie d'une autosuggestion. Mais si ce malade est psychologiquement parfait? Ne peut-on supposer alors, qu'il réagit à la *piqûre* proprement dite, et non plus à la *substance* injectée?...

Mais rendons plutôt visite au chien de Pavlov.

Voici un chien affamé, auquel on donne une nourriture appétissante. Le chien réagit par le plaisir, naturellement. — Mais, en même temps qu'il mange, on lui brûle la patte. Le chien répond par une sensation de douleur. Au bout d'un certain temps de ce double jeu (plaisir et douleur), l'opérateur brûle la patte du chien, *mais sans lui donner de nourriture.*

Et le chien, devenu masochiste comme un humain, montre, sous la brûlure, tous les signes du plaisir. — Que s'est-il passé?

Le cerveau du chien a associé : Plaisir (nourriture) en même temps que : Douleur (brûlure) et cette association est devenue : Plaisir = Douleur (brûlure).

Laissons le chien et regardons l'homme. Le *Masochisme*, (voir sexualité, page 383) est une anormalité psychologique assez répandue. L'écrivain Masoch lui donna son nom, non pour avoir inventé cette déviation probablement aussi vieille que l'humanité, mais pour avoir complaisamment décrit son propre comportement.

Par cette anormalité, l'être humain éprouve une satisfaction (sexuelle ou morale) par la douleur. Cette satisfaction ne sera atteinte que si on le fait souffrir :

— soit physiquement (coups, simulacres de coups, etc.).

— soit moralement (insultes, humiliations, mépris, etc.).

Ainsi comparé, le masochisme ne serait qu'un réflexe lié à la douleur et ne pouvant se produire sans elle. Nous voyons, semble-t-il, le comportement du chien transposé.

LES RÉFLEXES CONDITIONNÉS, PORTE OUVERTE SUR UN ABIME...

Un réflexe conditionné est un réflexe provoqué par une circonstance, appelée conditionnement.

Il existe deux espèces principales :

1° Le réflexe *d'excitation*, qui est la réaction immédiate au conditionnement.

2° Le réflexe *d'inhibition*, qui agit comme un freinage ou un arrêt.

Exemple : X... traverse la rue. Une voiture, à deux pas, klaxonne violemment. Or, une personne le regarde, et il tient à avoir une réputation de calme en toutes circonstances (par perfectionnisme, par exemple).

a) Premier conditionnement : le klaxon.

b) Premier réflexe d'*excitation :* sursaut, effroi, émotion, courir, s'enfuir.

c) Deuxième conditionnement : on le regarde et il tient à sa réputation de calme.

d) Réflexe d'*inhibition :* il ne s'enfuit pas, son émotion se freine, il feint le calme.

Le second réflexe (d) a donc contrecarré le premier (b).

Pavlov et ses expériences.

J'hésite à les rappeler, tant elles sont bien connues. Revoyons cependant l'histoire classique du chien :

a) On donne un morceau de viande au chien. L'animal *salive* (par sécrétion automatique de ses glandes salivaires).

b) En même temps que l'on présente la viande, on fait retentir une sonnerie.

c) Après un certain temps, la sonnerie *seule* (sans nourriture) provoquera la salivation.

Ensuite Pavlov apprit au chien :

a) à saliver en entendant une sonnerie (comme ci-dessus). La sonnerie = signal nº 1.

b) à répondre à un autre signal, mais ne se rapportant pas à la nourriture; l'animal ne salive donc pas en entendant ce signal nº 2.

Puis :

a) On présente au chien de la nourriture, en faisant retentir le signal *nº 2*.

d) *Le chien ne salive pas, alors que la nourriture devrait produire la salivation.*

Donc :

Signal nº 1 : Excitant (émission de la salive).

Signal nº 2 : Inhibant *(arrêt de la salive malgré la nourriture)*.

On constate donc déjà l'importance incalculable — au point de vue psychologique et moral — de ces deux expériences. Si le comportement humain n'était qu'une somme de réflexes purement nerveux, il va de soi qu'aucune responsabilité ne pourrait être imputée à qui que ce soit, en aucune circonstance; la responsabilité morale deviendrait un vain mot...

Mais voyons plus loin.

RÉFLEXES INFÉRIEURS ET RÉFLEXES SUPÉRIEURS.

Réflexes inférieurs :

Je touche un poêle brûlant; je retire la main.
Réflexe : retirer la main.
Conditionnement : chaleur-douleur.

Réflexes supérieurs :

Compliquons ce réflexe : Je refuse de retirer la main et la garde pendant un temps maximum.

a) Réflexe simple (excitant) : de retirer la main.

b) Réflexe d'inhibition : refus de retirer la main sous conditionnement d'une vanité, de montrer sa « volonté », de prouver qu'on supporte la souffrance, etc.).

c) Réflexe final : je laisse la main.

Le réflexe, ici, a passé dans les centres supérieurs du cerveau (écorce cérébrale), où entrent en jeu la volonté, le choix, la décision, le refus, etc...

Il y a mieux : voici une grenouille *sans cerveau.* L'opérateur dépose une goutte d'acide sur une des pattes. Et l'on voit la grenouille qui tente, avec l'autre patte, d'enlever la goutte! — On pourrait croire à un acte calculé, volontaire... Si la grenouille avait un cerveau, et en supposant qu'elle puisse réfléchir, ne croirait-elle pas qu'elle a « voulu » éliminer cette goutte qui la gênait? Ne prendrait-elle pas pour réalité cette *sensation* de volonté libre, bâtissant là-dessus tout un système moral ne reposant sur rien?

Car cette grenouille n'a plus de cerveau! Il y a donc ici, un fonctionnement automatique de cet orgue admirable qu'est le système nerveux, qui à lui seul, demanderait que l'on se jette à genoux...

■ *Porte ouverte sur l'abîme?* Oui. Sous cet angle, l'activité volontaire, l'activité consciente, l'activité morale ne seraient qu'une somme de réflexes compliqués siégeant dans le cerveau. Par conséquent n'impliquant ni liberté, ni responsabilité...

Alors, pourrait-on « conditionner » un homme à devenir un saint, comme à devenir un bandit, selon les circonstances présentées à son système nerveux?... (A condition, évidemment, que les expériences animales soient applicables à l'homme.)

Supposons que cela soit, et qu'un homme doive « choisir » entre A et B.

— Il désire A (parce que A représente pour lui une sensation agréable).

— Mais il ne peut pas prendre A (parce que son sens moral, conditionné par l'éducation, le lui interdit).

— Il hésite, et son hésitation est conditionnée par A (désir, excitation) et par son sens moral conditionné (frein, inhibition).

— Il hésite plus ou moins fortement, plus ou moins longtemps. Le genre d'hésitation est conditionné par son état physique et mental. Un état équilibré rendra l'hésitation très courte. Un état de déficience prolongera l'hésitation jusqu'à l'irritation, l'agitation, la colère, l'impulsion, etc. (Nous allons voir la même réaction chez le chien.)

— Finalement, il choisit B, ce choix étant l'aboutissement-réflexe de tous les autres réflexes conditionnés.

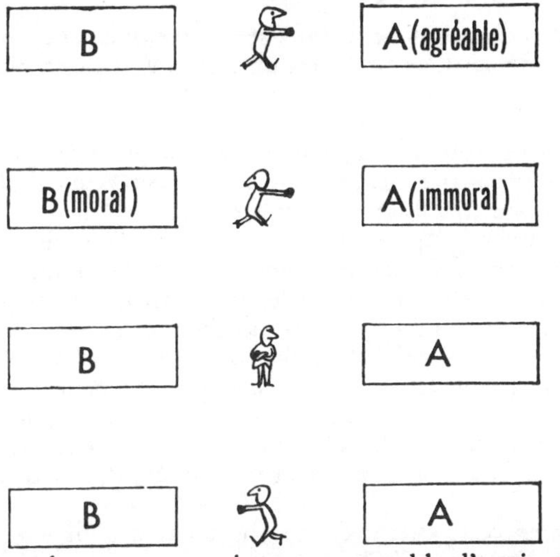

Donc, cet homme ne serait pas responsable d'avoir refusé A. Aucune admiration, aucun mérite, aucune récompense ne pourraient lui être accordés. Pas plus qu'un blâme ne pourrait lui être adressé s'il avait tout de même choisi A. (Dans ce cas les réflexes « freinants » auraient été moins forts que le réflexe de désir...) — Tout ce jeu pouvant, évidemment être compliqué à l'infini...

On voit donc l'importance incalculable des expériences de Pavlov... qui, cependant, fut très sage. Car il n'étendit pas ses découvertes à l'homme. Il fit simplement une comparaison de « nature générale et nerveuse » entre l'animal et l'homme, laissant ainsi les portes ouvertes à toutes les recherches et toutes les convictions...

■ *Un chien névrosé!* Si vous possédez un chien, peut-être l'avez-vous dressé à accepter de la nourriture donnée de la main droite, mais à la refuser si elle est offerte de la main gauche?

Donc :

Main droite = Excitation, acceptation de la nourriture.

Main gauche = Inhibition, refus de la nourriture.

Que constate-t-on lorsqu'on *offre* de la nourriture de la main *gauche?* Le chien s'agite, avance, recule, frétille, aboie, présentant tous les symptômes d'une douloureuse contradiction entre son désir et son inhibition. En même temps qu'il est *excité par l'appât*, il est *freiné par l'inhibition.* Son penchant naturel pour la nourriture dit « oui »; son éducation conditionnée dit « non ».

Et les spectateurs rient, sans se douter que cet animal réagit selon le même mécanisme qu'un homme, dans la plupart des névroses...

Pavlov conditionna un chien à réagir en le plaçant devant un *cercle* lumineux projeté sur un écran; pour renforcer ce conditionnement, il nourrissait le chien.

L'opérateur lui présentait ensuite une *ellipse* de luminosité et de surface semblables mais sans renforcer le conditionnement. (L'ellipse, par rapport au cercle, acquérait donc des propriétés inhibitrices, puisqu'il n'y avait pas de nourriture.)

Puis, Pavlov *rendit l'ellipse de plus en plus circulaire*. — Jusqu'à un certain point, le chien établissait parfaitement la différence. Il ne bougeait pas devant l'ellipse. Puis son comportement changeait lorsque l'ellipse approchait du cercle. Il devenait agité, aboyait, devenait insensé, incohérent, hurlant comme un fou...

Ce chien était atteint de névrose; parce qu'il y avait *conflit* entre l'excitation et l'inhibition, entre le « oui » et le « non ».

Or, ce conflit, le psychologue le retrouve à chaque pas... En « freinant » le réflexe excitant, Pavlov créa chez le chien une *contradiction* entre les tendances; c'est-à-dire une névrose.

Mais si Pavlov ne poussa pas ses conclusions jusqu'à l'homme, d'autres allèrent plus loin...

Watson l'Américain, et le Behaviourisme

De behavior = comportement. — Watson, américain, (donc pratique), s'engagea tout d'abord dans la psychologie animale; puis passa brutalement à la psychologie humaine, en y transposant purement et simplement les procédés de la première.

Or, en psychologie animale, on doit renoncer à se représenter ce qui se passe dans la conscience des animaux observés. — Watson fera de même avec l'homme, sans se préoccuper jamais de connaître son état subjectif.

En bref, pour le behaviourisme, tout le comportement humain est réflexe.

Dans Pavlov, nous avons vu que les excitations étaient simples; son, lumière, piqûre, etc. Mais Watson, qui étend les réflexes à toute action humaine quelle qu'elle soit, devait trouver un mot représentant ce système infiniment complexe de tous les conditionnements possibles : *Situation*. — Le comportement humain, le caractère humain sont donc la façon dont l'individu *réagit* aux situations du moment, à son « environnement ».

Donc, pour le behaviourisme, tout geste, toute pensée, toute volonté, tout choix, tout refus, toute conscience, ne sont que des réflexes purs et simples, à une situation donnée.

Que dit Watson?... « Donnez-moi une douzaine d'enfants sains, bien constitués, et l'espèce de monde qu'il me faut pour les y élever, et je m'engage, en les prenant au hasard, à les former de manière à en faire des spécialistes de mon choix, médecin, commerçant, juriste, et même mendiant et voleur, indépendamment de leurs talents, penchants, tendances, aptitudes, ainsi que de la profession et de la race de leurs ancêtres. »

L'être humain dans le Behaviourisme.

■ *La personnalité.* Elle serait l'ensemble de nos habitudes réflexes, absolument conditionnée par les circonstances. L'homme serait donc le produit des circonstances, ni plus ni moins.

■ *La pensée.* Elle serait un acte purement physiologique qui consisterait à se parler à soi-même. Rappelons la réflexion célèbre : « Le cerveau sécrète la pensée comme le foie sécrète la bile »...

■ *La conscience?* Pour être inexpliquée, elle n'en est pas moins un fait. Elle naît du cerveau et disparaît avec lui.

■ *La maladie mentale.* C'est une « contradiction » (comme chez le chien) entre des réflexes excitants et des réflexes inhibants (nous rejoindrons cela en étudiant Freud).

■ *En général :* l'homme serait une magnifique machine, mais rien d'autre qu'une machine, au clavier immense. Il n'y aurait aucune différence d'avec l'animal, à part les complications humaines dues au nombre supplémentaire de cellules nerveuses. Une machine, sans liberté ni responsabilité aucune...

Pour le behaviourisme, l'homme n'est donc qu'un ensemble terriblement compliqué de *réactions*, aussi bien dans ses facultés supérieures que dans ses actes inférieurs.

L'HUMILITÉ OBLIGATOIRE.

Reconnaissons que, si cette position devait être vraie, elle aurait au moins un résultat : anéantir l'orgueil parfois insensé de l'homme, et lui permettre de réfléchir, de temps à autre, à sa condition... Elle anéantirait tout jugement entre les hommes, tout mépris, tout blâme; et l'homme, redevenu humble devant l'univers, se sentirait partie intégrante et rouage conscient!

En fait, la splendide machine qu'est le cerveau n'est-elle pas, avant tout, un orgue formidable, dont le nombre de jeux serait poussé à l'infini? Et si l'on songe que la vie d'un organiste est insuffisante à la connaissance de tous les jeux de son orgue, qu'on réfléchisse au nombre incalculable de réflexes pouvant jouer dans les milliards de cellules du cerveau!

Et quelle que soit la vérité finale, il est certain que beaucoup d'actions et de pensées ne sont qu'habitudes et réactions apprises. Elles sont des réflexes conditionnés aux circonstances sociales, géographiques, religieuses, morales, familiales, héréditaires, ataviques.

Mais ne voyons-nous pas des millions d'hommes ne sachant jouer que quelques notes de cet instrument immense? Ne les voyons-nous pas « vivre » autour de leurs habitudes mentales, de leurs tics, de leurs peurs, de leurs refoulements, de leurs angoisses?

Et leur orgue mécanique joue ainsi quelques notes, toujours les mêmes, alors que leurs possibilités pourraient déclencher de grandioses symphonies... Et cependant, perdus dans ces milliers d'habitudes mentales, ne proclament-ils pas leur liberté et leur responsabilité, se permettant en outre de juger les autres?...

L'on conçoit donc l'importance effrayante de l'éducation. *Car l'éducation première de l'enfant est basée sur des suggestions et des réflexes conditionnés*, dont beaucoup, si l'apprentissage est mal fait, risquent de s'implanter à jamais. On voit que si un mauvais réflexe devient prépondérant, il empêchera l'adaptation correcte aux circonstances! Et devenu adulte, l'être humain donnera toujours la même réponse, comme un piano remonté sur une même musique...

II. La cathédrale découverte.

Pierre Janet (1859-1947)

Pierre Janet, géant français de la psychologie... Homme fin, racé, connu à trente-deux ans par ses premiers travaux; alerte jusqu'à la fin de son grand âge.

Un homme sans dogme! Voici comment le présente Minkowsky : « Lorsque Pierre Janet, alerte, svelte, au regard pénétrant, à la démarche juvénile et élastique, aux gestes sobres et précis, vous introduit dans son bureau, on est tout de suite saisi par l'atmosphère particulière faite de sérieux, de persévérance, de pensée, de curiosité scientifique toujours en éveil, d'esprit d'exploration, qui émane de la personne du maître et dont semble tout imprégnée cette vaste pièce, tapissée de haut en bas de livres, qui lui sert de lieu de travail. L'image du labeur qui y a été accompli et qui continue à s'accomplir vous remplit de piété. »

Le grand désir de Janet était d'allier ses goûts scientifiques et religieux. Ne le dit-il pas lui-même?... « Je rêvais la conciliation de la science et de la religion, l'union devant s'opérer par une philosophie perfectionnée qui satisfît la raison et la foi. Je n'ai pas trouvé cette merveille, mais je suis resté philosophe... »

Devenu docteur en médecine, Janet observe les hystériques. Il pratique l'hypnotisme avec acharnement. Il cherche... A trente ans, il écrit une thèse : l'*Automatisme Psychologique*. Nous sommes en 1889.

Ensuite, Janet débarque à Paris, et file chez le grand Charcot, de la Salpétrière. Terrain idéal pour lui! Les étranges phénomènes de l'hypnotisme et de l'hystérie sont à l'ordre du jour. Janet suit les cours de Charcot; devient ensuite directeur du laboratoire de psychologie pathologique.

De nombreux volumes témoignent de ses milliers d'observations pénétrantes, et toujours profondément humaines. Quarante années d'observations!...

Voici ce que disait Janet : « ...le rétrécissement dans les spécialités n'est jamais une bonne chose; si l'on s'occupe de psychologie, il a des effets déplorables... La psychologie, par sa définition même, touche absolument à tout. Elle est universelle. Il y a des faits psychologiques partout... ».

L'HOMME NORMAL ET L'HOMME ANORMAL VUS PAR JANET.

Voici une conception capitale de la psychologie... et de l'équilibre de chaque jour. Quelles sont les situations communes à tous les hommes? C'est de se trouver plongés dans les circonstances. Ces circonstances demandent donc une adaptation... avec le moins de dégâts possibles. C'est là que réside la différence entre les hommes normaux et anormaux.

Afin de le mieux comprendre, prenons un exemple physiologique : le repas.

a) L'homme *qui est normal au moment où il digère*, assimile parfaitement les aliments divers qui constituent son repas. La digestion se fait sans le moindre accroc, et sans la moindre gêne.

b) L'homme *qui est anormal au moment où il digère*, est soumis à un travail gastrique laborieux. Cela (comme on dit) « lui reste sur l'estomac ». De plus, certains symptômes peuvent apparaître : renvois, vomissements, malaises, vertiges. Il y a donc une substance qui ne s'est pas assimilée harmonieusement avec les autres aliments.

Passons maintenant au plan psychologique :

Un homme normal est un homme dont la « tension » psychologique est forte et harmonieuse. Supposons que cet homme se trouve placé devant une circonstance à laquelle il n'est pas préparé. Que va-t-il se produire? Il va tout simplement « digérer » l'événement, avec une aisance parfaite.

Je vous donne un exemple : vous devez faire votre entrée, sans préparation, dans une pièce remplie de monde, et cent paires d'yeux sont braqués sur vous.

Si vous êtes normal :

a) comme la circonstance est soudaine, vous vous arrêtez, afin d'observer la situation;

b) vous vous décidez rapidement, et avancez prudemment;

c) faisant cela, vous vous adaptez progressivement et rapidement.

d) au bout de quelques minutes, vous évoluez avec une aisance parfaite, sans crainte, ni émotion, ni agressivité, ni raideur;

e) vous n'éprouvez ensuite ni fatigue, ni émotion. Cette action ne vous a pas coûté d'énergie. Elle est accomplie, et terminée. Elle s'est intégrée dans les autres circonstances formant votre personnalité.

Si vous êtes anormal : (par exemple timide, refoulé, crispé, agressif, etc.).

a) comme la circonstance est brusque et nouvelle, vous vous arrêtez;

b) vous êtes soumis au « trac » et au blocage émotif;

c) la peur et l'émotion apparaissent;

d) ou bien vous demeurez figé; ou bien vous fuyez; ou bien vous attaquez;

e) vous éprouvez de la fatigue. Cette action vous a coûté émotivement. De plus, l'action n'est pas terminée; en effet, vous risquez de ruminer votre échec d'adaptation, de renforcer vos sentiments d'infériorité, d'avoir des craintes, des phobies, des ressentiments, etc.

Le normal et l'anormal dans la vie courante.

La vie courante demande évidemment des milliers d'adaptations! Il y a toutes les circonstances nouvelles, quelles qu'elles soient; il y a les événements imprévus; les responsabilités nouvelles; les « coups durs », les échecs, les émotions, etc.

Que fait l'homme normal? Il « intègre » toutes les circonstances. Il les avale et les digère mentalement. Tous les événements se fusionnent dans son *moi*, en s'intégrant harmonieusement dans sa personnalité générale. Tout cela se fait sans heurt ni fatigue. L'affectivité de l'homme normal est semblable à un réservoir *dans lequel se fondraient tous les événements*... comme des fruits différents dans une bassine à confitures (ou comme les aliments divers dans un estomac en bon état.)

Comme ceci :

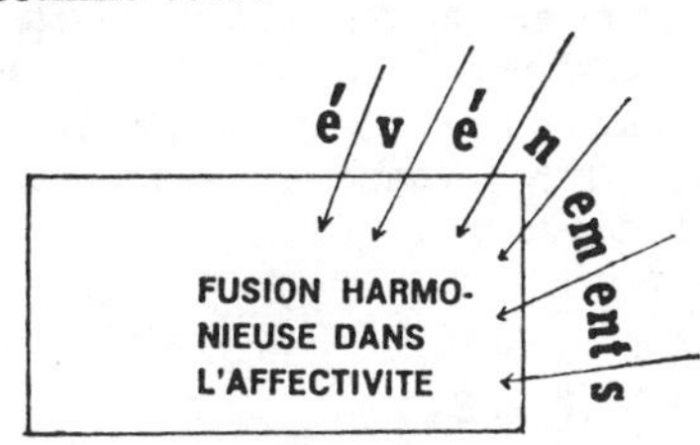

Que fait l'homme anormal? L'événement *n'est pas digéré mentalement*. Il n'est pas assimilé par le *moi*. La circonstance reste en dehors de ce *moi*, et travaille pour son propre compte. En dehors du « réservoir » de l'affectivité, se forment alors un ou plusieurs satellites mentaux. Ils ont leur vie propre, et ne parviennent pas à s'intégrer dans le réservoir général de l'affectivité. Chacun de ces satellites mentaux impose des tiraillements intérieurs, et produit des symptômes (comme une indigestion mentale, en quelque sorte...). L'unité du *moi* est alors rompue. Cela se constate dans les complexes, les refoulements, dans les émotions non liquidées, etc. Et c'est alors la gamme immense des symptômes... allant du petit malaise moral aux obsessions les plus terribles [1].

Comme ceci :

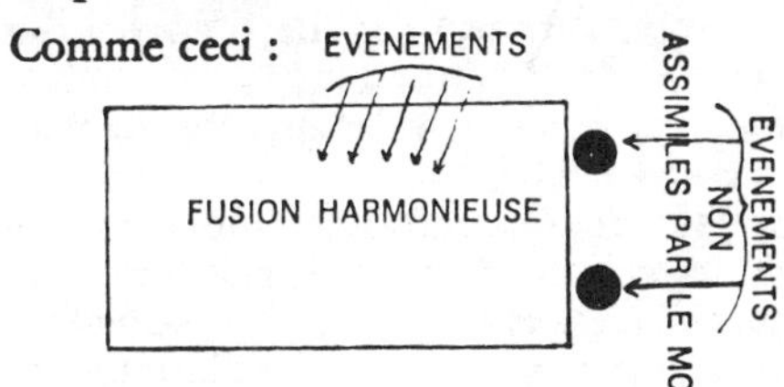

Que dit Janet de la conscience? Reprenons l'image : la conscience est comme un vaste réservoir dans lequel s'amalgament tous les événements. La conscience est donc une activité de *synthèse*. Elle doit réaliser une fusion *harmonieuse* de milliers de circonstances différentes. La cons-

[1] Nous verrons cela en étudiant la Psychanalyse.

cience réunit des phénomènes nombreux en un seul phénomène nouveau, mais différent du phénomène isolé.

Cas de l'homme *normal* dans le salon : son *moi* est demeuré intact; il a cependant acquis une nouvelle expérience; mais cette expérience s'est intégrée dans sa personnalité. Il y a eu synthèse des événements.

Cas de l'homme *anormal :* la circonstance reste en dehors de son *moi ;* ce *moi* est tiraillé par un « satellite » mental, qui est son acte manqué.

Par conséquent, toute maladie psychologique, quelle qu'elle soit, viendrait d'un affaiblissement du pouvoir de synthèse. Un événement surgit, que le sujet ne parvient pas à « ajuster » à son *moi*. L'unité de la personnalité se relâche; la tension baisse. Le langage populaire ne dit-il pas : « Ca?... je ne l'ai pas encore digéré!... » Cela signifie donc que l'événement, demeuré en dehors du *moi*, le tracasse et l'obsède.

LES POINTS ESSENTIELS DE LA PSYCHOLOGIE DE JANET.

Il est certain que les actions d'un homme n'ont pas toujours la même valeur. Vous pouvez vous adapter facilement à certaines circonstances qui correspondent à une habitude. Par exemple, une vie normale de bureau n'offrira aucune difficulté d'adaptation à un sujet normal. Mais tout change si la vie de bureau est anormale (chef dictatorial par exemple) ou si l'employé est anormal (grand timide, agressif, crispé, etc.). Tout dépend donc de ceci :

a) si l'action s'accomplit par habitude-réflexe : aucune difficulté. L'adaptation se fait.

b) si l'action demande une conduite nouvelle, l'adaptation se fait... ou ne se fait pas.

Comment? Tout simplement parce que l'adaptation dépend de l'état du sujet (physique et mental).

Il s'agit donc de voir si l'action demande une conduite *nouvelle et non habituelle !* Or, ces conduites se présentent fréquemment : émotions; mort d'êtres chers; fiançailles, sexualité; mariage; nouvelles responsabilités; voyages; cohabitation avec des personnes antipathiques; etc., etc...

Par exemple également, un acte créateur et un acte d'intelligence sont plus fatigants qu'un acte habituel ou instinctif. Si vous vous laissez aller, vous serez moins fatigué que si vous vous concentrez, etc.

On peut donc considérer qu'il existe des actions de « haute tension » et de « basse tension ». La tension demandée est en rapport direct avec la complexité de la conduite à adopter. De plus, ces conduites doivent être synthétisées et amalgamées dans le *moi ;* et ce *moi* doit demeurer aisé et harmonieux.

Et Janet insiste : « Il est évident que certains actes *sont plus coûteux* que d'autres et épuisent davantage les forces, ...il faut bien comprendre que l'accomplissement des actes élevés appartenant à la série de la réflexion, est capable bien plus encore de déterminer des *dépressions...* »

Quelle est donc la sagesse?

Chacun sait que la richesse en biens matériels n'est pas la même pour tous. Chacun sait aussi que le capital d'énergie diffère d'une personne à l'autre. Mais si les hommes dépensent leur argent en fonction de leur capital, combien dépensent leur énergie en fonction de leur force?...

Vous voulez être intelligemment sage?... connaissez votre capital! Connaissez vos limites d'énergie. *Connaissez, surtout, les actions qui vous sont coûteuses.* Un simple voyage qui ne représente aucune dépense d'énergie pour telle personne, deviendra une action terriblement épuisante pour une autre. Il faut donc connaître ses limites. N'est-il pas intelligent de faire fructifier le capital, afin de pouvoir vivre sur les intérêts qu'il produit?

Les personnes « nerveuses » ont une tendance à l'action amoindrie. Leur adaptation à des situations nouvelles se fait difficilement, et demande donc une dépense importante d'énergie. De plus, si le travail fatigue, l'émotion épuise davantage. Et n'oublions pas que les « nerveux » sont poursuivis par *l'idée d'incapacité*, et la *peur de la fatigue.*

Il faut donc connaître son coefficient de travail physique et mental, et ne pas le dépasser. Dépenser l'intérêt, oui; mais ne pas toucher au capital! L'apprentissage d'un rythme de travail est précieux. Mais savoir interrompre un travail, dès l'apparition de la fatigue, est plus précieux encore. L'énergie récupérée se reverse dans le capital qui reproduit des intérêts, et ainsi de suite. L'activité humaine doit se partager entre l'activité et le repos. Un grand rythme doit présider à cette activité. Il faut fixer son attention sur la fatigue; *non pour s'en effrayer ; mais, au contraire, pour en tirer enseignement et expérience.* Pour apprendre, au fond, à rythmer sa vie... exactement comme on fait ses comptes en fin de journée, afin de constater si la dépense n'a pas dépassé la normale.

Le « nerveux » ne devra jamais attacher une importance obsessionnelle à sa fatigue; ni se décourager devant son manque de mémoire. Au contraire, je répète qu'il doit s'en servir, pour constater et connaître ses limites qui sont facilement extensibles, par apprentissage d'un rythme de vie qui lui permettra, enfin, d'« intégrer » toute action, de la digérer sans effort, et de pouvoir agir et penser avec l'aisance qui, en fin de compte, est l'apanage de l'homme.

LES ACTIONS ÉPUISANTES.

Janet a étudié avec soin les *actions épuisantes*, c'est-à-dire les activités pouvant amener une « baisse de tension ». Les principales sont : la fatigue émotive prolongée (surtout!); le surmenage mental; toutes les émotions dépressives. Très souvent, chez les déprimés, l'action reste à l'état de désir et de velléité. Les efforts sont dispersés, sans aucun résultat positif. La personne fait tout à moitié; la dispersion des efforts augmente; apparaissent alors l'émotion, l'effort inutile, l'hésitation, le doute, la rumination mentale, le mécontentement de soi; l'épuisement. J'en ai parlé déjà dans la « Fatigue ». (Voir index.)

Tout dépend évidemment des prédispositions de chacun. Quelle est la sagesse une fois encore? Connaître *ses* propres actions épuisantes! Mais certaines actions sont épuisantes parce qu'à la base, se trouve une névrose.

Ici, il est certain que la psychologie devra s'occuper de la névrose de base, et non pas de l'action épuisante elle-même, qui n'est qu'un symptôme.

De même, un simple dîner en famille peut être, pour certains, cent fois plus fatigant qu'une étude intensive. Pourquoi? Par la crispation, les refoulements, les hostilités « rentrées », etc., que ce dîner peut causer. Ce cas m'amène à parler des *personnes épuisantes*. Cohabiter avec ce genre de personnes produit fréquemment les pires névroses. Les personnes épuisantes pourraient être appelées des *mangeurs d'énergie*. Pourquoi et comment? Nous allons le voir. Mais comme je l'ai déjà dit, c'est dans le milieu familial que les mangeurs d'énergie se manifestent le plus souvent; tout simplement parce que la cohabitation est très prolongée et soumise à des codes moraux, au respect absolu, à des interdictions d'hostilité, etc. Mais il est certain qu'un chef de bureau peut « manger » l'énergie de son employé, puisque, ici également, il y a cohabitation.

Les mangeurs d'énergie ou personnes épuisantes

Qui sont ces personnes? Elles sont si nombreuses, elles possèdent tant de masques différents que je dois renoncer à les citer toutes... Mais, de toute façon, elles ont une marque de fabrique commune : *le besoin de dominer!*

C'est toute la gamme des gens autoritaires, dictatoriaux, maniaques, trop exigeants, tâtillons, boudeurs, jaloux, susceptibles, haineux...

Ces personnes épuisantes possèdent des masques différents, ai-je dit? Combien de personnes (nous allons voir des cas) cachent leur besoin de domination sous un masque de « bonté » excessive?... *(Bien qu'inconscient.)* Le mécanisme est très habile. Une personne de votre famille vous domine, et vous sentez une hostilité intérieure, chargée d'émotion. Mais si cette personne est « merveilleusement bonne » pour vous, comment pourrez-vous décharger cette hostilité émotive? C'est alors le refoulement dans toute sa splendeur... De même, combien de personnes « jouent au martyr »... pour mieux obtenir ce qu'elles veulent? Combien s'accrochent à leur enfant, et le « couvent »? Combien de mères empêchent inconsciemment leur fils de devenir un homme, et font tout pour qu'il reste un petit enfant?... Dans ces domaines, tout moyen peut être employé; aussi bien l'autoritarisme pur, que les innombrables masques qui peuvent le cacher...

Quand ces personnes épuisantes mangent-elles l'énergie des cohabitants? En premier lieu, quand il est impossible de décharger l'hostilité émotive. (Ce peut être le cas d'un enfant vis-à-vis de ses parents, d'un employé vis-à-vis de son chef, etc.) *De plus, toute personne éprouvant un besoin intense de domination, est névrosé.* Cette domination est pour elle un mécanisme de sécurité intérieure. L'adaptation à ces personnes est donc, non seulement très difficile, mais sans cesse renouvelée et changeante. Avec elles, l'habitude de vie n'existe pas. Il faut sans cesse être aux aguets, tendu, crispé. « On ne sait jamais sur quel pied danser »... est un refrain habituel. Mais il ne faut pas oublier que ces cohabitations durent souvent *pendant des années*, heure après heure, minute après minute. Se rend-on compte des émotions, des révoltes, des colères « rentrées », des soumissions rageuses que provoquent ces mangeurs d'énergie?

Quelles sont les plaintes des personnes vivant avec elles? Elles présentent de nombreux points communs : l'épuisement toujours; la diminution ou l'anéantissement de la personnalité; l'impossibilité d'être soi-même; l'impossibilité d'un acte spontané; le calcul prudent de la moindre action; l'infériorisation et la frustration; la suppression des responsabilités, etc...

J'ai dit que la domination peut se manifester sous une forme pure. Mais également avoir de multiples faces qui la recouvrent. C'est d'ailleurs ce dernier cas qui produit le plus de ravages.

L'AUTORITARISTE PUR.

Il existe une énorme différence entre Autorité et Autoritarisme. *L'autorité* considère le commandement comme un moyen. L'autorité cherche à réaliser une envergure réelle. Elle respecte totalement les personnes commandées. C'est, si l'on veut, le commandement démocratique à l'état pur. Cette autorité authentique donne, parce qu'elle est richesse et force.

L'autoritariste? C'est tout le contraire... L'autoritariste considère le commandement comme une fin en soi. Ce commandement représente pour lui la sécurité intérieure. Il refusera donc toute discussion de sa domination. Il exige tout, mais ne donne rien. *L'autoritariste est un agressif : donc un faible!* Son commandement est une attaque déguisée. Il attaque de peur d'être attaqué, lésé ou infériorisé. L'autoritarisme et la domination sont, pour les faibles, des compensations de premier choix. Inférioriser les autres leur donne une illusion de supériorité et de force. De plus, ils éprouvent la sensation d'accomplir une action, mais sans devoir dépenser l'énergie créatrice nécessaire, ce dont ils sont incapables. Dans la vie courante, ces chefs-erzats grouillent, hélas...

Dans cette même vie courante, les autoritaristes peuvent se maintenir grâce à plusieurs facteurs. Tout d'abord à cause de facteurs utilitaires : *par exemple* un subordonné qui se tait par crainte d'être licencié; un subordonné peureux, etc. Ensuite, à cause de l'éternelle confusion entre force et agressivité. Alors que, nous l'avons vu à plusieurs reprises, l'agressivité est à l'opposé de la force...

Autre confusion : entre sécheresse dominatrice et volonté. Or, *si l'autoritariste semble être extrêmement volontaire, c'est justement parce qu'il n'a pas du tout de volonté réelle... puisqu'il n'a pas de force mentale!* On constate d'ailleurs que l'autoritariste s'entête à la moindre occasion. Pourquoi? Parce que toute opposition le place devant son propre abîme d'incertitude et de faiblesse. L'entêtement de l'autoritariste est le parent pauvre de la volonté. Si l'entêtement devait être de la volonté, les mulets, à ce compte, seraient très volontaires... (j'en reparlerai dans le chapitre consacré à la volonté).

En attendant, tout cela opère des coupes sombres dans la santé. Car, cohabiter avec un autoritariste est une action épuisante; surtout s'il représente un *Tabou* contre lequel il est moralement interdit de se révolter, comme je l'ai déjà dit.

Un cas de domination déguisée.

— Yves, homme de trente ans, a sombré dans la névrose et l'épuisement, parce que la tante qui l'a élevé n'a jamais voulu lui laisser accomplir une action sans y participer. Cette tante lui *imposait* son aide, lui *imposait* ses idées et ses recommandations. Présence sans cesse tâtillonne, manie d'aider, de conseiller.

Voici ce que dit Yves : « ...jamais je n'ai pu accomplir une action, même ridicule, sans qu'elle m'impose son aide... je ne puis pas l'expliquer... c'était épuisant, à se laisser tomber dans un fossé... et me couver... et me dorloter en plus... tenez : chercher du charbon? Une action complètement crétine, n'est-ce pas? Eh bien, elle m'imposait son aide dans des histoires pareilles... n'en prends pas trop... c'est lourd... je vais t'aider... moi je ferais comme ceci... etc. Faire un paquet? Un stupide paquet? (les mains de Yves tremblent de révolte)... pas moyen de le faire seul... ma tante était là, collée à moi, collée au paquet... regardant comment je plaçais l'objet le plus insignifiant... Et cela tous les jours, vous entendez?... Et quand parfois je parvenais brutalement à ce qu'elle me laisse faire, je la sentais à trois pas, me surveillant du coin de l'œil... je me sentais comme un parfait imbécile, comme si j'avais encore trois ans... *je me sentais dévirilisé, et cela a duré 18 ans!...* Me révolter? Mais ma tante était d'une « bonté » excessive... elle me couvait... et elle n'aurait rien compris; elle croyait bien faire, sans se rendre compte qu'elle était terriblement autoritaire, malgré sa « bonté »... Elle était susceptible... boudeuse, et douloureuse avec ça, quand on la contrariait!... J'avais tellement de crispation quand je faisais quelque chose que je préférais la laisser faire... même les gros travaux... même planter des clous... et je passais pour fainéant!... Je ne puis vous dire les bouffées intérieures de rage que j'ai eues pendant ces dix-huit années, où je n'ai jamais pu avoir la sensation d'être un homme spontané... ».

Résultat? Yves X... n'est plus capable de prendre aucune responsabilité, et est devenu homosexuel... C'est tout, mais c'est tragique.

Un autre cas.

Jacques est un adolescent. Sa mère, elle aussi, semble considérer qu'il est incapable de faire quelque chose sans elle. Donc, même jeu que pour Yves, en quelque sorte... Un jour, Jacques doit transporter au salon un objet fragile. Acte banal, s'il en est! Et, pour la dix millième fois, sa mère intervient : « ...Prends garde... j'aimerais mieux transporter cela moi-même... tu ferais bien de me le laisser emballer, ce serait plus sûr... prends garde, ne glisse pas... fais attention... porte-le doucement... mais ne le prends donc pas si brutalement! ...attends : laisse-moi le protéger d'un journal... »

Et l'adolescent, hargneux et désespéré, réplique en criant : « Je transporte des objets depuis des années, tu entends! Ai-je jamais laissé tomber quelque chose? Est-ce que tu crois que j'ai encore trois ans?... »

Il n'y a rien à faire. Ou bien la mère névrotique boude, ou déclare que « son fils a un sale caractère ». Ou bien reprend : « ...non, mais enfin, prends bien garde tout de même... »

Finalement l'adolescent, épuisé, fracasse l'objet au sol, avec une rage terrible, et sort sans dire un mot.

Cette mère m'a raconté l'incident en me disant : « ...un caractère aussi peu reconnaissant, monsieur; et moi qui ai tout fait pour lui... Ah! la jeunesse d'aujourd'hui... ! »

Et quand j'ai tenté d'expliquer élémentairement à cette dame que ses surveillances autoritaires étaient en train d'écraser son fils; que ce fracassement de l'objet était un acte de virilité révoltée, c'est à peine si elle ne m'a pas sauté à la gorge...

Un autre cas.

Cas de domination déguisée également. Ici, l'obéissance n'est pas exigée par des ordres donnés; mais elle est demandée comme une manifestation d'affection. C'est ce que Janet appelle la « manie de l'amour ».

Que dit le névrosé de ce genre? : « ...j'ai besoin d'être aimé sans cesse... d'être entouré... d'être cajolé... j'ai besoin qu'on s'occupe de moi... je ne supporte pas qu'on fasse quelque chose en dehors de moi... »

Et Janet dit : « Ce qu'ils appellent « être aimés », c'est d'abord ne jamais être attaqués ou lésés d'aucune manière. Ils ont besoin de flatteries, de réconforts perpétuels, de louanges, qui remontent leur tension psychologique ». Pour ces personnes, l'amour consiste à *recevoir*, purement et simplement. Sans jamais donner quoi que ce soit, sinon l'épuisement. La personne cohabitante doit donc, sans cesse, être aux aguets de leurs désirs, de leurs faiblesses; louvoyer pour éviter les reproches pleurnichards, les attitudes « martyres », les susceptibilités à fleur de peau...

LES JALOUX.

La jalousie est la plaie mortelle de beaucoup de ménages. La jalousie peut être simple, aussi bien que nettement pathologique. La personne « aimée » est accaparée d'une façon absolue, et enfermée dans un perpétuel carcan. De plus, une hostilité tâtillonne, maniaque, féroce, incessante, apparaît envers tout ce qui peut distraire la personne « aimée » : études personnelles, travail, livres, amis... Même envers les pensées silencieuses! Une personne jalouse n'admettra pas que l'objet « aimé » pense seul, ou rêve. Pourquoi? Parce qu'il risque d'échapper ainsi au cercle fermé dans lequel le jaloux veut l'enfermer.

Voici ce que dit un homme soumis à une femme jalouse : « ...c'est absolument épuisant, je suis littéralement claqué. J'ai peur de rentrer chez moi... tout est prétexte à déclencher la jalousie... mon nœud de cravate bien fait, un air joyeux, un sourire aux lèvres... Alors, elle me dit : « Tu as vu une autre femme que tu souris comme ça?... Oh! je me rends compte que je ne suis pas assez jolie, mais je te veux pour moi toute seule... »

» Je ne réponds pas, parce que c'est inutile. C'est une véritable idée fixe. Je me sens prisonnier dans un réseau de surveillance étroite; si je ne pense à rien, elle me reproche de ne pas penser à elle; si je suis silencieux, elle me reproche d'être indifférent... En rue, la surveillance devient épouvantable. Je dois marcher aussi raide qu'un piquet... vous pensez!... il y a des femmes en rue! J'ai été obligé d'abandonner tous mes amis qui, paraît-il, m'enlevaient un peu à son amour... Je n'ose même plus lire... Encore six mois de ce genre, et je suis bon pour l'hôpital... à un tel point que je préfère encore être au bureau, et pourtant je déteste le bureau... »

La jalousie est donc un exclusivisme total. Elle considère l'être « aimé » comme un vulgaire *objet*, à qui il est interdit d'avoir un peu de vie personnelle et spontanée. *La jalousie est toujours le symptôme d'une faiblesse morale et d'une grande pauvreté affective.* La personne jalouse tente de combler un vide intérieur, où se trouvent souvent de grands sentiments d'infériorité. Comment donc conserver cet *objet?* En l'emprisonnant mentalement, ce qui est fréquent; ou même physiquement... ce qui arrive aussi ! Or, posséder quelque chose implique un certain travail destiné à le garder. De cela, le jaloux est incapable. Il lui faut donc déclencher la dictature, afin d'empêcher toute fuite, qui demanderait un travail de récupération... D'où agressivité violente contre les personnes étrangères qui pourraient provoquer ce travail de récupération. (Par exemple : une femme jalouse sera agressive envers les amis de son mari, qui « l'enlèvent à elle », et l'obligent, croit-elle, à devoir « récupérer » l'amour de son mari...)

Le jaloux croit aimer. Il ne fait que chercher sa propre sécurité intérieure. La jalousie adulte est toujours le symptôme d'une déficience psychologique. Or, chez le jaloux, les insécurités mentales sont si fortes et si nombreuses, que la plus faible chiquenaude risque de dévoiler un abîme affectif... que sa faiblesse est impuissante à combler. On comprend donc que la dictature et la force policière soient, pour lui, la seule solution. Et la moindre « fuite » de l'être « aimé » peut produire des angoisses, des obsessions, et parfois de formidables haines.

La jalousie est une forme aiguë d'autoritarisme, pouvant produire, à son tour, de nouveaux déséquilibres : obsessions, idées fixes, décharges impulsives et passionnelles, rumination mentale, etc... au grand détriment de la personne emprisonnée. Je répète donc que la jalousie *est toujours un symptôme de déséquilibre affectif.*

La jalousie chez les enfants.

Plusieurs mécanismes entrent en jeux. Le plus simple est quand l'aîné est jaloux du cadet, qu'il considère comme accaparant tout l'amour des parents. C'est une jalousie assez normale, qui se liquide facilement par l'attitude des parents, et la responsabilité qu'ils donnent à l'aîné.

Plus tard, c'est le cadet qui jalouse l'aîné. Pourquoi ? A cause des avantages physiques et moraux donnés par son âge. Ici, également, tout dépend de la configuration familiale.

Il existe une autre forme de jalousie : celle de l'enfant envers le parent du même sexe (par exemple, le garçon qui est jaloux de son père). C'est la forme la plus importante. Nous la verrons en psychanalyse, en étudiant le complexe d'Œdipe.

La plupart de ces sentiments demeurent inconscients. (Surtout le complexe d'Œdipe !) Cependant, bien qu'ils soient inconscients, ils agissent ! Que fait alors l'enfant ? Il décharge sa jalousie par une agressivité parfois dangereuse. Ou bien la décharge se fait d'une façon *symbolique* : l'enfant détruit rageusement la poupée appartenant à son rival, la piétine, etc.

Ou bien il joue avec des marionnettes, et son rival est représenté sous forme d'un personnage humilié. Ou l'enfant dessine : il représente son rival rejeté de la famille, tué, bafoué, insulté. La jalousie enfantine fait fréquemment apparaître des symptômes nerveux : notamment des tics et le fameux « pipi au lit », appelé *Enurésie* (voir dictionnaire).

Le cas le plus dangereux apparaît lorsque l'enfant jaloux opère une régression affective. Il se diminue, s'infériorise : *il reste infantile*, il joue au « tout petit enfant » afin d'attirer et de conserver l'attention des parents. Cette situation est dangereuse si elle se prolonge; c'est alors la névrose. Nous aurons affaire à un adolescent névrosé et infantile, demeuré affectivement en arrière, et incapable d'autre chose que d'un échec perpétuel.

D'autres fois, l'enfant ressent sa jalousie agressive comme une faute grave (cela se vérifie toujours dans le complexe d'Œdipe). Si cette situation ne se liquide pas normalement, nous retrouverons l'adulte bourré de sentiments de culpabilité inconsciente, de sentiments d'infériorité, d'homosexualité latente, etc. Je reparlerai de tout cela.

La jalousie de projection.

Je dois citer un cas (assez fréquent d'ailleurs) qui montre des « dessous » parfois très étranges de la jalousie. Il s'agit ici d'une situation beaucoup plus grave, d'une forme terrible de jalousie, qui peut évidemment jouer avec des intensités variables. *Elle devient une idée fixe qui touche le délire de persécution.*

Voici ce que dit monsieur X... : « ...Ma femme m'accuse sans cesse d'être l'amant des nombreuses femmes qu'elle connaît; elle prétend que je fais des propositions honteuses à ses amies et à toutes les femmes que je rencontre. Cela ne cesse jamais. C'en est parfois épouvantable; une vie d'enfer. Dès que je rentre, ce sont des colères, des accusations qui se suivent sans arrêt... Elle m'examine sur toutes les coutures... En société, cela devient terrible. Elle va parfois jusqu'à faire une scène publique, et gifler une femme que j'ai simplement et normalement regardée!...

» J'ai, dit-elle, de nombreuses relations vicieuses, et je suis affreusement débauché... Croyez-moi, je subis un véritable martyre... et ce qui est le plus beau, c'est que *ma femme sait très bien que mes soi-disant maîtresses ne sont pas du tout « mon genre »*.

Et c'est ici que le psychanalyste dresse l'oreille. Il est bien certain qu'une pareille jalousie est nettement pathologique. Mais il y a plus. Si le psychanalyste a devant lui l'épouse, il constate rapidement un mécanisme qui explique tout.

Je reprends donc le cas de ce malheureux mari. La femme est convaincue que son mari la trompe avec certaines autres femmes, d'une façon absolument *vicieuse et débauchée*. C'est alors que se découvre un jeu profond, très étrange pour le profane, mais courant pour le psychanalyste.

1) Le genre de femmes accusées ne correspond pas à l'idéal féminin du mari.

2) Ce même genre de femmes correspond parfaitement à l'idéal féminin de l'épouse. Donc, cette épouse serait homosexuelle? Oui, mais homosexuelle latente et inconsciente. Etant donc inconsciemment homosexuelle, cette épouse a inconsciemment envie de faire des propositions à d'autres femmes. Pourquoi ne le fait-elle pas? Parce que son homosexualité est inconsciente; et parce que cette homosexualité est refoulée des zones conscientes du cerveau en fonction de la moralité de cette épouse. D'ailleurs, n'accuse-t-elle pas son mari de débauches « vicieuses » et d'« orgies honteuses », qui traduisent moralement les tendances qu'elle sent au fond d'elle-même? Mais, de toute façon, refoulées ou non, ces pulsions inconscientes font leur travail!

Que se passe-t-il alors?

1) Cette épouse désire inconsciemment faire des propositions aux femmes.

2) Elle ne peut pas et est incapable de le faire.

3) Qui fait, en général, des propositions aux femmes? L'homme, c'est-à-dire son mari.

4) A ce moment, cette épouse *projette* ses propres tendances sur son mari; elle *devient* son mari et est convaincue qu'il fait les propositions qu'elle désire faire elle-même.

5) Elle est jalouse de son mari, à la place duquel elle voudrait être, tout d'abord. Ensuite, si elle tient à son mari, ce sont, en plus, des scènes terribles de jalousie, pour un mécanisme qui semble « imaginaire », mais qui dépend de puissantes tendances inconscientes...

Dans ce cas précis, il y a donc deux martyrs : le mari qui subit les crises de son épouse; et l'épouse, sans cesse tiraillée par un violent conflit intérieur entre :

a) ses tendances homosexuelles inconscientes;

b) ce qu'elle croit être extérieurement : une femme normalement sexuelle...

Le cas inverse joue également. C'est alors l'époux paranoïaque, homosexuel inconscient, qui projette ses tendances sur sa femme. Il *devient* sa femme, à laquelle les hommes (croit-il) font des propositions, qu'il voudrait inconsciemment se voir faire à lui-même.

Nous voyons donc bien que la jalousie peut revêtir divers manteaux. La simple jalousie ne doit pas être considérée comme nettement anormale. Par exemple, la jalousie de l'enfant ne deviendra anormale que si elle se prolonge, ou amène une régression affective. Quant à la jalousie adulte, elle est pratiquement toujours anormale. Elle est alors le symptôme d'un état affectif déficient, qui dépend d'un traitement psychologique en profondeur.

Le dévouement autoritaire.

« ...Je n'ai plus mes parents, dit Paul. Je vis avec ma grand-mère depuis dix ans... Je ne sais pas si je l'aime ou si je la déteste; les deux probablement... Ma grand-mère est dévouée; oh! cela, oui!... Beaucoup trop d'ailleurs... Elle m'impose toujours ce qu'elle croit être bon pour moi... même si cela ne correspond pas du tout à ce que je désire. Mon goût personnel ou mon avis? Elle ne les écoute même pas; elle s'épuise à faire la cuisine... je dois manger chaque jour de la viande rouge, parce que c'est bon, de la viande rouge...; c'est très fort, de la viande rouge... or, je déteste la viande rouge et je le lui ai dit des milliards de fois; mais il n'y a rien à faire : tous les jours c'est de la viande rouge. Et pour tout c'est la même chose; elle m'impose son dévouement, elle m'impose son aide, et je suis obligé de tout avaler sous peine de reproches et de bouderies; elle est autour de moi comme une mouche bourdonnante; si j'essaie de lui faire comprendre que mon goût compte aussi, c'est comme si je parlais à une porte. Cela me fatigue au dernier degré. Combien de fois n'ai-je pas dû vomir mon dîner, tellement j'étais crispé et révolté?... Mais, parfois, ma colère intérieure éclate et je deviens terriblement brutal, puisqu'une explication est absolument inutile; elle ne comprend pas que je puisse, moi, avoir un désir personnel, sans doute?... alors, tout saute, comme une chaudière sous pression; je fais une colère épouvantable qui la laisse pantelante comme une martyre incomprise... mais ensuite j'ai un remords intense, pendant des jours, et je ne sais que faire pour être pardonné; je joue au petit garçon, je la flatte... Cela fait trois ans que j'essaie de lui payer ma pension; c'est normal?... Je travaille, et cela me donnerait la sensation d'être un homme indépendant... Elle a toujours refusé, et elle boude si j'insiste. Là encore, elle m'impose son dévouement et son aide! Au fond, elle désire que je reste bien soumis. Si je veux devenir un homme, je dois la quitter; mais je ne parviens pas à m'y résoudre... quel drame cela va faire! *Elle ne se rend pas compte du mal qu'elle me fait en croyant me donner tout le bien du monde...* »

Il s'agit donc, ici encore, d'un *autoritarisme caché*. Ces personnes ne se dévouent pas; *elles imposent leur dévouement*, en n'importe quelle circonstance. Elles ont la manie de forcer doucement à accepter des cadeaux, à accepter qu'elles fassent tout entièrement seules. Elles donnent l'impression qu'autrui est absolument incapable de faire quoi que ce soit de réussi! De plus, elles éprouvent le besoin de s'acquérir de la reconnaissance, qui renforce leur sécurité intérieure. Extérieurement, elles semblent parfaitement bonnes... mais elles désirent qu'on le sache et qu'on le dise. On comprend que la crispation et l'épuisement apparaissent chez les cohabitants, avec toutes les conséquences possibles : timidité, infériorité, dévirilisation, échecs, névrose, ulcères d'estomac, etc. Je reparlerai de tout cela.

Comment les mangeurs d'énergie conduisent leurs proches à l'épuisement et à la névrose?

Il est fatal que les autoritaristes (avec ou sans masque) aient une répercussion profonde sur l'entourage immédiat. La réaction des proches? Elle est avant tout *émotive en profondeur*. Quelles réactions voulez-vous avoir devant une personne qui est un véritable « mur »? Devant une personne imposant tout, surveillant tout, atteinte de dévouement et de bonté maniaques? Apparaissent alors révoltes émotives, louvoiements, trac, crispation, mensonges apeurés, rages intérieures, colères refoulées, remords, culpabilité, infériorité... Et, à travers tout cela, il s'agit d'essayer de sauver sa propre personnalité!... C'est tout le mécanisme de *l'émotion sans décharge* qui se déclenche, comme une sorte de cancer moral sourd. Et nous verrons en Médecine Psychosomatique les répercussions physiques et psychologiques de l'émotion.

Ainsi, j'entends souvent : « ...c'est un poids journalier terrible... il est impossible d'expliquer cela point par point... ce sont des bouffées qui me montent à la tête, des crispations d'estomac, des nausées... je ne sais jamais ce qu'il faut faire pour la (ou le) contenter... je préférerais des centaines d'actions bien nettes à ces milliers de petites réactions dont on ne connaît jamais le résultat... je suis toujours en état d'alerte... elle (ou il) me tue sans le savoir, avec la meilleure volonté du monde... comment voulez-vous que je sois un homme, dans ces conditions?... je dois lutter férocement pour pouvoir agir seul... »

On voit donc que la « digestion » de multiples sentiments contradictoires devient difficile ou impossible. L'épuisement apparaît, la conscience n'opère plus la synthèse. Comment un adolescent, cohabitant avec un autoritariste, pourrait-il assimiler et fondre des sentiments totalement opposés? Amour maintenant, révolte ou haine *refoulées* tantôt...? Comment son affectivité ne déraillerait-elle pas, en étant tiraillée de part et d'autre durant si longtemps? Pourrait-il conserver sa personnalité intacte, alors qu'on y creuse galeries sur galeries, qu'on la sape, qu'on la fait sauter éclat par éclat?

Le Moi, face à la personne épuisante, devient divisé, dispersé, encombré de « satellites ». On est effrayé en songeant au nombre incalculable de maladies psychologiques, d'éducations manquées, d'homosexualités, d'échecs absolus, dus à l'autoritarisme sous toutes ses formes... Et le psychologue est là, qui en connaît les résultats fréquents!

L'hystérie

Nous avons connu *Janet* directeur d'un laboratoire de psychologie pathologique. L'*hystérie* était alors la « reine du jour ». Quelle est cette insaisissable maladie?...

L'hystérie est une maladie trépidante, du moins en général. Elle n'est cependant pas un produit de notre siècle agité! Durant des centaines d'années, elle a tenu médecins et psychiatres dans un climat de cauchemar et d'impuissance... Quand l'hystérie ne produisait pas des convulsions, elle provoquait de violents maux de tête. Quand les convulsions disparaissaient, des vomissements apparaissaient. Puis des paralysies. Ou la personne hystérique se trouvait brusquement aveugle, sans aucune cause organique. Et quand la cécité passait, la surdité montrait le bout de l'oreille, si je puis dire. L'hystérie produisait également des obsessions, des crises, des idées fixes, des douleurs et des spasmes parfois atroces.

On comprend que le nombre et la variété des symptômes plongeaient les médecins dans la terreur.

Evidemment, chacun avait son opinion. Une opinion souvent

définitive, comme il se doit. « C'est une hystérique »... est bien vite dit. Une crise de nerfs? On collait l'étiquette. Une femme hyper-sexuelle? On agissait de même. C'était évidemment bien facile, mais on était loin de la vérité.

Beaucoup croient qu'il s'agit d'une maladie purement féminine. Son nom vient d'ailleurs de cette croyance ancienne à un dérèglement de la matrice (hustera = matrice). Mais, là aussi, on est à côté de la question.

Sachons en premier lieu :

a) que l'hystérie peut être aussi bien masculine que féminine.

b) qu'il n'y a pas *une* hystérie, mais toute une série de phénomènes hystériques. Ces phénomènes sont bénins et passagers, ou congénitaux et permanents.

Quel est l'âge civil de l'hystérie?

Sans âge... Elle remonte dans la nuit des temps. L'Antiquité la connaissait fort bien. Mais (vanité masculine ou ignorance...) elle en accorda courtoisement l'exclusivité à la femme. Plus tard (il fallait bien un coupable!) on crut que Lucifer lui-même tempêtait dans le corps de l'hystérique. Les exorcismes ne tardèrent pas à pleuvoir sur ces « maudites », en proie aux griffes d'un diable velu... Bien, bien... mais le temps passait. Au XIXe siècle, les neurologues se penchèrent sur ce problème compliqué. Science en main. Cela n'expliqua pas grand-chose au début, mais le climat changeait. Le diable entrait dans les coulisses, les neurologues en sortaient; mais l'hystérique demeurait en scène, dans l'insaisissable de ses multiples visages... Cependant, la science se rendait compte, peu à peu, que les hystériques n'étaient ni simulateurs conscients, ni maudits, mais des malades comme d'autres malades!

La curiosité de la médecine est infinie. L'immense clavier des manifestations hystériques se déployait devant elle... Mais le mystère demeurait. *Lasègue* ne l'appelait-il pas : « la corbeille à papier où l'on met tout ce qui est inclassable...? »

Le XXe siècle déboucha à son tour; et, avec lui, les Psychologues des Profondeurs. De plus, la tendance psychosomatique de la médecine se précisa. Et alors, tout se mit à changer. L'hystérie fut ramenée, de plus en plus, à des proportions exactes.

Charcot avait montré que les phénomènes hystériques pouvaient être produits à volonté par l'hypnotisme. Et que l'hypnotisme pouvait également les faire disparaître. Or, qui dit hypnotisme, dit suggestion puissante, acceptée immédiatement par les centres nerveux inconscients.

Janet constata également la ressemblance frappante entre les manifestations hypnotiques et les phénomènes hystériques. Et il pensa que les hystériques s'étaient mis en tête qu'ils étaient paralysés, ou aveugles. Qu'ils avaient donc, dans le cerveau, une idée fixe, à la suite d'une autosuggestion irrésistible. Mais d'où venait l'idée fixe chez l'hystérique?... d'où venait que le cerveau hystérique avait « la puissance » nécessaire pour faire apparaître une paralysie, une obsession ou un mutisme? De mieux en mieux on vit la force de la suggestion et de l'autosuggestion dans ces manifestations hystériques. On en comprit le mécanisme nerveux. La psychologie chercha les bases profondes. Et aujourd'hui, les manifestations hystériques sont curables, comme toute déficience psychologique.

Quelles sont les grandes manifestations hystériques?

■ *Crise :* agitation totalement incohérente, sans toutefois morsure de la langue. Pas de perte d'urine (comme dans l'épilepsie). Flux abondant de paroles, torrent de pleurs et de rires. Lamentations, parfois hurlantes. Invectives. La conscience demeure active et l'esprit en alerte. S'il y a chute, l'hystérique choisit l'endroit, et ne se blesse pratiquement jamais (ce qui a donc fait croire à la simulation totale...).

■ *Paralysies :* Elles sont fréquentes dans l'hystérie. Soit :

Monoplégie = paralysie d'un seul membre.
Hémiplégie = paralysie frappant la moitié du corps.
Paraplégie = paralysie des deux membres inférieurs ou supérieurs, ou des deux à la fois.

■ *Cécité, mutisme :* Sans base organique (souvenons-nous de la jeune femme soignée par Mesmer, et aveugle depuis l'âge de trois ans).

■ *Spasmes* et *contractures :* Qui amènent des pseudo-méningites, des pseudo-appendicites, parfois des pseudo-grossesses, etc...

La sensation consciente peut être coupée. Certains hystériques iront jusqu'à se brûler atrocement ou se mutiler sans ressentir la moindre douleur. Or, nous savons également que, par hypnotisme, il est possible d'opérer sans douleur; c'est-à-dire d'insensibiliser *(par suggestion)* certaines parties du corps. Il y a donc, ici, également, un rapport étroit. Et une question se pose : pourquoi la douleur existante (brûlure, scalpel) n'est-elle pas ressentie consciemment par le cerveau du sujet hystérique ou hypnotisé? Il y aurait donc, dans ces deux cas, un sommeil du cerveau conscient; soit spontané comme dans l'hystérie, soit provoqué comme dans l'hypnotisme.

Nous devons ici nous rappeler ceci : l'idée fixe provoque le sommeil des parties du cerveau ne correspondant pas à cette idée. Ces parties inhibées du cerveau sont donc indiquées pour ne pas rendre consciente une douleur...

Le sujet hystérique peut être frappé de perte de mémoire, et se retrouver loin de l'endroit qu'il habitait. Nous tombons ici dans deux cas étranges qui se prolongent l'un l'autre : le somnambulisme et le dédoublement de la personnalité.

■ *Le somnambulisme :* Est l'un des phénomènes les plus intéressants de l'hystérie. Que se passe-t-il dans le somnambulisme? Il s'agit d'une véritable *action ;* mais cette action est inconsciente. Le sujet est éveillé pour une seule chose : son rêve intérieur. Il se lève, marche, boit, mange, se livre à des actes variés. Il vit réellement son rêve, et suit aveuglément les ordres donnés par ce rêve. Il est à remarquer que le somnambule pur n'a pas de véritable conscience : donc, il n'a aucune peur. Ce qui explique que le somnambule peut, sans aucune crainte, accomplir des actions qui lui seraient dangereuses à l'état normal. Revenu à la conscience, il ne garde souvent aucun souvenir de ses activités anormales.

Mais les activités inconscientes peuvent se prolonger. Nous arrivons alors au *dédoublement de la personnalité.* Dans ce cas, le sujet vit sur deux « moi », ayant chacun leur vie propre! Le premier est sous le contrôle de la conscience normale, commandée par son écorce cérébrale; le second est dirigé par un « moi » inconscient, se trouvant dans des centres nerveux de la vie inconsciente, avec ses habitudes, ses instincts, etc.

Il nous faudra attendre l'étude de la psychosomatique pour le comprendre mieux. Tout se passe, en effet, comme si le « dédoublé » possédait deux cerveaux n'ayant aucun rapport entre eux... *Dans le dédoublement de la personnalité, qui peut durer de longues années, le sujet travaille, crée, a une vie sentimentale et professionnelle dont le caractère anormal échapperait à un observateur non averti!* J'en reparlerai bientôt.

La caractéristique primordiale de l'hystérique est la facilité d'accepter la *suggestion.* Il semble donc bien qu'il y ait chez lui mauvais fonctionnement de l'écorce cérébrale, puisqu'il ne marque aucune volonté contrecarrant la suggestion. C'est pourquoi l'hystérie est une névrose tellement « contagieuse »! Il suffit de songer aux mouvements de foules, à certains déchaînements de jeunes gens écoutant certains artistes, et réagissant comme un seul homme à une émotion se répandant comme une traînée de poudre mentale, coupant ainsi toute volonté personnelle...

Je dis immédiatement que le véritable hystérique est *sincère*, et sincèrement malade. Charcot a magnifiquement décrit les paroxysmes et les délires hystériques; avec des imprécations, des cris, des insultes, des attitudes d'extase (avec parfois de bizarres éruptions de la peau), des propos érotiques, etc.

Les manifestations hystériques sont *les symptômes d'un déséquilibre affectif très profond.*

Comment soigne-t-on l'hystérie?

Devant elle, la médecine proprement dite s'arrache les cheveux. On jurerait que l'hystérique saute d'un symptôme à l'autre pour dérouter et décourager la science de guérison... Que voulez-vous faire si un hystérique est paralysé sans être paralysé, ou sourd sans être sourd, ou aveugle sans être aveugle? Et s'il est constaté qu'aucune base organique visible ne permet ces manifestations qui, dans trois jours, auront peut-être disparu pour faire place à d'autres? Or, je répète que, sous hypnose, des manifestations hystériques peuvent être déclenchées facilement par suggestion. L'hystérie est peut-être la maladie dans laquelle la personne subit, le plus et le mieux, la suggestion. D'autre part, les manifestations hystériques ne se déroulent pas dans le silence : l'hystérique ne se cache pas, mais impose (consciemment ou non) ses symptômes à l'attention de son entourage (ce qui a fait croire, en plus, à la comédie pure et simple).

Donc, il y a derrière tout cela *un sens à découvrir*. Il y a une signification dont il faut trouver les *mobiles essentiels*. Si l'on veut, l'hystérique semble être un « simulateur de bonne foi », appuyé sur un désordre mental, qu'il faut étudier et guérir comme tel.

Etant donné le nombre des symptômes et des manifestations, beaucoup d'auteurs ont proposé de rayer du dictionnaire le mot « Hystérie » et de ne considérer que des « manifestations hystériques ».

Il est certain que toutes ces manifestations, si elles offrent des points communs, peuvent avoir des bases individuelles totalement différentes! Même si les symptômes sont identiques, une hystérie de vieillard n'a rien de commun, à la base, avec une cécité hystérique déclenchée par un choc de guerre! Cependant, les symptômes peuvent être confondus...

Si une crise d'hystérie se déclenche, que faut-il faire?

J'entends une crise, en dehors de la présence d'un médecin. La première conséquence d'une crise hystérique est l'affolement de l'entourage. Or, que fera le praticien, dès son arrivée? Il fera le vide autour du malade, qui continue à se débattre quelque temps; mais, très souvent, l'impassibilité du médecin arrête la crise. Pourquoi? Parce que l'entourage, affolé, renforce l'autosuggestion du malade.

Autres moyens immédiats : flagellation à l'eau, gifles, compression des globes oculaires. Mais il va de soi que ces méthodes sont rigoureusement superficielles, et ne visent qu'à l'arrêt de la crise! — Les manifestations hystériques sont des *symptômes*. Elles ne sont pas la *maladie*. Celle-ci se trouve beaucoup plus en profondeur, et c'est cette profondeur qu'il faut atteindre et soigner.

Comment? Détecter l'origine et les mobiles, souvent très cachés. Trouver les conflits affectifs, au moyen de la psychologie.

Les phénomènes de conversion.

La Conversion est un mecanisme courant; certains conflits affectifs s'extériorisent par le corps. Les conflits psychologiques se « convertissent » en maladies physiques. J'en reparlerai.

Prenons le cas classique d'une colère. La décharge immédiate de la colère sera : insultes, flux de paroles, gestes violents, coups de poing, etc.

Mais elle peut présenter une *conversion* : le bégaiement. Il y a, dans ce cas, une conversion dans les organes du larynx. La conversion peut être plus forte, et se placer dans les organes servant aux manifestations de la colère : le sujet devient *aphone* ou *paralysé*. (Manifestations hystériques.)

Chacun sait aussi que certains ulcères d'estomac sont la conversion physique de conflits affectifs. La conversion est donc un phénomène prodigieusement intéressant, et se présente très fréquemment... La médecine psychosomatique éclairera tout cela de façon intéressante.

Les phénomènes de conversion peuvent être très variés. Il est donc normal que la disparition d'un symptôme permette l'apparition d'un autre, comme dans l'hystérie. Mais n'en concluons pas que *tout* phénomène de conversion soit hystérique! A ce compte, toute personne (par exemple) souffrant d'un ulcère à base psychologique serait hystérique... ce qui est absurde.

Dans l'hystérie, tout se passe comme si la maladie psychologique *devait* s'extérioriser corporellement, d'une façon ou d'une autre. On voit donc le danger : le symptôme corporel hystérique est une *décharge* nécessaire. Nous savons qu'une colère « rentrée » est plus nocive qu'une colère se déchargeant musculairement ou verbalement. Si l'on pousse cela à fond, on constate que la guérison pure et simple d'une « conversion » hystérique puisse être dangereuse... *comme si l'on bloquait une soupape sur une chaudière en ébullition.* L'impossibilité de la décharge affective a même conduit certains sujets au suicide.

Dans l'hystérie, il sera donc indispensable de chercher la cause profonde, et de pousser à fond l'examen mental. Et cela, avant toute chose. Chaque cas d'hystérie est donc sujet à un traitement différent. Mais, de toute façon, ce traitement devra toujours se faire en profondeur. Et cela, au moyen des techniques médicales et psychologiques appropriées.

N'oublions donc pas que l'hystérie présente toute une gamme d'états. Et il faut noter pour terminer, qu'une personne à tempérament hystérique peut vivre toute sa vie sans manifestations exagérées. Son tempérament échappera donc toujours à l'observation non avertie. Ce sera alors une personne mentalement fragile, excessivement suggestionnable, et chez laquelle une vie calme et sans émotions-chocs ne fera jamais apparaître de symptôme très anormal...

SOMMES-NOUS TOUS, PEU OU PROU, LE DOCTEUR JEKYLL ET MISTER HYDE?

En d'autres termes, avons-nous plusieurs personnalités? L'une de ces personnalités peut-elle prendre le pas sur l'autre? Avons-nous plusieurs « Moi »?

Les cas assez stupéfiants de *dédoublement de la personnalité* ne sont, ni imagination, ni fiction, mais pure objectivité médicale; exploitée d'ailleurs (souvent très mal) par la littérature et le cinéma.

Rappelons-nous que la Conscience est une sorte de réservoir, brassant et malaxant tous les événements de la vie pour en tirer une sensation unique, une synthèse. Si l'on veut, la vie précipite dans ce réservoir des pommes, des poires et des raisins. Mais le jus récolté n'est ni jus de pommes, ni de poires, ni de raisins. C'est un jus nouveau, bien homogène et agréable au goût.

Telle doit être la conscience de l'homme : *homogène et agréable.*

En sèche définition scientifique : la conscience est la synthèse qu'un individu réalise en un instant donné, de ses activités perceptrices, motrices et psychiques, et qui, abolissant leurs aspects élémentaires, les dépasse et les intègre en un comportement doué d'une structure originale (Sutter). Nous rejoignons donc la conception de Janet.

Nous avons vu ceci : un événement non intégré dans la masse de la conscience, devient semblable à un satellite travaillant en dehors de cette masse. Cet événement, non digéré, va tirailler l'homme soumis *à ce manque d'unité.*

Ce cas se représente dans tous les Complexes, par exemple. Le Complexe est comme ce satellite; il agit pour son propre compte, sans que la conscience puisse l'absorber dans sa masse. Or, l'homme voit souvent les *symptômes* du complexe mais rarement le complexe lui-même. A ce moment, il a déjà, en petit, une personnalité double : son « moi » proprement dit et le « moi » de son complexe. *Il y a en lui quelque chose qui le fait agir malgré lui.*

Qu'arriverait-il donc si un fragment-satellite, isolé mais puissant, devenait prédominant? Qu'arriverait-il si ce fragment prédominant devenait conscience principale, abolissant la conscience initiale?

Mais écoutez plutôt...

Un cas étrange.

Brusquement, sans aucun signe préparatoire, une jeune fille s'endort profondément. Sommeil bizarre, plus prolongé que le sommeil normal... Puis, la jeune fille se réveille. Et l'on constate que tout ce qui constituait sa personnalité n'existe plus. Ses connaissances ont disparu, son cerveau est vide. Elle est un personnage nouveau, qui vient de naître, vierge et ignorant. De plus, *elle a totalement oublié sa personnalité précédente et tout ce qui s'y rattache.*

On fut donc obligé de tout lui réapprendre; à connaître les objets, à lire et à écrire. Elle apprit vite. Et quand tout cela fut fait... la jeune fille s'endormit à nouveau, de ce même sommeil étrange et prolongé. Puis, elle s'éveilla... *mais dans sa première personnalité, et avec oubli total de la période située entre les deux sommeils.*

Cela dura quatre ans. Avec les mêmes alternances de sommeil et de personnalités. Dans chaque personnalité, rien, de l'autre personnalité ne subsistait; pas même un souvenir... Et pourtant, dans chacun de ces états, elle agissait, lisait, étudiait, travaillait, pensait! Supposons un instant qu'elle aït accompli un acte répréhensible, avant de s'endormir pour se réveiller dans l'autre état... Quelle serait sa responsabilité? Que ferait la Justice humaine? Comment pourrait-on l'interroger, puisque son nouveau « Moi » ne se souvient pas du « Moi » précédent?

Quand la personnalité se lézarde...

Une jeune fille, arrivée à l'âge de dix-huit ans, présente des moments d'absence, suivis de surdité et de cécité. Une attaque de sommeil apparaît, et la jeune fille s'éveille ensuite, avec perte totale de la mémoire. Ici, également, sa personnalité première avait disparu... On dut aussi lui apprendre à lire et à écrire. On constata que sa deuxième personnalité était totalement différente de la première. Autant sa personnalité numéro 1 était triste et déprimée, autant le numéro 2 était gai, joyeux, insouciant. Et dans ce deuxième état, rien ni quiconque ne pouvait l'empêcher de faire ses quatre volontés...

Puis elle eut un nouveau sommeil, et s'éveilla dans sa personnalité numéro 1, avec ses premières connaissances, et oubli de la personnalité numéro 2.

Et cela recommença. Elle se réveilla dans la personnalité numéro 2, dont elle se souvenait, mais ayant oublié, à nouveau, sa personnalité numéro 1.

Et, arrivée à l'âge de trente-six ans, elle demeura jusqu'à sa mort dans son état second...

Ces cas sont assez rares, et plongent les hommes dans la stupéfaction. Ainsi donc, cette fameuse Personnalité Humaine, ce bloc que l'on croit solide, peut se briser? Et chacun des morceaux peut agir, en ignorant ce que faisait l'autre morceau?

Ces cas extrêmes sont, ici également, une exagération du normal et du courant. Il est certain que la plupart des gens possèdent, en dehors de leur masse de conscience, des « satellites » non intégrés, qui réapparaissent suivant les circonstances. L'analyse psychologique, l'hypnose, la narco-analyse permettent d'ailleurs de déceler leur présence. Nous verrons cela en parlant de l'Inconscient.

■ *Exemple courant :* Un timide. Dans la solitude, il vit harmonieusement sur sa masse principale de conscience. Il intègre les circonstances dans ce réservoir général. Mais le voici en public : à ce moment, l'émotivité tourne l'interrupteur, et le met en contact avec ses « satellites » (peurs, infériorisations, complexes, etc.) Que se passe-t-il? Les « satellites » mentaux travaillent pour leur compte, et assimilent les circonstances s'y rapportant. C'est donc un très minime dédoublement de la personnalité.

■ *Autre exemple :* Une personne vivant dans l'obsession des microbes, surtout avant de se coucher. Toute la journée, elle vit sur sa masse principale de conscience, et tout va bien. Arrive le soir. Et voici que son « satellite » mental l'oblige à se désinfecter dix fois les mains. Il y a donc en elle quelque chose de puissant qui l'oblige à agir.

Je répète donc que, si le fragment séparé du « Moi » est très puissant, il peut annihiler la personnalité primitive (comme dans le dédoublement de la personnalité; ou la diminuer (comme dans le trac, les complexes, les obsessions, les idées fixes...).

Si la masse principale de conscience influence les sens, les fragments séparés le font également! Le patient souffre alors d'*hallucinations visuelles* ou *auditives. Il entend réellement des voix, il voit vraiment des choses.* Il a l'impression que ces voix et ces visions viennent du dehors; alors qu'elles sont produites sous l'influence de son fragment séparé de conscience : donc au-dedans. Ce mécanisme peut produire certains cas d'apparitions, d'auditions de voix célestes, etc. La prudence extrême de l'Eglise catholique se trouve donc justifiée par les faits scientifiques (il suffit de rappeler les éruptions de peau et les stigmates que produit parfois l'hystérie).

La conscience est donc composée d'un ensemble de réactions mélangées en une seule sensation. Tout être humain est composé de plusieurs personnalités; ne serait-ce que la personnalité consciente et la personnalité inconsciente. L'idéal réside donc dans l'*union* de toutes les personnalités. L'aisance et l'harmonie intérieures en dépendent.

De plus en plus, s'impose donc une éducation bien faite! L'influence nocive de certains milieux familiaux, de certaines éducations maladroites, entraînent évidemment des anomalies. En dehors de la Masse de Conscience, des fragments séparés commencent alors à vivre. Ils n'ont pas encore, bien sûr, suffisamment de force pour devenir d'autres « Moi ». Mais à la longue, les perturbations de l'affectivité, les inhibitions, les refoulements, les peurs leur viennent en aide. Les nourrissent. Les grossissent. Les gonflent. Et ces fragments deviennent de véritables satellites intérieurs... comme dans les grands complexes.

Et l'homme, qui devrait être conscience unie et harmonieuse, devient un être à personnalités contradictoires. Ses nombreux « Moi » l'écartèlent, souvent jusqu'à la douloureuse névrose...

La libre-association

Nous glissons maintenant vers la psychanalyse. Mais, avant d'entamer ce très gros morceau, voici un intéressant moyen d'analyse psychologique, appelé « Libre Association ».

Le psychologue dit un mot. Le patient doit répondre, soit par un mot, soit par une idée ou une sensation qui lui sont suggérés par le mot donné.

Par exemple :

Le psychologue dit : *neige*.

Le patient répondra : blanc — ou blancheur — ou hiver — ou pureté — ou jeune fille — etc.

L'association d'idée entre *neige* et : blanc, blancheur, hiver, est élémentaire.

Entre *neige* et : pureté, est déjà allégorique.

Entre *neige* et : jeune fille, est *symbolique*.

La neige fait donc songer à l'immaculé, l'immaculé à la pureté, et la pureté à une jeune fille. La neige devient donc le *symbole* de la jeune fille.

Le Symbole, nous le verrons, joue un rôle capital dans la vie humaine. Il est une représentation particulière, chargée de signification *affective* et *émotive*.

Par exemple : Un train est symbole d'évasion; le fleuve peut être un symbole de force ou de calme; le pic montagneux un symbole d'orgueil, etc., etc.

QUELLES SONT LES CONDITIONS DE LA LIBRE-ASSOCIATION ?

Puisqu'elle permet l'analyse de l'affectivité, il faut que celle-ci puisse se manifester. Donc, il est nécessaire que la raison intervienne le moins possible. Une détente préliminaire est indispensable, qui affaiblira le raisonnement comme dans le demi-sommeil.

Le patient répondra *ce qui lui vient en tête*. Jamais, quelle que soit la réponse, le sentiment d'*absurde* ne doit jouer. Car c'est la raison qui décrète que telle chose est absurde ou non. Pour le mieux comprendre, songeons à nos rêves nocturnes. Ils ne semblent nullement absurdes au moment où nous les vivons; mais c'est notre raison qui, à l'état de veille, les déclare tels.

	A	B	C	D	E
MOTS DONNES	Homme : 36 ans; marié; très intelligent, équilibré. Ecrivain.	Homme : 50 ans; agressif; chef d'entreprise.	Homme : 40 ans; célibataire; vivant depuis toujours avec mère autoritaire.	Femme : 22 ans; célibataire; timide; émotivité normale; institutrice.	Homme : 50 ans; très primaire.
1. ARBRE	Virilité; je pense à un homme nu et sain.	Hache.	Force.	Blond.	Vert
2. CACTUS	Viol.	Moi!	Sexe.	Méchanceté.	Ça pique
3. FORET	Eternité humaine.	Ennemi.	J'y vois des femmes; j'ai l'impression d'être embusqué.	Je pense au dieu Pan.	Arbres
4. PIEU	Terrible... j'ai vu un jour, un homme empalé... Brr!	Poignard	—	Force.	Dormir (!)
5. FLEUR	Jeune Fille.	—	Jeune Fille.	Caresse... (elle hésite)... douceur.	Parfum
6. VASQUE	Maternité; je songe au poème « je suis en toi comme un peu d'eau tranquille »... [1].	Eau.	—	Calme, soir.	Eau
7. BOUE	Vie humaine... parfois.	Je me sens prendre de la boue et la lancer dans l'espace.	Pensée cachée.	—	Mouillé
8. GARDIEN	Je vois un gardien qui sourit.	Pourboire.	Mère.	Arbre.	Képi

9. PETALES	Je songe à un lac. Virginité.	Je vois un balayeur qui fait place nette.	Fleur.	Caresse.	de rose
10. TORRENT	Force.	Action.	Urine.	Etre emportée; calme; mourir.	Ça coule
11. VASE	Maternité, femme.	Marteau.	Parfum.	Remplir... Recevoir...	Eau
12. MONTER	Espoir, lumière.	Vaincre.	Se perfectionner.	Soleil.	En haut
13. DESCENDRE	Je songe à la maison de mon enfance au bas d'un chemin.	Je ne l'ai jamais fait!	(il ricane) : comme moi!...	Glisser, éternellement...	En bas
14. PERE	Arbre.	Sévérité... Injustice.	Si j'en avais eu un...	Crainte.	Mère
15. AMOUR	Perfection de soi. Donner.	Ça n'existe pas.	Mère.	Attente.	Aimer
16. PORTE	—	Coup d'épaule.	Femme, mystère.	—	—
17. FEMME	Je songe à un triangle renversé de circulation; danger!	Conquérir.	Mère.	Démunie.	Homme

[1] De Maurice Carême.

Voici donc les réponses de CINQ personnes aux mêmes mots. Elles ont répondu séparément, cela va de soi. (Voir le tableau des pages 150 et 151.)

Examinons rapidement les réponses les plus intéressantes. Ne parlons pas de celles de E, vraiment trop élémentaires! A part toutefois une réponse involontairement humoristique : à *pieu*, il répond : Dormir! (Il a traduit *pieu* par *lit!*)

1° Arbre.

A : songe à *virilité*, à une force saine, dont l'arbre est pour lui le symbole.

B : l'arbre (il l'expliqua après) représente une *force calme*, qu'il doit abattre. N'oublions pas que B est agressif. Il répond donc : Hache.

C : songe à la *Force* (comme A et B).

D : répond *Blond*... ce qui pourrait sembler absurde. Mais elle déclare ensuite que l'arbre lui fait songer à un homme fort. Et que son idéal masculin est un homme fort et *Blond*. Elle répond donc : Blond.

Nous constatons ici que l'arbre a été, *pour chacun*, un symbole de force et de virilité. Il peut etre aussi, par extension, un symbole de sexualité générale, comme cela se présente souvent; ou un symbole de Père (force); ou d'ennemi (comme pour B), etc.

2° Cactus.

A : la forme du cactus lui fait songer à un sexe mâle. Mais ses piquants lui donnent un aspect agressif. Il a donc associé Sexe et Agressivité, ou Viol.

B : étant agressif, il s'identifie au cactus.

C : symbole sexuel, comme pour A.

D : association banale.

3° Forêt.

C : sa réponse marque ses refoulements. Il guette les femmes sans oser s'en approcher franchement.

6° Vasque.

A : belle association poétique avec le bassin d'une mère.

D : a songé à un jardin calme, dans lequel se trouve une vasque.

8° Gardien.

Nous verrons en Psychanalyse, qu'il existe, dans la vie humaine, un immense mécanisme de Censure. Elle consiste à interdire, par l'éducation, tout ce qui est inconvenant. La censure joue surtout en sexualité, puisque c'est le domaine le plus sujet aux interdictions! La censure, qui vient de la raison, s'oppose donc, très souvent, à l'affectivité instinctive et à l'émotion de base.

■ *Par exemple :* un sentiment sexuel d'un frère envers sa sœur, qui est un sentiment *affectif*, sera interdit et censuré par la raison morale, religieuse, médicale, etc.

Cette *censure* peut être symbolisée par de nombreux personnages représentant souvent l'Autorité : le Père, la Mère, le grand frère, la grande sœur, un gendarme, un gardien, etc...

C : répond Mère. Cela va de soi, puisqu'il fut élevé par une mère autoritaire, détenant toutes les interdictions. Il a donc associé Gardien et sa Mère.

D : répond Arbre. Elle a associé Arbre = Force, et Gardien.

9° Pétales.

A : songe à la virginité fragile et pure comme un pétale. Le lac représente cette même pureté.

B : il dit avoir songé à la chanson *Les feuilles mortes*. Il déclare « j'ai associé « feuilles mortes » et « souvenirs ». Et je hais les souvenirs. Tous mes souvenirs sont ceux d'un timide, et j'en suis devenu horriblement agressif. Je veux *balayer* tout cela, et ne plus y songer jamais!

10° Torrent.

A : répond Force, ce qui est normal.

B : répond Action (sous-entendu action agressive, comme le torrent qui emporte tout).

C : urine! Donc, absurde à première vue. Mais il déclare : « Quand vous avez dit Torrent, je l'ai vu se précipiter par une grande fissure de montagne. Puis, en un éclair, la montagne est devenue une femme énorme, immense, debout, nue, qui urinait (fissure). D'ailleurs, dans mes rêves, j'imagine souvent qu'on urine sur moi. Ce doit être parce que je me sens si inférieur, si lâche, si humilié...

12° Monter.

Un symbole très puissant, que l'on retrouve dans l'humanité tout entière.

A : espoir, lumière.

B : vaincre — (a donc la même signification positive que pour A, mais sous forme agressive).

C : se perfectionner, signification positive également, comme A et B.

D : soleil (idem, rejoint A et C).

Je reparlerai plus loin de ces beaux symboles.

1J° Descendre.

Qui, contrairement à « monter » présente un sens négatif.

A : maison de son enfance. Pour lui, « descendre » signifie « retourner dans le passé ».

B : même sens; il refuse de « descendre », c'est-à-dire de retourner en arrière, de régresser.

C : répond : « comme moi », descendre est donc pour lui une régression. (Songeons d'ailleurs à l'expression pessimiste « il descend la pente »!)

14° Père.

A : répond Arbre, c'est-à-dire Force et Virilité (voir 1°).

B : Sévérité, Injustice. Qui montre la façon dont il a été élevé...

15° Amour.

A : montre son intelligence et son équilibre.

B : encore l'agressivité. Il ne parvient pas à se laisser aller...

C : accrochage à sa mère.

17° Femme.

A : ...je laisse cette réponse à l'appréciation de chacun!

B : encore l'agressivité. Il ne parvient pas à se laisser aller...

C : ici aussi, accrochage envers sa mère. Il a peur des femmes (voir 3°, 8°, 10°, 17°). Se sentant terriblement inférieur et méprisé, il formait une proie toute désignée à l'homosexualité... et à l'échec, de toute façon.

Quand les conditions sont bien réalisées, ces libres-associations présentent donc un grand intérêt. Elles permettent, non seulement d'analyser, mais parfois de dépister tout un mécanisme affectif ayant déclenché une angoisse ou une obsession.

■ *Par exemple :* Lydia, jeune femme célibataire de 26 ans. Au mot : *banc* elle répond (après avoir hésité trente-cinq secondes : *s'asseoir*... et commence à trembler. Elle ouvre les yeux et se redresse brusquement. Et elle dit : « ...Banc m'a fait songer à sang. Mais j'ai coupé la réponse... A seize ans, je me suis assise sur un banc avec mon cousin, au Bois. Il faisait sombre. Mon cousin en a profité... j'en ai été submergée de dégoût... et plus jamais, depuis, je n'ai pu m'asseoir sur un banc public... je fais même tous les détours possibles pour en éviter la vue... C'est chez moi une véritable obsession... quand je vois un banc, je vois du sang... ça me donne envie de vomir... ».

Sigmund Freud, inquisiteur de l'inconscient (1856-1939)

Ce fut comme une bombe tonnant sur le monde. Provoquant étonnements, stupéfactions, colères. Des sarcasmes, aussi!

Pensez donc! On entrait, en quelque sorte, dans le Surréalisme du Mental, dans un monde déformé, insaisissable, à première vue grotesque. Rien ne semblait plus correspondre à la réalité; les gens prenaient peur. Leur Moi, ce Moi magnifié, puissant, raisonnable, c'était donc ça et rien que ça?...

Comment! Ce Freud osait flanquer au monde de pareilles gifles? N'osait-il pas prétendre que le fond de l'homme était un océan immense, inconnu, bourré de cavernes inconscientes? Et que la partie raisonnable et consciente, face à cet océan intérieur, était très peu de chose?

Les hommes se tâtèrent en ricanant, à la recherche de cet Inconscient dont ils ignoraient même l'existence...

Non, les sarcasmes ne manquèrent pas. Et, en plus, ce Freud voulait donner aux rêves une explication rigoureuse! Et disant que le rêve n'était pas un chaos absurde, mais une réalité logique!...

Ne prétendait-il pas que les luttes intérieures de l'enfant, ses chocs émotifs, continuaient à exister sourdement en l'individu adulte, comme les satellites dont j'ai parlé? Et que leurs effets pouvaient sortir à la moindre occasion? L'homme, qui croyait donc se mater, se dominer, se guider, devenait une proie de son inconscient; et cet inconscient déterminait la plupart de ses actions...!

En plus, (c'était le comble!) ce Freud voyait la Sexualité partout... Il ouvrait les portes d'un Domaine Interdit, censuré, caché, dont on ne parlait qu'à voix basse derrière d'épais rideaux. Et voilà que de cette « chose » morale, il voulait faire une réalité scientifique!

Il était donc fatal que l'on hurle. Car les hommes devaient abandonner les pensées familières. Ils devaient s'aventurer dans une mer grasse et houleuse... Et les hommes furent, dans leurs vanités, aussi offensés que lorsqu'ils apprirent que la Terre n'était pas le centre du monde...

Les sarcasmes furent donc leur défense.

Mais Freud continuait, géant indifférent. Et depuis, la Psychanalyse a envahi la psychologie, l'éducation, la littérature, le théâtre, les hôpitaux, les écoles, l'art... Les travaux psychanalytiques continuent sans répit, dans toutes les directions, orthodoxes ou non.

Un des rêves de l'homme n'est-il pas de sonder le Mental, jusque dans ses plus infimes galeries?...

La Terminologie Psychanalytique

La Psychanalyse de Freud est, avant tout, une méthode particulière d'analyse et de traitements psychologiques, prenant place dans la psychothérapie.

Voici les termes (barbares mais logiques!) que nous rencontrerons en psychanalyse.

— L'inconscient.
— le « ça » et le subconscient.
— les pulsions.
— le Moi.
— la censure.
— le Sur-Moi.
— les refoulements.
— les complexes.
— les rêves.
— l'abréaction.

Voici, pour commencer, un schéma reproduisant la conception psychanalytique.

Tout d'abord, nous voyons un personnage ramant à la surface d'un lac. Comparons-le à l'individu conscient, c'est-à-dire opérant la synthèse de ses perceptions diverses.

Supposons maintenant que ce rameur n'ait jamais plongé, ou n'ait jamais eu l'occasion de savoir que ce lac possède une profondeur, un fond. Il croira donc que rien n'existe hormis la surface, de même qu'un homme ignorerait qu'il existe autre chose que sa vie consciente.

Quand supposera-t-il que ce fond de lac existe? Lorsqu'il verra une bulle crever à la surface. Ou mieux encore, lorsqu'une énorme bulle d'air éclatant sous sa barque, la fera basculer... *En ce moment seulement, le rameur se rendra compte qu'il existe une partie invisible, produisant certains effets ; et que seul un plongeon permet de l'explorer.* Cette partie invisible est :

L'inconscient

Un individu inconscient (inconscient est ici adjectif) est celui qui ne connaît pas ses faits psychologiques et physiologiques. Cet état est temporaire chez l'homme normal, car

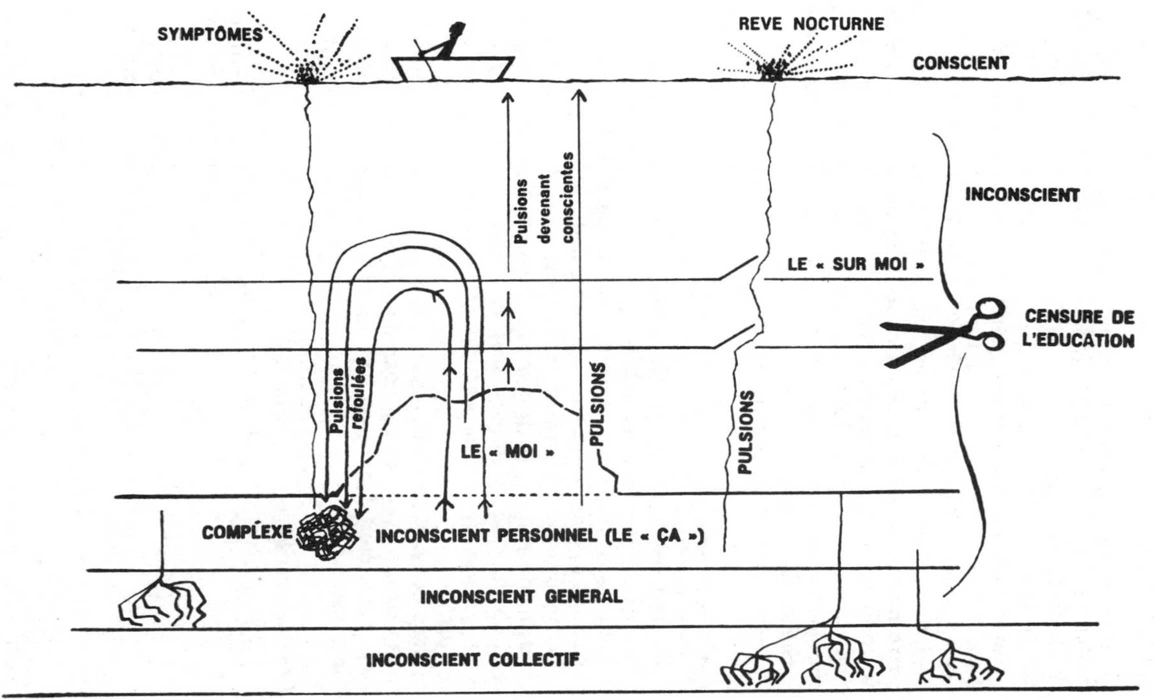

SYMPTÔMES
REVE NOCTURNE
CONSCIENT
INCONSCIENT
CENSURE DE L'EDUCATION
LE « SUR MOI »
PULSIONS
PULSIONS
Pulsions devenant conscientes
LE « MOI »
Pulsions refoulées
COMPLEXE
INCONSCIENT PERSONNEL (LE « ÇA »)
INCONSCIENT GENERAL
INCONSCIENT COLLECTIF

la plupart des faits inconscients peuvent devenir conscients au fur et à mesure des besoins.

Exemples :

— Je suis inconscient des battements de mon cœur; mais il suffit de canaliser mon attention sur eux pour qu'ils soient perçus consciemment.

— Je suis en train d'écrire, et conscient d'écrire. Je ne pense donc pas à mon ami Jacques. Cependant, le souvenir de mon ami se trouve dans ma mémoire. Brusquement je lève les yeux sur l'horloge, qui me rappelle le rendez-vous que Jacques m'a fixé. En ce moment, Jacques monte dans le champ de ma conscience.

Tout ceci est évidemment clair et très simple.

Les souvenirs.

Ils font partie de la zone inconsciente de l'individu. Ils s'y trouvent en masses incalculables; certains d'entre eux étant « chargés » d'émotions agréables ou désagréables. Nous en verrons la grande importance en psychanalyse.

Beaucoup de souvenirs demeurent enfouis (« oubliés ») pendant longtemps; parfois même durant toute la vie. Malgré cela, *ils se trouvent inscrits dans la mémoire : on conçoit donc immédiatement qu'ils puissent produire certains effets, à l'insu du sujet !*

Dans certains cas (hypnotisme, rêve nocturne, choc émotif, traumatismes crâniens, narco-analyse, narcose chirurgicale, etc., etc.) des souvenirs oubliés remontent brusquement à la conscience.

Les habitudes.

Elles font également partie de l'Inconscient. A vrai dire, l'habitude est un « tic » normal, et pouvant devenir conscient au moment où il se produit.

Les habitudes comprennent la plupart des actes moteurs, beaucoup d'opinions, des slogans intérieurs, des jugements appris. La Presse, la Radio, la Publicité s'en chargent bien souvent! Mais si *l'effet* d'une habitude est souvent conscient, il n'en est pas de même des *motifs cachés* produisant cette habitude.

Les habitudes offrent un intérêt primordial en psychologie : certains « tics » révèlent un état affectif troublé.

Je passe en revue les tics courants :

Froncement des sourcils — écarquillement des yeux — reniflement — nez froncé — lèchement des lèvres — mâchonnements — crachotements — toux — râclement de la gorge — haussement d'épaules — tête poussée hors du col, etc.; tous ces tics s'accomplissent immédiatement, en un éclair. Ce sont des tics simples.

Existent des tics aux ramifications plus compliquées :

On rectifie sa cravate — on suce son pouce — on se ronge les ongles — on se manipule le nez, etc.

Un tic est souvent le symptôme d'un état affectif momentané. Beaucoup de gens ont des tics « habituels ». L'apparition et l'intensité d'un tic dépendent d'un état émotionnel; un tic se montre dans la « nervosité » d'un moment difficile, et disparaît avec l'aisance et la détente.

De nombreux tics verbaux existent également (expressions toutes faites, calembours répétés dix fois par jour, etc.). Ils disparaissent également avec la détente.

Nous avons aussi le véritable tic pathologique. Il traduit une situation affective ou physiologique. Son étude révèle souvent un conflit affectif inconscient. Certains facteurs nerveux sont fréquemment en cause également.

Reportons-nous au dessin de la page 157.

Nous voyons en dessous l'inconscient physiologique et psychologique.

Cet inconscient prend sa source dans de très multiples éléments. Il est semblable à un fond de lac, formé de vase, de boue, d'or, de perles, de terre, et qui prolongerait ses racines vers un fond plus vaste encore : la Terre tout entière, dont il fait partie.

Il en est ainsi de notre Inconscient : il est formé aussi bien de faits psychologiques que de la sécrétion de nos glandes endocrines et du fonctionnement de nos organes. Il est formé aussi bien de l'hérédité que de la composition du sang. Il prend sa source partout; la nation dont on fait partie le forme ataviquement à la naissance; les climats religieux, social, géographique, le forment également. La santé générale de de l'individu décide de sa forme et de son étendue... Cet inconscient-là groupe aussi les tendances communes aux membres d'un même groupe social... L'inconscient d'un Chinois, est différent, à la naissance, de l'inconscient d'un Français.

Donc, on voit que cet immense Inconscient n'est pas facilement explorable; il faudrait pouvoir analyser la moindre fibre nerveuse de l'homme, et connaître les traces profondes qu'on laissées en lui les dizaines de milliards d'expériences humaines qui l'ont précédé... [1].

Pour Freud donc, cet Inconscient-là ne monte pas toujours à la surface de la conscience. Il fallait donc un inconscient « intermédiaire » et susceptible de devenir conscient à l'occasion... Ce fut :

Le « ça »

Ce terme, qui semble un peu barbare, est cependant d'une logique rigoureuse. Nous avons tous fait cette réflexion : *cela* est plus fort que moi, je ne puis m'en empêcher. *Ça* est plus fort que moi se traduit donc : « il y a en moi quelque chose qui me pousse à accomplir telle action alors que je n'en ai pas le désir conscient ». Je reprends l'exemple banal d'une personne qui se relève dix fois pour vérifier la fermeture du gaz. Elle n'a donc pas le *désir conscient* de le faire; mais une *poussée inconsciente* l'y oblige. C'est alors qu'elle dira : « ça » est plus fort que moi.

Le « ça » est appelé également : le Subconscient. Il désigne l'ensemble des tendances orientant certaines de nos activités.

L'Inconscient et le « ça » sont en rapport étroit. C'est normal. puisque tous les deux forment le réservoir obscur des instincts, des habitudes, des souvenirs, etc.

Les racines du « ça » (subconscient) plongent dans l'Inconscient général. Leur action réciproque est gigantesque.

Le « ça » est donc l'ensemble des faits psychologiques qui échappent momentanément à notre conscience. Pour qu'ils remontent à la « surface », certains états particuliers sont nécessaires (par exemple dans le rêve nocturne, dans l'hypnose, la psychanalyse, etc.). Dans le « ça » se trouvent beaucoup

[1] Ce gigantesque Inconscient se situe « en bas »; c'est un inconscient inférieur, primitif, animal, plongeant ses racines dans des trilliards d'expériences humaines. Toute spiritualité en semble absente. Mais en étudiant JUNG, nous pourrons nous poser une question : N'est-il pas également un *Inconscient Supérieur*? Dans lequel l'homme serait plongé, comme un appareil de radio dans les ondes? Et agissant (comme l'inconscient inférieur) sur l'homme? Cet Inconscient Supérieur ne met-il pas l'homme en communication avec un univers spirituel, pouvant être capté consciemment sous certaines conditions? Notons que cette conception a toujours été à la base de la psychologie orientale, et complète admirablement la psychanalyse de Freud.

de souvenirs et de sentiments « oubliés ». Or, beaucoup de ces souvenirs et sentiments gardent leur charge *émotive*. Ils sont comme des « aimants » psychologiques stagnant au fond de nous-même; ils attirent à eux les circonstances qui s'y rapportent.

Comment la présence de « satellites » subconscients peut-elle être décelée? Quand des *symptômes* montent à la surface de la conscience.

Par exemple : une personne souffre d'angoisse. Cette angoisse n'est pas la maladie elle-même, mais un *symptôme* d'une maladie se trouvant dans le « ça » (= subconscient). Nous le verrons plus loin.

En Résumé.

a) le rameur de surface représente l'homme *conscient*.

b) le fond du lac, invisible, représente *le « ça » (subconscient)*.

c) de temps à autre, ce fond libère des *bulles (symptômes)* qui viennent crever à la *surface (conscience)* et qui préviennent de ce que « quelque chose » se passe au fond. Si ces bulles sont puissantes, elles risquent de déséquilibrer la barque. *C'est alors la névrose*, dont je parlerai.

L'Inconscient et le « ça » agissent par l'intermédiaire de certains centres nerveux, dont je parlerai également. Nous verrons que l'inconscient humain peut être d'une force incroyable, et d'une puissance terrifiante. On le constate quand il se libère, sans qu'un contrôle et un frein conscients lui soient opposés... On le voit déjà dans les complexes, les obsessions, les névroses, le dédoublement de la personnalité, etc.

Mais il existe des affections mentales où les forces inconscientes se déchaînent tout à fait librement. C'est le cas, par exemple, de la Manie-Dépressive, qui sera envisagé plus loin. La libération des instincts ne connaît plus, dans ce cas, ni morale, ni censure, ni tabous. Toutes les convenances, établies par les sociétés pendant des millénaires, sont balayées comme des feuilles mortes... Et ainsi, une question se pose :

LE SUBCONSCIENT EST-IL MORAL OU IMMORAL?

La question est capitale. *Le subconscient n'est ni moral, ni immoral*. Il groupe l'ensemble de nos tendances, de nos désirs, de nos instincts. Se demander : « l'enfant de deux mois est-il moral ou non? » n'a pas plus de sens, puisque cet enfant vit uniquement sur ses instincts profonds.

Le subsconscient est donc en dehors de la morale. Il l'ignore, tout simplement. Il ignore même son existence. Il ne connaît pas les conventions sociales, familiales, morales, éthiques, sexuelles. Le subconscient tend (comme chez l'animal et chez le petit enfant) à satisfaire, le plus rapidement possible, ses besoins organiques et psychologiques, purement égoïstes. Ces besoins sont appelés : *pulsions*.

Donc : a) le subconscient (le ça) est le réservoir général des instincts.

b) les *pulsions* sont des tendances venant du subconscient, mais demandant la réalisation de tel besoin particulier.

Exemple : un homme a une attirance sexuelle envers une femme.

a) le « ça » sera l'instinct sexuel général.

b) la « pulsion » sera la canalisation de cet instinct vers cette femme-là.

Le « moi »

Nous avons conscience de ce que notre « Moi » n'est pas le « Moi » des autres. Le « Moi » est donc la personnalité propre d'un sujet.

Et si l'on dit : « Moi », je fais ceci, cela implique que nous avons conscience de le faire, personnellement et volontairement.

Pourquoi le tableau place-t-il le « Moi » dans la couche subconsciente?

1° — En premier lieu, l'enfant vit sur son subconscient instinctif (son « ça »). Il n'a pas encore conscience d'être « lui ». Il ne dit pas « je »; il ne dit pas « moi ». Il parle de lui à la troisième personne.

2° — Que se passe-t-il ensuite? Les circonstances extérieures commencent à « bombarder » le subconscient de l'enfant.

3° — A la suite de ce « bombardement » de circonstances, l'enfant commence à sentir son « Moi ». Il commence à se rendre compte de sa personnalité propre. Il se rend compte que les choses arrivent à « Lui », et pas à un autre. A ce moment, il commence à dire « Je ». Le jeune André ne dira plus : — André fait ceci; c'est pour André, etc. — mais : Je fais ceci; c'est pour moi.

Le « Moi » a fait son apparition. *Il est donc une partie du « ça », transformé par les circonstances extérieures.* Si on considère le « ça » comme une pâte qui fermente, le « Moi » est une protubérance qui gonfle à la surface de cette pâte. Notre « Moi » reste donc en rapport très étroit avec nos instincts profonds.

Une très grande partie de notre « Moi » reste donc subconsciente, et exige des circonstances particulières pour remonter à la surface de la conscience.

La censure

Chacun sait que beaucoup de nos pulsions instinctives sont grossières, choquantes, primitives. Il suffit de songer aux instincts d'agressivité, aux sentiments de haine envers tout ce qui s'oppose aux désirs, à certaines pulsions sexuelles violentes et animales, aux pulsions de brutalité, de vengeance, de possession, etc. (qui se trouvent donc dans le « ça »).

Socialement, il est donc indispensable de stopper toute cette vie de jungle grouillant dans le subconscient. Je répète que, cependant, *cette jungle n'a rien qui soit moral ou immoral.* Le loup qui dévore l'agneau n'est ni immoral, ni cruel. « Cruel » est la traduction sensible et morale que nous donnons à son acte. Or, le loup fait son métier de loup; un point c'est tout. Il est en dehors de toutes les considérations philosophiques ou morales puisqu'il les ignore! C'est bien évident.

Le « ça » agit de même; il accomplit son action, sans se préoccuper du restant! Or, l'homme est destiné à la vie sociale. La plupart des pulsions venant du subconscient doivent donc être arrêtées, ou *canalisées vers des actions bonnes, et supportables dans une vie en commun.* Sur le subconscient de l'être humain vont donc s'abattre des torrents d'*interdictions*, des montagnes de *censures*. Tout cela est indispensable, mais nous verrons cependant la nécessité d'un « juste milieu ».

Qui va se charger de cette Censure?... *L'Education.*

Voici donc l'éducation à l'affût, perchée au-dessus des Pulsions, les examinant une à une. Tantôt le ciseau de la censure éducative coupera telle pulsion, tantôt elle laissera passer telle autre, ou lui imposera un déguisement acceptable.

La *censure* vient donc de l'éducation. Elle empêche une pulsion de se réaliser ou la transforme dans un but social et moral.

Par exemple : un enfant prend plaisir à considérer certaines parties de son corps. J'insiste : en faisant cela, il est en dehors d'une morale à laquelle il ne songe même pas. *Il obéit aux ordres de son « ça » instinctif.* Mais les adultes sont là, qui veillent. Que vont-ils faire?

a) ou bien ils interdiront purement et simplement l'action de l'enfant, sous menaces de châtiments. L'enfant, évidemment, n'y comprendra rien, mais obéira par un réflexe conditionné à la menace (exactement comme un animal qui craint le bâton).

b) ou bien les adultes présenteront à l'enfant des *valeurs morales*. Ils feront intervenir la modestie, la honte, la pudeur, qui feront du « ça » et du « Moi » instinctifs de l'enfant, un Moi social. (C'est-à-dire dressé.)

Autre exemple : les enfants prennent plaisir à s'intéresser à leur fonctions intestinales. L'éducation intervient en développant le dégoût, la pudeur, la honte devant la société, etc.

Ici se passe une chose capitale en psychanalyse.

Le « ça » subconscient et instinctif devient un « Moi » social, poli, tourné vers les autres, tenant compte des autres, de leurs désirs, de leurs besoins. Le « Moi » commence à envisager les réactions des autres, au lieu d'être centré sur son propre plaisir égoïste. C'est ce qu'on appelle :

Le « sur-moi »

Le terme se définit lui-même; ce qui est au-dessus du « Moi » brut.

Mais pour Freud, le Sur-Moi n'est pas, au point de vue moral, supérieur au « Moi ». On comprend très bien pourquoi. Le Sur-Moi s'est formé par une transformation sociale et morale *imposée* par les autres. Le Sur-Moi est un Moi « inhibé » par l'éducation. C'est un Moi ayant subi un dressage. Il n'a rien de spontané, mais il permet une vie en commun.

Car, (pour Freud toujours) le Sur-Moi est dû à la pression sociale qui oblige le Moi à se conformer aux convenances.

Voyons bien ceci : le « Moi » et le « Ça » égoïstes sont donc censurés par l'éducation. Chaque partie du Sur-Moi devient une partie du Moi pétrie par les éducateurs (qui ont ordonné au Moi : « Tu peux faire ceci; tu ne peux pas faire cela; ceci est bien; cela est mal; ceci est moral; cela ne l'est pas, etc. »).

En pétrissant chaque morceau du Moi, l'éducation y a donc intégré des interdictions, ou des permissions. (Mais bien plus souvent des interdictions!)

Donc : dès que le Sur-Moi agit, il met en branle, automatiquement, toutes les interdictions qui sont collées à lui...

Que cela signifie-t-il? Le Moi et le « Ça » ont été censurés par l'éducation. *Mais le Sur-Moi possède sa propre censure...*

comme une pâte posséderait des raisins introduits par le pâtissier. Donc, si la pâte (Sur-Moi) monte, les raisins (censure) bougent en même temps...

Le Sur-Moi devient la Douane, la Gendarmerie *autonome et subconsciente* de l'individu. On voit donc immédiatement que cette gendarmerie du Sur-Moi puisse être souvent en opposition féroce avec les pulsions du « Ça »!

Ce mécanisme est d'ailleurs la base de nombreuses névroses [1].

Supposons maintenant que le Moi (plongeant dans les instincts) lance une pulsion socialement ou moralement mauvaise, que va-t-il se passer?

Cette pulsion va se heurter au Sur-Moi et à la « gendarmerie » qui en fait partie. Nous sommes à la frontière, et la question traditionnelle va se poser.

— Le Sur-Moi : « N'avez-vous rien à déclarer »?

— Le Moi : « J'ai à déclarer une pulsion ».

— Sur-Moi : « Cette pulsion est-elle acceptable moralement? »

— Moi : « Je l'ignore; je suis en dehors de la Morale. Je viens du « ça », cet immense territoire où agissent les instincts ».

— Sur-Moi : « Je dois donc examiner vos pulsions; je laisserai passer les acceptables; je *refoulerai* les autres vers le territoire d'où elles viennent, c'est-à-dire le subconscient. »

Ainsi se passent les choses, à l'intérieur d'un même individu; c'est :

Le refoulement

C'est un mécanisme *subconscient*, par lequel les pulsions interdites par le Sur-Moi, sont rejetées dans le réservoir du « ça ».

Il existe une grande différence entre la Répression et le Refoulement.

1) La répression.

Elle est un phénomène *conscient*. Le sujet renonce volontairement et consciemment à un désir condamné par ses convictions. (Le désir est une pulsion devenue consciente.)

Exemple : Un désir sexuel d'un frère envers sa sœur : le « ça », réservoir général, envoie une pulsion sexuelle dirigée

[1] Les névroses feront l'objet du chapitre V.

vers la sœur. Cette pulsion arrive à la conscience du frère sous forme de désir. A ce moment, le frère repousse *volontairement* ce désir, parce que s'opposant à ses convictions morales, religieuses, éthiques, etc. Il a donc réprimé son désir.

2) Le refoulement.

C'est un phénomène *subconscient*. Le mécanisme opère sur la pulsion elle-même. La pulsion est refoulée *avant* d'arriver à la conscience. (Nous verrons pourquoi.) Cela signifie donc que nous ne savons *jamais*, au moment même, si nous refoulons quelque chose. Mais, direz-vous, quand sait-on qu'on a refoulé une pulsion? Quand un *symptôme*, apparaissant à la surface de la conscience, permet de déceler la présence du refoulement. C'est donc, encore ici, la bulle qui crève à la surface du lac. Il va de soi que ces symptômes peuvent être infiniment variés : ils vont de certains rêves nocturnes à de terribles idées fixes, en passant par diverses maladies physiques ou psychologiques.

Exemple : Un désir sexuel d'un frère envers sa sœur : le « ça », réservoir général, envoie une pulsion sexuelle dirigée vers la sœur. Dans le subconscient, cette pulsion instinctive se heurte à la gendarmerie du Sur-Moi, qui la stoppe et la refoule vers son réservoir d'origine. Dans ce cas, le frère *ignore* que ce refoulement s'est opéré en lui. Mais peut-être un symptôme apparaîtra-t-il durant la nuit, sous forme de rêve.

Dans le cas d'un refoulement, y a-t-il toujours des symptômes?... Tout dépend de la puissance et de la durée du refoulement. Certains petits refoulements passagers resteront sans suite, ou se traduiront par un simple rêve nocturne. D'autres refoulements plus prolongés pourront très bien ne donner aucun symptôme très net. Mais de toute façon, on peut immédiatement les détecter, ne serait-ce que dans l'attitude et le comportement de la personne qui a « refoulé ».

Et n'oublions pas qu'un refoulement vient de la lutte entre deux forces subconscientes : le « ça » et le « Sur-Moi »... Lutte parfois féroce, aboutissant aux pires conflits intérieurs. Conflits d'autant plus pénibles que la personne se sent écartelée entre de multiples tendances, sans savoir ce qui se passe en elle.

La première question qui pourrait se poser est celle-ci : pourquoi dans le cas de Répression, cette pulsion a-t-elle pu passer la douane du Sur-Moi, et non pas dans le cas de Refoulement?

L'éducation et le refoulement.

Si les éducateurs [1] accomplissent convenablement leur office, ce Sur-Moi sera un filtre épurateur et non une dalle d'acier étouffant tout. Nous connaissons ceux dont on dit populairement : « c'est un refoulé ». Ce sont des personnes qui, justement, ont une dalle d'acier entre leurs pulsions et leur conscience. Rien ne passe. Tout est arrêté. Elles sont alors semblables à une automobile dont le filtre à huile serait bouché... Elles refoulent aussi bien les pulsions banales que les grandes pulsions. Le Refoulement est devenu un unique mécanisme-réflexe. La constipation mentale les atteint. Elles vivotent sur un infime fragment de conscience : toute spontanéité disparaît... Elles croient vivre, mais elles dorment éveillées. Et elles imposeront à leur tour leurs refoulements à leurs enfants. Elles en prendront le « ça », et malaxeront chacune de ses parties, en les bourrant inconsciemment de leurs propres refoulements. Ce sera la continuation des « Sur-Moi » opaques, bloquant toute pulsion spontanée.

Chez l'homme bien formé, toute pulsion, quelle qu'elle soit, passera sans dommage. *Elle sera constatée consciemment, acceptée ou refusée volontairement.* Chez cet homme, tout se passe au grand jour de son conscient. C'est le « connais-toi toi-même »!

C'est l'homme à la conscience harmonieuse, large, équilibrée. Qui accepte le bien et le mal, mais sans angoisse maladive. C'est l'être du Juste Milieu, sachant que toute chose possède un sens; et observant son subconscient avec détachement, sans jamais être écrasé par lui, tout en connaissant sa puissance...

Revenons au refoulement.

Supposons qu'une pulsion, venant du « ça » arrive à la douane subconsciente du Sur-Moi.

1) Cette pulsion peut être admise sans difficulté. Il faut pour cela qu'elle présente un aspect bon-ton, correspondant au code du Sur-Moi. Dans ce cas, la pulsion monte jusqu'à la conscience, telle quelle.

Par exemple : le « Sur-Moi » laissera passer des pulsions d'affection, d'amitié, de création artistique, de joie devant la nature, etc., etc.

[1] Evidemment, il arrive parfois que l'enfant soit déséquilibré au départ, imposant à l'éducateur, même le plus sain, des obstacles que, seules, peuvent surmonter des techniques spéciales.

2) Elle peut être admise, à condition de s'habiller autrement. Elle montera vers la conscience, mais sous un déguisement, comme un « clochard » habillé en mondain. La vie courante présente des millions de cas de ce genre.

Par exemple : une jeune femme passe devant un groupe d'hommes. Ils réagissent en « sifflant d'admiration ». Que se passe-t-il réellement?

a) la base de ce sifflement admiratif est évidemment sexuelle : mâle devant femelle.

b) le subconscient de ces hommes envoie une pulsion sexuelle dirigée vers la femme, ce qui est naturel et instinctif.

Supposons maintenant que ces hommes soient des êtres *absolument primitifs*, n'ayant jamais entendu parler de morale, de religion, de vie sociale, de respect des autres, etc. Supposons qu'ils soient mentalement semblables aux singes des forêts. Quelle serait donc leur réaction ordonnée par leur « ça »? Ils attaqueraient sexuellement la femme, ou lanceraient des plaisanteries terriblement obscènes *(comme cela se voit dans certains cas de psychose grave, dans lequel l'instinct est libéré sans aucun frein)*.

c) or, cette pulsion sexuelle pure est arrêtée par la douane du Sur-Moi.

d) si ces hommes sont moralement sains, il n'y aura aucun refoulement. Mais cette pulsion sexuelle va se filtrer et se *déguiser*, avant d'arriver à la conscience. La pulsion brutale devient un sifflement admiratif.

e) ces hommes sont donc *conscients* de siffler et d'avoir une pulsion sexuelle. Mais ils demeureront *inconscients* du « filtrage » qui s'est produit en eux.

Les plaisanteries.

La plupart des plaisanteries viennent de la même cause. On sait que la sexualité est le domaine interdit par excellence! C'est donc le domaine sur lequel s'abattent le plus grand nombre d'interdictions... donc de déguisements et de refoulements. Or, si nous considérons cent plaisanteries, nous constatons que quatre-vingt-dix d'entre elles sont à base sexuelle! Que ces plaisanteries soient spirituelles ou grossières ne change rien à la question. Elles sont donc une déformation de la pulsion sexuelle primitive, filtrée par la censure du Sur-Moi, à l'insu de l'homme.

Ici également, une *éducation* mal faite fera de la sexualité un terrain de névroses, parce qu'elle fera du « ça » sexuel un terrain absolument honteux. Le Sur-Moi devient alors une véritable plaque de béton, refoulant les pulsions sexuelles même parfaitement admissibles... C'est alors la lutte intérieure incessante, sourde, visqueuse, entre le « ça » et le Sur-Moi, jusqu'au complexe et jusqu'à la névrose.

Or, n'est-il pas préférable de *constater consciemment* une pulsion sexuelle (même interdite moralement, comme un désir d'inceste) et de la rejeter volontairement... plutôt que de la refouler inconsciemment avec toutes les luttes et tous les ravages que ces refoulements peuvent amener?

Le complexe

Voilà un mot qui court les rues! Les gens bavardent de leurs complexes comme de leurs achats du jour. Le petit frère décrète que sa sœur a un complexe d'infériorité. Cette dame prétend que sa coiffure « lui donne des complexes », etc. Le mot est devenu si courant que chacun est bien certain d'en connaître la signification... Et cependant, que de bêtises!...

En étudiant Janet, nous avons déjà vu que des fragments non intégrés pouvaient stagner dans l'inconscient. Ils y vivent leur vie propre; ce sont des parasites.

Un complexe est un ensemble de fragments *fortement chargés d'émotions;* ils se trouvent tapis dans une partie de la zone inconsciente; ils dirigent, à l'insu de l'individu, certaines de ses actions (actions complexuelles).

Le complexe est une sorte de petit réservoir séparé (petit mais puissant!), dans lequel s'engouffrent les sentiments et les émotions qui lui correspondent. Il demeure inconscient, mais impose de nombreuses réactions.

Or, le psychologue constate toujours *que le patient confond les symptômes et le complexe lui-même.* C'est comme s'il croyait que les bulles éclatant en surface sont le fond du lac.

Une personne qui déclare : « j'ai un complexe d'infériorité » dit une absurdité. Elle devrait dire : « j'ai des sentiments d'infériorité, qui sont les *symptômes* d'un complexe stagnant dans mon subconscient (et qui n'est peut-être nullement d'infériorité) ».

Une personne déclare : « j'ai un complexe d'angoisse ». Elle devrait dire : « j'ai des sentiments d'angoisse qui sont les symptômes d'un complexe subconscient ».

Comment se forme le complexe?

Qui dit « complexe » dit « ensemble ». Supposons que de nombreuses pulsions inconscientes se rapportent au même sujet. Supposons que ces pulsions soient refoulées l'une après l'autre, pendant des années. Je reprends le même exemple, et j'imagine que le frère refoule, pendant longtemps, ses pulsions sexuelles envers sa sœur. Que va-t-il se passer? Le nombre de « fragments » refoulés va grandir jusqu'à former une sorte de bloc; le complexe est né. Ce complexe est donc un système de pensée; *il est toujours chargé d'émotions douloureuses!* C'est la lutte intérieure et angoissante entre le Sur-Moi et le « ça ». *D'autant plus douloureuse que le sujet n'est pas conscient des éléments de cette lutte;* il voit uniquement les bulles crevant à la surface, c'est-à-dire les symptômes.

Nous verrons bientôt (les Grands Complexes) que certains complexes prennent vie automatiquement dans l'enfance; ils correspondent à certains moments d'adaptation difficile. Ils peuvent se diluer rapidement, évidemment. S'ils ne se diluent pas et se plantent dans le subconscient, la racine du complexe apparaît. Cette racine commence à vivre, et à commander d'autres émotions, qui créent une seconde racine. Et ainsi de suite...

Dans ce cas, si l'individu doit faire appel à toutes ses ressources, que se passe-t-il? (Par exemple s'il se trouve dans certaines situations critiques auxquelles il doit s'adapter?) Toute sa personnalité se met en branle, *complexe compris.* Tout le fond du lac bouge et s'agite... Et les symptômes montent à la surface : sentiments d'infériorité, obsessions, idées fixes, bouffées anxieuses, et surtout angoisse sous toutes ses formes et intensités...

C'est ainsi que Freud trouva la Psychanalyse.

Nous savons qu'il a travaillé avec Charcot et Bernheim. Assistant aux grandes expériences hypnotiques, il constata ceci : l'opérateur suggérait une idée. Cette idée descendait dans le subconscient du sujet, y formant un noyau séparé (nous pouvons le comparer au « ça » dans lequel se forme un complexe). Le patient étant réveillé, *ce n'est pas l'idée qui apparaissait, mais le symptôme.*

Par exemple : L'opérateur suggérait sous hypnose : « Quand il sera dix heures, vous sortirez et vous prendrez votre parapluie ». Il réveillait ensuite le patient. Et à dix heures, celui-ci se levait et prenait son parapluie. L'opérateur lui en demandait la raison. Le patient, semble-t-il, aurait dû répondre : « Je me lève et prends mon parapluie parce que vous me l'avez ordonné »... *Or*, il répondait tout autre chose, par exemple : « Je me lève parce que j'ai envie de sortir; mon parapluie? Mais il pourrait pleuvoir! ».

Autre exemple : l'opérateur suggère que le patient s'est fortement brûlé le bras. Il le réveille, et des ampoules apparaissent sur ce même bras. Interrogé, le patient envisagera tout autre chose que la cause. Il ne parlera ni de la suggestion, ni d'une brûlure, mais d'une maladie de peau, par exemple.

Il parle donc du symptôme, en ignorant totalement la cause de ce symptôme.

Voyant cela, Freud bondit! Il tenait la clé... Il comprenait qu'il ne faut pas tenir compte des explications données par le patient. Pourquoi? Parce que ces explications visent les symptômes visibles (les bulles). Alors que le complexe demeure blotti, invisible, dans le subconscient.

La Psychanalyse fait donc le chemin inverse des expériences hypnotiques :

a) l'hypnotisme suggère une idée : puis le symptôme apparaît.

b) la psychanalyse extirpe l'idée subconsciente : le symptôme disparaît.

Le tout, évidemment, est de pouvoir extirper cette idée... ce qui fera partie de la technique psychanalytique proprement dite.

Comment se manifestent les fantômes subconscients?

Par des symptômes, nous l'avons vu. Mais encore? Nous savons que la douane du Sur-Moi empêche le passage de certaines pulsions. Quand ces pulsions passeront-elles? Quand les douaniers ne garderont plus la barrière; donc, quand le Sur-Moi relâchera la surveillance. Cela arrive dans le *sommeil*, qui apparaît comme un changement de fonctionnement des centres nerveux.

Voici donc la nuit. L'être humain dort. Sa conscience disparaît. Son Sur-Moi s'estompe. La censure se relâche. L'homme est en sommeil, et retourne vers ses sources instinctives. Les pulsions du subconscient se présentent à la douane du Sur-Moi. Mais les douaniers sont partis, et les gendarmes jouent aux cartes! Les pulsions se glissent, sans faire de bruit... Dans le cerveau humain, commence un défilé d'images auquel l'homme endormi assiste. C'est :

Le rêve

Le rêve est une série de symptômes du subconscient. Freud appelait le rêve : « la voie royale qui mène à l'Inconscient ». Notons que l'interprétation psychanalytique des rêves n'a rien à voir avec « Les clés des songes », ou autres fariboles. Dans les temps passés, les rêves étaient considérés comme avertissements ou conseils des dieux. Il en est encore de même, parfois, aujourd'hui. Il est possible que la prémonition existe; il est possible que l'avenir, déjà décidé aujourd'hui, se présente à certaines personnes sous des conditions diverses. Mais ces conceptions appartiennent à un autre domaine; je dois donc les abandonner ici, malgré l'intérêt qu'elles peuvent présenter.

Le rêve se présente souvent sous forme de *symbole.*

Le rêve d'Eva.

Voici un rêve archi-simple, fait par une personne (Eva) haïssant sa sœur. Si l'on pousse plus loin, il est logique que la haine d'Eva aille jusqu'au désir *(conscient ou inconscient)* de voir sa sœur éliminée, donc morte. Or, d'après l'analyse d'Eva, si la haine est consciente, le « désir de mort » a été refoulé dans son subconscient, parce que inacceptable par sa morale.

Eva se trouve dans une pièce. Sur la table est placé un cercueil ouvert. Sa sœur entre dans la pièce; se dirige vers le cercueil. Elle regarde longuement Eva, crache par terre, et entre dans le cercueil, ou elle se fige comme un cadavre. Eva commence à rire... et se réveille épouvantée.

Ce rêve est très simple. Le cercueil est un symbole tout à fait élémentaire de Mort. La sœur entre. Elle regarde Eva, et crache (symbole de mépris). Elle entre dans le cercueil (mort). Eva rit de contentement, et se réveille. Pourquoi est-elle épouvantée? Parce qu'elle se rend compte *consciemment* de son désir de mort *subconscient*, refoulé jusqu'à présent, mais profitant du sommeil pour se manifester.

Le rêve de Pierre.

Supposons maintenant qu'un jeune homme ait dû interrompre ses études à cause de la naissance de sa sœur. Les charges financières devenant trop fortes, le jeune homme doit donc abandonner ces études qui lui tiennent à cœur. Consciemment, le frère adore sa sœur. Mais, il est normal que, en même temps, il regrette profondément avoir dû briser son avenir. Les années passent... Et voici son rêve :

Un cercueil (encore). Dans ce cercueil, le père du jeune homme; mais ce père semble plus jeune. Pierre s'approche et entend son père mort lui dire : « J'ai vingt-huit ans et je suis mort ».

Ce rêve devient simple quand on apprend que le père avait 29 ans lorsque la sœur est née. Il signifie donc : « Si mon père était mort à 28 ans, ma sœur ne serait pas née; et j'aurais pu poursuivre mes études... ».

Il y a donc ici un raisonnement *parfaitement logique*; bien qu'accompli dans le rêve. Mais il va de soi que cette pensée n'aurait jamais vu le jour à l'état de veille... Pourquoi? Parce que le Sur-Moi de Pierre l'aurait immédiatement refoulée avec horreur. Je reprendrai ce rêve un peu plus loin.

Le rêve de Jean.

La mère de Jean est autoritaire. Jean est très timide, et a honte de son corps. Il a, évidemment, peur des femmes. Son rêve est très simple également :

Il se trouve dans une clairière. Il se sent drapé de pied en cap, et tire sur ses vêtements jusqu'à ce qu'ils cachent complètement son corps. A quelques pas de lui se trouve un grand arbre droit; derrière cet arbre, pousse un grand lys blanc. Jean sanglote de plus en plus, au fur et à mesure qu'il se drape rageusement, en regardant le grand lys blanc. A ce moment, apparaît sa mère, la tête couverte d'un châle noir. Elle est aussi en pleurs. Immédiatement, Jean se retrouve nu. Il montre le poing à sa mère, qui prend un poignard, montre l'arbre à Jean, et se tue. Jean se dirige vers l'arbre et y pénètre. Il ressort de l'arbre, habillé en chevalier, une épée brillante au côté. Il s'approche du lys, et le tranche net au moyen de l'épée. A ce moment, le lys devient rouge et Jean éprouve une jouissance sexuelle qui le réveille.

Voyons les symboles :

■ *Arbre :* (revoir le 1° des libres associations, page 150). Force, virilité, sexualité. Personne au monde n'aurait l'idée de présenter l'arbre comme un symbole de faiblesse ou de lâcheté. De ce fait, l'arbre est un symbole universel.

■ *Lys blanc :* symbole de pureté, évidemment. Ici, symbolise une jeune fille.

■ *Châle noir :* symbole de regret, d'humiliation, de chagrin.

Jean devant le lys blanc *(jeune fille)* se sent honteux de son corps *(il se drape rageusement)*. Il sanglote *(honte et rage devant ce lys blanc qu'il n'ose pas approcher)*. Sa mère apparaît, avec un châle noir *(regrets que son autoritarisme ait mené son fils si loin)*. Elle est en pleurs *(idem)*; elle tire un poignard et se frappe *(soit idem; soit désir subconscient de Jean de voir mourir sa mère)*. Elle montre à Jean le chemin de l'arbre *(chemin de la virilité)*. Jean entre dans l'arbre, et en ressort habillé en chevalier *(force, aisance)* avec une épée *(aisance, force, élégance, armé pour la vie)*. Il s'approche du lys *(jeune fille)*.

Ici apparaît une agressivité : Jean se libère brusquement de sa honte et de son impuissance; il tranche brutalement le lys. *(Son épée symbolise le sexe qui déflore la jeune fille.)* Le lys devient rouge *(sang)*. L'action sexuelle est nette, puisque Jean éprouve une jouissance érotique qui le réveille.

Bref.

Une bonne analyse de rêve dépend de deux facteurs :

a) une profonde connaissance psychanalytique;

b) une très grande pratique.

Le psychanalyste est semblable à un détective mental. D'après les traces de pas, il doit trouver le coupable. Il ne s'agit donc pas de se ruer sur la première explication venue. Trouver un cheveu blond n'implique pas que la personne porte des talons plats! Une analyse sérieuse doit se faire à travers plusieurs rêves, évidemment. Et aussi, d'après un contexte très serré. Le patient collabore à cette analyse. Un rêve peut être repris point par point; le patient est alors invité à faire des libres associations à partir du matériel de son rêve.

J'ai parlé des symboles. Certains d'entre eux peuvent être considérés comme ayant la même signification profonde pour tous. Mais, malgré cela, ils peuvent varier, suivant les tempéraments et la mentalité du moment.

OÙ EN SOMMES-NOUS?

Nous voyons que l'interprétation des rêves peut être primordiale dans la technique de la psychanalyse. Je répète que, pour Freud, le désordre du rêve n'est qu'apparent. Il a fréquemment un sens précis, bien que les personnages soient travestis. Et de plus, il exprime parfois certains *désirs refoulés*.

Nous le comprendrons en relisant le rêve d'Eva (désir de mort de sa sœur) et le rêve de Pierre.

Poussons les choses à fond :

a) La naissance de la sœur empêche Pierre de poursuivre ses études.

b) Donc, s'il n'y avait pas eu de sœur, Pierre aurait pu continuer ces mêmes études.

c) « S'il n'y avait pas eu de sœur » implique : « si ma sœur n'était pas née ».

d) « Si ma sœur n'était pas née » implique : « si mon père était mort avant de l'engendrer ».

Or :

a) est rationnel et conscient.

b) est encore rationnel; et Pierre peut le constater sans heurter sa morale.

c) devient déjà subconscient, mais pourra apparaître dans un mouvement d'humeur, par exemple : « Si elle n'était pas née, celle-là, je serais ingénieur maintenant! » A quoi le conscient réagit en disant : « Eh bien, qu'est-ce qui me prend?... Je dis des bêtises... ».

d) vient du « ça »; cette pulsion s'est produite en un éclair et a été immédiatement refoulée.

Mais, de toute façon, la pulsion (d) s'est produite, et est retombée dans le « ça »... pour en ressortir, durant la mise en veilleuse de la douane, sous forme de drame vécu par le rêveur.

Le rêve de Pierre traduit donc *un « désir » subconscient, d'une implacable logique.*

La vertueuse indignation.

Bien sûr, devant la Psychanalyse, certains sentiments risquent de se révolter! On n'a d'ailleurs pas manqué de le faire, croyez-le! On imagine bien les insultes et les sarcasmes méprisants qu'a subis Freud pendant longtemps.

Quoi! Il y avait tant de boue en l'homme?...

Mais on oubliait une chose. Qui dit « boue » dit jugement *moral.*

Mais (une fois de plus) juge-t-on *moralement* le loup qui égorge l'agneau?

Ou bien : admire-t-on *moralement* l'agneau qui échappe au loup?

L'un et l'autre accomplissent leur rôle, et rien de plus. Dire que le tigre est méchant n'a pas de sens. Le tigre est le tigre, tout simplement.

De même, le « ça » est le « ça »; et toute appréciation morale sur son compte est absurde. Il faut le connaître, non le juger.

Alors, n'est-il pas beau que l'homme, cet animal « plus » quelque chose, ait pu se détacher peu à peu de cet égoïsme pur, et acquérir une conscience morale et une lucidité lui permettant peu à peu de se connaître et d'aimer?

Car, au contraire, la psychanalyse permet à l'être humain de se voir tel qu'il est, avec ses beautés et ses laideurs.

De se voir sans mépris. De constater simplement. Et ne vaut-il pas mieux se connaître sous toutes les coutures, quelles qu'elles soient, sachant ainsi quelles armes employer pour s'arracher de l'animalité?

La psychanalyse ne s'adresse pas aux malades, loin de là! Elle est une méthode de lucidité; elle ne choque que les esprits craignant de voir la nature animale de l'homme, et refusant (souvent par peur) de la fusionner avec sa nature spirituelle. Bien sûr... comme Galilée, la psychanalyse porte un coup direct à la vanité (qui vient elle-même de l'ignorance et de la peur)... Mais en l'étudiant, on se rend compte combien elle met en évidence éclatante de nombreux faits psychologiques. Jusqu'au jour où, dégagée de ses exagérations et de certaines outrecuidances, elle aboutira à ce qu'elle doit être : une science pure, rejoignant les grandes philosophies.

L'abréaction

Se produit quand un sujet se libère d'un refoulement, en l'extériorisant. *Par exemple :* confier un grand secret est une abréaction simple, et une « soupape » affective. La personne dit alors : « Ce secret m'étouffait; le confier m'a fait du bien... ».

Nous savons que les refoulements provoquent souvent de pénibles symptômes. Parfois, cependant, ces refoulements sont camouflés derrière un comportement qui semble normal.

De violents refoulements (peur) se sont produits pendant la guerre, amenant des manifestations hystériques chez les combattants, et des « conversions » physiques : paralysies, mutisme, cécité, *sans aucune base organique.* Dans ces cas également, l'abréaction s'imposait.

Comment provoque-t-on l'abréaction?

1) Elle peut éclater spontanément : une violente colère peut libérer des reproches refoulés, par exemple. Certaines impulsions sont également la libération d'un refoulement.

2) On peut la déclencher : après un électrochoc, le malade extériorise parfois ses conflits subconscients. Ce n'est plus le symptôme qui apparaît (et pour lequel on le soignait) mais le complexe lui-même.

3) La psychanalyse provoque l'abréaction, en ouvrant les portes du subconscient.

4) Certains agents chimiques sont également employés, donnant accès à la couche subconsciente (le « ça »). C'est la narco-analyse, ou « sérum de vérité » (dont je reparlerai).

L'instinct sexuel

La sexualité est l'une des bases de la psychanalyse. Sachons immédiatement ceci : *il ne faut pas confondre sexualité et génitalité.* L'instinct sexuel ne doit pas être confondu avec le désir d'accouplement. L'instinct sexuel général est comme tout autre instinct : il existe dès la naissance.

Cette conception hardie valut à Freud quelques bons sarcasmes supplémentaires. Qu'un enfant d'un an puisse avoir une sexualité semblait ridicule et choquant. Mais on ne songeait pas qu'il était tout aussi ridicule de croire que cet instinct apparaisse à la puberté! De plus, pourquoi l'être humain serait-il hors des grandes lois naturelles?

■ *On sait actuellement que l'instinct sexuel apparaît dans de nombreuses manifestations où son action n'est même pas soupçonnée.* Certaines attitudes d'un enfant envers son propre corps sont des manifestations *sexuelles* (je ne dis pas *génitales*). Certains comportements d'un garçon vis-à-vis de sa mère (ou d'une fille envers son père) traduisent le même instinct. Tout cela est cependant logique : il y a une sexualité générale dès que deux sexes opposés sont en présence. C'est une loi de la nature entière, et il n'y a vraiment pas de quoi s'en effarer; à condition de considérer la sexualité comme une chose saine, instinctive, et dégagée des tabous moraux qu'on fait pleuvoir sur elle...

Je reparlerai de la Sexualité plus tard. Cependant, je voudrais voir certaines pratiques de l'enfant, qui effraient beaucoup de parents : la masturbation solitaire.

SI UN ENFANT PRATIQUE LA MASTURBATION SOLITAIRE...

En aucun cas, les éducateurs ne devront l'effrayer ou lui faire honte. La masturbation enfantine aboutit fréquemment à des catastrophes adultes. Pourquoi? A cause de ces pratiques elles-mêmes? Non, jamais. Mais à cause du climat moral qui les accompagne.

On doit considérer cette masturbation *(ou onanisme)* comme un phénomène *normal*, neuf fois sur dix. Les parents se trouvent face à une responsabilité, qui est celle de la saine compréhension.

Or, comment réagissent beaucoup de parents? — « Tu ne grandiras pas... » — « Tu deviendras bossu... » — « Tu deviendras fou... » — « Si tu continues, tu perdras ton... » (ici, un petit mot gentil pour désigner son sexe.) — « Le diable te voit et tu iras en enfer... », etc. !

Ou bien, ce qui est beaucoup plus grave, on dévoile *publiquement* le soi-disant « vice » de l'enfant! C'est une manière de faire absolument indigne. Toutes ces réactions doivent être évitées à n'importe quel prix. *Il ne faut jamais réagir de telle façon.* Car si l'enfant continue la masturbation solitaire, on se rend compte des terreurs, des hontes, des angoisses et des émotions qui vont l'habiter! Des névroses terribles sont parfois basées là-dessus.

Il faut faire appel, non à la terreur, mais à la sincérité. Et veiller à ce que *l'esprit* de l'enfant ne soit pas troublé. Aucun danger n'est alors à craindre.

L'enfant découvert doit être rassuré. Il doit être convaincu que ses masturbations sont naturelles et n'engendrent aucun trouble. Sa collaboration est alors entière, et la masturbation disparaît en grande partie. Il suffit de voir l'immense soulagement d'un garçon qui apprend qu'il n'est pas un monstre avili; et qu'il n'est pas seul au monde à avoir ce « vice honteux »!

La masturbation enfantine peut provenir d'un climat familial nocif. L'enfant malheureux est en état d'insécurité. Il recherche alors sur lui-même un plaisir et un bonheur qu'il ne trouve pas ailleurs. Dans ce cas, la masturbation disparaît dès que le climat familial redevient normal (d'où sécurité retrouvée chez l'enfant).

De plus, la masturbation enfantine représente parfois une *révolte* contre son climat familial. Il se masturbe alors dans le même état d'esprit que s'il suçait, en cachette, des bonbons volés.

Ces pratiques solitaires seront donc envisagées sainement. Pour cela, les parents eux-mêmes doivent considérer le problème sexuel avec autant de santé que de sagesse. *Et si nécessaire, travailler à l'élimination de leurs propres refoulements et de leur propre honte devant la sexualité.*

Le complexe de castration

La castration physique est l'ablation des organes génitaux mâles. La castration peut se produire par accident, par crime, ou par opération chirurgicale. Ses répercussions sur l'état physique et mental sont parfois considérables.

Beaucoup de personnes, en « imaginant » une castration, ressentent déjà une forte émotion. Or, il existe, chez certains enfants, une *peur mentale* d'être castré, d'être mutilé. Elle se présente à la suite de certaines circonstances, fréquemment dues aux éducateurs. Les enfants ayant cette peur d'être mutilés par castration auront de fortes réactions émotionnelles, cela se comprend aisément. Leur angoisse sera consciente ou inconsciente. On voit d'ailleurs beaucoup d'enfants courir en protégeant de la main leurs organes sexuels. Pourquoi? Peur physique ou mentale?

Beaucoup de parents constatent la tendance qu'a le petit garçon de toucher ou d'exhiber ses organes sexuels. Cette tendance est normale et naturelle. Devant cela ils réagissent maladroitement, et dangereusement : « ...si tu y touches encore, tu le perdras!... » — « si tu y touches, on viendra te le prendre et tu deviendras une petite fille... » — « ...tu ne peux pas faire cela, c'est sale (!!); tu fais une très vilaine action; si tu continues, on te le volera... ». — Ou bien, ce qui est un comble : « ...si je te reprends à te toucher là, je te le coupe, tu entends?... ». Cela n'a l'air de rien? Attendez. Nous allons voir le cas du petit Jean, avec toutes ses conséquences possibles.

Le cas de Jean, garçon de neuf ans.

Jean est un garçon émotif, chez qui le mot « bûcheron » provoque une pâleur mortelle. Même terreur devant les mots « hache » et « couteau ». Jean fut alors prié de dessiner quelque chose s'y rapportant. Il représenta un arbre attaqué par la hache du bûcheron. De cet arbre, coulait un liquide. Un petit garçon s'enfuyait, poursuivi par un homme.

En remettant son dessin, il expliqua : « Ça, c'est mon père! » (il montrait l'homme poursuivant). « Ça, je ne sais pas, mais il a mal » (il montrait l'arbre). « Celui-là (le bûcheron) c'est parce que... parce que je ne suis pas sage ». « Ça... c'est du sang... » (il montrait le liquide). *En même temps, il porta la main à ses organes sexuels comme pour les protéger, et il se mit à trembler.*

Tout était donc clair. La confirmation fut obtenue en interrogeant le père, homme autoritaire et cassant.

Il déclara menacer continuellement son garçon, d'une façon absurde : « Si tu n'es pas sage, on viendra pendant la nuit couper ton petit bout dont tu sembles si fier, tu as compris?... ». C'était donc limpide. La hache était l'instrument qui permettait la terrible castration redoutée de l'enfant. L'arbre représentait le garçon lui-même (virilité). Le bûcheron était le père symbolisé qui opérait la castration. Et le geste final du garçon fut plus éloquent que toutes les phrases du monde!...

Que serait-il arrivé à Jean?

Il ne faut pas voir dans ce cas de Jean une simple émotion! Je suppose qu'il ait continué à vivre dans le même état d'esprit, sans l'intervention d'un psychologue. Que serait-il probablement arrivé?

Tout d'abord (comme cela se passait déjà) Jean aurait vécu dans de multiples émotions de terreur. Or, rien n'est plus nocif que la répétition des émotions. Cette émotion apparaissait dès que Jean croyait « n'être pas sage ». « On » allait donc venir le mutiler. Se rend-on compte de ses nuits blanches et apeurées? « On » était là, quelque part, aux aguets, pour lui enlever ses organes. Que fallait-il donc faire? Tout, pour éviter la moindre mauvaise action. Si cela avait continué, *Jean aurait donc tout fait pour éviter de se sentir en faute, pour éviter un reproche et une sévérité.* Et cela, avec quelle émotion! Devant son père et autrui, Jean se serait diminué, infériorisé, afin d'empêcher qu' « on » puisse lui reprocher quelque chose. Jean se serait entraîné à la faiblesse; il serait devenu un « brave petit garçon bien sage ». Il aurait évité à tout prix les actions viriles, qui risquaient de l'opposer aux autres. Son développement de jeune mâle aurait été freiné. *Mentalement, il se serait castré afin de n'être pas castré physiquement.* Arrivé à l'âge de raison, il se serait peu à peu rendu compte que ses craintes physiques étaient sans fondement. Mais le complexe aurait été installé. Et autour de ce complexe, toute sa vie organisée... Et il aurait débouché dans l'adolescence plein d'angoisse, de timidité, de féminité. Il n'aurait réussi aucune action virile, ni professionnelle, ni conjugale. C'eût été un « homme », mais sans affirmation masculine. Tout cela à cause d'émotions considérables déclenchées par un parent inintelligent.

Ce qui arrive souvent.

Il y a parfois autre chose dans ce complexe. Dès que le garçon se rend compte de la différence des sexes, il croit que la fille est incomplète, parce qu'il lui manque des organes sexuels extérieurs. Et le garçon poursuit sa logique : « Si elle n'a pas d'organe extérieur, c'est qu'on le lui a enlevé ». Il craint donc que le même sort ne lui arrive. Pourquoi? Craint-il la perte de ses organes proprement dits? Non; mais la perte de la *supériorité* qu'ils représentent pour lui. Il craint de devenir incomplet comme la fille, d'être frustré et infériorisé. Retenons bien ceci, c'est très important!

Donc, si les parents le menacent d'un tel sort, ils font naître une forte angoisse chez l'enfant mâle. Il faut donc éviter que la crainte de la castration ne devienne un complexe. Je suppose par exemple, que la peur de la castration soit liée à la masturbation solitaire. (A la suite de menaces des éducateurs.) On voit, là également, l'accumulation inouïe d'angoisses enfantines, puis adultes. En premier lieu, la masturbation sera liée à l'angoisse de la castration. Ensuite, la sexualité elle aussi deviendra synonyme de castration! C'est-à-dire : mutilation mentale, diminution, infériorité, frustration, féminité, manque de virilité, impuissance. Ces symptômes se répandent dans tous les domaines de la vie. Le mâle perd tous ses attributs mentaux, et se replie sans cesse. L'homme fait alors comme le petit garçon qui s'enfuit en se protégeant les organes de la main. *Il se protège de toute mutilation mentale, de tout reproche, de toute lutte, en se cachant et en fuyant.* Pour être épargné, il ne combat pas. De peur que sa virilité ne soit mise à l'épreuve, il évite toute action qui en demande. Il est battu au départ. Il se diminue de peur d'être diminué. C'est l'échec sexuel, la dépression, l'angoisse... et la peur ou le soi-disant « mépris » des femmes. Ou bien la compensation opère : l'homme a besoin *d'agressivité* sexuelle pour affirmer sa virilité. *Cette agressivité peut aller jusqu'au sadisme sous toutes ses formes.*

Ce complexe est difficilement admissible sans une grande pratique psychanalytique. Cependant, il suffit d'écouter certains adolescents pour être fixé...

Le complexe d'Œdipe

Le terme semble un peu barbare, mais nous allons découvrir sa logique. Ce complexe excessivement courant, naît essentiellement des rapports entre enfants et parents. Il intéresse donc tout particulièrement l'éducateur. *Je conseille aux parents de l'étudier très soigneusement. La connaissance de son mécanisme assez subtil permet souvent d'en éviter les conséquences pénibles.*

Les psychologues savent combien de maladies psychologiques en découlent. Des vies entières sont gâchées à cause de lui. Il amène fréquemment la féminité, la lâcheté et la peur chez l'homme; et la trop grande virilité chez la femme. Parmi ces principaux effets, nous trouvons :

— De lamentables vies sexuelles — L'impuissance partielle ou totale. — La frigidité. — La timidité; l'échec incessant. — l'hostilité intérieure. — La revendication ou la peur continuelle d'être désapprouvé. — Le sentiment d'infériorité. — Les sentiments de culpabilité sans motif apparent. — La sensation d'être « toléré » partout où on se présente. — Le sentiment d'être désarmé dans la vie ou bien l'agressivité. — L'homosexualité, masculine ou féminine.

Important : Ce complexe apparaît *normalement* durant l'enfance. Il doit ensuite disparaître si un parfait équilibre entre parent et enfants est réalisé. Sinon, le complexe se prolonge jusqu'à l'âge adulte, où il montre ses multiples visages.

Avant de voir le complexe d'Œdipe proprement dit, je rappelle que la constellation familiale est évidemment primordiale pour un enfant.

Nous avons la balance suivante :

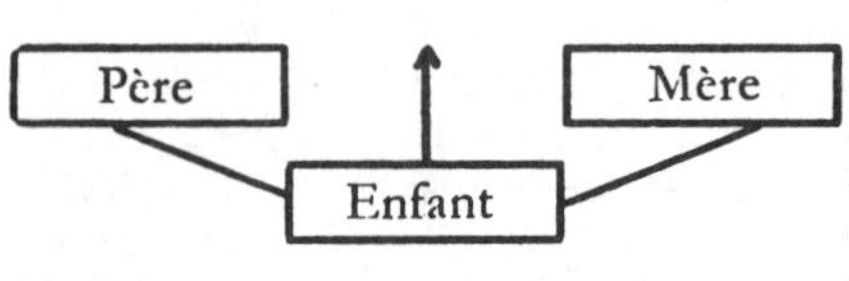

La constellation familiale sera parfaite si les trois éléments sont parfaits. Mais il est rare que les trois plateaux de cette balance soient équilibrés. On voit donc que tout déséquilibre de l'un des plateaux amène une oscillation. C'est l'enfant qui, en fin de compte, en fait les frais, puisque c'est lui le plus malléable!

Par exemple :

Père : trop dominateur, trop sévère, trop faible, mou, etc.

Mère : trop faible, geignarde, agressive, trop envahissante, dominatrice.

Enfant : faiblesse physique ou psychologique, etc.

Nous supposerons tout d'abord que tous les plateaux sont équilibrés, et que nous avons affaire à une famille *saine*. Que se passe-t-il?

ŒDIPE ET LA PSYCHANALYSE.

Je rappelle la légende : Œdipe a *épousé sa mère* Jocaste; il a *tué son père* Laios. Il s'est crevé les yeux *pour se punir;* et s'enfuit de Thèbes, guidé par sa fille Antigone.

Qu'a donc à voir cette légende avec la psychanalyse?

A première vue (en transposant) le petit garçon « épouserait » sa mère, et « tuerait » son père. Ce qui semble absurde. Je transpose donc sur un autre plan.

Supposons (comme cela arrive souvent) que le petit garçon désire sa mère « pour lui tout seul ». Mais il y a un obstacle et un rival : son père.

Le garçon devient jaloux de son père. Il souhaite (consciemment ou non) que son père lui laisse entièrement sa mère. Comment? En s'en allant, en disparaïssant, en mourant.

Et nous avons :

Le garçon : aime sa mère, la veut pour lui seul;
devient jaloux de son père et veut l'éliminer;
éprouve du remords envers son père;
se sent coupable.

La fille : aime son père; le veut pour elle seule;
devient jalouse de sa mère, et veut l'éliminer;
éprouve du remords envers sa mère;
se sent coupable.

Des témoignages d'enfants.

Certains dessins d'enfants sont significatifs à ce sujet. On y voit par exemple :

a) le petit garçon avec sa mère dans une église. Un prêtre est présent.

b) sur le côté, une porte fermée. Derrière la porte, le père du garçon.

Donc ici, le petit garçon « épouse » sa mère, et élimine son père, en le plaçant derrière la porte.

Les réflexions enfantines sont d'ailleurs courantes à cet égard :

— Maman, quand je serai grand, je t'épouserai.

— Mais que dira papa?...

— Papa?... eh!... il sera mort.

Ou bien : (chez une petite fille)

— Papa, quand je serai plus grande, je veux devenir ta femme.

— Mais il y a maman, ma chérie. Que dira-t-elle?

— Maman?... elle sera partie d'ici là.

Ou bien : (chez un garçon)

— Maman, je veux me marier avec toi.

— Chéri, papa ne serait pas content.

— Eh bien, quand je serai grand, je me battrai avec lui.

etc..., etc...

Ces dessins et réflexions font rire les proches. Ils sont cependant l'expression de la base du complexe d'Œdipe. Répétons que ce complexe apparaît *normalement* chez l'enfant, et doit *normalement* se liquider ensuite.

Sous forme de schéma, examinons l'apparition normale du complexe d'Œdipe, son évolution naturelle et son aboutissement. Il consiste donc en l'attitude de l'enfant vis-à-vis du parent de même sexe, et du parent du sexe opposé.

GARÇON

Vis-à-vis de sa mère :	*Vis-à-vis de son père :*
L'enfant est attaché organiquement et psychologiquement à sa mère. (Soins, attentions, tendresse.)	
Le garçon veut sa mère pour lui seul. Il en désire la possession totale, afin d'assouvir ses besoins physiques et psychologiques.	Il découvre peu à peu la signification de son père. Il découvre qu'il n'est pas seul à aimer sa mère. Son père devient donc un rival.
L'enfant désire « épouser » sa mère, c'est-à-dire concrétiser la possession complète de sa mère.	Son père étant un rival, le garçon en est jaloux, mais incapable évidemment d'éliminer ce rival puissant. Le garçon, en ce moment, repousse agressivement son père. Il est désobéissant, cynique, moqueur, etc.
Le garçon change sa manière d'aimer. Au lieu de vouloir posséder entièrement sa mère, il tend à la protéger.	Il reste en compétition avec son père, tout en admirant sa force. Il l'imite, désire l'égaler et même le dépasser. Il « joue à l'homme ».

Nous arrivons à l'âge adulte :

Il devient indépendant, se détache « mentalement » de sa mère. Sa personnalité virile s'affirme.	Il devient indépendant. il n'est plus en compétition avec son père, puisqu'il est détaché de sa mère.
Il se tourne vers les autres femmes	Sa virilité normale est achevée.
Il se marie normalement.	

FILLE

Vis-à-vis de sa mère :	*Vis-à-vis de son père :*
L'enfant est attaché organiquement et psychologiquement à sa mère. Elle veut sa mère pour elle seule, puisqu'elle en reçoit sécurité et bien-être.	Le père est un rival, puisqu'il bénéficie également de la tendresse et des soins de la mère. L'enfant est jalouse de son père.

Ici, retournement de la situation :

La mère devient une rivale, puisqu'elle bénéficie aussi de la protection et de l'amour du père. Elle repousse agressivement sa mère.	Le père apparaît comme une force, un guide, un rayonnement viril. Elle désire « épouser » son père.
Elle est en compétition avec sa mère dans la possession du père. Mais elle tend à imiter sa mère. En quoi? En séduction. Elle tente même d'être beaucoup plus séduisante que sa mère. (C'est l'époque où la jeune fille se moque de sa mère, et tente de l'abaisser aux yeux du père... et des autres.)	Elle le place sur un piédestal. Le père devient parfois un dieu.

Elle aspire à dépasser sa mère en séduction.	Elle « joue à la femme » envers son père, et les autres hommes.

Nous sommes à l'âge adulte

Elle n'est plus en compétition avec sa mère. Elle devient indépendante, et considère sa mère comme une amie.	Elle considère son père autrement. Il redevient un père aimé, mais non plus l'homme absolu !
Sa féminité est achevée.	Elle quitte « mentalement » son père, et se tourne vers les autres hommes.
	Elle se marie normalement.

Par ces deux tableaux, j'ai donc schématisé le chemin normal. Il s'étend généralement sur une durée de quinze à dix-huit années.

Avant d'envisager les chemins anormaux, *je rappelle ceci :*

La sexualité

Nous avons vu, page 177, que la sexualité est un instinct comme un autre. Il apparaît dès la naissance. Il n'y a nullement à s'étonner qu'un enfant d'un an possède son instinct sexuel au même titre que l'instinct de conservation. Je rappelle aussi que la sexualité (qui, dans l'enfance est *diffuse*) ne doit pas être confondue avec la génitalité. La génitalité apparaît à la puberté, et devient le « désir sexuel » proprement dit, et *conscient*.

La sexualité diffuse et inconsciente apparaît automatiquement quand sont en présence deux sexes opposés. Nous avons vu que le « *ça* » est en dehors de la morale. La notion d' « inceste » n'a donc aucune signification pour lui. Pas plus que la notion de cruauté pour le loup, comme je l'ai dit. Le « ça » sexuel ne connaît que les pulsions instinctives, aussi naturelles que le désir de boire et de manger.

Il est donc logique que la sexualité *diffuse* apparaisse dans l'opposition des sexes de même famille.

Dans le complexe d'Œdipe :
garçon : sexualité envers la mère
——➤ ——————➤
fille : sexualité envers le père
——➤ ——————➤

Ceci nous aidera à comprendre les routes anormales. Elles sont aussi nombreuses que les sentiments humains!

Avant d'envisager le complexe d'Œdipe proprement dit, voyons *trois cas très courants :*

a) un homme marié adore sa femme. Toutefois il est incapable de rapports sexuels avec elle. Mais cette action sexuelle lui est possible s'il a affaire à des femmes de bas étage.

b) un homme est sexuellement impuissant envers sa femme. Un jour, lassée, l'épouse prend un amant. Du jour au lendemain, le mari retrouve sa sexualité normale.

c) un jeune homme est fiancé plusieurs fois. Chaque fiançaille officielle le plonge dans un état d'angoisse, dont il sort par toutes sortes de manœuvres amenant la rupture. Mais entre-temps, il fréquente, lui aussi, les « filles de joie ». Et ce, avec un plein succès sexuel.

Que se passe-t-il?...

Nous savons qu'un enfant a une tendance naturelle à se porter vers le parent du sexe opposé. Donc :

Garçon vers la Mère
——————➤

Fille vers le Père
——————➤

Si cette tendance naturelle continue exagérément au cours de l'adolescence, il y a « fixation ». Dans ce cas :
s'accroche à sa mère

Le fils.

se « fixe » à sa mère
s'identifie à sa mère
devient comme sa mère.
——————————➤ *devient féminin*

La fille.

s'accroche à son père
se fixe à son père
devient comme son père.
——————————➤ *devient masculine*

Comment ces fixations se produisent-elles? Quand un élément de la balance fait défaut.

Considérons le cas du garçon, beaucoup plus fréquent :

QUAND UN VRAI PÈRE FAIT DÉFAUT...

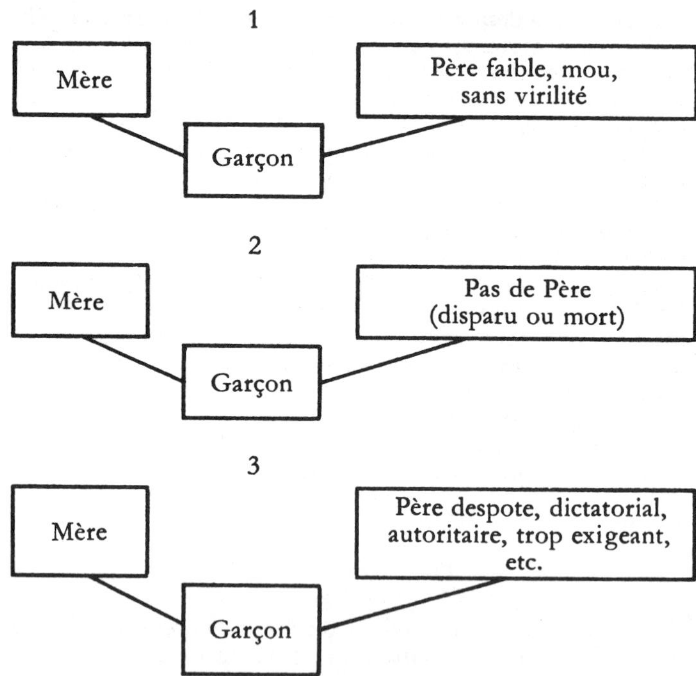

1 et 2 : Ces possibilités se touchent. Dans ces deux cas, le rôle normal du père fait défaut.

Je considère donc ici que le garçon est élevé par sa mère.

Une telle éducation à deux demande, pour être réussie, des trésors d'équilibre et de compréhension!

Nous savons que le jeune garçon *doit* entrer en compétition virile avec son père. C'est indispensable. Son développement de mâle est à ce prix. *Le père doit être un exemple que le garçon s'efforce d'égaler ou de dépasser.* Or, dans les cas 1 et 2, la compétition est impossible au garçon. *Il ne peut pas entrer en lutte avec une virilité paternelle qui n'existe pas...!*

Que se passe-t-il alors? Le père n'est pas un « rival » pour le garçon. Le garçon n'a donc aucun « terrain d'entraînement » à la virilité. De plus, la mère, déçue de ne pas avoir de mari véritable, canalise tout son amour et toute son attention sur le garçon déjà dévirilisé! Elle risque ainsi de s'accrocher à son fils, de le couver, etc. C'est le cas classique du garçon « élevé dans les jupes de sa mère ».

Or, le garçon cherche un guide et une sécurité. La mère devient cette unique sécurité. Et il risque de s'accrocher à elle également. Il y a donc un double accrochage, toujours très dangereux pour la future virilité du fils. La mère devient alors la Femme Unique, la Femme Idéale, vers laquelle se dirige tout l'amour du fils (et aussi toute sa sexualité diffuse).

Que se passe-t-il souvent? *La sexualité instinctive du garçon est liée au respect absolu envers sa mère. Et cet Amour-Respect, il l'étend à toutes les femmes.*

Arrivé à l'âge adulte, il tente de se tourner vers les autres femmes. Mais sur ces autres femmes, il « transpose » l'Amour Pur qu'il a toujours ressenti.

Il devient incapable de réaliser l'entente entre Amour et Action Sexuelle. *Tout amour qu'il éprouve devient respect absolu, interdisant toute sexualité...*

Et la loi :

Amour = Affection respectueuse + Sexualité + Génitalité devient pour lui :

Amour = Affection + Respect absolu, avec interdiction génitale.

Je reprends maintenant les trois cas cités page 187.

a) Cet homme, incapable d'action sexuelle envers sa femme, possède une sexualité normale avec des femmes de bas-étage. Pourquoi? Parce qu'il ne doit pas les « respecter ». Avec elles, il peut se laisser aller à ses instincts sexuels, sans que joue le rappel Amour = Respect sans Sexualité.

b) L'épouse de cet homme impuissant prend un amant. Immédiatement, le mari redevient sexuellement capable. Pourquoi, en général? Parce que sa femme ayant pris un amant, cesse d'être « sa mère » et est « moins digne de respect »[1].

c) Les fiançailles officielles de ce jeune homme le placent devant son futur problème sexuel. Comme il sent le mécanisme :

[1] Ici parfois joue un autre mécanisme; l'homosexualité. J'en reparlerai.

Respect = Non-Virilité, l'angoisse apparaît. Il cherche alors toutes les occasions provoquant la rupture... pour recommencer ensuite; cherchant à se prouver ainsi qu'il est capable de faire la conquête d'une femme. Et la conquête accomplie, l'impuissance future provoque à nouveau la fuite. *C'est le type même du don Juan.* Quant à sa fréquentation, avec succès, des « filles de joie », elle rejoint le mécanisme de a).

D'autre part, la conquête leur est souvent facile. Etant féminisés, ces garçons sont excessivement gentils, prévenants, « adorables », etc. Ces attentions touchent la femme et déclenchent leur sentiment maternel. Et le garçon lui-même en est ravi, puisqu'il « cherche sa mère » à travers toutes les autres femmes. Jusqu'au moment où les rôles doivent se renverser...

Si le père est trop dominateur et dictatorial.

Tout d'abord, je rappelle qu'un homme dictatorial est un homme faible. La dictature est la compensation de la faiblesse.

Ici aussi, la compétition entre le garçon et le père est impossible. Ou bien, le garçon a trop peur de son père et se réfugie chez sa mère. Ou bien il sent la faiblesse réelle du père, et sa mère devient son unique sécurité.

Chez la mère, l'accrochage risque d'apparaître également. Pourquoi? Ne pouvant partager son amour entre son fils et son mari, elle le reporte tout entier sur le garçon. Et celui-ci risque de déboucher dans sa vingtième année, avec une virilité cassée. Nous retombons dans les cas précédents.

■ *Ne croyez pas que ces situations soient extraordinaires!* Au contraire, elles courent les rues, et sont aussi fréquentes que les éducations manquées. Le cabinet du psychologue a entendu des milliers de plaintes, des milliers de confessions concernant ce domaine. Cette éducation (garçon sans père ou ayant un père faible) demande un tact infini. La mère doit aimer son fils sans s'accrocher à lui; ce qui est très difficile, puisqu'elle reporte tout son amour sur son fils! De plus, un autre mécanisme inconscient peut jouer : le garçon représente le seul amour et la « sécurité » de la mère. Tout va bien lorsque le garçon reste un « petit garçon »; c'est-à-dire lorsque sa virilité masculine n'a pas encore apparu. La mère peut donc désirer inconsciemment que son fils reste un « petit garçon » le plus longtemps possible. La mère essayera de « féminiser » son fils, afin qu'il reste mentalement auprès d'elle. Et comme le garçon manque de père, il arrive souvent que ce jeu inconscient réussisse...

Parce que :

a) le garçon n'a pas d'exemple viril qu'il puisse imiter et dépasser;

b) la mère fait tout pour lui et lui donne tout, ce qui risque de devenir une solution idéale de facilité...

Pourquoi essayerait-il de se viriliser, puisque les « jupes de sa mère » lui réussissent si bien?...

Si en plus de cela, la mère est autoritariste, d'autres conséquences peuvent apparaître. Je conseille de revoir les « Personnes Epuisantes », étudiées page 129.

On comprend donc que la connaissance de certains mécanismes psychologiques soient indispensables. Conduire la barque de la vie est difficile, même avec deux rames. Mais la diriger avec une seule rame devient un tour de force. Une femme ayant perdu son mari et devant élever son fils, est placée devant un des rôles les plus difficiles qui soient, puisqu'elle doit être à la fois un Père Viril et une Mère Féminine... Et si cette mère parvient à éviter l'accrochage ou la domination, le résultat sera digne de tous les éloges...

Le complexe d'Œdipe proprement dit.

Voici maintenant le complexe d'Œdipe proprement dit.

Chaque moment de l'évolution de l'enfant vis-à-vis des parents peut donner lieu à une inadaptation. Des milliers de causes sont possibles. (Circonstances extérieures, attitude des parents, fragilité psychologique de l'enfant, etc.).

Le mécanisme du complexe d'Œdipe est très subtil, bien que très logique. Nous savons donc que :

Le garçon veut sa mère pour lui tout seul; son père devient un rival; il est donc jaloux du père et désire l'éliminer. Cette jalousie produit l'agressivité envers le père.

Ici le chemin devient anormal.

D'un côté le garçon admire son père. D'un autre côté, il éprouve de l'agressivité et de la jalousie. Cette contradiction déclenche du remords et de l'angoisse. *Le garçon se sent coupable vis-à-vis de son père, mais sans savoir pourquoi.* (Tous ces mécanismes étant inconscients et refoulés.)

Comme le garçon se sent coupable vis-à-vis du père, il va essayer d'obtenir son pardon. Mais il ignore *pourquoi* il désire obtenir ce pardon! Le garçon doit donc trouver *quelque chose* qui lui permette d'obtenir un pardon...

Le garçon va tenter de rétrécir son agressivité. Comment? Mais en plaisant à son père! En obtenant son approbation, son indulgence, son admiration. Le garçon le fera-t-il en montrant sa propre virilité? Non, évidemment, puisque c'est cette opposition de mâle à mâle qui a produit l'angoisse et le remords! Le garçon va donc faire le contraire. Pour plaire à son père, il va se « déviriliser »; s'abaisser, s'inférioriser. Il va jouer au « petit garçon sage », au lieu de jouer à l'homme. *Toute indulgence sympathique de la part de son père compensera son angoisse.* Et le jeu continue dix, quinze, vingt ans... Et comme le garçon devient de plus en plus féminin, il se « fixe » de plus en plus à sa mère; ce qui renforce doublement le mécanisme...

Je transpose cela sous forme de schéma :

GARÇON

Chemin normal

Vis-à-vis de sa mère	*Vis-à-vis de son père*
Il veut sa mère pour lui seul, il désire « épouser » sa mère.	Le père devient un rival dans la possession de la mère. Il repousse agressivement son père. Il est désobéissant, cynique, moqueur; mais il admire son père.

Chemin anormal

Désire toujours la possession totale de sa mère.	Refuse inconsciemment la présence de son père. Il rejette inconsciemment son père. Le remords et l'angoisse apparaissent. Il se sent coupable vis-à-vis de son père sans savoir pourquoi. Il désire obtenir un pardon.

S'accroche à sa mère.	Il doit empêcher l'opposition de « mâle à mâle ». Il se dévirilise. Il se place en dessous de son père. Il le flatte, il s'abaisse pour obtenir l'indulgence et la sympathie.
Devient de plus en plus féminin. Se fixe à sa mère.	

A l'âge adulte.

Arrivé à l'âge adulte, le jeune homme « transposera » son père sur tous les hommes qu'il juge supérieurs à lui. Il se sent inférieur et féminin. (Même si une compensation d'agressivité cache le complexe!) Il se place automatiquement *en dessous* de l'homme (père transposé) qui se trouve devant lui. Pour les adultes atteints de ce complexe, tout supérieur devient le rappel du Père : leur chef de bureau, leur caporal, leur général, leurs professeurs, etc. De plus, une sensation de culpabilité (d'être « en faute ») ne les quitte jamais.

Les cas sont extrêmement courants et variés. *Et des milliers de petites manifestations montrent ce complexe subconscient, dont les symptômes seuls sont visibles.*

Beaucoup d'entre eux font tout pour faire plaisir. Pourquoi? Pour faire plaisir réellement? Pas du tout. Mais pour obtenir l'approbation, la sympathie et l'indulgence. *Ils veulent plaire par crainte de déplaire;* ils désirent éliminer leur sensation de culpabilité en se sentant aimés et désirés...

Par exemple :

— X. pose souvent des questions à ses supérieurs, questions dont il connaît parfaitement bien les réponses. Pourquoi? Pour avoir l'air d'un garçon qui s'intéresse, qui considère l'autre comme un guide. Pour montrer qu'il a confiance en l'autre, dont il craint par-dessus tout la désapprobation ou l'indifférence.

— Y. est inconsciemment heureux lorsqu'il obtient un blâme. Son chef déclare alors : « Un blâme le remet à neuf, je n'y comprends rien. *On dirait qu'il le cherche*... Il ne travaille jamais aussi bien que lorsque je lui ai donné cette punition... ». Pourquoi? Mais parce que ce blâme représente pour lui la « sévérité du père »! Et son travail à nouveau impeccable lui permet de recapter l'indulgence, la sympathie et *le pardon*. Il se sent heureux parce qu'il se sent pardonné...

— Z. automobiliste de cinquante ans, homme très intelligent, me déclare : « ...cela me semble absurde, je ne comprends pas... vous savez que je suis assez fantaisiste en voiture? Bien! Mais quand un agent de police se trouve au coin du carrefour, nul n'est plus respectueux que moi du règlement. Mais ce n'est pas le respect du règlement qui joue, ni la crainte du procès-verbal, c'est autre chose, beaucoup plus en profondeur. *J'ai l'impression que je désire que l'agent sache que je respecte le règlement*... Or, je ne connais pas cet agent, et je ne le reverrai peut-être jamais... *J'ai alors l'impression d'être un petit garçon observé par son père, et dont on va dire : c'est très bien ce que tu fais là*... ».

Je salue ici l'intelligence lucide de Z., qui a pu pousser l'auto-observation jusque-là. Ayant analysé la vie de monsieur Z., on constate que le complexe d'Œdipe a joué. Et ce petit détail (parmi des centaines d'autres) montre que l'agent de police représente l'Autorité, donc le Père. Et si monsieur Z. fait d'impeccables manœuvres, ce n'est pas par crainte d'un procès-verbal. Mais c'est pour obtenir, même à distance, *une sympathie indulgente, qui s'apparente au pardon.*

LE COMPLEXE D'ŒDIPE ET LA SOUFFRANCE.

Les effets de ce complexe sont immensément variés, et toujours très pénibles. Dans la vie courante, ils présentent des centaines de comportements, dont le sujet n'a nullement conscience, et qui restent souvent une sensation très vague, une sorte de malaise diffus... Les effets du complexe d'Œdipe vont parfois très loin. Des vies entières sont manquées. De très nombreux ménages traînent une misérable existence. Un être atteint de ce complexe est mutilé moralement. Chez l'homme, ce sera la dévirilisation générale. Ayant dû se diminuer sans cesse, il se sent inférieur à toute situation virile qu'il rencontre. Il se sent mal à l'aise ou impuissant devant les responsabilités et les décisions. Il se sent sans cesse coupable. Il a le sentiment d'être « toléré » avec condescendance partout où il se présente. L'indifférence ou le blâme le plongent dans une angoisse vague, souvent très pénible. Tous les sentiments ne sont jamais très conscients, je le répète; mais la psychanalyse les fait surgir en foule. Puisque l'homme atteint de ce complexe est hanté par son infériorité, il sera hanté parfois par l'idée de puissance. C'est alors l'homme sec, cassant, dominateur, matamore. Combien de fois ne voit-on pas ces hommes sombrer dans la « dépression nerveuse » dès qu'une situation responsable leur est offerte, même s'ils l'ont convoitée et acceptée? Ils mettent alors la dépression au compte du surmenage; alors qu'au fond ils se récusent inconsciemment, parce qu'ils se sentent faibles et peureux. Tout supérieur sera pour eux comme leur père (ou comme leur mère, s'ils furent élevés par une mère seule et autoritariste). Toute leur vie, ils sont voués à l'échec intérieur et à l'angoisse. Le garçon, devenu homme, reste un enfant. Des millions de cas de ce genre sautent aux yeux; il suffit de regarder un peu autour de soi... Leur peur d'être désapprouvés par autrui est intense. Et quand cela arrive (comme dans leur enfance) ils font tout, je le répète, pour obtenir à nouveau l'affection et l'approbation. Cette dévirilisation touche donc également la sexualité. Ce sont alors des millions de cas d'impuissance sexuelle, ou d'homosexualité latente ou déclarée...

Bien qu'il soit moins fréquent, le même procédé anormal peut se présenter chez la fille. En voici le schéma. Chez elle, ce sera également la gamme des sentiments d'infériorité et de culpabilité. Elle aura peur de l'amour, peur de l'homme, peur de la maternité et des responsabilités. Dans son mariage, elle sera souvent frigide, et en compétition inconsciente et agressive avec son mari... à moins qu'elle ne reste une femme-enfant.

FILLE

Vis-à-vis de sa Mère	*Vis-à-vis de son Père*
La mère devient une rivale; elle repousse agressivement sa mère (comme dans le mécanisme normal).	Le père apparaît comme une force, un guide. Elle désire « épouser son père ».
Refuse inconsciemment la présence de sa mère. La rejette inconsciemment. Le remords et l'angoisse apparaissent.	Désire la possession totale de son père, qu'elle place sur un piédestal.
Elle se sent coupable vis-à-vis de sa mère, mais sans savoir pourquoi. Elle désire obtenir son pardon.	Elle s'accroche à son père.

Elle se place « en dessous » de sa mère; en devenant « masculine », elle ne risque pas l'opposition de femme à femme.	Elle tente d'égaler son père, pour obtenir son admiration. Elle se masculinise.
ou bien	*ou bien*
pour obtenir le pardon et la sympathie de sa mère, elle redevient une « petite fille ». C'est la Femme-Enfant.	Elle se féminise à outrance pour obtenir la protection absolue et l'affection totale du père. Elle devient une Femme-Enfant.

A l'âge adulte :

Masculinisée, elle cherche à dominer les autres femmes, tout en se sentant inférieure à elles.	Masculinisée, elle a plus ou moins horreur de l'homme normal. C'est le cas de certaines femmes frigides.
	ou bien
	Femme-Enfant, elle cherche la tendresse et la protection, avant de chercher l'amour proprement dit, qui lui est impossible.

Ce complexe devient donc pathologique lorsqu'il y a fixation envers le parent de sexe opposé, avec sentiments de culpabilité envers le parent de même sexe. Plus pathologique encore : *quand la culpabilité est généralisée*. C'est le cas de l'homme qui, après avoir éprouvé des sentiments de culpabilité enfantine, en éprouve envers tous ses supérieurs.

Nous voyons, une fois de plus, l'importance d'un milieu familial normal; avec virilité naturelle chez le père, et féminité sans accrochage chez la mère. Et l'on peut dire que si le complexe d'Œdipe apparaît dix fois sur dix (puisqu'il est une loi naturelle), il se liquide moins souvent qu'on pourrait le croire. Huit personnes sur dix en portent les traces, plus ou moins profondes.

Le complexe de Diane

Vous connaissez Diane-Chasseresse, Femme-Homme par excellence, et « patron » des chasseurs ? La voici en psychologie quotidienne.

La masculinisation à outrance de la femme peut avoir plusieurs causes. Une des causes réside souvent dans le complexe d'Œdipe, que nous venons de voir. Voici deux autres causes fréquentes.

1

Dans le « Complexe de Castration », nous avons vu le petit garçon immensément fier de la supériorité que représentent ses organes extérieurs.

Cela n'a rien qui puisse étonner. N'oublions pas que le Phallus est un symbole de vie universelle; et les religions primitives sont des cultes phalliques.

Souvent, la petite fille fait de même... mais à l'envers. Elle croit « qu'il lui manque quelque chose ». Elle croit avoir été frustrée. Elle attend, croyant que « cela poussera ». Mais comme « cela ne pousse pas », elle se révolte de plus en plus, ou se sent inférieure.

L'éducation joue un grand rôle. Ne fait-on pas croire à certaines petites filles que « leur sexe ne pousse pas parce qu'elles l'ont regardé... ou parce qu'elles l'ont touché ?... ». Ou bien « cela ne pousse pas », parce que c'est une punition. Inconscience, évidemment, mais dont les répercussions apparaissent dans le langage des petites filles, ou dans leurs dessins. Ou bien (cas fréquent), une fillette entend dire par ses parents :

« Nous aurions voulu un garçon. Mais nous n'avons eu *qu'une* fille... tant pis... nous tâcherons de nous en accommoder... Mais c'est bien dommage... ».

A quoi la petite fille réagira en détestant son propre sexe, et en jalousant férocement le sexe masculin...

A cette frustration, l'adaptation se fait ou ne se fait pas, comme dans le complexe de castration. Si elle ne se fait pas, la fille éprouve du mépris envers son propre sexe (qu'elle croit inférieur), et de la jalousie à l'égard de l'homme (qu'elle croit supérieur). *Elle a donc le désir intense de « compenser » son infériorité, en devenant un homme. Elle devient masculine.*

Elle est parfois une femme-chef, faisant tout marcher à la baguette... (surtout les hommes, puisqu'elle désire les inférioriser !). Comme elle est jalouse de l'homme, elle tente de dresser les autres femmes contre lui. Elle est autoritariste et agressive. Elle méprise la féminité, et déteste les hommes. Elle n'est ni femme, ni homme... et peut en souffrir terriblement. Si elle se marie, cette « Diane » est souvent frigide, puisqu'elle méprise la féminité! Partout et toujours, elle tente de faire montre de sa supériorité « véritablement masculine ». Elle refuse de s'occuper des choses de son sexe (le ménage, par exemple). L' « odieuse tyrannie des hommes » la révolte...

Ce sont des femmes très mécontentes et toujours insatisfaites. Une chose peut les sauver souvent : la maternité. Surtout si l'enfant est un garçon! Pourquoi? Parce que ayant créé un enfant du sexe masculin, elles se sentent égales à l'homme. Mais souvent elles demeurent des mères tyranniques, continuant à refuser leur féminité... Et l'éducation qu'elles donneront à leur tour, aboutira probablement à un désastre...

2

Supposons le cas suivant, très fréquent :

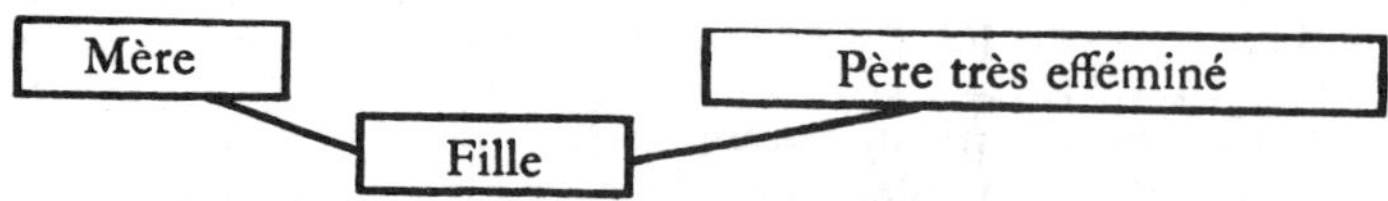

Supposons que ce père soit devenu efféminé à la suite du complexe d'Œdipe. Il croit « détester » les femmes; mais en fait, il en a peur. Il en a peur parce qu'il se sent inférieur, et incapable de virilité masculine. Dans de nombreux cas, cette soi-disant « haine des femmes » se transposera sur sa propre fille. *Inconsciemment, il fera donc en sorte qu'elle ne devienne pas une femme.*

■ *Il essayera de la masculiniser;* il s'extasiera devant chaque action « virile » de sa fille. Il vantera la force de sa fille, son habileté aux sports, son adresse, ses muscles... Il sera aux anges si elle travaille « comme un homme », si elle a des biceps masculins, etc.

Ainsi élevée, la fille devient, mentalement, un garçon. Très souvent, l'apparition de sa féminité l'angoisse. Et, dans certains cas, les règles vont même jusqu'à disparaître! On conçoit donc bien l'anxiété perpétuelle produite par deux tendances opposées :

a) désir profond de féminité.

b) refus de la féminité, par éducation familiale.

Adulte, cette femme fera payer cher ses tendances contradictoires! Tout d'abord à elle-même (angoisse, phobies, maladies, névrose); à son entourage ensuite. Elle paraîtra assurée dans sa masculinité. Et cependant, une grande souffrance et un profond sentiment d'infériorité ne la quitteront jamais...

D'autres causes peuvent, évidemment, provoquer la masculinisation de la femme. Une cause assez fréquente : un père terriblement despotique, humiliant sans cesse sa fille, la frustrant, l'abaissant. A un point tel que la haine apparaît chez la fille. Elle transpose alors cette haine sur tous les hommes, de deux façons possibles :

a) elle refuse d'être « soumise » aux hommes, qu'elle méprise. Elle refuse donc la féminité, et devient masculine. Elle est sans cesse en compétition agressive avec les hommes. *Mariée elle sera frigide. Mais, si elle a un garçon, elle fera tout pour le féminiser.*

b) elle reste féminine, mais refuse la soumission aux hommes. Elle se tourne alors vers la femme masculine qui jouera pour elle le rôle de l'homme. *Ce sera la lesbienne féminine.*

Je n'ai cité que quelques situations, choisies parmi les plus courantes. Il y en a beaucoup d'autres, Et je voudrais que l'on se rende compte du cortège de souffrances qu'elles peuvent engendrer. Est-il encore permis de *juger*, quand on voit la puissance des procédés subconscients?...

Le complexe de Caïn

Le plus simple de tous, et le plus commun. Il se produit lorsque l'enfant croit perdre sa place unique dans l'affection de ses parents; donc, à la naissance d'un deuxième enfant. L'enfant réagira parfois par une haine intense envers le cadet. Mais tout dépend, évidemment, des circonstances *et de l'attitude des parents.*

Ce complexe (très normal quand il se liquide) apparaît souvent dans les rêves ou les dessins des enfants.

Le rêve de Jacques, dix ans.

Jacques marche avec ses parents dans une plaine immense. Il y a beaucoup de soleil. Puis, brusquement, il voit apparaître une rivière, vers laquelle sa mère se penche pour en retirer une poupée. Sa mère se tourne alors vers lui et le chasse. Jacques se précipite vers la poupée, l'arrache des mains de sa mère, et la jette dans l'eau.

Ce rêve est très simple. La poupée tirée hors de l'eau représente le petit frère de Jacques. Il réagit en « tuant » son frère (en le jetant à l'eau). En rêve, la mère chasse Jacques. Or, cette mère est une personne intelligente, qui n'a jamais frustré Jacques devant son frère.

Ce rêve montre bien une réaction *subconsciente, qui n'est nullement motivée par l'attitude de la mère.*

Ce complexe explique donc bien son nom! Pour l'aîné, le cadet représente (inconsciemment) un rival. Il est donc logique que l'aîné désire éliminer ce rival. Ce qui se traduit, en surface, par les agressivités, les moqueries (qui « éliminent » le cadet en l'humiliant), les rivalités, les compétitions rageuses, les disputes, les haines parfois.

Ce complexe peut se liquider, ou devenir névrose, présentant des sentiments d'infériorité, de culpabilité, d'impuissance, d'hostilité.

La liquidation dépend en grande partie des parents et des prédispositions de l'enfant. J'en reparlerai dans les « Sentiments d'Infériorité ».

Ce complexe se transforme souvent : quand l'aîné *protège* le cadet. Ainsi, le cadet devient inférieur à l'aîné, qui conserve son rôle principal auprès des parents. Et le petit jeu continue... car le tout sera d'empêcher un sentiment d'humiliation et d'infériorité, mais chez le cadet cette fois...

Ces trois grands Complexes doivent, à leur apparition, être considérés comme *normaux*.

Leur évolution dépend, en grande partie, du climat familial.

Le complexe d'Œdipe, par exemple, se liquidera rapidement si le garçon est placé entre un père normalement viril et une mère normalement féminine. Mais il a toutes les chances de continuer si le père est faible et si la mère s'accroche, comme nous l'avons vu.

Ces complexes se résolvent également par *refoulement*. Un garçon ayant des pulsions très agressives contre son cadet, refoulera ces pulsions. Selon les circonstances, ce refoulement peut être normal, ou devenir névrose (selon sa puissance et sa durée).

La maturité sera alors entravée; apparaîtront la timidité, l'agressivité, l'angoisse, les fugues. Certains troubles du caractère iront jusqu'à la délinquance.

On voit, de plus en plus, combien l'avenir de l'enfant dépend de la solution apportée à ces complexes, normaux en soi, mais exigeant d'être résolus de façon harmonieuse.

LE TRAITEMENT PSYCHANALYTIQUE.

En général, la personne est allongée (sur un divan, par exemple), dans un état de détente le plus grand possible. Le psychanalyste se place derrière le patient, afin de ne pas attirer son attention. Le sujet est alors prié de « laisser tourner son cerveau »; de « laisser sortir » *tout* ce qui lui vient à l'esprit. Le sujet ne doit pas (surtout) chercher à « mettre de l'ordre » dans ses idées, ni à les enchaîner logiquement. Tout doit être dit au moment qu'on le pense; c'est une sorte de « surréalisme mental ». On se rend compte que, au début, des silences, des hésitations sont inévitables; car la personne lutte souvent entre ce qui se présente et sa morale personnelle. Mais elle doit savoir que le psychanalyste est *absolument neutre ;* et qu'il n'est *jamais choqué* par ce qu'il entend, parce qu'il considère tout comme aussi naturel que le boire et le manger.

Emettre le moindre jugement moral n'effleurera même pas le psychanalyste. Sinon, il serait semblable à un chirurgien tremblant à la vue d'une plaie! Peu à peu, un sens se dégage des paroles décousues. L'historique de la maladie, l'enfance, les parents, les refoulements, les pulsions, les expériences pénibles, la sexualité... Tout cela entremêlé de nombreuses réflexions de tous genres, d'hésitations, d'agressivités, de longs silences.

Puis, lorsque le moment sera venu, le psychanalyste interviendra. L'interprétation proprement dite commencera. Il va de soi que le psychanalyste doit être un psychologue rompu à l'approche humaine! L'analyse psychanalytique est souvent pénible pour le sujet; *c'est tout le fond du lac qui remonte à la surface*. Face à un malade anxieux ou indigné, une chaleur humaine intense est indispensable, ainsi qu'une objectivité rigoureuse.

Cependant, le traitement psychanalytique demande certaines conditions.

■ *L'âge*. Idéalement, l'âge doit être compris entre quinze et quarante-cinq ans. La personnalité garde encore une certaine souplesse, indispensable dans ce genre de traitement. Cependant, l'âge n'est nullement une contre-indication absolue. De très beaux résultats peuvent être obtenus avec des personnes âgées et intelligentes.

■ *L'intelligence*. Une intelligence moyenne est pour le moins requise. Mais il faut surtout que le sujet possède un Moi raisonnable, capable de comprendre le traitement et d'y coopérer.

■ *La non-urgence.* La psychanalyse ne s'adresse pas aux interventions psychologiques devant être pratiquées de toute urgence. Cependant, après que le traitement d'urgence ait été réalisé (par exemple, narco-analyse, électrochoc, etc.), la psychanalyse peut être pratiquée avec grand profit.

■ *Durée et ancienneté de la névrose.* Plus la névrose est ancienne, plus le psychanalyste devra creuser profondément. En effet, des milliers de réflexes se sont organisés autour de la maladie de départ. Toute la vie du sujet gravite autour des complexes subconscients : ses idées, ses pensées, son maintien, sa profession, son mariage, sa façon d'élever ses enfants, etc. *On comprend donc l'infinie prudence du psychanalyste dans ce domaine.* Les fragments subconscients montant à la surface de la conscience montreront souvent au sujet *qu'il n'est pas* ce qu'il *croit être.* Il s'agit donc ici de le guérir sans déséquilibrer sa vie, ni la vie des personnes qui l'entourent. Le psychanalyste doit donc tenir compte, *toujours*, non seulement de la personne elle-même, mais également de toutes les personnes avec lesquelles elle est en relations étroites. On comprend que, si un sujet a basé son mariage sur un complexe subconscient, il s'agit d'extirper le complexe sans rompre le mariage!... C'est donc, pour le psychanalyste, une énorme responsabilité.

De plus, je répète ce que j'ai déjà dit : la psychanalyse s'adresse également aux personnes équilibrées. Elle est une grande école humaine de lucidité et de compréhension. *Le simple apprentissage théorique d'une psychanalyse élémentaire a permis à beaucoup de parents de comprendre et de redresser un climat familial défectueux.* Dans beaucoup de cas, la psychanalyse ne doit même pas être poussée jusque dans ses derniers retranchements.

La psychanalyse permet à tous de comprendre un immense mécanisme humain, se présentant chaque jour qui passe. Et en échange, très souvent, d'admettre les autres et de les aimer.

La puissance basée sur l'impuissance.

Alfred Adler (1870-1937)

Adler fut parmi les premiers disciples de Freud, et médecin à 25 ans. En 1907, il publie : *Etude sur les infériorités organiques et leur retentissement psychique.*

Ses conceptions le séparèrent de Freud. Nous sommes en 1911. Adler fonda l'école de Psychologie Individuelle. Il s'intéressa beaucoup à l'éducation des enfants difficiles. Et dès 1932, il obtint, à New York, une chaire de Psychologie Médicale.

Le sentiment d'infériorité

La grandeur de l'homme débute quand il commence à se voir tel qu'il est.

Alors que Freud bâtissait son empire sur l'inconscient et la sexualité, Adler fondait le sien sur un autre terrain : le sentiment d'infériorité. Toute névrose[1], dit Adler, a pour cause de départ un sentiment d'infériorité. La névrose serait un sentiment d'infériorité persistant.

Qu'est-ce qu'un sentiment d'infériorité?

Je ne parlerai pas des sentiments d'infériorité normaux. Un jeune étudiant devant son professeur se sent inférieur en expérience et en connaissance. Ce qui est normal, et temporaire.

Un enfant se sent inférieur à son père. Un homme se sent inférieur aux forces de la nature. Un pianiste débutant se sent inférieur à un grand exécutant, etc.

Quand le sentiment d'infériorité devient-il maladif?

Je prends un exemple : ce jeune pianiste. Est-il inférieur au grand virtuose? Oui, puisqu'il possède moins de virtuosité que lui. Mais il sentira cette infériorité *limitée* au piano, tout d'abord. Ensuite, *cette infériorité naturelle ne provoquera chez lui aucune agressivité ni humiliation.* Ce jeune pianiste normal aura l'impression d'en savoir moins et d'avoir moins de connaissances que l'autre. Mais il n'aura pas le sentiment profond *d'être moins* que l'autre. Car c'est cela, le sentiment d'infériorité réel. C'est une maladie de l'être. Il devient névrose quand il provoque la souffrance, la timidité, l'angoisse, la peur, l'hostilité, l'agressivité, le besoin tenaillant de dépasser les autres, de les commander, d'être le premier, d'humilier les autres, etc. Le sentiment d'infériorité devient une réaction de toute la personnalité devant n'importe qui et dans toute situation. Il est alors une « attitude mentale », parfois consciente, très souvent subconsciente; mais qui commande toutes les actions de celui qui en est atteint.

[1] La névrose fera l'objet du chapitre V.

Quelle est la solution courante?

Notre caractéristique humaine est d'éviter la souffrance, et de rechercher la paix mentale. *Or, les personnes atteintes de sentiments d'infériorité souffrent. Elles éprouvent de profondes sensations d'insécurité, de peur et d'impuissance.* Comme elles souffrent, elles cherchent une solution. C'est logique; chacun ferait de même! Ces personnes vont donc chercher quelque chose qui élimine la souffrance produite par le sentiment d'impuissance. Que fait le timide qui a peur? Il devient agressif. De même une personne souffrant de sensations d'*infériorité* cherchera la *supériorité*. Si elle souffre de sentiments d'*impuissance*, elle cherchera la *puissance*. Si elle se sent dominée, elle tâchera de dominer, etc. C'est le mécanisme de *compensation*. Je pourrais donc dire que la compensation sauve la vie morale de ce genre de névrosés. La sensation de supériorité et de puissance atténue les angoisses dues aux sentiments d'infériorité et d'impuissance; elle permet ainsi de vivre sur des solutions de compromis. *Les compensations, cependant, ne suppriment nullement le sentiment d'infériorité; elles le recouvrent simplement d'un grand manteau d'illusions...*

C'est ainsi que, dans la vie courante, beaucoup de personnes réalisent de grandes choses *à cause* de leurs sentiments d'infériorité. On serait tenté de croire (comme je l'ai déjà dit) qu'elles ont « surmonté » ce sentiment? Pas du tout. C'est le sentiment d'infériorité qui a déclenché leurs recherches de supériorité (recherches souvent subconscientes). Si nous souffrons de nous sentir faibles, si nous sommes humiliés, frustrés, nous désirons secrètement nous croire forts.

Tous les tyrans, tous les dominateurs, tous les autoritaristes, tous les agressifs, sont dans ce cas. Un besoin de domination et de supériorité est toujours névrotique.

Afin de mieux comprendre.

Devant certaines actions que je vais citer, beaucoup se demanderont : « Mais moi... suis-je névrosé, ou non?... ».

Je prends un exemple. Un grand écrivain me déclare : « *L'admiration qu'on a pour moi m'est complètement indifférente!...* ».

Je montre trois cas possibles dans cette attitude.

I

Cette indifférence sera réelle (en surface et en profondeur), si cet écrivain est équilibré, lucide, intelligent. Il est alors complet par lui-même. Il n'a donc pas *besoin* de l'admiration des autres pour croire en lui-même. Sa réflexion est *normale* et correspond à la réalité.

2

Je suppose cet écrivain possédé par des sentiments d'infériorité. Malgré tout son talent, il craint d'être le point de mire, d'être mis en avant. Il a peur de ne pouvoir représenter ce que les autres attendent de lui. Il « joue » à l'indifférence envers l'admiration. Il fuit les autres. Afin de ne pas prendre conscience de cette peur et de cette fuite, il se donne des raisons apaisantes, auxquelles il croit. Son indifférence est donc une compensation; sa réflexion est *anormale*.

3

Par sentiment d'infériorité, il peut avoir *besoin* de paraître « parfait », et « détaché de toutes ces balivernes dont il connaît le peu de valeur! ». Ainsi, il renforce l'admiration des autres pour sa « modestie »; admiration dont il a besoin pour se sentir en sécurité. Réaction *anormale*; il se donne de bonnes raisons conscientes qui ne correspondent nullement à la réalité. C'est un perfectionniste; donc un névrosé.

Nous voyons donc bien la différence entre réaction normale et réaction de névrose. La réaction normale est authentique; la névrotique ne correspond pas à la vérité intérieure. Elle est comme une croûte qui, recouvrant une plaie, l'empêche de suppurer.

Quelques exemples entre mille.

— Une action courtoise peut être (heureusement!) authentique. Mais elle est parfois un symptôme de névrose. Je suppose qu'une personne soit très angoissée si les autres lui sont hostiles; qu'elle se sente coupable, mal à l'aise, tracassée, etc. Afin d'éviter l'hostilité, elle sera alors courtoise, gentille, prévenante, n'osera rien refuser.

— La désinvolture peut être normale; il s'agit alors d'un détachement et d'une aisance dus à une force intérieure. Quand est-elle névrotique? Quand le sujet « joue » au désinvolte, sans le savoir consciemment d'ailleurs. Il échappe ainsi aux angoisses dues à ses sentiments d'infériorité.

— Une très grande culture est naturelle en soi. Mais elle est parfois un symptôme de névrose : si elle compense de grandes humiliations, par exemple. Il suffit de nous rappeler le cas de Jacqueline, que nous avons vu. (Page 35.)

— La loyauté est une magnifique action. Mais elle peut être névrotique.

Par exemple : la personne est loyale; mais inconsciemment elle désire qu'on le sache. Elle accomplit des manœuvres pour que les autres constatent sa loyauté, lui confient des secrets, de l'argent, etc. qu'elle garde d'ailleurs impeccablement. Elle récolte ainsi l'admiration, l'affection, la confiance dont elle a besoin moralement.

— Etre un « grand homme » est normal... bien que rare, hélas! Mais devenir un grand homme peut être une compensation d'infériorité, donnant des sensations de puissance et de domination.

Nous voyons que seule, une analyse permet de dire si un sentiment ou une action est névrotique ou non! Un névrosé par sentiments d'infériorité tournera toujours autour des points suivants : *besoin* de domination, de puissance, de force, de supériorité, d'admiration. Ces besoins proviennent donc de sentiments d'impuissance et de faiblesse. *Donc, ce névrosé fera tout pour empêcher ce qui, pour lui, ressemble à une faiblesse.*

Par exemple :

— Il refuse « farouchement » d'accepter un conseil.

— Il a un esprit de contradiction parfois féroce et immédiat, comme un tic.

— Il refuse « fièrement » le moindre appui qu'on lui propose.

— Il veut faire sa vie « sans rien demander à personne, afin de ne rien devoir à qui que ce soit et de passer la tête haute »...

— Il refuse de n'avoir pas raison.

— Il ne supporte pas la moindre critique... etc.

Pourquoi? Toutes ces actions sont cependant normales! *Mais pour lui, elles sont une reddition et une faiblesse.* Que dit ce névrosé?... « je ne suis pas assez faible, moi, pour accepter des conseils... ! *Il devrait dire :* ... « étant faible, je suis incapable de reconnaître un autre plus fort et plus expérimenté que moi... ».

Ces névrosés veulent inconsciemment que le monde se fasse à leur image. (Ce qui est tragique quand il s'agit de parents vis-à-vis des enfants.) Ils ne cèdent jamais intérieurement, et exigent la docilité de leur entourage, par quelque moyen que ce soit (rappelons-nous les personnes épuisantes) (page 129).

Leur hostilité orgueilleuse apparaît pour un rien. Par exemple, le névrosé éprouve une sourde agressivité si on le fait attendre. En lui, des sensations vagues disent : ...« je ne suis pas de ceux qu'on fait attendre, et j'ai droit à plus d'égards ». *Cyrano de Bergerac* est le type de névrosé de ce genre (entre des millions d'autres). Son orgueil maladif provient de sa disgrâce physique; *si Cyrano avait été équilibré au départ, son grand nez l'eut laissé parfaitement indifférent!*

LA NÉVROSE ET SES COMPENSATIONS.

Les compensations provoquent parfois des réalisations socialement très utiles.

Par exemple : un enfant humilié pendant longtemps se compense dans un but de vengeance et de supériorité. Il peut devenir ainsi un grand ingénieur, un grand médecin, un grand avocat, etc. Mais, à la base, il reste malheureux, puisque la compensation n'a nullement fait disparaître le sentiment d'infériorité! Malgré tout, il *sent* que sa plénitude intérieure n'existe pas...

Comme je l'ai déjà montré, les compensations prennent fréquemment la forme *d'autoritarisme caché.*

Par exemple :

— Ces névrosés aiment donner des conseils, ont besoin de présenter des directives. Ils acquièrent ainsi une sensation de puissance, de force, d'intégrité; ils ont le sentiment d'être un « chef » qu'on respecte et admire.

— Ils éprouvent le besoin de professer, d'enseigner (pour la même raison).

— Ils éprouvent le besoin de diriger.

— Ils éprouvent donc le *besoin* d'aider les autres, de les secourir, d'être un soutien. Ils se sentent humiliés et agressifs si on ne fait pas appel à eux.

Toutes ces actions sont ici nettement anormales, parce que ces névrosés y recherchent une supériorité. Donc, une sécurité contre leurs infériorités intérieures.

Ils ne conçoivent pas « être l'égal » de quelqu'un. Ou bien ils se sentent inférieurs, ou bien ils se croient supérieurs. Si un névrosé « compensé » se sent inférieur, il fera tout pour étonner, pour être admiré pour ses connaissances, son intelligence, sa hauteur de pensée, ses prévenances, sa « chaleur humaine », etc.

Ils ont évidemment la soif du prestige! Une névrosée me disait un jour, en parlant d'études sociologiques qu'elle avait faites d'une manière très approfondie : « ...je connais maintenant beaucoup de choses... mais ces études m'ont desséchée... ». Cette constatation serait naturelle chez une personne normale. Mais que se passe-t-il chez une névrosée de ce genre? Elle a beaucoup étudié cette question peu ordinaire (d'où sensation de supériorité); elle est desséchée (elle s'infériorise pour se supérioriser, puisqu'un dessèchement intellectuel est souvent admiré... Comme un martyr de la science, en quelque sorte... !).

Autre cas : un névrosé par sentiments d'infériorité voudra réussir « *du premier coup* ». Il a besoin de composer *immédiatement* comme Beethoven, jouer comme Molière, écrire comme Giraudoux. Il veut que ses coups d'essais soient des coups de maître! Si on lui déclare : « ...c'est bien, mais il faut encore travailler... », il se sent effondré. Il a donc une ambition démesurée, non par certitude de puissance (bien qu'il y croie parfois), mais par sentiment profond d'impuissance.

Autre cas : des névrosés reculent devant la lutte, en déclarant que « cela ne les intéresse pas »... « qu'ils sont au-dessus de cela », etc.

J'envisagerai dans un instant l'automobiliste vu sous cet angle.

LE MAQUIS DE LA NÉVROSE...

Les réactions des névrosés sont toujours très compliquées. Et c'est normal, puisqu'il y a toujours un mélange d'infériorité et de supériorité! Prenons le cas, par exemple, d'un névrosé qui a un besoin farouche d'indépendance absolue... mais qui, *en même temps*, a besoin d'être dépendant, protégé, couvé, etc. On voit tout de suite la mixture inouïe de centaines de réactions contradictoires! Pour être analysés, ces réactions, gestes, mimiques, paroles doivent être attrapés « au vol », et décortiqués. Ce qui n'est pas toujours tâche aisée.

Automobilisme et névrose.

Ces névrosés courent vers les marques extérieures d'une lamentable supériorité : argent, situations en vue, toilettes, voitures, etc. Et l'automobilisme semble concrétiser ces sentiments maladifs. Des millions de conducteurs ne supportent pas qu'on les dépasse. C'est une réaction purement névrotique! Pour eux, être dépassé signifie « être infériorisé ». Ce qui implique qu'ils s'identifient à leur voiture!... *Et que la puissance de leur voiture devient leur puissance à eux.* Faut-il que soient grands leurs sentiments d'infériorité pour en arriver là...

Ces névrosés ne penseront pas : « ma voiture a été dépassée par une autre voiture », mais : « je suis dépassé par un autre! ». Il est d'ailleurs intéressant d'observer un automobiliste atteint de sentiments d'infériorité. Il est (évidemment) en état d'hostilité et de compétition maladives. Il réagit couramment de deux façons : ou bien par l'agressivité, ou bien par la fuite. *La névrose d'agressivité* est bien connue en automobilisme : rage sourde, réflexions acerbes, insultes, sarcasmes, dépassements furibonds, etc. *Quant à la fuite*, elle se déguise souvent en fausse désinvolture, en faux respect de la mécanique, etc.

Par exemple :

— Battu au démarrage, un automobiliste névrosé dira : « Moi?... je n'ai pas envie d'esquinter ma mécanique... Gâcher de l'argent pour gagner deux secondes? Pas si bête!! » (il n'en pense pas le premier mot, mais tâche de justifier son « infériorité » aux yeux des autres...).

— Si sa voiture n'est pas puissante, il déclare que « son compteur marque faux à partir de 80, qu'il marque trop peu, qu'il devrait le faire arranger... ». S'il se croit « battu », il déclare « avoir envie de flâner »... afin que les autres ne puissent se moquer de sa lenteur comme d'une faiblesse, etc. Ou bien il conduit d'une seule main, avec une fausse nonchalance et en sifflotant un air vague...

Il s'agit donc de réactions qui donnent une *sécurité intérieure*. Il essaye de se sentir désinvolte, calme, lucide, en dehors de cette « stupide compétition ». Ces paroles, bien sûr, ne correspondent nullement à son climat intérieur, qui est hostile et sourdement furibond.

Ce sont ces mêmes névrosés qui réagissent avec hostilité si on critique la puissance de *leur* voiture, qu'ils confondent avec leur propre force! Si l'on pouvait supprimer les sentiments d'infériorité chez les millions d'automobilistes qui en sont atteints, le nombre des accidents tomberait de moitié! Parce qu'on empêcherait ainsi la compétition hostile entre des névrosés qui n'acceptent jamais leur impuissance...

L'ÉDUCATION ET LES SENTIMENTS D'INFÉRIORITÉ.

Les sentiments d'infériorité apparaissent dès les premiers âges de la vie. Ils sont tout à fait normaux. Tout enfant se sent désemparé et impuissant devant les forces qui l'entourent

Il est petit et faible; il ignore le monde, dont il n'a qu'une sensation très confuse. Se rend-on compte combien doivent lui sembler gigantesques les choses qu'il voit? *C'est pourquoi tout enfant cherche avant tout la sécurité.* Il doit se sentir soutenu et aidé... mais non dominé ou traité comme un objet. Peu à peu, sa personnalité s'affirme. Son « Moi » apparaît. Il commence à chercher la sécurité en lui-même. Il essaie ses forces, et devient spontané. L'éducation doit donc lui permettre d'arriver le plus rapidement possible à avoir confiance en lui. *L'éducation idéale consiste à supprimer, le plus vite possible, les sentiments d'infériorité, et à conduire l'enfant vers la certitude de sa propre valeur.* Car le noyau de la névrose apparaît si le sentiment d'infériorité reste semblable à lui-même, et envahit toute la personnalité au cours des années qui suivent. C'est alors un *complexe* qui mûrit comme un champignon vénéneux, étouffant la personnalité réelle, et commandant la plupart des actions et des pensées.

Or, la réalité est assez sombre! *Tout ce qui brise la volonté personnelle d'un enfant est facteur de névrose.* Tout ce qui casse sa spontanéité, également. Tout dépend évidemment de l'esprit dans lequel est faite l'éducation.

Beaucoup d'éducateurs, malheureusement, renforcent les sentiments d'infériorité. Il suffit simplement de songer au nombre inouï des *personnes autoritaristes, donc névrosées.* On tient ainsi la clé d'un nombre incalculable de névroses adultes. C'est la chaîne sans fin des éducateurs névrosés... et des éduqués qui le deviennent à leur tour. Une personne autoritariste renforce évidemment les sentiments d'infériorité, même chez l'enfant le plus sain du monde. Il suffit encore de se rappeler les *Personnes Epuisantes* pour en être convaincu! (Page 129).

Il nous faut voir les choses telles qu'elles sont. Un parent atteint de sentiments d'infériorité a *besoin* que son enfant reste inférieur. Il a besoin que son enfant n'ait pas de vie personnelle et spontanée. Il a besoin de la faiblesse de l'enfant pour renforcer les sentiments de domination, qui lui donnent une sensation de force.

Tout psychologue connaît une des principales causes de névrose adulte : *trop de parents dominent leur enfant.* Le cas le plus courant et le plus dangereux est celui d'une mère dominatrice (névrosée) et de son fils. Puisque cette mère a besoin de dominer, elle doit empêcher que son fils devienne personnel et viril. Elle a donc besoin de la faiblesse de son fils. Mais comme souvent, cette domination se cache sous des apparences de « perfection », comment voulez-vous en sortir? Comment en sortir si cette mère névrosée est « parfaitement bonne »? La psychologie doit intervenir, puisque la personne elle-même ne se rend nullement compte de ses compensations qui font tant de mal!...

Je reprends encore un exemple, déjà vu en psychanalyse. Supposons un père névrosé qui a peur des femmes. Il croit donc « mépriser » et « haïr » les femmes. S'il a une fille, que va-t-il se passer? Sur sa fille, il transposera sa « haine » des femmes; il frustrera sa fille, l'humiliera, l'infériorisera. Mais je voudrais surtout envisager le cas de la *compensation*, apparaissant sous des formes de perfections. Puisque ce père « méprise » les femmes, il fera tout pour empêcher sa fille de devenir une femme. Cela, inconsciemment! Pour l'empêcher de devenir une femme, il doit donc la rendre masculine. Il fera en sorte que sa fille se coiffe de telle façon, porte tels vêtements, telles chaussures, qui l'empêcheront d'avoir un aspect féminin. Il poussera sa fille à accomplir des exploits virils, sportifs, à développer sa force physique. Tout cela est bel et bien... *mais quelles raisons va-t-il donner consciemment?* Il prétendra faire cela « pour le bien de sa fille »... « de cette façon, elle pourra faire son chemin sans devoir dépendre des hommes »... « par cette éducation elle aura des muscles et des nerfs solides... elle pourra acquérir un métier... elle ne deviendra pas la proie des hommes »... etc., etc.

Cet homme passe donc pour un « bon père qui se saigne aux quatre veines », et qui a de belles et nobles raisons. Or, nous voyons que la réalité profonde se trouve aux antipodes!

Le manque de tendresse.

Le manque de tendresse déclenche immanquablement des sentiments d'infériorité (frustration) chez l'enfant, comme chez l'adolescent. Quand y a-t-il manque de tendresse? Brutalement parlant, quand un parent humilie, domine, infériorise ou abandonne *visiblement et volontairement* son enfant. Dans ce cas, on sait parfaitement à quoi s'en tenir; l'enfant également. Tout se passe au grand jour, si je puis dire... Mais il existe les autres cas, beaucoup plus sérieux, plus « insinuants » en quelque sorte. Je reprends le cas de ce père, vu il y a un instant. Il donne à sa fille toutes les marques *extérieures* de la tendresse et de l'attention. Cette tendresse visible correspond-elle à une affection profonde? Non. Sa tendance profonde est la peur et la haine des femmes... fille comprise!

Je reprends maintenant le cas d'une mère autoritariste et dominatrice. Elle va donc couver son enfant. Elle sera « adorablement bonne ». Elle va même pousser la bonté jusqu'à empêcher son fils d'accomplir une action banale ou virile... en le faisant à sa place. Elle prend toutes les responsabilités à la place de son enfant. *Visiblement* parlant, cette mère bourre son enfant de tendresse. Elle est convaincue qu'elle fait tout cela « pour le bien de l'enfant ». Mais... cette tendresse est-elle authentique? Non, pas du tout. Cette personne croit aimer son enfant pour lui-même. Elle se trompe. Puisque cette mère est névrosée, *elle a en vue son bien personnel, c'est-à-dire la sensation de puissance et d'infaillibilité qu'elle trouve dans la domination.* Il existe donc ici une fausse tendresse, devant laquelle un enfant et un adolescent ne se trompent jamais! Ils *sentent* parfaitement bien que « quelque chose ne va pas ». Et devant cette domination doucereuse, ils réagissent par de violentes hostilités intérieures; *mais aussi par un sentiment permanent d'infériorité et d'insécurité.*

Et le mécanisme psychologique se met tout doucement en marche, puis de plus en plus profondément, poussant impitoyablement l'enfant vers la névrose.

Les frustrations produisent-elles des sentiments d'infériorité?

La question devrait être : en éduquant un enfant, quel est le but des éducateurs? Je veux dire *quel est leur but profond?* Le but profond d'une personne saine sera l'enfant lui-même. L'éducation sera lucide, juste; la personne saine est capable de voir le bien de l'enfant, et de s'oublier elle-même. Et chez un éducateur névrosé?... Tout d'abord, est-il capable de s'oublier lui-même? Non, *même s'il croit le faire.* Pourquoi? Parce que sa névrose l'oblige à tourner sans cesse sur lui-même, à la recherche d'une compensation qui lui permette de vivre. Dans le cas des névrosés-autoritaristes, la compensation est trouvée : c'est l'enfant lui-même. Le névrosé va donc camoufler son manque d'affection *réelle et profonde*, et déclarera n'avoir en vue que le bien de l'enfant. Ce qui lui permettra de le dominer, de le frustrer, et de l'inférioriser à longueur d'année...

Tout ce qui brise la volonté personnelle d'un enfant produit un sentiment d'infériorité, si cet enfant a l'impression d'une baisse de sa propre valeur. Si une personne saine punit son enfant d'une façon juste, rien n'est à craindre. L'enfant se dira : « ...la loi est la loi... » et pensera à autre chose qu'à se sentir humilié. Mais il n'en va pas de même chez un enfant éduqué par un névrosé. Je l'ai suffisamment montré. Chez lui, *tout* concourt à faire baisser le sentiment de sa valeur!

Quelques autres causes.

Il existe évidemment toute une gamme de frustrations et d'infériorisations. Outre les parents dominateurs, il y a ceux qui transmettent à l'enfant leurs peurs maniaques (donc névrotiques). *Par exemple :* recommandations *perpétuelles* de prendre garde aux accidents, aux insectes, aux chutes, aux microbes... Recommandations sans cesse répétées : « couvre-toi bien de laine, tu n'es pas tellement fort... » — « ...prends bien garde de ne pas tomber — de ne pas te faire mal — prends garde aux autres — prends garde à tes yeux, à tes mains, à tes jambes... » que sais-je encore!

Ou le cas de cette mère autoritariste qui forçait son fils à porter des caleçons longs, hiver et été... et ce jusqu'à 23 ans! Il s'agissait d'une autoritariste doucereuse contre laquelle toute révolte se brisait comme contre un mur d'acier... Stupéfaction de la fiancée!...

Je n'ai cité ici que quelques petits exemples. Ces recommandations maniaques finissent par créer un *réseau de réflexes conditionnés, et briser la confiance que l'enfant doit avoir en lui.* Si ces « conseils » ne cessent jamais et viennent d'une peur angoissée, comment voulez-vous que l'enfant développe sa propre force, et n'ait finalement, pas peur lui-même?

Les sentiments d'impuissance et d'infériorité apparaissent alors.

Comme je l'ai dit, *la jalousie entre frères et sœurs* provoque parfois des haines terribles. On oppose d'ailleurs trop souvent la valeur d'un enfant à celle d'un autre. *Par exemple :* « ...regarde ton frère, prends exemple sur ton frère... il est intelligent, lui! ». Ou bien on montre à l'enfant qu'on préfère l'autre. Ou que sa naissance n'était pas désirée! Ces sentiments d'infériorité risquent, évidemment, de se prolonger jusqu'à l'âge adulte. Combien de fois fait-on sentir à une petite fille qu'on « aurait préféré un garçon... mais enfin, puisqu'elle est là...! ». Cette façon absurde de notre culture de considérer les femmes comme inférieures (on se demande pourquoi!) a condamné la moitié de nos populations à nager dans les sentiments d'infériorité...

LES FEMMES ET LES SENTIMENTS D'INFÉRIORITÉ.

La plupart des femmes éprouvent de cuisants sentiments d'infériorité par le simple fait *qu'elles ne sont pas des hommes*. Pourquoi? Notre culture est entièrement basée sur la virilité et la soi-disant supériorité masculine. L'homme est devenu une sorte d'empereur de la terre... rôle auquel il n'est pas loin de croire lui-même! Pendant des siècles, la femme fut rejetée des responsabilités extérieures. On lui laissait, pour tout domaine, son affectivité privée... Bien sûr, l'émancipation féminine fait du chemin; mais un atavisme millénaire ne s'arrache pas si rapidement... Dans notre genre de civilisation, la femme tient une place absurdement étroite. La naissance d'une petite fille n'est-elle pas souvent considérée comme un acte « manqué »?... « Ce n'est qu'une fille! » est une exclamation dépitée qui accompagne souvent sa naissance. Il y a dans ce cas, un intense égoïsme des parents, *qui désirent un enfant pour satisfaire leurs propres besoins intérieurs*. Si des parents ont en tête : « ce n'est qu'une fille! » il est fatal qu'ils le fassent sentir à l'enfant, volontairement ou non. L'infériorité féminine fait partie d'un état d'esprit ridicule, mais profondément ancré. N'est-il donc pas naturel que les femmes aient, automatiquement, le sentiment profond *d'être moins* que les autres?

Les sentiments d'infériorité de la femme cessent-ils dans la maturité? Oui, si la femme est rigoureusement équilibrée. Elle assume alors son rôle féminin avec joie et lucidité sereine. Malheureusement, la liquidation totale des sentiments d'infériorité est très rare chez la femme. Tout est contre elle : beaucoup d'hommes, toutes les lois... et même la grammaire, où le masculin l'emporte! Et si l'on pose la question à de nombreuses femmes, elles répondent fréquemment : « Moi?... j'aurais voulu être un homme... ».

Cela signifie qu'elles ont le désir de jouir des grands privilèges accordés à la seule gent masculine. De plus, elles ont le désir de posséder les qualités qui (paraît-il), sont purement masculines; c'est-à-dire : le courage, la force, l'indépendance, le droit de choisir, etc. Atteinte de sentiments d'infériorité, il est donc normal que la femme « proteste », et cherche une compensation. Il est logique qu'elle cherche à rejeter son rôle de femme... et à se diriger vers le rôle masculin. Ces protestations se traduisent par la réduction des seins, la démarche virile, les vêtements masculins, la coupe de cheveux, la compétition sportive, les revendications féminines, etc., etc. Elles entrent ainsi en compétition *agressive* avec l'homme.

Tout cela est tristement ridicule, mais on a tout fait pour le développer. Deux solutions sont alors possibles pour les femmes atteintes de sentiments d'infériorité dus à leur rôle :

a) la sensation d'impuissance et de résignation.

b) la « protestation », les compensations et les compétitions.

Résultat?... L'homme pense : « ...je ne supporterais pas d'être dépassé ou commandé par une femme!... ». — Et la femme pense : « ...ah, c'est ainsi!... je vais « leur » montrer ma valeur, moi! Je vais leur prouver que je les vaux bien! ».

Le sentiment d'infériorité féminin est donc un état d'esprit général. Combien de pères désirent un enfant pour « continuer leur nom, continuer la lignée, continuer leur profession... ».

Le bel égoïsme que voilà, une fois de plus!... Mais qui dit : « continuer le nom » signifie « avoir un garçon ». Ces pères sont alors horriblement déçus si « ce n'est qu'une fille ». Que se passe-t-il parfois? Cette chose absurde : le père refuse mentalement d'avoir une fille. Donc il tente d'en faire un garçon. Il lui apprend à se conduire « comme un homme »! Il lui enseigne les sports, la marche; il l'habille comme un garçon, il pousse sa fille à accomplir des exploits masculins... Que va donc penser la fille? Que tout ce qui est masculin est bien; et que tout ce qui est féminin est faible et méprisable.

Elle acquiert donc la certitude d'être inférieure parce qu'elle « n'est qu'une femme ». Se rend-on compte de la force fantastique qu'il faudrait à cette jeune fille pour retrouver son rôle de femme?

Qui est supérieur?

Il est ridicule de « comparer » les deux sexes. De plus, *la comparaison se fait toujours à l'aide de critères masculins*. Donc, tout est faussé au départ; c'est toujours le même son de cloche, si je puis dire...

Par exemple : il est courant de penser que les femmes n'ont pas de génie. Mais qui pense cela? Les hommes, évidemment... et les femmes aussi, par sentiment d'infériorité. Or, la définition du génie est toujours donnée par les hommes! Ils devraient donc dire que les femmes *n'ont pas le même genre de génie qu'eux*... ce qui rétablirait déjà la vérité. A chacun son propre génie, et les rôles seront bien assumés. Si l'homme a le génie de l'abstraction et du raisonnement (quand cela lui arrive), la femme, elle, a presque toujours le génie *naturel* de percevoir profondément la vérité des choses. C'est ce qu'on appelle « l'intuition féminine ». Mais l'homme, lui, est-il capable de cette affectivité profonde? Rarement, parce qu'il a recouvert sont affectivité d'une croûte de raison et de logique.

Partant de là, « on » dit que la femme est moins « intelligente » que l'homme. Mais encore une fois, qui le dit? L'homme! L'intelligence est définie d'après des critères établis par des hommes. La vérité serait donc : les femmes n'ont pas le même genre d'intelligence que les hommes.

Or, l'intelligence de la femme possède un pouvoir : elle « saisit » intérieurement les êtres et les choses. La femme est profondément *affective*, et participe facilement à la profondeur du monde. Ce qui lui donne souvent une sûreté de jugement... là où les hommes les plus intelligents bredouillent lamentablement. La différence des sexes se complète ainsi d'admirable façon; si l'homme évolue vers l'abstrait de la logique, la femme s'épanouit en profondeur. N'est-elle pas semblable à la Terre-Mère et à l'Eau?... [1].

LE MILIEU FAMILIAL ET LE SENTIMENT D'INFÉRIORITÉ.

La grande règle doit être : « Je dois veiller à ce que l'estimation que mon enfant a de lui-même *soit équilibrée*. Si elle l'est, je dois veiller à ce que cette auto-estimation *ne baisse jamais* ».

J'ai suffisamment montré, je crois, combien il est facile d'inférioriser un enfant. Nous avons vu qu'il existe un grand nombre de « personnes épuisantes », dominatrices, autoritaristes. Ce terrain est idéal pour l'éclosion des sentiments d'infériorité, d'impuissance et de frustration. Certains égoïsmes de parents sont également des terrains de choix. Beaucoup trop désirent « façonner » l'enfant à leur image; désirent que le comportement de l'enfant corresponde à leur propre volonté. Dans ce cas (très courant), ils ne tiennent nullement compte de la personnalité propre ou de la spontanéité de l'enfant... qui devient comme un bâton que l'on casserait en deux...

[1] Voir « Les Symboles », page 220.

■ *Qui dit éducation, dit transmission de force et d'équilibre.* On ne peut donner que ce que l'on possède. Et l'on doit s'incliner devant les parents qui ne se considèrent pas comme maîtres *absolus* de leurs enfants; et qui essaient, avant tout, de se connaître eux-mêmes.

Ne faut-il pas apprendre avant d'enseigner?...

LE MILIEU SCOLAIRE.

Il est également très important pour l'enfant. Là aussi, notre genre de culture tourne souvent autour de la supériorité clinquante, du manque de coopération, des supériorités sociales et financières!... On voit donc le résultat. Au départ déjà, des clans se forment. Les faibles sont rejetés. Les petits pauvres sont méprisés. Les petits riches sont admirés et respectés. *Et si des individus séparés peuvent être névrosés, des écoles entières peuvent l'être également.* Il s'agit alors d'un « état d'esprit », que certains établissements illustrent particulièrement. J'ai recueilli bien des douloureuses confidences d'hommes et de femmes mûrs, n'ayant jamais pu oublier les redoutables humiliations ressenties dans ces établissements, que l'on qualifie de « snobs » à défaut de « névrosés ».

Les pauvres y deviennent les domestiques des riches. Les pauvres, les non-payants, servent la table des élèves riches et payants. C'est tout simplement révoltant. La fausse supériorité que donne l'argent s'y étale d'une façon hideuse. Les élèves pauvres, alors, s'enfoncent lentement dans le puits des sentiments d'infériorité, pour en ressortir à l'âge adulte, bourrés de compensations. *Ces compensations peuvent alors produire un grand homme, comme un grand bandit.* Les Cours d'Assises montrent fréquemment les résultats de ce manque de tendresse et de ces humiliations. *Notre culture sociale récolte alors la haine qu'elle a semée, ni plus ni moins.* Supprimez l'humiliation, donnez la tendresse, et vous supprimerez de nombreux crimes.

Certains éducateurs d'établissements névrosés se moquent de la pauvreté de certains enfants, du métier de leur père, de la timidité de l'enfant, de sa diction... et cela, devant toute une classe qui rit!...

■ *Ces éducateurs sont évidemment des malades.* D'autres éducateurs (comme je l'ai dit) rendent publique la masturbation d'un enfant! Il y a là un manque d'intelligence et d'amour tellement flagrant, qu'aucun commentaire n'est nécessaire.

L'enfance frustrée, manquant de tendresse et de confiance en soi, est l'un des problèmes les plus douloureux. Immédiatement douloureux, tout d'abord. Dans l'avenir, ensuite. L'enfant humilié et frustré, deviendra probablement un adulte névrosé. Il cherchera des compensations de puissance et de domination, qui lui cacheront son malheur intérieur. Il deviendra peut-être parent à son tour, ou éducateur. Et c'est alors la chaîne sans fin, dont j'ai déjà parlé...

LA PSYCHOLOGIE ET LES SENTIMENTS D'INFÉRIORITÉ.

Les sentiments d'infériorité, ainsi que le *besoin* de supériorité, se manifestent par des milliers de petites touches subtiles, formant un tableau complet. Parfois, en un éclair, le névrosé se rend compte qu'une réaction n'est pas « vraie ». Mais il rejette immédiatement cette sensation; surtout lorsqu'il s'agit d'actions qui lui font croire à sa puissance et à sa perfection. Pourquoi? *Parce qu'il risquerait de se voir tel qu'il est.* Donc de se mépriser et de se haïr. Alors, notez-le bien, qu'il n'y aurait aucune raison... puisqu'il n'y est pour rien. Dans son cas, n'importe qui aurait cherché des compensations. De toute façon, prendre conscience de ces compensations risquerait de terrifier le névrosé. Supposons qu'il accomplisse des actions courtoises, bonnes, belles; qu'il soit reconnu comme très bon et désintéressé; qu'il passe pour « tout donner aux autres », etc. Il croit donc lui-même à ces « qualités », qui lui cachent des plaies profondes! Il prend ses actions pour de *l'or massif.*

Supposons maintenant qu'il se rende compte brusquement que cet or massif n'est que du « plaqué-or »? Qu'il sache nettement et sans préparation que ces qualités cachent de puissants sentiments d'infériorité, d'hostilité, d'égoïsme, de faiblesse, de peur? Il se croyait fort, détaché, bon, aimant; et il se trouve soudain devant les ruines de sa propre personne. Toutes ses constructions s'écroulent dans un abîme...

Qu'arriverait-il? Ce névrosé dégringolerait, tout simplement... Tout son mécanisme de sécurité craquerait.

■ *C'est pourquoi un névrosé est incapable de s'aider lui-même, du moins au début.* Le psychologue doit intervenir. Traitement moralement douloureux parfois, mais indispensable. Par la psychologie, le névrosé se retrouve moralement nu et grelottant, débarrassé de certains vêtements brillants, mais de mauvaise confection. La psychologie lui donne ensuite un vêtement sur mesure, aisé, ajusté, qui lui permet d'évoluer sans gêne et sans angoisse.

Et... y a-t-il beaucoup de ces névroses à sentiments d'infériorité? Oui; par dizaine de millions! C'est notre genre de culture qui en est la cause principale parce que cette culture base la vie sur la compétition au détriment des autres, sur la supériorité individuelle et méprisante, la domination, la course à la puissance, etc. Il est donc fatal que ces névroses pullulent, avec leur cortège de souffrances et de vies parfaitement ratées...

IV. La cathédrale agrandie.

C. J. Jung : Surréalisme et retour aux sources

Ne communiquez votre science supérieure qu'aux sages... (Gœthe)

La pensée de Jung est simple. Elle est la clé d'une science initiatique; mais aussi d'une psychothérapie puissante. Comprendre cette pensée exige une condition draconienne : ne pas se croire le centre du monde! Ne pas imaginer que posséder une puissante voiture et l'éclairage électrique nous éloigne psychologiquement de nos ancêtres lointains! Avec Jung, nous quittons l'homme-fourmi pour entrer dans l'homme-humanité. L'homme moderne s'y revoit toujours semblable à lui-même. Les idées de Jung demandent qu'on retrouve une âme profonde d'enfant ou de primitif. D'ailleurs, *retourner aux sources primitives n'est pas une déchéance, mais une fantastique extension.* Dans ce cas, tout sera clair. Il suffira de se laisser aller... Nous verrons alors que nos ancêtres sont encore derrière la porte, prêts à entrer sans frapper!

Tout psychologue sait que le rêve nocturne fait apparaître des modes d'expression (images et symboles) différents de ceux de l'état de veille. Nous l'avons déjà vu. Or, ces symboles du rêve sont identiques chez des personnes de langue, d'éducation et de pays différents.

Les images des hommes.

Certains mots et certaines images ont la même signification pour des gens différents. Pourquoi? (revoir le tableau des pages 150-151).

Pourquoi telle image, tel mot, aura-t-il le même sens profond pour un Chinois comme pour un Français, quels que soient leur culture et leur rang? Pourquoi les *légendes* de tous temps et de toutes races présentent-elles des symboles identiques? N'y aurait-il pas un « réservoir » mental collectif, dont chaque cerveau humain porterait les traces en naissant? Ne pourrait-on aller plus loin, et supposer l'existence d'un « milieu » purement mental, dans lequel baigneraient les esprits individuels? [1].

L'INCONSCIENT COLLECTIF.

C'est donc un Inconscient Supérieur qui serait le même pour tous les hommes. Observons une personne dont la raison critique est coupée par un moyen quelconque (rêve nocturne, émotion, inspiration artistique, transe de médium, certaines séances de psychanalyse, etc.) Nous constatons alors une chose bouleversante. Tout se passe comme si les hommes modernes avaient au fond d'eux-mêmes les souvenirs émotifs de leurs ancêtres lointains.

Comme ceux-ci, l'homme moderne emploie les mêmes images et les mêmes symboles profonds, qui semblent être une sorte d'héritage mental, commun à toute l'humanité, sans distinction de culture ni de race.

N'est-il pas incroyable que certains sujets de légende se répètent *sur toute la terre, en des formes identiques?*

Pour les retrouver dans leur pureté, il faut étudier les religions, les mythologies, les légendes populaires, les folklores. Mais je ne parle ici que de psychologie pratique. J'envisagerai donc ces symboles dans un but de guérison. Ils nous feront retourner aux tréfonds de l'homme. Leur signification est grandiose. Et bien que l'état conscient nous les fasse oublier, ils n'en sont pas moins présents. Ils agissent dans l'ombre, à l'arrière-plan de la conscience [2].

LES SYMBOLES.

Pour plus de clarté, je les présenterai sèchement. Certains d'entre eux, ensuite, s'illumineront. Chacun les retrouvera en soi, intacts depuis des millénaires.

[1] Que dit Freud?... « ceci n'est pas moins fait pour vous étonner que si vous appreniez que votre femme de chambre comprend le sanscrit alors que vous savez pertinemment qu'elle est née en Bohême et n'a jamais étudié cette langue ». Ceci pourrait expliquer cela...

[2] Revoir par exemple le rêve de Jean, page 173. Il a *vécu*, en rêve les symboles *agissants* (puisque jouissance sexuelle) de l'épée et du lys. Ces symboles se trouvaient donc en lui, comme en chacun de nous.

1. Le symbole peut être un signe concret, évoquant quelque chose d'abstrait ou d'absent.

Exemples : Le sceptre, objet concret, sera le symbole de la Royauté (abstraction).

Le triangle parfait sera le symbole de Dieu.

Un gant oublié deviendra le symbole d'une personne absente, etc.

Ces symboles peuvent-ils agir? Oui, *s'ils sont chargés d'émotion.* Si la personne absente est aimée ou haïe, un report émotif aura lieu sur le gant oublié. Ce gant acquiert donc un « pouvoir » émotif. Il déclenche alors des sentiments et des actions. (Par exemple : destruction du gant si la personne est haïe; substitution si elle est aimée). Sans émotion, le symbole est une chose morte et sans aucune valeur humaine.

2. Le symbole peut présenter une partie pour le tout.

Exemple : La griffe sera le symbole du Lion.

3. *Le symbole devient une Réalité Vivante, qui détient un pouvoir réel. C'est le plus important de tous.*

Exemple banal : Pour certains, un chat noir possède un pouvoir réel, bénéfique ou maléfique.

Je m'occuperai uniquement des grands symboles à charge émotive. Nous verrons leur puissance en psychothérapie.

Comment naît un symbole.

Malgré les techniques modernes, les hommes sortent à peine du froid, de la faim et de la peur. Les peurs de nos ancêtres ont été *compensées* par la vie moderne. Mais elles n'ont pas été *annulées*, loin de là! Et il suffit d'un rien pour que l'homme retrouve ces peurs anciennes.

La Vie est le but de l'homme vivant. Il adresse donc son émotion :

1) A tout ce qui donne la vie.

2) A tout ce qui permet la continuation de la vie.

De même qu'il existe deux sexes, il a existé de tous temps deux grands principes universels :

(1) Un principe masculin qui est	actif	rayonnant	fécondant	pénétrant
(2) Un principe féminin qui est	passif	effacé	fécondé	pénétré

Ce qui est logique, et à l'image de l'homme et de la femme. Voyons six grands symboles ayant régi toute l'humanité.

Les grands symboles masculins

1. Le Soleil (actif, rayonnant, fécondant)
2. Le Père (guide éclairant et rayonnant)

3. Le Feu (actif et rayonnant; lié au soleil)
4. Le Phallus (symbole mâle universel; actif, fécondant, pénétrant)

Les grands symboles féminins

1. La Terre (passive, fécondée)
2. L'eau (fécondante, mais passive et effacée).

Le soleil

Plaçons un homme civilisé, durant la nuit, en pleine forêt. Au bout de quelques minutes, l'homme moderne éprouvera les mêmes sensations qu'un homme d'il y a dix mille ans. Devant ces sensations primitives, sa voiture et sa télévision lui sembleront d'une dérisoire futilité...

Cet homme est face à lui-même, en pleine nature rendue hostile par la nuit. Il réagira comme ses ancêtres : il aura peur. Que souhaitera-t-il avant tout? *Que le soleil se lève.* L'apparition du soleil élimine les terreurs nocturnes, réelles ou imaginaires. Le soleil dispense la lumière, la chaleur, la vie, la sécurité, la beauté.

Supposons maintenant que cet homme perde complètement la mémoire moderne et redevienne comme le primitif. Jour après jour, il verra « *monter* » le soleil. Soir après soir, le soleil « *descendra* », annonçant la peur quotidienne.

Peu à peu, la vision physique du phénomène est remplacée par l'émotion qui s'y attache.

a) Le primitif voit se lever le soleil; sa peur émotive disparaît.

b) Puis, le primitif fait un rapprochement entre le lever du Soleil et : chaleur — lumière — disparition de la peur. Ce rapprochement devient de plus en plus émotif.

c) Le soleil devient une réalité vivante, une « personne » permettant la lumière — la chaleur — la sécurité.

d) Le Soleil devient un Dieu, que le primitif prie et adore.

e) Puisque le soleil « *monte* » dans le ciel, la simple idée d'*ascension* déclenche chez l'homme un sentiment d'euphorie, de joie, de lumière.

De nos jours.

Il en est encore ainsi aujourd'hui. Si le soleil lui-même n'est plus considéré comme un dieu, il reste le symbole émotif de puissants sentiments d'euphorie. Cette expérience peut être faite chaque jour par chaque homme.

Par exemple : revoyons les réponses de la page 153 au terme « Monter ».

Voici maintenant des réponses comparées entre Soleil et Monter. Ce sont des réponses données par quatre-vingts personnes différentes, reclassées par ordre de similitude.

SOLEIL

Lumière — Espoir — Richesse — Perfection — Espace — Dieu — Vie — Beauté — Force — Gloire — Paradis — Euphorie — Père — Feu — Amour.

MONTER (Ascension)

Lumière — Espoir — Perfection — Espace — Dieu — Vie — Force — Gloire — Joie (euphorie) — Père éternel — Vie — Beauté — Amour éternel.

Il est inutile de comparer réponse par réponse! Jamais je n'ai obtenu *une seule* réponse qui ne soit optimiste et positive.

Nous constatons donc que les *mêmes sentiments* apparaissent à l'évocation de Soleil et de Monter; et cela chez des personnes différentes.

Ces deux symboles sont liés à tout ce qui est lumineux et fort. Ils sont liés à l'Amour, parce que à la purification, à la perfection et à Dieu (qui se trouve « en haut »).

Par exemple : Il ne viendrait à personne de dire : « Il *descendait* vers la lumière. Chacun serait choqué. Pourquoi? En interrogeant des gens, on obtient les réponses suivantes, selon le degré de réflexion et d'intelligence :

— « Descendre » vers la lumière?... Cela ne va pas. On « Monte » vers la lumière.

Parce que cela ne se dit pas. La lumière est en haut.

— Je ne sais pas... mais cela me gêne... comme quelque chose de profondément faux... je ne sais pas pourquoi... il y a quelque chose en moi qui me le dit.

— La lumière est aussi bien en bas qu'en haut. Mais « en bas » ne me touche pas. Tandis que « monter » vers la lumière me donne l'impression d'une connaissance et d'une purification. C'est une impression indéfinissable, et je suppose que tout le monde éprouve le même sentiment.

On place Dieu, le paradis, l'amour de Dieu, la perfection, etc... « *en haut* ». Pourquoi pas « en bas »?...

Le Christ est « *monté* » au ciel. Pourquoi pas « descendu » au ciel? Parce que le ciel est « *en haut* »? Mais pourquoi pas « en bas »?

La Vierge a eu son « *Assomption* », etc...

Chez le « civilisé », l'idée d'une ascension déclenche toujours des sentiments de purification. Les sentiments des alpinistes et des aviateurs ne sont pas autre chose. Leur ascension leur donne un sentiment de puissance, c'est certain. Mais ils disent surtout : « Là-haut », on se sent pur...

On remarque *toujours* ces sentiments dans les arts et dans les séances psychanalytiques. « Monter » et « Soleil », peuvent amener aussi des sentiments de sexualité générale, aussi bien que d'Amour. Ce qui est logique. L'Amour est lié à la purification et au détachement de soi.

On comprend donc qu'une bonne analyse des rêves exige la connaissance du langage symbolique, c'est-à-dire primitif.

Une séance de psychanalyse.

Madame X. est priée de dire « tout ce qui lui passe par la tête », après l'énoncé du mot *Soleil*. Madame X., trente ans, très équilibrée et très intelligente, se trouve dans un état de détente complète, les yeux fermés dans une obscurité totale.

— ...*Je vois le soleil, haut dans le ciel, entouré de flammes jaunes, comme des draperies de lumière. Ces lumières se dirigent lentement vers moi, comme des phares. Je me sens monter lentement dans l'espace, comme dans les rêves. Je monte vite, dans une aisance merveilleuse. J'ai l'impression d'être sans poids. Oh!...mais je me SENS réellement monter; c'est une impression splendide d'engourdissement... J'approche tout doucement du soleil qui grandit de plus en plus. Les flammes qui l'entourent semblent... comment dirais-je... sans méchanceté; j'ai l'impression qu'elles sont bonnes et qu'elles m'aiment... Je me sens maintenant léchée par les flammes, et je vois, derrière le soleil, une sorte d'immense jardin lumineux, très calme, avec des sphères de toutes couleurs. Tout au fond, une porte brillante, avec un jeune homme. Il tient une épée de feu à la main, et j'ai l'impression qu'il me sourit... C'est comme si mon humanité mauvaise s'en allait... Je ressens une véritable émotion... j'ai la sensation d'entrer dans une éternité de lumière... Je vois brusquement mon père... Il se trouve devant moi; il est tout lumineux, et tient également une épée de diamant... il me tend une grande clé d'or, et me montre la porte étincelante... devant laquelle je vois des personnages vêtus de blanc...*

Arrêtons-nous ici. Nous voyons que ces associations libres sont pleines des images dont je viens de parler. J'insiste en disant que, huit fois sur dix, *les mêmes images se présenteront.*

Le mot *Soleil* amène dans l'ordre : flammes — *monter* (ascension) — aisance (dégagement de soi) — un jardin *lumineux*, avec des *sphères* (image d'un paradis, avec des sphères qui sont des figures géométriques parfaites) — porte *brillante* — jeune homme avec une *épée de feu* (rappel de l'archange de la religion) — c'est comme si mon humanité mauvaise s'en allait *(purification)* — *éternité de lumière* (Dieu) — son père (nous allons voir pourquoi) — son père est *lumineux* — *épée de diamant* (épée = force; diamant = richesse, qui est ici une richesse spirituelle) — *clé d'or* (qui lui permettra d'ouvrir la porte de la perfection) — personnages vêtus de *blanc* (perfection, pureté, anges).

Toutes les images de ce « rêve », se retrouvent dans les légendes humaines, de toute éternité. Il est toujours profondément émouvant de les capter au cours de séances psychologiques, faites avec des personnes totalement différentes...

Un très grand symbole : le père

Nous avons vu que l'idée de Père apparaît (page 223) :

a) dans les réponses au mot « Soleil »;

b) dans les réponses au mot « Monter »;

c) dans le rêve imaginé par madame X.; en partant de « Soleil ». (Page 224.)

Pourquoi ?

On connaît l'expression : « mon père est un soleil pour moi... » Ce qui signifie : « comme le soleil, mon père est fort et rayonnant. Comme le soleil, mon père me guide et m'éclaire; il me donne la sécurité ».

Voici qui est important :

Comme le soleil, le père est un héros pour l'enfant. Le père est un être puissant et glorieux. Les enfants se vantent d'ailleurs de leur père, du métier de leur père, etc. Pour un enfant, le père a des traits surhumains, et est placé sur un piédestal.

Or, ce n'est pas *son père à lui* que l'enfant place sur un piédestal, mais l'idée qu'il se fait du père en général! Pour un enfant, *le père est un symbole avant même d'être son père à lui.* L'enfant exige inconsciemment que son père corresponde au symbole, et ait de la force, de la gloire, de l'infaillibilité et du rayonnement.

Le rôle pratique d'un père est donc difficile.

Parce qu'il doit s'ajuster à la vision symbolique de son enfant. C'est un rôle écrasant. Si son père (pour une raison quelconque) ne correspond pas au symbole, une contradiction apparaît chez l'enfant, (pouvant aller jusqu'au déséquilibre psychologique).

Cas : le métier du père n'est pas glorieux; le père est un faible; le père est trop dominateur; le père n'est pas instruit; le père n'est pas admiré; le père est pauvre, etc.

Tous ces cas fréquents font que l'idée glorieuse, éclatante, forte qu'a l'enfant du père en général, s'écroule devant ce qu'est *son* père.

Cela peut être corrigé, évidemment. C'est une question de tact, d'intelligence et surtout d'équilibre.

Autre cas : Un adolescent commence à haïr son père parce que celui-ci est tombé malade. Cette haine se déclenche malgré lui, et l'adolescent en éprouve un intense remords. Il dit que « son père a dégringolé de son piédestal ». Il devrait dire, ici aussi, que *son* père ne correspond plus à son symbole intérieur.

Parce qu'il est à la fois symbolique et pratique, le rôle de père est donc des plus difficile. Il est toujours dangereux d'être vu à travers un symbole puissant. *Aucun père au monde n'est un dieu*, même s'il l'est pour son enfant. Tout père est homme, et rien que homme. Et toute son intelligence devra tendre à ce que son enfant le considère comme un homme et un ami, et non comme un dieu-soleil.

Le feu

Le Feu a toujours été l'objet d'un véritable culte. De nos jours, le feu est surtout lié aux sentiments d'amour. On dit (sans y songer) : — « *avoir une flamme pour quelqu'un — je brûle de passion — mon cœur est embrasé — je me consume d'amour... etc.*

Pourquoi représente-t-on l'Amour Absolu (le Sacré-Cœur par exemple) avec une flamme éclatante à la place du cœur? Pourquoi les Jeux Olympiques sont-ils annoncés par un coureur portant une Flamme?

Devant le Soldat Inconnu, brûle une flamme. Chaque année, on « ranime la flamme » de l'Inconnu. Pourquoi, à la fête de Noël, allume-t-on des bougies? Pourquoi brûle-t-on un cierge devant la statue de quelqu'un?

Si un fiancé disait : « J'ai le cœur plein d'eau pour toi... », je vous laisse penser la stupéfaction de la fiancée! Mais s'il déclare : « Mon cœur est plein de feu... », cela passe comme une lettre à la poste. Pourquoi?

Voici les mots généralement répondus par une centaine de personnes au mot :

FEU :
Eclat; Lumière; Amour; Purification; Vie; Soleil; Dieu; Energie; Esprit; Gloire; Force; etc.

Le sens profond de Feu rejoint donc celui de Soleil ou de Monter. Si nous revoyons les réponses (page 223), que constatons-nous? Que des réponses communes sont données, telles que : Lumière, Amour, Gloire, Dieu, Purification... Qu'est-ce à dire?

Dans les langages anciens, le mot « Feu » était synonyme de Vie, de Lumière, d'Amour, de Vitalité, de Force (comparer avec les réponses « modernes »)!

Tous les psychanalystes savent, par exemple, combien l'idée de Feu est liée à l'Amour. (Il suffit de songer encore aux images pieuses, aux langues de feu « descendant » sur les apôtres, etc.)

Si le Feu évoque l'Amour, il va de soi qu'il peut évoquer aussi la sexualité, soit générale, soit particulière. Songeons à l'« embrasement » de certains mystiques, ou aux réflexions machinales des amoureux « enflammés », vues plus haut!

Tout ceci ne serait qu'un amusement intéressant, si les hommes ne vivaient pas sur ces symboles. Or le contraire se passe! De plus, *si ces symboles sont produits par des émotions inconscientes, ils peuvent à leur tour en déclencher.*

C'est le cas de tableaux de certains peintres « inspirés » qui, souvent, ne font que retrouver de grands symboles se trouvant en chacun.

Il existe donc deux catégories d'hommes : ceux qui vivent sur les symboles universels, mais l'ignorent, bien que ces symboles agissent sur eux.

Et ceux qui, le sachant, vivent jusqu'au tréfonds d'eux-mêmes, étant capables de les employer pour aider et comprendre les autres. Ce sont les Initiés.

Le feu, fils du soleil.

Comme le Soleil, le Feu dispense la chaleur, la lumière et fait disparaître la peur. Chez les anciens, le Soleil fut appelé : *le Père*, et le Feu terrestre : *le Fils*.

De nombreuses cérémonies avaient lieu. Notamment celles du Solstice d'Hiver (notre actuel 25 décembre). Un cérémonial y glorifiait la naissance de l'*Enfant-Feu*...

La religion chrétienne continua cette magnifique tradition. Comme les chrétiens ne se souvenaient pas de la date exacte de la naissance du Christ, ils continuèrent la cérémonie de la naissance du Fils-Feu. Et le 25 décembre fut fixé comme date de naissance du Christ. De *grands feux* furent allumés par les chrétiens à cette occasion. Et nos jolies bougies de Noël en sont le rappel.

Tout cela, au lieu de ramener l'homme à une petite chose, l'étend singulièrement vers les siècles passés, et vers tous les hommes qui peuplèrent et peuplent encore la Terre...

Le phallus

La Vie a toujours été adorée par l'homme normal.

Il était donc naturel qu'il adore tout ce qui donne la vie, et tout ce qui en permet la continuation. Si, instinctivement, nous aimons ce qui permet à la vie de se maintenir (le Soleil, par exemple), nous chercherons le symbole concret qui représente la Vie elle-même.

Or, aucune vie ne serait possible sans le Phallus. Toute vie dépend du phallus qui devient un Principe Masculin Général. On comprendra facilement qu'un culte universel ait pu s'établir, aussi puissant que celui du Soleil ou du Feu.

Pour les primitifs, le Phallus représente la vie, grâce à l'acte sexuel. Comprenons bien que cet acte sexuel représente ici *la vie elle-même, d'une façon absolument saine, pure, instinctive, naturelle.* L'action du Phallus est un acte créateur. *C'est le principe mâle, actif, agissant, pénétrant, fécondant.*

Il a fallu toutes les déviations absurdes pour en diminuer ou en salir le sens. Comprenons : à notre époque, le simple mot « sexualité » fait rougir les gens ! Chez les primitifs, *la sexualité était un acte sacré, adoré comme tel, parce que représentant la Vie !*

Voici d'ailleurs quelques réponses à *Phallus*, données : 1° par des personnes, soit névrosées, soit à sexualité faussée.

PHALLUS

Sexe — ...cela me gêne... — Péché — ...c'est absurde, mais cela me fait honte... — Homme, ...et je déteste les hommes... — Jouissance — Obscurité — On devrait apprendre à en parler sainement — J'y songe comme à quelque chose d'interdit, mais je me rends compte que l'éducation sexuelle est fausse.

2° par quelques personnes sainement équilibrées.

PHALLUS
Vie — Création — Continuation de la vie — Puissance — Fécondation — Amour — Perfection — Colonne — Arbre.

Je redis que, symboliquement, l'acte sexuel est un acte sacré. Et c'est encore valable aujourd'hui. Chez certaines peuplades absolument saines, l'action sexuelle est parfois *publique*, considérée comme un rituel de vie, et couverte de fleurs par le village entier. Certains indigènes s'accouplent sur la terre à l'époque des semailles (symbole de Fécondation). Ceci n'est qu'un exemple, le Phallus ayant bénéficié d'un culte presque universel.

Quelles ont été (et quelles sont encore, dans les rêves et dans les Arts) les représentations du Phallus? *Tout ce qui est fort, positif, dressé, vertical.* Par exemple : Arbres (revoir la réponse à Arbre de la page 150.) Colonne. Lances (songer aux danses phalliques où les lances sont symboliquement plantées dans des trous en terre). Epée (revoir le rêve de Jean page 173). — Le Soc de la Charrue (voir plus loin), etc.

Le Phallus a bénéficié de représentations architecturales innombrables, soit sous sa forme réelle, soit sous forme stylisée.

La Sexualité n'est plus un objet général de culte; mais son symbole demeure ancré en nous. *La vraie sexualité est liée, non seulement à la vie elle-même, mais à tout ce qui la spiritualise.* Et ce n'est pas pour rien que beaucoup de névroses sont à base sexuelle déformée.

La terre

Quelles sont les expressions les plus répandues concernant ce magnifique symbole?

La terre nourricière — la terre maternelle — la terre mère.

De plus, la Terre : est fécondée;
est passive;
donne des fruits.

Il saute aux yeux qu'une association d'idées entre la *Terre* et la *Femme* se soit établie depuis les temps les plus reculés! La Terre est le symbole féminin et fécondé par excellence. On dit « les entrailles de la Terre », sans même songer que c'est la comparer à une femme.

Dans le monde entier et de tous temps, la fertilité du sol fait penser à la fécondité de la femme. La mythologie universelle a fait du Ciel et de la Terre un couple divin. En effet : le Ciel « féconde » la Terre au moyen de la pluie; et la Terre fécondée produit l'abondance. Des textes hindous comparent le marié au Ciel, et la mariée à la Terre. Certaines peuplades croient que la Terre est le « ventre maternel » dont sont issus les hommes. Les exemples de croyance en la Terre-Mère pourraient être cités à l'infini. N'est-ce pas admirable?

Mais la Terre, pour être fécondée, doit être labourée. On peut donc s'attendre à ce qu'on ait assimilé labour et fécondation. C'est ce qui s'est passé dans d'innombrables légendes et rituels.

Si la Terre est comme une femme fécondée, les instruments destinés à la féconder devaient devenir des symboles du Phallus? C'est exactement ce qui s'est passé. Le SOC de la charrue est un des symboles du Phallus les plus répandus.

Le soc « ouvre les entrailles » de la terre, « fouille les entrailles de la terre »., Que dit Baudelaire? « Mes baisers sont légers... Et ceux de ton amant creuseront des ornières, comme des chariots ou des chocs déchirants... » Le poète a retrouvé, au fond de lui-même, un symbole éternel. *Certaines charrues sont, dans les arts, représentées sous forme de Phallus.*

Dans certaines langues, le même mot signifie : bêche et phallus! Beaucoup de légendes comparent la jeune épouse à un sillon ouvert par le soc. Des Indiens représentent le sillon par une femme. Beaucoup de primitifs « fécondent » la Terre en promenant dans les sillons des fétiches représentant les organes générateurs mâles, etc., etc.

On connaît le très beau rituel des Australiens : ils dansent autour d'un trou dans la terre représentant l'organe féminin, et y plantent ensuite des bâtons (symboles du Phallus).

Le symbole de la Terre-Mère, fécondée et abondante, est d'une logique rigoureuse et d'une grande beauté. Par sa puissance et son éternité, ce symbole demeure, lui aussi, en chacun de nous; pour reparaître à la surface sous diverses circonstances, comme tous les autres symboles.

Un étranger me disait :

— Je désire être enterré dans la terre de ma patrie...

— Pourquoi?

— ...Je ne sais pas... j'aurais l'impression de retrouver ma mère et de dormir en elle éternellement...

Voici quelques associations de mots, obtenus en séance psychologique, d'environ cent personnes :

TERRE
Richesse — Fécondité — Abondance — Sécurité — Nourrice — Mère — Maternelle — Fécondée — Femme — Vierge — Passive.

L'eau

L'eau est un symbole émotif puissant, régnant depuis des millénaires. Il apparaît fréquemment dans les rêves nocturnes, la littérature, la poésie, la peinture, les chansons, etc.

Voici des réponses d'associations généralement données par cent cinquante personnes au mot Eau. Nous allons voir que rien n'a changé...

EAU
Envelopper — Fécondité — Abondance — Blé — Calme Baptême — Maman — M'abreuver à jamais — Pureté — Eternelle jeunesse — Renaissance.

Je classe ces réponses par symboles :

1) Symbole de fécondité : Fécondité — Abondance — Blé.

2) Symbole de féminité : Maman — Envelopper — Calme.

3) Symbole de purification : Pureté — Baptême.

4) Symbole de renaissance : Eternité — M'abreuver à jamais — Renaissance.

En fait, l'eau a toujours groupé ces symboles, chez tous les peuples de la terre. Il suffit, pour le comprendre, de très peu d'intuition.

L'eau, symbole de fécondité et de féminité.

Cela va de soi. *La femme fécondée donne un enfant, comme la terre fécondée par l'eau donne l'abondance.* D'autre part, rappelons-nous que le Ciel et la Terre formaient un couple divin. Il est donc naturel que l'eau (la pluie) envoyée par le Ciel, soit adorée comme une déesse empêchant la stérilité de la Terre-Mère. Entre dix mille autres peuples, les Russes ont adoré une déesse qui était à la fois la Mère, la Terre et l'Humidité. On connaît la fontaine qui, à Oxford, est censée rendre fécondes les femmes stériles. Innombrables sont les fontaines devant lesquelles peuvent être faits des souhaits.

On dit, en littérature : « l'eau maternelle » l'enveloppait. « Il se sentait dans l'eau, comme plongé dans les bras d'une Mère ». Innombrables sont les poèmes et légendes qui parlent de l'eau comme d'une déesse ou d'une mère. Les Chinois parlent de l'eau comme d'un modèle de sagesse; n'est-elle pas pure, humble, épousant harmonieusement toutes les formes? Combien de chansons n'ont pas été consacrées à la mer et aux fleuves, aux fontaines, aux sources, à la rosée, etc.?

Il suffit de songer à la Seine! Elle est « amoureuse », elle « roucoule », elle est « femme », elle est « l'épousée », elle « enlace » Paris, est « capricieuse », est « parée », etc... Ces chansons rejoignent le grand symbolisme de l'eau; *et ce symbolisme profond, touchant l'instinct héréditaire de chacun, fait leur succès.*

D'autre part, l'eau peut être un symbole de fécondité et d'enfantement. Citons ici quelques données rapportées par Mircéa Eliade (Histoire des Religions) : Dans le Sumérien, *a* signifiait « eau », mais aussi « sperme », conception, génération ». De nos jours, encore, chez les primitifs, l'eau se confond (dans le mythe) avec la semence virile. Dans l'île Wakuta, un mythe rappelle comment une jeune fille a perdu sa virginité parce qu'elle a laissé toucher son corps par la pluie...

(Nous allons voir dans quelques instants un rêve fait par une jeune fille « 1958 », et reprenant exactement ce mythe).

Le rapport entre la fécondation de la Terre-Mère et la fécondation de la Femme est donc ici très étroit, et tout à fait logique.

L'eau, symbole de renaissance et de purification.

L'image de « renaissance » par l'eau fourmille dans les légendes universelles. Le « vieil homme » se plonge dans l'eau; puis en ressort, ayant acquis un nouveau corps. C'est tout le symbole du *baptême*. Que disent les traditions? « Les Mondes ont pris naissance dans les Eaux. » Avant de sortir des Eaux, les mondes étaient sans forme, n'existaient pas. L'immersion (dans les baptêmes) signifie donc un « retour au néant », et l'émersion signifie que l'homme renaît, purifié, régénéré.

Sur le plan terrestre, les *déluges* (qui se retrouvent dans nombre de légendes) présentent le même sens : retour au néant d'une humanité ancienne, et naissance d'une nouvelle époque. Tous les héros vont se replonger dans la mer; les voyages infernaux comportent une traversée de fleuve ou un voyage sous l'océan; très souvent dans le ventre d'un monstre.

Le mort est souvent placé dans une barque au fil de l'eau. De nombreuses barques véhiculent les âmes des trépassés, etc.

Finalement, les héros ressortent de l'eau, triomphants et régénérés...

C'est ensuite l'histoire des fontaines de Jouvence, des fontaines miraculeuses, des sources et des fleuves sacrés, des puits rituels, existant à notre époque encore. (Les rivières et fontaines de France qui passent populairement pour régénérer, sont innombrables. En Cornouailles, les enfants malades sont immergés dans le puits de Saint-Mandron).

De plus, la purification par l'eau a existé de toute éternité humaine. Ezéchiel disait : « Je ferai sur vous une aspersion d'eau pure, et vous serez purs... ». Les baptêmes, les ablutions et les aspersions en sont une illustration toujours vivante.

L'eau est vraiment un des plus magnifiques symboles qui soient au monde...

L'UTILISATION DES SYMBOLES EN PSYCHOTHÉRAPIE.

Peut-on utiliser les symboles pour *déclencher* des émotions? Des émotions agissantes et guérissantes? Si une image symbolique est l'expression d'un sentiment, ne peut-on utiliser une image pour amener un sentiment? Ne peut-on l'employer pour former une suggestion profonde?

Nous arrivons ainsi à un nouveau stade de la Psychothérapie. C'est un stade prodigieusement intéressant, et pouvant avoir une efficacité vraiment « miraculeuse » soit pour l'analyse psychologique, soit pour la guérison.

Le rêve éveillé

Il y a une vingtaine d'années, *Robert Desoille*, sous la conduite de *E. Caslant*, assista au déroulement d'un « rêve éveillé ». Il fut frappé par la richesse et la puissance des images se présentant à l'esprit du « rêveur ». Desoille entreprit immédiatement des recherches et mit au point une méthode nouvelle, qui enrichit prodigieusement la psychologie.

Que fait donc cette méthode?

1) Elle utilise les symboles pour analyser le patient.

2) Elle utilise la force dynamique des symboles pour agir sur le patient.

3) Elle fait en sorte que le symbole redevienne une réalité vivante et agissante (comme chez les primitifs).

Les conditions de cette technique.

Puisqu'il s'agit de retrouver le fond symbolique, le sujet doit être, au maximum, coupé de sa « raison critique ». Le relâchement musculaire et psychique est donc primordial. Diverses techniques peuvent être employées à cet effet. De toute façon, le sujet sera isolé, autant que possible, du monde extérieur (détente, obscurité, yeux fermés, etc.).

Il s'agit ensuite de faire passer (progressivement) le sujet, de son état de conscience normale à un autre état : celui où l'efficacité symbolique pourra agir. Le sujet reste évidemment conscient. Grosso modo, le rêve éveillé se présente comme un « scénario symbolique » dirigé. Le psychologue y joue un rôle d'aiguilleur et d'analyste. Le matériel est d'ailleurs copieusement fourni par le sujet.

A titre d'illustration, voici trois fragments très courts de séances de Rêve Eveillé.

1

Janine est une jeune femme de trente ans, très masculine. Elle est professeur de mathématiques, et ne connaît pas le premier mot du Symbolisme. Ce fragment montre bien que l'Inconscient Symbolique se moque éperdument de la « raison mathématique 1958 ». Je redis que dans cette technique, la « raison critique » doit être supprimée au maximum. Les situations les plus « absurdes » doivent pouvoir se présenter sans choquer le sujet. (Exactement comme dans le rêve nocturne.)

— ...je me sens nager lentement vers un rivage. Un vieillard s'y trouve; il est très souriant, il me semble très doux. Il m'accueille. Il me conduit à un rocher d'où jaillit une eau très claire. Le vieillard me pousse sous ce jaillissement d'eau, et *j'éprouve une sensation de... de purification*... Je recule et sors de cette eau jaillissante... *je m'aperçois que je suis enceinte*... cela me dégoûte et je ne veux pas d'enfant. Le vieillard me prend par le bras et me *plonge la tête dans l'eau* dans laquelle j'ai nagé... Il me dit : « n'aie pas peur » ...Il regarde mon ventre en souriant, et me dit : « C'est bien ». *Je suis toujours enceinte et je me mets à chanter*... A la place du rocher, je vois maintenant un jeune homme qui souffle l'eau par la bouche...

Ce « rêve éveillé » pourrait être stupéfiant.

Reportons-nous au symbolisme de l'eau de la page 231. On constate l'analogie frappante avec les anciens mythes de la fécondation par l'eau!

Des milliers de femmes, depuis des millénaires, auraient pu « rêver » exactement la même chose que Janine.

Reprenons ce fragment de « rêve éveillé » :

1) Janine est accueillie par un *vieillard* souriant (Sagesse, Pardon, Connaissance).

2) Janine est poussée sous *l'eau* jaillissant du rocher. Elle éprouve une sensation de *purification.*

3) Elle s'aperçoit être enceinte. *Nous sommes donc ici en plein symbolisme de l'eau qui féconde.*

4) Elle se sent dégoûtée d'elle-même. Ce qui est normal, puisqu'elle refuse son rôle de femme. Vis-à-vis de sa conception des choses, elle se sent donc « impure ».

5) Le vieillard la plonge dans l'eau (immersion = mort), suivie d'émersion = renaissance, purification. Les paroles du vieillard correspondent au symbole du « Baptême ».

6) Janine est toujours enceinte. Cette « purification » a changé son point de vue; elle se met à chanter.

7) A la place du rocher apparaît un jeune homme. Il souffle l'eau par la bouche. Encore le symbole de l'eau fécondante; la fécondation vient de l'homme, et Janine l'accepte.

Que s'est-il passé ensuite? Janine fut fortement frappée par le fait d'accepter (en rêve, et pendant les jours suivants) son rôle de femme et la fécondation qui en dérivait. Le traitement psychologique a profité de la sensation intense donnée par ce « rêve éveillé ». Et le traitement a continué sur la base de puissants symboles.

Rapidement, Janine s'est dégagée de ses complexes, et a accepté son rôle de femme. Elle est mariée à présent, et parfaitement féminine.

2

Le sujet est ingénieur, célibataire, quarante ans. Après les techniques de relâchement, il est invité à dire la première chose qu'il voit ou ressent. On va voir que le « rationnel » ne fait pas long feu, ici non plus.

1) ...je me sens couché, et recroquevillé en chien de fusil. C'est d'ailleurs la seule position qui me donne sommeil... L'image d'une sorte d'œuf dans lequel je me trouve me vient

à l'esprit... *tellement fort que je me sens dans cet œuf... en sécurité... et j'ai pourtant quarante ans*... je m'y sens bien.

Ici, il est prié de dire à quoi il se compare; la réponse ne tarde pas :

2) ...à un fœtus. Oui, à un fœtus. Ai-je donc si peur de la vie et des responsabilités? Je me sens sans cesse inférieur devant les ouvriers... et je dois les commander... c'est extraordinaire cette sensation et cette image de me cacher comme si je n'étais pas encore né.

Ici, il est prié de sortir de cet « œuf » par un moyen quelconque.

3) ...je me détends avec une rage brusque... tout se brise, et... *je me sens flotter sur l'eau*... sur une eau immense... avec au fond, un grand soleil tout jaune... tout semble d'un silence prodigieux. J'ai l'impression bizarre d'une sorte d'attente...

Il est prié de se mettre à nager.

4) ...je me sens nager lentement, puissamment. Je vais vers un rivage. Brusquement, mon mouvement est arrêté par un chemin qui semble sortir de l'eau *et monter dans le ciel jusqu'à l'infini*. Ce chemin est brillant, et le ciel est tout noir. Je sens que je dois gravir ce chemin si je veux changer...

Quels symboles trouvons-nous?

1) une image précise de l'accrochage envers sa mère, de *retour* à sa mère. Il dit lui-même : *Je me sens comme un fœtus.* (Sous-entendu : dans le ventre de sa mère).

Cet « infantilisme » a d'ailleurs produit chez lui : sentiments d'infériorité, peur des responsabilités, aspect féminin, célibat, peur des femmes, impossibilité de quitter sa mère pour se marier; avec révoltes contre ces états de choses. (Notons ici que dans une autre séance, il verra un épouvantail. Invité à arracher les vêtements de cet épouvantail, il découvrira le visage sévère de sa mère.)

2) Explications personnelles de son état.

3) Un beau symbole universel. On songe ici aux traditions : les mondes ont pris naissance dans les eaux. Il y a donc ici une image de renaissance personnelle, « de nouvelle naissance à une nouvelle vie. » Il le dit lui-même : « j'ai l'impression d'une sorte d'attente. »

Le symbole de l'eau est fréquent en rêve éveillé : parce que beaucoup désirent « changer » — « renaître » — « se purifier ». Il est donc normal que le symbole de l'eau revienne souvent.

4) Il arrive à un chemin « *montant* ». Il dit : « *Je sens que je dois gravir le chemin si je veux changer.* »

Nous avons donc le symbole de monter — purification, dégagement de soi. (D'ailleurs le chemin est brillant-lumière.)

En quoi le rêve éveillé est-il intéressant?

Comparons-le avec la psychanalyse classique. La psychanalyse compte, dans une certaine mesure, sur la compréhension du sujet. Elle compte sur la compréhension de ses complexes pour un redressement du caractère. Or, nous savons que toute action humaine est, avant tout, provoquée par une émotion ou un sentiment; et que ceux-ci n'ont rien à voir avec l'intelligence ou la raison. L'intelligence est essentielle pour la compréhension de soi-même, mais ne suffit pas. C'est là que le rêve éveillé complète très bien la psychanalyse. Pourquoi? Parce qu'il travaille directement sur l'inconscient. Comment? Mais en parlant son langage, c'est-à-dire par images et symboles! Une chose remarquable est à noter dans les rêves éveillés : le calme qu'ils apportent rapidement. Un de ses effets les plus courants : *la disparition de l'insomnie*. D'autre part, apparaissent des sentiments de libération. Pourquoi? Parce que le sujet *se sent agir*, et vit réellement son rêve. Une action réussie en rêve éveillé a des répercussions *immédiates* sur le comportement extérieur.

3

Voici encore un court fragment de rêve éveillé, accompli avec Yvonne, jeune femme de trente ans. Mariée. Sentiments d'infériorité et de culpabilité intenses, liés à un Complexe d'Œdipe [1]. Frigide sexuellement, mais parfaitement comprise par son mari.

Comme départ, il lui est suggéré de se sentir chez elle, dans une situation familière :

1) ...je me sens chez moi... je suis en train de lire.

— Que lisez-vous?

2) ... oh... un ouvrage sur saint Thomas d'Aquin. J'aime avant tout les choses spirituelles... je voudrais être un pur esprit...

Aucun commentaire ni question du psychologue. Nouvelle suggestion de se sentir chez elle :

3) ... je suis dans la même situation; je lis. Mon mari fait ses comptes. Notre petite fille joue à ses pieds. Tout est normalement calme, comme d'habitude...

[1] Voir « Psychanalyse » et « Complexe d'Œdipe » à l'index.

— Levez-vous; et ayez la sensation de vous diriger vers une porte donnant à l'extérieur :

4) ... je me dirige vers une porte qui donne sur le jardin. Je l'ouvre. Je sors. Il n'y a plus de jardin... je me trouve devant une plaine baignée de lune, jusqu'à l'infini.

5) ... je me retourne lentement; j'ai peur... ma maison a disparu. Tout m'abandonne. La plaine s'étend à perte de vue... j'ai une impression de solitude glaciale...

Est-ce cela, moi?...

— Ayez l'impression d'avancer dans cette plaine.

6) ... je... je n'ose pas. Je voudrais m'accrocher à quelque chose... je cherche mon mari, ou quelqu'un... non; je n'ose pas avancer; je voudrais que ma maison réapparaisse...

— Ayez en mains une épée, et avancez.

7) Oui... *j'ai une épée en mains*. Je me sens plus forte; j'avance. Devant moi, se dresse brusquement une grande barrière fermée. Derrière, il y a toute une foule tassée qui me regarde... Je suis rejetée par ces gens qui veulent m'empêcher de passer... j'ai envie de m'enfuir... je...

— Songez à votre épée.

8) J'ouvre la barrière; j'ai peur, mais j'avance lentement. J'ai l'impression que les gens sont moins menaçants que je ne le croyais. Tiens... je jette mon épée! Et je continue. Les gens me sourient. J'ai comme un sentiment de calme, dans mon corps...

Ici, lui est suggéré de trouver un moyen de « Monter ».

9) Je ressors de la foule. Je ne vois à nouveau que la plaine... je me sens plus sûre de moi. Je regarde, *et je cherche un moyen de monter*. A petite distance, je vois quelque chose de flou, qui se précise... c'est un escalier... métallique ou de cristal, je ne sais pas... il file dans le ciel comme un trait, et me donne un appel de bonheur... je ne puis pas assez le regarder... *je crois que la révélation de moi-même est tout en haut*... et je vois ma maison au sommet; je dois l'atteindre, mais avec un autre moi-même...

Que montre ce fragment?

2) « Je voudrais être un pur esprit » : cette réflexion montre que sa spiritualité est une compensation de ses sentiments d'infériorité.

5) Sensation d'abandon, liée également à ses sentiments d'infériorité et de culpabilité.

6) Sentiments de crainte. L'épée, symbole d'aisance et de force, palliera cette peur.

7) Barrière et foule. A nouveau le sentiment d'être rejetée.

8) Elle avance. Elle jette spontanément son épée, et éprouve un sentiment de libération.

9) A « Monter », elle répond par le symbole de l'escalier. De tous temps, l'escalier a marqué un « changement de niveau ». Symboliquement, il permet de passer du matériel au spirituel. De nos jours, l'escalier symbolise couramment ce « changement de niveau » : un souverain monte « les *marches* du trône », qui marquent le passage du matériel (peuple), au spirituel (royauté). De même, le prêtre monte les *marches* de l'autel, qui symbolisent le passage du matériel (terre) au spirituel (Dieu), etc.

En gravissant cet escalier, Yvonne sent qu'elle va « changer de niveau », c'est-à-dire devenir autre qu'elle n'est. Il est à remarquer qu'elle éprouve les mêmes sentiments que l'ingénieur (page 235). L'escalier y était simplement remplacé par un chemin montant dans l'espace. Et lui également déclarait : « je sens que je dois gravir ce chemin si je veux changer... ».

Les résultats supplémentaires acquis par la méthode du rêve éveillé.

1) *Modifications des habitudes*. C'est normal, puisque les habitudes sont ordonnées par l'affectivité inconsciente. De plus, les refoulements et les complexes imposent de nombreuses habitudes intérieures, qui se traduisent malgré le comportement extérieur.

2) *Extension de la personnalité*, en largeur et en profondeur. Le sujet retrouve ses sources instinctives, et apprend à vivre en union harmonieuse avec elles, (ce qui est tout le contraire des complexes!). Cette méthode accorde le conscient et l'inconscient, et élimine les angoisses dues au tiraillement entre plusieurs tendances.

3) *Acquisition de nouvelles aptitudes* d'attention, de concentration, de lucidité.

4) *Grand développement* de l'intuition et de l'imagination constructive.

5) *Connaissance* de la puissance primordiale de l'affectivité; application à la vie courante.

6) *Augmentation* du goût de l'action. Cette méthode a une valeur éducative indiscutable, aussi bien chez les adultes que chez les adolescents.

Résumons.

Tout symbole provient d'un sentiment humain et d'une émotion profonde. Tout symbole émotif peut, à son tour, provoquer un sentiment et une action. Les expériences psychologiques (et artistiques) montrent combien les grands symboles vivent toujours dans l'inconscient de chacun. Or, s'ils y vivent, ils agissent. *La « vie moderne » coupe l'homme de sa nature universelle.* Partant de là, l'homme des villes croit que les symboles sont morts, ou sont devenus de simples amusements de l'esprit. Rien n'est plus faux... L'homme moderne est triste, mais surtout nostalgique. Regardons-le, avec ses voitures puissantes, ses tramways, ses télévisions, ses super-cinémascopes en couleurs, ses buildings, etc. Malgré tout cela, il suffit souvent d'une petite chanson de deux sous pour déclencher son émotion et ses larmes... Force de l'homme moderne! De quoi a-t-il la nostalgie, cet homme? De son rôle d'homme complet, avec désir intense de retrouver son humanité... Et voilà que, sous certaines conditions, tout remonte à la surface : émotions devant la Nature, émotions « inexplicables » à l'audition d'une chanson naïve, rêves nocturnes dont l'effet se prolonge, rêveries vagues, inspirations... Emotions « ridicules » à la lecture d'un conte de fées ou d'une vieille légende... Or, les légendes sont bourrées de symboles universels... c'est pourquoi elles traversent si facilement les siècles, alors que des œuvres d'art « fignolées » ont disparu à jamais... Grâces soient rendues à la psychologie des profondeurs, qui permet à l'homme de retrouver, tout au fond de soi, le paradis perdu et l'harmonieux accord avec le monde!...

La narco-analyse et le sérum de vérité

La narco-analyse est le « in vino veritas » à la manière moderne. C'est l'analyse psychologique réalisée sous narcose. (Narcose = endormissement par des moyens chimiques; tandis que hypnose = endormissement par moyens naturels.)

La psychologie en profondeur exige évidemment d'atteindre l'inconscient. De permettre à cet inconscient de se manifester, afin d'être analysé et mis en accord avec la vie consciente.

La narco-analyse consiste à préparer cette opération par des moyens chimiques :

a) elle réalise rapidement un état proche du sommeil.

b) elle laisse le sujet capable de communiquer avec le monde extérieur.

Cette méthode porte d'autres noms : abréaction (revoir ce terme en « psychanalyse »; psychanalyse chimique; narco-diagnostic; narco-synthèse).

Quels sont les médicaments utilisés?

Presque toujours des barbiturates à élimination rapide (pentothal — nesdonal — evipan — narconumal — seconal — etc.). On pratique une introduction veineuse, jusqu'à ce qu'apparaissent les signes d'un pré-endormissement.

En psychologie, l'injection n'est donc que la *préparation* du sujet. Cette injection « lève la barrière » et permet l'entrée en jeu du psychologue. La technique employée s'inspire largement de la psychanalyse. Au fond, la narco-analyse est un moyen plus rapide d'obtenir un état idéal pour un travail psychologique.

a) elle ramène à la surface les données qui se trouvent enfouies dans l'oubli (souvenirs d'enfance, chocs de l'enfance, milieu familial, refoulements, etc.).

b) elle permet ensuite de regrouper ces circonstances intérieures, et de les harmoniser.

Critique de cette méthode.

Si le conflit intérieur n'est pas très en profondeur ni très ancien, la narco-analyse permet des succès spectaculaires. *On l'a vu durant la guerre*, où elle permit d'éliminer rapidement les chocs émotifs subis par des combattants.

Si le conflit est en profondeur; si ce conflit est une névrose agissant depuis longtemps, l'écueil peut devenir important. La narco-analyse risque d'agir sur les symptômes, et non pas sur les couches profondes (comme l'hypnotisme). De toute façon, elle peut être une technique d'appoint fort intéressante, et permettant de dépister rapidement les causes profondes d'une maladie psychologique.

LE SERUM DE VÉRITÉ ET LA POLICE.

Peut-on, moralement, appliquer la narco-analyse à un criminel? Peut-on l'employer pour connaître le « fond psychologique » d'un prévenu? La question est évidemment très grave et peut avoir d'immenses répercussions. C'est tout le problème de la liberté de pensée qui est en jeu! Les avis sont donc très partagés; et la pratique de la narco-analyse en médecine légale est fortement controversée.

■ *Vis-à-vis du délinquant.* — La connaissance des circonstances profondes (éducation, milieu familial, humiliations infériorisations, frustrations) font évidemment mieux comprendre l'action d'un délinquant. La narco-analyse permet donc de connaître les points de départ psychologiques d'un délit. Grâce à elle, on peut trouver des mobiles obscurs qu'un raisonnement ne permet jamais de découvrir. Vis-à-vis d'un délinquant, la narco-analyse permet d'*expliquer* son acte. Expliquer ne signifie pas *excuser*. Mais l'explication profonde d'une action criminelle fait souvent comprendre qu'on a affaire à un malade mental. Dans ce sens, le pentothal aide à délimiter le degré de responsabilité pénale. N'oublions pas qu'entre la responsabilité totale et l'entière irresponsabilité, existe toute une gamme d'irresponsabilités partielles. Dans ces cas, l'utilisation d'une psychologie en profondeur permettrait parfois le « redressement » du délinquant.

■ *Vis-à-vis de la police.* — « Ne peut-on craindre (dit le professeur Piédelièvre) qu'en entrouvrant un peu la porte — car il n'y a que le premier pas qui coûte — on ait de plus en plus tendance à faire l'épreuve du pentothal? Notre Justice en France doit rester sereine; elle doit rejeter toute méthode de violences dont on parle pourtant encore, du moins au début des enquêtes policières... Un inculpé se défend comme il l'entend. Son esprit est libre. Personne ne peut le toucher. Il se défend tel qu'il est : intelligent ou bête, retors ou franc. Il ne prête pas serment, et peut mentir. C'est à ses juges de l'apprécier dans leurs consciences d'hommes libres, avec leurs capacités humaines devant les siennes... ».

La narco-analyse est donc assimilée ici à une violation de conscience. Mais la psychanalyse en est une également, puisqu'elle cherche les motifs profonds! Si l'on pousse plus loin, on peut considérer que n'importe quelle confidence est une violation de conscience. Tout dépend donc d'une seule chose : *le consentement du sujet.*

■ *Vis-à-vis de la politique policière...* Comme l'hypnotisme, la narco-analyse est parfois un puissant moyen de suggestion. S'il s'agit de transformer des anormaux, tout semble parfait. Mais en politique, l'emploi de cette méthode amènerait des gens normaux à changer » spontanément » d'opinion (ce sont les fameux « aveux spontanés »). On voit donc le danger de la psychologie moderne, aux mains d'individus politiques dont les sentiments humanitaires ne seraient pas à toute épreuve! On connaît suffisamment, hélas! les « délits d'opinion »! On connaît aussi ces affreux camps de « rééducation pour délits d'opinion »! Il y a de quoi être horrifié devant ces atteintes à la liberté de pensée, que la narco-analyse permettrait de généraliser.

En résumé.

Il n'y a aucun problème si le sujet est consentant, au courant des moyens employés et du but poursuivi. C'est évidemment le cas lorsqu'on emploie la narco-analyse en psychothérapie, qui vise uniquement la guérison.

En médecine légale, l'application de la narco-analyse dépend donc de multiples circonstances. D'une part, elle permet d'innocenter un non-coupable suspecté. Mais d'autre part, elle peut confondre un bandit qui ment! Ce gangster est-il libre de mentir, oui ou non? Peut-on le forcer à dire la vérité contre sa volonté? Nous retombons dans le problème de la liberté de conscience. Et rappelons-nous qu'au procès de Nuremberg, Rudolf Hess refusa la narco-analyse. Son refus fut respecté, ainsi que sa liberté de se défendre comme il le voulait.

La narco-analyse permet également de dépister des *simulations*. Ici également, les avis sont partagés. En Justice militaire, la simulation d'une maladie est fortement punie, surtout en guerre. La question reste ouverte... Un militaire a-t-il le droit de simuler? Cette simulation appartient-elle à la liberté de l'homme? La Justice (militaire ou autre) a-t-elle le droit moral de dépister une simulation autrement que homme contre homme?... Ou peut-elle le faire par des moyens chimiques annulant la volonté du simulateur supposé?

Il revient aux moralistes de considérer ces questions, aussi vastes que la conscience humaine, et pratiquement insolubles dans les pays démocratiques.

La psychothérapie en groupe

Je n'ai envisagé, jusqu'ici, que les psychothérapies « personnelles », c'est-à-dire pratiquées sur une seule personne. Parfois cependant, cette méthode présente un inconvénient : le sujet n'arrive pas à se rendre compte qu'il n'est nullement coupé de l'humanité. Il conserve la certitude que son cas est unique, et qu'aucun autre ne souffre d'un problème comme le sien. En un mot, il continue à se sentir extrait de la société; et celle-ci (croit-il) lui est hostile.

Il est alors intéressant de grouper un certain nombre de personnes. Chaque sujet sera, au préalable, examiné personnellement. Pourquoi? Afin que le groupe ait une certaine homogénéité dans le genre de maladie; et que chaque personne puisse se retrouver dans une autre.

Comment se déroulent ces séances de groupes? Le premier but est de faire cesser l'idée d'isolement social. La séance sera donc basée sur un entretien, auquel pourront participer toutes les personnes présentes. Le psychologue provoque les discussions. Certains « rapports » de personnes présentes peuvent être lus; ces rapports étant anonymes ou non. Il est évidemment préférable qu'ils ne le soient pas. Cela permet ensuite d'autres exposés, suivis d'une discussion généralisée toujours fort intéressante. Le rôle du psychologue consiste à provoquer et aiguiller les échanges de vues, et à fournir les explications. Ces séances peuvent avoir une base psychanalytique.

La psychothérapie de groupes s'est récemment développée en Amérique et en Angleterre, à l'occasion de la guerre.

V

LES NÉVROSES ET LES PSYCHOSES

Nous avons déjà parcouru une longue route. La cathédrale s'est élevée peu à peu; mais, pour ce faire, combien de recherches de soi, d'amours, de souffrances furent nécessaires! J'ai entendu beaucoup de drames; je vais en montrer encore. Mais il est un espoir : la psychologie est le lieu où la souffrance morale devient espérance et équilibre.

QU'EST-CE QUE LA NÉVROSE?

C'est une affection sans base anatomique connue. C'est une maladie « fonctionnelle », sans lésion organique. (La névrose cardiaque, par exemple, qui fait dire au médecin : « vous n'avez rien au cœur, c'est purement nerveux. »

Mais je m'occuperai uniquement des névroses dont les symptômes sont surtout psychologiques. On les appelle *psycho-névroses*. Cependant, pour plus de facilité, je continuerai à les nommer névroses.

Il existe des milliers de symptômes de névroses, allant du bénin au grave. On y retrouve fréquemment des points communs; après les avoir montrés, je passerai aux grandes classifications cliniques :

L'asthénie — La neurasthénie — La psychasthénie — L'angoisse — L'obsession — Les phobies — L'hystérie — La cyclothymie — La paranoia.

Quels sont les points communs aux névroses?

J'ai parlé du cas très répandu de l'autoritariste (page 130). Pourquoi est-il névrosé?

Extérieurement : il semble puissant, dominateur, très sûr de lui; parfois très « bon », donnant tout, se saignant aux quatre veines, ne refusant rien, etc.

Intérieurement : il se sent inférieur et impuissant; il est peu sûr de lui; il éprouve des sentiments de peur, d'hostilité et de culpabilité.

Donc, généralement, il y a *décalage* entre le comportement extérieur et les tendances intérieures d'un névrosé. Cherchons encore d'autres points communs :

— La vie du névrosé est gouvernée par des forces inconnues et obscures, sur lesquelles il n'a aucun contrôle. Cela se voit dans les complexes, les sentiments d'infériorité permanents, les obsessions, etc. Freud disait : « ...il est semblable au cavalier qui, croyant guider son cheval, est conduit où le cheval veut aller... »

— Le névrosé est *toujours* victime de conflits intérieurs. Rappelons-nous le chien de Pavlov qui, hésitant douloureusement entre un cercle et une ellipse, sombre dans une crise névrotique. Souvenons-nous également de la *psychanalyse*, et des conflits pouvant exister entre nos forces instinctives *(le « ça »)*, et nos forces morales dues à l'éducation *(le Sur-Moi)*.

— Le névrosé cherche inconsciemment à résoudre sa souffrance par des solutions de compromis, qui l'empêchent de voir l'abîme se trouvant en lui.

— Le névrosé est plongé dans une angoisse, parfois vague, parfois terrifiante.

— Le névrosé est souvent un infantile partiel ou total. Il réagit à l'âge adulte comme il le faisait durant son enfance ou son adolescence. Il reste fixé à des situations antérieures, dont il ne parvient pas à se dégager. Par exemple, une femme névrosée peut agir envers son mari comme elle réagissait devant son père; ou bien toute la vie d'un homme adulte névrosé est organisée autour de complexes d'enfant, etc.

— Le névrosé est incapable de s'adapter à la réalité et à la société. Il répond de façon rigide, (fuites, peurs, attaques, etc.) malgré toute son intelligence possible.

Qu'est-ce que la psychose?

La différence entre névrose et psychose réside dans le degré de conscience qu'a la personne de son état.

Par exemple : je suppose une personne souffrant d'hallucinations, qui « voit le diable ». Si elle est convaincue de l'absurdité de son hallucination, elle est névrosée. Si elle croit, au contraire, à la présence réelle du diable, elle est atteinte de psychose.

Autre exemple : une personne névrosée peut imaginer sans cesse qu'elle fait de très grandes choses, qu'elle est chef d'Etat, grand capitaine, grand médecin, etc. Elle sait que c'est absurde, mais ces rêveries « lui font du bien », en lui permettant de fuir sa réalité intérieure. Mais si un individu *croit être Napoléon*, il est atteint de psychose. Il devient alors *étranger* à la réalité *(aliéné = étranger)*. Dans une psychose, le malade est donc incapable de faire la critique de son état. Il n'en a pas conscience.

Le terme psychose est souvent défini par un adjectif : psychose sénile, polynévritique, maniaque-dépressive, hallucinatoire, toxique, infectieuse, etc.

Certaines névroses ont leur « pendant » dans les psychoses. Par exemple, *l'obsession* (qui est fréquemment un symptôme de névrose) a son correspondant dans la *schizophrénie* (qui est une psychose). Nous allons voir cela point par point.

Quelles sont les névroses les plus répandues?

En premier lieu, les névroses liées au déséquilibre psychique. L'homme moderne vit artificiellement; notre culture plonge l'individu dans les tracas, l'agitation, la compétition, l'épuisement, le bruit, le bourrage de crâne insensé. L'alcool, les excitants, les calmants s'achètent aussi facilement que des pommes de terre. L'hérédité physique et psychologique des enfants devient de plus en plus chargée. La délinquance juvénile augmente dans d'effrayantes proportions. Or, la plupart des délinquants juvéniles sont des névrosés, qu'une psychologie préventive aurait probablement sauvés! Les déviations et les obsessions sexuelles, sous toutes leurs formes, deviennent reines de la société. Il n'est donc nullement étonnant que la névrose soit une maladie du siècle...

La névrose chez l'enfant.

Le dépistage des déséquilibres enfantins est évidemment très important. C'est tout le problème de la prévention des grandes névroses adultes! Il est souvent aisé de les détecter et les annuler, d'autant plus que le déséquilibre enfantin se manifeste rapidement.

a) Des troubles du caractère sont observés. Au lieu d'avoir la vivacité et l'instabilité de son âge, l'enfant se montre rigide et « trop stable ». Il est exigeant et obstiné. Il désobéit agressivement, contredit et s'oppose à son milieu d'une façon anormale. Il est hostile, boude et ment. Son caractère devient « renfermé » et buté. La paresse fait son apparition. Egalement une timidité exagérée et l'hyperémotivité. Se montrent parfois de grandes révoltes, des fugues, le vagabondage, le vol...

b) Des manifestations physiques apparaissent fréquemment dans les névroses enfantines. Par exemple : énurésie (pipi au lit), bégaiement, tics, accidents à forme hystérique, etc.

C'est dans le milieu familial que la névrose enfantine se montre le mieux. Le jeune névrosé tient à présenter aux autres son aspect le plus favorable... et réserve à sa famille ses plus mauvais élans. Il est donc souvent difficile de trouver rapidement la cause du déséquilibre. Est-ce le milieu familial? Est-ce la prédisposition de l'enfant? Si un enfant est « prédisposé », on comprend qu'il soit difficile aux parents de « garder l'église au milieu du village »...! Le déséquilibre des parents peut être la cause de la névrose enfantine, comme cela se passe souvent. Mais parfois, la « faiblesse » des éducateurs n'est qu'un découragement devant l'inutilité de leurs efforts... Il faut donc, comme toujours, donner tous ses soins à la recherche des causes.

Les causes fréquentes des névroses enfantines.

J'ai montré (en psychanalyse), le rôle du complexe d'Œdipe et du complexe de castration dont on ignore, trop encore, les répercussions possibles. Ce sont alors les sentiments d'infériorité, de culpabilité, d'hostilité, qui constituent l'amorce idéale de la névrose future. Un déséquilibre enfantin est d'ailleurs souvent à base affective. Il ne faut pas oublier le grand nombre d'adaptations demandées à l'enfant! Ne serait-ce que la classique adaptation à l'arrivée d'un petit frère ou d'une petite sœur. L'intelligence des parents ne suffit pas toujours à éliminer le choc de jalousie, qui continue à tourner dans l'enfant comme une force obscure dont il n'a pas conscience. Souvent également, beaucoup d'enfants se trouvent devant une situation difficile. Ils jugent que l'adaptation leur est impossible. Ils font alors « marche arrière », et se réfugient dans une situation infantile. Pourquoi? *Parce qu'ils s'y sentent en sécurité et heureux.* C'est ainsi que certains adolescents restent « enfants »... ou se réfugient dans la maladie, afin de conserver l'affection et l'attention des parents. De plus, tout ce qui provoque des sentiments de frustration, d'humiliation, de peur, risque d'amorcer une névrose. Au moment de la puberté, enfin, surgiront les grands conflits intérieurs : conflits sexuels, religieux, moraux, philosophiques, etc.

Le traitement de la névrose enfantine.

Les racines de la névrose enfantine se trouvent rarement en profondeur. Même si les parents sont impuissants à la guérir, il suffit souvent de quelques séances psychologiques pour couper ces racines. La vie n'a pas encore eu le temps de s'organiser et de se cristalliser autour de la jeune névrose; c'est pourquoi il est fréquemment inutile d'appliquer les grandes psychothérapies. Il existe de nombreux « tests » particulièrement destinés aux enfants; également des jeux de guignol, des dessins, etc. Par ces jeux et dessins, l'enfant « projette » ses tendances conscientes ou refoulées. Il existe dans les dessins d'enfant un symbolisme primitif, qui permet de détecter les sentiments profonds. L'enfant se prête volontiers à ces jeux; son « secret » remonte à la surface; il est immédiatement noté par le psychologue, qui décide alors de la marche à suivre (travail sur l'enfant, convocation des parents, travail avec les parents, etc.).

LA NÉVROSE CHEZ L'ADULTE.

Ici également, la névrose est fréquemment de nature affective. Tout se passe comme si une partie de la personnalité disait « oui », et l'autre « non ». Il existe beaucoup de traits communs aux névroses : inassouvissement affectif, inassouvissement sexuel : tendances sexuelles en contradiction avec la morale du sujet, etc.

L'angoisse est le phénomène le plus courant dans les névroses. Elle est une réaction devant un danger inexistant; parfois violente et insoutenable, elle est le plus souvent diffuse et inconsciente. Mais, pour l'angoissé, le danger intérieur et invisible est tout aussi objectif qu'un danger extérieurement visible! (Rappelons-nous le perfectionniste : tout ce qui met en danger son *apparence* de perfection déclenche l'angoisse. Il cherche alors à éliminer cette angoisse en renforçant l'apparence de perfection...).

Dans la névrose, se montrent souvent des troubles physiques (phénomènes de « conversion »). Ce sont des mutismes, des paralysies, des convulsions... L'eczéma peut apparaître, qui dépend fréquemment du psychisme [1]; ainsi que des manifestations cutanées d'ordre urticarien.

Les névroses peuvent produire ou renforcer un épuisement nerveux. La lutte intérieure ne cesse jamais, surtout quand elle a lieu dans les régions obscures du subsconscient. Beaucoup de névroses remontent à l'enfance; la racine est devenue puissante, solidement plantée, et dirige toute la vie du sujet...

Les causes des névroses adultes.

1) La prédisposition physique peut être importante. Cas fréquents : tares héréditaires, syphilis, consanguinité, alcoolisme, etc.

2) La cause est parfois purement physique : intoxications, infections, épuisements, troubles endocriniens, troubles hépatiques ou gasto-intestinaux, etc.

3) Les causes les plus courantes restent cependant *les conflits intérieurs. Ils sont, neuf fois sur dix, de nature sexuelle, religieuse, ou familiale.* Se montrent alors des sentiments prolongés et profonds de culpabilité, des scrupules lancinants, des doutes anxieux...

4) Si la racine se trouve dans l'enfance, il existe un « blocage » affectif (infantilismes), en contradiction totale avec les adaptations demandées à l'adulte.

L'asthénie

(d'un mot grec = sans force)

L'asthénie est un manque de forces. Elle produit une grande fatigue dès le réveil et une difficulté de travail. La difficulté de « vouloir » apparaît également (aboulie). Impossibilité de fixer son attention. Sensation de vide dans la tête. On retrouve dans l'asthénie beaucoup de symptômes de la dépression, avec laquelle elle se confond souvent.

Causes fréquentes de l'asthénie : Travail excessif : milieu social ou familial physiquement épuisant; convalescence de grippe; infections; intoxications; manque de vitamines, etc.

[1] L'irritation sympathique libère de l'histamine, substance toxique issue du fonctionnement cellulaire.

La neurasthénie

La neurasthénie est une asthénie permanente. C'est une dépression généralisée du système nerveux, dont le potentiel est diminué. Le système neuro-végétatif se dérègle; l'affaiblissement cérébral est parfois important. Or, l'harmonieux fonctionnement de l'écorce cérébrale est indispensable à la bonne distribution des impulsions électriques nerveuses.

Ce dérèglement montre alors ses caractéristiques. Les réactions du neurasthénique sont inattendues, changeantes, brusques, paradoxales, illogiques, demesurées. Son irritabilité est grande, pour un rien. Il passe de l'excitation « joyeuse » au découragement le plus profond, sans que rien ne puisse le faire prévoir. Il présente toute une variété de symptômes, dont la démesure montre bien la mauvaise répartition des impulsions nerveuses, devenues « anarchiques ».

Les symptômes généraux de la neurasthénie.

En premier lieu, une grande fatigue. Une sensation d'impuissance physique, d'épuisement nerveux, musculaire et cérébral. Le neurasthénique se sent faible et irritable, surtout après le réveil et durant la matinée. Il cherche alors querelle pour un rien. Cet état s'améliore en fin d'après-midi et dans la soirée; souvent il se sent « merveilleusement bien après huit heures du soir... » (Il y a donc ici un phénomène d'excitation, état second de l'épuisement comme nous l'avons vu dans la Fatigue [1]. La sensation d'épuisement du neurasténique varie d'ailleurs très fortement d'un instant à l'autre... Ici également, les réactions son paradoxales; tout cela semble incompréhensible, et étonne l'entourage... qui n'est pas loin de le traiter d'« imaginaire »!

Autres symptômes de la neurasthénie.

a) Maux de tête en casque, ou localisés au front, à la nuque, à la tempe. Ces douleurs sont souvent violentes et profondes. Les maux de tête apparaissent surtout le matin, ou durant la digestion.

« ...Effleurer le sol du talon me ferait crier de douleur », dit un neurasthénique.

ou : « ...ma tête est comme comprimée par un cercle d'acier... »

[1] Un chapitre a été consacré à la Fatigue. Voir index.

ou : « ...le fait de me peigner, ou même le simple contact du peigne renforcent mes maux de tête... »

Il s'agit ici d'un trouble sensitif.

b) Autre trouble sensitif : douleurs dans la colonne vertébrale (rachialgie). Elles se localisent fréquemment à la nuque, ou dans les régions lombaires ou sacrées. Les rachialgies irradient parfois vers les hanches.

« ...C'est comme si un courant glacé circulait le long de ma colonne vertébrale... »

ou : « c'est comme si ma nuque était remplacée par une plaque d'acier... ».

c) Dans la même catégorie de troubles sensitifs : de douloureuses névralgies risquent d'apparaître. De même, la peau est exagérément sensible au froid et au chaud.

« ...toucher un objet froid, ne serait-ce qu'une paire de ciseaux, me fait trembler tout le corps, comme si j'allais avoir une crise nerveuse... »

d) *autres symptômes :* bourdonnements parfois insupportables, s'amplifiant avec la fatigue — insomnies tremblements — vertiges — troubles gastriques importants — constipation fréquente — coliques — spasmes — dérèglement sexuel — réaction violente à la lumière et au bruit.

La dénutrition est parfois assez rapide, pouvant provoquer une descente des organes viscéraux.

Tous ces symptômes montrent bien des réactions anarchiques du système nerveux; troubles sensitifs, viscéraux, respiratoires, digestifs. Il y a également des troubles fonctionnels cardiaques (hypotension; *fausses* angines de poitrine) qui épouvantent parfois le malade.

Des troubles moraux se greffent habituellement sur la neurasthénie. Parce que l'écorce cérébrale (siège de la volonté et des sensations conscientes) est en rapport étroit avec le système nerveux sympathique (siège principal des émotions et de tout ce qui se passe en dehors de la conscience et de la volonté).

Chez le neurathénique, l'affaiblissement cérébral est flagrant. La mémoire est infidèle. Il y a manque de coordination des mouvements et des idées. La volonté diminue. Il hésite, il doute, il se torture pour la moindre action, le moindre achat, la moindre décision. Et il souffre d'autant plus, qu'il est parfaitement conscient de sa maladie...

■ *Quelles sont les causes de la neurasthénie?* Sont-elles physiques? Sont-elles psychiques? Grosso-modo, tout détraquement nerveux peut aboutir à la neurasthénie. Les causes peuvent être variées, mais elles aboutissent toutes à l'insuffisance nerveuse. *Les émotions*, à elles seules, sont la source principale de nombreuses perturbations. Toute émotion se répercute dans la totalité de l'organisme, et a donc des effets physiques et psychiques. Nous verrons bientôt ceci : *si, pour une raison quelconque, une fatigue cérébrale s'installe, les émotions renforcent leur puissance dans les domaines viscéraux.* Les opérations supérieures (volonté, conscience, choix, décision, cohérence, envergure de l'action) sont altérées.

A leur place, se développe l'émotivité, avec toutes ses conséquences intoxicantes. La neurasthénie peut donc avoir une origine psychologique ou physique. (Surmenages émotionnels, tracas prolongés, infections, intoxications, refoulements, échecs, sexualité, etc.). Toutes ces causes possibles doivent donc être envisagées dans le traitement.

Le traitement de la neurasthénie.

Cette très pénible maladie est parfaitement guérissable. A condition de considérer que le neurasthénique est *malade dans l'entièreté de sa personne.* L'organisme entier est atteint, même s'il y a *localisation particulière du mal.* Un examen clinique approfondi doit être accompli; il est absurde de se contenter de soigner le trouble le plus apparent. Il est probable qu'un examen psychologique doive être fait également.

Voici une femme neurasthénique. A-t-elle été épuisée par des couches? Par des désordres de l'utérus? Des difficultés domestiques? Une inadaptation à la sexualité? Un mariage manqué? Par des complexes? Par des intoxications? Des émotions profondes s'étendant sur des années? Quelle est son hérédité?

Un homme neurasthénique. Peut-être la cause est-elle purement physique? Il peut s'agir d'imprégnation turberculeuse (tuberculose latente ou faiblement évolutive). Ou bien cette neurasthénie est-elle le résultat d'émotions sans cesse refoulées, de conflits intérieurs, d'échecs répetés, d'une enfance inadaptée, avec dérèglement final du système nerveux?

Ces deux cas ne sont donnés qu'à titre d'exemple. Rechercher les origines d'un mal est une tâche parfois longue et difficile. Mais, *comme dans toute névrose quelle qu'elle soit*, l'historique du malade doit être fait, physiquement et psychologiquement. En fait, toute dépense exagérée d'énergie, toutes émotions prolongées, peuvent conduire à la neurasthénie, comme à n'importe quelle névrose, selon le tempérament du sujet et ses prédispositions particulières. *Traiter le neurasthénique de « malade imaginaire » ou de « fainéant » est une solution d'ignorance ou de sottise.*

Le redressement nerveux s'impose en premier lieu. On prescrit généralement au départ : le repos, la strychnine, le phosphore, les hormones, le calcium, etc. Le traitement varie évidemment selon les conclusions médicales.

Le traitement psychologique (souvent nécessaire) éliminera toutes causes psychiques ayant fait apparaître ou se développer la maladie. La psychologie rétablira et agrandira la maîtrise de soi. Elle aidera à régulariser le fonctionnement cérébral supérieur. Elle fera en sorte que le malade adapte ses forces à ses besoins. La psychologie en profondeur redressera éventuellement la personnalité faussée ou déchirée par des complexes. Par là, l'émotivité pourra redevenir normale, avec répercussion harmonieuse sur l'organisme tout entier.

La neurasthénie est malheureusement une maladie du siècle. Fassent la médecine et la psychologie qu'elle cesse d'être épidémique...

La psychasthénie

(de psyché = esprit et asthénie = faiblesse)

La psychasthénie se porte surtout sur le déroulement des idées. De nombreuses pensées disparates passent dans l'esprit, sans que le sujet puisse les chasser. *Il s'agit d'une faiblesse psychique*, et non d'une asthénie nerveuse comme la neurasthénie. Il y a chute de la tension psychologique; la synthèse mentale se fait difficilement. Le psychasthénique accomplit difficilement des actes intellectuels (qui exigent, justement, une forte tension psychologique); mais ses activités automatiques ne sont pas entamées. Les obsessions sont très fréquentes; le manque de synthèse mentale permet aux « parasites » psychologiques de s'installer à l'aise. Souvent, le psychasthénique se sent poussé à accomplir telle action opposée à sa morale; mais il a fréquemment la force de résister à ses impulsions. Cette résistance est cependant pénible; l'angoisse apparaît.

Exemple : X. est un célibataire de 28 ans.

« *...Sans cesse, je lutte contre une impulsion... je la sens toujours en moi, mais parfois, elle éclate par crises. J'imagine que je me tranche les organes génitaux. Je demeure parfois durant une demi-heure* *à me concentrer là-dessus ; j'imagine ma castration dans ses plus petits détails ; souvent j'approche les ciseaux de mes organes, je me pique légèrement, puis plus fort, jusqu'à ce que j'aie mal... tout cela pour me rendre compte combien cela doit être épouvantable. J'ai beau lutter, mettre ma volonté en jeu, me dire que je suis un imbécile et un maniaque... il n'y a rien à faire... je continue. Ensuite, je suis épuisé, en sueur, tremblant, pâle comme un mort. Je m'enfuis alors de chez moi. J'ai dû acheter un rasoir électrique. Avec mon rasoir ordinaire, c'était terrible. Je passais de longues minutes, là aussi, à me regarder dans le miroir, approchant mon rasoir de mes organes... je me suis évanoui plusieurs fois. Et je partais à mon travail, non rasé et dans un épuisement dont vous ne pouvez pas vous faire idée.* »

Notons d'ailleurs que certains paroxysmes d'anxiété peuvent aboutir à des mutilations réelles, à des tentatives de suicide.

La tristesse fait partie de la psychasthénie. Le sujet ressent cruellement son incapacité d'agir et de vouloir; il souffre des idées qu'il ne parvient pas à chasser. Les obsessions ont parfois l'aspect d'une idée très simple, mais bizarre.

Le monde extérieur peut sembler étrange. Certains psychasthéniques ont l'impression que des parties de leur corps ne leur appartiennent pas :

« ...J'ai l'impression que mes mains ne sont pas à moi; je les regarde comme des objets étrangers. C'est absurde, car je dois faire un effort fatigant pour me dire : ce sont mes mains à moi, à moi, à moi... ».

Des scrupules excessifs et obsédants apparaissent :

« ...Je vérifie mes comptes plus de vingt fois. Je le fais avec angoisse, je m'énerve et je m'épuise. Quand je le fais, je m'insulte... Je me dis : c'est la dernière fois et puis zut!... et je recommence. Si je me force à partir, je reviens afin de vérifier une nouvelle fois... ».

Beaucoup d'autres symptômes se montrent souvent. Des scrupules, la honte de soi, les hésitations, l'aboulie, la timidité sociale. De nombreuses ruminations mentales; l'impression de « ne plus savoir où l'on se trouve »; l'imagination morbide; de très nombreuses manies, des tics.

Exemple : « *...Quand je suis dans ma cuisine, je me rends vingt fois dans la salle de bains. Pourquoi, vous le savez?... Pour vérifier si les essuie-mains sont pliés et disposés d'une façon parfaitement parallèle... On m'a dit que je n'avais qu'à dire non. J'ai essayé, avec rage. Ah! ouiche!... quelque chose me tirait vers la salle de bains, à tel point que j'étais incapable de faire un travail quelconque... J'y allais. J'étais soulagée pour dix minutes. Puis cela recommençait. J'avais* *beau dire : tu viens de le faire, tu as vérifié ; j'avais beau revoir en pensée les essuie-mains disposés parallèlement... Je retournais. Je les regardais et me disais : tu vois? Ils sont parallèles. Bon. Vous savez ce que je faisais alors? Je les déplaçais pour pouvoir les replacer parallèlement afin de me convaincre! Et cela dure toute la journée... cette manie ne cesse que si je sors, mais la première chose que je fais en rentrant chez moi est de courir à la salle de bains...* ».

Il s'agit ici de la manie de « symétrie », très courante. Existent également la manie de la propreté, de la perfection, etc.

Toutes ces manifestations psychasthéniques sont donc *conscientes*, je le répète, et provoquent de vives souffrances chez le sujet, qui se sent impuissant à vaincre des actions qu'il qualifie lui-même d'absurdes.

Toute psychasthénie est liée parfois à certaines conditions physiques (maladies, épuisement, infections) et très souvent morales (chocs émotionnels, complexes affectifs, etc.). La psychothérapie en profondeur donne d'excellents résultats, alliée parfois à des thérapeutiques biologiques dont je parlerai, et à la médecine restaurant les forces nerveuses.

L'angoisse

(de angere = serrer, oppresser)

Tout être intelligent est angoissé. C'est le lot de l'homme qui réfléchit un peu... et c'est bien normal. Les multiples points d'interrogation de la vie, du monde et de l'univers nous demandent de perpétuelles adaptations. Qui nous pousserait en avant, sinon cette angoisse? Qui nous forcerait à chercher et à trouver, sinon elle, encore? Toutes les marches en avant de l'humanité, toutes les découvertes scientifiques, artistiques et littéraires sont basées sur l'angoisse. Mais c'est là une angoisse métaphysique constructive, positive, et relativement faible. Disons que dix pour cent d'angoisse sont nécessaires à l'être humain normal... Malheureusement, il n'en est pas toujours ainsi.

■ *L'angoisse pathologique.* — L'angoisse pathologique, elle, est destructive. Non seulement elle détruit l'individu qui en est possédé, mais elle anéantit d'avance son action. Quelle est la différence entre la « peur » et l'« angoisse »? *La peur* est une réaction devant un danger *réel*. *L'angoisse* est une réaction devant un danger *qui n'existe pas extérieurement*. Cependant, l'angoisse n'est pas « imaginaire »! Elle repose sur une peur intérieure, parfois violente; il arrive souvent que l'angoisse soit produite par des motifs entièrement subconscients.

L'angoisse pathologique est une sensation très pénible, accompagnée d'une ou plusieurs manifestations physiques : pâleur, tremblement, crise de nerfs, battements de cœur, sueurs, spasmes viscéraux (parfois tellement douloureux qu'ils forcent l'angoissé à se plier en deux); sensations d'étouffement, sécheresse de la bouche, fausse angine de poitrine, jambes fauchées... Une asthénie peut s'installer due aux émotions répétées (surmenage émotif). L'angoisse et l'obsession sont fréquemment liées.

Ce que disent les angoissés.

L'angoisse se déclenche devant un sentiment de danger imminent et indéterminé. Le sujet devient la proie de son angoisse; et son esprit construit des drames, tout en se rendant compte de leur absurdité *objective*.

...J'ai comme une boule dans la gorge, et cela toute la journée; je ne vis pas; j'ai sans cesse des oppressions; je m'attends toujours aux pires catastrophes concernant ma mère. Tout le temps, je la vois renversée par un tram, par une voiture... mais surtout par un tram; je l'entends hurler... je dois me passer la main sur le front pour essayer de chasser tout cela, mais il n'y a rien à faire... à mon bureau, tout appel téléphonique me fait presque trembler...

...J'ai une peur terrible d'attraper le cancer; le moindre bobo est pour moi une certitude; je cours les médecins; je vais de l'un à l'autre; ils rient de moi... je sais bien que c'est ridicule. J'ai même l'impression que je serais soulagée d'avoir le cancer; *au moins ce doute angoissant pourrait cesser...* [1].

A l'angoisse, se joint souvent le *désarroi*. La sensation d'impuissance est absolue devant le danger imminent; ce qui ne fait que renforcer le mécanisme.

La diversité des phénomènes d'angoisse.

L'angoisse peut être un simple malaise mental (idées noires), une inquiétude incessante, ou un affolement sans cause apparente.

Mais il existe également la très grande angoisse terrifiante, qui laisse le sujet plongé dans la stupeur. Il redoute alors

[1] L'hystérie et certaines névroses présentent ce « soulagement ». Des symptômes physiques servent de « soupape » au conflit intérieur, soulageant le malade de son angoisse.

la folie imminente, la mort subite, l'abolition de tous ses moyens d'existence... Cette crise se termine fréquemment par une forte émission d'urines claires (polyurie).

Le cas de Paul : Paul a vécu toute son enfance dans la peur terrible du péché mortel.

...Mon père et ma mère ne faisaient que me parler de péché, d'enfer et de damnation. A l'époque, je les prenais pour des saints, vous pensez bien!... Ma première communion a été terrible pour moi. Pendant les mois la précédant, ce furent des peurs angoissées d'être en état de péché. Parfois, je m'ouvrais un peu à mes parents qui me donnaient pour toute réponse : maudits soient le mal et l'impureté; Dieu te voit et te juge. Mettez-vous à la place d'un enfant!... Je me souviens que le jour même de ma communion, j'ai attrapé des obsessions... et cela n'a plus cessé. Je me confessais je ne sais combien de fois par semaine, avec chaque fois, une peur tremblante d'avoir oublié un péché mortel...

En allant à l'école, je ruminais cela, souvent avec épouvante. Vous entendez? Avec épouvante! Aux cours, même chose. Avant de m'endormir, même chose. Comme je devais communier chaque dimanche, je ne puis pas expliquer combien j'étais terrorisé, dans l'église où j'avais l'impression que Dieu allait m'écraser à tout moment, ou me faire mourir d'un seul coup pour me projeter en enfer... Personne ne peut comprendre ce que j'ai ressenti...

Et l'histoire de Paul a continué durant des années. Pas une seule journée ne se passait sans des doutes angoissants, des scrupules tenaillants, des émotions terrifiantes. A l'âge de dix-huit ans, Paul commence à « regarder les filles », dans l'état d'esprit qu'on devine.

...Chaque fois que mon regard tombait sur elles, même par hasard, je me sentais pris à la gorge par l'angoisse. Je me mettais à transpirer, à haleter et à trembler de peur... Comme si j'avais été possédé par le démon...

Parfois, la grande crise d'angoisse se déclenchait :

...une boule me montait à la gorge, à en étouffer. J'avais de violents spasmes au diaphragme qui m'immobilisaient. J'avais des pointes au cœur, et je me disais : maintenant tu vas mourir et pourrir sur place, en punition de tes horribles péchés. J'avais l'impression d'être le rebut sexuel de l'humanité, et je me précipitais dans le premier endroit venu pour me cacher, en attendant que cela passe...

Il faudrait évidemment un livre entier pour décrire, jour après jour, les pensées, les doutes torturants et les crises qu'a subis Paul... Il aurait d'ailleurs pu aboutir à la psychose. Au lieu d'être obsédé par le péché mortel, il aurait pu devenir *convaincu* d'être possédé du diable, ou se croire le diable lui-même. (C'est ce qu'on appelle le passage de l'obsession au délire.)

LES CAUSES FRÉQUENTES D'ANGOISSE.

1. *Un conflit intérieur* produit généralement de l'angoisse. Ce conflit est parfois subconscient. La personne constate son angoisse, mais est incapable d'en donner les motifs. Il est donc inutile de *raisonner* ce genre d'angoissé; mais il faut rechercher les causes profondes, cela va de soi...

Exemple : le cas de Paul que nous venons de voir. Il y avait *conflit* puissant entre ses *pulsions naturelles* (sexuelles par exemple) et sa « *morale* » (qui n'était qu'une moralisation rigide imposée par ses parents).

2. *L'hostilité refoulée* est une autre cause d'angoisse. Cette hostilité apparaît le plus souvent dans le milieu familial, ou le milieu du travail. Si un parent est dominateur, autoritaire et cassant, il est normal qu'une hostilité se déclenche chez l'enfant. Mais l'hostilité sera fréquemment refoulée avant d'atteindre la conscience (comme nous l'avons déjà vu) [1]. Pourquoi? Parce que la morale du Sur-Moi interdit la révolte contre un parent. L'angoisse subconsciente se traduit alors par des symptômes : rêves, palpitations, sueurs, vertiges, trac permanent, etc.

Exemple courant de la légère angoisse d'hostilité. Y. est employé de bureau. Il travaille dans un trac sourd et permanent; il se sent « sans cesse coupable. »

a) il éprouve beaucoup d'hostilité envers son chef, qu'il méprise.

b) cette hostilité le crispe et produit des émotions. Ces émotions devraient pouvoir se décharger.

c) or, si Y. montre son hostilité, son chef risque de se retourner contre lui. Mais, chez Y., l'indifférence ou l'hostilité des autres fait naître de l'anxiété, et un malaise « intérieur ».

Nous trouvons ici les traces d'un complexe d'Œdipe. Il y a donc :

a) hostilité de Y. Besoin de décharger cette hostilité, et de dire à son chef « ce qu'il pense de lui »; désir de donner des marques de mépris, de faire des remarques cinglantes, etc.

b) au lieu de cela, Y. est parfaitement gentil et prévenant. Il acquiesce à ce que dit son chef. Il se place « en dessous » de

[1] Voir « Psychanalise ».

lui. Il fait en sorte que son chef remarque la perfection de son travail. On pourrait donc croire que Y. désire être bien vu, « frotte la manche », est un couard, etc. *Or, ce n'est pas cela du tout!* La vérité est que Y. ne supporte pas l'hostilité des autres. Y. éprouve des sentiments d'infériorité et de culpabilité, et le moindre blâme le plonge dans la rumination mentale et le malaise angoissé. Il est donc « très gentil » *parce qu'il n'ose pas n'être pas gentil*... Eviter l'hostilité des autres est donc pour Y. un besoin vital, une préservation de sa sécurité intérieure.

3. *L'angoisse naît si une impulsion menace un besoin vital.*

Exemple : Jacques, 15 ans, pratique la masturbation solitaire. Son père lui a fréquemment répété : « ...Ecoute-moi bien! Si tu fais le mal tout seul, tu attraperas une sale maladie, tu entends? Tu vois ce que je veux dire?... ». Et Jacques, déjà infériorisé par un père sévère et brutal, a vécu pendant des années dans la peur très réelle de la syphilis, convaincu que la masturbation la provoquait! Au bout de quelque temps, cette peur s'est transposée sur de simples pensées sexuelles... A dix-huit ans, chaque fois que, dans la rue, il éprouvait une pensée sexuelle, une angoisse intense apparaissait. Il entrait alors dans un urinoir ou un café, afin de vérifier avec terreur si « des boutons ne poussaient pas »... Il avait en permanence de l'alcool sur lui afin de « pouvoir désinfecter si la sale maladie se montrait ». Nous imaginons bien les émotions et les angoisses qui ont dû habiter Jacques durant des années. Il a fallu toute la compréhension objective d'un psychologue pour obtenir ses confidences et lui montrer le mal-fondé de ses craintes...

Et nous avions :

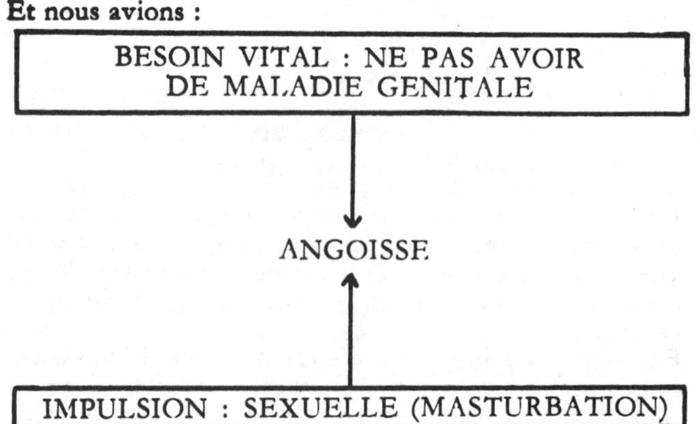

L'intérêt vital menacé peut être purement *mental*. Je reprends le cas d'une personne « matamore », qui se croit forte et énergique. (Cet exemple entre dix mille possibles.) Quel est son intérêt vital? Croire en sa force. Quelle est la menace? Que les autres (ou lui-même) s'aperçoivent que cette « force » cache une grande faiblesse. Donc, chaque fois que cette menace semblera se préciser, naîtra l'angoisse. (Par exemple si elle éprouve de l'infériorité qui risque de se montrer dans son attitude, ses gestes, ses paroles, etc.).

C'est donc le cas de tous ceux qui ne *sont* pas ce qu'ils *paraissent* être, à leurs propres yeux comme aux yeux des autres... Ils ont besoin de croire à l'authenticité de leur aspect extérieur. L'angoisse demeure toujours présente et sourde, comme une sorte de perpétuel malaise intérieur.

Et nous avons :

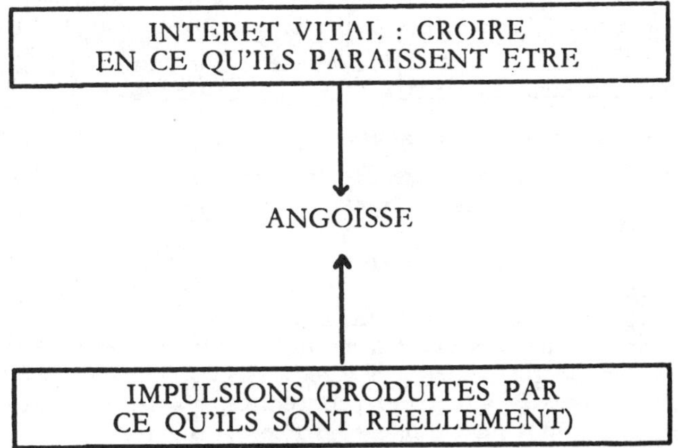

L'obsession

(de obsidere = assiéger)

L'obsession est un sentiment ou une idée excessivement pénible; elle se présente à l'esprit de façon répétée et souvent atroce. L'idée est tenace, douloureuse, produisant de fortes angoisses, avec toutes leurs conséquences physiologiques et psychologiques.

Elle détermine beaucoup d'actes du sujet. L'obsession se présente souvent par crises. Il suffit d'un mot, d'une idée, ou d'un fait pour la déclencher. C'est comme si, dans le sujet, sommeillait une puissance toujours prête à s'éveiller. Mais comme il ressent l'absurdité de son obsession, une lutte s'engage : *c'est la bataille entre la raison et l'obsession.*

D'où, épuisement complet et douloureux, qui laisse l'obsédé vidé de toutes ses forces, et désespéré.

Il ne faut évidemment pas confondre : si un air de musique revient malgré soi, le sujet dira : « Cet air m'obsède ». Ce sentiment peut être désagréable, mais n'a évidemment rien à voir avec l'obsession véritable.

L'obsession est une maladie très répandue. Elle accompagne souvent les névroses et les psychoses. Elle va de la petite obsession angoissante à la très grande obsession épuisante. (Ces obsessions touchent plus fréquemment les grands domaines névrotiques; obsessions religieuses, familiales, sexuelles, de maladie, de perfection, de justice, d'hygiène, de devoir, de responsabilité).

Il faut renoncer à s'attacher à telle ou telle obsession, mais décrire le climat général de l'obsédé. Nous verrons cependant plus loin quelques variétés d'obsessions : *les Phobies.*

La souffrance de l'obsédé.

J'ai parlé de l'idée fixe. Et nous savons que l'idée fixe est comme un parasite puissant vivant dans le champ de la conscience.

L'obsession fait de même. *L'obsédé a pleine conscience de son état*, même quand il est en proie à son obsession. Prise dans ce sens, elle est donc une névrose.

Les obsédés éprouvent la honte de leur état, et tentent de le cacher soigneusement. Ils y réussissent souvent. Ils sembleront « tracassés », nerveux, concentrés, agités, mais peu se douteront de la lutte souvent terrible qui se passe en eux.

Ici également, la sensation « d'être le seul à souffrir de ce genre de maladie absurde » est fréquente. Devant la honte ressentie, aucune décharge réelle de l'obsession n'est possible dans la vie courante...

Qu'on imagine d'ailleurs une personne dont l'obsession se déclenche au bureau, en famille, etc. Qu'on imagine ses luttes, ses angoisses, et la force qu'elle doit employer pour les cacher...

De nombreux obsédés déclarent d'ailleurs : « J'ai au moins la joie de savoir que personne ne sait rien de cet état épouvantable. Mais je donnerais tout pour qu'on puisse le connaître sans se moquer de moi... Peut-être cela m'aiderait-il. »

L'obsédé cherche une certitude.

Il cherche une certitude rationnelle qui anéantira l'idée obsédante. Mais plus il cherche et discute, plus l'obsession augmente. La moindre question qu'il pose déclenche d'autres questions, tout aussi lancinantes. C'est un cercle vicieux infernal, que des efforts épuisants ne font que renforcer...

Exemple : Madame X. est obsédée par l'idée que l'humanité forme une chaîne, et que tout acte personnel entraîne des répercussions, non seulement dans son entourage, mais dans les contrées les plus reculées. Cette façon de voir les choses n'a rien d'anormal, bien au contraire. Mais, chez Mme X. une idée de *responsabilité absolue s'est implantée.* « Je suis responsable de tout » forme le noyau de son idée obsédante. « La moindre action que je commets me rend responsable de toute répercussion qui suivrait. »

Cette obsession s'est ensuite dirigée (à la suite de plusieurs circonstances) vers les alcooliques. Ce furent d'abord les alcooliques connus d'elle. L'obsession commença quand un de ses amis mourut d'alcoolisme. « Si, il y a un an, j'avais fait ceci ou cela, il ne serait pas mort... » Elle courut alors les médecins afin de vérifier si un traitement aurait été accepté par l'alcoolique, et aurait servi à quelque chose. Elle consulta ainsi — avec l'angoisse que l'on devine — trente médecins. Elle discuta, palabra, souffrit. La réponse était partout : « Non, il était trop tard pour entreprendre quelque chose ».

Malgré cette certitude, l'obsession continua : « Mais si, il y a quelques années, quand je l'ai vu commencer à boire, j'étais intervenue, il ne serait pas mort. Je suis responsable de sa mort, entièrement et absolument. »

Elle courut à nouveau les médecins, les psychiatres; s'épuisa à étudier des livres sur l'alcoolisme, sur le libre-arbitre, sur le déterminisme...

Et au plus sa responsabilité semblait diminuer, au plus elle se posait de questions. Cette responsabilité s'étendit ensuite à *tous* les alcooliques. Elle errait dans la rue, regardait à travers les vitres des cafés. Elle attendait à la sortie les jeunes gens qu'elle avait vus boire... Elle s'épuisait à écrire et à téléphoner à tous ceux qu'elle supposait boire, etc. Ses nuits? Elle les passait à lutter contre ce sentiment de responsabilité totale, et à se répéter avec colère : « Mais je ne suis pas Dieu, tout de même, pour être responsable de la terre entière...! » Puis une autre idée fixe et tout aussi angoissante : « Et si Dieu n'existait pas? Qui est responsable alors?... Tout le monde; et moi pour commencer, puisque je sais que je suis responsable... »

C'était donc le cercle sans fin. *Toute certitude raisonnable déclenchait une nouvelle série d'obsessions.* Le suicide se présentait à Mme X. comme la seule solution possible : fuir, pour ne plus penser, ne plus souffrir. Mais là aussi (heureusement d'ailleurs) une nouvelle obsession apparut : « Je suis responsable... car peut-être une seule parole dite par moi dans ma vie empêchera-t-elle quelqu'un de boire... je dois vivre pour cela ». C'est dans cet état qu'elle alla trouver le psychologue.

L'homme normal s'imagine évidemment très mal les souffrances que provoque une obsession. Car l'obsession elle-même, très souvent, est le symptôme d'une profonde maladie psychologique.

Que fait un obsédé pour chasser son mal ?

Il tente évidemment de se rassurer, de n'importe quelle façon. Mais je voudrais parler ici d'un moyen fréquemment employé par les obsédés : il s'agit du « *rite conjuratoire* ».

Exemple : P. est obsédé par la peur du cancer. Peur torturante, angoissante de chaque instant. Il tente de se rassurer en marmonnant : « *Cancer, petit cancer de mon cœur, tu es là, mais je me fiche de toi et on verra bien. Cancer, petit cancer, je me fiche de toi, tu as compris petit cancer?...* »

P. est un homme excessivement intelligent et d'une volonté supérieure à la moyenne. Malgré cela... il répète cette phrase conjuratoire cent fois par jour, entre les dents. Parfois à haute voix s'il est seul; mentalement s'il est accompagné. Il articule avec grand soin; il essaie de prononcer la phrase à la perfection, afin de se convaincre. Quand il y a du monde chez lui, il descend à la cave sous un quelconque prétexte. Et là, dans la solitude, il prononce les mots qu'il espère sauveurs... Puis il remonte. Une heure plus tard, il redescend, ou se rend aux toilettes, ou dans le jardin. Et à nouveau, il articule la même phrase... *Et cela, tous les jours depuis des années...* Notons que P. est absolument conscient de sa situation, qui le plonge dans des angoisses ne cessant jamais.

D'autres rites conjuratoires.

Les obsédés font des gestes de la main, soit extérieurs, soit dans leur poche : gestes qui tranchent, signes de croix, gestes des doigts représentant un coup de ciseaux, etc.

Ces gestes symbolisent donc : « je coupe mon obsession ».

Ou bien ils prononcent certaines paroles avec colère, s'adressant à l'obsession :

— Fiche le camp, sale bête...

— Ça y est... encore celle-là!...

— Maudit bazar; que je meure et qu'on n'en parle plus...

— Tu crois m'avoir, mais c'est moi qui aurai ta peau, sale idée!...

Il n'est pas difficile d'imaginer, outre sa souffrance, l'exaspération d'un obsédé. Il lutte avec toute son intelligence et toute sa volonté; il lutte de toutes ses forces. Et ces armes se brisent comme verre contre l'idée qui revient comme une invincible puissance...

L'état général de l'obsédé.

Très souvent la maladie de l'obsédé passe inaperçue. De grands obsédés, même, ne sont jamais soupçonnés tels. Leur intelligence n'est pratiquement pas atteinte, et garde son éclat. Leur mémoire est souvent d'une fidélité à toute épreuve. Leur conscience reste vigilante (trop, d'ailleurs). Neuf fois sur dix, *l'hypnotisme* n'a aucune prise sur eux, pas plus que la *suggestion*. (Du moins la suggestion en surface; par contre la *psychanalyse* et *le rêve éveillé* conservent leur puissance thérapeutique.)

Où se trouvent donc les fondements de l'obsession? Comment se fait-il que des professeurs, des employés, des écrivains soient parfois atteints d'une obsession impitoyable? Et qu'ils continuent malgré cela, à accomplir leur tâche avec la plus grande correction possible, et sans que personne ne se doute de quoi que ce soit?...

Les obsédés occasionnels.

Ce sont des personnes chez qui l'obsession se déclenche à la suite de circonstances occasionnelles. Les obsessions peuvent être produites par tout fléchissement de l'état général : infections, intoxication, périodes menstruelles, ménopause, maladie physique épuisante, neurasthénie; etc...

La cause est donc accidentelle, et dans certains cas, un traitement purement médical a toutes chances de succès.

D'autre part, certaines adaptations à des travaux nouveaux, des nominations à des postes importants, peuvent créer des obsessions. Mais ici, elles sont liées au genre de travail accompli (obsession des imperfections, de ne pas réussir) ou déclenchées par l'épuisement dû au travail excessif.

De très nombreuses crises obsessionnelles apparaissent et disparaissent ainsi.

Les obsédés prédisposés.

L'obsession peut résulter de prédispositions physiques ou mentales. La névrose est évidemment un terrain de choix. Une « tension » psychologique [1] affaiblie permettra plus vite l'installation d'une idée parasite. (Comme cela se voit dans certaines psychasthénies.) De même, les complexes stagnant au fond de l'inconscient amènent fréquemment des obsessions de tous genres. L'intoxication de l'organisme prédispose également à cette névrose. Et encore : la débilité, le rachitisme, l'hérédité, le mauvais fonctionnement digestif, le surmenage de certains organes d'élimination toxique : reins, foie, etc.

En résumé (comme dans toute névrose) une cause débilitant le système nerveux prépare le terrain. Il suffit alors de quelques circonstances pour que l'obsession apparaisse et s'épanouisse.

La guérison de l'obsession.

La guérison, parfois difficile, est possible. L'idée de l'obsédé est semblable à une cellule vivante : elle tend à vivre aux dépens de son milieu. Elle grandit, et tend à tout envahir. Elle fait véritablement « le siège » de la personne atteinte.

Tout doit être mis en œuvre pour la guérison de l'obsédé. Son chapelet de souffrances est trop grand. Rien ne doit être négligé : ni dans le domaine médical, ni dans le domaine psychologique.

L'hypnotisme est-il efficace?

Non, je le répète. La suggestion hypnotique n'a aucune prise sur l'obsédé. Contrairement à l'hystérique, son champ de conscience n'est nullement rétréci. La conscience de l'obsédé n'est pas rompue.

De plus, et c'est valable pour beaucoup de traitements hypnotiques, la suggestion sous hypnose ne ferait que s'attaquer aux symptômes extérieurs. La racine de l'obsession resterait vivante, et produirait rapidement d'autres symptômes, soit physiques, soit mentaux.

[1] Voir « Janet », à l'index.

L'obsédé est, en général, intelligent.

Mais peut-on utiliser son intelligence pour le persuader? Ce serait inutile. L'obsédé lui-même lutte déjà avec toute sa raison, sans le moindre effet... Avec lui, la persuasion aboutit à l'échec.

Il dit alors : « ...Je sais tout cela... mais je ne parviens pas à le croire. Mon idée est plus forte que toutes les raisons du monde... »

Ou bien : « ...Je suis parfaitement convaincu de n'être pas responsable vis-à-vis du monde entier... je passe mes jours et mes nuits à me le répéter... mais mon idée obsédante ne cède pas d'un pouce... »

Quel est alors le traitement?

Grosso modo, le traitement sera celui de toute névrose. Seule, une psychologie profonde permet de toucher les *racines* qui produisent ce poison mental. La psychanalyse (ou le rêve éveillé) sont indiqués. Toute la vie de l'obsédé doit être « décortiquée ». Rien ne sera laissé dans l'ombre, autant que possible. Il faut, avant tout, que le malade sache qu'il n'est pas le seul à souffrir d'obsessions terrifiantes. Il faut le convaincre de cette vérité. Il faut le convaincre qu'il est digne d'intérêt. En effet, n'a-t-il pas honte de son état? Il faut qu'il sache que sa souffrance est prise au sérieux; très au sérieux, même! En effet, la honte et la peur du mépris sont caractéristiques dans l'obsession.

Quant au traitement en profondeur, il analysera à fond toutes les situations de l'obsédé : sociale, familiale, sexuelle, religieuse, héréditaire.

Très souvent, la prise de conscience du mécanisme profond ayant déclenché la névrose, produit la guérison théorique. La reconstruction de la personnalité doit être entreprise alors, si c'est nécessaire.

C'est un travail dur, mais un beau travail; d'autant plus qu'il exige la collaboration totale, et du malade, et du psychologue.

Les phobies

(d'un mot grec = crainte)

La phobie est une variété d'obsession. Elle est caractérisée par la crainte d'une idée, d'un objet ou d'une situation déterminée.

Parmi les plus « célèbres », on peut citer :
— *L'Agoraphobie et la peur des syncopes.*
— *La Claustrophobie.*
— *L'Ereutophobie.*
— *La Nosophobie et l'Hypocondrie.*

Une phobie « digne de ce nom » envahit totalement la vie du sujet. Elle devient alors une obsession spéciale, qui empêche parfois toute activité normale.

L'AGORAPHOBIE.

C'est la peur morbide de traverser un endroit ouvert : une place, une rue, un terrain. Une véritable panique apparaît, accompagnée de sueurs, de tremblements et d'angoisse. Ou bien le malade reste rivé sur place, sans oser bouger d'un pouce. Ou bien il rase les murs. Ou la panique est suivie de terreur, avec fuite éperdue vers un endroit fermé (corridor, café, maison, cinéma).

L'agoraphobie (comme toutes les obsessions) est un symptôme pénible et épuisant. Ces malades, eux aussi, font des efforts terribles pour surmonter leur phobie et leur panique. Souvent, ils doivent déployer un courage héroïque dans les situations les plus simples, comme traverser une rue, par exemple... *Y songe-t-on suffisamment quand on leur parle de volonté et d'effort, qu'ils sont les premiers à essayer d'appliquer?*

LA PEUR D'AVOIR UNE SYNCOPE.

Est fréquemment liée à l'agoraphobie. Or, l'émotivité due à l'agoraphobie produit des troubles visuels et des sensations d'étourdissement. Ce sont ces troubles que le sujet interprète; il croit que ce sont les signes d'une syncope imminente.

Ceci doit être noté : *jamais la syncope redoutée ne se produit, quelle que soit l'ampleur de la panique.*

La peur de la syncope disparaît parfois (pas toujours) si la personne est accompagnée.

L'agoraphobie, (ainsi que ses phénomènes secondaires) est un symptôme peu grave, et accidentel. Il est fréquemment produit par l'épuisement nerveux. Devront donc être recherchées et traitées, les causes de cet épuisement. Le mauvais fonctionnement digestif ou hépatique est un deuxième coupable fréquent.

En plus de cela, d'autres causes restent évidemment possibles. Plus en profondeur, l'agoraphobie peut être le symptôme d'un conflit intérieur, que seule la psychanalyse est à même de trouver (conflits familiaux, religieux, sexuels, etc.).

LA CLAUSTROPHOBIE.

C'est la peur des espaces fermés : cinémas, théâtres, ascenseurs, voitures fermées, trains, etc.

Dans le cinéma ou dans une pièce quelconque, le sujet se placera à proximité immédiate de la sortie. Ceci, afin de pouvoir fuir immédiatement, dès que la panique apparaît.

Exemple : Mme X., souffrant de claustrophobie, a une terreur panique de l'ascenseur. Je précise : terreur panique d'être enfermée dans un ascenseur.

Or, son fils et ses petits-enfants habitent au huitième étage d'un building. Mme X. empruntait donc l'escalier et gravissait péniblement ces huit étages. Mais (et cela chaque fois) après avoir appelé l'ascenseur, et lutté devant la cage ouverte pour essayer de dompter sa panique.

Outre son angoisse pénible et sa rage contre elle-même, on voit aussi l'étonnement des locataires découvrant la bizarrerie de son comportement.

Un peu plus tard, Mme X. contracta une maladie de cœur, et le médecin lui interdit formellement de monter plusieurs étages. Mme X. adorait ses enfants et ses petits-enfants. Mais la phobie fut la plus forte, et jamais Mme X. n'osa prendre l'ascenseur qui la conduisait chez son fils. Celui-ci, heureusement, comprit la situation, et l'envoya chez un psychologue.

Cet exemple montre la puissance d'une phobie. Rien ne peut l'arrêter. Et essayer de la surmonter est souvent d'une difficulté inouïe.

Ici également, le sujet reconnaît le caractère « absurde » de ce symptôme. Il tente souvent de l'expliquer par le souvenir d'un accident, d'un malaise. Pour la psychanalyse, la claustrophobie est en relation fréquente avec un sentiment de culpabilité ou d'infériorité.

L'ÉREUTOPHOBIE.

C'est la crainte de rougir. Y sont sujets les timides et les hyperémotifs, chez lesquels l'émotion produit ce phénomène.

L'éreutophobie est parfois en rapport avec des sentiments subsconscients de culpabilité.

LA NOSOPHOBIE.

C'est une obsession centrée sur la crainte de la maladie. Les plus courantes sont : la phobie de la tuberculose, du cancer, de la syphilis, des maladies contagieuses. La nosophobie rejoint :

L'HYPOCONDRIE.

...qui est constituée par des angoisses permanentes au sujet de la santé. Toute l'attention du malade se concentre sur le fonctionnement de ses organes, ou d'un organe particulier, L'hypocondrie peut devenir une véritable obsession, envahissant toute la vie du malade. Dans beaucoup de cas, on observe d'ailleurs des troubles importants tels que : constipation, mauvais fonctionnement du foie, troubles génitaux, endocriniens. L'humeur changeante, égoïste et morose de l'hypocondriaque, est bien connue.

Dans certains cas, l'hypocondrie va jusqu'à la psychose. Elle est alors accompagnée d'hallucinations, ou d'une certitude absolue de lésions imaginaires.

L'hypocondrie doit faire l'objet d'un examen médical très complet, suivi d'une véritable rééducation psychologique.

L'hystérie

Reportez-vous à l'étude déjà faite. Voir index.

La cyclothymie

(cyclo = cercle et thymie = humeur, intelligence)

Le sujet oscille sans cesse entre deux états opposés. Tantôt son humeur est euphorique, exaltée, excitée; il accomplit son travail avec beaucoup d'entrain, il s'intéresse à tout, plein d'enthousiasme. Il possède l'aisance verbale, la vivacité d'esprit, la riposte rapide. Il est certain de sa force invincible; son cerveau est curieux de tout; il est follement généreux, sociable, expansif, communicatif, conquérant... soudain... tout s'écroule dans la dépression. L'exaltation tombe, la joie aussi. Il se replie sur lui. Il doute, hésite. Il s'enfonce dans une indifférence totale et morne. Il sombre dans une sorte de somnolence mentale qui donne l'impression du naufrage absolu de son activité. Il se retire dans la solitude, se sent inférieur et humble, craint le lendemain et se fait des reproches douloureux... jusqu'au nouvel accès d'exaltation.

Poussées à ce point, ces manifestations sont celles d'une névrose.

Quand elles sont moins fortes, on n'a pas affaire à une névrose proprement dite, mais à un *tempérament :* le tempérament cyclothymique, très répandu. Il est donc difficile de délimiter la frontière de cette névrose. Tout dépend du rythme, de la durée et de l'intensité des changements d'état, qui varient fortement d'un individu à l'autre. De toute façon, le tempérament cyclothymique marque un déséquilibre neuro-psychique et une déformation du caractère. Il se rencontre souvent (à des degrés divers) chez des meneurs politiques, des agitateurs, des révolutionnaires. Ce tempérament est à la base de leur action puissante et entraînante, parfois impulsivement généreuse et hyper-émotive; mais aussi de leurs répressions impitoyables et de leur hostilité féroce.

Si je parle de la cyclothymie c'est afin de pouvoir présenter bientôt la grave psychose correspondante : la manie-dépressive.

La paranoïa

(d'un mot grec = raisonnement à côté, délire)

Encore une névrose qui étale de multiples manifestations, allant du déséquilibre léger aux grandes psychoses et aux hallucinations. Le paranoiaque est celui dont on dit populairement qu'il a la « folie des grandeurs » et « la folie de la persécution ».

La paranoïa est, avant tout, une déformation du caractère. Le paranoïaque est d'un orgueil immense, qu'il voile parfois sous une feinte modestie. Il croit être l'intelligence parfaite; il s'attribue tous les mérites, toutes les lucidités, toutes les vertus. Il est revendicateur; il exige le respect qu'on doit aux grands. Il est bourré d'égoïsme qui se cache souvent sous des masques d'altruisme, de bonté, de justice. Au fond de lui-même, se trouvent l'hostilité et l'envie. Il est d'ailleurs fréquemment possédé de très puissants sentiments d'infériorité. Bien qu'il croie le contraire, il accorde une attention exclusive à sa perfection. Il est passionné émotivement pour un rien : mais il abandonne tout pour des futilités. Ses jugements sont faussés et préconçus. Il est obstiné, entêté et rancunier dès que l'on porte atteinte à sa susceptibilité; cette susceptibilité est d'ailleurs inouïe. Le paranoïaque est une personne « avec laquelle on ne sait jamais sur quel pied danser »... La tolérance n'existe pas pour lui; sauf quand il « joue » la tolérance... jeu qui renforce son *apparence* de grandeur d'âme. Les paranoïaques occupent parfois de très hautes situations sociales; c'est alors le fanatisme, et l'exigence du respect absolu de leurs opinions. Comme le paranoïaque est hyper-émotif, il est impulsivement généreux; il *impose* sa bonté et sa générosité. Quitte à se retourner « comme une crêpe » et pour une broutille, contre celui qu'il vient d'aider... Le paranoïaque ne parvient pas à s'entendre avec qui que ce soit; sauf quand il croit qu'on le reconnaît « supérieur ». Il pense souvent qu'on le persécute, « parce que sa lucidité et son intelligence le rendent dangereux : on a donc tout intérêt à l'écarter! »

Les paranoïaques sont pleins de réserve hautaine, dominatrice et méprisante. Ils sont évidemment inconscients de la fausseté de toutes ces manifestations, auxquelles ils ont un profond besoin de croire.

Le paranoïaque ment sans cesse. Il imagine des situations où il est supérieur, joue le beau rôle, etc. Il insinue habilement de hautes relations purement imaginaires, et se « recoupe » d'ailleurs rarement. Il « retombe sur ses pieds » d'une façon déconcertante; c'est un véritable virtuose du raisonnement et de la logique absurdes.

L'enfant paranoïaque se manifeste très rapidement : exigeant, tyrannique, susceptible, boudeur, rancunier, obstiné, orgueilleux... Il est vite blessé dans sa volonté exigeante, dans ses revendications et son égoïsme. Il ne supporte aucune discipline, de quelque forme que ce soit. Il est incapable de se soumettre à un esprit de groupe, et ne conçoit pas qu'un règlement puisse s'appliquer à lui. Il exige d'être « en dehors des autres », et qu'on le reconnaisse. D'où sentiments de supériorité, vagabondages, fugues, révoltes, rébellions, scandales publics, etc.

Et plus tard, dans l'adolescence, les paranoïaques fourniront certains déserteurs, certains aventuriers, certains objecteurs de conscience. Ils présenteront alors leur névrose sous une forme soi-disant philosophique, qui ne sera, évidemment, qu'un masque...

La paranoïa légère peut durer toute une vie sans amener de grandes complications... sauf pour l'entourage! Car le paranoïaque est une « personne épuisante » qui mange l'énergie de ceux qui cohabitent avec lui.

Voici maintenant sous forme de tableau, les névroses que j'ai citées, avec leurs psychoses correspondantes :

NÉVROSE	PSYCHOSE CORRESPONDANTE
Asthénie et Neurasthénie :	Confusion mentale.
Psychasthénie :	Schizophrénie.
Obsessions et Phobies, Cyclothymie :	Psychose maniaque-dépressive.
Paranoïa :	Délire des grandeurs (mégalomanie). Délire de la persécution : hallucinations.

Les psychoses.

En un siècle à peine, le nombre des aliénés s'est décuplé dans la plupart des pays du monde. La France, la Suède et les Etats-Unis sont terriblement touchés, et les aliénations mentales deviennent un véritable fléau social.

Notons avant tout ceci : le terme « fou » n'a aucune signification réelle. Le mot « fou » ne veut rien dire, et recouvre de très nombreuses affections différentes, dont les symptômes s'entremêlent souvent. Un aliéné est évidemment un malade; et le temps est heureusement loin où on le considérait comme un criminel! De plus, il offre souvent la « caricature poussée » de certaines déformations normales du caractère.

La confusion mentale

Il ne s'agit pas d'aliénation mentale proprement dite, mais d'une « exagération » de l'asthénie. Toutes les opérations psychiques sont ralenties à l'extrême. Le malade se sent dans un état de grande torpeur mentale, et dans un état de « confusion ». Il a l'impression que son cerveau baigne dans un brouillard épais. Ses idées ne parviennent plus à s'orienter... Parfois, le malade confond le temps; il croit vivre à une époque antérieure (par exemple telle personne qui se croit revenue au début de son mariage, ou à l'époque de son service militaire, etc.). La synthèse mentale s'effectue avec de grandes difficultés. Le malade est incapable de diriger son attention et son jugement; ce sont alors des ébauches sans lien cohérent. En raison de ce manque de coordination dans le temps et dans l'espace, le malade semble parfois « égaré et absent ». Cette confusion peut aboutir à une torpeur complète, appelée *stupeur confusionnelle*.

Il y a donc bien ici exagération des phénomènes d'asthénie et de neurasthénie. Dans la confusion mentale, le malade perd donc parfois « conscience »; il ne sait plus où il se trouve, par exemple. Revenu à l'état normal, il a perdu tout souvenir de ce qui s'est passé durant sa perte de conscience.

La confusion mentale est souvent un trouble passager; c'est la plus curable des affections mentales. Le traitement s'en tiendra à la cause première. La confusion peut être le résultat de très grands épuisements, d'infections graves, d'intoxications, de traumastismes crâniens.

La schizophrénie

(de schizè = casser en deux et phrên = intelligence, esprit)

Maladie mentale grave, la schizophrénie semble être l'aliénation mentale par excellence.

La schizophrénie est la perte du contact avec la réalité. Afin de mieux me faire comprendre, disons que le schizophrène est un « étranger mental » avec lequel il est pratiquement impossible d'entrer en contact. Il est « coupé » du réel, sans réaction et absolument indifférent; il vit un rêve intérieur, et une circonstance extérieure parvient rarement à le ramener à la réalité.

Nous avons vu que, dans la Psychasthénie, apparaissent des luttes intérieures, des angoisses, des obsessions. Pourquoi? Parce que le manque de « synthèse mentale » permet aux obsessions de s'installer comme des parasites, sans rencontrer aucune résistance. Dans la psychasthénie, le malade *se rend compte* de son état, et tente d'établir un barrage au moyen de sa volonté.

Rien de tel dans la schizophrénie... Le malade se replie sur lui-même d'une façon absolue (autisme). Son psychisme se détourne complètement du réel. Il y a dislocation des associations psychiques; la pensée se trouve divisée en morceaux. Dans l'esprit du schizophrène, se construit un monde hallucinant, qu'on pourrait comparer à un rêve « désocialisé ».

Parfois, le schizophrène est docile, inerte, indifférent. Il est *séparé* de la vie extérieure; la conscience disparaît.

Des moues, des grimaces, des mouvements rythmés apparaissent; des claquements de mains, des mimiques extraordinaires. Il néglige les besoins élémentaires de la vie, montrant ainsi une diminution de l'instinct de conservation. Le malade peut avoir des *hallucinations* (auxquelles il croit). Il discute alors avec un partenaire invisible, parfois très violemment. Il arrive qu'il garde un peu de « sociabilité », et reconnaisse des personnes anciennement connues. On dirait alors qu'il retrouve des lambeaux déchirés de son passé, dont il a encore une très vague conscience...

Les impulsions violentes sont fréquentes; il va de soi que le malade est incapable de « stopper » ces impulsions. Le voici maintenant dans une sorte de stupeur profonde; il peut garder indéfiniment les positions les plus incommodes qu'on lui fait prendre; il est inerte et séparé intérieurement du monde; le voici qui répète le même geste, toujours semblable, monotone... et puis soudain éclate une impulsion aveugle, gratuite, absurde. Par exemple, il se jette brusquement sur le médecin aliéniste pour l'étrangler. Que s'est-il passé? Une idée parasite s'est imposée à son esprit (idée d'avoir affaire au démon, par exemple); et cette impulsion n'a rencontré aucune résistance consciente.

Une remarque intéressante : certains schizophrènes ont une grande exaltation intellectuelle. Leurs réalisations artistiques sont parfois extraordinaires; mais le caractère de ces œuvres d'art est *symbolique*.

Adolescence et schizophrénie.

Dans la majorité des cas, la schizophrénie est une maladie débutant dans l'adolescence. Elle apparaît après la puberté, pour se développer jusqu'à l'âge mûr. (Ceci n'est pas général; la schizophrénie peut se déclencher plus tardivement).

Il est difficile de dépister le début de cette maladie. Voici un enfant très doué, travailleur, qui soudain manifeste un changement de tenue. Il entre dans des états de rêverie prolongée. Il montre des attitudes bizarres; il semble « être absent ». Il rit d'une façon discordante et étrange, et manifeste de fortes tendances à l'isolement total. *On risque de l'accuser de paresse, de mauvaise volonté ou de simulation.* Ces jeunes gens deviennent apathiques, se désintéressent de tout. Ils n'éprouvent plus aucun attachement ni intérêt envers qui ou quoi que ce soit.

Ni élan, ni curiosité, ni affection, ni répulsion, ni amour ni haine. Rien que le vide et la froideur, empêchant tout contact, comme si leurs sources profondes se figeaient dans une glace épaisse [1].

Ce n'est qu'au cours de *l'évolution* que se montrent alors les symptômes nettement déclarés, tels que : stupeur, agitation, indifférence absolue aux événements et à l'entourage, inertie, manque total de réactions, absence de curiosité, actes automatiques, cris, hallucinations, indifférence à la propreté la plus élémentaire.

Au point de vue social.

La schizophrénie à ses débuts amène des agitations et des accès de fureur impulsive et sans motifs. Certains signes marquent le début de cette maladie; viols, fugues, ruptures soudaines d'amitiés, exaltations intellectuelles démesurées, etc. Le comportement devient incohérent et impénétrable; c'est d'ailleurs ce comportement qui alerte l'entourage.

Le traitement de la schizophrénie.

Dans la majorité des cas, l'hospitalisation est indispensable. La psychothérapie reste, souvent, sans effet. Et c'est logique puisque la nature même de la schizophrénie est d'être imperméable à tout contact extérieur... Mais l'électrochoc, et le choc insulinique amènent des modifications. (Nous verrons cela en médecine Psychosomatique.)

Nous venons de voir que certaines œuvres de schizophrênes présentent un caractère symbolique. Ne serait-il pas possible d'entrer en communication avec le malade au moyen des symboles? C'est-à-dire en essayant de parler son langage? Des cas furent cités dans lesquels le traitement symbolique eut d'heureux effets.

Le traitement par le travail est efficace, ainsi que la psychothérapie de groupe; on lutte ainsi contre l'inertie et le repli sur soi. Dans les cas très graves, la chirurgie du cerveau est envisagée et donne des résultats dans certaines agitations.

Cela ne signifie nullement que la schizophrénie soit incurable. Des psychiatres ont vu des guérisons suivies d'une vie sociale normale.

[1] Ces symptômes montrent un « tempérament » spécial, appelé schizoïdie. La schizoïdie est donc une névrose, prédisposant le sujet à la schizophrénie.

La manie-dépressive

Nous avons vu le « Tempérament Cyclothymique », se caractérisant par :

a) des périodes d'excitation brillante, d'euphorie, d'enthousiasme, d'exaltation, de rapidité d'esprit;
suivies de

b) périodes de dépression, de tristesse, d'activité nulle, de découragement et de dégoût.

Si ces variations de l'humeur sont décuplées à la suite de certaines circonstances, le malade sombre dans la *psychose maniaque-dépressive*. (Donc, avec périodes de manie, et périodes de dépression.) Avant tout, il faut signaler ceci : en psychologie, le terme « manie » n'a pas le même sens que dans la vie courante. La manie n'est pas ici un tic ou une habitude tyrannique, mais un état de folle excitation (psychique et motrice).

I. - PÉRIODE DE MANIE.

Le maniaque semble personnifier la joie exaltée, instinctive et frénétique, sans aucun frein moral. Il se trouve dans un état inimaginable d'excitation et d'euphorie; cet état se traduit par des rires, des chants, des danses. Il « rigole », il « crève de joie », il a « mal à force de rigoler », (ce sont ses propres paroles).

Les plaisanteries débraillées sortent à jet continu, comme un feu d'artifice, avec une rapidité hallucinante. Il y a surabondance des idées; le malade semble « survolté ». La tenue est souvent excentrique; il se vêt d'oripeaux multicolores, agrémentés d'ornements. Le visage est hyper-jovial, le regard brillant. L'attitude est anormalement familière; les éclats de voix se succèdent, ainsi que les chants, les cris, les mimiques; le malade ne tient pas en place, tourne en rond. Tout le comportement maniaque semble celui de l'excitation la plus débridée; *les conventions morales, sociales, éthiques sont balayées comme fétus de paille. C'est la libération en masse des instincts, sous forme d'exaltation et de frénésie...* Le maniaque saisit immédiatement les défauts de son entourage; il fait des jeux de mots, des calembours, il se moque de tout et de tous; il cingle, calomnie avec impudence et verve, ment avec certitude, récrimine, accuse, lance jovialement les plaisanteries les plus obscènes. La moindre résistance à ses fantaisies peut faire apparaître l'irritation ou la colère; parfois la fureur. L'acuité des sens semble beaucoup plus vive qu'à l'état normal, mais son attention ne se fixe sur rien. Parfois il dépasse la manie proprement dite; l'agitation devient inouïe, le malade hurle sans arrêt, se dévêt, barbouille les murs de ses excréments, les mange.

Deux exemples.

Voici deux textes de maniaques-dépressifs, dans leur période de manie.

Texte 1 (rapporté par J. Delay). — Remarquons que le malade a *parlé* ce texte, avec une extrême rapidité de débit.

Dieu, patrie, honneur après, vive la France et la vie éternelle, j'aime mon village, mon village c'est Paris, j'ai deux amours, j'ai sincèrement servi non seulement en paroles mais en cœur, cause toujours, et avec mon cher fils David, je souhaite à tout le monde bonne santé et bonsoir, bonsoir Mesdames, bonsoir, Messieurs, bien le bonheur, un homme sans honneur est un homme perdu, ondule, Ursule, tu brûles, ma croix c'est ma joie, alleluia, j'aime les roses, la croix et les roses, Marie, Jésus, Marie chérie, riri, grigri, Elisabeth de Hongrie, Riquet à la Houppe, houppette, tapette, ave Maria ave Maria aux pieds de Marie j'ai prié pour vous, Rose-Marie, vivent les roses, la pluie des roses est tombée cette nuit, il restait quelques épines, et nos dimillimus, ô vous qui avez un grand cœur, et ta sœur, la grotte, je rote, rotin, crottin, tintin c'est Nénette et vlan, passez la monnaie, ces messieurs c'est des doctoresses, oh, Monsieur l'abbé, que je suis heureuse, vite mon chapelet, votre bénédiction, sainte Thérèse de l'Enfant Jésus, j'ai inspiré sa bonté, il y a ici de tous les pays, du vert et du rose... (Un rai de soleil) : oh, de l'or... tra, la, la, la, Tralala, c'est l'or du Rhin, l'or des reins, l'or de Nénette et Rintintin, Tintin c'est Titine, et va donc p... (elle regarde la pendule) : il est 10 h. 10 (exact). Je vous demande pardon, le mouchoir ne m'appartient pas, Tra-la-la-la, Messieurs, Mesdames, tiens! Mam'zelle Acorbasson...

Que remarquons-nous? La pensée saute les obstacles tout comme un cheval de course, et les idées se succèdent à un rythme véritablement surréaliste, dont nous verrons encore le mécanisme dans le texte suivant.

Texte 2 (il s'agit d'une lettre reçue par l'auteur).

Monsieur, je vous aime, vous n'êtes pas un tardigrade, gradation, gradé, bonjour, mon colonel, va te faire fout avec ton sabre, pardon l'armée, pardon Seigneur, pour en revenir à votre conférence je demanderai à Dieu toutes ses fleurs de mai et ses aubépines tressaillantes, vous êtes optimiste comme moi, moi je crève de joie taratata, votre voix c'est de l'argent, gens du Nord, gens du Midi, de la lumière en plein juillet, je vous aime bien mon ami, mimi, pipi, pipi au lit, manque personne à l'appel mon adjudant, faites de beaux rêves et que l'humanité vous garde, alleluiah!

Voici donc encore une sorte de surréalisme à l'état pur! Je crois que beaucoup d'écrivains « modernes » ne désapprouveraient nullement ce texte, où se trouvent une beauté absurde et une grande poésie... (« Je demanderai à Dieu toutes ses roses de mai et ses aubépines tressaillantes... »).

Mais il est intéressant de remarquer la façon dont se succèdent les idées.

Par exemple :

1) A « tardigrade », le malade associe la dernière syllabe du mot : (...grade) avec gradation et gradé.

2) Il associe immédiatement « gradé » à « bonjour, mon colonel ».

3) A remarquer : « moi je crève de joie », suivi de taratata (association purement euphonique).

4) Même genre d'associations : « Votre voix c'est de l'argent »; la dernière syllabe « gent » lui suggère les mots suivants : gens du Nord, gens du Midi...

5) « Je vous aime bien, mon ami »; il prend le dernière syllabe, « ...mi », qui lui donne les mots suivants : mimi, pipi, pipi au lit; nouvelle association avec l'armée : « manque personne à l'appel mon adjudant... ».

6) Alleluiah... qui marque encore bien l'euphorie maniaque.

Le *début* des accès maniaques peut, évidemment, entraîner des excentricités et de grands écarts de conduite. N'oublions pas que le frein moral diminue, jusqu'à son abolition complète. Ce sont alors des attentats à la pudeur, les grands abus de confiance, les réactions violentes et coléreuses.

Le début de la manie peut donc conduire à des conséquences sociales... dont le malade n'est évidemment pas responsable. L'hospitalisation s'impose alors. De plus, l'internement empêche le maniaque s'être soumis aux multiples excitations de l'extérieur, qui ne feraient que renforcer son agitation.

II. - PÉRIODE DE DÉPRESSION.

Après les débordements joyeux de la manie, apparaît la période de dépression. Le malade tombe dans un accès de mélancolie. L'affaissement est total; il est plein d'idées de culpabilité et d'indignité. Il profère des plaintes, des gémissements. Il se croit voleur, assassin, indigne de tout. Il croit que ses intestins sont obstrués, que son sang se coagule, qu'il n'a plus d'estomac, plus de cœur, plus de cerveau... *(idées de négation)*. Il refuse de s'alimenter, et on se voit souvent obligé de le nourrir au moyen d'une sonde. Des idées de « persécution » apparaissent : il est certain qu'on va le faire mourir, le torturer, et tuer tous les siens. Parfois, l'anxiété monte à son maximum : c'est le « raptus anxieux » [1]. Il se dresse, hagard, plein de sueur; ses mains frémissent; il s'agenouille, sanglote et supplie qu'on mette fin à sa douleur... Il faut redoubler de surveillance pour empêcher un suicide impulsif; les objets les plus bénins peuvent devenir pour lui des objets de destruction. Il peut également préparer son suicide avec une patience et une ruse incroyables...

Ce délire mélancolique (qui est donc une monstrueuse exagération du pessimisme du mélancolique névrosé) présente souvent des *hallucinations*. Le malade entend parler de lui; il entend dire « qu'il va mourir, qu'il va être exécuté ». Il « voit » l'échafaud qui se dresse. Il aperçoit le fantôme d'un être aimé lui reprocher son « infâme » conduite...

Se rend-on compte de l'effrayant supplice qu'est parfois la mélancolie du malade?

Le traitement de la manie-dépressive.

Cette psychose est généralement considérée comme constitutionnelle et souvent héréditaire. Le tempérament cyclothymique en est la base, dans bien des cas. Cependant, certains malades tombent dans cette psychose sans avoir, auparavant, montré de grandes alternances de l'humeur. Certains psychiatres inscrivent cette psychose dans un dérèglement (organique ou fonctionnel) de la base du cerveau (région de l'hypothalamus, dont je parlerai en Psychosomatique).

Des accès maniaques ont d'ailleurs été déclenchés au cours d'opérations du cerveau, dans cette fameuse région hypotalamique. Au moment où le docteur Foerster opérait une personne dans cette région du cerveau, le malade présenta un accès de manie, avec flux de paroles rapides, associations de mots, calembours, etc.

Outre cela, certains facteurs accidentels peuvent agir : glandes endocrines, chocs émotifs, traumatismes crâniens, certaines maladies infectieuses. Dans d'autres cas, les règles,

[1] Le « raptus » est un paroxysme explosif, pouvant conduire le malade vers des conséquences tragiques (crimes, suicide, fugues, etc.).

la puberté, la grossesse, l'accouchement, la ménopause, l'avortement. Des phénomènes comme l'accouchement ou l'avortement provoquent un bouleversement endocrinien; l'infection peut avoir des répercussions sur les régions de l'hypothalamus. Cette zone deviendrait « allergique », et vulnérable à d'autres causes pouvant se présenter ultérieurement...

La durée de la maladie.

L'intensité, la durée et l'alternance des états de manie et de dépression sont très variables. Certains malades n'ont qu'un ou deux accès dans leur vie; d'autres en ont tous les ans... Certains n'auront que des accès de manie; d'autres uniquement des accès de mélancolie. Entre les crises peut se trouver un « *intervalle de lucidité* », qui se prolonge parfois très longtemps. Le sujet retrouve alors son activité raisonnable et normale, ainsi que ses facultés mentales.

La Manie-Dépressive semble être le triomphe des « chocs », et notamment de l'*électrochoc;* celui-ci donne un magnifique résultat dans les cas de mélancolie et abrège l'évolution des accès maniaques.

Le délire des grandeurs et de la persécution

I. - LE DÉLIRE DES GRANDEURS.

Mégalomanie.

La « folie des grandeurs » est très familière aux psychiatres... et au public. Ce délire est donc l'exagération de la paranoïa. Le malade est *convaincu* de sa force physique exceptionnelle, et de sa beauté inouïe; il descend des plus illustres familles; il est apparenté à toutes les cours d'Europe et d'ailleurs... Il est riche, riche à milliards, brasse les affaires, commande à des millions d'hommes. Il est certain d'être un surhomme, un prophète, un des plus grands inventeurs de tous les temps. Toutes les femmes se pâment à ses pieds, tous les mérites lui sont dus, il possède tous les titres, toutes les hautes relations, toutes les richesses...

Souvent, l'aliéné se revêt d'oripeaux qui représentent le personnage qui s'est créé dans son cerveau malade. Il s'affuble de costumes, de chapeaux, de décorations, de galons.

Cette aliénation mentale si courante, n'est-elle pas la caricature des millions d'ambitieux et de paranoïaques légers qui pullulent à la surface de la terre?... N'est-elle pas la caricature de tous ceux qui se veulent supérieurs?

Mais le délire des grandeurs ne se rencontre pas uniquement dans la paranoïa. On le trouve dans la *paralysie générale* [1], et dans certaines formes de *manie* ou de *schizophrénie*. Des *débiles mentaux*, à leur tour, se donnent des titres et de très hautes situations. C'est alors le port illégal de l'uniforme et des décorations, et diverses autres manifestations qui « concrétisent » leur délire.

Il existe donc une gamme allant de la paranoïa légère à la psychose proprement dite. Le problème de la responsabilité légale se trouve ainsi posé. Les paranoïaques et les mégalomanes passent parfois aux actes; ils expriment leur « puissance » et leurs « titres » par la parole, mais également par leurs costumes ou leurs actions. Ce sont alors les infractions à l'ordre public, les ports de décorations, les insultes aux magistrats, les escroqueries, les coups et les blessures.

Il est évident que la responsabilité est nulle dans la paralysie générale. Dans les autres cas, la responsabilité est liée à l'intensité de la psychose.

II. - LE DÉLIRE DE LA PERSÉCUTION.

Comme le délire des grandeurs, le délire de persécution se rencontre fréquemment en clinique... et ailleurs!

La persécution est souvent liée à l'idée de grandeur; si le malade sait tout, est puissant et absolument lucide, n'a-t-on pas intérêt à le supprimer?... De quoi se plaint le « persécuté »? Que l'on porte atteinte à sa fortune ou à sa situation. Qu'on exerce une influence physique sur son corps, au moyen de l'électricité, des rayons, de l'hypnotisme, etc.

Que des personnes le persécutent à distance par des moyens magiques qui peuvent influencer son esprit, détruire sa fortune, l'empêcher d'agir, le faire mourir, etc. Il prétend également qu'on l'écoute au moyen de la radio, qu'on sait tout ce qu'il fait chez lui, qu'on capte sa pensée...

Très souvent, les *hallucinations* se présentent. Le malade entend des voix qui l'insultent, le menacent. Parfois, il prétend qu'on a « fracturé » son cerveau pour capter ses pensées ou

[1] Méningo-encéphalite d'origine syphilitique. Voir index.

diriger ses idées. Il est donc naturel que ce malade ressente une vive angoisse, qui ne fait que renforcer son délire.

Tantôt il prétend que « on » le persécute, sans préciser davantage. Mais parfois il désigne telle personne, tel groupement politique, telle secte religieuse. Les commissariats de police et les autorités judiciaires en savent quelque chose.

Le malade peut réagir de plusieurs façons au délire de persécution. Il peut se livrer à certains moyens de défense : il se verrouille chez lui, porte de bizarres accoutrements, etc. Il fabrique des écrans, des fétiches et des amulettes pour se protéger contre les rayons, les ondes, ou la pensée de son persécuteur. Le malade entend également des voix, soit ennemies, soit protectrices; il leur répond, discute, se bouche les oreilles. Ou il se défend autrement : il menace et insulte ses « persécuteurs », porte plainte, etc. S'il décide d'anéantir lui-même ceux qui le persécutent, il risque, évidemment, de devenir très dangereux.

Un exemple.

Voici, en illustration, un fragment de lettre, (reproduit tel quel, fautes comprises), d'un « persécuté ».

Monsieur, Fraternel et Puissant,

Ceci, pour avoir l'honneur de vous dire que vous pouvez faire qu'on cesse de vouloir me tuer à distance par la pensée de mes ennemis. Ils ont des poupées qu'ils piquent et m'hypnotisent pour avoir tout ce que je sais et s'en servir contre notre pays. Je sais qu'il y a des micros qu'ils ont cachés dans ma Résidence, mais je ne parviens pas à mettre la main dessus. Mes ennemis savent bien mes secrets d'Etat et de diplomaties quand je voyagais pour les affaires politiques. Je ne veux pas m'abaisser à faire ce qu'ils font; mais je veux une puissance près de la mienne qui est la vôtre. A nous deux, je serai certain de les vaincre et qu'ils ne pourront plus avoir mes pensées et m'entendre chez moi, entendre tout ce que je dis et ce que je pense. Si vous m'aidez, je récupérerai ma fortune et vous en donnerai. Mais je ne peux pas beaucoup sortir, parce qu'ils pourraient me diriger chez eux par la radio ou par la pensée, et m'enfermer.

Soins psychiatriques.

Toutes les psychoses, même les plus graves, sont suceptibles de guérison. Certains malades semblent descendre jusqu'au degré le plus bas de l'animalité humaine. Ceux-là même guérissent parfois d'une façon rapide et définitive, reprenant une vie sociale, et capables de surmonter de grandes difficultés avec maîtrise, durant toute leur vie.

Evidemment, le traitement des psychoses ne peut pas se faire « en bloc ». Tout psychiatre devrait travailler le malade en profondeur, et pendant le temps nécessaire. De véritables résurrections mentales en seraient souvent le fruit. C'est là tout le problème; y a-t-il suffisamment de psychiatres? Ont-ils le temps, devant l'afflux des malades mentaux? Malgré leur vouloir et leur science, ne doivent-ils pas se contenter parfois de traitements rapides? De plus, ne sont-ils pas soumis à de stupides quolibets populaires et aux plaisanteries de certaines Presses?

De plus, la psychanalyse et la psychothérapie peuvent donner de bons résultats, même chez les aliénés gravement atteints. L'aliéné est « étranger »? Parfois bien moins qu'il ne le paraît. Malgré les apparences, demeure en lui une personnalité étouffée, silencieuse, mais qui souffre. C'est pourquoi tout service d'asile doit être basé, avant tout, sur un respect absolu de l'aliéné qui, comme n'importe qui, garde les droits les plus sacrés de l'humain.

ENCORE LA NÉVROSE.

Après le ciel opaque des psychoses, faisons demi-tour afin de retrouver la conscience et les nuages gris des névroses.

La névrose et la puberté [1].

La puberté ouvre la porte à de nombreuses névroses. Cette fameuse puberté n'est-elle pas le premier grand « saut », et la première adaptation très importante demandée par la Vie? Si des névroses apparaissent après la puberté, d'où viennent-elles? D'une cause physique? D'une cause psychologique? La puberté est essentiellement caractérisée par une apparition des fonctions génitales et par diverses modifications physiologiques (apparition des poils, développement des seins et des hanches chez la fille, changement de la voix, etc.). Faut-il rattacher les névroses de l'adolescence aux changements physiologiques et aux modifications endocriniennes? Pendant longtemps, on l'a cru. On a même donné une place capitale aux facteurs hormonaux; mais actuellement le rôle endocrinien semble, en général, de plus en plus minime, sinon inexistant. Alors, que reste-t-il, sinon les éléments psychologiques?

[1] Voir « Adolescence » à l'index.

A nouveau, la Psychanalyse entre dans l'arène... On constate fréquemment que les névroses adolescentes viennent d'*inadaptations ;* inadaptations à la sexualité, inadaptation au milieu, etc. Un manque d'évolution normale, en quelque sorte. Dans ce cas, la puberté crée-t-elle une névrose? Il ne semble point. Mais la puberté « met le contact », et fait apparaître nettement un déséquilibre préexistant. Ce déséquilibre peut être constitutionnel, ou avoir été créé par le milieu...

L'adolescent névrosé éprouve de grandes difficultés à s'adapter aux tâches sociales; il fuit les responsabilités, il est faible. C'est un *arriéré affectif*[1], bloqué quelque part dans son passé... Il cherche souvent refuge auprès de sa mère... jusqu'à ce qu'il fasse de même auprès de sa femme... à moins qu'il ne devienne compensé. Tous les coups sont permis!

Ce sont alors des adolescents obsédés, scrupuleux, angoissés, hyper-timides, agressifs, cyniques, révoltés... Tous ces troubles se répercutent évidemment sur la sexualité. Celle-ci devient impulsive avec besoin immédiat de satisfaction (attentats à la pudeur, masturbations répétées, homosexualité, sadisme, etc.).

Les adolescents névrosés par blocage affectif dépendent d'un traitement psychologique.

La névrose et la vie conjugale.

L'adolescent doit donc s'adapter à sa personnalité nouvelle et à l'autre sexe; il doit se séparer « mentalement » de ses parents, afin d'envisager sa vie propre. C'est un moment décisif : il franchit la barrière... ou reste sur place. Ensuite, adapté ou non, il file en ligne droite vers le mariage. Or, on constate que de nombreuses névroses se manifestent peu après le mariage.

Quelles sont les deux grandes adaptations demandées par cette nouvelle période vie? Ce sont : l'acte génital et l'adaptation à la vie commune.

L'acte génital.

Il ne s'agit pas d'un acte génital quelconque, mais accompli avec une personne bien déterminée : l'épouse ou l'époux. Et cela change tout... La névrose conjugale est souvent à base sexuelle : impuissance totale ou partielle du mari, fri-

[1] Voir « Arriération affective » à l'index.

gidité chez la femme. Combien d'hommes, ayant eu des relations normales avec une maîtresse (ou arrivant vierges au mariage) deviennent subitement impuissants envers leur femme!... Dans ce cas, il se passe fréquemment ce que j'ai exposé page 187. *Mécanisme inconscient, mais terriblement agissant!* La névrose adulte ne fait alors que *répéter* une situation névrosée de l'enfance et de l'adolescence. Je rappelle une fois de plus ce mécanisme, étant donné qu'il s'agit d'un cas très habituel :

Dans l'enfance et l'adolescence :

Mère = Femme Idéale; Amour pour le Mère = Respect absolu, avec refoulement de la sexualité.

Dans le mariage :

Amour pour l'épouse = rappel de l'amour pour la mère = impuissance sexuelle.

D'autre part, beaucoup de personnes aboutissent au mariage avec des sentiments d'infériorité, de culpabilité, de honte de soi. La peur du mépris et la honte de son corps, sont fréquentes. L'habitude intense de la masturbation peut empêcher toute relation sexuelle normale. De plus certaines petites perversions qui, durant l'adolescence, étaient liées à la masturbation empêcheront la sexualité conjugale. Pourquoi? Parce que le névrosé a *besoin* de cette perversion pour éprouver une jouissance normale. Mais comment pourrait-il faire part de cette perversion à son épouse (ou époux), s'il éprouve des sentiments de honte, de culpabilité et de remords?... *On a alors affaire à une personne sexuellement normale, mais bloquée mentalement...*

D'autres possibilités? Elles existent par milliers... Les inadaptations sexuelles forment un terrain de choix, permettant la poussée de nombreux troubles névrotiques. Outre les impuissances et les frigidités, ce sont alors les contractures, les spasmes, les phobies, les angoisses, les scrupules.

Et si l'acte génital est accompli malgré tout, il ne produit ni satisfaction profonde, ni détente. Il apporte cependant une sensation aussi désagréable que perpétuelle : le mécontentement de soi et des autres.

Combien de mariages sans amour véritable! L'acte génital devient alors difficile, incomplet... ou impossible. Ce sont des reproches sans fin, des soupçons, des jalousies, des ruptures, des disputes... dont l'enfant fait souvent les frais.

L'acte génital du mariage doit donc être considéré comme une adaptation très importante. La plupart des déficiences psychologiques produisent des insuffisances sexuelles qui risquent de rompre à chaque instant la vie conjugale.

Voici maintenant un cas de névrose conjugale : (très fréquent, avec des modalités diverses).

X., névrosé, arrive au mariage après une éducation qui l'a dévirilisé et féminisé. Mère autoritaire, père faible. X. est donc devenu un homme à tendances féminines, incapable de réaliser mentalement son rôle d'homme. Malgré lui, il a cherché une femme qui rétablisse la balance, et rende ses relations sexuelles possibles. Sa femme est donc masculine, comme on pouvait le prévoir. On voit de suite que X. a des tendances homosexuelles inconscientes. *Son équilibre psychologique dépend de deux facteurs :*

1) rester dans sa « féminité », puisqu'il est incapable de virilité masculine.

2) que sa femme le lui permette, en restant masculine.

X. et sa femme avaient d'ailleurs certaines pratiques sexuelles, qui montraient parfaitement ce jeu renversé de féminité et de masculinité.

Un jour, la femme de X. émit le désir d'avoir un enfant. Une angoisse intense s'installa immédiatement en X., qui fit tout pour extirper ce désir. Il était d'ailleurs incapable de donner la moindre raison plausible... ce qui renforçait l'exaspération de madame X. Des tiraillements, des disputes, des reproches s'installèrent à demeure dans le ménage. L'angoisse de X. fit qu'il cessa toute relation sexuelle avec sa femme, et sombra dans une dépression grave.

Pourquoi? *Avoir un enfant signifiait que sa femme cessait d'assumer le rôle de l'homme. Ayant un enfant, elle redevenait femme.* Donc :

a) X. devait alors assumer son rôle masculin, ce dont il était incapable;

b) son homosexualité latente pouvait se réaliser tant que sa femme jouait un rôle d'homme. Elle cessait si l'épouse reprenait son rôle de femme et de mère. Tout son équilibre psychologique se brisait. D'où angoisses et refus d'avoir un enfant, dépression, etc.

L'adaptation à la vie du ménage.

On connaît l'adage populaire et sage : *Mariage demande Ménage.* Cohabiter avec les parents d'un des époux est déjà, en soit, une cause fréquente de troubles conjugaux. Cette situation exige un équilibre psychologique parfait, de part et d'autre. Même dans ce cas, il est rare que les époux puissent « se laisser aller ». Mais il est également rare que les parents aient pu se « décrocher » de leur enfant! C'est alors que commencent les surveillances, les remarques, les insinuations, les reproches, les conseils acerbes et mielleux. Le trouble s'agrandit encore si l'enfant est resté accroché à ses parents. L'accrochage le plus dangereux est celui de la mère et du fils. Dans ce cas, la névrose est fréquente. Le fils continuera, dans le mariage, la situation de son adolescence. Il restera le « petit garçon de sa mère ». Il refoulera son hostilité envers sa mère, et la reportera sur sa femme. Son épouse, alors, l'accusera de « prendre parti pour sa mère, contre elle ». Le fils n'admettra aucune critique venant de sa femme, *puisque ces critiques rencontrent sa propre hostilité refoulée!* Mari et femme sont alors placés entre plusieurs feux, qui aboutissent habituellement à la catastrophe conjugale.

« *...Je n'en peux plus, dit madame X., je suis épuisée moralement et physiquement... jamais mon mari ne prend ma défense quand sa mère m'attaque... il se tait, il n'ose pas, et pourtant je sais qu'il m'aime... mais je vais en arriver à le détester... il est semblable à sa mère... on dirait qu'elle a déteint sur lui... sa mère ne cesse de me critiquer, de me dire que je dois m'habiller comme ceci, que je dois cuisiner comme cela... elle est toujours derrière moi... elle me surveille... je n'ose pas répondre sinon c'est la bagarre avec elle et mon mari... si mon mari a le moindre bobo, cela semble être de ma faute... elle semble croire que je ne le soigne pas assez... ce sont sans cesse des insinuations à ce sujet... me lever le matin devient un vrai cauchemar quand je pense que je dois passer une journée avec elle, et que mon mari ne rentrera que le soir... elle fourre son nez dans tout... mon mari a peur... même ses habits sont choisis par sa mère... faire ses tartines le matin est toute une histoire comme si j'étais une incapable complète... je suis toujours dans un état de colère rentrée qui me vide...*

Et ce que dit madame X. semble stéréotypé, tellement c'est courant!

En général, la cohabitation avec les beaux-parents est à éviter. Que dire alors, si un des éléments du groupe est névrosé!...

L'intimité difficile.

L'adaptation est délicate également si les époux vivent seuls. L'intimité est chose difficile à réaliser, et demande énormément de compréhension. Or, il n'y a pas de compréhension réelle sans équilibre et disponibilité d'esprit. Le mariage exige l'amour; non pas l'amour de soi, mais de l'autre. Si l'un des conjoints est névrosé, cette névrose est (malgré lui), le centre de ses préoccupations. De même que, si un homme souffre fortement de l'estomac, cette souffrance deviendra la plaque tournante de sa personnalité entière. La névrose d'un des conjoints fera qu'il comprendra l'autre à travers cette névrose. Ou du moins, il croira le comprendre, en toute bonne foi et avec la meilleure volonté du monde.

Beaucoup de névroses, même légères, permettent des relations sociales superficielles; *mais empêchent les relations profondes.*

Ce dont pâtit l'intimité conjugale, évidemment! Beaucoup de conjoints disent : « ...il me faut longtemps pour m'adapter à quelqu'un... passer un dimanche avec lui (ou elle) m'épuise... je me sens dans un état de tension qui me vide; je ne sais que dire, je suis crispé, je me sens coupable... il n'y a pas d'intimité... nous sommes comme deux étrangers... je me rends bien compte que c'est ma faute... j'ai été trop renfermé et trop timide à cause de mon enfance... et je ne parviens pas à m'en dégager ».

De plus, il ne faut pas oublier ceci : une névrose d'adolescence risque de se continuer dans le mariage, et même de s'amplifier.

« ...je suis de caractère faible, et j'ai peur de ma femme... elle me rappelle ma mère... mais avec ma mère, je pouvais me laisser aller, elle faisait tout à ma place, décidait pour moi. Maintenant, je ne sais plus faire autrement. Et je sens que ma femme me méprise, ce qui renforce encore ma honte et le mépris que j'ai pour moi... »

Ou bien :

« ma femme a quinze ans de plus que moi. Après notre entretien, je vois que j'ai recherché une compensation de ma faiblesse... j'ai épousé une femme maternelle au lieu d'une femme-épouse... je suis resté accroché à ma mère... au fond, j'ai épousé ma mère... je n'ai d'ailleurs jamais eu de relations sexuelles avec ma femme. »

Névroses et conceptions du mariage.

De nombreux névrosés arrivent au mariage avec certaines notions dures comme du béton : la sexualité est une chose honteuse; la sexualité me fait peur; la femme doit combattre l'homme; la femme est toujours la proie de l'homme; la femme doit toujours se sacrifier; la femme est une martyre, etc...

On voit donc là un terrain tout préparé pour la future névrose des enfants! De plus, trop de conceptions du mariage sont basées sur des compromis. Le conjoint essaie de se compenser par l'autre. (Comme X., féminin, qui avait épousé une femme masculine.)

Exemples :

Un autoritariste (donc névrosé) cherche une femme faible ou une femme enfant, qu'il puisse « protéger » et dominer.

Une autoritariste (donc névrosée) cherche un homme infantile, timide, etc.

C'est à tel point que beaucoup de mariages sont basés sur la compétition! Chacun des époux se sent en danger vis-à-vis de l'autre. Il vit en état d'alerte, avec le souci de « ne pas se laisser faire »!

Que dit madame Y.? : « ...j'ai mes droits... ce sont les droits de la femme. J'estime devoir les sauvegarder envers et contre tous; et je refuse absolument de reconnaître à mon mari les droits que lui donne la loi. Les hommes ont trop tendance à s'imaginer que nous sommes leurs servantes, etc., etc... ».

En vérité, le cortège des mariages manqués est long et triste. Car très souvent un compromis boiteux maintient la situation, basé sur les « droits réciproques », sur l'agressivité, sur des rancœurs, sur des mépris. Les névroses, fortes ou faibles, font des coupes sombres. Non seulement parce qu'un névrosé envisage le mariage d'une façon erronée; mais parce que l'union conjugale permet aux névroses d'apparaître mieux.

En outre, on croit populairement que le « mariage guérit la névrose ». *C'est une opinion complètement absurde.* Deux cas classiques : ou bien des parents poussent au mariage un névrosé, afin de le « guérir ». Cela, sans songer ni au conjoint, ni à l'enfant éventuel qui en subiront le contrecoup! Ou bien, de jeunes névrosés se *réfugient* dans un mariage *hâtif*, pour fuir leur milieu. Les conséquences peuvent en être tout aussi tristes...

Pas plus qu'on ne s'improvise éducateur, on ne s'improvise marié. Une seule chose permet l'improvisation : l'équilibre. C'est pourquoi le mariage devrait être étudié d'une façon préventive. Des connaissances psychologiques, même élémentaires, pourraient sauver bien des choses, je vous assure. Dans le mariage, l'amour est essentiel. Mais « se connaître soi-même » devrait être une règle d'or...

Conclusions.

La névrose, comme toute maladie psychologique, doit faire l'objet d'un examen absolument complet. Toutes les recherches physiologiques seront mises en jeu; recherches des intoxications, des lésions, des infections; examens endocriniens, humoral, hépatique, gastrique. Examen minutieux du milieu, des inadaptations, etc.

Toutes les ressources de la psychothérapie seront employées. Il est rare qu'une maladie psychologique étouffe la personnalité profonde. Cette personnalité souffre parfois mille morts; et les souffrances de la « conscience morale » jouent toujours un rôle considérable. Les conflits intérieurs, souvent refoulés, se trouvent fréquemment à la base des névroses et des psychoses. Qu'il s'agisse d'une simple timidité, ou d'un délire de la persécution...

Tout traitement psychologique, léger ou grave, doit être d'une humanité absolue, le respect entier de la personne humaine en est la loi suprême. Souhaitons une chose : que l'hygiène mentale et morale progresse. Que le monde actuel apprenne à se considérer objectivement : *et que chacun souhaite « apprendre », au lieu d'avoir la certitude de « connaître »*.

Souhaitons enfin que la psychologie s'étende suffisamment pour que chacun cherche à réaliser la plénitude de son être, en constatant sainement ses insuffisances, et en découvrant ses possibilités cachées.

VI

LA MÉDECINE PSYCHOSOMATIQUE

La somme des parties ne constitue pas le tout. (LAO TSEU)

Deux vieilles rengaines forment le point de départ de cette médecine au nom étrange, mais qui engage probablement l'avenir de la thérapeutique!

« Le moral influence le physique... » et « Le corps agit sur l'esprit ». Voilà deux refrains aussi vieux que le monde, mais orchestrés aujourd'hui par des neurologues, des psychiatres, des médecins, des psychanalystes... Médecin de l'avenir probablement, à la suite des recherches acharnées de tous ceux qui luttent contre la souffrance; et de tous ceux qui savent que les souffrances névrotiques peuvent être aussi atroces que les douleurs physiques...

Dans cette médecine, un grand seigneur : le cerveau, viscère comme un autre, mais viscère prodigieux, produisant le « moral » et tout ce qui s'y rattache. En plus de cela, l'inquiétant système nerveux, reliant le cerveau, les viscères et les tissus comme une gigantesque toile d'araignée...

Pourquoi une cause psychique peut-elle produire des troubles physiques parfois mortels? Pourquoi des complexes anciens peuvent-ils aboutir à l'ulcère, à l'estomac ou à la néphrite? Pourquoi la puissance d'une idée suggérée par l'hypnotisme peut-elle faire apparaître des phénomènes physiques comme des cloques ou des stigmates? La psychologie doit-elle parfois remplacer la table d'opération?

On parle des phénomènes de suggestion, d'hypnotisme, de « maladies imaginaires », d'inconscient... Mais on les examine souvent sans savoir *qu'ils ne sont pas « désincarnés », mais aussi physiologiques que le fonctionnement du foie...*

Et si les deux rengaines anciennes ont traversé les siècles pour aboutir enfin à une application scientifique et à la santé future de millions d'hommes, il vaut la peine de les examiner.

Qu'est-ce qu'un malade?

C'est une personne. C'est évident? On a parfois tardé à s'en apercevoir, cependant... Un malade est donc une personne : ce n'est ni un numéro, ni un simple organe détraqué. Voici le malade qui se présente chez le médecin ou chez le psychologue. Il est donc nécessaire de trouver la maladie. Mais... QUI EST cette personne? C'est un être humain, avec toute une histoire; derrière cet être, se déroule une vie entière. Dans son passé, existent des milliers de circonstances physiques et psychologiques, conscientes ou inconscientes... Il y a son hérédité qui le conditionne d'une certaine façon. Il y a son tempérament, son éducation, ses parents, ses professeurs, son milieu social, son milieu religieux, ses emplois, ses réussites, ses échecs. Il y eut l'enfance, l'adolescence, les adaptations, les inadaptations, la sexualité, le mariage... Il existe donc, dans le passé de cette personne, un immense faisceau de circonstances, qui convergent vers « aujourd'hui »; c'est-à-dire vers le moment où la personne dit : « je suis malade ».

Comme ceci :

Tempérament →
Hérédité →
Milieu familial →
Enfance, Adolescence, Mariage →
Prédispositions →

Homme malade aujourd'hui

Il s'agit donc :

a) de déceler le symptôme
b) de tenter d'en préciser la cause
c) d'appliquer le traitement correspondant

Mais est-ce suffisant? Parfois, oui; dans bien des cas, non. Car, trop souvent, on divise l'être humain *en une série de pièces détachées*. On examine alors une de ces pièces, sans essayer de préciser ses relations avec le restant de l'organisme. Comme si on tentait de connaître une symphonie en lisant deux ou trois notes.

Et malgré de spectaculaires résultats, de nombreuses maladies demeurent inexplicables. Les névrosés en savent quelque chose! On a trop tendance à déclarer : « Vous n'avez rien, ni lésion, ni troubles réels; donc vous n'êtes pas malade ». A une autre personne, on enlève les ovaires, l'utérus, la vésicule, les amygdales, alors que cette personne est névrotique et qu'une solide psychanalyse l'eût probablement sauvée de ces mutilations. Ou on dit, par exemple : « Votre ulcère est nerveux; donc soignez vos nerfs... *Mais que cela signifie-t-il et quel est le mécanisme?*

Cette manière de faire n'empêche pas le développement effrayant de névroses et autres maladies, physiques ou psychologiques; avec leur cortège de souffrances solitaires, incomprises, et parfois méprisées.

Qu'est-ce que la médecine psychosomatique?

Comme son nom l'indique, c'est une médecine qui s'occupe *à la fois* de l'esprit, « du mental » (psyché) et du corps (soma). Qui n'envisage jamais l'un sans l'autre; mieux encore; *qui ne les sépare jamais*.

Elle considère l'être vivant, non pas comme un assemblage de parties, mais comme un TOUT indivisible. L'organisme tout entier est solidaire, par des milliards de ramifications nerveuses et endocriniennes.

Par exemple : Le cœur, le foie ou l'estomac ne fonctionnent pas séparément; on doit les étendre au système dont ils dépendent directement. L'étude du « cœur » ne peut donc être faite sans l'étude cardio-vasculaire. Mais ce système cardio-vasculaire est-il indépendant? Non : il est relié, lui aussi, à d'autres systèmes d'organes. Il est relié aux zones conscientes et inconscientes du cerveau; il subit l'effet des émotions, de la fatigue cérébrale, de la fatigue nerveuse, des angoisses, de la peur, etc. Tous les systèmes du corps sont réunis pour le fonctionnement *global* de la machine humaine. Et un déséquilibre localisé retentit sur l'organisme entier, cerveau compris.

Et c'est ainsi que l'on découvrit l'œuf de Colomb de la médecine moderne. On comprit que des troubles « physiques » peuvent avoir une cause purement psychologique (mentale).

Et même, que de très graves lésions (parfois mortelles) peuvent provenir d'émotions prolongées, également à base psychologique...

En un mot, des conflits affectifs peuvent conduire à l'obsession ou à l'idée fixe; mais également à l'ulcère, la néphrite, etc.

Le but de la psychosomatique est donc : étudier l'homme (sain ou malade) comme un tout. Etudier les rapports étroits entre le psychisme et le soma.

Qu'est-ce que la maladie?

La notion de « maladie » a considérablement évolué au cours de ces dernières années.

1° Ancienne notion.

Un agent extérieur (microbe, par exemple) s'introduit dans l'organisme. Sa présence et son développement produisent la maladie. Cela revient à dire : « La pneumonie est une maladie produite par un pneumoccoque ». Ou : « La tuberculose est une maladie produite par le bacille de Koch ».

Comme ceci :

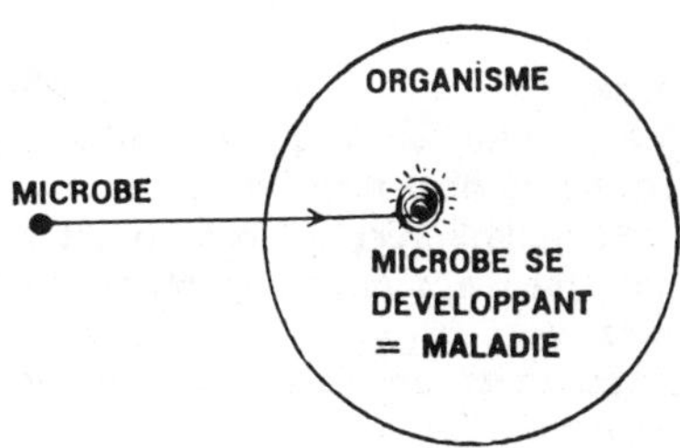

2° Notion Moderne.

Tout le monde attrape des bacilles, mais tout le monde n'est pas malade. La question de « terrain » est donc importante. Le bacille pénètre dans l'organisme, et passe à l'attaque au moyen de ses toxines. Or, que fait un organisme attaqué? Ce que ferait un homme : il se défend. Il se défend pour conserver son équilibre, menacé par la présence du bacille.

a) Si l'organisme et le bacille sont à égalité, la lutte est silencieuse; et l'homme ignore tout ce qui s'est passé...

b) Si le microbe est le plus fort, un déséquilibre organique se produit. *L'organisme déclenche une contre-attaque : la maladie apparaît. La maladie est la réaction d'un organisme qui se défend. Ce n'est donc pas le microbe qui produit la maladie ; mais c'est l'organisme qui déclenche la « maladie » pour détruire le microbe.*

On ne doit donc pas dire : « La pneumonie est produite par le pneumoccoque ». Mais : « La pneumonie est une réaction de l'organisme contre le pneumoccoque, qui menace son équilibre ».

Exemple : Le tænia, dans l'intestin, n'est pas une maladie. La maladie apparaît quand les réactions de défense se développent. Ce sont ces réactions qui constituent la maladie, et non le tænia lui-même. Et tout cela est bien important, si on y réfléchit un peu...

Comme ceci :

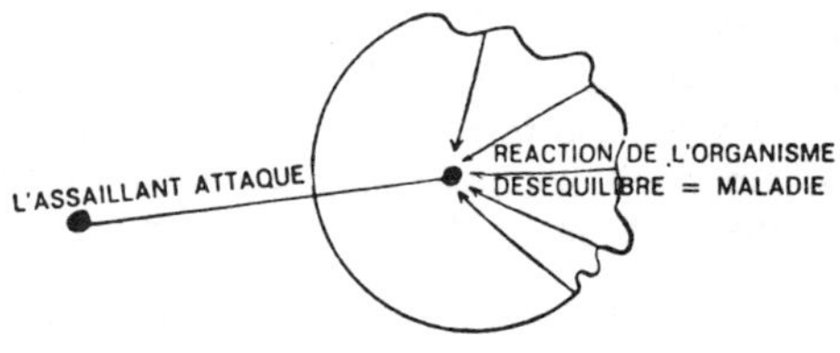

Je résume donc :

1) L'assaillant attaque;

2) Si l'organisme est plus faible que l'assaillant, il réagit afin de n'être pas déséquilibré ou anéanti. C'est la maladie.

3) Dans ce cas, la maladie est un besoin vital. Exactement comme un homme attaqué a *besoin* de réagir pour éviter les blessures ou la mort.

Posons-nous maintenant une question : tout ceci peut-il s'appliquer aux névroses?

Un névrosé a-t-il besoin de sa névrose pour pouvoir vivre mentalement?

Un névrosé pourra réagir avec colère devant cette question. Il dira « que ce n'est pas pour son plaisir qu'il a une névrose et qu'il souffre!... » Bien sûr; mais voyons ceci :

Supposons un enfant qui, un jour, se « replie sur soi ». J'imagine qu'il vit dans un milieu qui ne lui convient pas (que ce milieu soit nocif; ou que l'enfant ne convienne pas au milieu).

Que fait alors cet enfant? Il se replie sur lui-même. En se repliant, il se défend, *il réagit* contre le milieu qui risque de le déséquilibrer. Le repli sur soi est donc, pour cet enfant, un *besoin psychologique* (sinon, il ne le ferait pas). C'est pour lui, une solution de compromis, lui permettant de vivre mentalement à peu près en paix.

Ceci est donc capital. *L'enfant a besoin de ce repli pour exister sans déséquilibre profond. Il a besoin de sa « névrose ».*

Je reviens maintenant au névrosé adulte. Il ne souffre certes pas par plaisir; mais il ne se rend pas compte que *sa névrose s'est déclenchée parce que sa sécurité intérieure en dépendait.* Je pourrais même dire qu'il a eu « raison » de recourir à la névrose, au moment où c'était nécessaire... (Chacun, dans les mêmes circonstances, aurait cherché la même défense).

Rappelons-nous maintenant la maladie du tænia. Elle est la réaction de défense d'un organisme, déséquilibré par la présence du tænia. Cette maladie est donc un besoin et une recherche de sécurité. L'enfant qui se replie sur soi? Même jeu. Ce repli est un besoin et une sécurité. La névrose? Même jeu également... *La névrose est une réaction de défense. La névrose est une recherche inconsciente de sécurité.*

Le psychologue le vérifie d'ailleurs chaque jour. Tout va bien tant qu'il touche aux *symptômes* dont la personne désire se débarrasser. Mais dès qu'il atteint le *noyau* de la névrose, le malade réagit violemment; toujours avec angoisse, parfois avec haine. Pourquoi? Parce qu'il craint d'être « découvert »? Pas du tout; mais parce qu'on touche à un verrou de sûreté, tout simplement. On ouvre une porte cadenassée, derrière laquelle se trouve un abîme... cet abîme qu'il avait « oublié » grâce à sa névrose.

La névrose est devenue une fixation.

Dès que le microbe est vaincu, la maladie physique cesse. On ne peut en dire autant de la névrose! Si la présence d'un microbe dure quelques heures ou quelques jours, une situation psychologique nocive dure souvent de très nombreuses années... La névrose est une solution de « compromis »; la personne organisera donc toute sa vie autour de cette névrose (souvent sans le savoir!). Des milliers de réflexes se formeront...

Or, si la névrose fut une réaction normale à l'époque, elle ne l'est plus de longues années plus tard. *Les circonstances ont changé*, et le névrosé n'a plus besoin de sa maladie pour vivre à peu près normalement.

Par exemple : des adolescents deviennent névrosés à cause de leur milieu familial, et gardent la même névrose à quarante ans... alors que leurs parents sont morts. Le mécanisme de « sécurité » n'est donc plus nécessaire; mais le conflit intérieur reste :

1) parce qu'il est inconscient
2) parce que toute la vie est basée sur lui...

La tâche de la psychologie est donc ardue. Elle doit :

a) débloquer le sujet, en le retirant du passé où il reste accroché; rendre conscient le conflit intérieur, et le nettoyer.

b) éliminer les principaux réflexes qui se sont formés.

Le cas de Monsieur X.

Se plaint d'un ulcère à l'estomac, de timidité, de sentiments de culpabilité, de peur angoissée, d'attirance trouble envers les jeunes garçons et d'impuissance sexuelle envers les femmes.

Tous ces troubles sont des *symptômes conscients*, *venant d'une névrose inconsciente.* Je vous propose de représenter le cas de X. sous forme de schéma; et nous verrons parfaitement que sa névrose a été, pour lui, *une sécurité !*

CIRCONSTANCES

La mère de X., veuve autoritariste, dirigeait sans discussion la moindre action de son fils. Cet autoritarisme est donc un « microbe psychologique ».

DÉSIR NORMAL DE TOUT ENFANT :

Trouver le bonheur, l'équilibre et la sécurité.

QUELLE EST LA SÉCURITÉ POSSIBLE DE X.?

a) Rejeter sa mère, dont l'autoritarisme empêche son épanouissement spontané.

b) Conserver sa mère, qui est pour lui une sécurité primordiale.

Il y a donc déjà contradiction entre a et b; donc conflit intérieur.

DEUX RÉACTIONS POSSIBLES :

a) Ou bien la révolte ouverte.

b) Ou bien la soumission totale. Chez X., ce fut la soumission et l'abdication. En X. se fit le raisonnement inconscient suivant : « je dois me soumettre complètement afin de ne pas perdre l'amour de ma mère, qui est ma sécurité. Je dois empêcher toute opposition contre ma mère, me déviriliser, m'affaiblir; je dois refouler toute hostilité, qui serait en contradiction avec ma soumission et risquerait de me déséquilibrer ».

RÉACTIONS INCONSCIENTES QUI CONSTITUENT LA NÉVROSE :

Rester infantile et « petit garçon »	Se déviriliser pour éviter l'opposition	Refouler l'agressivité et l'hostilité.

SYMPTOMES ADULTES (par exemple) :

Timidité Infériorité Féminité	Peur des femmes Impuissance sexuelle	Sentiments de culpabilité	Emotivité et toutes les maladies pouvant en découler : (ulcère, colite, troubles cardiaques, etc.).

SOLUTIONS ADULTES (par exemple) :

Rester célibataire	Epouser une femme virile qui le protège	Devenir homosexuel.

Nous voyons donc que le physique et le moral se confondent déjà en ceci : toute maladie physique, comme toute maladie morale, sont des réactions de l'organisme. Il semblerait donc qu'il y ait un « organisme psychologique », puisque celui-ci *réagit* comme l'organisme physique? Nous touchons ici du doigt la médecine psychosomatique. Cependant, afin qu'elle se dégage sans difficulté, je propose d'en continuer l'encerclement.

Les causes de la maladie.

La recherche d'une cause de maladie est primordiale. Mais la cause visible est-elle toujours la cause réelle?

Je suppose qu'un homme marche dans la rue. Il est renversé par un vélo, et s'en tire avec une fracture de la jambe. Quelle est la cause de cette fracture?... A première vue :

1) Le vélo
2) La chute brutale
3) *La distraction au moment de l'accident.*

Supposons qu'il dise : ... « je suis toujours distrait... » La cause devient :

1) Le vélo
2) La chute brutale
3) *L'état permanent de distraction.*

Poussons plus loin. Nous trouvons (par exemple) qu'il est distrait parce que perpétuellement tracassé « à cause de son ménage ». Mais pourquoi est-il tracassé à cause de son ménage? Supposons qu'il y ait des disputes fréquentes, que sa femme soit frigide, qu'il soit tourmenté par l'idée que sa femme ne l'aime pas; que cette situation renforce un violent sentiment d'infériorité; que ce sentiment d'infériorité soit un symptôme de névrose remontant à l'enfance, etc...

Nous voici très loin de la cause visible : le vélo!

Supposons maintenant que cet homme soit conducteur de voitures ou employé à des machines? *Ce sera un homme prédisposé aux accidents.* Or de très nombreux spécialistes se sont penchés sur l'étude des accidents par prédisposition. Je vous laisse d'ailleurs à penser qu'un « prédisposé aux accidents » ne fait pas l'affaire des compagnies d'assurances... Le fait a été confirmé : il existe de nombreuses personnes ayant une nette prédisposition aux accidents, dues, soit à leur personnalité, soit à des conflits intérieurs permanents.

Bien sûr, ceci n'est qu'un exemple, mais moins « tiré par les cheveux » qu'on pourrait le croire. Il est évident que si cet homme est parfaitement équilibré, mais se fait renverser parce qu'un ami l'appelle brusquement, la cause visible (vélo) reste la cause réelle!

En donnant cet exemple, j'ai voulu montrer ceci : un fait humain doit être examiné sous toutes ses coutures, et la cause visible ne doit pas toujours être tenue pour la cause véritable. Voici un exemple plus courant :

Monsieur Z. se plaint d'un ulcère à l'estomac.

Considérons ceci comme un exemple, et ne le généralisons pas. On sait que l'ulcère est lié à l'apparition du suc gastrique et au dérèglement du système nerveux sympathique. Un traitement élémentaire se concentrerait donc là-dessus, et tenterait simplement de contrecarrer l'action du suc gastrique. Or, supposons le cas suivant :

	a) ulcère à l'estomac	Pourquoi?
	b) abondance de suc gastrique	Pourquoi?
	c) manque de défense contre le suc	Pourquoi?
	d) pas d'hormone anti-ulcéreuse	Pourquoi?
SYMPTOMES :	e) déséquilibre entre l'attaque (suc gastrique) et la défense (hormone anti-ulcéreuse)	Pourquoi?
	f) déséquilibre du système nerveux, qui détruit l'équilibre entre l'attaque et la défense	Pourquoi?
	g) fatigue du systeme nerveux	Pourquoi?
	h) anxiété et crispation permanentes, sentiments de culpabilité et d'hostilité, surmenage émotif, etc.	Pourquoi?
MALADIE RÉELLE	i) névrose	Pourquoi?
CAUSE RÉELLE	j) toute cause pouvant déclencher la névrose	

Que se passe-t-il dans ce cas?

L'ulcère est un symptôme, tout simplement. Guérir cet ulcère ne sera pas éliminer la cause. *Cet ulcère est un phénomène physique d'origine psychologique.* Cette personne n'est donc pas que physiquement malade, mais aussi (et surtout) psychologiquement.

Elle est malade dans la totalité de son être... à partir d'une névrose profondément enfouie. Il ne faudra donc pas soigner uniquement a et b, mais aussi et surtout i et j (et par conséquent f. C'est ici que la médecine et la psychologie travaillent coude à coude, dans une action commune.

Populairement, on dira : « cet ulcère est nerveux ». On devrait dire : « cet ulcère est à base d'émotions refoulées; cette maladie sert de « soupape », permettant la décharge d'une tension intérieure.

Autre exemple.

Une personne souffre d'obsessions. Elle s'adresse à un psychologue. Les obsessions disparaissent. Peu après, apparaît un violent trouble gastrique. La malade se rend chez le médecin. Les troubles gastriques disparaissent. Ensuite, des scrupules épuisants apparaissent. La malade va à nouveau trouver le psychologue. Puis se déclenchent une colite, des spasmes, des migraines, etc.

Il est certain que cette personne souffre d'un conflit profond. *Ce conflit produit des symptômes, tantôt physiques, tantôt psychologiques.*

Cet exemple montre bien que la maladie est une réaction de la *totalité* de l'organisme. Dans ce cas, en plus des symptômes à guérir, la situation générale de la personne doit être modifiée [1].

L'ORGANISME ENTIER RÉAGIT.

Si nous nous trouvons devant un cas de tuberculose pulmonaire, le poumon est-il un organe isolé? Non. C'est un organe solidaire de tout l'organisme. Il dépend du système nerveux dans son ensemble, il dépend des réactions d'hormones, du cerveau conscient et inconscient, des centres nerveux, qui dépendent à leur tour des circonstances extérieures, etc.

Tout être vivant est en rapport permanent avec le milieu dans lequel il vit. Ces rapports demandent donc des *adaptations* continuelles. Notre organisme *réagit* sans cesse à l'ambiance. Il doit :

a) ou s'adapter
b) ou fuir
c) ou combattre.

Toutes les parties d'un individu sont solidaires. Il n'y a pas de maladies locales. Tout être malade est *entièrement* malade; il est malade dans sa *totalité* c'est-à-dire que la totalité de l'organisme réagit solidairement pour préserver son équilibre. Il n'y a

[1] Afin de mieux comprendre, revoir l'étude sur l' « Hystérie » (Index).

que des maladies *générales*, dont les manifestations sont *localisées*. Par exemple, un tuberculeux est totalement malade; mais la réaction s'est localisée au poumon ou ailleurs.

Cette conception est évidemment capitale. Le dualisme corps-esprit disparaît. Il n'y a plus de « maladies du corps » et de « maladies de l'esprit », ainsi que nous le verrons plus loin.

Il y a LA maladie, réaction totale de l'organisme entier et solidaire.

1) La cause peut être : physique (microbe par exemple) ou psychologique (milieu familial, par exemple).

2) La maladie est *toujours* générale.

3) Le symptôme principalement visible sera : soit physique (ulcère, tuberculose, colite, etc.), soit psychologique (névrose, timidité, etc.).

Comme ceci :

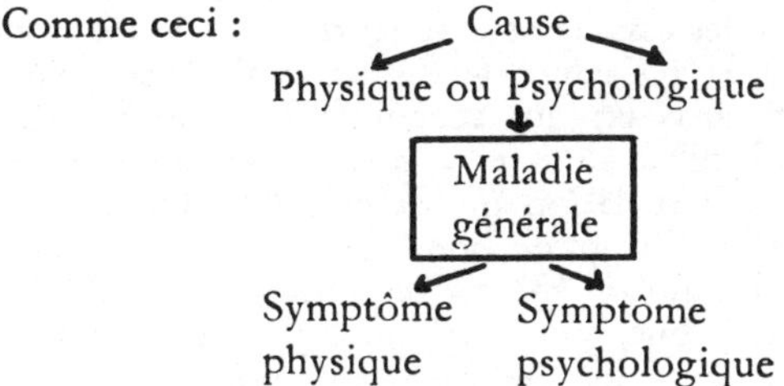

Donc, quel que soit le genre de maladie, que faut-il faire? La soigner bien sûr. Mais encore? Rechercher la cause, afin d'éviter qu'un nouveau et pénible symptôme ne se produise, si cette cause est toujours présente.

Les grandes orgues humaines : le système nerveux

Comme la plupart des étudiants en médecine reculent avec épouvante devant le système nerveux, je ne risquerai pas de présenter ce qu'on en connaît... Une vie, d'ailleurs, n'y suffirait point! Mais je voudrais montrer le rôle de certaines parties nerveuses dans la question qui nous occupe. Sachons avant tout ceci : tout ce qui se passe dans l'être humain est sous la dépendance du système nerveux. Rien ne peut être accompli sans lui; ni une maladie, ni une verrue, ni une pensée, ni un raisonnement, ni une psychose, ni un eczéma. *Des phénomènes tels que l'inconscient, la suggestion et l'hypnose n'ont rien de « désincarné » comme je l'ai déjà dit. Ils sont à base nerveuse, comme la moindre manifestation humaine* [1].

L'homme est, avant tout, une machine qui transforme l'énergie. Le système nerveux reçoit l'énergie sous diverses formes (lumière, odeurs, sons, mouvements mécaniques, chaleur, etc.). Il emmagasine cette énergie et la transforme. Puis il l'émet à l'extérieur sous forme de mouvement, de pensée, de langage.

Bien qu'il soit formé de milliards de ramifications, on peut admettre que *tout le système nerveux fonctionne comme un seul organe*. Il préside toute la vie humaine : la circulation, la respiration, l'inconscient psychologique, la conscience, la pensée, les sensations... Il régularise et unifie la vie entière. Il est le coordinateur, le général en chef. Il est le directeur des batailles (maladies) contre les assaillants extérieurs.

Par exemple : la résistance aux microbes dépend du bon fonctionnement nerveux, qui accumule les renforts sur les points attaqués. Il dilate alors les vaisseaux, accumule les leucocytes; il ralentit la circulation afin de permettre aux leucocytes de tuer les microbes en grand nombre... Puis il accélère cette même circulation, afin de balayer les minuscules cadavres de ces microbes. Et nous, humains, subissons sans cesse cette merveille vivante, dans le moindre acte de notre vie...

Le neurone.

Le grand élément de base du système nerveux est le neurone. Le neurone est formé :

— d'une cellule, contenant son protoplasma

— et de prolongements (filets nerveux).

La cellule et le filet nerveux se ramifient plusieurs fois. La connection entre les neurones se fait par contiguïté, et non par continuité.

[1] La psychosomatique semblerait, à première vue, opposer les matérialistes et les spiritualistes. Il n'en est rien. Que le cerveau « produise » l'esprit, ou que l'esprit soit une réalité extérieure à l'homme, ne change rien à la question... De toute façon, le cerveau est *l'organe* de la pensée, que ce cerveau soit animé par Dieu ou non. La question deviendrait celle-ci : un poste de radio produit-il les ondes, ou transforme-t-il des ondes existant en dehors de lui? Techniquement (donc médicalement), la réponse doit être : un poste de radio en panne ne permet pas l'apparition des sons, de quelque endroit qu'ils viennent. La première chose à faire est donc de réparer ce poste... Concluons avec le Révérend Père Sertillanges : « En se référant au langage le plus formel, on a le droit de dire avec Claude Bernard : le cerveau est l'organe de la pensée... »

Voici un dessin représentant des neurones, tentaculaires et prodigieux dans leur perfection... (ce dessin est évidemment très schématisé!)

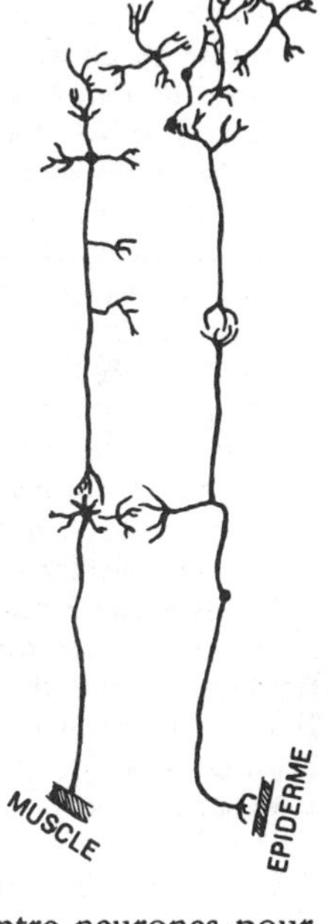

■ Que voyons-nous? Un neurone venant de l'écorce cérébrale (A) se divise autour d'un neurone (B) se dirigeant vers un muscle. De plus, ce neurone est en communication avec le neurone (C) se terminant à l'épiderme. Dans l'écorce cérébrale, se trouvent d'autres neurones (D) qui peuvent former des combinaisons immensément variées.

■ *Or, le cerveau humain contient à lui seul plusieurs milliards de neurones!...*

■ On voit immédiatement le nombre fantasque d'associations que pourraient réaliser les neurones entre eux! Nous avons donc à notre disposition une prodigieuse centrale, grouillant sous notre crâne, et permettant théoriquement de réaliser une vie humaine dans tout ce qu'elle a de possibilités grandioses...

■ En contemplant le nombre infini de neurones en activité, nous comprenons que le système nerveux pourrait donner n'importe quelle réponse à n'importe quel message. Des milliards de combinaisons entre neurones pourraient se faire... ce qui serait l'anarchie dans une vie sociale et organisée. Tout comportement humain doit donc être « canalisé »; c'est le but de l'éducation. L'éducation est un « *dressage* », qui impose des réflexes conditionnés, et apprend telle réaction à partir de tel message (« ...tu dois faire ceci quand il se passe ceci; ...tu ne dois pas faire cela parce que...; ceci est permis; cela n'est pas permis; ceci est bien ou mal; etc... »). *L'éducation crée donc des associations entre divers neurones*, comme dans un cerveau électronique. N'importe quel genre d'éducation est, en fait, possible. Et nous comprenons que toute éducation, même idéale, est un rétrécissement des possibilités du cerveau. Bienheureux donc sont les hommes qui, durant toute leur vie, continuent à développer leurs jeux d'orgues nerveux; à se dégager des angoisses, des peurs et des complexes *qui forment eux aussi, un immense réseau de réflexes conditionnés!...*

Bienheureux sont ceux qui y travaillent, au lieu de demeurer figés dans des combinaisons de neurones toujours semblables, comme un cerveau électronique qui ne ferait que de petites additions...

L'influx nerveux. — Le protoplasma de la cellule possède un dynamisme chimique qui déclenche des salves d'ondes électriques de dépolarisation.

C'est l'influx nerveux. Cet influx se propage d'un élément nerveux à un autre, à condition qu'un certain accord existe entre eux. Les *centres nerveux* aiguillent l'influx dans telle ou telle direction; ils ouvrent telle voie (excitation) et bloquent telle autre (inhibition). Nous avons déjà vu ce magnifique mécanisme.

Les centres nerveux sont formés, chez l'homme, de la moelle épinière et de l'encéphale (cerveau). De la moelle et de l'encéphale partent de nombreux nerfs, qui relient les centres aux organes des sens, par exemple. (C'est ainsi que l'homme est en relation avec le monde extérieur.) Ces centres règlent aussi le fonctionnement de toute la vie organique; nous avons alors affaire au système *neuro-végétatif*, appelé également *sympathique*.

Ce système sympathique est le grand régulateur de notre harmonie organique; il autorise ces adaptations qui maintiennent la vie, l'activité cérébrale, la raison, le jugement... Il est lui-même relié à des centres supérieurs (centres thalamiques, dont je parlerai dans le paragraphe suivant), est en contact avec le système endocrinien, etc.

Par l'harmonie qu'il nous donne, le système sympathique est notre ami et notre allié. Mais nous verrons combien il peut devenir notre ennemi, nous conduisant à la maladie et même à la mort...

Je propose d'examiner maintenant deux grands endroits nerveux, hallucinants par leur importance : l'écorce cérébrale et le thalamus.

LE THALAMUS, RÉGION DES CYCLONES.

Avant d'en parler, sachons que le psychisme supérieur de l'homme dépend de son *écorce cérébrale*. Ni conscience, ni volonté humaines ne seraient possibles sans un fonctionnement correct de l'écorce cérébrale.

Voici pourtant un endroit du cerveau qui ferait rêver Frankenstein... Le *thalamus* est un centre nerveux situé sous le cerveau proprement dit. Or, la plus grande partie de notre vie se trouve là, dans cette petite région qu'un seul doigt écraserait facilement... Ce thalamus (avec ses régions voisines : hypothalamus, corps strié, etc) est une sorte de cerveau de l'inconscient » dont l'action est primordiale.

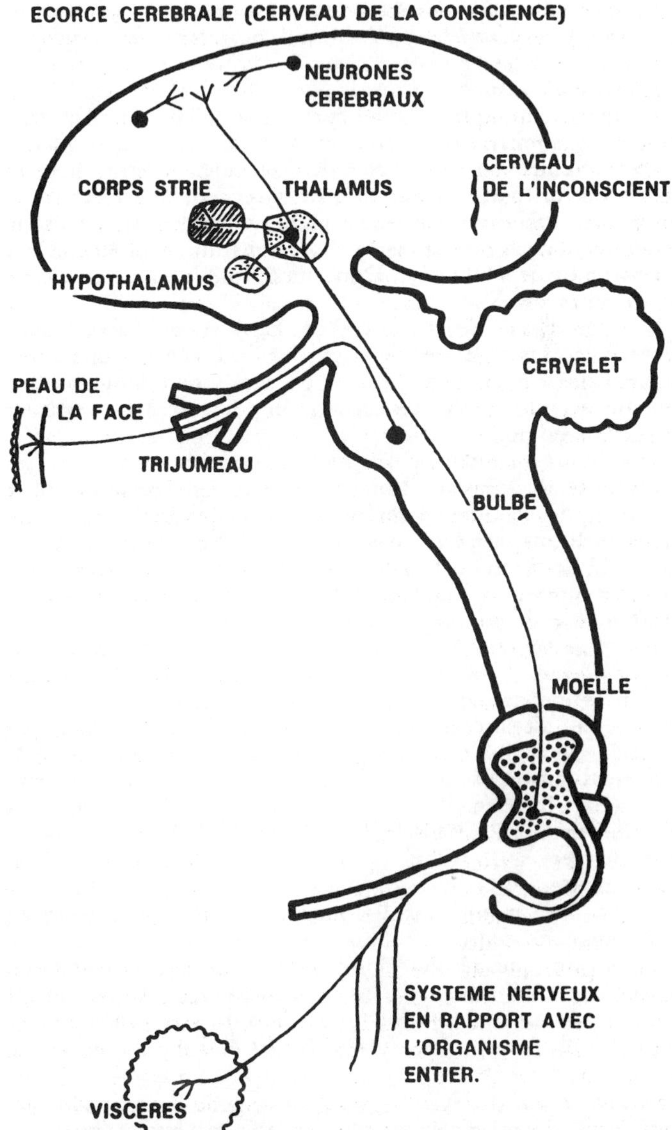

ECORCE CEREBRALE (CERVEAU DE LA CONSCIENCE)
NEURONES CEREBRAUX
CERVEAU DE L'INCONSCIENT
CORPS STRIE
THALAMUS
HYPOTHALAMUS
CERVELET
PEAU DE LA FACE
TRIJUMEAU
BULBE
MOELLE
SYSTEME NERVEUX EN RAPPORT AVEC L'ORGANISME ENTIER.
VISCERES

La région du thalamus est le centre des instincts, des émotions, de la douleur, des habitudes, de l'humeur. L'inconscient, les complexes, l'hérédité psychique, grondent à cet endroit comme des orages ne demandant qu'à éclater.

De plus, dans cette base du cerveau se trouve un dispositif qui règle le sommeil et la veille, et qui tient sous sa dépendance cette merveilleuse écorce cérébrale dont nous sommes si fiers! La région du thalamus est donc un « cerveau intermédiaire », d'une complexité nerveuse et endocrine incalculable. C'est le grand régulateur du cerveau proprement dit; tout le système sympathique dépend de lui. Donc aussi, tout le fonctionnement de nos viscères...

La région du thalamus est en rapport permanent avec l'écorce cérébrale. Et ces deux parties du cerveau (l'une consciente, l'autre inconsciente) échangent sans arrêt des messages... Conçoit-on qu'il y ait une certaine importance à sauvegarder leurs bons rapports?

Imaginons maintenant les mages modernes que sont les chirurgiens du cerveau. Voici un Chien. Que se passe-t-il si on lui supprime l'écorce cérébrale? Si on lui sectionne toutes les formations situées au-dessus du Thalamus? Ce chien meurt-il? Ce chien devient-il fou? Rien de tout cela. Il n'a plus d'écorce cérébrale; il ne possède plus ni volonté ni conscience. Il est mutilé de son cerveau supérieur, *mais il continue à vivre au moyen de son cerveau inférieur. Il garde un comportement correct, qui semble adapté à un but.* Ce chien « thalamique » vit sur ses tendances inconscientes et instinctives; et cela paraît suffisant pour qu'il ait un aspect normal... Il demeure attiré par l'agréable, il éprouve de la répulsion pour le désagréable. A le voir, ne dirait-on pas qu'il « choisit » tel ou tel comportement? Il n'en est plus rien. Il y a simplement un admirable jeu de sa machine nerveuse, réalisé par ces centres hallucinants de la base du cerveau... C'est le chien automate, c'est le chien somnambule... [1].

En est-il de même chez l'Homme, avec son grand cerveau et sa puissante écorce cérébrale? Sans établir pour autant de comparaison, quel résultat donne, chez le Singe, cette ablation de l'écorce cérébrale? Garde-t-il lui aussi un comportement à peu près correct? Non. Il sombre dans un état d'inertie et de stupeur. Cela prouve une chose : *chez les Mammifères supérieurs,*

[1] A la base de la série des Vertébrés, il y a absence d'écorce cérébrale développée. Tout leur psychisme rudimentaire se localise aux centres de la base du cerveau.

les centres de la base du cerveau sont habitués à travailler en collaboration étroite avec l'écorce cérébrale.

Ainsi, la région du thalamus a perdu sa spontanéité. Chez l'homme, il n'y a donc pas deux « cerveaux » séparés, mais deux grands centres ayant entre eux de puissants rapports organisés, et ayant sans cesse besoin l'un de l'autre. Notre écorce cérébrale assure notre psychisme supérieur, en étroite coordination avec notre cerveau inconscient... *Et si le « moral » agit sur le « physique », c'est tout simplement parce qu'il existe d'innombrables relations nerveuses entre notre écorce cérébrale, notre région du thalamus, notre système nerveux sympathique, nos viscères, notre peau, etc.*

Des opérations dans la région du thalamus entraînent souvent des accès brusques de *manie*, avec ses caractéristiques : euphorie très exaltée, répétition de mots, hilarité, calembours continus, plaisanteries obscènes, etc. (Revoir la *manie* au chapitre Névroses et Psychoses.) Egalement, des interventions dans cette même région font apparaître des symptômes de *mélancolie*, avec angoisse profonde, sanglots, peur panique, sensation de mort imminente et de fin du monde, etc. Il semble donc que la Manie-dépressive soit liée à des perturbations de la région du thalamus (par exemple quand une petite tumeur de l'hypophyse comprime l'hypothalamus). Nous verrons d'ailleurs plus loin ce qui se passe quand on excite légèrement le cerveau « inconscient » chez un animal sans écorce cérébrale.

Que montre cela? Que des perturbations dans cette zone nerveuse font se déchaîner l'inconscient, sans qu'un frein puisse lui être opposé. Et que si un homme avait son écorce cérébrale détériorée, il vivrait encore, grâce aux centres de la base du cerveau. Mais il perdrait tout contrôle; il serait réduit à ses instincts les plus élémentaires, à une vie végétative et stupide.

Mais ce n'est pas tout! Les neurones du thalamus sont excités par les salves électriques qui lui parviennent. Le thalamus *aiguille* alors les messages vers les neurones avec lesquels il est en relation. En outre, les fibres nerveuses qui se rendent à l'écorce cérébrale (siège de la conscience, de la volonté, de la pensée), passent par les centres qui nous occupent. D'autres fibres spéciales relient la base du cerveau et l'écorce. Ainsi donc, par des milliards de nerfs qui relient au cerveau des endroits très éloignés, l'organisme tout entier est solidaire, par un immense réseau électrique et chimique... Voit-on maintenant la puissance du cerveau sur le corps? *Aucun organe n'échappe à l'influence cérébrale. Mais n'oublions pas que le cerveau est un organe comme un autre... Par conséquent, il réagira, lui aussi, aux impulsions nerveuses, au même titre qu'un autre viscère (comme dans les émotions, par exemple).*

QUEL EST LE RÔLE DE L'ÉCORCE CÉRÉBRALE?

Outre qu'elle permet l'apparition de la conscience et de la volonté supérieure, l'écorce cérébrale est le centre qui régularise, contrôle, harmonise et organise. (La région du thalamus étant donc le centre des pulsions émotives et inconscientes.) Si l'écorce cérébrale ne fonctionne pas bien, les pulsions du thalamus seront livrées à elles-mêmes, sans subir de « contrôle » de la part de l'écorce. *Si l'écorce cérébrale est affaiblie, elle est sans armes pour répondre aux attaques des zones inconscientes...*

On le constate dans les cas courants de : surmenage, émotions, tracas prolongés, intoxications, peurs, colères, etc. C'est alors la vie inconsciente qui se libère sans entraves... Nous avons, en fait, deux « Moi »; l'un est réglé par l'écorce cérébrale; l'autre est soumis aux centres de la base du cerveau... dans lesquels se trouvent de quoi constituer toute une vie d'habitudes et d'instincts (ce que montrent bien le Chien sans écorce, les déchaînements maniaques-dépressifs, etc.).

Nous avons deux « cerveaux » échangeant sans arrêt des messages, et qui demandent un équilibre parfait dans leurs rapports. De notre écorce cérébrale dépendent notre *aisance* et notre *volonté puissante, sans crispation ni tension.* C'est notre écorce cérébrale qui « freine » les émotions et les instincts tournant dans la région du thalamus, les empêchant de se libérer comme des tornades... J'y reviendrai.

LA CONVERSION.

Il est maintenant aisé de comprendre ce mécanisme, dont j'ai déjà parlé (voir « conversion » à l'index). Il y a conversion quand le conflit psychologique se « convertit » en un symptôme organique.

Le cas est fréquent dans l'hystérie; le conflit affectif (mental) se traduit par la paralysie d'un membre, par une cécité, par des spasmes, aussi bien que par des obsessions, des tics, etc. Une émotion peut se « convertir » en des cris, des coups, des insultes; ou en une aphonie, une paralysie, des spasmes, l'arrêt du cœur, etc. Et ce qui est valable pour ces deux exemples est valable pour tout.

En fait, nous n'avons plus à séparer le « psychique » et l'« organique », puisque nous envisageons ici l'homme comme une *totalité*, dans lequel le cerveau et le corps sont sans cesse en relations. *Si une cause physique (intoxication par exemple) peut produire des symptômes mentaux, il est tout aussi facile de comprendre qu'une cause mentale produise des symptômes physiques.*

Etant donné les ramifications du système nerveux, *aucune partie du corps n'est isolée.* Il n'y a pas d'organe travaillant seul; mais il existe des organes reliés à tout le restant de l'organisme, par de fantastiques connections nerveuses, endocriniennes, etc. Toute maladie est donc composée de réactions mentales *et* corporelles, puisque la maladie est la réaction d'une *unité :* l'être humain. Toute maladie est donc *générale*, avec des symptômes localisés à tel ou tel endroit.

Il m'est évidemment impossible d'examiner toutes les réactions possibles de l'organisme... Ce serait faire l'analyse de la pathologie tout entière! Ce serait rechercher toutes les causes physiques pouvant agir sur le « moral », ainsi que toutes les causes morales pouvant se répercuter sur le « physique »! Il me faudra donc « cadrer » le problème, en fonction de notre vie quotidienne... C'est pourquoi je centrerai ce chapitre sur les émotions (ainsi que ses dérivés), qui sont à la base de très nombreuses maladies psychosomatiques.

La vie quotidienne et les émotions.

L'émotion est la base même de la vie humaine. Automatiquement, notre organisme s'oriente vers la recherche des situations agréables; ce sont alors les sensations de joie, de bien-être, de plaisir, etc.

De même, notre organisme cherche à éliminer les situations désagréables, qui risquent de troubler son équilibre. Comment éliminer ces situations? En les fuyant, ou en les anéantissant par le combat. Suivent alors des sensations de peur, de tristesse, de colère, d'agressivité, etc.

L'émotion est une réaction de l'organisme devant une situation troublante (agréable ou désagréable). Si j'assiste à un accident, ce n'est pas l'accident qui produit l'émotion. L'accident déclenche un violent « sursaut », dû à la brusque inadaptation organique. La réaction émotive apparaît ensuite. *Mon organisme tente alors d'éliminer la situation désagréable, soit en fuyant l'accident, soit en le combattant.*

L'émotion retentit dans l'ensemble de l'organisme. Mais voici qui est plus grave : *l'émotion peut devenir le mécanisme prin-*

cipal de la maladie. On a trop tendance à croire que émotion signifie « émotion-choc ». Il n'en est rien! Les conflits affectifs, les réactions émotives profondes et prolongées, les angoisses, les anxiétés, les ressentiments, les hostilités, les refoulements, les complexes, etc., sont des émotions! *Ces émotions en profondeur et en durée sont les plus dangereuses*.

L'homme peut répondre à l'émotion de deux façons :

a) en la déchargeant (en frappant, en criant, en jurant, en pleurant, en attaquant, en insultant en paroles ou en pensées).

b) en la « rentrant » (par exemple, un homme révolté qui « rentre » sans cesse son agressivité et sa colère).

L'émotion est une tempête organique.

Chacun sait qu'une violente émotion est accompagnée de changements physiologiques et mentaux. Les timides et les colériques en savent quelque chose! Que produit en premier lieu l'émotion?

1) Une puissance anormale de l'influx nerveux. Les voies naturelles sont « débordées ». L'influx déraille, dépasse son but, et est diffusé hors de ses chemins habituels. Tout l'organisme est bouleversé, cerveau compris. La conscience (écorce cérébrale) est perturbée, « on ne sait plus ce qu'on fait ».

2) Une émotion forte (comme la peur ou la colère) provoque (entre autres) une décharge d'adrénaline. L'adrénaline est une substance vaso-constrictive, émise par les glandes surrénales. Ces glandes sont placées sur le bout antérieur des reins, et font partie d'un ensemble d'éléments endocriniens. Elles pèsent environ six grammes chacune.

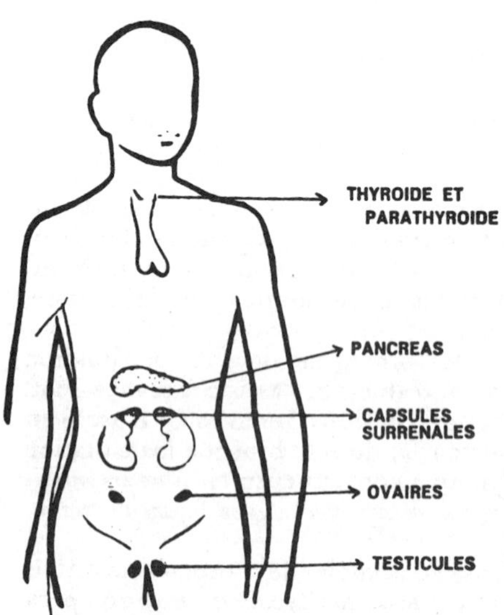

L'adrénaline agit sur l'apparition des phénomènes suivants:

1) accroissement du sucre dans le sang;

2) amélioration de la puissance de contraction des muscles;
3) le sang irrigue abondamment le système musculaire;
4) le sang diminue son temps de coagulation.

Ici entre en jeu un beau mécanisme, constaté par Cannon. Si l'adrénaline contracte les muscles, n'est-ce pas afin de les préparer à l'épreuve qui les attend? Pour les préparer à la lutte... ou à la fuite? L'émotion peut « couper bras et jambes »; mais elle donne aussi à certaines personnes une force inouïe. Dans certains accidents, on voit des gens capables de fuir et de courir avec une puissance fantastique. On dit alors : « la peur lui donnait des ailes... »; ou « ...l'émotion lui donnait une force héroïque... » On devrait dire dans ce cas : « l'émotion lui donnait l'adrénaline, soit pour fuir, soit pour attaquer! »

Qu'il s'agisse de fuite ou de combat par émotion, c'est l'organisme tout entier qui réagit, pour essayer d'éliminer une circonstance désagréable. Mécanisme rigoureusement normal qui n'a rien à voir avec la couardise, la lâcheté ou l'héroïsme. *L'écorce cérébrale, d'ailleurs, peut jouer ici un rôle important de « frein »... à condition qu'elle ne soit pas elle-même perturbée par l'émotion!*

Revenons à la vie de chaque jour.

Mais, dira-t-on... et dans la vie quotidienne? Mais... c'est cela, la vie quotidienne! Elle est faite d'émotions, de sensations, de colères, d'agressivités, de fuites, de replis, de refoulements... Or, devant certaines situations, des *conventions* exigent que nous restions impassibles. Est-il permis aux hommes de pleurer? De montrer leurs émotions? Voyons!... la « virilité » masculine ne s'en accommoderait pas! On l'interdit donc, purement et simplement, et on laisse cette « faiblesse » aux femmes. C'est stupide, mais c'est ainsi.

Donc (par exemple) si nous sommes en colère (émotion) sans pouvoir nous battre (décharge), tout le mécanisme « tourne à vide ». Si nous avons très peur sans pouvoir nous enfuir ou attaquer, même jeu. Aucune décharge ne se produit. *Et c'est ici que l'émotion produit ses effets nocifs.*

Supposons un homme qui, durant des années, subit des émotions intérieures? Et que pour une raison quelconque, il se force à demeurer impassible? On comprend bien que l'excès d'adrénaline et de sucre puisse avoir des effets dangereux...

D'AUTRES RÉPERCUSSIONS DE L'ÉMOTION.

Le système cardio-vasculaire tient la vedette dans l'émotion. Il se produit de l'arythmie, de la tachycardie, des douleurs parfois violentes. Tous ces effets peuvent évidemment fatiguer le cœur prédisposé. De plus, le malade se croit cardiaque. Cette croyance produit à son tour des émotions... qui renforcent le mécanisme. On ne compte pas les « maladies cardiaques à base nerveuse », c'est-à-dire émotionnelle. Certains symptômes rappellent l'angine de poitrine. Il y a manque de souffle, fatigue rapide, vertiges, douleurs...

Les reins sont au premier plan également. Le système nerveux déséquilibré retentit sur le rein, dont l'irrigation se fait mal. Que fait alors le rein? Il réagit, en donnant naissance à une substance hyper-tensive, assez dangereuse. Une néphrite grave peut apparaître. Et on assiste alors à la mort d'une personne dont la maladie réelle est parfois purement émotionnelle et psychologique...

La peau répond fortement aux émotions, parce qu'elle est en relation directe avec le système sympathique. Des ampoules peuvent apparaître, des verrues, des urticaires, des eczémas, des stigmates.

Les troubles gastriques : les émotions donnent des vomissements, des spasmes de l'œsophage, de la dyspepsie, de l'hyperacidité, des ulcères. La digestion est toujours influencée. C'est ainsi qu'on dira encore : « ...c'est nerveux » *...alors que l'origine se trouve peut-être dans des conflits psychologiques ayant déréglé le système neuro-végétatif.*

L'émotion prolongée peut faire apparaître des douleurs au niveau de l'appendice. Que fait-on? On opère... et les douleurs réapparaissent. Comme dans le cas du cœur, la peur de l'appendicite renforce l'émotion et le cercle vicieux. Bien souvent aussi, la *colite* est psychosomatique.

Les troubles circulatoires sont nombreux. Les plus simples sont les vaso-constrictions et les vaso-dilatations. (L'émotif rougit ou pâlit.) Si des émotions profondes et répétées aboutissent à l'irritation des fibres sympathiques, on peut assister à des congestions, des hémorragies, des lésions de l'intestin, des reins, du foie...

Dans tous ces effets émotifs, le chaînon responsable est le système neuro-végétatif.

De plus :

Certains symptômes fonctionnels peuvent devenir organiques. Par exemple : un œdème passager (infiltration de sérosité dans les tissus), ou une hyperémie locale (congestion sanguine dans un organe) peuvent aboutir à la phlyctène (lésion) ou à l'ulcération. Car la répétition d'un trouble fonctionnel peut créer l'état anatomique. Le dérèglement du système nerveux a parfois d'insoupçonnables conséquences. L'irritation du système nerveux-sympathique conduit parfois à des lésions mortelles d'organes. Combien de fois songe-t-on qu'une néphrite ou une cirrhose puissent avoir une origine psychologique?... C'est ainsi que le Sympathique, au lieu d'harmoniser l'homme, le tue. *Ce qui explique que, dans certains cas, on soit obligé de « paralyser » le sympathique (soit par opération chirurgicale, soit par des « tranquilisants », ainsi que nous le verrons plus loin).*

Les émotions répétées.

Nous voyons donc le danger des émotions *chroniques*. Durant des années parfois, des hommes « dominent » leurs colères, leurs agressivités, leurs hostilités, leurs irritations, leurs exaspérations. Tout se passe, comme on dit, « en dedans ». L'émotion apparaît? L'organisme réagit? La personne ne bouge pas, sous l'effet d'un réflexe conditionné (éducation, morale, conventions, etc.). Elle « rentre » tout. Il y a donc, sans arrêt, des désordres généraux produits par l'émotion; sans que les décharges toxiques se liquident jamais...

Les conflits intérieurs, avec toutes leurs angoisses, sont aussi les grands producteurs de troubles sympathiques. Ils y font d'autant plus de ravages que, neuf fois sur dix, ils demeurent inconscients! Je reparlerai d'ailleurs du Refoulement, vu sous cet angle.

Le bon fonctionnement de l'écorce cérébrale ferme la porte aux émotions perturbatrices.

Chacun sait que l'« émotivité » est plus grande dans les tracas prolongés, le surmenage, l'épuisement. Les « nerveux » sont émotifs. Dès que nous sommes cérébralement fatigués, des bouffées émotives apparaissent sans se faire prier...

Si les réactions émotives sont trop fortes, il semble donc qu'il y ait un manque de « freinage ». D'où vient ce défaut de freinage? l'émotivité apparaît-elle plus vite quand l'écorce cérébrale est perturbée?... C'est exactement ce qui se passe. Ceci est très important : *c'est toute la règle d'or de l'aisance et de l'équilibre humains.*

Mais auparavant, voici une autre expérience d'« épouvante ». Cannon et Baret enlevèrent l'écorce cérébrale d'un Chat. La région du thalamus était donc, ici aussi, séparée des zones supérieures du cerveau. Et l'on constata une chose capitale :

toutes les émotions de la vie de l'animal apparaissaient. Ce qui prouvait ceci : l'écorce cérébrale n'est pas nécessaire à l'apparition et à l'expression des émotions. Mais, bien au contraire, elle sert de « frein ». Mieux encore : un homme dont l'écorce cérébrale fonctionnerait avec un maximum de perfection, pourrait supporter de très grandes souffrances sans émotion et avec un minimum de douleur... C'est d'ailleurs le principe de l'« accouchement sans douleur », dont je parlerai plus loin.

La « sham-rage ».

Le chien sans écorce cérébrale (de Goltz) survécut dix-huit mois. Il manifesta des expressions de colère semblables à celles d'un chien normal. Et c'est ainsi que l'on découvrit la « *sham-rage* » (pseudo-rage).

Ranson et Magoun excitèrent électriquement l'hypothalamus d'un chat sans écorce cérébrale. « A la suite de la stimulation électrique, le chat leva la tête, et découvrit des pupilles dilatées. Le rythme de la respiration augmenta de rapidité et d'amplitude, et l'animal commença bientôt à s'agiter, miaulant, mordant, griffant, essayant violemment de se libérer des liens dans lesquels il était enfermé. Si l'on continuait la stimulation électrique, le pelage du dos et de la queue entrait en horripilation, des sueurs apparaissaient sur la plante des pattes, et la salive s'écoulait abondamment de la bouche... Le chat se comportait comme s'il était menacé par un chien aboyant. Les réactions étaient d'origine strictement hypothalamique. » (Jean Delay).

Ainsi donc, la région de l'hypothalamus est la zone où fermentent les colères, les hostilités, les agressivités... en fait toutes les émotions.

La sham-rage, cette réaction de fureur exagérée et sans frein, dépend donc :

1) d'une excitation de la région de la base du cerveau;
2) d'un manque d'écorce cérébrale.

Il faut remarquer ici que l'animal réagit avec *fureur* à des excitations *légères* qui, en temps normal, l'eussent laissé parfaitement indifférent.

De même, un homme dont l'écorce cérébrale fonctionne mal, sera sujet à des impulsions, des émotions, des colères, des agressivités et des rages déclenchées par des circonstances qui, normalement, n'auraient aucune importance...

Vraie et fausse maîtrise de soi. — Les névroses poussent comme des champignons, et comme une forêt de souffrances. Les affections cardiaques, vasculaires, rénales, hépatiques, gastriques, sont légions. Les ulcères à l'estomac sont aussi répandus que le Mérite Agricole. Or, bien souvent, ces maladies sont dues à l'irritation sympathique, et aux émotions profondes qui ont produit cette irritation.

Et si je mets l'accent sur les émotions, c'est que :

a) notre système sympathique est le Grand Maître de notre organisme;

b) l'angoisse et l'émotion sont les principaux facteurs de son dérèglement;

c) l'angoisse et l'émotion sont les grandes manifestations de notre époque.

Nous savons maintenant que le bon fonctionnement du cerveau est primordial, et qu'une écorce cérébrale parfaite permet de régulariser et contrôler les émotions. Un homme dont le cerveau et le système sympathique sont en bon état, a toutes les chances de traverser la vie avec une maîtrise et une lucidité parfaites... et un minimum de maladies.

Je suppose un homme dont le cerveau est fatigué (surmenage, par exemple). Une circonstance désagréable se présente à lui. Que se passe-t-il? *L'émotion apparaît, qui perturbe son organisme entier*. De plus, cette émotion bouleverse également son *écorce cérébrale*, *déjà fatiguée* et incapable de résister. La colère, libérée par la région du thalamus, se déclenche. A cette colère, l'écorce cérébrale est incapable d'opposer un frein, un contrôle, une régulation. L'homme devient inconscient, « aveuglé par la colère », et commet des actes violents et impulsifs, que « sa raison réprouverait ». Or, sa « raison » et sa « volonté » ne fonctionnent pas, puisqu'elles dépendent de l'écorce cérébrale, mise hors d'usage par la fatigue et l'émotion. Il est, au fond, atteint de « sham-rage », comme l'animal sans écorce cérébrale... Et nous savons que, dans ce cas, une très légère excitation suffit à produire une forte colère.

Si, au contraire, le cerveau de cet homme fonctionne bien? Une situation désagréable se présente à lui, soit! *Mais elle ne déclenche pas d'émotion perturbatrice!* Si l'émotion apparaît quand même (à la suite d'une situation excessivement désagréable), elle est immédiatement « contrôlée » par une écorce cérébrale en bon état. Cet homme demeure donc parfaitement lucide, et capable d'examiner la situation sous toutes ses coutures... *Cet homme est maître de lui ; non pas parce qu'il « serre les mâchoires pour se dominer », mais tout simplement parce que sa machine nerveuse lui donne une maîtrise automatique.*

LES CERVEAUX MALADES.

Un cerveau malade déséquilibre l'organisme soumis à son influence. Mais le déséquilibre organique, à son tour, retentit sur le cerveau.

N'oublions jamais que l'organisme humain est une unité parfaite.

Finalement, le cerveau, de plus en plus déséquilibré, perd toute maîtrise. Cette insuffisance du cerveau peut donc avoir deux grandes causes : une fatigue cérébrale proprement dite, ou provoquée par une fatigue organique. Ce qui se rencontre fréquemment chez les personnes dont le cerveau est fragile par tempérament.

Deuxième cause courante d'insuffisance du cerveau : le *refoulement* (étudié en Psychanalyse), qui détourne une grande partie de l'activité consciente au profit de l'inconscient. Je vais en reparler.

Dans ces deux cas, l'insuffisance du cerveau ne permet pas l'adaptation aux situations qui se présentent. Aucune régulation harmonieuse ne se fait plus. Les impulsions électriques nerveuses deviennent anarchiques; *c'est le déséquilibre général de l'organisme, avec toutes ses conséquences.*

L'accent doit donc être placé, de plus en plus, sur le fonctionnement du cerveau et sur *l'aisance* que donne son harmonie. Si l'on arrivait à développer l'équilibre organique (cerveau compris), notre époque n'aurait plus ces résultats empoisonnants...

LA VIE MODERNE.

Ce n'est pas tant la vie moderne elle-même qui produit les nombreux dérèglements organiques, mais l'hyper-émotivité, l'angoisse et la peur. L'angoisse, je le répète, est primordiale à ce point de vue; elle provoque généralement la plupart des maladies psychosomatiques : qu'il s'agisse d'obsessions, d'idées fixes, d'ulcères, de troubles gastriques, etc.

Les émotions et les angoisses produisent toute une gamme de maladies modernes. Mais ce qui compte n'est pas l'importance de la cause émotive, *mais la maîtrise que possède l'écorce cérébrale.* Le retentissement et la gravité d'une émotion proviennent toujours d'une insuffisance du cerveau, qui est véritablement un Seigneur de la Maîtrise!

La vie moderne ne peut rien faire à l'équilibre d'un cerveau et d'un corps. Par conséquent, *tout doit être fait pour que le cerveau se dégage de tous les éléments qui le fatiguent et le perturbent.* J'ai montré le grand danger des émotions profondes, inconscientes et prolongées. *Les complexes chargés d'émotions et de refoulements* se trouvent au premier rang des ennemis du cerveau.

Le refoulement

Bien que nous l'ayons déjà étudié en « Psychanalyse », nous pouvons constater combien les géniales conceptions de Freud s'imbriquent parfaitement dans la neurologie moderne. Le refoulement empêche une émotion douloureuse de parvenir à la conscience, donc à l'écorce cérébrale. Les refoulements se rencontrent souvent dans l'hostilité, l'agressivité, la colère, la haine, les souhaits de mort, etc. Le refoulement reste inconscient (nous ne savons donc pas que nous refoulons un sentiment); ou bien ne fait qu'une apparition « éclair » dans le champ de la conscience, pour être instantanément rejeté. *Tous les sentiments qu'on refoule sont chargés d'émotions pénibles.* Elles sont d'ailleurs refoulées parce qu'elles sont pénibles! Il est certain que l'organisme humain recherche l'agréable; et préfère ne pas prendre conscience du désagréable. Le refoulement oppose donc un « barrage » aux émotions pénibles. *Par exemple :* un adolescent peut avoir une impulsion subconsciente (un souhait de mort) envers un parent qu'il aime. Ce « souhait de mort » passe en un éclair, mais est chargé d'une violente émotion. Il a donc toutes les chances d'être immédiatement refoulé.

Que se passe-t-il?

■ *Normalement*, les impulsions, même douloureuses, devraient se diriger vers les centres supérieurs du cerveau (vers la conscience et l'écorce cérébrale). Arrivées dans l'écorce cérébrale, elles devraient être constatées lucidement; acceptées ensuite, ou rejetées volontairement. Comme ceci :

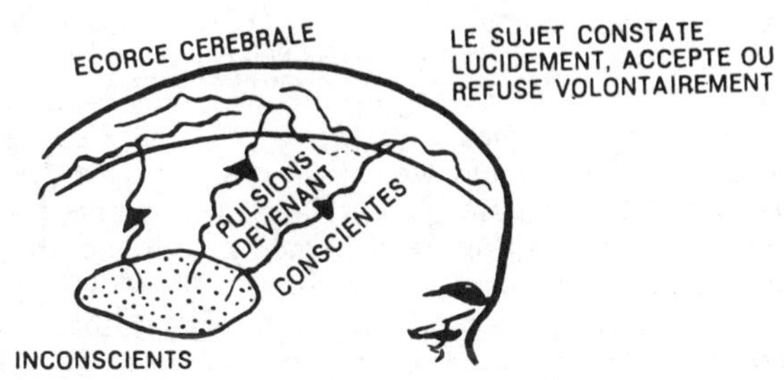

■ *Par exemple :* un adolescent parfaitement équilibré constaterait : « J'ai eu une impulsion qui souhaitait la mort de telle personne que j'aime; pourquoi ai-je eu cela, et à la suite de quelle circonstance? « Il pourrait ensuite constater qu'il a eu cette impulsion involontaire à la suite d'une contrariété, d'un ressentiment, etc. (Nous avons vu en « Psychanalyse » le « souhait de mort » d'un frère envers sa sœur, à cause de laquelle il avait dû interrompre ses études.)

Anormalement :

1° Une pulsion pénible apparaît dans les centres inférieurs du cerveau. Elle a tendance à filer électriquement vers l'écorce cérébrale.

2° Un barrage moral est opposé à cette pulsion; des réflexes conditionnés (inconscients) font bifurquer les impulsions nerveuses.

3° Ces impulsions électriques ne parviennent pas à l'écorce cérébrale; le sujet n'en prend donc pas conscience.

4° Ces impulsions dérivent puissamment vers le système nerveux sympathique, qui est soumis à une excitation renforcée.

5° De plus, l'influx nerveux (dont l'issue consciente est bloquée) continue à tourner dans le cerveau inconscient. Il produit alors de nouvelles pulsions, qui sont refoulées à leur tour… qui produisent de nouvelles pulsions, qui sont refoulées, etc. Une tension intérieure naît. Le système nerveux sympathique devient perturbé. L'angoisse et les complexes apparaissent. Et c'est l'amorce des névroses et des troubles organiques. Comme ceci :

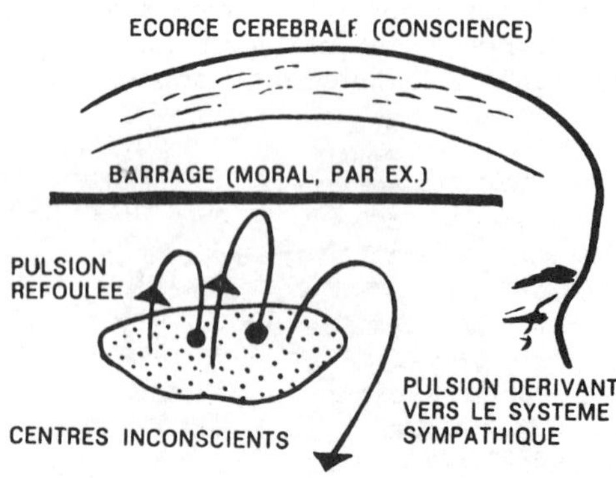

Que fait dans ce cas la psychanalyse? — Elle permet aux impulsions refoulées de monter vers l'écorce cérébrale et la conscience. Ces impulsions douloureuses reprennent leur place dans le fonctionnement global de l'écorce. *La psychanalyse permet au satellite égaré et puissant de retrouver son orbite naturelle.*

VERS UN HOMME PLUS HUMAIN.

De plus en plus, il faut donc placer l'accent sur l'équilibre et le fonctionnement cérébral. Sur l'aisance du cerveau. Sur le dégagement des complexes produisant sans arrêt des émotions inconscientes et nocives. Mettre l'accent sur la connaissance de soi, des mécanismes humains, de la machine humaine. Des dizaines de milliers de gens sont crispés sur soi, repliés dans un monde personnel dont ils ne parviennent pas à se dégager. Ils sont pliés en deux sur leurs complexes, leurs peurs, leurs angoisses, leurs agressivités. Mais il est des tâches plus nobles... L'aisance cérébrale permet à l'organisme de travailler vers des buts plus grands que se « mater » ou se « replier » sur soi! Des millions de gens détournent (par refoulement ou crispation) beaucoup de leurs activités cérébrales conscientes... au profit des émotions et des maladies.

Notre époque est une époque de peur; parce que la peur est devenue un réflexe conditionné... *La base de beaucoup d'éducations repose sur l'attaque et la défense.* On apprend trop à se mater, à refouler, à dissimuler ses joies, ses pulsions, ses colères, au nom d'impératifs qui reposent souvent sur le sable mouvant de conventions passagères... Et l'homme souffre parce qu'il a soif d'autre chose, ne serait-ce que la soif d'être lui-même, authentique, et dégagé de soi. Ne devrait-on pas enseigner la maîtrise et le sourire intérieur que donne l'aisance? Et ne devrait-on pas montrer, dans chaque école comme dans toute université, *que cette aisance est le produit naturel d'un harmonieux fonctionnement cérébral?* On devrait enseigner le rôle nocif des émotions inconscientes. On devrait savoir qu'une machine parfaite est un point de départ parfait vers une vie parfaite. On devrait surtout cesser de croire que la « volonté » est le résultat d'une crispation et d'une obstination. Il faudrait que l'on sache clairement que la volonté humaine réelle a son point de départ dans l'équilibre général du corps et du cerveau. (Voir le chapitre « Volonté »).

Bien sûr, posséder une machine en bon état ne donne pas automatiquement accès aux valeurs humaines. On sait cependant que le « terrain prédisposant » est capital dans l'apparition de la maladie. Pourquoi ne le serait-il pas dans l'apparition de la lucidité? Et, au départ, n'est-il pas plus intéressant de ne point souffrir? De se sentir dans une aisance mentale telle que les petits problèmes cessent d'avoir de l'importance? Laissant ainsi l'esprit ouvert pour des visions plus étendues et plus profondes?

Au lieu de cela, des dizaines de millions de visages crispés. Des dizaines de millions de refoulements émotifs et de souffrances. Des maladies. Des obsessions. Des idées fixes. Des névroses... Des troubles gastriques. Des troubles cardiaques... Et des hommes qui tournent sur eux-mêmes comme des toupies, sans savoir qu'un univers est à leur portée...

Tel est, je crois, l'humanisme de la médecine psychosomatique, que j'espère avoir pu dégager. L'esprit et le corps se réunissent en un seul bloc, vers le but qui devrait être celui de tout homme : l'aisance et la paix.

L'accouchement sans douleur

Qu'est-ce qu'un accouchement? C'est un phénomène on ne peut plus naturel. Puisqu'il est naturel, il devrait normalement ne provoquer aucune douleur. Voilà pour la logique pure et simple...

Maintenant, qu'est-ce qui crée la douleur? La douleur existe pour nous quand nous en avons la *sensation consciente*. On remarque d'ailleurs que les hommes réagissent de façon très différente à la douleur. Tel homme réagira intensément à une petite souffrance, tel autre n'aura que des réactions minimes devant une souffrance très forte. *La sensation de douleur est donnée par l'écorce cérébrale, siège de la conscience.* Ceci est un premier point.

Deuxième point : si la sensation de douleur est liée à notre écorce cérébrale, elle est modifiable par cette même écorce cérébrale. C'est encore de la logique pure... Et en pratique, il en est bien ainsi.

Nous savons que le thalamus est le centre de la vie instinctive et des émotions. *Or, toute sensation de douleur est accompagnée d'émotion.* On sait aussi (qui ne l'a pas éprouvé chez le dentiste) que le trac renforce la douleur, mais que le calme et la détente diminuent la sensation de douleur.

Comment la douleur peut-elle être supprimée? En premier lieu, en endormant l'écorce cérébrale (par anesthésie, par exemple). Dans ce cas, la douleur existe mais la *sensation* de cette douleur ne parvient pas au cerveau supérieur. C'est ainsi que certains hystériques ne réagissent pas à des souffrances normalement atroces. Pourquoi? *Parce que leur écorce cérébrale est naturellement inhibée.* Elle présente donc des « zones insensibles », que l'on peut torturer, sans que l'hystérique réagisse le moins du monde... Il y a, au fond, anesthésie naturelle par mauvais fonctionnement de l'écorce cérébrale.

Le contraire se passe dans l'accouchement sans douleur. Au lieu d'endormir la conscience, on l'augmente. Nous savons que l'écorce cérébrale a un grand rôle : elle « freine » les réactions émotives. J'ai parlé de l'aisance cérébrale, qui permet une manifestation nulle ou minime de l'émotion. On voit tout de suite que le bon fonctionnement cérébral puisse « freiner » la douleur... puisqu'elle freine l'émotion!

L'accouchement sans douleur apprend donc à augmenter la conscience et l'aisance. On évite ainsi, tout d'abord, la crainte qui renforce l'émotion. Très souvent, la douleur de l'accouchement est basée sur un réflexe conditionné : la peur de souffrir. On réalise donc le réflexe inverse... Le sujet devient *convaincu* du caractère naturel et sans douleur de l'accouchement. Un entraînement doit être subi, qui crée le réflexe. De plus, le sujet est éduqué au moyen d'une technique respiratoire et abdominale, qui assure une marche parfaite de l'accouchement.

Que se passe-t-il alors? La femme ne subit plus passivement et avec émotion son accouchement. *Elle le dirige consciemment,* sans émotion perturbatrice. Cela montre une chose : très souvent, les douleurs de l'accouchement viennent d'un manque d'aisance cérébrale...

Ne voyons-nous pas, une fois de plus, le merveilleux pouvoir qu'a l'aisance du cerveau sur le corps entier?

PSYCHOSOMATIQUE ET HYSTÉRIE [1].

Je reparle de cette maladie parce qu'elle montre bien le pouvoir du cerveau sur l'organisme. Elle offre un exemple type des rapports entre l'« esprit » et le « corps ». L'hystérie montre les symptômes organiques, musculaires et mentaux les plus variés. De plus, une personne hystérique est suggestionnable au maximum. Et quelle est la cause de tout cela?... Un mauvais fonctionnement cérébral.

[1] L'hystérie a déjà été étudiée : voir index.

Il n'y a pas un état hystérique. Il existe toute une gamme d'états, comme en toute chose, allant de l'hystérie légère à la grande hystérie. Comme je l'ai montré déjà, tout tempérament hystérique ne déclenche pas des crises! Certains hystériques passent toute leur vie sans la moindre manifestation exagérée. Le tempérament hystérique est, avant tout, un tempérament fragile; le fonctionnement cérébral est déficient; la conscience et la volonté sont pratiquement nulles. C'est pourquoi il est si facile de les suggestionner et de les hypnotiser.

Donc, dès que le fonctionnement cérébral devient mauvais, (et c'est pourquoi j'en parle ici), l'homme le plus normal se place dans des conditions un peu semblables à celles de l'hystérie. Le pouvoir de la suggestion apparaît. Les centres nerveux inconscients commencent à l'influencer plus fortement, (puisque le freinage de l'écorce cérébrale diminue). Cela se passe fréquemment dans les émotions : peur, trac, phobies, examens, crise de timidité, colère, etc. Ces émotions perturbent le fonctionnement cérébral, et ouvrent la voie au domaine inconscient. C'est pourquoi il est intéressant d'examiner l'exagération de tous ces états représentée par la grande hystérie.

Puisque nous savons que le cerveau travaille par un jeu admirable de combinaisons entre neurones, et que ces neurones s'associent par des réflexes conditionnés, nous comprendrons donc mieux le rôle de la suggestion. Restons donc dans l'hystérie, où la suggestibilité est poussée au maximum.

LA SUGGESTION ET L'HYPNOTISME[1].

Rappelons-nous que le cerveau conscient est en rapport permanent avec les centres inconscients de la base du cerveau (région du thalamus). De plus, cette zone du thalamus est immédiatement reliée aux viscères, aux organes, à la peau, au cerveau, etc. Ceci montre combien la suggestion peut être puissante, et toucher n'importe quel endroit du corps. Qu'est-ce que suggestionner? C'est créer un nouveau réflexe conditionné, donc une nouvelle association de neurones, *mais sans qu'un réflexe déjà existant puisse s'y opposer.* Si on dit à une personne hypnotisée : « Vous avez très peur », les battements de son cœur iront en augmentant. Pourquoi? Parce que cette suggestion a créé un réflexe de peur : l'émotion produit l'accélération cardiaque.

[1] La suggestion a déjà été étudiée : voir index.

Mais pourquoi cette suggestion est-elle immédiatement acceptée?

Pour que l'opposition n'ait pas lieu, il faut évidemment que le champ de conscience soit réduit. *C'est pourquoi les cerveaux fatigués et affaiblis sont particulièrement accessibles à la suggestion.* Or, tous les cerveaux de névrosés le sont! De même que les cerveaux perturbés à la suite de tracas, surmenages, émotions répétées, complexes, etc... Si on dit à un timide en plein trac : « Vous êtes tout pâle... », le même jeu se produit. Son écorce cérébrale, déréglée par l'émotion, laisse passer la suggestion sans lui opposer de résistance. De plus, son émotion sera renforcée par la suggestion (et de moins en moins maîtrisée par son écorce cérébrale). Cette émotion, par voie du thalamus et du système sympathique, produira, sans aucun barrage, divers symptômes tels que : rougeurs, pâleurs, tremblements, fuite, attaque, bégaiement, aphonie, mutisme, etc... Conçoit-on à quel point le fonctionnement harmonieux de l'écorce cérébrale est primordial?

L'émotion est donc un facteur de suggestion (parce que facteur de dérèglement cérébral). C'est ce qui se passe dans les grands mouvements de foule patriotiques, religieux, magiques, etc. La suggestion d'un meneur peut alors entraîner une foule entière...

Voici maintenant un schéma montrant la marche d'une suggestion faite par hypnotisme, sur une personne à tempérament hystérique.

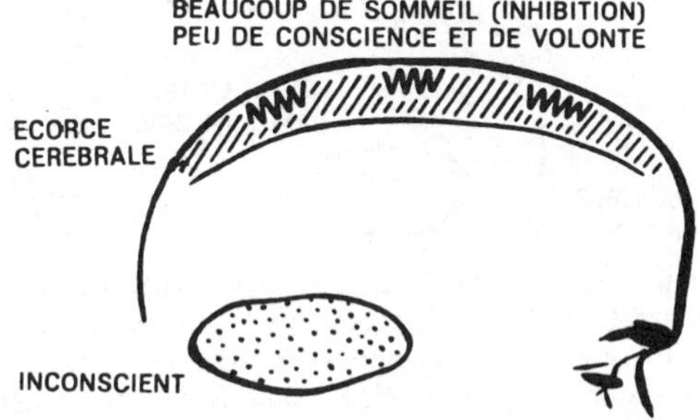

Ce schéma représente le cerveau hystérique à l'état naturel. Beaucoup d'inhibition (sommeil). Peu de conscience. Il y a donc mauvais fonctionnement cérébral, laissant la place libre à l'immense domaine de l'inconscient.

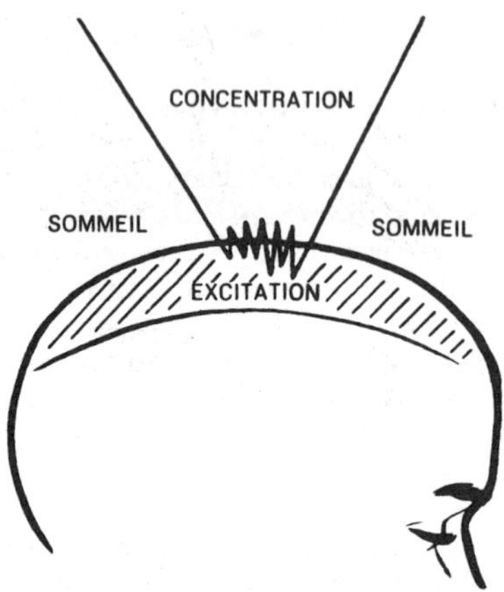

L'hypnotiseur fait se concentrer la personne, au moyen de techniques spéciales, comme nous l'avons vu [1]. Cette concentration excite fortement quelques zones du cerveau, et *bloque* automatiquement les autres. Par la concentration, une grande partie du cerveau s'endort. De plus, la concentration amène une fatigue des centres excités, ce qui renforce encore l'inhibition. Le champ de conscience se réduit de plus en plus.

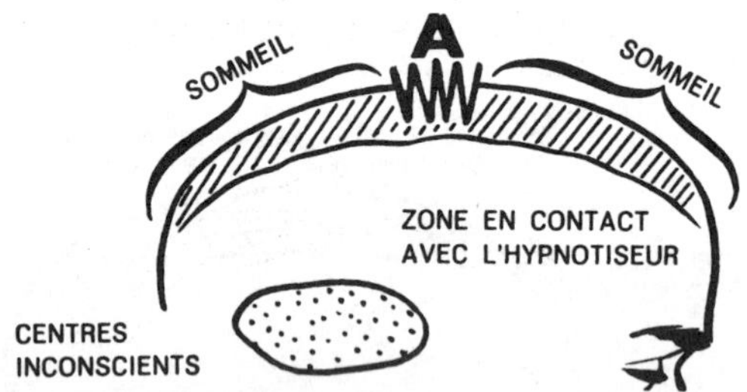

La partie vigilante de la conscience « s'accumule » au point de concentration (A). Exactement comme un étudiant qui, épuisé, continuerait à se concentrer sur un problème. *Le restant du cerveau est endormi, et n'oppose aucune résistance.* Le point de concentration A est donc le seul point qui demeure en contact avec l'hypnotiseur. *Aucun autre point du cerveau n'est capable de contrecarrer ce que va dire l'hypnotiseur.*

[1] Voir « Hypnotisme » et « Concentration » à l'index.

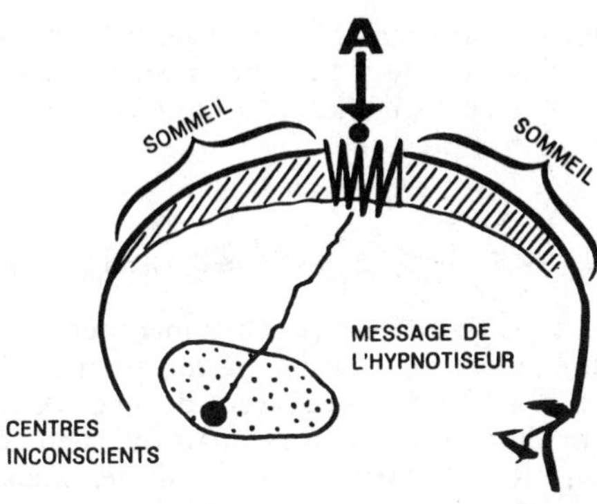

L'hypnotiseur dit ou ordonne quelque chose. Par exemple « votre paralysie va disparaître ». Ou « votre peau va rougir ». Cette parole est donc un message déposé en A, c'est-à-dire au point de conscience en contact avec l'hypnotiseur. Ce message passe immédiatement (par voie nerveuse évidemment) aux centres nerveux inconscients. Pour l'hypnotisé, ce message devient personnel et affectif. C'est normal, puisqu'il passe dans ses propres centres nerveux. Si je puis risquer une comparaison, c'est une sorte de « transfusion nerveuse ». Ce que dit l'hypnotiseur devient une conviction inconsciente chez l'hypnotisé. De même qu'un sang étranger devient le sang personnel d'un individu soumis à une transfusion...

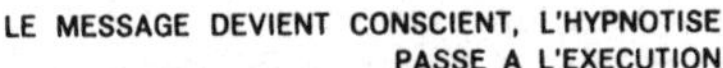

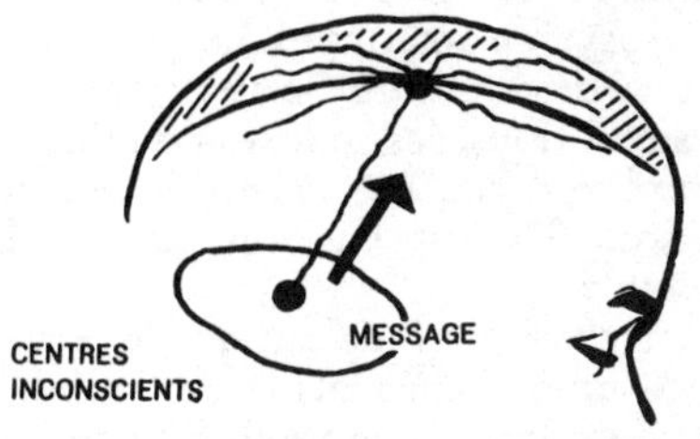

Après le réveil : le message, se trouvant dans l'inconscient, « monte à la surface ». *L'hypnotisé exécute l'acte commandé.* Il ignore évidemment que cet acte lui fut ordonné, et le considère comme venant de lui. Ce qui est normal, une fois de plus : *le message a créé, chez l'hypnotisé, des associations de neurones, donc des réflexes conditionnés.*

Nous voyons maintenant comment les personnes « bourrées de complexes » suivent le même mécanisme. Elles croient agir volontairement... alors qu'elles ne font qu'obéir aux impulsions données par ces complexes.

Les soins psychosomatiques

La base de tout traitement psychosomatique est d'envisager la personnalité *entière* du malade. Ce qui permet d'éviter (tout d'abord) certaines histoires classiques de « conversions » : une personne dont l'urticaire disparaît, mais qui, peu après, souffre d'asthme. Ensuite, disparition de l'asthme, mais apparition d'une grave obsession. L'obsession partie, c'est une colite qui se déclare, etc.

Tous ces symptômes sont bien des effets *localisés* d'une maladie *généralisée*, c'est-à-dire d'un trouble global de la personnalité.

Il est impossible de donner « un » traitement psychosomatique, puisqu'on doit viser la rééquilibration totale d'une personnalité faussée.

La psychosomatique soigne immédiatement le symptôme, cela va de soi. Les premiers soins dépendent donc de ce symptôme, que celui-ci soit un ulcère, une fracture ou une obsession.

Mais ensuite, les soins devront s'attaquer à tous les points à la fois. Pour guérir un organe malade, il est nécessaire de stopper les mauvaises influences nerveuses, cause de son déséquilibre. Le rôle du cerveau et du déséquilibre sympathique sont capitaux en psychosomatique! Le cerveau ne commande pas directement le déséquilibre nerveux; mais il est souvent coupable par les émotions, les réflexes conditionnés, les refoulements, les complexes, etc. Le cerveau joue son jeu magistral et secret, bénéfique s'il est en bon état; maléfique si son harmonie est troublée.

La médecine psychosomatique sait que le cerveau a un retentissement indirect sur l'organe malade, et n'oublie jamais qu'une personne réagit toujours avec la totalité de son organisme.

Je vais montrer maintenant quelques techniques pouvant faire partie des soins psychosomatiques. Il en existe évidemment des dizaines d'autres. Elles varient selon le point de départ de la maladie, selon la personnalité et le tempérament de chacun. L'interrogatoire du malade doit être poussé jusqu'aux derniers retranchements, afin de remonter jusqu'à la cause réelle.

Ensuite, la médecine et la psychologie se fondent en une seule unité. Les techniques que je vais montrer ne sont donc que des techniques d'« appoint », souvent connues d'un vaste public.

Pour les premiers pas vers le rétablissement, les médicaments ne manquent pas... Il existe des légions de fortifiants généraux, de fortifiants nerveux, de calmants, d'excitants. Ils sont donc un traitement d'attente avant l'application générale de la psychosomatique.

Il existe également des médicaments très précieux; les tranquillisants.

Les tranquillisants.

Quelle est leur action? Le système nerveux sympathique règle l'harmonie organique. Il permet une adaptation aux millions de circonstances de la vie. Or, dans certains cas, (émotions, désordres cérébraux, etc.) le système sympathique dépasse son but; on aboutit à l'irritation sympathique. Ce système nerveux fait alors volte-face; au lieu d'harmoniser, il trouble. Il produit alors de nombreuses maladies, soit fonctionnelles, (comme la plupart des troubles organiques ou cérébraux dont souffrent les « nerveux »), soit anatomique (ulcère par exemple), soit à lésions très graves (aux reins, au foie, aux intestins, etc.). Le grand ami de l'homme est devenu son ennemi, parfois mortel...

Dans ce cas, il faut stopper l'action du coupable. C'est alors que les tranquillisants entrent en jeu. Ils coupent l'action nocive du sympathique : ce qui est parfois très heureux, si on sait qu'une violente irritation des fibres nerveuses sympathiques peut conduire à la mort? Dans les cas de maladies « fonctionnelles »? Les tranquillisants suppriment les troubles végétatifs; ils mettent au repos l'écorce cérébrale, supprimant l'angoisse... Ne les appelle-t-on pas les « pilules du bonheur »?

Voici les principaux tranquillisants :

Le *Largactyl*, ou *Chlorpromazine*. C'est le plus connu. Dans les cas fonctionnels, il apporte l'insouciance, le bien-être, la disparition de l'anxiété. Dans les cas graves, il empêche les lésions dues à l'irritation sympathique.

L'Atarax, ou *Hydropizine*.

La Covatine.

Le Serpasil, ou *Réserpine*.

Le Mératron.

Les tranquillisants ont fait leurs preuves dans le domaine sympathique et (par conséquent) psychologique. En psychosomatique, leur emploi est temporaire, puisque tout est lié à l'élimination de la cause première! De plus, ces « pilules de bonheur » *mutilent* la personnalité, puisqu'elles la coupent de son système nerveux sympathique. Il va de soi que les tranquillisants doivent être appliqués *sous un très rigoureux contrôle médical.*

Les médicaments du sommeil.

L'insomnie est une souffrance aussi répandue que la fatigue! Elle se présente dans bon nombre d'états. (Voir insomnie au dictionnaire.) Or, certaines substances chimiques ont une action dépressive. Elles peuvent donc permettre l'apparition du sommeil naturel, ou bien amener un coma, réglable à volonté. Il existe des centaines de produits chimiques destinés à favoriser le sommeil. Les barbituriques sont bien connus. Pris à faible dose, ils peuvent être de précieux auxiliaires, à condition d'être ordonnés par un médecin. Si l'emploi des barbituriques est temporaire, tout va bien. Ils sont alors destinés à aider le traitement psychosomatique, en permettant au corps de récupérer par le sommeil. Malheureusement, trop de personnes ont pris l'habitude de ces barbituriques. N'oublions pas que ce sont de dangereux toxiques qui abîment le système nerveux! Et qui peuvent conduire au Barbiturisme (voir dictionnaire). Je ne puis donc que conseiller ici une prudence extrême, *et la soumission totale à un avis médical.*

La cure de sommeil.

Elle se pratique dans certains établissements spécialisés. Elle consiste à plonger le sujet dans un état très voisin du sommeil normal. Les hypnotiques sont employés, en même temps qu'un milieu calme et obscur. La cure de sommeil peut avoir de remarquables résultats; à condition que le facteur psychologique ne soit jamais perdu de vue. La cure est destinée à restaurer les désordres cérébraux et sympathiques; et par conséquent à éliminer les troubles qui en dépendent. D'excellents résultats sont obtenus dans certains ulcères, l'asthme, certains rhumatismes, les migraines, etc.

La cure varie selon les établissements. Souvent, le sommeil dure vingt heures par jour. Il est interrompu pour les soins hygiéniques et l'alimentation. La cure peut durer une vingtaine de jours.

J'ai dit que le facteur psychologique était prépondérant. Il est souvent indispensable de profiter de l'état de préendormissement pour opérer un travail psychique, visant les centres inconscients de la base du cerveau. (C'est évidemment indiqué si le point de départ de la maladie est psychique!) Nous rejoignons, dans ce cas, la suggestion en profondeur... L'écorce cérébrale étant pratiquement « hors-circuit », les messages de suggestion atteignent immédiatement les centres nerveux inconscients. Nous rejoignons ainsi la narco-analyse (déjà étudiée), avec les beaux résultats qui peuvent en découler.

L'électrochoc.

Il s'agit d'une méthode encore empirique et brutale, dont on a fait un réel abus. Dans certains cas cependant, il donne d'excellents résultats. (La mélancolie, par exemple.)

Comment pratique-t-on l'électrochoc? Pendant un temps très court, on fait passer dans le cerveau un courant électrique intense. Généralement, le temps de passage est de 1/10 de seconde à une seconde; le voltage est de 80 à 150 volts. L'électrochoc produit un coma convulsivant; l'écorce cérébrale est en sommeil; d'autres centres (plus périphériques) sont excités.

L'électrochoc donne naissance à des convulsions et à une excitation du sympathique. La perte de conscience est instantanée. Une crise d'épilepsie se déclenche; le retentissement hormonal et sympathique est violent. Les chocs semblent agir particulièrement sur les centres nerveux de la base du cerveau. Tout se passe comme si le choc provoquait la dissolution du psychisme, puis sa reconstruction. Le réveil est progressif. Le malade se trouve alors dans un état de confusion mentale et d'amnésie; ces troubles disparaissant sans laisser de trace. Si l'électrochoc agit sur les centres inférieurs du cerveau, il agit également sur la régulation de la conscience et de l'affectivité; son retentissement hormonal et sympathique est important. On a pu remarquer certaines analogies entre le choc et le choc émotif. N'oublions pas que si une violente émotion peut créer des troubles graves, elle peut aussi les guérir.

Il est indéniable que l'électrochoc produise parfois d'heureux résultats. Le côté psychologique est très important, surtout dans la préparation du malade dont l'angoisse risque d'être intense... Et si un électrochoc ne laisse pas d'empreinte, il n'en est pas de même de cette angoisse, qui laisse souvent des traces terriblement profondes... Il faut donc s'élever avec vigueur contre des électrochocs qui seraient appliqués anonymement, et sans la préparation psychologique du sujet. De grands psychiatres n'ont d'ailleurs pas manqué de le signaler avec force.

De plus, la psychologie peut aider, d'une façon primordiale, à la reconstruction normale du psychisme. Le patient se réveille dans une demi-conscience, qui se prête particulièrement à l'analyse de l'inconscient et à la suggestion en profondeur.

Certaines variantes ont été recherchées : par exemple le passage permanent de courants électriques particuliers, donnant une narcose beaucoup moins épileptique. De plus, on peut diminuer les convulsions au moyen du curare, et supprimer l'angoisse préliminaire en endormant le sujet avant l'électrochoc.

L'insuline.

C'est Manfred Sakel, de Vienne, qui en fit les premiers essais dans le traitement des maladies mentales (la schizophrénie notamment). Cette technique se répandit rapidement, malgré son caractère empirique. Elle consiste à injecter de fortes doses d'insuline, qui fait baisser le taux de glucose dans le sang. L'injection se fait en général le matin à jeun. Deux ou trois heures plus tard, le malade présente des accès de transpiration abondante, de vertiges, de battements de cœur. Il entre ensuite dans un coma, dit « coma insulinique », dans lequel il est laissé pendant un temps variable (une à deux heures en général). Il est ensuite réveillé par apport de sucre, par voie veineuse ou stomacale. Le malade se réveille rapidement. Etant donné les accidents possibles (cœur, respiration, température, etc.) un tel traitement ne peut se faire qu'en clinique et sous surveillance constante.

L'insuline donne les meilleurs résultats dans la schizophrénie, la manie-dépressive et la confusion mentale.

Ces quelques thérapeutiques doivent donc être considérées comme des points de repère purs et simples. Si la route est longue, partant de la santé, passant par les maladies fonctionnelles et les névroses, pour plonger dans les psychoses et les lésions d'organes, on comprend que cette route soit jalonnée par des centaines de thérapeutiques.

A leur tour, ces soins sont humblement soumis à des milliers de causes possibles... qu'il s'agisse de toxines microbiennes, de troubles mentaux d'origine infectieuse ou psychologique, de perturbations endocriniennes ou affectives, de lésions d'organes ou d'irritation sympathique par refoulements...

Pour conclure.

Je crois que personne ne déclarera que la médecine psychosomatique soit une solution de facilité!... Telle est la hantise du thérapeute : comprendre l'homme *dans son ensemble;* le comprendre dans le fouillis de ses influences mentales sur son physique, et réciproquement. C'est la personnalité entière qui doit être envisagée, dans la santé comme dans la maladie... La psychosomatique regarde la personne à travers les grands problèmes des infections, des intoxications, des mécanismes humoraux, endocriniens, nerveux; à travers les émotions, les refoulements, les conflits sociaux.

Immense, mais belle et noble tâche!

L'ÉPUISEMENT NERVEUX.

Quelles que soient les causes d'une maladie, elles agissent bien souvent grâce à l'épuisement nerveux. Cet épuisement fait apparaître une baisse de « tension psychologique ». L'homme devient incapable de faire la « synthèse » des événements; il « attrape » des satellites mentaux, souvent pénibles, et facteurs de troubles.

L'aisance de la volonté dépend de cette tension psychologique; *sinon la volonté disparaît pour faire place à l'incapacité de vouloir, ou à la volonté crispée...* qui n'est plus de la volonté, comme je l'ai déjà dit. (Je le répéterai encore, ce problème est trop important!) Si cette tension psychologique s'en va, il est facile aux forces subconscientes de prendre le pas sur les forces conscientes. Les automatismes instinctifs et affectifs se libèrent; la personne perd le « contrôle de soi ». De plus, elle devient un terrain d'attaque idéal pour les microbes, et d'autres ennemis psychologiques ou physiques.

ÉLARGIR SA CONSCIENCE.

Que l'on soit rassuré, ce n'est pas un slogan moralisateur, mais une possibilité biologique à la portée de chacun. Mieux : *cela devient un devoir dès qu'on le comprend.* Devant beaucoup d'êtres humains, on est tenté de dire : « c'est dommage »... Dommage qu'ils soient étouffés par de multiples circonstances, qui ferment une trappe sur leurs possibilités! Il est dommage de voir tant de gens dirigés par les forces de leur subconscient, par leurs complexes, leurs refoulements, leurs agressivités, leurs recherches de compensations... *Ces personnes ne vivent pas; elles sont emportées par les événements.* Elles sont comme un caillou sur lequel passerait un large fleuve.

N'oublions pas que chez beaucoup, le « conscient » travaille bien peu, en regard du fourmillement de l'« inconscient ».

Cela ne serait rien en soi, si les deux zones étaient unies dans une entente cordiale, échangeant sans cesse des messages anodins. Mais hélas, il faut déchanter devant la réalité...

Imaginons ces forces face à face. D'un côté, le subconscient, puissant et tapi dans l'ombre. De l'autre, la conscience, *qui pourrait être vaste, profonde, sereine...* Mais pourquoi des millions de gens manquent-ils d'aisance et de maîtrise cérébrales? Pourquoi tellement de personnes sont-elles en proie à des forces qui les dirigent? Cette cause doit être bien forte pour produire de tels ravages! Elle l'est en effet; c'est toute la structure de notre société qui doit être envisagée...

Il faut revoir tous les problèmes fauteurs de névroses et de maladies : problèmes familiaux, religieux, sexuels, qui devraient être vus avec la largeur et la compréhension qu'ils méritent. Or, ils sont souvent ramenés à une morale étriquée comme un vieux vêtement. Comment s'étonne-t-on s'ils produisent des peurs, des crispations, des obsessions, des dérèglements nerveux. Le jour où les hommes examineront ces grands problèmes pour y trouver une réponse lucide (au lieu de les refouler émotivement dans leur inconscient), des millions de névroses et de maladies seront abattues, comme des arbres pourris.

Il n'y a, je le redis, ni maîtrise, ni santé possibles sans un rapport harmonieux entre l'affectivité, l'instinct et la conscience. La tâche consiste donc à mettre tout en œuvre pour les accorder, au lieu de les maintenir dans un état de guerre froide. Si nous observons un « refoulé », quelle peut être l'étendue de sa conscience, puisque rien ne monte vers elle, à cause même de son refoulement? Toutes les impulsions électriques se heurtent à un barrage, tout ce qu'il voit est déformé, parce que tout se rapporte à ses refoulements, ses angoisses et ses complexes!

Je commence une nouvelle vie.

Ce sont des paroles que j'ai entendues bien souvent, avec la joie que l'on devine. Elles résument la philosophie de la psychosomatique.

Je ne crois pas que l'apprentissage général de la lucidité, du non-refoulement, de l'aisance volontaire, soit pour demain! C'est pourquoi il est urgent que des individus séparés ou des groupes d'individus travaillent sur eux-mêmes, afin de pouvoir lancer autour d'eux le fruit de leurs recherches. L'homme (paraît-il) est bourré de contradictions? Rien n'est plus faux. *L'homme réel est une harmonie et un équilibre.* Si des contradictions nocives apparaissent en lui, c'est qu'on les lui impose par tout un jeu de réflexes conditionnés.

Un homme dont le subconscient est puissant, ne pourra jamais en empêcher l'action *automatique*. Cette action s'exercera (évidemment) sur tous ses actes, à son détriment et au détriment des autres... Il croit cependant être dans un état de « conscience ». Il travaille, rit, pleure, parle, s'agite, voyage...

Mais en observant son monde intérieur, on voit qu'il est à peu près dans la même situation que durant un sommeil nocturne. Avec cette différence cependant : *pendant le sommeil de nuit, il ne peut agir. Tandis que durant le « sommeil » du jour, le résultat de ses actes et de ses idées a des répercussions étendues...* Les agissements puissants de son subconscient font de lui un « somnambule » qui s'ignore... Et cet état demeure jusqu'au jour où, ayant travaillé à « devenir conscient », il découvre un monde de lumière et d'équilibre qu'il n'aurait jamais pu imaginer... Il est alors semblable à un homme ayant souffert de spasmes durant des années, mais qui, un jour, se redresse et respire pour la première fois de sa vie.

Les possibilités humaines sont immenses. C'est pourquoi l'humanisme de la psychosomatique se trouve devant des problèmes de santé individuelle et sociale.

De plus, cette vision est *préventive*, face à une culture engendrant des déséquilibres. Il n'est nullement question d'abattre notre société actuelle, loin de là! Dans cette société moderne, tout nous est donné... Mais il s'agit de ne pas nous brûler les doigts, grâce à un cerveau et à un corps fonctionnant dans leur totalité.

Ne serait-il pas lamentable d'avoir à sa disposition un champ de conscience et de santé aussi vaste, pour le laisser en friche?

VII

L'ÉTUDE DU CARACTÈRE

Un homme se trouve devant moi. *Qui est* cet homme? Quelle est sa réalité profonde? Est-il vraiment ce qu'il paraît être? Quels sont les gens qui l'entourent? Comment réagit-il dans tel milieu social? Quel est son tempérament? Est-il équilibré, ordonné, refoulé, dominateur, impulsif, agressif? Quel est le mystère que représente cet homme...?

Il s'agit donc d'étudier son caractère, et les déformations de ce même caractère. Deux moyens peuvent être employés, selon le but visé. En premier lieu, une psychologie des profondeurs, comme le psychanalyse par exemple. C'est une manière idéale, mais dont l'application demande un certain temps.

Or, il arrive que l'on désire connaître immédiatement *les grandes lignes* d'un caractère. Par exemple : un chef d'entreprise veut savoir si un candidat s'adaptera à la profession sollicitée. Ou bien : des parents cherchent les études qui conviennent le mieux à l'enfant. Il faut, dans ces cas, détecter rapidement les traits principaux du caractère, et prévoir son évolution dans l'avenir.

Nous avons affaire ici à deux branches bien précises de la psychologie :

a) La psychotechnique, avec la méthode des tests.

b) L'orientation professionnelle, basée sur la psychotechnique.

Une troisième branche est appliquée de plus en plus :

c) La graphologie, qui étudie le caractère d'après l'écriture.

Mais avant tout, voici un point capital. Il existe une « *fondation* » sur laquelle, comme une maison, est bâti le caractère humain. C'est le *tempérament*. Notre tempérament forme la base de nos actions physiques et mentales. Tel genre de tempérament prédisposera à telle action; un « bon gros » n'aura pas le même tempérament qu'un « petit mince » ou qu'un « grand rageur »! L'étude des tempéraments est donc primordiale.

Les tempéraments

Dès le ve siècle avant J.-C., Hippocrate avait établi le classement suivant, qui influença la médecine jusqu'à l'époque moderne. Quatre grands types humains y sont envisagés, que nous pouvons croiser chaque jour dans la rue.

I. - LE SANGUIN.

Il est « bon vivant », très sociable. Son esprit, assez superficiel, ne se pose pas de grands problèmes. Le sanguin est bien en chair, solide. Son embonpoint fait souvent l'admiration de l'entourage... Ses excès sont nombreux : de table, de boisson, de travail. Il a besoin de mouvement, d'activité et d'émotions. Il se vante volontiers de n'avoir jamais à consulter le médecin! Et s'il tombe malade, il a besoin, avant tout, d'être rassuré. Ce genre d'homme est docile au traitement tant qu'il souffre; mais il abandonne tout dès qu'un mieux se fait sentir... pour retomber dans ses excès. Le sanguin est exposé à des infections, à la mort subite vers la cinquantaine.

Accidents plus banaux réservés aux sanguins : coliques hépatiques, migraines, fluxions pulmonaires, rhumatismes, etc. Ces maladies ont d'ailleurs fréquemment leur utilité, et préservent l'organisme d'accidents plus graves. Le sanguin est peu prédiposé aux maladies psychiques.

II. - LE MÉLANCOLIQUE.

Appelé aussi «*atrabilaire*». Nettement insociable, ce type d'homme est nerveux et émotif. Egalement pessimiste, orgueilleux et replié sur soi. Son corps est maigre. Le crâne est développé, au détriment d'un corps frêle. Le mélancolique se pose des questions profondes, et souffre de multiples troubles nerveux. Il est prédisposé à la rumination mentale et à l'anxiété. Tendance aux refoulements et aux complexes. La croissance de l'organisme est fréquemment entravée. Il reste chétif. Mais ce mélancolique vit souvent jusqu'à un âge avancé, en rétrécissant sa vie dans des habitudes et des manies...

Son organisme se défend bien. Par contre, il est hyperexcitable, souffre de névralgies, de crampes, de spasmes, d'insomnies et de névroses. Il voit une foule de médecins; il se hâte sans cesse. Il se présente chez le médecin avec un tas de « petits papiers » où il a noté les multiples troubles qui le font souffrir.

Telle est sa vie; mais il supporte souvent mieux qu'un autre un « coup dur » ou un chagrin... Devant la mort, il montre une sérénité que beaucoup pourraient lui envier.

III. - LE COLÉRIQUE.

Appelé également *bilieux*. Il est irritable, très susceptible, agressif et téméraire! Son corps est grand et maigre; son teint jaunâtre. Le colérique est « dur au mal »; il reste stoïque et souffre sans se plaindre. C'est le type du « volontariste ». Il va chez le médecin... quand il ne peut faire autrement. Il est d'ailleurs inutile de le réconforter; il lui faut des faits et de la logique mathématique. Aussi suit-il le traitement avec un respect absolu.

Le colérique est doué d'une très bonne vitalité, avec prédisposition aux affections digestives. Il parvient généralement à un âge beaucoup plus avancé que le sanguin.

IV. - LE LYMPHATIQUE.

Appelé aussi « *flegmatique* ». Il semble stable et calme. Il est gras... ou même obèse. Son activité est lente, et il supporte très mal la douleur. Au moindre bobo, il se tâte, et se croit à deux doigts de la tombe. Le lymphatique est très sensible à la suggestion et à l'hypnose.

Généralement, le lymphatique est prédisposé à une mort prématurée. Chez lui, des lésions ont tendance à prendre une extension de plus en plus grande. Un accident post-opératoire n'est pas rare après des interventions portant sur les organes lymphoïdes.

Parmi ces quatre groupes humains, il est rare de rencontrer un type « pur ». Il faut donc établir, avec le plus de soins possibles, les mélanges et les hiérarchies des tempéraments.

La classification française

L'école française, avec Sigaud et Mac Auliffe, proposa un autre genre de groupement : les types musculaire, respiratoire, digestif et cérébral.

Il est certain que les théories contemporaines des tempéraments continuent et prolongent les théories anciennes. Mais elles sont infiniment plus strictes et rigoureuses, s'appuient sur des observations précises, et évidemment sur de nombreux progrès techniques et sur des connaissances accumulées dans toutes les sciences voisines!

La classification française montre un sens clinique très averti, une volonté de serrer l'expérience de très près, et fait preuve d'un grand souci des nuances.

Voici donc la description des quatre grands « types », basée sur d'innombrables mensurations.

I. - LE TYPE MUSCULAIRE.

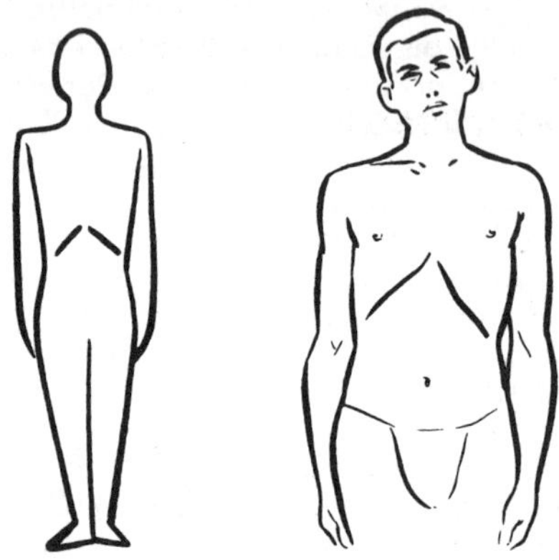

Les membres et les muscles sont considérablement développés. Le relief du thorax est bien marqué. Si le sujet est debout, les poignets se trouvent sous le plan du pubis. Visage rectangulaire ou carré. Menton assez harmonieux. Sourcils bas et rectilignes. Corps velu.

II. - LE TYPE RESPIRATOIRE.

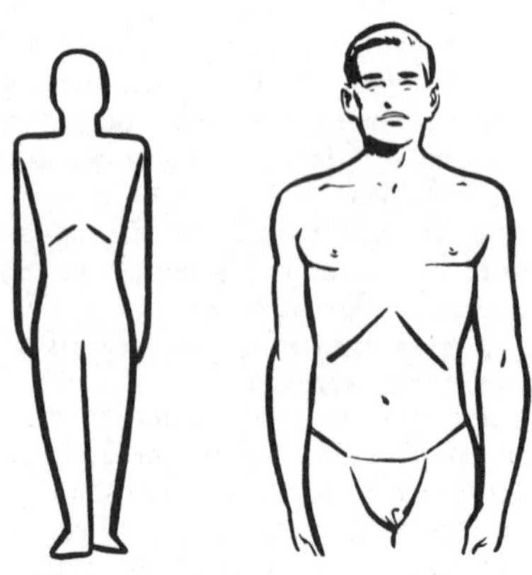

Le tronc est petit, en forme de trapèze dont la base est en haut. Larges épaules. Cage thoracique très développée en largeur et en hauteur. Visage en forme de losange. Développement des sinus frontaux. Nez long et large.

III. - LE TYPE DIGESTIF.

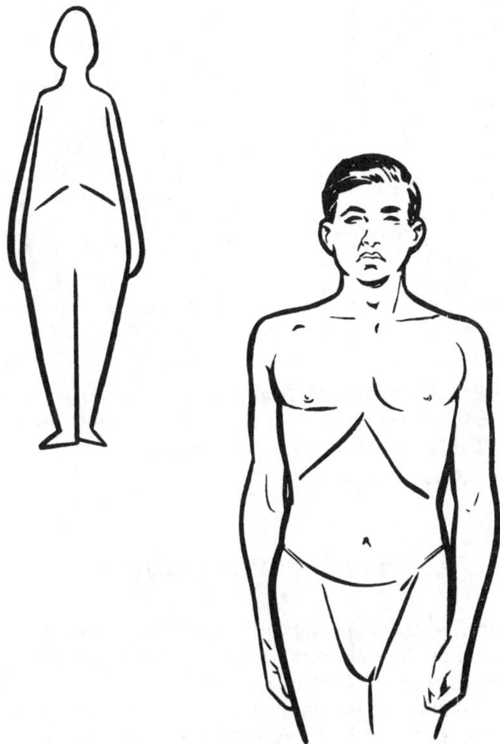

Ce type d'homme « tout en abdomen et en mandibules ». Le bas du visage est plus développé que le haut. Cage thoracique courte et large. Cou assez court et gras; épaules étroites. Front étroit et très peu de pommettes. Abdomen développé. L'ensemble est harmonieusement proportionné.

IV. - LE TYPE CÉRÉBRAL.

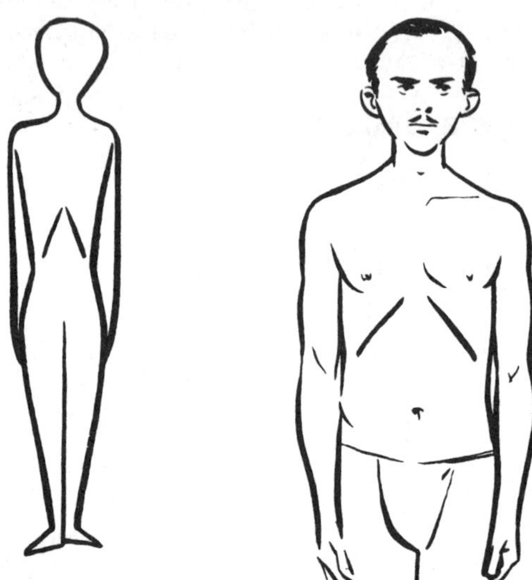

Le visage est nettement triangulaire. Crâne développé. Vu de profil, le front est courbé. Yeux vifs et larges, bouche petite et mince. Taille petite, grêle. Bonne harmonie entre le tronc et les membres.

La classification italienne

Voici une autre classification très importante : celle de Viola et de l'école italienne. Elle est basée sur des procédés statistiques et sur de très nombreuses mensurations. Pour Viola, la constitution humaine s'appuie sur deux systèmes :

a) le système de la vie végétative (ensemble des viscères), et représentée par le tronc;

b) le système de la vie de relation (système nerveux et muscles volontaires), représenté par les membres.

Si les systèmes *a* et *b* sont également développés, l'homme est harmonieusement normal. Si *a* domine, on a affaire au type *bréviligne*, développé en *largeur*. Si *b* domine, on a affaire au type *longiligne*, développé en *hauteur*.

I. - LE TYPE BRÉVILIGNE.

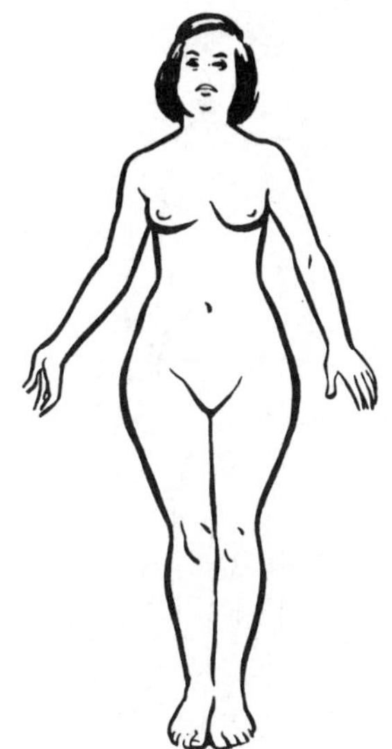

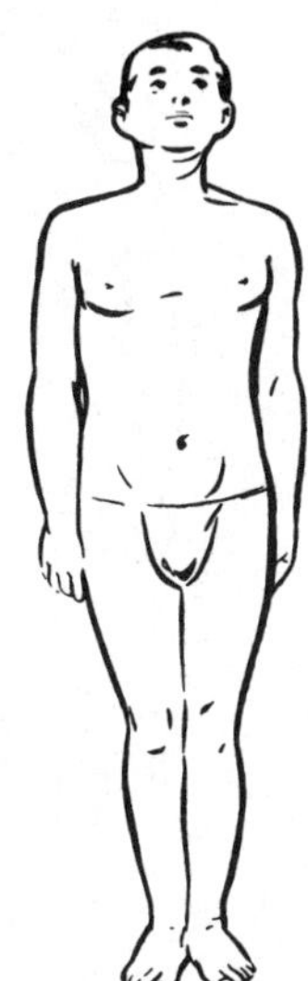

1) Caractères physiques.

Le développement du corps se fait plutôt dans le sens horizontal. Développement plus grand du tronc par rapport aux membres. L'abdomen est ample, la masse viscérale large. Le poids est généralement assez notable, et la graisse souscutanée abondante. Force et endurance souvent considérables. Fonctions digestives puissantes.

2) Tendances maladives.

Le bréviligne est prédisposé aux maladies provenant d'un ralentissement de la nutrition, à l'arthritisme, à l'hypertension artérielle et aux congestions.

3) Tendances psychologiques.

Le bréviligne est énergique, joyeux, plein de vitalité. Son psychisme montre souvent une tendance à la cyclothymie (qui fait passer brusquement de la joie exaltée à l'indifférence dépressive — voir index).

En cas d'aliénation mentale, il sombrera probablement dans la *manie-dépressive*, qui est l'exagération de la cyclothymie. (voir index)

II. - LE TYPE LONGILIGNE.

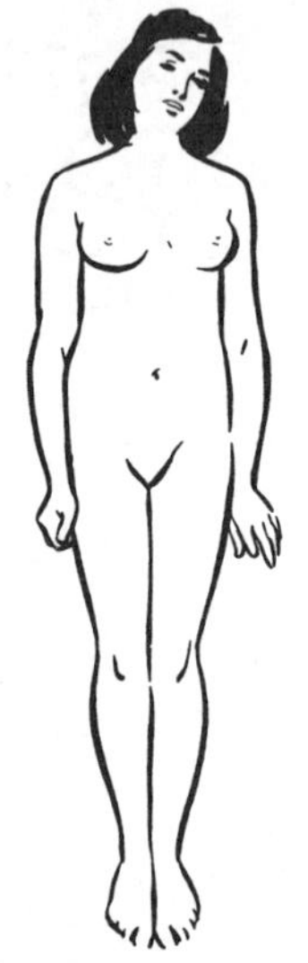

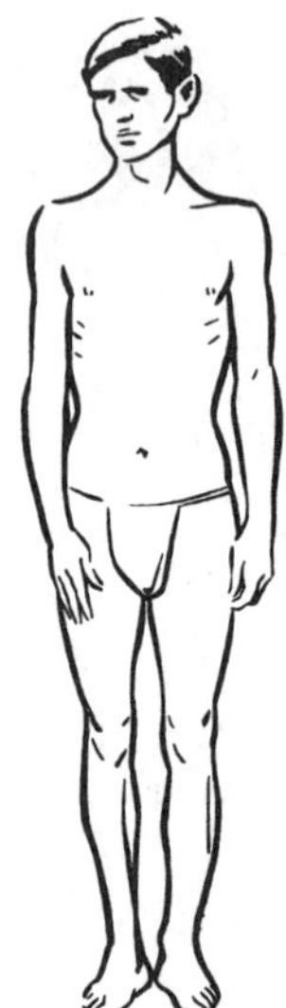

1) Caractères physiques.

Il y a prédominance en hauteur. Le thorax est allongé, l'abdomen plat. Les organes sont réduits. Membres longs par rapport au développement du tronc. Taille souvent élevée. Inclinaison des côtes bien marquée. Cou mince et assez long; médiocre nutrition; muscles maigres et allongés. Très rapide à la course, mais sans grande endurance.

2) Tendances maladives.

Mauvaise défense contre les causes de maladies. Tuberculose. Beaucoup d'insuffisances fonctionnelles. Très vite fatigué. Hypotension artérielle, pouls trop rapide, extrémités froides. Faible rendement sexuel.

3) Caractères psychologiques.

Manque de « volonté ». Facilement déprimé. Intelligence vive, mais rapide fatigue cérébrale et nerveuse. Tendance au repli sur soi, à la solitude et à la rêverie. Le côté intellectuel l'emporte souvent. En cas d'aliénation mentale, il tombera dans la *Schizophrénie*. (voir index)

La classification de Kretschmer

Il s'agit d'une classification très influente. Kretschmer décrit trois grands groupes distincts.

I. - LE TYPE ATHLÉTIQUE.

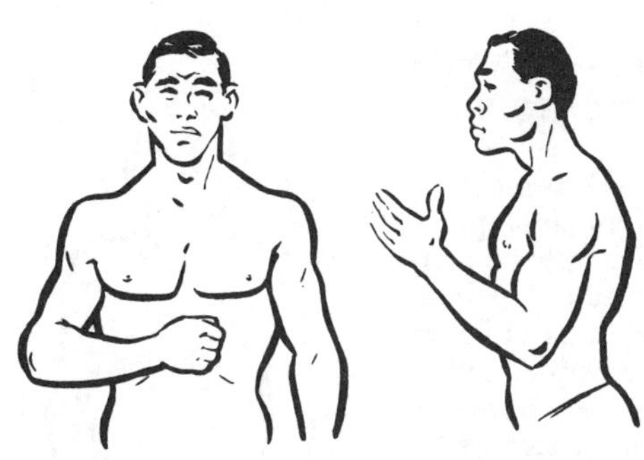

Ces hommes sont grands ou de bonne taille moyenne. Le thorax est bien musclé et large. La forme du visage est un ovale allongé. Cou solide et long. Muscles développés et recouverts de peu de graisse. Ossature solide, compacte. Les parties inférieures du corps ont tendance à être sveltes. Jambes minces. C'est le type même du « costaud » professionnel.

II. - LE TYPE ASTHÉNIQUE.

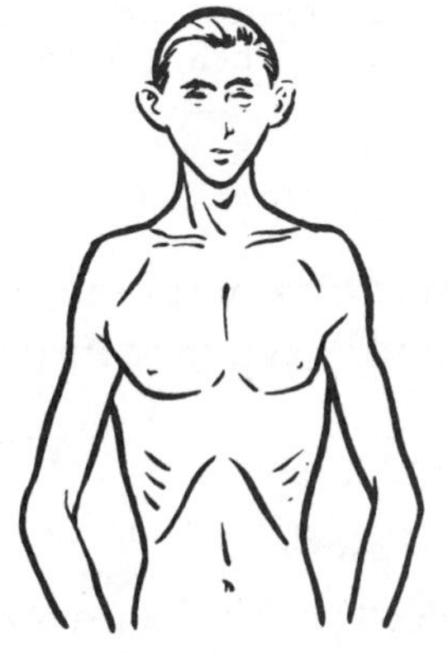

Ce genre d'homme s'étend en hauteur, avec amoindrissement en largeur. Il reste maigre, quelle que soit la suralimentation. Les membres sont maigres, les mains osseuses, les doigts pointus. Ventre rentré, ou flasque. Os faible et graciles. Visage triangulaire, pâle et maigre. Profil angulaire, nez long et pointu. Chevelure abondante, se répandant sur le front et la nuque. Peau du visage mince et tendue.

Mais le type asthénique n'est pas toujours déficient! Il existe de ces hommes aux muscles secs, et doués d'une forte vitalité ainsi que d'une résistance à toute épreuve. Leur rendement sportif est étonnant. C'est alors le type *Leptosome*, qui se rapproche du type athlétique.

III. - LE TYPE PYCNIQUE.

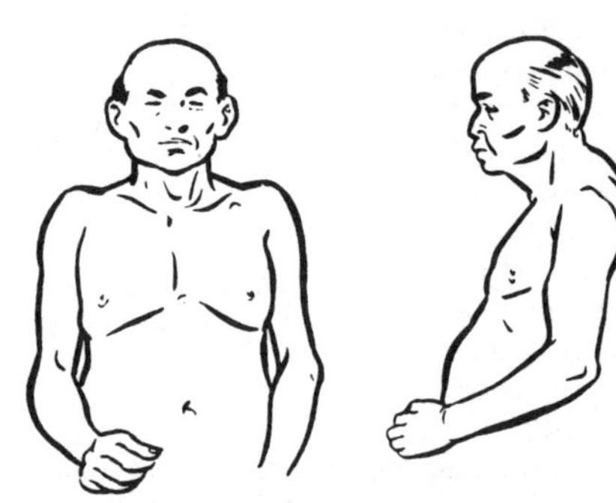

(D'un mot grec signifiant : épais). Il est plus en largeur qu'en hauteur. Sa taille est moyenne. Le crâne, le thorax et l'abdomen sont développés en largeur. Apparence lourde, visage plein; mais ossature fragile. Face, cou et tronc recouverts d'une bonne couche de graisse. La forme générale du corps se présente comme un tonneau, sympathique et dodu. Ce type a tendance à offrir aux regards une « bedaine » de moine pour contes populaires de Noël... Semble amical, joyeux, et d'un agréable commerce.

Caractéristiques mentales des deux types principaux

LE PYCNIQUE	L'ASTHENIQUE
Tourné vers le monde extérieur.	Tourné vers son monde intérieur.
Ouvert et très sociable.	Renfermé et peu sociable.
Naturel et spontané.	Freine ses sentiments.
Heureux de vivre.	Se pose des questions.
Réaliste.	Idéaliste.
Humoriste.	Sarcastique, ricaneur.

Chaleur amicale, « cœur sur la main ».
Eclats de colère, sans rancune.
Aime la nourriture, la boisson et les jolies femmes.
Optimisme étonnant.
Peut abattre un travail considérable.
Activité concrète.
Souvent modeste.
Peu de tendances aux refoulements.

Tendance à la froideur.
Tendance à la rancune et à la vengeance.
Apprécie peu les joies extérieures de la vie. A souvent peur des femmes.
Pessimisme.
Trop concentré, vite fatigué, mais tenace.
Activité abstraite.
Fréquemment orgueilleux.
Tendances aux refoulements et aux complexes.

La classification de Jung

Jung considère deux types humains essentiels :

a) *l'intraverti*, qui vit replié sur soi, et repousse l'emprise du monde extérieur (comme l'asthénique)

b) *l'extraverti*, qui se tourne vers le monde extérieur dont il a besoin (comme le pycnique).

Ces deux attitudes existent ensemble chez tout individu. Mais il arrive que l'une prédomine (à cause d'une prédisposition, des circonstances, etc.). En partant de ces deux grandes combinaisons, Jung arrive à quatre sortes d'intravertis et quatre sortes d'extravertis.

L'INTRAVERTI PENSEUR

Regarde en lui, et est fortement influencé par les idées abstraites. Il suit ses idées intérieurement, bien qu'il soit capable de se tourner vers le concret. Ce groupe comprend aussi certains fanatiques qui suivent une *idée*, se complaisent dans des théories, sans tenir compte des conséquences parfois effrayantes auxquelles ces

L'EXTRAVERTI PENSEUR

Se tourne vers le monde extérieur, et concret. Il est cependant capable de considérer les choses abstraites. Il préfère nettement les faits aux théories. C'est le type de l'ingénieur ou du chirurgien. Il peut devenir « dangereux » s'il a affaire à des choses demandant la souplesse (la loi et la morale, par exemple). Il est alors inflexible. Dans idées peuvent aboutir. Nietzsche faisait partie de ce groupe humain.

ce groupe se trouvent des juges et des moralistes sévères, manquant de sentiment et de compréhension humaine.

L'INTRAVERTI SENTIMENTAL

Saisir ses sentiments représente une grande difficulté. On a affaire à un sphinx, renfermé, silencieux et inaccessible. Tout se développe en profondeur; il porte un masque d'indifférence. Ses actions sont souvent produites par des émotions soigneusement cachées. En général, il semble calme et peu méfiant, éveillant la sympathie. Aucune émotion ne se montre à l'extérieur, mais l'intérieur bout de passions... Beaucoup de femmes font partie de ce groupe.

L'EXTRAVERTI SENTIMENTAL

Il est très sociable; se tourne vers le monde extérieur, mais le sentiment reste prédominant. C'est le type de personne qui « se sent bien » parce que le temps est beau; mais qui se trouve morose s'il pleut. (Alors que chez l'intraverti, tout dépend de son « climat » intérieur, indépendamment des circonstances extérieures.) Facilement influençable, il a tendance à peser les choses d'après ses sentiments. Son attitude pourrait se résumer comme ceci : « Je trouve cela très agréable... donc c'est très agréable »!

L'INTRAVERTI SENSITIF

Ses réactions ne s'adaptent pas aux circonstances, mais obéissent uniquement à son « Moi ». C'est un type humain terriblement subjectif, interprétant tout à travers les prismes de cette subjectivité! Il est impossible de prévoir ce qui lui fera une impression quelconque : sa réaction ne semble pas liée

L'EXTRAVERTI SENSITIF

Il est d'un réalisme et d'une objectivité absolus. Il ne voit que le concret : les faits, le bon vin, les jolies femmes... Il ne se « tourmente » jamais! Il accumule les expériences concrètes, et cherche sans cesse de nouvelles sensations. Il passe trop facilement d'une expérience à l'autre, et n'acquiert donc à la réalité extérieure. Beaucoup d'artistes font partie de ce groupe.

qu'une expérience fragmentaire et limitée. La plupart des hommes « de la rue » font partie de ce groupe.

L'INTRAVERTI INTUITIF

Avec lui, nous sommes en pleine rêverie profonde! C'est le prophète, le mystique, le poète de l'immortalité... Son imagination est illimitée. Comme dit Jung : C'est souvent un génie méconnu, un grand homme qui a mal tourné, une sorte de niais intelligent, un personnage de roman psychologique... »
Sa connaissance est purement basée sur l'intuition. Comment, dans ce cas, pourrait-il convaincre les autres de la beauté de ses idées?...

L'EXTRAVERTI INTUITIF

On peut dire de lui qu'il « sent avec son intuition »! Beaucoup de femmes font partie de ce groupe. Ce type humain fait tout ce qu'il faut pour réussir (et cela, inconsciemment). Devant une femme de ce genre, l'homme n'a qu'à se cacher! Au premier coup d'œil, il est jugé, disséqué, pesé, évalué...
Ce type humain « sent » le milieu social qui lui convient, les vêtements qu'il faut porter, comment dire les choses, etc. Un homme de ce genre réussira en affaires, en commerce, dans la spéculation, la politique, etc.

La classification de Sheldon

En 1942, Sheldon publia une série de recherches montrant les relations entre le tempérament et le caractère. Il entreprit un travail considérable, décidant de photographier 4.000 étudiants (de dos, de face et de profil). Les photos étaient prises de manière standard; une grille pouvait ainsi faciliter les mesures et les comparaisons. Les corps furent partagés en 5 zones : 1) Tête, face et cou; 2) Tronc, partie thorax; 3) Tronc, partie abdomen; 4) Epaules, bras et mains; 5) Membres inférieurs.

Ces milliers d'examens et de classements aboutirent à une division en trois grands groupes humains :

I. La viscéro-tonie (tonie = tonus = tension), où la personnalité est centrée sur les *viscères*. La digestion et le bien-être sont les buts principaux de la vie. La gaieté, la gourmandise, le désir d'affection et l'amour du prochain dominent.

II. La somato-tonie, qui montre une prédominance de l'activité *musculaire*. L'action puissante est le but de l'existence.

III. La cérébro-tonie, qui se manifeste par une activité *mentale* sans cesse en alerte, par un esprit profond et tourmenté.

Voici un tableau d'après Sheldon, montrant les caractéristiques de ces trois grands tempéraments.

VISCERO-TONIE	SOMATO-TONIE	CEREBRO-TONIE
Attitude et mouvement détendus.	Sûreté dans l'attitude et le mouvement.	Attitude et mouvement pleins de réserve.
Amour du confort.	Recherche de l'aventure physique.	Réactions physiques exagérées.
Lenteur des réactions.	Réactions énergiques.	Réactions trop rapides.
Amour de la nourriture.	Amour de l'exercice.	Recherche de la solitude.
Recherche des bons repas pris en commun.	Besoin de domination et de puissance.	Trop grande activité mentale, toujours en alerte.
Plaisir de digérer.	Goût du risque et du jeu.	Sentiments dissimulés et refoulés.
Recherche de la société.	Courage physique, et goût du combat.	Haine de la société.
Grande amabilité.	Recherche de la compétition agressive.	Timidité.
Besoin d'affection et d'approbation.	Dureté du point de vue psychique.	Haine des habitudes, et caractère peu routinier.
Amour du prochain.	Peur des espaces fermés (claustrophobie).	Peur des espaces ouverts (agoraphobie).
Humeur égale.	Manières directes, sans délicatesse.	Attitude impossible à prévoir.
Esprit tolérant.	Paroles éclatantes.	Voix retenue; horreur du bruit.
Recherche de la jouissance.	Stoïcisme devant la douleur.	Très grande sensibilité à la douleur.
Sommeil profond.		
Manque de modération, excès.		
L'alcool produit une détente et la sociabilité.		
Dans les ennuis, recherche la société.		

Aime les enfants et la famille.	Turbulence. Aspect trop mûr. L'alccol produit l'affirmation agressive de soi. Dans les ennuis, a besoin de passer à l'action. Aime les activités de la jeunesse.	Troubles du sommeil, fatigue chronique. Manières et attitudes juvéniles. L'alcool déprime; répugnance vis-à-vis des drogues Dans les ennuis, recherche la solitude. Préfère les gens d'âge mûr.

Le tempérament et la profession

Chaque jour, des millions d'hommes et de femmes commencent un métier. Souvent au hasard : d'après une annonce de journal, des relations, les études faites, etc. Quant aux études, elles-mêmes sont souvent accomplies « au petit bonheur la chance »! D'après les « dons » de l'enfant, les désirs des parents, les conseils d'un ami « qui s'y connaît », etc.

D'autre part, certaines personnes intelligentes, douées, travailleuses, restent subalternes toute leur vie... Parce qu'elles ignorent leurs aptitudes, parce qu'elles sont timides, refoulés, révoltées, pleines de complexes, etc. D'autres encore sont crispées dans leur travail, ne parvenant jamais à s'y adapter. Mais ne faut-il pas essayer de limiter le hasard, et de placer chacun selon ses aptitudes et ses mérites? Obtenant ainsi, non seulement la paix intérieure des travailleurs, mais aussi un meilleur rendement pour l'employeur? Cela semble évident!

Or, il existe des rapports étroits entre le tempérament et l'activité. *Donc*, le choix d'une profession devrait dépendre, en grande partie, du tempérament et du caractère... Beaucoup de gens sont malheureux dans leur travail ou leurs études; mais cette activité *correspond-elle à ce qu'ils sont?* L'adaptation de l'homme est l'un des grands problèmes de la vie; combien choisissent leur tâche *en connaissance de cause?*

Tous les parents hésitent, et c'est bien normal. Faut-il orienter l'enfant vers un métier manuel, vers l'artisanat, la médecine, les carrières universitaires? Faut-il écouter les désirs de l'enfant, ou les repousser?

Une question se pose donc : est-il possible de diagnostiquer, d'évaluer et de mesurer les aptitudes physiques et mentales de chacun?

Le cas de monsieur Jean P.

Il est secrétaire de direction, chargé de grosses responsabilités. Son chef direct est un homme dur, cassant, ne ménageant ni critiques ni blâmes. Chaque jour, P. se rend à son travail avec angoisse; travail obtenu grâce à ses études et à ses relations. Il est devenu hyper-émotif, maigre, pâle, peureux. Il prolonge de plus en plus ses heures de travail, afin « que son directeur reconnaisse ses capacités et son courage ».

Caractère de Jean P. — Après un entretien psychologique et un examen psychotechnique, il est détecté ceci : P. fut élevé par un père autoritaire, et véritablement « brisé » par l'éducation paternelle. Il est atteint de timidité, de peur d'être blâmé, de sentiments de culpabilité. En un mot, il souffre d'un complexe d'Œdipe (voir index). C'est un « tendre ». Il a de fortes tendances féminines. Il cherche inconsciemment à se soumettre, à faire plaisir, à servir les autres, *afin d'éviter des blâmes qu'il ne supporte pas*. Il est excessivement gentil et prévenant (toujours par crainte du blâme); de ce fait, on l'accuse de « frotter la manche ». Il a peur de la virilité et de la brutalité. Elles lui rappellent l'éducation paternelle tout d'abord; ensuite, sa virilité combative a été détruite. Sexuellement, il est partiellement impuissant. Il recherche la compagnie des femmes, tant qu'il ne doit pas faire preuve de virilité masculine.

Jean P. dans sa profession actuelle. — Le directeur de P. est un perpétuel rappel de son père (autoritarisme, dureté, blâmes). P. se sent écrasé, inférieur. Au fond de lui-même, il éprouve sans cesse une violente *hostilité* contre son chef (de même qu'il a éprouvé de l'hostilité contre son père). Mais il refoule cette *hostilité*. Il « rentre » ses émotions. Il se sent toujours « en faute » et coupable... parce que son père l'y a habitué durant quinze ans. A la suite de ces milliers d'hostilités refoulées, le système nerveux de P. s'est détraqué. Il se sent de plus en plus inférieur et incapable. Ses sentiments d'infériorité ne font que grandir. Il parle même d'entrer au monastère, ce qui serait chez lui une fuite devant une situation qu'il ne supporte plus. C'est l'échec, le dégoût, le mépris de soi, la neurasthénie à brève échéance...

Si P. avait subi un examen psychologique? — Cet examen approfondi aurait mis à jour les refoulements et les complexes de P. Ou bien il se serait dirigé vers un autre genre de travail; ou bien il aurait choisi la même profession, *mais en se connaissant lui-même*. Il aurait vu clairement ses mécanismes intérieurs, et aurait pu les annuler... au lieu de subir sans arrêt des décharges émotives et une forte sensation d'échec.

CE QUE P. NE DEVAIT PAS ETRE [1]	CE QUE P. POUVAIT ETRE
(par exemple) : chirurgien, officier, chef d'entreprise, professeur de gymnastique, masseur, psychologue, marin, avocat, fonctionnaire responsable.	*(par exemple)* : professeur de philosophie ou de mathématiques, coiffeur pour dames, dessinateur de modes, maquilleur, artiste, écrivain, décorateur, employé sans responsabilité, etc.

Un autre cas.

CARACTERE :

Une femme « masculine ». Elle a besoin d'affirmer sa virilité agressive. Elle a besoin de dominer, et repousse les hommes qu'elle cherche à amoindrir. Elle refuse son rôle de femme.

CE QU'ELLE NE DOIT PAS ETRE	CE QU'ELLE PEUT ETRE
Employée, dactylographe, couturière, mannequin, etc.	Secrétaire de direction, chef-dactylo, dentiste, assistante sociale, infirmière, cordonnière, chef de rayon, etc. (ce qui serait souvent au détriment des autres; de plus, sans traitement psychologique, ces « compensations » ne l'empêcheraient nullement d'être intérieurement malheureuse...).

[1] ATTENTION! Il ne faut évidemment pas prendre ces exemples au pied de la lettre. Les professions citées peuvent très bien être choisies en fonction d'un caractère absolument différent.

Un autre cas.

CARACTERE :

Un colérique, étudié dans « les tempéraments ». Il est sociable, mais agressif. Il a besoin de puissance dominatrice. La sensibilité musculaire domine. Supposons, en même temps, qu'il souffre de refoulements que son métier lui permettrait d'extérioriser.

CE QU'IL NE DOIT PAS ETRE

Coiffeur pour dames, antiquaire, instituteur, critique d'art, prêtre, hôtelier, médecin, politicien, etc.

CE QU'IL PEUT ETRE

Lutteur, bûcheron, voyageur, dompteur, dentiste, chirurgien, chauffeur, masseur, professeur de gymnastique, casseur de pierres, sculpteur, démolisseur, ingénieur...

Un autre cas.

CARACTERE :

Un cérébrotonique (étudié dans « les tempéraments »). Il est mélancolique et nerveux. Il se renferme sur lui-même. Il a une certaine tendance à s'admirer. Recherche la solitude ou l'admiration des autres. Son esprit est toujours en alerte. Il « rumine » mentalement, et est vite fatigué.

CE QU'IL NE DOIT PAS ETRE

Marin, aviateur, chanteur, ouvrier d'usine, vétérinaire, dentiste, chirurgien, homme d'affaires, politicien, masseur,

CE QU'IL PEUT ETRE

Instituteur, professeur de philosophie, comptable, dessinateur-graveur, écrivain, chercheur de laboratoire, gardien de nuit, gardien de phare, antiquaire, conservateur, etc.

Un autre cas.

CARACTERE :

Un « paranoïaque » (voir index). Il se donne beaucoup d'importance. Il aime créer. Il a souvent une inflation de son Moi psychique. Il est possédé par ce qu'on appelle « le désir des grandeurs ».

CE QU'IL NE DOIT PAS ETRE	CE QU'IL PEUT ETRE
Professions exigeant l'obéissance et la soumission ou le plaçant en état d'infériorité.	Professions libérales et « supérieures ». Organisateur, constructeur, archéologue, astrologue, pharmacien, chimiste, juge, détective, avocat, agent de contre-espionnage, etc.

Psychotechnique et orientation professionnelle

Qu'est-ce qu'un examen psychotechnique?

C'est l'examen du caractère et des réactions sociales d'une personne. Il s'agit de déterminer ses aptitudes mentales, manuelles et physiques.

Un examen psychotechnique complet doit être pratiqué :

a) par un médecin, qui établira les aptitudes physiques;

b) par un psychotechnicien, qui précisera le caractère et les aptitudes mentales.

Il faut donc savoir qui est l'homme. Connaître son équilibre, son émotivité, sa nervosité, son tempérament de base, ses complexes, etc. D'après cela, on « sélectionne », c'est-à-dire qu'on dirige l'individu vers telle ou telle branche de l'activité humaine; ou bien on déclare si le métier choisi correspond à sa personnalité.

LES TESTS.

Ce terme désigne les épreuves psychotechniques. En voici la définition : « c'est une épreuve définie, impliquant une tâche à remplir, identique pour tous les sujets examinés, avec technique précise pour l'appréciation du succès ou de l'échec, ou pour la notation numérique de la réussite ». Les tests peuvent être classés de nombreuses façons, dont voici les principales :

a) les tests où le sujet répond par écrit à des questions posées.

b) les tests où le sujet doit effectuer un travail de manipulation.

c) les tests qui étudient la profondeur, la rapidité et la largeur de l'intelligence.

d) les tests qui montrent la personnalité, les intérêts profonds, le caractère, les complexes, etc.

L'application des tests.

C'est en psychologie appliquée que les tests ont trouvé leur plus large champ d'action (dans les domaines pédagogique, industriel, criminel, etc.). Il ne faut cependant pas voir dans un test l'essentiel de la psychologie ! Il s'agit uniquement d'une technique d'appoint. Le test est un instrument d'expérience, qui peut aller de la niaiserie totale à une compréhension très grande de l'individu.

Le public est en général mal informé. Il croit souvent qu'un test correspond à ces « jeux de société » publiés par certains hebdomadaires... (du genre : voici un psychotest (!). Répondez à ces questions. Si vous êtes au-dessus de 10 points, vous avez un tel caractère... Si vous êtes en-dessous de 10, vous avez tel autre caractère... Si vous n'avez que 3, il est temps de vous faire soigner (!), etc., etc.).

Ces jeux enfantins sont, non seulement très ridicules, mais risquent de fausser l'idée de psychotechnique dans l'esprit des gens.

De plus, quelle que soit la valeur d'un test, il ne faut jamais le considérer comme un résultat absolu, mais comme une indication. L'étude d'une personnalité humaine est infinie, et aucun test au monde ne peut la montrer dans sa totalité. C'est pourquoi tout psychotechnicien devrait être rompu aux psychologies des profondeurs et à l'approche humaine.

Et je cite ici la belle réflexion de Szondi : « ...il vaut mieux un psychologue sans test qu'un test sans psychologue... ». Concluons donc en souhaitant la montée d'un idéal : de bons psychologues munis d'excellents tests.

L'ORIENTATION PROFESSIONNELLE.

Elle prend une place de plus en plus grande, et c'est un bien. Son nom la définit : elle a pour but de diriger l'enfant ou l'adolescent vers des professions qui correspondent le mieux à ses aptitudes, ses goûts profonds et ses ambitions. L'orientation professionnelle classique se base surtout sur les tests psychotechniques, avec les très beaux résultats qu'ils peuvent donner. On peut ainsi déterminer chez l'enfant son degré de développement intellectuel, ses aptitudes psychologiques, et le développement futur de son caractère.

Il existe, dans toutes les villes, des services officiels où les examens sont en général gratuits. Les parents qui en ont les possibilités peuvent contribuer aux frais, par une souscription volontaire.

Certains offices communiquent par écrit les résultats des observations; ou invitent les parents à assister aux épreuves.

Les centres d'orientation professionnelle sont des arbitres impartiaux; ils font la synthèse entre les métiers d'une part, et les candidats de l'autre. On ne peut assez insister pour que les parents s'adressent à ces offices spécialisés.

LA GRAPHOLOGIE.

Elle étudie le caractère de l'homme d'après son écriture. Elle a pris un développement considérable au cours de ces dernières années; on l'applique couramment dans la psychotechnique, l'industrie et le commerce. Il est certain que l'individu imprime le cachet de sa personnalité dans *tout* ce qu'il fait. Or, l'écriture est un aspect important de l'activité cérébrale. Elle est un « signe », qui porte une « marque de fabrique » : celle du scripteur (au même titre que sa démarche, ses mimiques, ses gestes, ses paroles, etc.). Il est hautement prouvé qu'une graphologie bien faite éclaire de nombreux traits de caractère. Cette science devient ainsi une branche précieuse de la psychologie appliquée; elle évite souvent des déboires et des erreurs de jugement.

Voici ce qu'une graphologie sérieuse est à même de déterminer actuellement :

Domaine intellectuel : organisation de l'esprit — ordre — culture — rapidité de la pensée — sens critique et jugement — originalité — souplesse d'esprit — possibilités d'attention et de concentration — imagination — niveau général intellectuel — troubles mentaux.

Domaine social : contacts avec autrui — position devant les responsabilités — conscience professionnelle — efficience dans le travail — initiative — susceptibilité — possibilités d'adaptation — dépendance ou indépendance.

Domaine du caractère : extériorisation ou intériorisation — affectivité — sensibilité — émotivité — volonté — courage — vitalité — genre de tempérament — dynamisme.

Les lecteurs s'intéressant à la graphologie trouveront facilement des écrits pratiques. De plus, existent d'excellentes écoles enseignant la graphologie. Si cette branche est passionnante, elle a ses limites... comme toute science humaine. On peut cependant affirmer que tout ce qu'une personne projette dans son écriture montre les traits de caractère qui s'y rapportent. *Théoriquement*, il est donc possible de les connaître; *pratiquement*, tout dépend des limites de la graphologie elle-même; encore que le développement rapide de cette jeune science ne fasse aucun doute.

VIII

L'ÉDUCATION

L'éducation est un sujet aussi vaste que le monde. Notre vie personnelle en dépend; mais aussi les joies et les souffrances collectives. Les guerres elles-mêmes ne sont-elles pas la généralisation des sentiments personnels?

L'éducation peut conduire à la joie, à la paix et à la sérénité intelligente. Mais aussi à une réduction des possibilités, à la maladie, à l'échec. Il fut bien souvent question d'éducation au cours de cet ouvrage; je vais maintenant tenter de lui donner une signification plus vaste.

On a souvent tendance à rejeter la faute sur les éducateurs proches; *c'est rétrécir le problème d'une façon étriquée*. Tout éducateur est lui-même le résultat de son éducation, qui était l'aboutissement des éducations précédentes, et ainsi de suite. *L'éducation est une chaîne sans fin*, ce qui donne parfois un résultat tragique. Le problème doit être vu dans un état d'esprit étendu, aussi vaste que possible, et non pas à travers un trou de serrure correspondant à « Moi » ou à « Toi ». Il faut partir d'une vision humaine générale, et descendre ensuite vers soi-même. *Partir de soi et généraliser, est toujours absurde.*

L'éducation des autres commence par l'éducation de soi-même.

Il n'y a pas d'exception à cette règle. C'est une loi impitoyable, dure comme le diamant, et inattaquable comme lui. Que dirait-on d'un médecin qui soignerait les corps sans les connaître? Ou d'un prêtre qui prêcherait, le cœur plein d'hostilité? Qu'ils ne sont pas à leur place, n'est-ce pas? De très nombreux examens sont exigés pour obtenir la moindre place au soleil; mais n'importe qui peut, du jour au lendemain, devenir éducateur. *Or, le rôle de tout éducateur est d'amener à la connaissance de soi, à la vérité et à l'équilibre.* Tout éducateur doit conduire vers l'extension des dispositions mentales. Mais, pour cela, il faut qu'il *soit* lui-même cette sagesse et cet équilibre! Comment pourrait-il désigner le soleil, s'il ignore son existence? S'il n'est pas cette sagesse et cet équilibre, l'éducateur doit le savoir clairement, et ne pas se prendre pour ce qu'il n'est pas. Ce sera pour lui le commencement du chemin de sa propre éducation et sa propre intelligence.

Quantité d'éducateurs s'interrogent anxieusement au sujet d'un enfant ou d'un adolescent. Ils disent « qu'il ne marche pas droit, qu'il ment, qu'il vole, qu'il est timide, agressif, sournois, etc. ».

Mais j'ai rarement vu ces éducateurs s'interrogeant sur eux-mêmes, avant toute chose.

Huit fois sur dix, un enfant pervers est un enfant perverti. Si un enfant ment ou vole, il ne suffit pas de lui montrer un idéal de vérité ou d'honnêteté. Mais il faut chercher pourquoi il ment ou vole. Il y a une cause à tout, n'est-ce pas?

On ne peut transmettre que l'éducation que l'on possède. C'est purement automatique. Il est donc indispensable de rechercher, en soi, un sens de la vie; ce qui pousse à se connaître soi-même, et à se dégager d'un nombre respectable de conditionnements nocifs. On voit toujours les choses à travers soi, ce qui est naturel. Il faut donc que ce « soi » ressemble à une vitre claire, et non à une vitre obscurcie, arrêtant les rayons de lumière. *Sinon on exige que l'enfant devienne, non pas ce qu'il est, mais ce qu'on veut qu'il soit...*

Notre propre éducation passe avant l'éducation de l'enfant.

Beaucoup de gens se sont « figés » dans leur manière de vivre et de penser. C'est la cause de millions d'éducations incomplètes ou manquées. Pour beaucoup, chaque jour n'est que la répétition automatique du jour précédent. Parce qu'ils furent éduqués dans ce sens, tout d'abord; ensuite, parce que des milliers de cristallisations se sont durcies sur leurs déviations, leurs refoulements, leurs complexes. Ils vivent alors sur des

« tics » mentaux, sur des slogans rouillés (qui leur donnent peut-être un semblant de sécurité, mais qu'ils appliquent hélas à leurs enfants). Il est parfois effrayant d'écouter les « directives » données par certains pères de famille... On dirait qu'ils dénichent un papier vieilli au fond d'une commode... C'est leur « expérience » et leur « sagesse »... Telle situation? On ouvre la commode; on en tire quelques maximes, quelques sentences nettes, quelques phrases creuses et élémentaires.

Une autre situation? On va dans une autre partie du meuble, et ainsi de suite. Il s'agit, cependant, d'hommes qui pourraient être lucides et intelligents... Mais voilà... arrivés à l'âge mûr, ils ont fermé la porte, considérant sans doute que leur vie était faite, et leur caractère achevé... De plus, ils ont été pris dans les remous de la vie. « Pas le temps » est devenu leur refrain. *Ils n'ont pas consacré dix minutes par jour à s'examiner et à se développer.* Ou bien, quand ils l'ont fait, ils se sont penchés au-dessus d'un trou noir qui leur faisait peur; et vite, ils ont refermé la trappe...

Tout cela est bel et bien; mais l'enfant est là, avec sa curiosité neuve et son esprit ouvert à toutes choses. Il faut l'éduquer, c'est-à-dire lui *conserver* une ouverture d'esprit la plus grande possible. D'un côté, l'enfant, prêt à tout aimer, à tout comprendre, à tout embrasser. De l'autre, l'éducateur « figé », ne sachant plus comprendre, ne sachant plus embrasser que quelques horizons correspondant à ses cristallisations...

Cet éducateur a cessé d'évoluer, face à un être qui ne demande qu'à se développer. Comment pourrait-il apprendre la vie, s'il est mentalement mort?...

Pourquoi avez-vous un enfant?

Avant d'éduquer un enfant, il faut le créer. Il s'agit donc de créer une vie destinée à penser, à sentir, à souffrir, à rire, à être consciente. Cela est très grave. C'est une des actions les plus graves qui soient au monde. Et ici, je ne résiste pas à donner les réponses que j'ai couramment obtenues en posant la question : « *pourquoi voulez-vous un enfant* »?

— C'est la vie, non?
— Parce que j'aime les enfants.
— Mon mari n'en voulait pas, mais moi j'en voulais.
— J'en veux cinq, ni plus ni moins.
— J'ai déjà trois filles, mais je veux un garçon.
— Je ne sais pas...

— Pour continuer mon métier; c'est un bon métier, mais qui se perd.
— J'aurais préféré attendre, mais puisqu'il est là...
— Pour que mon nom ne se perde pas.
— Pour cimenter mon mariage qui n'allait pas très fort.
— Pour me sentir moins seule.
— Oh! c'est un accident!...
— Ma femme voulait une fille, moi un garçon; c'est une fille, tant pis, je l'aime bien tout de même.
— Mon mari en veut.
— Ma femme en voulait.
— Une femme sans enfant n'est pas une femme. De toute façon le problème ne se pose pas quand le véritable amour existe.
— Ce fut une consécration de notre amour; un enfant né dans l'amour doit être heureux.
— Parce que j'estimais, en toute conscience, être bien portant et assez équilibré; j'espère ainsi avoir mis au monde un être qui sera content et qui fera du bien autour de lui.

Et voilà... Seules les trois dernières réponses sont bonnes en soi. Quant aux autres...! Ce n'est pas de l'égoïsme, mais une inconscience plus ou moins totale. Ces personnes vont donc officiellement devenir « éducateurs ». Mais éducateurs de quoi? Au moyen de quoi? Avec quelles connaissances? Quelle lucidité? *Et surtout quel amour?* Le cœur en frémirait, si le simple bon sens ne l'avait déjà fait...

Trop souvent, l'éducation est un rétrécissement.

Parce que trop d'éducateurs (parents, professeurs, moralistes, philosophes, etc.) sont des « rétrécis » mentaux. Ils se rétrécissent dès qu'ils ont les opinions définitives, qui éliminent automatiquement les autres opinions possibles. *Le simple fait d'appartenir à telle nationalité, à telle race, à telle classe sociale, impose déjà des rétrécissements et des préjugés dont il est très difficile de se défaire.* Mais il est indispensable d'éliminer ces préjugés si on désire atteindre la plénitude de ses facultés, ainsi qu'une notion valable d'éducation. En plus de cela, des dizaines de millions de gens gravitent autour de leurs complexes, de leurs refoulements, de leurs peurs, de leurs opinions, etc. Tout cela amène automatiquement des idées toutes faites et des habitudes inconscientes. Cela est bien évident. C'est un carcan qui étrangle les possibilités mentales. L'humanité est compartimentée; chaque compartiment est divisé en des milliers de parties. Et à partir de ces gigantesques rétrécissements, on éduque!

Supposons un aristocrate *qui ne serait qu'aristocrate*, c'est-à-dire incapable d'ouvrir son esprit à d'autres conceptions que les conceptions aristocratiques. Il est donc bourré de ses préjugés d'aristocrate, de ses opinions d'aristocrate, de ses hostilités, de ses tolérances, de ses intolérances, etc. C'est un « spécialisé » mental. Il donnera donc automatiquement une éducation qui ne sera qu'aristocratique. En même temps, il enverra son enfant dans un établissement d'instruction aristocratique. De nouvelles *canalisations mentales* seront données à l'enfant. Il deviendra semblable aux milliers d'adolescents sortis avant lui; il aura la même diction, la même démarche, la même façon de s'habiller, etc. *On lui aura donné un uniforme mental*, en diminuant fortement ses possibilités générales et ses spontanéités. Il sera « bien élevé », sans doute, comme une machine perfectionnée, mais c'est tout.

Supposons maintenant un bourgeois *qui ne serait que bourgeois*. Le même jeu se répétera. Et c'est ainsi que l'humanité se divise en des millions de compartiments, pleins de colifichets n'ayant rien à voir avec les colifichets du voisin.

Des millions d'êtres humains sont ainsi enchaînés dans leurs expériences personnelles et limitées, en ignorant le premier mot des expériences du voisin, et devenus incapables de chercher à les comprendre.

L'éducation est tout autre chose que cela. *Elle doit dégager l'esprit au lieu de l'enfermer dans des rétrécissements et des uniformes.*

Elle doit viser la plénitude et l'extension des facultés. Elle doit empêcher les préjugés et les slogans intérieurs, les cristallisations et les peurs. Au lieu d'imposer à l'enfant une somme fantastique de connaissances, on devrait consacrer un peu plus de temps à lui apprendre à se connaître lui-même. Au lieu de le pousser à « *devenir quelqu'un* » on devrait l'aider à « *être quelque chose* ». Qu'il soit boueux ou premier ministre ne change rien à la question.

Le résultat de l'éducation est trop souvent une machine réglée par un dressage. En plus de cela, il suffit de voir le nombre de névrosés qui imposent de fausses éducations à cause même de leur névrose. J'en ai suffisamment parlé au cours de cet ouvrage pour ne pas devoir le rappeler.

Au lieu de restreindre l'esprit, on doit l'étendre à toutes choses. Nombre d'éducations empêchent la plénitude, donnent la peur de vivre, l'hostilité, les recherches de protections dans les névroses, l'agressivité, etc. *Mais ces mêmes éducateurs sont tout marris quand une guerre dévaste notre planète.*

L'éducation doit construire, et non détruire, en coupant les possibilités mentales. A quoi sert, une fois encore, d'avoir à sa disposition un orgue immense, pour n'en jouer que quelques notes, même si elles sont précédées d'un impeccable baise-main?

Quand les adultes retournent à l'école.

Retourner à l'école, c'est se rendre compte qu'on ignore. C'est savoir qu'on possède certaines fausses notions, ou des notions incomplètes ou nulles. L'éducation est, en partie, une question de connaissances extérieures, évidemment. Mais elle doit être basée avant tout sur une connaissance et une sagesse intérieures. On comprend bien que si l'état intérieur est faux, les notions qui en sortiront seront fausses également. C'est une vérité élémentaire. Mais beaucoup de gens refusent de voir les vérités élémentaires, parce qu'ils en ont peur. Une déviation psychologique se traduit dans *toutes* nos actions, de la plus petite jusqu'à la plus grande, avec des effets plus ou moins accentués. Cela est vrai pour tous les complexes, les sentiments d'infériorité, les refoulements, etc. Se rééduquer signifie donc sortir de la gangue qui, peu à peu, s'est solidifiée autour de soi. *Et surtout, retourner à l'école suppose que l'on accepte d'ignorer!*

Combien de fois entend-on : « Je sais tout de même bien comment je dois élever mon enfant, et je n'ai de conseils à recevoir de personne à ce sujet! » *Notez bien que cette même personne mendierait les conseils de son mécanicien s'il s'agissait de la révision de sa voiture ;* elle demanderait des vues particulières pour l'achat de pneus, la construction de sa maison, etc. Mais pour l'éducation, non!

Cette position est enfantine et agressive. Elle montre donc une peur. C'est une position de fausse supériorité, produite par un sentiment d'infériorité.

Retourner à l'école signifie « s'apprendre soi-même ». Sinon, aucune éducation ne peut se faire qui soit entièrement valable. On impose alors une éducation toute faite et rigide, en se basant sur son « Moi ». Mais si le « Moi » est étriqué ou figé, comment avoir cette souplesse infinie et cette compréhension illimitée demandée par l'éducation?

Se dégager du besoin de sécurité intérieure.

Voilà le grand problème... La plupart des vies humaines sont conduites par la peur. Peurs sexuelles, religieuses, morales, peurs produites par les sentiments d'infériorité, peurs du qu'en dira-t-on, du jugement d'autrui, de la vérité, etc. Toutes ces peurs produisent à leur tour des refoulements, des complexes, des agressivités, comme une vis sans fin. Or, la plupart des hommes ignorent leurs peurs, qui demeurent inconscientes. Mais toute leur vie est basée sur elles!

Les recherches de supériorité, d'autoritarisme, de puissance, de domination, sont basées uniquement sur la peur. Nous l'avons vu au cours de cet ouvrage. L'homme alors se fige dans des milliers de tics, d'habitudes et de compromis, qui lui donnent une illusion de force et de puissance. Il est bourré de compensations, et bardé d'une armure qui lui fait croire avoir éliminé la peur. En fait, il continue à souffrir de conflits intérieurs, *d'autant plus dangereux, qu'ils sont invisibles.* L'homme se replie alors sur lui-même, se cristallise et se fige. Mentalement il est bloqué, comme un navire enlisé. Il tourne sur lui-même, qu'il le veuille ou non. Automatiquement il devient incapable de compréhension générale.

Si nous souffrons d'une migraine, sommes-nous capables d'avoir la compréhension étendue des problèmes des autres? Il en va de même pour les souffrances psychologiques. Tant qu'il y a conflit intérieur, la compréhension générale est impossible. La personne « comprend » d'après son état principal, qui est celui de sa souffrance. Si une souffrance psychologique provoque l'angoisse, quelle compréhension aura cette personne? Au contraire : tout ce qu'elle verra chez les autres se rapportera à son angoisse et la renforcera. Que peut comprendre une personne sexuellement apeurée ou refoulée? Rien du tout; sinon voir les choses à travers ses refoulements. Ce mécanisme est valable pour toutes les souffrances psychologiques, quelles qu'elles soient. Se dégager de sa propre peur est donc une tâche primordiale. Afin de ne pas transmettre sa peur, et afin de pouvoir comprendre.

Tout le problème consiste donc à se dégager de soi. Cela suppose qu'on sache de quoi il faut se dégager, ce qui est le rôle de la psychologie. Sinon, on donne à l'autre des directives qui ne lui conviennent pas du tout. De plus, l'incompréhension empêche de se mettre à la place de l'autre. Le cas est frappant dans beaucoup de névroses, et notamment dans les éducations données par les autoritaristes.

L'éducation et la guerre.

L'éducation telle que nous la connaissons est basée sur un esprit de division. Elle sépare les individus d'après des idéologies, des systèmes de classes, politiques, religieux, etc. Cette éducation empêche évidemment l'individu de s'épanouir librement, et rétrécit son champ d'action... et d'amour. Tant qu'on répétera à un individu qu'il est de tel pays, de telle religion, de telle langue, on cassera son évolution. De plus, on développera son hostilité envers ceux qui appartiennent à l'autre bord. C'est évident. L'éducation actuelle pousse l'homme à la violence, à la haine, au mépris et à la compétition brutale. Il suffit de voir les sentiments des enfants « pauvres » envers leurs petits « amis » des classes riches... et réciproquement. N'y cherchons pas l'amour, nous ne le trouverions pas. Mais l'enfant est-il ainsi spontanément? Pas du tout; *il le devient parce qu'on le lui apprend.* Ces exemples se répètent des millions de fois dans tous les pays. Humainement parlant, c'est odieux. *Ce genre d'éducation produit automatiquement la guerre.* Et les guerres continueront tant que l'homme n'apprendra pas à se connaître et à retrouver son essence profonde. Tant qu'il n'aura pas constaté que la nature humaine est identique à n'importe quel endroit de la terre, et que tout le restant est un simple vernis superficiel. Au lieu de cela, on nous enfonce dans la tête que nous sommes français, belges, anglais, papous, protestants, catholiques, musulmans, riches, pauvres, etc.; jusqu'au jour où les hommes tuent et mutilent pour leur pays, leur religion, leurs opinions politiques, etc. Tout cela durera tant que l'éducation divisera l'humanité en « groupes » séparés et opposés. Le problème ici, n'est pas l'enfant mais l'éducateur! *Tout cela montre aussi combien les hommes sont encore démunis, enfantins, et pleins de peur.* On ne parviendra jamais à la paix (individuelle ou collective) en fractionnant les hommes en groupes opposés. Et ce qui se répète chaque jour entre individus séparés, se répétera, à coups de canons et de bombes, sur la terre entière.

L'éducation et l'amour.

Il n'y a aucune éducation possible sans amour. C'est une évidence. Sans amour, on ne peut que dresser, mater, façonner, inculquer des connaissances et de belles manières. L'amour est une *plénitude* intérieure. Tout ce qui diminue la plénitude intérieure diminue l'amour. L'amour véritable exige des conditions draconiennes; *il est d'ailleurs normal qu'un état aussi élevé ne soit atteint qu'après d'innombrables purifications de soi.* Croire aimer, et aimer vraiment sont des positions aussi opposées que le nord et le sud. L'amour exige un état intérieur permanent et serein; il exige donc l'équilibre, la lucidité et la force. *Tout ce qui abîme et détériore montre un manque d'amour.*

Tout psychologue sait combien peu d'éducateurs aiment *réellement* ceux qu'ils éduquent. Très souvent d'ailleurs, ils croient fermement le contraire... Ces éducateurs ont une fausse vision de l'amour. En éducation, l'amour consiste à donner, et non pas à recevoir, *sous quelque forme que ce soit.*

Nous allons voir combien cette notion de « donner » est souvent faussée. Une fois de plus l'amour faussé se trouve chez tous les autoritaristes, tous les dominateurs, tous les dictatoriaux; et cela, quelle que soit la forme de domination. Qu'elle soit brutale, ou cachée sous des dévouements ou des bontés, ne change rien à la question. Pourquoi? Parce que le dominateur cherche une sécurité intérieure qu'il trouve dans la domination. Nous l'avons vu souvent. Beaucoup d'autoritaristes « donneraient leur chemise pour leur enfant ». Ils donneraient même leur vie, si l'enfant aboutit à la délinquance, comme cela s'est déjà vu. Mais ce n'est pas cela de l'amour. Leur but inconscient a été de mieux dominer l'enfant en lui montrant combien on est « bon » pour lui; empêchant ainsi toute révolte ouverte. Quant aux révoltes intérieures, y songent-ils? *Le but inconscient de tout dominateur est de conserver une sécurité intérieure, en se croyant puissant, admiré et respecté.* D'ailleurs, chaque action spontanée de l'enfant est considérée par lui comme une révolte, et ressentie comme une gifle.

Une mère qui « couve » son enfant, qui s'« accroche » à lui, n'aime pas vraiment cet enfant, puisqu'elle empêche son développement propre. Nombre de parents, également, transposent sur l'enfant leurs propres ambitions. Que de réflexions ai-je entendues dans ce sens!

— Je veux qu'il devienne le plus beau...

— Je voudrais qu'il soit le plus intelligent...

— Je veux qu'il ait la belle situation que je n'ai jamais eue, moi...

— Je veux qu'il me continue...

— Je veux qu'il fasse un beau mariage...

— Les choses que je n'ai pu réaliser, c'est lui qui les réalisera...

— Ce genre d'éducation m'a réussi, il doit donc réussir pour mon fils...

— Ma mère me flanquait encore des taloches quand j'avais quarante ans; je fais de même avec mon fils, sa réussite est à ce prix, etc., etc.!

Où est l'amour, dans tout cela? Lequel de ces « éducateurs » se met à la place de son enfant? Pourtant ces parents croient aimer et faire cela « pour le bien » de l'enfant. Quelle erreur lourde de conséquences !

Ils font cela pour eux-mêmes, tout simplement; et désirent que l'enfant grandisse selon *leur* volonté et *leurs* ambitions, en se préoccupant très peu de ce que l'enfant *est* réellement. Ces éducations-là amèneront *toujours* des conflits intérieurs chez l'éduqué. Des conflits intérieurs, donc des souffrances, des névroses, des hostilités, des révoltes, des sentiments d'infériorité.

Un père me disait un jour : « Sentiments d'infériorité??? Connais pas! Regardez, ai-je l'air d'en avoir, moi? Mon fils sera éduqué à la même école que Moi. Je l'ai décidé ainsi. S'il veut, il peut. C'est pour son bien. Je ne connais que ça, Moi... » Ce père était le plus beau spécimen de matamore que j'aie vu...

On imagine sans peine cet enfant, devenu un adolescent à la volonté brisée, et bourré de sentiments d'infériorité...

Et ainsi, la même chanson se répète à tous les échos. Toute éducation qui est source de conflits intérieurs ou de diminution de la personnalité montre un manque d'amour et de compréhension. *Elle n'est, en fait, qu'un égoïsme déguisé.*

Un autre cas courant : Certains éducateurs prennent le prétexte de la fermeté. Ils se font gloire d'avoir des opinions inébranlables. C'est donc une forme de raideur et d'entêtement [1], qu'ils prennent pour force et volonté! Neuf fois sur dix, ils manquent leur but, naturellement : leur crispation leur fait oublier le résultat visé. C'est la catastrophe quand ces personnes sont pères de famille. Ces hommes « à principes », rigides, crispés, secs, volontaristes, sont prêts à torturer leur entourage. (Toujours « pour leur bien », évidemment!) Quel est leur mécanisme profond? La peur. Ils veulent à tout prix que leurs opinions demeurent saines et sauves. Revoir ces opinions serait pour eux un signe de faiblesse et de manque de caractère!...

Un de ces pères me disait : « ...Mes principes et moi ne formons qu'un. Mes principes ne changent jamais. Je les inculque à mes fils. Ils verront plus tard que la rigidité a du bon, et me remercieront ». Eh bien, non. Ses fils ne le remercieront pas. Le résultat ne sera pas cela du tout. Ils ne considéreront pas que leur père les « aimait », mais les dressait. Ce qui n'est pas la même chose. Quant à le remercier, je doute qu'ils le fassent au nom de leurs peurs, de leurs échecs, de leur future timidité...

[1] Voir le chapitre sur « La volonté ».

C'est ainsi que se déclenchent les pénibles drames de famille et de vie. Kafka, dans sa *Lettre à mon père*, a bien montré le poignant de ces drames affectifs, qui nous mènent très loin de l'amour…

Chercher une sécurité intérieure ou une consécration de ses principes, n'est jamais aimer. Comment beaucoup d'éducateurs peuvent-ils dire qu'ils « aiment », s'ils poussent à la séparation entre individus? Or, c'est là-dessus que sont basées nombre d'éducations. On pousse à la séparation au nom de la richesse ou de la pauvreté, au nom de préjugés sociaux ou raciaux, comme je l'ai dit. On pousse à la séparation au nom de clans, d'oppositions politiques, d'oppositions de classe. Tout cela conduit à l'hostilité, à la compétition, aux conflits, aux échecs et à la souffrance. Cette éducation-là détériore la société. *Or, l'amour, lui, ne détériore jamais, et n'isole jamais.*

Comment peut-on éduquer, si on est hostile envers telle classe de la société, telle religion, tel parti… ou même envers ses propres voisins? Au lieu d'ouvrir l'intelligence et la compréhension des enfants, on la referme. Ces éducations poussent à la séparation, à la vanité, à la supériorité, à la compétition. Elles poussent aussi aux contraires : l'échec, la peur, l'impuissance. De toute façon, elles détériorent les possibilités générales de l'enfant.

Si l'esprit d'un éducateur est borné (névrose, mauvaise compréhension des choses, vision déformée, cristallisations), son intelligence sera bornée automatiquement. Il est incapable d'envisager la vie dans sa totalité. Or, l'éducation est le développement de l'intelligence intégrée dans une vision générale du monde. *Elle ne consiste pas à permettre de brillants examens, mais à développer la lucidité.* Si l'esprit des éducateurs est borné, il transmettra des connaissances livresques, certes; mais pas l'intelligence. Et surtout pas l'amour. Et ce sera, à nouveau, la chaîne sans fin…

L'éducation doit être une collaboration dans l'humilité.

Dans une éducation réelle, il ne devrait y avoir ni supérieur, ni inférieur, mais une collaboration entière. Si nous éduquons une personne, *nous apprenons autant d'elle qu'elle apprend de nous.* L'éducation est un échange de vues permanent. Beaucoup d'éducateurs ont la sensation d'être supérieurs à ceux qu'ils éduquent. C'est absolument faux. C'est même souvent le contraire. L'enfant et l'adolescent désirent apprendre et étendre leur lucidité. Mais beaucoup d'éducateurs ont cessé d'apprendre et se sont figés. De plus, dès qu'il y a sentiment de supériorité, il y a risque de transmettre avec autoritarisme *ce qu'on estime être la vérité*. Or, on ne transmet pas une vérité : chacun doit la trouver lui-même. L'éducateur doit être un cristal lumineux... S'il se croit supérieur, il se fixe dans un rôle; et il essaye de sauvegarder ce rôle. *Son autorité devient désir inconscient d'avoir raison.*

De plus, beaucoup d'éducateurs (parents ou professeurs) ont *besoin* de se sentir supérieurs (c'est le cas de personnes atteintes de sentiments d'infériorité, de tous les autoritaristes). C'est donc un besoin maladif (souvent inconscient) de respect, de déférence, d'admiration, etc.

Ces éducateurs désirent que l'éduqué accepte sans discussion les directives, les vérités, les maximes; ils se sentiront hostiles si l'autre ne le fait pas.

En forçant l'enfant à accepter l'autorité, on brime son intelligence et sa spontanéité. On l'oblige à rétrécir sa propre lucidité et son étendue mentale. On l'empêche de percevoir des valeurs humaines correspondant à ce qu'il est lui-même. Se sentir supérieur signifie « dominer », et imposer une conduite établie à travers un « moi » déformé. L'éducateur possède alors la sensation de puissance qui le sauve de l'impuissance... (c'est donc encore le cas des parents névrosés, de professeurs névrosés, de certains chefs de groupes, de certains chefs de gouvernements).

Bien au contraire, l'éducateur devrait être plongé dans une humilité profonde. Ne doit-il pas apprendre chaque jour, lui aussi? Cette humilité seule lui permettra de conserver l'esprit ouvert et disponible. Eduquer un enfant signifie « se mettre à sa place ». Comment le ferait-on, si l'esprit est encombré de scories qui freinent le mental et le bloquent?

L'éducateur vrai est riche intérieurement. *Il donne, et ne songe pas à recevoir.* Honneurs, reconnaissance, autorité, ne doivent avoir aucun sens pour lui. Il n'a pas le moindre sentiment de supériorité, et ne désire nullement imposer quoi que ce soit. Il considère simplement que son destin actuel est d'éduquer; et que recevoir l'éducation est le destin de l'autre.

Pour cela, il faut évidemment que l'éducateur travaille sur lui-même, au moyen de toutes les ressources psychologiques mises à sa disposition. Tant que ne sera pas extirpé tout ce qui empêche sa richesse intérieure, il ne sera pas éducateur. Tant qu'il restera en lui une peur, un sentiment de supériorité ou de domination, il ne sera pas éducateur. C'est une loi terriblement dure, mais aussi belle que le soleil.

IX

L'ADOLESCENCE

Il est souvent agréable de se souvenir de son enfance; mais se rappeler joyeusement l'« âge ingrat » prouve souvent un manque de mémoire! L'adolescence est une période troublée, anarchique, pénible, redoutée par beaucoup de parents; c'est la période de vie qui succède à l'enfance, et s'étend jusqu'à l'âge adulte.

Chez le garçon : de 14 à 20 ans.

Chez la fille : de 12 à 18 ans.

Ces mesures varient évidemment d'après le climat, la race, le milieu social (qui peut imposer certaines adaptations précoces ou retardées).

La puberté

C'est la porte de l'adolescence... Une renaissance, en quelque sorte. L'enfance s'éloigne, les jeux d'enfants sont abandonnés. L'équilibre est rompu; le caractère devient d'une instabilité remarquable. Finie, l'existence douillette sous la protection des parents! Chez beaucoup de peuples, la puberté n'est-elle pas à la fois une mort et une renaissance? Le cinéma nous a familiarisé avec certains rites « d'initiation », cruels, impitoyables, destinés à mener le jeune pubère vers sa nouvelle existence d'homme...

« Jeune apprenti de la vie », l'adolescent s'élance maladroitement. Fougue, émotions, impétuosité, sont ses caractéristiques.

La rêverie fait son apparition : l'adolescent découvre son « moi ». Il se compare à ceux qui l'entourent. Il découvre la notion du temps, et commence à faire des projets d'avenir. Cette découverte du futur et du passé l'amène à « faire le point » : c'est l'époque des journaux intimes… (et Dieu sait s'ils sont émouvants, ces journaux que des adolescents m'apportent spontanément). La révélation de son « moi » ne peut évidemment que bouleverser l'adolescent; il se tâte mentalement, se cherche, s'examine, se retire dans la solitude. Il tente avant tout de comprendre ce qui lui arrive; il cherche donc à s'analyser. Empêtré dans le fatras de ses contradictions intérieures, il cherche ardemment une affection et une direction qui puissent l'aider à voir plus clair… Son imagination bat la campagne, un peu affolée, ne sachant par où commencer ni par quel bout prendre le vaste monde… Les étendards de la révolte se lèvent : ce sont les attaques rangées contre les « vieilles barbes », contre les « croulants », contre les valeurs établies, les règles sociales, les morales traditionnelles. C'est aussi la révolte (sourde ou ouverte), contre la famille, qui affole si souvent les éducateurs! Les excentricités continuent : l'adolescent tient d'invraisemblables propos, « chahute », scandalise à plaisir; raille père, mère et société; il fait partie de « bandes » ayant leurs clubs et leurs codes secrets.

Autre découverte capitale : les valeurs spirituelles! Les crises philosophiques et morales éclatent. L'adolescent est préoccupé par le bien, le beau, le vrai. Il se lance dans des discussions parfois acharnées, qui n'ont souvent rien d'une conversation « thé de cinq heures »! La soif de l'absolu le ronge. C'est d'ailleurs un redoutable raisonneur… affirmant catégoriquement ce qu'il ignore, et se moquant absolument des contingences…

Si son « moi » le rend perplexe, il est bien naturel qu'il essaie d'en sortir! Il cherche des sympathies, des appuis, se dirigeant lentement vers l'amitié et l'amour. C'est la période appelée « stade de la délivrance du moi ».

Le volcan s'allume : les grandes passions, déchaînées, douloureuses, aveugles, font leur apparition. Les aversions acharnées également! L'adolescent éprouve des attachements exclusifs, jaloux, ombrageux. Il cherche souvent l'amitié d'un plus jeune, qui lui permet de mieux s'affirmer; il arrive fréquemment qu'il se dévoue corps et âme à un adulte admiré : professeur, savant, écrivain… Certains professeurs sont sujets à l'engouement des lycéennes, qui dépassent parfois la mesure normale.

On voit des adolescentes qui embrassent la chaise où s'est assis le maître... ou qui mangent la craie dont il s'est servi. Il y a donc ici une « fixation » importante.

Les amitiés adolescentes... On aime son ami, on a foi en lui, on l'admire. On se sacrifie pour lui, on l'imite. Beaucoup de parents s'inquiètent devant ces amitiés passionnées, et redoutent des déviations sexuelles. Qu'ils se rassurent : le cas est plutôt rare. Quant à l'amitié d'un adolescent envers un enfant plus jeune, elle peut offrir plus de dangers. Mais elle a souvent de bons effets sur le plus jeune, qui obtient ainsi un guide et une protection. (Certains collèges, Angleterre, Jésuites, ont fait un excellent usage de ces amitiés adolescentes.)

Phénomènes physiques. — L'adolescence est caractérisée par l'apparition des fonctions génitales et des caractères sexuels secondaires (apparition des poils, développement des hanches et des seins chez les filles, transformation de la voix, etc.). Vers 12 ans (chez la fille) et vers 13 ans (chez le garçon), les poils poussent au pubis. Un peu de temps s'écoule, et d'autres poils apparaissent sous les aisselles. Puis c'est, vers 16 ans, l'observation fréquente et hésitante devant les miroirs : la moustache apparaît! Achat du premier rasoir « de sûreté »... nouveaux doutes... évocation de jeunes filles « qui ne doivent pas trouver ça très sensationnel »... premier savonnage, effectué comme un rituel... sensation d'être un homme... et départ vers des savonnages de plus en plus fréquents. Quant à l'aspect physique!... Corps dégingandés ou courtauds, mains rougeaudes qui ne savent où se fourrer, points noirs sur le nez et le menton! Mais ce n'est pas tout : une nouvelle disgrâce s'abat : la mue de la voix! Le jeune garçon contemple désespérément cette pomme d'Adam qui saille honteusement; il sent, comme une obsession, cette détestable pomme monter et descendre... La voix, elle, rappelle souvent Donald Duck dans ses plus beaux jours. Ici, le rôle du père peut être important : prévenir l'enfant de cette mue de la voix, afin que le jeune garçon ne se considère pas comme un vulgaire réprouvé!...

Autre phénomène important : la fonction de reproduction. Les cellules reproductrices entrent en maturation (ovules et spermatozoïdes). Chez les filles, l'apparition des règles varie. En moyenne, de 12 à 14 ans. Des fillettes voient apparaître leurs règles à 11 ans. D'autres, beaucoup plus tard (18 ans). Ces variations dépendent de la race, de la température, et de certains milieux sociaux. Les ovaires se développent chez les filles; les les testicules et les organes externes chez le garçon.

Maladies de l'adolescence

Troubles physiques principaux. — L'adolescence est un âge « critique », certes; mais il ne faut nullement en exagérer les dangers. La plupart traversent cette période sans incident bien sérieux. En premier lieu, l'adolescence montre des troubles de la croissance. Ils sont souvent l'effet d'une mauvaise régulation hormonale. Parfois, certains *troubles endocriniens* avancent ou retardent la fonction de reproduction. L'hypophyse peut aussi faire des siennes : c'est alors un défaut de croissance « vers le haut » ou « vers le bas », aboutissant au gigantisme ou au nanisme. Des troubles endocriniens peuvent provoquer une absence de caractères sexuels secondaires : les formes corporelles demeurent infantiles. Dans certains cas de puberté très précoce, il arrive que les garçons deviennent des « Fort de la Halle », et que les filles tendent à l'obésité.

De toute façon, il n'y a nullement de quoi s'effrayer. *La médecine moderne combat efficacement les troubles sérieux de la croissance, au moyen d'hormones appliquées à chaque cas particulier.*

Mais ces cas anormaux sont plutôt rares. On connaît aussi *l'appétit féroce* des jeunes gens. Ils doivent manger en suffisance; la nourriture contiendra des vitamines de croissance. D'ailleurs, l'organisme connaît d'instinct ce qui lui convient : l'adolescent manifeste généralement un goût pour les crudités et les fruits dont la richesse en vitamines est connue. (Vitamine A = croissance générale; vitamine E = activité génitale; Vitamine D = développement des os).

La culture physique est importante au cours de l'adolescence, et les sports sont de plus en plus adaptés aux nécessités de cet âge. Il va de soi que les sports et l'éducation physique doivent être sévèrement contrôlés médicalement, afin que les adolescents n'accomplissent pas des efforts qui dépassent leurs capacités physiques.

Troubles psychiques principaux. — L'adolescence consiste en un mûrissement psychologique, *devant aboutir à une adaptation sociale*. Les incidents psychologiques sont monnaie courante pendant cette période de vie; il en est de bénins et de très importants.

Troubles bénins. — Nous venons de voir l'évolution normale des adolescents. Ce stade de vie impose donc des troubles du comportement. On rencontre souvent des modifications de l'humeur, des tristesses profondes, de grands replis sur soi. Les crises de larmes, la solitude et l'isolement sont fréquents.

Beaucoup d'adolescents se perdent en de vagues rêveries, pouvant être une amorce de la schizophrénie (voir index). Parfois, ce sont des élans mystiques ou philosophiques, des explosions sentimentales brusques, et sans motif apparent. Les adolescents « capricieux », boudeurs, extrêmement pudiques, rougissant pour un rien, sont légions. Tous les parents connaissent les révoltes adolescentes; elles se traduisent par le cynisme, l'insolence, l'agressivité, certaines fugues; l'adolescent veut devenir indépendant et « vivre sa vie », spontanément et sans contrainte.

Certains adolescents présentent une tendance au mensonge et à la fabulation (mythomanie). Ils altèrent la vérité, créent des histoires purement imaginaires, et simulent même des états organiques anormaux. Bien sûr, l'imagination créatrice y est pour quelque chose, ainsi que les suggestions venues de l'extérieur!

Ils vivent à la frontière de l'imaginaire avec une facilité déconcertante. Surtout les jeunes filles, qui sont capables de bâtir de véritables romans à partir d'un tout petit rien... L'adolescence est une sorte de prisme qui déforme considérablement la réalité, parce que période subjective et capable d'audacieuses constructions... C'est d'ailleurs l'âge où l'être humain doit se « libérer » de son bouillonnement intérieur; il fait des poèmes, devient très sensible aux beautés artistiques, écrit des essais littéraires et musicaux, etc. L'imagination galope dans tous les sens; aussi atteint-elle rarement à la consistance...

La mythomanie des adolescents provient également de la vanité et du désir de se faire valoir; elle peut montrer des sentiments d'infériorité, courants à cet âge. De plus, certains adolescents « simulent » des situations et des maladies, essayant de retenir l'attention et la bienveillance de l'entourage. Ils retournent ainsi à un stade infantile qu'il s'agit de traiter psychologiquement : certaines de ces simulations ayant des formes hystériques, et risquant de se prolonger.

Beaucoup de jeunes gens sont surpris par la puberté comme par une marée inattendue. Personne ne les a avertis, ce qui est une grave erreur! Il est nécessaire de signaler aux adolescents les troubles qui vont se produire, afin qu'ils n'en retirent aucune inquiétude. De même, une mère de famille doit prévenir sa fillette, et cela vers 11 ans déjà. L'enfant doit savoir que ses règles sont proches; qu'elle éprouvera des malaises, qu'elle constatera un écoulement de sang, etc. Trop de fillettes sont profondément effrayées, et éprouvent un grand choc psychologique qui pourrait facilement être évité. Même rôle pour le père de famille; son fils doit être prévenu des érections sexuelles nocturnes et des pollutions, *tout à fait normales.*

Troubles plus inquiétants. — Nombre d'adolescents présentent une tendance aux obsessions et aux phobies de toutes sortes (surtout de nature sexuelle et religieuse). Combien sombrent dans de mortelles inquiétudes, dans des doutes terrifiants? Dans les obsessions de communions sacrilèges? Il s'agit de dépister tout cela à temps : ces troubles pouvant continuer et aboutir à la névrose grave. (Nous avons vu des cas de ce genre au cours de cet ouvrage).

En cas de tares mentales préexistantes, la puberté sert fréquemment d'interrupteur. Les tares se montrent alors brutalement, bien qu'elles n'aient aucun rapport direct avec le phénomène proprement dit de la puberté.

Enfin, la puberté est un moment de choix pour un début de schizophrénie. Nous avons étudié cette pénible maladie mentale. Au début, ses manifestations sont très discrètes : tendances anormales à l'isolement, rêveries et repli sur soi exagérés; l'adolescent semble perdre le contact avec la réalité. Ces manifestations ne sont pas toujours des signes de schizophrénie débutante, évidemment! Cependant, on ne saurait trop insister sur un dépistage précoce de cette poignante maladie, si répandue...

La puberté et la sexualité

Dès la puberté, l'instinct sexuel monte brutalement à la surface. Ce n'est plus l'instinct rudimentaire du petit enfant [1], mais une tendance orientée vers « quelque chose ». Vers quoi? Voilà bien ce qui trouble la plupart des adolescents... La sexualité se présente comme une puissante lame de fond; elle agit au moment où l'adolescent a déjà subi l'empreinte profonde de l'éducation. Si nous nous rappelons la psychanalyse, *l'instinct et la morale donnée par l'éducation sont face à face ; amis ou ennemis !*

C'est pourquoi ce fameux instinct sexuel est sujet à tant de déviations. L'adolescent se sent « poussé hors de lui-même », sans savoir ni où, ni pourquoi, ni comment. En même temps que la tendance sexuelle, apparaît la sensualité.

C'est l'époque où émeuvent les parfums subtils et violents... Où l'on est très sensible à l'odeur des cheveux, de la peau, d'un

[1] Voir « Psychanalyse ».

gant et d'un mouchoir oubliés... Sensibilité à la beauté d'une rose ou d'une musique...

C'est la volupté, dans le sens le plus large... Quelle émotion profonde si un adolescent entrevoit la nudité d'un beau corps féminin! Beauté, sexualité, volupté, attente, indécision; telles sont les grandes marques de son affectivité. Devant ces puissances inconnues, beaucoup d'adolescents font demi-tour. Ils se retirent, et cherchent anxieusement la pureté, comme si l'instinct sexuel normal n'était pas la pureté même!... De toute façon, rejetée ou acceptée, toute l'affectivité de l'adolescent devient sexuelle.

En même temps, apparaît une grande émotivité : timidité, rougeurs, rires et pleurs spasmodiques (surtout chez les filles). Et beaucoup de parents, sidérés, ne « savent plus à quel saint se vouer... ». Ils disent à leur enfant : « Mais qu'as-tu donc? »... Et l'enfant devrait répondre : « Ce que j'ai?... Mon adolescence... ».

C'est ensuite, normalement, la direction vers le sexe opposé. C'est la période d'amour platonique, d'admiration fervente, du désir de protection. C'est le moment des rêveries sans fin où les situations les plus chevaleresques sont imaginées; des oreillers embrassés, le soir, dans la solitude de la chambre... Le culte platonique de la femme apparaît souvent, assez dangereux d'ailleurs s'il ne se liquide pas. C'est le moment le plus « corde raide » de la sexualité adolescente. Tendresse platonique d'un côté; attirance charnelle de l'autre. L'idéal est donc qu'ils s'accordent!

Mais parfois, ils ne s'accordent pas. L'amour platonique continue jusqu'à l'âge adulte et rend impossible l'apparition de l'amour véritable... Tout dépend donc ici des prédispositions de l'adolescent et de la façon dont il fut élevé. *(Revoir le complexe d'Œdipe, étudié en psychanalyse.)* C'est donc une phase d'indécision, qui conduit certains adolescents à l'homosexualité, ou à l'impuissance sexuelle. Et c'est ici que l'on doit veiller à une éducation compréhensive.

Les filles suivent à peu près le même développement; cependant, quelques différences se marquent. Leur sexualité est beaucoup plus diffuse; au lieu de se localiser nettement, elle fait « tache d'huile ». C'est pourquoi la masturbation est beaucoup moins fréquente chez elles que chez les garçons. Elles se contemplent, s'observent, regardent avec ravissement les courbes de leurs corps, exècrent violemment de petits défauts mineurs... Elle sont atteintes d'une « exquise » pudeur, et d'une immense coquetterie. Quant à la rêverie... un geste, un sourire, un regard, et les voilà parties vers un échafaudage de romans aux horizons infinis et émotifs...

Faut-il éduquer ensemble garçons et filles?

Il semble que l'éducation mixte soit tout indiquée pour résoudre le chemin normal vers l'autre sexe. Cette solution est souvent excellente. L'aisance vis-à-vis de l'autre sexe en est le résultat fréquent. Bien sûr, on peut objecter que le garçon tombera difficilement amoureux d'une fille qu'il voit transpirer sur les mêmes problèmes que lui. L'attrait du mystère « d'en face » risque de cesser prosaïquement. Les opinions sont donc partagées à ce sujet : comme dans tout problème humain, il n'existe aucune solution générale. L'idéal, c'est la sauvegarde psychologique et physique de l'adolescent, qui lui permet de traverser avec peu de dégâts des situations parfois inextricables. C'est donc un problème d'éducation et de prévention mentale. De toute façon, il est indispensable que les « deux sexes » aient souvent l'occasion de se rencontrer, afin de s'observer, se connaître et s'aimer.

L'Adolescence et la masturbation

La masturbation solitaire est probablement l'activité sexuelle la plus répandue durant l'adolescence (surtout chez les garçons). J'en ai déjà parlé en étudiant Freud [1]. Masturbation!... Un mot que nombre de personnes couvrent d'opprobres, de malédictions, que sais-je! Cette pratique sexuelle solitaire est chargée d'un bien grand nombre de maux imaginaires : pertes de mémoire, paralysie, folie, grande bosse dans le dos, disparition des organes génitaux, gâtisme précoce, impossibilité d'avoir des enfants, ramolissement du cerveau, dépravation morale et débauche inévitables, maladies honteuses, et j'en passe.

Il suffit d'avoir entendu les confessions des adolescents pour savoir combien cette question est déformée. Tout cela serait assez grotesque, si des névroses parfois très graves ne se déclenchaient à la suite de masturbations répétées durant des années.

Non pas à cause de la masturbation elle-même, mais du climat psychologique qui l'accompagne. Il y a donc là de fausses

[1] Voir à l'index « Psychanalyse » et « Masturbation ».

conceptions à détruire le plus rapidement possible. *Aucun tort n'est jamais provoqué par la masturbation elle-même, à condition qu'elle ne dépasse pas certaines limites.* Il ne faut pas donner à l'adolescent la « honte » de son acte, mais lui apprendre à se dominer et à trouver un dérivatif. Lui apprendre la continence librement consentie et le respect de soi, et non la peur de châtiments divers.

Quelles sont les causes de la masturbation?

Sous sa forme la plus simple, elle tend à soulager un désir sexuel purement physique. C'est ainsi qu'on l'observe chez les animaux (chiens, éléphants, singes captifs) ou chez des adultes privés de toute possibilité de contact sexuel (voyageurs, prisonniers, etc.).

Beaucoup de garçons apprennent les éléments de la sexualité à l'école, par les conversations de leurs compagnons. Ils sont d'ailleurs fréquemment révoltés par la façon grossière dont la chose est présentée. Certains adolescents apprennent la masturbation, soit en entendant parler d'elle, soit afin d'imiter les autres. Mais on peut se rassurer toutefois; la plupart des adolescents sortent moralement indemnes de ce genre d'expérience prématurée.

Sous une forme plus complexe, la masturbation peut souligner une tension psychologique n'ayant rien à voir avec la sexualité. C'est ainsi que de nombreux adolescents se consolent d'un milieu nocif, du sentiment d'être malheureux, de la solitude, des réprimandes, etc. Certains adolescents ne pratiquent la masturbation que s'ils sont contents. D'autres uniquement quand ils sont tristes, anxieux, enthousiastes, etc. Il y a donc ici le soulagement corporel d'une tension émotive.

La masturbation et l'imagination.

C'est une forme *dangereuse* de masturbation, à cause de certaines « fixations » mentales pouvant continuer durant toute l'existence.

Tel jeune homme se masturbe en imaginant qu'il se trouve sur un trône royal, avec des dizaines de femmes à ses pieds. Tel autre le fait en pensant à un camarade plus âgé, et qu'il admire beaucoup. Celui-ci se masturbe en imaginant qu'il humilie des jeunes filles dont il a peur, etc., etc. Ces pratiques montrent bien les tendances profondes de chaque adolescent. Il y a donc danger!

Certaines tendances perverses peuvent se lier à la masturbation, et en devenir inséparables... Le jeune homme continuera donc à satisfaire ces tendances par le même moyen, et ce, jusqu'à l'âge adulte. Il arrive alors fréquemment *qu'il soit obligé de se masturber toute sa vie*, qu'il soit célibataire ou marié. Pourquoi? Parce qu'il n'oserait jamais avouer ses désirs « secrets » à sa partenaire. La masturbation de l'adulte peut se pratiquer de deux façons : soit dans la solitude, soit au cours de l'acte sexuel entre époux. Dans ce dernier cas, l'acte sexuel semble s'accomplir normalement... alors que le (ou la) partenaire laisse tourner son imagination sur ses tendances particulières, restées semblables à elles-mêmes depuis de nombreuses années... J'en reparlerai d'ailleurs dans le chapitre suivant : *la Sexualité*.

C'est surtout dans ce domaine imaginatif que les adolescents doivent être mis en garde. Encore faut-il qu'ils se confient... ce qui est beaucoup plus *facile* qu'on ne le croit. Il faut qu'ils sachent n'être pas seuls sur terre à pratiquer ce « vice », tout d'abord. Et qu'ensuite, ils aient le sentiment profond que l'éducateur considère la question avec une compréhension et une largeur d'esprit totales. *La masturbation redevient alors ce qu'elle doit être : un incident normal de l'adolescence, temporaire, et vite oublié.*

La délinquance juvénile

La délinquance juvénile est l'une des formes les plus pénibles (et dangereuses) de l'inadaptation sociale des enfants. Les journaux regorgent de ces cas de délinquance ; des actes absurdes, gratuits, et sans motifs, sont accomplis. Cette délinquance intéresse donc les éducateurs, la société, les psychologues, les médecins, qui détectent d'ailleurs souvent, chez les jeunes délinquants, des troubles de caractère et des tares mentales. Ce qui est normal, étant donné l'affreuse bêtise de certains gestes criminels.

Il est certain que les climats de guerre, l'abandon moral ou physique de beaucoup d'enfants, la chute des valeurs humaines, l'appréhension d'avenirs chargés de bombes, ont fait rebondir la « fureur de vivre » et la délinquance juvénile.

La diminution de la moralité est certainement un des facteurs principaux. Et les éléments de cette diminution ne manquent pas. Comment nombre d'enfants ne seraient-ils pas marqués par cette chute de la morale et du respect d'autrui ? Ainsi que par le désir de « jouir » de la vie le plus vite possible ? Les conditions de vie sont également très importantes. L'indigence, la grande pauvreté, la séparation rigoureuse des « classes » sociales, le chômage, l'alcoolisme, ne sont pas faits pour arranger les choses. Si on y ajoute les tentations extérieures, on constate, en effet, que la délinquance est plus fréquente dans les villes que dans les campagnes.

La plupart des auteurs sont d'accord pour donner à la désorganisation du milieu familial une place prépondérante. Les cas sont très pénibles : parents divorcés, parents qui ne s'entendent pas, révolte des enfants contre leur milieu, concubinage, abandon moral ou physique, etc.

Quant au cinéma, son rôle est véritablement pernicieux, et représente, pour beaucoup d'enfants, une véritable intoxication. Il suffit de se promener en ville et de contempler les affiches annonçant les films ; on est stupéfait de constater le nombre de films tournant autour de crimes ; de voir quantité d'affiches montrant des gestes agressifs, d'observer le nombre de revolvers représentés sur ces mêmes affiches ! C'est absolument effrayant ; et on pourrait dire que, dans ce domaine, la société récolte ce qu'elle sème. Les mesures destinées à protéger la jeunesse contre certain cinéma sont indispensables.

Les jeunes voleurs

Ils volent, soit en bandes, soit solitaires. Le vol peut être l'action d'un enfant pervers, mais également d'un adolescent dont l'affectivité est troublée. L'enfant vole surtout aux alentours de la puberté ; le mobile peut être la jalousie envers une autre personne de son âge, une vengeance envers les parents, le désir de satisfaire ses besoins, la vanité, etc. Si le vol est provoqué par une affectivité troublée, la psychothérapie est indiquée pour en détecter les motifs.

Les jeunes prostituées

La prostitution est assez fréquente ; très souvent, elle est le résultat du vagabondage. On comprend que la prostitution juvénile soit encouragée par la misère, le chômage, les mauvais exemples, les entraînements dangereux.

Les jeunes vagabonds

Il existe avant tout les jeunes vagabonds « maladifs » et irresponsables ; ce sont les épileptiques, les schizophrènes, etc. Le cinéma et les romans d'aventures (policiers ou autres) ont également déclenché bien des départs d'adolescents, partant à l'aventure... Le vagabondage a — on le comprend — pour effet fréquent : la mendicité, le vol et la prostitution. Il existe aussi une autre forme de vagabondage : ce sont les fugues.

Les fugues

Etant donné leur nombre, les fugues présentent un intérêt particulier. Une fugue peut provenir d'une maladie déjà installée (telles épilepsie, perversité, etc.). Mais, le plus souvent, les mobiles en sont purement psychologiques. Il faut alors chercher dans la vie affective du jeune « fugueur » et dans son milieu familial ou scolaire. On y trouve des fuites devant ce que l'enfant considère comme une injustice ou une sévérité déplacée. On y trouve la peur d'être réprimandé, la sensation d'être frustré, la certitude de n'être pas aimé. Certaines fugues sont des chantages destinés à faire voir aux parents « combien leur enfant est malheureux », à leur faire peur, à se venger d'eux, etc. Ces fugues sont donc des *évasions psychologiques*, qui demandent un examen approfondi en chaque cas particulier.

Les principales causes de la délinquance juvénile

La plupart des délinquants juvéniles sont des déséquilibrés de l'esprit. Il y a les jeunes qui se laissent entraîner par vanité, par suggestibilité. Il existe tous ceux à tendance paranoïaque (la paranoïa a été étudiée ; voir index) ; c'est alors toute la gamme des « faux raisonneurs », des révoltés, des revendicateurs, des méfiants ; ce sont ceux qui cultivent le paradoxe et le suivent jusqu'au bout, etc. Il y a les hyperémotifs, pour lesquels la moindre contrainte est insupportable, et qui sont sujets à des actes impulsifs. Et enfin, les pervers, qui sont les plus dangereux. On remarque chez eux une absence d'émotion, une morale inexistante, et une inadaptabilité marquée. On voit que de très nombreux facteurs entrent en jeu dans la délinquance juvénile. Le climat familial, scolaire, social, ainsi que les prédispositions de l'enfant, doivent être examinés sous toutes les coutures. Il existe souvent toute une réunion de motifs entremêlés. Les idées ont d'ailleurs considérablement évolué dans ce domaine ; les anciennes mesures de répression et de châtiment sont remplacées par les notions de traitement et de récupération sociale.

La drogue

Un des problèmes qui préoccupent actuellement les parents d'adolescents est l'extension prise par « la drogue ». *(Pour plus de détails sur ce phénomène, se référer à l'annexe, page 497.)*

Du bon usage de l'adolescence

L'adolescence passe vite, dit-on... Elle va vers l'âge adulte à travers ses élans, ses contradictions, ses erreurs et ses tâtonnements. Elle a ses malades, comme n'importe quelle période de vie. On connaît le mot de Rodin, qui appelait les adolescents les « officiants de la beauté ». Et c'est bien cela qui domine en général : la recherche de la beauté et des valeurs spirituelles. C'est l'âge où se posent les grandes questions humaines et supra-humaines. C'est l'âge des découvertes fulgurantes de la religion et de l'art. L'adolescence est avide de beaux gestes, de chevalerie, de loyauté, de grands exemples. Faisons donc tout notre possible pour ne pas les en priver. Et les revers de la médaille (tels que les délinquants juvéniles) ne doivent nullement entamer la très belle idée qu'on peut se faire de la jeunesse. Ils recherchent une sincérité nette, le sens de l'honneur, de la solidarité, de l'esprit de sacrifice.

Ainsi, l'adolescence est pourvue d'une grande mission, dont les sociétés humaines se rendent de mieux en mieux compte. L'adolescence passe vite ? Pas suffisamment pour qu'on ne puisse s'appuyer sur elle, en constatant combien de choses étriquées et salies elle peut assainir.

X

LA SEXUALITÉ

Le problème de la sexualité, des passions et des appétits sexuels est parfois très complexe. Il n'est pas exagéré de dire que la sexualité est souvent une « peste psychique ». A quoi cela tient-il? Pourquoi y a-t-il tant de fausses notions dans ce domaine? On peut remarquer que le problème sexuel ne se pose jamais dans l'amour véritable. Il ne se pose pas non plus chez une personne équilibrée et harmonieuse. Serait-ce donc que l'amour véritable se perd? Et que l'harmonie disparaît? On serait tenté de le croire, en considérant le nombre de névroses, de refoulements et de peurs qui règnent sur le monde actuel.

L'éducation sexuelle.

L'éducation sexuelle est à l'ordre du jour, parce qu'on se rend compte de l'urgence du problème. Tout psychologue a eu devant lui des jeunes gens aussi bien que des personnes âgées; mais pour qui la sexualité avait toujours été un mystère... ou un sommet inaccessible. Combien de jeunes mariés ai-je vus, désemparés devant ce problème? Pourquoi? « ...Parce qu'ils n'avaient jamais pu réaliser une sexualité normale... » — ou bien : « ...Parce qu'on ne leur avait jamais parlé de ces choses-là avant leur mariage... ».

Ou bien ils vous disent : « ...Mon père (ou ma mère) m'a mis au courant, avec la meilleure volonté du monde. Mais il semblait si gêné lui-même que j'aurais préféré qu'il se taise... » — Ou encore : « ...Il paraît que la sexualité est une magnifique fusion physique et mentale; on dit que c'est une véritable révélation de l'amour. Jamais je ne suis arrivé à cela. J'ai obtenu des plaisirs sexuels, bien sûr... mais jamais cette sensation profonde de joie... ».

Et tant d'autres réflexions, qui montrent combien on fait de la sexualité une question étriquée.

L'éducation sexuelle est une très belle chose. Encore faut-il que l'éducateur ait exploré cette question. Encore faut-il qu'il soit dégagé du « tabou »! Je veux dire ceci : il ne sert à rien qu'un éducateur sexuel connaisse le fonctionnement physique, l'anatomie des organes génitaux, etc. Le problème est infiniment plus vaste et plus « mental ». L'éducation sexuelle est comme l'éducation tout court. Tant qu'un éducateur gardera en lui des refoulements sexuels, des peurs et des complexes du même ordre, il lui sera impossible de transmettre une vision large et aisée. Un éducateur sexuel doit considérer la question avec autant d'aisance que la pluie et le beau temps. Il est fréquent pour un psychologue d'entendre dire : « Il est si facile de parler de ces choses avec lui! On sent immédiatement qu'il les considére comme absolument naturelles ».

D'ailleurs, conçoit-on un psychologue qui aurait le moindre recul intérieur quand il entend le récit d'une perversion sexuelle? Ou qui ressentirait la moindre gêne en s'entretenant de sexualité avec une jeune fille ou une dame âgée? Non, n'est-ce pas? Une grande partie de la question se trouve là... sinon la plus grande!

Sexualité = personnalité.

Les troubles de la sexualité sont toujours provoqués par des troubles de la personnalité. Une impuissance ou une déviation sexuelle sont toujours les symptômes d'une déviation intérieure générale.

Que recherchent beaucoup de personnes dans la sexualité (ou du moins ce qu'ils appellent ainsi)? Des millions d'hommes et de femmes sont enfermés dans d'étouffantes habitudes intérieures. Leurs possibilités de créer la beauté dorment. Que tentent alors ces personnes? Se fuir elles-mêmes, avant tout. Elles vont essayer de trouver un bonheur fugace, des « sensations fortes », etc. Et elles s'adressent tout naturellement à la sexualité... Il n'y a évidemment aucun amour dans tout cela, mais le désir de s'oublier soi-même. Ils ont des rapports sexuels comme d'autres boivent de l'alcool ou se droguent.

Or, la sexualité est le domaine qui exige, plus que tout autre, une libération de la peur et un dégagement de soi. Qui exige donc l'extirpation de tous les « chancres » psychologiques.

Pour beaucoup, l'amour est une émotion profonde ou la satisfaction d'un désir. C'est comme si quelqu'un se croyait « religieux » parce qu'une musique d'orgue lui donne une forte émotion... Nous sommes loin de la véritable religion, comme du véritable amour. L'amour est un acte de connaissance et d'intelligence. Il permet de saisir l'essence même d'une autre personne. Cet amour humain s'exprime dans le corps par la vie sexuelle, aboutissant à une fusion parfaite, au renouveau des forces et à la béatitude...

Je vous propose donc d'examiner quelques généralités sur ce problème, ainsi que les déviations les plus courantes.

La sexualité de l'homme

On a trop tendance à croire que la sexualité est un acte masculin... alors que la femme n'aurait qu'un rôle passif (ou même de « victime! »). C'est tout à fait grotesque. L'action sexuelle doit être une coopération parfaite, auquel les deux partenaires participent *activement*.

Qu'est-ce que la puissance sexuelle?

C'est la possibilité de mener à ses fins l'acte sexuel, en tenant compte de sa partenaire, évidemment. La puissance sexuelle peut se diviser en plusieurs facteurs :

a) le désir physique proprement dit.

b) la possibilité d'érection, qui doit se produire au moment voulu.

c) la puissance d'érection indispensable à la pénétration.

d) la capacité *d'attendre* que la partenaire atteigne elle-même un maximum.

e) l'éjaculation et l'orgasme, suivis d'une *détente* parfaite et d'un sentiment de *joie profonde*.

C'est ici que l'homme se heurte à une loi impitoyable! Il est puissant... ou impuissant. Pas de demi-mesures. Il ne sera puissant que s'il est capable de réaliser sa propre sexualité *ainsi que celle de sa partenaire*. Beaucoup d'hommes sont capables d'érection et de pénétration, mais incapable de conserver cette érection jusqu'à la fin de l'acte. Ou bien l'érection a lieu, mais disparaît dès que commence la pénétration. Ce sont donc des cas d'« impuissance partielle »; donc d'impuissance tout court.

Ces impuissances font souvent le désespoir des hommes qui en sont atteints; elles sont pratiquement toujours à base *psychologique*.

Quelle doit être la durée normale de l'acte sexuel?

Voilà une question posée par bien des hommes et des femmes! En principe (sauf cas nettement anormaux), l'acte doit durer jusqu'à ce que la femme ait atteint la satisfaction. L'homme se voit donc obligé de régler son comportement sur celui de sa partenaire. Et cela, à cause de la rapidité naturelle de sa propre satisfaction.

Et c'est ici que trop d'hommes appliquent la loi de leur propre plaisir (à moins, évidemment, qu'il ne s'agisse de cas anormaux : impossibilité de conserver l'érection, éjaculation trop rapide, etc.). Beaucoup se soucient fort peu de leur compagne, ce qui est inadmissible.

Cependant, ils peuvent avoir une excuse... Certaines femmes (et elles sont nombreuses!) cachent si oui ou non elles ont atteint la satisfaction. Ce comportement féminin est souvent névrotique. Ou bien, elles jouent habilement la comédie, parfois durant toute leur vie; tellement habilement que l'homme « n'y voit que du feu ». Ces attitudes féminines sont couramment causées par : frigidité — désir de ne pas décevoir le mari — peur de perdre le mari — honte, etc.

De plus, il ne faut pas oublier que la plupart des femmes arrivent *lentement* à la jouissance sexuelle. Il existe donc, pour l'homme, une question de « technique » absolument nécessaire, et d'entraînement à la prolongation de l'acte sexuel. Une demi-heure d'érection sans défaillance est une durée normale, que bien peu arrivent à réaliser! Cet entraînement à l'érection prolongée est souvent justifiée, je le répète, par la lenteur de la partenaire. L'entraînement doit être à la fois physique et mental (surtout maîtrise de soi).

Qu'est-ce que l'impression sexuelle masculine?

Il y a donc impuissance dès qu'un des rouages de l'action sexuelle fait défaut, rendant ainsi impossible une sexualité normale et complète. Les troubles se portent souvent sur un des points suivants :

Absence de désir — Désir refoulé — Pas d'érection — Erection insuffisante — Erection se terminant pendant ou avant l'acte — Pas d'éjaculation — Pas de plaisir — Pas de détente.

Il y a impuissance *quand l'individu doit faire appel à quelque chose de non-sexuel pour obtenir une érection.* Ces cas sont d'ailleurs aussi nombreux que les névroses...

Par exemple : Tel homme reste impuissant, *sauf* s'il se place *sous* sa partenaire. Cette position peut être normale à condition que l'homme conserve sa puissance en dehors de cette particularité. Mais elle est pour lui anormale. Pourquoi? Parce que c'est la seule qui lui permette l'érection. Cet homme est probablement atteint de tendances homo-sexuelles.

Beaucoup d'hommes également restent impuissants, sauf s'ils imaginent, pendant l'acte, des situations qui n'ont rien à voir avec l'action sexuelle proprement dite.

Voici quelques cas :

X. ne peut obtenir une érection que s'il s'imagine être un grand singe velu.

Y. n'arrive à l'érection qu'en s'imaginant qu'on le torture. Il se place pour cela sous sa compagne (cas de masochisme).

Z. reste impuissant tant qu'il ne pense pas fortement à des gants de femme (cas de fétichisme).

A. est obligé d'imaginer une jolie femme assise dans une voiture très luxueuse. (il y a ici un sentiment d'infériorité de base).

Ces exemples, que l'on pourrait multiplier à l'infini, montrent évidemment des névroses. Je reparlerai de cela plus loin.

Un homme est-il normalement agressif?

L'opinion est, en tout cas, bien répandue : tout homme a des tendances « sadiques »! Il est certain que beaucoup d'hommes aiment rencontrer une certaine résistance chez leur partenaire. Ce comportement montre probablement l'esprit de « conquête », apanage de la gent masculine! Cela est normal; à condition toutefois qu'un homme n'ait pas *besoin* d'être agressif pour pouvoir être sexuel. S'il n'obtient l'érection que grâce à l'agressivité ou à la brutalité, (en pensée ou en acte), cet homme est un impuissant et possède, en effet, des tendances sadiques.

Il semble donc y avoir un jeu subtil entre le normal et l'anormal. En fait, il n'en est rien. Un homme normal atteindra la puissance sexuelle aussi bien avec agressivité que sans. Son comportement sera, ici, réglé sur celui de sa partenaire. On dit que les femmes aiment la brutalité? Je crois que c'est faux (à condition qu'elles soient normales, évidemment!). Les femmes aiment la sécurité que leur donne un homme mentalement et physiquement fort. Mais elles savent très bien établir la différence entre l'agressivité normale ou anormale.

La véritable sexualité provient de la simplicité de la personnalité humaine. Une érection ne doit pas être provoquée par telle imagination, tel complexe, etc., mais par la totalité d'un individu. La vraie sexualité masculine est l'expression d'une virilité réelle, entière, unifiée, aussi bien physique que mentale. Et ce n'est pas parce que grouillent les fausses virilités qu'il faut oublier cette grande loi! Elle replace la sexualité sur le pavois auquel elle a droit... au lieu de croupir dans les basses-fosses où on la place trop volontiers.

Quelle est la cause fréquente des troubles sexuels masculins?

La plupart des névroses produisent des troubles sexuels, puisque la sexualité est l'expression de la personnalité. Or, nous avons vu combien les névroses règnent à l'état épidémique! (voir le chapitre « névroses et psychoses »). *La sexualité est toujours un signe infaillible du comportement intérieur*. C'est peut-être le seul domaine de la vie où il soit impossible de « tricher ». S'il y a névrose, on doit en chercher la cause; c'est l'évidence.

Les déficiences sexuelles sont dues à des inhibitions émotives, provoquées par des facteurs souvent subconscients. Ces freins intérieurs s'opposent à la volonté de réaliser l'union avec l'autre sexe. Or, une personnalité est « normale » quand son conscient et son subconscient s'accordent parfaitement, dans des rapports équilibrés. En un mot, s'il n'existe entre eux aucun conflit. Dans ce cas de la sexualité, le conscient « désire », mais le subconscient s'y oppose. Et, neuf fois sur dix, c'est le subconscient qui gagne (du fait même qu'il est inconnu et invisible).

La peur, les sentiments d'infériorité, les refoulements, les complexes, sont les causes fréquentes de troubles sexuels. Ces derniers se manifestent dès que la « virilité mentale » est brisée ou diminuée. Ou si le sujet demeure « accroché » à des situations antérieures liées (pour lui) à la sexualité. C'est le cas de beaucoup d'homosexuels.

On rencontre donc souvent :

— fixation à des situations d'enfance ou d'adolescence (voir un cas plus loin).

— accrochage à la mère ou au père, excessivement fréquent.

— peur de l'autre sexe (pour diverses raisons).

— sentiment d'infériorité, manque de confiance en soi, impossibilité de s'abandonner, hyper-émotivité, timidité, etc.

Ces hommes sont alors dans un état de « solitude psychique ». Ils sont incapables de sortir d'eux-mêmes et de se laisser aller... Or, on constate que la solitude psychique est le fait des adolescents. Et que la plupart des hommes ayant des troubles sexuels sont, quelque part en eux-mêmes, demeurés de grands adolescents...

Voici un cas, illustrant une fixation sexuelle à une situation d'enfance :

X. est un homme de cinquante-deux ans. A l'âge de douze ans, lui-même et ses petits amis jouaient « aux Indiens ». X. était en tête et arriva, en rampant, dans des buissons clairsemés. Sa façon de ramper sur le sol produisit une érection et une forte sensation génitale, en même temps qu'il regardait *par hasard* les souliers d'une jeune femme immobile à quelques pas de lui. Ensuite? Le garçon avait trouvé agréable la sensation qui lui était arrivée. Mais elle était reliée à une vision : des chaussures féminines. Huit jours plus tard, afin de retrouver le même plaisir, il tenta de se masturber, mais sans résultat. Il imagina alors la scène qu'il avait vue. La sensation génitale se reproduisit. X. continua ainsi pendant des années. Agé de quinze ans, il pratiquait la masturbation *en regardant* les chaussures de sa sœur, qu'il avait subtilisées. Et il continua ainsi, incapable de se libérer de son infantilisme, grandement appuyé par une forte timidité. Il déboucha dans l'âge adulte en ne s'intéressant qu'à une chose (sexuelle pour lui) : des souliers de femme. Tout ce qui, chez une femme, provoquait le désir de l'homme ne l'intéressait pas. Il ne se maria pas. Il aurait pu (disait-il) pratiquer l'action sexuelle à condition de pouvoir *voir* les souliers de sa partenaire. Mais jamais il n'aurait osé lui avouer ce qu'il considérait comme une monstruosité... alors que ce genre de perversion est fréquente (il s'agit d'un cas de « fétichisme », dont je reparlerai plus loin). Et X., cinquante ans, célibataire, bourré de honte, possédant toute une collection de chaussures féminines, n'ayant jamais eu le moindre rapport sexuel avec une femme, vint me trouver... J'ai été obligé de raccourcir cette affaire s'étendant sur tellement d'années; mais conçoit-on les souffrances de monsieur X., en même temps que le fardeau de ce qu'il appelait son « lourd secret »?

QUEL EST LE RÔLE DE LA MÈRE?

Etant donné que l'on trouve si souvent l'influence du milieu familial dans les troubles sexuels, je propose de l'examiner une fois de plus :

Rappelons-nous la Genèse : « L'homme quittera son père et sa mère, et s'attachera à sa femme, et ils deviendront une seule chair... » Nous avons vu déjà combien les rapports entre mère et enfant sont complexes, *surtout si l'enfant est un garçon.* Le rôle de mère est ingrat et terriblement compliqué. Une mère doit tout donner à son fils... pour qu'il la quitte afin de tout donner à une autre femme! On comprend que beaucoup de mères échouent dans ce rôle, qui exige des qualités de lucidité et de santé psychiques énormes!

Une mère doit soigner son fils sans le « couver »; elle doit le protéger sans s'accrocher à lui; elle doit empêcher que son fils ne s'accroche à elle; elle doit l'aider à se détacher d'elle au moment voulu. On voit qu'une mère « doit » accomplir beaucoup de choses; car le détachement doit être aussi bien physique que mental. *Or, l'indépendance mentale d'un homme envers sa mère est un facteur primordial de réussite sexuelle.* Nous avons étudié comment la « dictature » maternelle pouvait engendrer des sentiments d'infériorité et des névroses (souvent inconscientes). Cette dictature est parfois agressive, sévère et rude. Mais, dans cette éventualité, l'enfant sait en général à quoi s'en tenir. Cependant, l'autoritarisme maternel fait beaucoup plus de ravages s'il se déguise sous des masques : douceur exagérée, bonté absolue, dévouement maniaque, etc. (voir, à l'index, les « personnes épuisantes »).

Le public serait stupéfait en connaissant le nombre d'hommes restant mentalement accrochés « aux jupes » de leur mère. Ou continuant à avoir intérieurement peur de leur mère, même à distance! Comment ne se sentiraient-ils pas diminués, dévirilisés, impuissants? De plus, l'admiration éperdue qu'ont certains garçons envers leur mère peut aboutir au même résultat.

Que disent de nombreux impuissants sexuels?

— ma mère est la seule femme que j'aie jamais aimée et admirée.

— chez moi, c'est automatique : je compare toutes les femmes à ma mère; aucune ne supporte la comparaison! (on peut être certain que ce garçon épousera « sa mère », transposée sur une femme qui lui ressemblera d'une façon quelconque).

— j'ai épousé ma femme parce qu'elle avait les yeux de ma mère... (même cas!).

— j'ai été si déchiré par l'autorité de ma mère que, lorsque je parle à ma femme, j'ai l'impression d'avoir ma mère devant moi.

— ma mère m'a élevé comme dans du sucre! Chaque fois qu'une jeune fille venait chez moi, ma mère semblait la considérer comme une ennemie personnelle, et me mettait en garde contre les filles « qui enlèvent les garçons à leur mère! » J'ai été trop faible pour protester; je n'osais pas...

— ma mère me disait souvent : « Après tout ce que j'ai fait, j'espère que tu resteras avec moi le plus longtemps possible; la place d'un garçon est auprès de sa mère... ».

— je suis sexuellement impuissant; à qui la faute? Et encore, ma mère serait stupéfaite si elle savait!... je n'ai jamais pu faire un pas sans être protégé comme un bébé qui risque de s'enrhumer à chaque coin de rue... etc.

Il ne faut pas réfléchir beaucoup pour comprendre combien ces façons de faire tuent la virilité morale d'un garçon; donc sa virilité physique. *La maternité est une sainte chose, à condition qu'elle préserve l'intégrité virile du garçon.* Il faut reconnaître que c'est assez rarement le cas.

Et c'est parce que le rôle maternel est si beau qu'il doit être autre chose qu'un roman sentimental, ou qu'une compensation. Combien d'hommes se sentent coupables de quitter leur mère pour se marier, même si cette mère est bien portante et nullement dans le besoin? Le cas des mères autoritaristes (quelle que soit donc la forme de cet autoritarisme) *a toujours des résultats sexuels désastreux*. Je rappelle une fois de plus le complexe d'Œdipe (voir index); il n'est pas une élucubration théorique, *mais un fait* justifié par des millions et des millions de cas. Rôle splendide d'une mère, qui peut devenir si néfaste...

QUEL EST LE RÔLE DU PÈRE?

Le père personnifie le soleil, la puissance, l'exemple et l'autorité. Encore un cercle magique dont l'enfant doit sortir un jour! Le père doit reconnaître les capacités de son enfant, lui donner confiance en lui. Nous avons vu que si le père est dictatorial, ou dominateur, ou faible, l'enfant grandit dans un sentiment d'infériorité et d'échec. Il demeure infantile, apeuré devant les hommes et les femmes. Il se sent toléré, inutile, petit... Comment pourrait-il avoir une virilité sexuelle, s'il n'a pas de virilité mentale?

La sexualité de la femme

La sexualité féminine est beaucoup plus généralisée et plus latente que celle de l'homme. Elle s'éveille lentement, du moins en général. L'histoire de la Belle au Bois Dormant et du Prince Charmant est toujours vraie, quoi qu'on en pense. Or, que constate-t-on? Que des millions de femmes mariées, ayant eu plusieurs enfants, n'ont jamais obtenu la moindre satisfaction sexuelle profonde! Nous ne devons pas oublier que la sexualité (dans son sens le plus noble) représente, pour la femme, une très grande partie d'elle-même. On se demande fréquemment : *la femme est-elle plus ou moins sexuelle que l'homme?* La réponse est qu'elle ne l'est ni plus ni moins. Elle est différente, tout simplement.

Chez une femme, la sexualité est toujours liée fortement à l'affectivité. Chez nombre d'hommes, la sexualité se trouve « en surface »; l'homme est surtout génital. Il n'en est pas de même chez la femme! Une grande partie de la vie féminine dépend d'une sexualité comblée. Autre notable différence : si la *sexualité générale* a beaucoup d'importance pour une femme, *l'acte sexuel* proprement dit en a beaucoup moins. Elle apprécie les préparatifs et les caresses bien plus que l'acte lui-même. C'est ce qui fait le malheur de nombreux ménages... où l'homme n'a rien compris du tout (à moins qu'il n'ait pas la technique nécessaire). Une femme normale aime les émotions savamment dosées, les impressions délicieuses d'être entourée, cajolée, portée, comprise... Ne le disent-elles pas elles-mêmes? Mais elles détestent les attaques brusquées et l'acte charnel sans préparatif (sauf dans des cas anormaux). Que retire une femme des actes sexuels brutaux et rapides? Rien, sinon du dégoût et une indifférence qui risque de la conduire à une frigidité générale.

Il faut reconnaître que beaucoup d'hommes sont, dans ce domaine, d'une invraisemblable maladresse... ou d'un égoïsme insensé. Et si certaines femmes apprécient un peu d'agressivité, celle-ci doit être également soigneusement dosée! Les femmes mettent toujours en jeu le radar infaillible qu'est leur « intuition ». N'ont-elles pas l'intuition de la sexualité avant d'en avoir l'expérience pratique? C'est pourquoi elles ont besoin de la perfection dans le domaine sexuel, et non d'un à-peu-près. Pour elles, c'est « tout ou rien ». Aux hommes de le savoir, et de l'appliquer...

LES FEMMES FRIGIDES.

La frigidité est une forme absolument courante d'impuissance sexuelle féminine. Elle consiste en un ralentissement (ou un arrêt) de l'appétit sexuel. La frigidité peut provenir de *troubles objectifs :* surmenage, épuisement, diabète, neurasthénie, intoxications, etc. Mais, le plus souvent, la cause d'une frigidité est *psychologique.* Il m'est évidemment impossible d'en donner une cause générale; toute frigidité doit être traitée selon la personne individuelle. Nous devons envisager maintenant les cas « normaux » et « anormaux » de la frigidité.

1. *La frigidité normale.* Neuf fois sur dix, la faute en incombe au mari... Combien de femmes redoutent avec anxiété le moment d'aller au lit! Et que de drames secrets parfois! Ces femmes frigides prétendent « détester l'acte sexuel physique ». Elles devraient plutôt dire qu'elles *détestent la façon dont l'homme envisage et accomplit cet acte.* Ce qui n'est nullement pareil. Cette frigidité et cette haine de l'acte génital sont des réactions courantes qui hantent quantité de femmes, cependant bien constituées. Il suffirait cependant de très peu (de la part du mari, bien souvent!) pour que cesse cette situation. Il est donc bien entendu que je considère ici une femme et un homme *normaux.* L'homme doit savoir sans cesse combien la femme est plus généralement et profondément sexuelle que lui. Il doit se rappeler que la femme allie l'affectivité, l'émotion et la sensualité.

Or, que constate-t-on souvent? Pour nombre d'hommes, l'acte sexuel se manifeste par un comportement presque mécanique, rapide, aboutissant presque immédiatement à la satisfaction génitale. Au contraire, pour la femme, l'acte sexuel doit être l'aboutissement d'une *lente progression.* Les femmes ont besoin de caresses? Oui, mais surtout de caresses de l'âme. Ici, apparaissent fréquemment les sentiments d'infériorité masculins; ils produisent automatiquement le désir de « se montrer fort et capable »; ils empêchent le laisser-aller nécessaire. Des hommes appellent cela « de la pudeur » alors qu'il s'agit de peur, de manque de confiance en soi et en sa partenaire.

Pour une femme normale, l'amour physique est l'aboutissement d'une communion sentimentale. C'est un fait dont il faut toujours tenir compte. Il faut à l'homme une certaine dose d'intuition. Or, cette intuition est bien souvent anéantie par sa raison et sa logique. Un homme me disait : « L'intuition? Mais c'est féminin, ça! Je n'ai rien d'une femme, moi! » C'est grotesque. Etre un homme « fort » (ou le croire) est parfois pratique, tant que cela dure. Encore que les hommes de cette catégorie soient fréquemment les seuls à être convaincus de leur force; la femme ne s'y trompant jamais. Mais être un homme totalement humain est mieux encore, ne croyez-vous pas? Cette intuition masculine est indispensable; elle pourrait sauver des millions de ménages qui végètent.

Beaucoup d'hommes également croient que si leur partenaire « s'abandonne tendrement », c'est qu'elles éprouvent un désir sexuel. Quelle erreur! Une femme, parmi tant d'autres, me disait : « ...Il ne comprend rien du tout. Il est très intelligent, mais me donne l'impression d'être une grosse brute dans ce domaine. Je n'ose pas m'abandonner aux confidences; je crains de pleurer un peu en me cachant dans ses bras. Cela finit toujours de la même façon. Au point que j'en suis arrivée à détester l'acte sexuel, et à ne plus jamais me laisser aller avec lui... ».

La femme a besoin de sécurité et de tendresse; elle demande une réponse affective et pleine de compréhension; elle doit sentir une solidité mentale chez son partenaire. Combien de femmes portent, en elles, des griefs contre ce partenaire?... Griefs dont elles ne parlent jamais, mais qui les rongent et les font aboutir à la frigidité. Pourquoi? Parce qu'elles se heurtent au manque de compréhension, à l'impossibilité de détente, au manque de tendresse caressante, etc. Et, également, à la crainte qu'« il » ne considère les revendications féminines comme « des balivernes de femme », etc.

L'harmonie est une belle chose. Et la sexualité féminine la demande dans son intégrité. Si un compositeur de musique passe tant d'heures à écrire une symphonie, ne croyez-vous pas que l'harmonie sexuelle mérite qu'on fasse de même?

Dans la frigidité normale, la responsabilité masculine peut être d'un autre ordre. Nous savons qu'une femme doit sentir, non pas la domination ou la faiblesse de son partenaire, mais sa solidité physique et mentale. C'est pourquoi beaucoup de femmes restent (ou deviennent) frigides parce que l'homme est névrosé, agressif, féminin, hyper-nerveux, etc. La frigidité est donc, ici, accidentelle; elle montre l'impossibilité de s'abandonner à une force masculine qui n'existe pas. Dans ce cas, c'est la question de chance de la loterie sexuelle... tomber sur l'homme « qui convient ».

2. *La frigidité anormale.* Les autres cas de frigidité montrent toujours des troubles de la personnalité. Il arrive fréquemment (comme chez l'homme) que la frigidité soit provoquée par des sentiments d'infériorité, empêchant la détente indispensable. Si le sentiment d'infériorité est le lot de centaines de milliers de femmes, doit-on s'étonner que les cas de frigidité soient tout aussi nombreux?

Une grande partie des femmes frigides sont anormalement combatives; elles se révoltent contre leur rôle naturel. Que disent certaines d'entre elles?

— Je n'accepterai jamais d'être le jouet d'un homme.

— Ma mère m'a tellement dit que les hommes sont vils, que je ne parviens pas à me débarrasser de cette idée...

— Je n'ai pas suffisamment confiance en les hommes pour me laisser aller avec mon mari.

— Les hommes? Ils ne songent qu'à leur plaisir égoïste. Tout le monde vous le dira. (?)

— Ils ont vraiment trop de chance, messieurs les hommes! La sexualité leur est bien facile! Mais songent-ils à nous?

— Je suis une femme par accident. Je n'ai jamais voulu accepter ce rôle inférieur et considéré comme nul. Me marier? pour que mon mari me rappelle que je suis une femme? Ah! non!

Certaines de ces femmes révoltées et masculinisées aboutissent parfois à la satisfaction sexuelle, sous certaines conditions (abaisser l'homme) :

— Si je puis dominer mon mari, j'arrive à être satisfaite.

— Je n'arrive à avoir des rapports sexuels que si mon mari est malheureux et si je puis avoir pitié de lui...

Ces femmes anormalement frigides croient donc que la sexualité est une sorte de « compétition » dans laquelle il y a un dominateur et une dominée. Le traitement de leur frigidité dépend des causes qui l'ont provoquée.

Evidemment, il existe de très nombreuses causes de frigidité, comme dans les cas d'impuissance masculine. On trouve souvent des fixations sexuelles à des situations d'enfance, un accrochage mental aux parents provoquant des infantilismes, l'impossibilité de satisfaction sans masturbation (soit personnelle, soit par le partenaire), etc. Existent aussi toutes les perversions, dont la satisfaction dépend de la perversion « inverse » du partenaire. C'est ainsi qu'une femme masochiste a besoin d'un partenaire sadique, et réciproquement.

Les déviations sexuelles

Nous entrons ici dans l'immense domaine de la pathologie sexuelle, et je n'envisagerai que les cas les plus courants. Il convient de considérer les déviations sexuelles avec le même état d'esprit objectif que les maladies d'estomac ou autres. Trop fréquemment encore, le domaine sexuel est l'objet d'une

« vertueuse indignation »... qui n'est que peur ou hypocrisie. On accepte généralement de graves maladies physiques. On commence à considérer objectivement et naturellement les maladies mentales. Espérons donc que les déviations et les complexes se traduisant sexuellement, arrivent à être acceptés avec la même sérénité compréhensive! Si cela avait été depuis longtemps, que de maladies, de souffrances et même de crimes auraient été évités!...

LA MASTURBATION.

J'ai déjà parlé de la masturbation (voir index). Elle y représente un phénomène tout à fait normal, généralement sans suite ni gravité. On peut considérer la masturbation comme un simple *incident* de la puberté. Mais la masturbation devient nettement *anormale* si elle continue à être pratiquée durant l'âge adulte, ou pendant le mariage.

On a défini la masturbation : « la sexualité du solitaire ». Je n'envisagerai pas les cas de solitude physique, tels que : voyages prolongés, emprisonnements, etc. Mais nous verrons que la masturbation adulte est produite par une solitude « psychique » (complexes, par exemple). Cette solitude psychique provoque des masturbations solitaires, évidemment. Mais elle se montre dans beaucoup de rapports sexuels entre époux... sans que le (ou la) partenaire se doute de quoi que ce soit. C'est ce qu'on pourrait appeler une « masturbation mentale »; elle permet à un nombre surprenant de ménages de survivre, assez lamentablement, il est vrai...

Voici un couple qui semble sexuellement uni. Il y a entre les partenaires des rapports « normaux », avec satisfaction mutuelle. Cependant, nous apprenons que « certaines pratiques spéciales » sont indispensables à l'homme (ou à la femme) pour arriver à l'orgasme. Ou nous apprenons que l'un des partenaires doit faire appel à son imagination pour réaliser l'acte sexuel. Par exemple (cas courants) :

— l'homme pense à une autre femme;

— la femme pense à un autre homme;

— l'homme doit avoir la sensation d'être dominé;

— un homme brutalise sa femme « en pensée »; il s'imagine la battre, sans que rien ne se traduise dans son comportement extérieur;

— une femme s'imagine être violée;

— un homme songe à tout autre chose qu'à sa partenaire; il imagine qu'il fouette des femmes, par exemple (sadisme);

— un homme doit songer fortement à des gants ou à des chaussures de femmes (cas de fétichisme, déjà vu);

— une femme doit s'imaginer fortement que son mari est une femme (homosexualité féminine);

...ainsi que des millions de situations imaginaires possibles, parfois tellement étranges qu'il faut creuser profondément pour en trouver la cause... Telle cette jeune femme qui, durant ses rapports sexuels conjugaux devait imaginer qu'elle humiliait fortement une femme enceinte. Ce n'est qu'à cette condition que la satisfaction sexuelle pouvait se produire. A la base de cette masturbation « mentale » se trouvait évidemment un complexe, dont il serait trop long de faire l'historique. Et combien d'autres cas tout aussi bizarres à première vue!

Dans ces situations, un des partenaires *s'abandonne à sa propre imagination solitaire*. Il se retire « mentalement » de l'acte sexuel, tout en le pratiquant physiquement. Ce n'est donc pas la fusion sexuelle qui lui permet d'arriver à la satisfaction, mais uniquement ses fantaisies mentales. Ce sont donc des cas d'impuissance pure et simple, bien que, en apparence, il y ait rapports « normaux ».

Il arrive fréquemment que l'homme soit obligé de pratiquer la masturbation manuelle sur sa partenaire. De très nombreuses femmes ne peuvent obtenir une jouissance sexuelle que par attouchements clitoridiens. Techniquement, c'est donc une masturbation opérée par l'homme. Mentalement, ce n'est pas une masturbation du tout!... sauf si la femme est obligée, ici aussi, de faire appel, non pas à son amour, mais à une imagination particulière.

Et l'on voit que, dans la sexualité comme dans beaucoup de domaines, c'est l'intention mentale qui compte avant tout.

L'HOMOSEXUALITÉ MASCULINE.

Un homosexuel est un homme marquant une préférence sexuelle envers les représentants de son sexe (homme ou jeune garçon). Cette préférence peut être absolue : l'homme ne parvient à avoir des rapports sexuels qu'avec d'autres hommes (ou garçons). La femme est alors totalement exclue de ses préoccupations.

L'homosexualité peut être relative : il existe alors une *tendance* qui le pousse vers d'autres hommes; bien qu'il puisse se marier, avoir des enfants et sembler mener une vie sexuelle normale. De toute façon, une tendance homosexuelle se traduit toujours dans le comportement.

Il existe deux grandes formes d'homosexualité :

1. *L'homosexualité biologique*. — L'homme présente extérieurement les caractères masculins. Cependant, cet être est, physiquement, plus proche de la femme que de l'homme. Il réagit comme une femme, pense en femme, a des goûts très féminins, etc. Ce genre d'homosexualité est donc *normal*, si on considère les facteurs *physiques* qui la déterminent. La seule possibilité est donc une opération chirurgicale éventuelle qui donnerait à cet homme le sexe auquel il appartient réellement.

2. *L'homosexualité psychologique*. — C'est la plus répandue. Elle montre souvent un arrêt du développement psychologique et sexuel. Quelle est la cause qui peut pousser un homme à diriger sa sexualité vers un autre homme, au lieu de l'autre sexe? La réponse générale peut être celle-ci : l'homosexualité est un trouble de la personnalité entière (comme n'importe quel trouble sexuel). L'homosexualité n'est qu'une manifestation particulière d'un manque de développement psychique. Parmi les causes les plus fréquentes, on trouve : sentiments d'infériorité; haine des femmes (due à certaines circonstances ou à l'éducation); tout ce qui peut donner au garçon la peur des femmes; tout ce qui peut déviriliser le garçon (domination, autoritarisme, frustrations, sentiments d'infériorité, etc.).

L'homosexualité est une forme d'impuissance. Pour la plupart des homosexuels, le partenaire-homme représente une femme... tout en ayant l'avantage de n'être pas une femme; c'est-à-dire une créature dont il a peur et qu'il croit détester. Certains homosexuels acceptent leur anomalie sans souffrance visible. Au contraire, d'autres en font le plaidoyer, comme ce fut le cas d'André Gide.

Mais, très souvent, l'homosexuel est un véritable *obsédé;* il souffre de ses tendances contre lesquelles sa morale et sa volonté ne peuvent pas grand-chose. Des livres parfois poignants montrent que certains homosexuels présentent des drames intérieurs dont on ne peut soupçonner l'intensité. Et le sentiment qu'ils ont d'être méprisés et rejetés ne fait qu'accentuer leur souffrance.

En dehors de cela, il existe également des homosexuels « d'occasion ». Cette homosexualité se rencontre fréquemment quand les femmes font défaut pendant un temps assez long (casernes, pénitenciers, prisons, etc.). Elle présente cependant un danger : elle risque de devenir une habitude, surtout si le sujet est jeune et offre certaines prédispositions à la névrose.

Enfin, l'homosexualité se montre chez des snobs à l'affût de « sensations rares »; chez les épileptiques; chez des toxicomanes (notamment par cocaïne), etc.

L'homosexualité véritable amène souvent des complications sentimentales entre les partenaires; des jalousies féroces sont fréquentes et obsédantes, suivies de violences pouvant aller jusqu'au meurtre.

L'HOMOSEXUALITÉ FÉMININE.

Chez la femme, l'homosexualité consiste à avoir des rapports sexuels avec d'autres femmes (masturbation réciproque, par exemple). Cette homosexualité s'appelle également *lesbisme* (les lesbiennes), ou *saphisme* (ces pratiques semblaient communes chez les femmes de Lesbos, patrie de Sapho...).

Ici aussi, l'homosexualité peut être biologique. On a affaire à des femmes-hommes, dures, viriles, massives, parfois moustachues, qui agissent comme des hommes et pensent comme eux.

Mais, le plus souvent, il s'agit d'un phénomène psychologique. On trouve chez l'homosexuelle psychique une haine de l'homme, provoquée par de nombreuses raisons possibles. Elle refuse de se soumettre à la « loi masculine »... et recherche une autre femme.

Ou bien, elle devient *mentalement* un homme; c'est alors l'homosexuelle *active*, qui joue le rôle masculin. Ou bien elle reste dans son rôle *passif;* sa partenaire représente l'homme ...mais qui n'a pas les défauts des hommes détestés.

On voit donc que l'homosexualité psychique est un symptôme de névrose; elle n'est qu'une compensation ou un pis-aller (puisque l'homosexuelle se trouve dans l'impossibilité mentale d'aimer le sexe opposé...).

Les « ménages » féminins sont excessivement nombreux. Beaucoup de souffrances, d'obsessions et de jalousies terribles en sont le résultat.

LE MASOCHISME.

Ce terme vient du nom Sacher Masoch, écrivain allemand qui a exalté cette déviation dans ses ouvrages. Sexuellement parlant, le masochiste obtient la satisfaction sexuelle par la souffrance, les coups, la torture, le fouet, etc. Ou bien par des tortures « mentales »; comme les humiliations, le mépris, les injures, l'esclavage, etc.

On peut observer de nombreux degrés dans cette déviation sexuelle. La souffrance demandée peut être physique ou morale;

elle peut être *imaginée* par le masochiste; il demande alors à son partenaire de *simuler* des sévices.

Exemples :

— X. ne peut obtenir la satisfaction sexuelle que s'il imagine que sa femme est une grande-duchesse hautaine et humiliante, dont il est le valet fouetté... Il y a ici masochisme par imagination, en même temps que masturbation « mentale » dans les rapports conjugaux.

— Y. arrive à la jouissance sexuelle si sa partenaire tient un fouet à la main, et le domine en se plaçant sur lui. La femme ne doit pas le frapper; le symbole du fouet suffit, l'imagination faisant le restant.

Z. est un homme qui demande à son partenaire-*homme* de le ligoter et de le traiter de « sale esclave ». C'est un cas d'homosexualité doublée de masochisme. Etc.

Il est à noter que le masochisme se rencontre aussi bien chez l'homme que chez la femme. Le masochisme trouve facilement un partenaire *sadique* qui le satisfasse.

LE SADISME.

Un sadique aime faire souffrir, contrairement au masochiste qui aime souffrir. Sexuellement, le sadique a besoin de provoquer ou de voir la souffrance d'autrui pour obtenir la satisfaction. Il peut imposer cette souffrance à un être humain (du même sexe ou non), à un animal, à un enfant, etc. Le sadisme est fréquemment lié à l'homosexualité ou à la bestialité (voir ce mot plus loin). Certains sadismes sont, en effet, très complexes, et ne peuvent être analysés qu'individuellement.

Comme le masochisme, le sadisme est physique ou mental. Ce sont : les coups, les blessures, les mutilations, les brûlures, les piqûres, etc. pouvant aller jusqu'à donner la mort. Ou bien, moralement : les injures, les humiliations, etc. Souvent, une simple simulation suffit.

Il existe deux grandes formes de sadisme :

1. *Le petit sadisme*. La satisfaction sexuelle est obtenue par simple évocation de scènes cruelles ou par des simulacres de souffrances. Ce cas est vraiment très fréquent. C'est celui qu'illustrent les œuvres du *marquis de Sade*, d'où vient d'ailleurs le terme.

La flagellation se trouve également dans le petit sadisme. La volupté provient des coups de fouet assenés au (ou à la) partenaire.

Les « piqueurs » entrent aussi dans cette catégorie : ils se munissent d'aiguilles ou de petits poinçons, pour en piquer les femmes en profitant d'un encombrement de foule.

2. *Le grand sadisme.* Il est, heureusement, beaucoup moins fréquent. La satisfaction sexuelle demande des actes de cruauté réelle et très poussée. Ces actions aboutissent parfois à un meurtre. Celui-ci peut être suivi des diverses autres actions perverses, telles que : dépecage, anthropophagie, etc. Les grands sadiques sont presque toujours de grands obsédés. On connaît des cas célèbres tels que Gilles de Rais et Jack l'Eventreur.

LE FÉTICHISME.

L'intérêt sexuel n'est éveillé que par une partie déterminée du corps, ou par des vêtements. En dehors de l'objet particulier de son désir, le fétichiste n'a que très peu d'attirance sexuelle envers le sexe opposé. Le fétichisme se rencontre surtout chez les hommes. Les objets du désir sexuel sont, le plus souvent : cheveux, cuisses, mains, seins, mollets, etc. Ou bien : linge intime, bas, chaussures, gants, etc.

Le fétichiste a donc besoin de contempler ou d'imaginer l'objet ou la partie du corps, pour obtenir l'érection et la satisfaction sexuelle.

Cette déviation se rencontre surtout chez de grands timides, des anxieux, des refoulés, des psychasthéniques, etc. Elle est souvent due à une première sensation génitale durant l'enfance; un réflexe conditionné s'est alors créé en se liant à l'objet désiré (revoir le cas cité page 389 : fixation sur des chaussures féminines).

Le fétichiste a tendance à collectionner, soit son fétiche sexuel, soit des images le représentant.

LA BESTIALITÉ.

C'est l'accomplissement de l'acte génital avec des animaux : vaches, grands chiens, etc. Elle se rencontre chez l'homme comme chez la femme. La bestialité est parfois produite par des troubles mentaux; la personne tombe dans la bestialité sans la chercher, mais au hasard des rencontres... On la trouve aussi chez certains sujets frustres; elle est alors le « remplacement » d'un acte sexuel normal. Elle n'est pas rare chez des indigènes d'Afrique, chez des paysans solitaires, etc.

On trouve aussi cette « déviation » chez des déséquilibrés, des timides, des snobs blasés. Parfois, la bestialité est liée à l'obsession, ou associée à d'autres déviations sexuelles, telles que sadisme ou masochisme.

En conclusion.

Les principales déviations que nous avons vues ne sont qu'une infime partie de l'étendue des états anormaux. Elles peuvent constituer la base même d'un comportement, et diriger la plupart des actions d'un individu. La sexualité normale, harmonieuse et pure est très rare. Pourquoi? Parce qu'elle dépend de l'équilibration de la personne entière. Ensuite, parce que le climat de honte dans lequel nage la sexualité ne peut que favoriser le développement des anomalies. A qui voulez-vous que se confie un obsédé sexuel, sans avoir la certitude d'être rejeté avec mépris? Trouvera-t-il ce confident dans son entourage immédiat? Il n'y a pas si longtemps que la simple homosexualité (qui est pourtant une déviation bénigne) commence à bénéficier d'une compréhension plus grande. On commence enfin à se demander si les déviés sexuels ne sont pas des malades, au lieu d'être des « vicieux » se complaisant dans leurs « turpitudes ». Encore que « vicieux » ne signifie pas grand-chose; il y a une cause au vice, comme à n'importe quelle action humaine!

La sexualité est le plus délicat des comportements humains. Elle exige des qualités d'intelligence, d'équilibre, de dégagement intérieur et de générosité. Une personne faible arrivera peut-être à réaliser de grandes choses; elle ne parviendra jamais à s'oublier elle-même et à s'accomplir sexuellement. Un sentiment d'infériorité produit parfois de grands « chefs », parce que c'est *à cause* de ce sentiment d'infériorité que l'être cherche à devenir supérieur. Mais ce « puissant » restera lamentable dans la vie sexuelle. La sexualité est le seul domaine où il soit impossible de tricher, comme je l'ai dit au début de ce chapitre.

Une sexualité bien comprise est simple, parce qu'elle vient d'une personne simplifiée et purifiée de ses problèmes intérieurs. Elle doit être faite d'altruisme, et de *respect*. Eliminer l'égoïsme signifie déjà beaucoup de choses. Or, il n'y a pas d'altruisme possible dans une maladie psychologique. C'est une loi très dure, mais c'est la loi... Cela nous fait voir un premier point : la sexualité véritable (et l'amour) demandent l'équilibre permanent de l'état inférieur. Elle provient d'un dégagement des complexes, des refoulements et des peurs. *Il n'y a jamais de vraie sexualité dans la peur intérieure*. Il peut y avoir une recherche de sécurité, de protection ou d'agressivité. Mais pas d'amour. Le névrosé reste toujours en deçà du respect, puisqu'il est centré sur lui-même. Le rôle de la psychologie sexuelle est d'éliminer les causes du non-respect, au profit du respect. De permettre à une personne de retrouver une attitude bienveillante et compréhensive. Envers elle-même, les objets et les êtres.

De plus, la sexualité doit intéresser à la fois *l'esprit et le corps*. Nous sommes très loin de beaucoup « d'amours », qui ne sont qu'une émotion sentimentale, ou une grossière satisfaction génitale.

La sexualité consiste à donner, avant même de recevoir. Pour cela, il faut que l'être soit complet en lui-même, et que la sexualité ne soit pas une manœuvre destinée à compenser ses faiblesses et ses peurs. Ce n'est que dans ces conditions que la sexualité peut étendre les contours de notre personnalité. Aimer est un état d'esprit qui dépasse les cadres de notre « Moi » étriqué, dont nous faisons cependant tant de cas ! L'amour est un acte créateur, un acte « religieux », qui relie l'être humain à l'essence des choses. L'amour n'est jamais une possession : mais un don de soi, dans une étreinte de la vie.

La morale sexuelle se rattache à la pureté et à la vertu. Une personne profondément pure ne peut être touchée par le mal, parce que sa purification intérieure la rend invulnérable. Deux personnes pures et s'aimant réellement ne seront jamais obcènes, quoi qu'elles fassent. Mais la pureté authentique demande des qualités morales et psychologiques. Le psychisme doit être harmonisé, empêchant ainsi les tiraillements et les tortures intérieures. Vivre dans la pureté, c'est vivre dans l'harmonie... et par conséquent dans la vérité. C'est être plongé automatiquement dans la morale. Non pas une morale imposée par les autres ; non pas une morale provenant de la crainte du châtiment ou le désir d'une récompense ; mais une morale profonde, venant d'une unification et d'une joie intérieures. *Un homme harmonieux ne fait pas le mal, parce que son état mental l'en rend incapable*. Son intuition et son instinct sont en accord avec sa raison ; et cet homme, obéissant à ses rythmes profonds, retrouve facilement les grandes vérités du monde...

XI

LA VOLONTÉ

A première vue, sa définition semble aisée. Si je suis invité à une soirée, je me pose la question : « irai-je ou n'irai-je pas »? Je pèse ensuite le pour et le contre; puis je décide « oui » ou « non ». Cette décision constitue un acte de volonté.

La décision volontaire fut provoquée par deux facteurs principaux :

a) les circonstances extérieures (ici, l'invitation).

b) les circonstances intérieures (l'humeur, l'état de fatigue, l'état psychique, la façon de voir les choses, le besoin de s'amuser, la peur du monde, etc., etc.).

Autre exemple : si je dois me rendre chez le dentiste, ma façon de vouloir sera différente selon que je souffre ou non, que j'ai peur ou non, que je suis nerveux ou non, etc.

On voit déjà qu'un acte de volonté dépend de nos tendances, de nos penchants, nos humeurs, nos passions, etc. Nous « voulons », c'est entendu. Mais il y a toujours quelque chose en nous qui influence notre décision... sans demander notre avis. Ce qui ramène déjà les vanités humaines à de plus sages proportions...

De plus, dans beaucoup d'actes « volontaires », que de raisons qu'on n'oserait pas s'avouer! Que d'esprit de compétition, de désir de surpasser les autres, ou de les dominer! Que de besoins d'avoir raison, de se prouver à soi-même qu'on est « fort », de démontrer qu'on est capable de se mater, qu'on a de la force de caractère, etc.!

Alors, existe-t-il de *vraies* et de *fausses* volontés? Y a-t-il un original et ses caricatures? Oui. C'est ce que je vais envisager.

Comment conçoit-on la volonté?

Pour beaucoup, être volontaire signifie serrer les poings et les mâchoires, froncer les sourcils, et foncer dans les obstacles. *Or, rien n'est plus faux que cette conception.*

Ou bien, la volonté est vue à travers une série de slogans, considérés comme valables une fois pour toutes. Quels sont-ils?

— Vouloir? C'est pouvoir dire non envers et contre tout.

— Quand je veux, je veux!

— Qui veut, peut! (c'est le slogan principal... On l'assène sans cesse aux malades psychiques sans savoir ce qu'on dit. Ce slogan a déjà fait beaucoup de mal...).

— Quand j'ai décidé, c'est décidé. Les meilleures raisons du monde ne me feraient pas changer d'avis!

— La volonté? C'est surmonter les obstacles.

— La volonté? C'est tenir à ses idées avec une fermeté inébranlable.

— Si je dis non, c'est non.

— Il faut vouloir avec férocité...

etc., etc.

Or, tous ces comportements sont des manifestations *inférieures* de volonté. Ils ressemblent aussi peu à la volonté véritable qu'une plaque de zinc à un lingot d'or...

Quand agit-on volontairement ou involontairement?

1) Agir volontairement, c'est agir pour des raisons conscientes.

Si nous disons « je veux », il semble normal que nous sachions au moins pourquoi. Que nous sachions consciemment et au maximum pourquoi nous choisissons ou décidons ceci ou cela. Quand on dit « je veux », la moindre des choses est de pouvoir énumérer consciemment les raisons pour lesquelles on veut. Mais, sept fois sur dix, on pourrait assister au dialogue suivant :

— Je le veux!

— Pourquoi?

— Parce que je le veux; un point c'est tout.

Ces personnes prétendront agir volontairement. Alors qu'il faut pouvoir donner les raisons conscientes d'un acte de volonté. Il s'agit donc ici *d'automatisme inconscient, et non de volonté.*

Prenons un homme poussé à une décision par un instinct, un besoin d'avoir raison, de dominer, etc. Agit-il volontairement, bien qu'il en donne l'apparence? Pas le moins du monde : il agit inconsciemment. De même, il ne viendrait à l'idée de personne qu'une colère soit volontaire, ou qu'un émotif ait volontairement le trac...

2) Agir involontairement, c'est être poussé par des monstres inconscients.

Et c'est ainsi que des millions de personnes disent « je veux »... alors que leur action reste involontaire; même si elles croient le contraire! Pourquoi? Parce que leur inconscient est plus fort que leur conscient (dans les impulsions et les complexes, par exemple).

Ces personnes ne veulent rien du tout. C'est leur inconscient qui les pousse à vouloir.

Exemple : Voici un homme qui, depuis quelques années, a pris une grave décision. Il s'est juré : « JE VEUX devenir un grand avocat! » Il s'est mis à étudier ferme, à faire des efforts tenaces, à travailler jusqu'à épuisement, à surmonter cet épuisement. Sans écouter quoi que ce soit, il s'est crispé vers le but.

Supposons maintenant qu'il soit atteint de puissants sentiments d'infériorité. Comme il se sent inférieur, il éprouve inconsciemment le besoin de devenir supérieur [1]. En ce cas, a-t-il accompli des actions volontaires? (Je veux dire *consciemment* volontaires?) Très peu! Ce n'est pas Lui qui a décidé de devenir un grand avocat; *mais ce sont ses sentiments d'infériorité qui l'ont dirigé vers une recherche de supériorité.* Mais cela, il l'ignore probablement... Il est convaincu d'avoir accompli des milliers d'actions volontaires; en fait, il a obéi à des poussées intérieures.

Le résultat de cette fausse volonté peut être très beau, individuellement ou socialement. De toute façon, il n'est nullement le produit d'une vraie volonté!

Dans toute action volontaire, il existe donc toujours *un mélange* de conscient et d'inconscient.

Et nous avons :

1) La volonté augmente quand les raisons conscientes augmentent. La personne sait alors ce qu'elle veut, et pourquoi. *La connaissance profonde de soi est donc indispensable.*

2) La volonté diminue quand les motifs inconscients augmentent. Notons encore que beaucoup de personnes peuvent

[1] Voir « Sentiments d'infériorité » à l'index.

donner ainsi les marques extérieures d'une forte volonté... alors qu'il n'en est rien. Nous le verrons un peu plus loin.

La volonté rationnelle. — Une qualité humaine consiste à prévoir les conséquences de certains actes. L'être humain sait, par exemple, que l'usage immodéré de l'alcool le fera souffrir dans un temps plus ou moins rapproché. Le sachant, il lui est possible de faire la comparaison entre sa santé actuelle et la maladie future. Bref, l'homme digne de ce nom est capable d'établir le bilan de ses actes, de les raisonner et les analyser.

Or, je répète que nos raisons conscientes sont mélangées à des forces intérieures obscures (nos instincts, nos impulsions, notre émotivité, notre tempérament, nos besoins, etc.). Si la volonté dépend de raisons conscientes, elle est soumise à la connaissance que nous avons de nous-mêmes, et des choses extérieures. Prenons le cas suivant, et posons à quelques personnes une question on ne peut plus banale :

— Pourquoi avez-vous décidé de ne plus fumer?

Et nous aurons en général les réponses suivantes, tout à fait superficielles, et ne montrant nullement de la véritable volonté :

— Parce que c'est mauvais pour la santé (en fait, il n'en sait probablement rien; il répète ce qu'on lui a dit).

— Parce que c'est une habitude vraiment trop bête (pourquoi? il sera sans doute incapable d'analyser plus loin).

— Parce que cela coûte beaucoup d'argent.

— Parce que je veux éprouver ma volonté (il n'est donc pas certain d'en avoir).

— J'ai dit non, c'est non (il ne sait pas pourquoi; il s'agit donc d'obstination, et non de volonté... même si le résultat de sa décision est intéressant).

— Parce que ma femme ne veut plus que je fume (c'est peut-être le plus lucide!...).

Supposons maintenant un médecin qui décide de ne plus fumer. Pourquoi? Parce qu'il est mieux informé, et peut analyser profondément les effets du tabac. Il compare sa santé actuelle avec les risques de maladie. Ce médecin a donc plus de raisons *conscientes* que les autres. On peut dire qu'il a plus de volonté.

De même, supposons un psychanalyste qui prend une décision. Ce psychanalyste se connaît lui-même au maximum. Il a réussi à analyser en détail son inconscient. Il est donc capable de décortiquer les raisons de sa volonté. Il a en mains infiniment plus d'éléments qui lui permettent de décider lucidement et en connaissance de cause. Sa volonté sera évidemment beaucoup plus large et claire...

La volonté morale. — C'est la volonté qui nous dirige vers le bien. Tout homme a le sentiment que suivre sa raison vaut mieux qu'obéir à ses penchants instinctifs. Or, l'homme le plus conscient du monde garde des penchants, des instincts, etc.

Donc, pour avoir une volonté morale parfaite... il faudrait être pur esprit.

La psychologie moderne a tendance à ne considérer comme authentique que la volonté recherchant *le bien* et *le mieux*. Rechercher son plaisir, ses jouissances et ses aises ne met pas la volonté en jeu.

La volonté de puissance. — En général, cette forme de volonté pousse à la domination de ses semblables. C'est une tendance à devenir plus puissant, sans prendre garde aux moyens employés. Cette volonté de puissance est donc nocive. Elle est *anormale;* elle se base sur des sentiments d'infériorité et d'impuissance; sur le besoin de « faire mieux » que les autres, d'être le plus grand, le plus fort, etc...

Les éducateurs névrosés qui dominent avec autoritarisme sont dans ce cas. Ils imposent leur « volonté »... en étant convaincus d'agir « pour le bien » de l'enfant. Socialement, l'Allemagne hitlérienne fut un exemple de cette volonté de puissance.

Autre forme, mais plus élevée : quand l'individu veut avoir de plus en plus de valeur, acquérir la maîtrise de soi, réaliser de belles œuvres, etc. Cette volonté est-elle parfaite? Certes non! Elle est à base d'égoïsme. On cherche *son bien*, on réalise *son* œuvre, on tend vers *sa* valeur.

Exemple : un artiste se donne tout entier à son œuvre. Il l'accomplit avec une volonté « farouche ». Est-ce de la volonté réelle? Non. Cet homme tente de *se* réaliser, cherche *sa* puissance, etc.

Mais cette volonté sera meilleure s'il estime avoir un message à transmettre aux autres. Il va alors, dans une certaine mesure, vers le bien *des autres*.

La volonté de puissance (la mauvaise!) est très répandue. La plupart des hommes sont possédés par elle, surtout dans notre genre de société (désir de compétition, besoin de surpasser les autres, de dominer, etc...).

Au lieu de volonté, il s'agit souvent de névrose, de faiblesse ou d'impuissance.

La conception classique de la volonté. — Classiquement, un acte volontaire se divise en quatre périodes :

1) *La conception :* l'acte à exécuter se présente à l'esprit (par exemple : je conçois que je suis invité à un bal).

2) *La délibération :* pendant laquelle on examine les raisons pour et contre (irai-je à ce bal pour telle raison? n'irai-je pas pour telle autre raison?).

3) *La décision :* c'est le jugement qui termine la délibération. On accepte ou on refuse.

4) *L'exécution :* elle suit plus ou moins rapidement la décision.

Parmi ces quatre points, c'est le n° 3 (décision) qui serait l'acte de volonté.

C'est théoriquement très joli... mais dans la vie courante? Charles Blondel écrivait à ce sujet : *Il prend véritablement envie de mettre une annonce dans les journaux pour inviter ceux qui ont choisi leur profession ou décidé un voyage de la sorte, à bien vouloir se faire connaître !*

En réalité, beaucoup de délibérations ont lieu à travers un fouillis intérieur, une somme invraisemblable de motifs inconscients! A travers les instincts, les humeurs, les peurs, les angoisses, les complexes, la nervosité, etc... comme nous l'avons déjà vu. La décision finale dépend avant tout de *l'accueil intérieur* que nous faisons à l'idée. Si un grand timide reçoit une invitation, sa première réaction sera un choc émotif. Comment peut-il décider « volontairement »? Qu'il dise oui ou non, *c'est son état de timidité qui l'y poussera en grande partie.* Alors?...

De plus, l'action volontaire ne se termine qu'au point 4 (exécution). Décider quelque chose n'est pas l'exécuter! Entre la décision et l'exécution interviennent souvent des hésitations, des doutes, des ruminations... qui provoquent de nouvelles délibérations et de nouvelles décisions. Très fréquemment, une décision est prise, mais la personne ne passe jamais à l'action. C'est le cas banal des fumeurs et des buveurs qui « décident » de changer de comportement. C'est également le fait de beaucoup de malades psychiques (les psychasthéniques [1] par exemple). Ils « veulent » faire des tas de choses; ils décident que « demain » ils accompliront ceci ou cela. Et cependant, jamais ils ne passent à l'exécution. L'action volontaire est bloquée en cours de route; ce qui signifie qu'elle n'a pas eu lieu.

Finalement, la volonté existe-t-elle? — Supposons que nous soyons dans la rue. Nous croisons un vieillard poussant une

[1] Voir « Névrose et psychose » à l'index.

charrette lourdement chargée. En le voyant, aucun passant normal ne restera indifférent; c'est une impossibilité. A la vue de ce malheureux vieillard, vont se dérouler de nombreux sentiments. Supposons qu'ils se présentent comme ceci (bien que la réalité soit infiniment plus complexe!) :

— Premier sentiment : la pitié. Le spectateur réagit en disant : « Le malheureux! A son âge! Même pas un animal pour l'aider! etc... ».

— Deuxième sentiment : « Je voudrais l'aider. Pourquoi? Parce que c'est mon devoir; parce que c'est normal; parce que je ne supporte pas ce spectacle; parce que je me mets à sa place, etc..., etc... ».

— Troisième sentiment : timidité; peur du qu'en-dira-t-on; crainte d'être ridicule, etc...

Ensuite :

1°	*ou bien :* 2°
Le spectateur se fait violence, traverse la rue, aide le vieillard. Il en est content ou fier. Il a accompli une bonne action, et remporté une « victoire sur lui-même ».	Le spectateur se détourne, et fuit moralement. Il ne bouge pas. Il se sent mécontent, honteux de lui et de sa « lâcheté » (qui n'est souvent que de la peur, de la timidité ou de la bêtise...).

On conclura donc que la personne n° 1 fut volontaire, et le n° 2 « lâche ». Est-ce exact? On voit que les hésitations et les décisions furent déclenchées par des états intérieurs (sentiments d'infériorité, timidité, façon de voir les choses, sens moral, pitié, solidarité, etc...).

Au fond, on pourrait prétendre que la volonté réelle n'a rien à voir dans tout cela. Mais qu'il s'agit *d'une somme de réflexes compliqués*, s'imbriquant les uns dans les autres. Ces réflexes se feraient malgré nous, s'agiteraient en nous, sans que nous y soyons pour rien. Qui l'emporterait?... Le réflexe le plus puissant, tout simplement. Ce serait donc la négation pure et simple de la volonté telle qu'on l'entend ordinairement.

Voici maintenant un autre spectateur observant le vieillard. Sans conflit intérieur, sans hésitation, ni impulsion émotive, ni honte, ni ostentation, il traverse et pousse la charrette. Il n'a fait aucun effort pour décider son action. *Cela s'est décidé en lui*, spontanément. Il le fait avec une simplicité et un naturel parfaits. Il est certain que cet homme a plus d'aisance mentale que les autres. A-t-il dû mettre sa volonté en branle? Non. Tout d'abord parce qu'il n'a rien raisonné. Alors... a-t-il obéi, lui aussi, à des réflexes plus parfaits que les autres?

Alors, qu'est-ce que la volonté, sur laquelle philosophes et psychologues se sont penchés durant des siècles, sans jamais arriver à la définir? Existe-t-elle, ou prend-on l'illusion pour réalité? On dit : « Je veux », bien sûr... Mais ne le dit-on pas afin de traduire des réflexes devenus conscients? Quel est notre rôle, dans ce cas? Il s'agirait de voir lucidement ses réflexes. De pouvoir se dire : « J'ai voulu et décidé ceci; quels sont les réflexes qui m'y ont poussé? D'où viennent-ils et pourquoi? Quel est mon jeu intérieur involontaire, qui produit une action que je crois volontaire? ».

Et nous retombons, une fois de plus, dans la connaissance que nous devons avoir de nous-mêmes...

LA VOLONTÉ SUPPOSE-T-ELLE UN EFFORT, UNE CRISPATION OU UNE TENSION?

Pour le sens commun, oui. On croit généralement que la volonté doit être tendue par un effort. On croit qu'il n'y a pas de volonté sans effort. Or, nous allons voir que *la volonté demandant un effort n'est pas une volonté supérieure.*

Voici l'exemple de deux élèves :

ELEVE N° 1	ELEVE N° 2
Très doué. Mentalement puissant. Bonne vitalité. Ne doit pas faire d'effort. Jongle avec les problèmes. Fixe son esprit avec facilité. Comprend immédiatement, sans la moindre difficulté. Arrive aisément au bout de son étude, sans fatigue exagérée.	Peu doué. Cérébralement faible. Vitalité déficiente. Avance péniblement. Doit accomplir de grands efforts. N'arrive pas à fixer son esprit. Malgré tout, il continue en se crispant. Il « bande toute sa volonté ». Peu à peu, il arrive au bout du problème, et réussit.

Qui possède la volonté réelle? L'élève n° 1, ou l'élève n° 2?

Pour le sens commun, c'est le n° 2. Pourquoi? Parce qu'il fait des efforts. Parce qu'il continue malgré tout. Pourquoi continue-t-il? C'est ce qu'il faut connaître en premier lieu. Ce peut être : par désir de compétition; par peur d'être moins que les autres; par crainte du mépris; par désir de terminer honorablement ses études, afin que les sacrifices des parents ne soient pas inutiles ; par peur de ses parents, etc...

Comme il fait de grands efforts pour surmonter ses difficultés, on l'admire. *Ce qui est naturel si ses raisons sont nobles et son sens moral élevé. Mais cela ne prouve nullement qu'il s'agisse de volonté réelle.* Même si le sens moral est très élevé, il s'agit d'une volonté inférieure, due au manque de puissance et à la crispation.

Et l'élève nº 1 ? Il atteint le but sans effort, et possède la puissance qui lui donne l'aisance naturelle. Il conserve intacte son énergie, ainsi que l'harmonie de son moi. Or, la volonté est un acte conforme à la raison consciente et à l'harmonie. *Qu'il ne doive pas accomplir d'effort prouve la perfection de son action.* C'est lui qui possède la volonté réelle ; parce que la volonté est une perfection et une puissance. Elle demande donc, pour se manifester, des conditions parfaites...

Un deuxième exemple.

UN ECRIVAIN :

1º

Ecrit sans effort, puissamment, en souriant, sans aucune crispation. Il travaille rapidement, régulièrement, sans hésitation ni fatigue. Il connaît lucidement son but, et va vers lui avec toute son intelligence et toute sa vitalité.

Au bout d'un certain temps :

2º

Il devient peu à peu fatigué. Il continue d'écrire. Il va vers un épuisement de plus en plus grand. Il commence à se crisper et à « perdre le fil de ses idées ». Il se tend. Il continue encore, dominant sa fatigue et « matant » son corps. Il se concentre et s'obstine. Il lutte péniblement, afin d'arriver au bout de son travail (pour une raison quelconque).

Quand cet écrivain possède-t-il la volonté réelle?

Il la possède au point nº 1. La volonté supérieure étant un acte raisonnable et conscient, c'est alors qu'il est plein de vitalité, d'aisance et de lucidité. Il agit volontairement avec naturel.

Quand perd-il la volonté réelle? Quand cette volonté devient-elle inférieure?

C'est au point 2° qu'il fait appel à une volonté inférieure. Son énergie diminue... et sa volonté suit le même chemin. Il se crispe et s'obstine. Il va vers le but avec un moi diminué par la fatigue. C'est alors qu'il doit faire appel à « toute sa volonté »... ce qui est la preuve qu'il en manque. Il tombe dans une forme inférieure de volonté.

Dans l'usage courant, on croit donc que volonté signifie effort. Que la volonté n'intervient que lorsqu'il faut vaincre, mater, dominer, obtenir le pouvoir sur autrui, etc... On croit que la volonté n'est destinée qu'à surmonter les difficultés.

Ces opinions se basent sur des observations partielles ou faussées. Si vous devez faire un effort, c'est une preuve de votre imperfection. Si vous devez déployer un effort colossal pour soulever cinquante kilos, c'est que vous êtes imparfaits dans ce domaine. Au contraire, si vous le faites avec aisance, c'est que vous possédez une force adaptée à votre tâche. Un effort est évidemment une marque de volonté. Mais, une fois encore, il s'agit d'une forme mineure. La volonté supérieure se base sur l'équilibre et la puissance : c'est pourquoi elle n'exige pas d'effort. *C'est lorsque la volonté devient imparfaite qu'on doit faire des « efforts volontaires »*. Bien sûr... cela modifie un peu les traditions courantes, mais je n'y puis rien. Telle est la loi biologique... et simplement logique. D'autant plus que la réalité est infiniment plus belle que l'illusion. Un homme lucide et conscient n'est-il pas plus réalisé qu'un homme soumis presque totalement à son épuisement ou à son inconscient? Même s'il accomplit des efforts qui semblent volontaires?...

Quelles sont les conditions d'une volonté parfaite?

Nous le verrons plus loin. Mais, en attendant, je répète ceci : faire un effort volontaire montre une impuissance de volonté. La volonté parfaite demande que l'homme tout entier aille vers son but, avec son sens normal, sa raison et son intelligence. Si des tendances contradictoires existent en nous, nous n'irons vers l'objectif qu'avec une partie de nous-mêmes... et nous passerons à côté. Les tendances contradictoires coupent l'union de notre personnalité, et divisent notre volonté. Nous avons alors des volontés partielles, crispées et opposées l'une à l'autre... se dirigeant vers des cibles que nous ne voyons que partiellement...

Voici par exemple une mère qui se dévoue pour ses enfants et se tue au travail. Elle fait de terribles efforts pour arriver à la fin de sa tâche. A-t-elle de la volonté? Oui, puisqu'elle « veut arriver ». Mais est-ce de la vraie volonté? Non. Ce sont des volontés fragmentaires et crispées, dues à l'épuisement. Quelle que soit la beauté morale de l'action de cette mère, sa volonté réelle consisterait donc à récupérer suffisamment de force pour n'avoir plus à faire d'effort...

La volonté doit être comme l'élégance : invisible.

A quoi vous fait songer la notion de « volonté »?

a) A la *ténacité :* l'homme est résolu à aboutir, et emploie certains moyens. Mais on confond souvent ténacité (qui est puissance équilibrée) et obstination (qui est impuissance et faiblesse).

b) A la *maîtrise de soi.* C'est une aptitude à dominer ses sentiments, ses instincts, etc... Encore faut-il savoir s'il s'agit de vraie ou de fausse maîtrise de soi! (voir ce terme à l'index).

c) A *l'esprit de décision.* Il doit être rapide, sans hésitations exagérées et sans ruminations mentales. Encore faut-il que cet esprit de décision soit authentique. L'impulsif, par exemple, semble montrer des décisions ultra-rapides. Il n'a cependant pas de volonté, ainsi que nous allons le voir.

d) A *l'esprit d'initiative.* C'est l'aptitude à entreprendre une tâche nouvelle.

Toutes ces qualités demandent donc des conditions. Quelles sont-elles? Pour le mieux comprendre, je propose de voir le jeu inverse, et d'examiner ce qui *empêche* la volonté.

On connaît donc la maxime « qui veut, peut! ». La plupart sont à peu près convaincus de la vérité de cette affirmation... parce qu'ils n'en ont jamais eu d'autre à leur disposition. Ils l'ont rarement vérifiée, sauf à travers de très vagues expériences en surface.

Il arrive cependant que ces personnes tombent malades d'une façon quelconque. De nombreuses difficultés se présentent, surtout dans les maladies psychologiques. Les circonstances les plus banales commencent à demander des efforts héroïques. C'est donc le moment de faire appel au « qui veut, peut! » et de le mettre en pratique.

Prenons ici le cas d'une personne qui, soudain, est atteinte de neurasthénie (voir index). Sa maladie *l'oblige* à douter, à ruminer mentalement, à hésiter avec angoisse, à ne pas oser, à ne pas agir. Elle songe alors : « Si je veux, je peux. C'est du moins ce qu'on m'a toujours dit ». D'ailleurs, ses amis ne se privent pas de le lui répéter! La voilà donc partie avec le proverbe en tête; elle se le répète à longueur de journée. Que se passe-t-il? *Le slogan ne répond plus*... La personne a beau se dire sincèrement : « Je veux, donc je peux »; rien ne va plus! Elle accumule les efforts, elle se crispe, elle cherche désespérément à se « mater » au moyen de sa « volonté ». Sans résultat positif, sinon un épuisement de plus en plus grand.

Alors, troublé, le malade se demande si cette maxime n'est pas une aimable plaisanterie inventée par des gens bien portants. Et c'est là qu'il touche la vérité du doigt.

Le malade constate une chose. Lorsqu'il avait la santé, il était capable de vouloir comme n'importe qui. Maintenant, le voici devenu incapable de vouloir. Cette volonté ne serait donc qu'un simple *effet?* Elle demanderait des conditions précises pour apparaître?

LES CONDITIONS DE LA VOLONTÉ.

Comme toute manifestation humaine, la volonté est soumise à des lois. Je vais donc envisager ce qui freine ou annule la volonté. *Nous verrons ainsi qu'il existe quantité de fausses volontés, ayant toutes les aspects de la vraie.* Un mulet, bloqué sur ses pattes, ne donne-t-il pas une apparence de volonté, parce qu'il dit « non » avec une fermeté inébranlable? Et beaucoup d'hommes n'agissent-ils pas de même, tout en croyant sincèrement être « très volontaires »?

Voyons cela sous forme de tableaux, suivis d'explications.

CE QUI EMPECHE LA VOLONTE	CE QUI PERMET LA VOLONTE
L'impulsivité exagérée. L'inhibition exagérée.	L'équilibre entre l'impulsivité et l'inhibition.
Le manque d'énergie, et les fausses énergies (fatigue agitation, nervosité, émotivité, etc...).	La vitalité, la véritable énergie, l'équilibre et la maîtrise de soi.
L'indifférence maladive.	L'intérêt affectif.

L'impulsivité exagérée.

Qu'est l'impulsion? C'est un élan irrésistible qui pousse une personne à accomplir un acte sans le raisonner (voir le terme à l'index). L'impulsif est souvent explosif. Il fonce. Il est incapable de se freiner et de diriger sa vie de façon équilibrée. Il est guidé par ses désirs élémentaires, ses automatismes inconscients et son affectivité déréglée. Il agit souvent de manière « forcenée ». Chef, il commande fréquemment, sèchement et avec mépris. Il se considère évidemment comme un chef « meneur d'hommes » et « volontaire ». Il n'hésite jamais, va sans cesse de l'avant, et n'admet pas pouvoir se tromper (sauf quand il désire se donner une apparence de perfection). L'impulsif semble donc « vouloir ». En fait, il est incapable de contrôler ses actions, et a aussi peu de volonté qu'un faible. L'impulsif est semblable à l'agité, qui paraît énergique sans l'être le moins du monde... (l'agité a été étudié dans « la fatigue »; voir index).

L'impulsif se lance donc dans une action exagérée. Il court sans cesse. Il semble bourré de volonté et de puissance mentale. Mais il sait très bien, au fond de lui-même (si toutefois il ose y descendre...), qu'il est incapable de volonté réelle. Sous son faux esprit de décision, se cachent l'impuissance, l'inquiétude et l'émotivité.

C'est un drogué de l'action... Il fonce tout droit, souvent hargneux, et incapable de revenir sur ses pas pour changer éventuellement de route... *Ce n'est pas un volontaire : c'est un automate.*

Il existe une autre espèce d'impulsif : l'impulsif à retardement. Sa réaction extérieure n'est pas immédiate. Il rumine. Les faits s'accumulent en lui comme de dangereuses munitions. Finalement, ces circonstances grossissent démesurément, et captent toute son attention. Sa pression intérieure monte au maximum. Cet impulsif s'exaspère, s'exalte... et explose. L'explosion est d'ailleurs fréquemment cherchée par lui-même, afin de faire tomber sa compression psychique! Il peut donc, lui aussi, donner l'impression d'une volonté passant à l'action. Mais il n'en est rien... On l'observe facilement : il se trouble, devient nerveux, saccadé. Sa voix est hachée. Il n'est nullement maître, ni de lui, ni de ses gestes, ni de ses paroles.

Il n'y a donc chez les impulsifs aucune volonté, mais une obéissance pure et simple à des forces instinctives et inconscientes. Et que dire des impulsifs atteints de sentiments d'infériorité, qui renforcent leur « volonté » de domination et de puissance!...

L'excès d'inhibition.

L'inhibition (voir index) consiste à freiner un mouvement ou une pensée. Elle permet de ralentir l'action projetée, afin de la raisonner et la justifier. Une personne normale reste ainsi « un pied en l'air » avant de passer à l'action volontaire. Mais cette hésitation doit être courte.

Rien de tel dans l'excès d'inhibition. L'arrêt se prolonge longtemps. La personne hésite longuement, rumine, doute, revient sans cesse sur ses décisions. L'inhibition peut même aboutir au blocage total de l'action projetée.

L'inhibé se dérobe devant l'action, parce qu'il est incapable de surmonter son appréhension. La volonté n'est pas absente, mais *prisonnière*. Par exemple, un timide « veut bien » montrer de la décision; mais il ne « peut » pas. Parce que ses freins intérieurs sont plus puissants que son désir de vouloir. Il est semblable à une voiture qui tenterait de rouler, alors que les freins sont serrés.

L'inhibé attend que les événements décident pour lui, ou qu'une personnalité plus forte le débloque. Ce défaut se présente fréquemment dans la timidité, la dépression, les sentiments d'infériorité, les affaiblissements psychiques, les névroses, les complexes, etc.

Au contraire. — La volonté est la faculté d'agir consciemment. Agir demande une part d'impulsion, évidemment. Mais nous venons de voir qu'un impulsif « pur » ressemble à une girouette dans le vent, même s'il semble agir avec énergie volontaire. Donc, une action demande également le freinage de ces impulsions (inhibition). Une action normale exige un équilibre entre l'impulsion et l'inhibition. Si cet équilibre se rompt pour une raison quelconque, on tombe dans l'excès d'inhibition ou d'impulsion; on aboutit automatiquement à un manque de volonté.

Le manque d'énergie.

Nous avons longuement étudié *la fatigue* (voir index), ainsi que ses deux aboutissements : *l'épuisement et l'agitation.*

On conçoit très bien qu'un épuisement produise un manque de volonté. Une personnalité affaiblie ne peut se traduire que par une volonté faible.

Et dans l'agitation? On peut la comparer à l'impulsivité exagérée. L'agité accomplit de nombreuses actions, sans s'arrêter et sans même ressentir son épuisement. Il donne l'impression de posséder beaucoup d'énergie... alors qu'il n'en a presque plus! Soumis à un système nerveux déréglé, l'agité déplace beaucoup d'air. Il montre donc une *fausse énergie*, qui se traduit par une *fausse volonté*. Comme chez l'impulsif, les actes de l'agité peuvent paraître extrêmement volontaires, vus superficiellement.

Le manque d'énergie produit également l'émotivité, la nervosité, etc. Les nerveux et les émotifs perdent automatiquement leur lucidité... donc leurs moyens. Ils sont soumis à de nombreuses perturbations nerveuses ainsi que nous l'avons vu dans « la médecine psychosomatique ». Leur écorce cérébrale fonctionne mal. Ils sont sujets à de véritables tempêtes intérieures, dont leur affectivité fait les frais. S'ils prennent une décision, sera-ce « volontairement »? Non. Ils seront poussés par des impulsions produites par leur émotivité...

De même, l'épuisement provoque parfois de faux miracles de volonté. On connaît ces personnes épuisées qui continuent à agir malgré tout, bousculées par des motifs intérieurs. Sans cesse, elles dépassent leur fatigue, et remettent à plus tard leur repos. En les observant, on pourrait croire à un « triomphe de la volonté »; on s'imaginerait qu'elles ont une énergie et une volonté admirables. La littérature, le cinéma et la vie quotidienne regorgent d'exemples de ce genre. J'ai cité le cas d'une mère épuisée qui se tue au travail, et noté que les résultats sont parfois sublimes moralement. Mais cela ne change rien à la question, qui est celle-ci : en surmontant sans cesse son épuisement, y a-t-il volonté réelle? La réponse est : non. Il n'y a pas de volonté, mais crispation sur une tâche donnée, à partir d'une idée qui peut aller jusqu'à l'obsession (obsession du devoir, du dévouement, du travail, de gagner de l'argent, de réussir un travail, de la peur du mépris, etc.)

Au contraire. — La valeur de l'homme réside avant tout dans sa vitalité et son équilibre. Elle réside dans la maîtrise qu'il a de lui-même. On ne conçoit pas un homme volontaire sans qu'il ait une maîtrise lui permettant d'examiner calmement et lucidement les problèmes qui se présentent à lui.

Le manque d'intérêt.

Toute décision humaine demande une certaine dose d'intérêt. Décider une action exige que nous nous y intéressions d'une façon quelconque. Or, de nombreuses personnes ne parviennent pas (malgré tout leur désir) à éprouver un intérêt envers quoi que ce soit. Les causes devront en être soigneusement recherchées. Ce manque d'intérêt provoque l'indolence, la paresse, la lenteur et l'inachèvement des actes, etc. Les causes fréquentes en sont : constitution, hérédité, mauvais fonctionnement endocrinien, affaiblissement cérébral, névroses, etc.

Au contraire. — Un intérêt profond, joint à un équilibre, produisent automatiquement le vouloir. Le « manque d'intérêt » est donc une véritable « maladie de la volonté », qui doit être envisagée et traitée comme telle.

CE QUI EMPECHE LA VOLONTE	CE QUI PERMET LA VOLONTE
La raideur mentale L'entêtement L'obstination Les opinions ancrées La crispation, l'agressivité La bêtise Quand l'inconscient travaille au détriment du conscient Tout ce qui divise ou tiraille la personnalité Tout ce qui empêche la synthèse mentale	La souplesse et l'étendue de l'esprit; la largeur de vues; la détente mentale. L'harmonie entre le conscient et l'inconscient. Tout ce qui unifie et équilibre la personnalité. Tout ce qui permet la synthèse mentale.

La raideur mentale.

Dans cette catégorie, se trouvent les personnes figées et inébranlables comme un rocher. Il n'est pas rare de trouver la raideur mentale chez les personnes inhibées.

C'est donc fréquemment le cas d'individus timides ou atteints de sentiments d'infériorité. Ils hésitent longtemps avant de passer à l'action. Mais, dès que l'acte est décidé, ils s'y fixent et s'y *cramponnent* avec une force impitoyable. On dirait qu'ils s'accrochent à un crampon de sécurité... Il y a donc dans leurs décisions une fermeté qui pourrait ressembler à de la vigueur mentale. En réalité, il s'agit d'une grande faiblesse... Le faible n'est nullement dégagé de lui-même; il est prisonnier d'une décision à laquelle il se tient. Pourquoi? Parce que cette décision lui a coûté trop d'énergie. Il est incapable de revenir sur sa résolution pour aboutir à une autre... ce qui le replongerait dans les mêmes hésitations. Il se tient donc une fois pour toutes à ce qu'il a déterminé. De plus, le faible a *besoin* de sa décision inébranlable! Celle-ci lui donne la sécurité, puisqu'elle élimine de pénibles doutes! Et c'est ainsi qu'il se fige dans une attitude rigide... Souvent, il s'en fait gloire, et déclare : « Moi? je ne reviens jamais sur ma décision, quelles que soient les bonnes raisons qu'on m'oppose... ». Il devient incapable de détendre sa raideur; il la prend pour de la volonté. Il s'appuie alors sur des « principes », afin de mieux justifier son caractère inflexible.

Beaucoup d'*autoritaristes* sont dans ce cas. Comme nous l'avons vu souvent. Ils provoquent des ravages éducatifs, en brisant le vouloir de leur enfant. (Voir « autoritarisme » à l'index.)

L'obstination, la crispation, l'entêtement, les opinions ancrées.

Ce sont des tares pires encore que la raideur! Une personne raide peut penser; elle explique son comportement, même par des principes absurdes (mais qui lui semblent logiques). Rien de tel chez l'entêté, l'obstiné et celui qui se crispe sur des opinions... Ils ne pensent rien du tout. Bien qu'ils maintiennent leurs points de vue « à travers vents et marées », il n'est nullement question de volonté. Ils ne raisonnent jamais leur comportement : ils en sont incapables. Comme je l'ai déjà dit, ils sont atteints de tétanos mental. Pour un individu de ce genre, il n'est pas question de justifier une décision. Il déclare : « ...je veux parce que je veux; je décide parce que je décide, et il est inutile de discuter! »

Son entourage lui demande parfois : « ...mais pourquoi es-tu aussi entêté? » Il ne répond rien, parce qu'il est dans l'impossibilité de fournir une explication quelconque. Alors, que voulez-vous qu'il fasse? Il se fige davantage et se crispe sur ses positions. Il se cantonne dans une attitude souverainement impériale, essayant de dominer « par sa volonté » tous ceux qu'il sent supérieurs à lui. Quant aux autres, que peuvent-ils faire devant ce mur de béton, sinon tenter de passer à côté, se révolter ou se soumettre — avec toutes les conséquences que cela suppose?

La souplesse de l'esprit.

On voit immédiatement que la souplesse d'esprit s'oppose à toutes les formes de raideur mentale. Et que l'étendue de l'esprit empêche l'apparition de tous ces comportements figés!

Il est donc nécessaire de trouver les causes de raideur, d'obstination, etc. Ces défauts proviennent parfois de la bêtise... mais le plus souvent de sentiments d'impuissance, d'infériorité et de frustration. Il peut y avoir un manque de connaissances : il est assez logique qu'une personne se raidisse sur quelques sensations qu'elle prend pour *la* vérité. La largeur de vues est indispensable à une volonté normale. Tout d'abord, parce qu'elle permet un maximum de raisonnement conscient; ensuite, parce qu'elle fait se rendre compte que toutes les vérités partielles ont pour but de trouver la vérité finale. Beaucoup de choses seraient sauvées si chacun pouvait se rendre compte qu'on peut avoir raison... sans que l'autre ait tort!

Quand l'inconscient travaille au détriment du conscient.

Une personne qui agirait uniquement d'après son inconscient ne serait pas un être humain, mais une machine. La volonté est une faculté supérieure; elle doit donc se baser sur une personnalité supérieure et purifiée. On voit que la volonté réelle est rarissime dans le courant d'une journée... ou même d'une existence! *Beaucoup de gens passent toute leur vie sans avoir accompli un seul acte de véritable volonté*, tout en ayant répété « je veux » à satiété. Il faut ici songer à nouveau aux névroses, aux complexes, aux peurs, aux angoisses, aux compensations. Ces maladies font agir l'individu à travers une affectivité complètement faussée. L'homme ne va vers le but qu'avec une petite partie de lui-même. Et cette partie qui dit « je veux » est souvent la partie malade!

Reprenons le cas d'un autoritariste. Il dit « je veux » afin de dominer les autres. Pourquoi? Pour le plaisir de dominer? Nullement. Mais afin de se cramponner à une *illusion* de puissance et de force. C'est donc sa partie malade, (sa faiblesse) qui l'obligera à vouloir. Et cela, férocement parfois pour le malheur des autres. Il est tiraillé en tous sens, se trouve toujours sous tension; il sent que le moindre relâchement de sa volonté-crispation serait pour lui une chute dans sa faiblesse de base...

De plus, les conflits intérieurs empêchent la synthèse mentale, qui est la « digestion mentale » de tous les événements de la vie. Nous avons vu, en étudiant *Janet* (voir index) que certaines circonstances restent mal « digérées » par le cerveau; exactement comme un repas « reste sur l'estomac », produisant malaises et indigestion. Quels sont donc ces repas mentaux mal digérés? Tout ce qui, dans l'inconscient, tiraille l'individu :

donc, toutes les déviations psychologiques, et toutes les affectivités faussées.

Atteindre cette faculté supérieure qu'est la volonté demande donc que soient redressées ces affectivités faussées. C'est la tâche de la psychologie.

Et nous en arrivons à ceci :

CE QUI EST FAUX :	CE QUI EST VRAI :
Qui veut, peut!	Qui peut, veut!

Qu'est-ce à dire?

LA VOLONTÉ, CETTE ÉLÉGANCE.

La volonté n'est pas une faculté spéciale. Elle dépend de nombreux facteurs physiques et mentaux; elle provient de l'équilibre de tout un ensemble de centres cérébraux. Elle apparaît, disparaît et se modifie selon les fluctuations de notre personnalité.

Nous savons que :

La véritable énergie, équilibrée, lucide et harmonieuse produit la véritable volonté, calme, invisible, puissante, durable. La fausse énergie, le manque d'énergie, la crispation, la nervosité, la fatigue, l'agitation, l'obstination, l'impulsion, les déviations psychiques produisent la fausse volonté ou le manque de volonté.

La volonté serait donc une question de santé? Avant tout, oui! Mais « santé » doit être pris dans son sens le plus général. Je répète que la volonté demande que le maximum de notre être se porte vers le but; et cela, avec un minimum d'effort. Donc, sans contrainte ni tiraillement intérieur. Si nous devons faire des « efforts volontaires » pour briser de vieilles habitudes, nous n'envisageons l'action qu'avec une partie de nous-mêmes. Ce n'est donc pas une véritable volonté.

L'homme agit, qui possède la force calme. Il agit automatiquement, parce que agir est le propre de l'homme. Et si, en plus de cela, il est lucide et dégagé de ses tiraillements intérieurs, il possède la volonté. *Il n'a plus à la chercher en serrant les poings.* Sans difficulté, la volonté répond immédiatement à son appel. Pourquoi? Parce que « *cela se veut tout seul en lui* ». Il lui suffit d'envisager une action pour avoir la possibilité de l'accomplir sans grand effort. Si une locomotive en bon état fournit de la puissance, l'homme en parfait fonctionnement fournit de la volonté. *Cultiver sa volonté signifie* atteindre la force, l'équilibre, l'intelligence et la lucidité. Il n'est donc plus question de « volonté » telle qu'on l'entend généralement; mais de force morale souveraine, basée sur un mental calme et supérieur.

La fausse volonté est comme un arbre rabougri qui se crispe de toutes ses racines; la véritable volonté est comme un jeune chêne, puissant et souple.

On ne doit donc pas dire : « c'est une question de volonté »; mais : « c'est une question de force et de largeur d'esprit... ».

La volonté s'éduque, se rééduque et se cultive.

La volonté suppose, comme disait Baudoin, « un faisceau bien lié de robustes tendances ». Elle demande que nos forces dégagées se dirigent ensemble dans une même direction. La volonté est une activité calme, provenant surtout de la libération de soi-même. Elle est maîtrise de soi, et emprise sur le monde extérieur. Il s'agit donc d'éliminer tout ce qui risque de disperser le « Moi ».

Éliminer ce qui trouble la vitalité.

Une vitalité normale est la condition première d'une véritable volonté. Pas de sonate de Mozart sans piano bien accordé; pas de volonté supérieure sans corps harmonisé! La thèse du Dr Gilbert Robin est bien connue : « il n'y a pas de paresseux; il n'y a que des malades. Il n'est de paresseux que les parents, les pédagogues et les médecins qui ne recherchent pas les causes des infériorités qu'ils déplorent ». Cela se comprend... On cherche à corriger les imperfections de la volonté (paresse, lenteurs, hésitations, impulsions, etc.) avant même de trouver la cause profonde de ces imperfections.

Éliminer ce qui trouble le psychisme.

La question est plus vaste encore. Comme je l'ai dit, il s'agit de développer et de grouper son énergie mentale jusqu'à un point idéal. Apparaît alors une volonté magistrale, rationnelle et tranquille. Retrouver son énergie équilibrée, signifie : se libérer des freins inconscients, qui divisent notre personnalité; se dégager des scories intérieures qui étouffent la lucidité. C'est évidemment très difficile; et pratiquement impossible à réaliser *seul.* Il faut, pratiquement, faire appel aux psychologies des profondeurs.

Exemple : Un refoulement ou un complexe empêchent l'action de volonté réelle. La plupart des décisions sont prises *à cause* de ces cristallisations inconscientes. L'individu ignore leur existence; tout ce qu'il constate, c'est qu'il n'accomplit que des actions manquées qui lui éclatent dans la main. Toute sa vie, il passe à côté de la porte ouverte pour se heurter à son propre mur... Et si l'individu essaie de voir *lui-même* ses déviations psychiques, il ne pourra le faire *qu'à travers* ces mêmes déviations; c'est une évidence. L'exemple est valable pour la plupart des déficiences psychiques qui déchirent et faussent la personnalité.

A côté des aides puissantes apportées par la psychologie des profondeurs, quels sont les moyens plus immédiats? On peut croire, avec Masson-Oursel que « on ne naît pas volontaire; on le devient par exercice ». Et on arrive à une sorte de paradoxe : pour atteindre la volonté réelle, il faut procéder par efforts successifs, bien dirigés. Ces efforts volontaires ne sont pas *la volonté*, mais permettent d'y aboutir par entraînement. De même qu'un danseur arrive à l'aisance parfaite et à la maîtrise grâce à une série d'efforts dosés, et tendus vers un but. *Ces efforts ne sont pas de la danse*, mais l'atteignent finalement.

Il s'agit donc d'envisager des paliers. Il faut :

a) connaître son état physique et mental.

b) en tenir compte sans cesse.

c) partant de là, s'exercer à des actes d'entraînement selon ses possibilités, et les répéter le plus fréquemment possible.

L'autosuggestion bien faite peut aider considérablement [1]. Je rappelle que la suggestion consiste à déposer une idée dans notre esprit. Cette idée, devenue inconsciente, pousse l'individu à réaliser automatiquement certaines actions.

L'éducation dépose en nous des idées. Ces idées deviennent souvent inconscientes et nous obligent à agir. Il s'agit donc de dépister ces idées inconscientes, pour examen. Sont-elles bonnes ou mauvaises? De plus, la pratique de l'autosuggestion permet de placer en nous d'autres idées, *venant de nous*, et produisant des actions plus personnelles et plus conscientes.

L'apprentissage de l'attention est important. Au lieu d'éparpiller son esprit, il faut apprendre à « se tenir mentalement » à une tâche. Or, cette dispersion mentale est le lot de beaucoup d'hommes! Le cerveau doit pouvoir se fixer sur la chose à réaliser, sans se laisser distraire. Il s'agit donc d'une concentration consciente. Mais attention! Nous avons étudié la concentration (voir « la fatigue » à l'index). Il est certain que les exercices de concentration ne doivent jamais aller jusqu'à

[1] Voir à l'index : « Suggestion » et « Hypnotisme ».

l'épuisement ou l'idée fixe. Ils ne doivent être ni trop fortement poussés, ni trop prolongés. Il faut couper ces entraînements par des repos, qui sont « les vacances de l'esprit ».

Beaucoup d'exercices de concentration ne peuvent être accomplis seul.

Etre conscient de soi. Ce doit être l'aboutissement d'une analyse psychologique en profondeur, qui fait remonter à la conscience les événements stagnant dans l'inconscient. La psychologie trouve ainsi les déviations intérieures qui emprisonnent la personnalité et empêchent la volonté.

Mais il est quantité d'autres choses qui troublent la conscience de soi. Regardons autour de nous... Combien de tics! Tics de langage, tics de gestes, tics de mimiques! Ici encore, des exercices peuvent être prodigieusement intéressants. Tous ces tics sont souvent inconscients; les exercices arrivent à les éliminer en les rendant conscients.

S'entraîner *à se sentir soi-même* dans toutes les manifestations de son corps est d'intérêt capital. Il est bon de commencer par sentir ses gestes. Il s'agit, non pas de se maîtriser, mais d'être conscient. Combien de gestes automatiques, fait-on pendant une journée? Des centaines ou des milliers. Ouvrir une porte, boutonner un veston, allumer une cigarette, hocher la tête pour acquiescer ou pour nier, prendre un crayon, secouer la cendre d'une cigarette, ouvrir une fenêtre, etc., etc.

Un excellent exercice consiste à se rendre compte *parfaitement* de ces centaines d'automatismes. Il faut s'entraîner à *sentir* qu'on fait ceci ou cela. Sentir qu'on ouvre une porte, avec la totalité de son bras et de sa main. Sentir au maximum qu'on prend un objet. Sentir consciemment qu'on secoue la cendre de la cigarette. Sentir qu'on accomplit tel ou tel geste dans l'espace, etc.

Je ne puis donner que des lignes très générales. Un entraînement poussé demande une direction. Mais quel résultat! De toute façon, que l'on fasse l'essai. Si vous parlez à quelqu'un, rendez-vous compte à fond que vous hochez la tête. Sentez les mimiques de votre visage, les froncements de sourcils, les tics de la bouche, les haussements d'épaules; soyez conscients de ce que vous serrez les mâchoires; rendez-vous compte que vous faites tel ou tel geste du bras, que vous croisez les jambes, etc. Essayez de sentir tout cela jusqu'à la dernière fibre de vos membres...

S'agit-il de dominer « volontairement » ses gestes, ses tics et ses manies? Non, pas du tout. Il s'agit d'en prendre conscience le mieux possible. Et, si tout cela est bien fait, on constate ceci : la maîtrise de soi commence à s'installer *automatiquement*. Certaines déficiences (la timidité par ex.) bénéficient hautement de la prise de conscience du corps. Ce n'est plus le corps qui dirige la personne, mais la personne qui commande au corps.

La maîtrise des impulsions découle rapidement de certains exercices. Nous savons que l'impulsif n'est nullement volontaire, bien qu'il présente une apparence extérieure de volonté. Il agit en robot, et dépense son énergie en pure perte. La prise de conscience de lui-même lui sera très utile. Il doit apprendre à sentir les mouvements « tics » de ses bras, de sa tête, de son corps. Il prendra conscience de son « échauffement » au cours des discussions, et verra qu'il s'agit souvent d'un désir d'avoir raison et de dominer l'adversaire. Il se rendra donc compte que ce comportement est produit par un sentiment d'infériorité, etc.

La maîtrise des attitudes. La « conscience des gestes » s'étend vite à la conscience de n'importe quelle attitude. Le sujet arrive à des comportements pondérés, impassibles et souples. Notons ceci : par cet entraînement, la personne *ne se mate pas ;* elle ne doit pas serrer les dents pour « paraître » impassible. Au contraire : son impassibilité devient un automatisme d'aisance. Si on est hostile envers lui, son entraînement le pousse à répondre par une attitude réfléchie, sans vaine indignation ni colère. Il aboutit au flegme *vrai*, et non au flegme crispé. L'attitude devient aisée; les paroles judicieuses et lucides...

Tout ceci n'est donc qu'une vue générale. D'autres techniques existent, par exemple LE YOGA, dont je parlerai plus loin. Chaque individu présente un cas particulier. Et si un homme désire acquérir la volonté réelle sans posséder le soutien physique et mental, il s'agit avant tout de retrouver ce soutien; cela va de soi. On comprend qu'un névrosé devra, en premier lieu, se débarrasser de sa névrose. Il ne pourra le faire seul, et se verra obligé de faire appel aux psychologies spécialisées.

LA VÉRITABLE VOLONTÉ.

La volonté est une aptitude supérieure, dont on fait trop souvent une caricature. Et tout doit être mis en œuvre pour développer cette supériorité. On ne doit pas croire que la volonté soit réservée à une « élite mentale ». Elle est possible à tous ceux qui, comprenant le mécanisme, travaillent à leur « nettoyage intérieur » et à l'apprentissage de leur unification.

La vraie volonté n'est atteinte qu'après élimination de tout ce qui produit les fausses volontés. L'unification mentale et le regroupement des divisions intérieures est donc indispensable. La volonté réelle devient ainsi un acte naturel; on veut, aussi aisément qu'on boit un verre d'eau. La puissance envers le monde extérieur augmente, ainsi que les facultés mentales.

Ainsi, on veut et on réalise aussi facilement qu'un bûcheron, aux muscles forts et à la bonne hache, abat un arbre dans la forêt...

Une grande technique humaine le yoga

Le Yoga est un magnifique moyen de culture humaine totale. Pratiqué depuis des siècles dans l'Inde, il comprenait au début des disciplines corporelles et psychologiques. Au cours des temps, il s'est divisé en un grand nombre de variantes; chacune d'elles correspondant à un aspect particulier de la nature humaine. Je ne m'occuperai ici que du yoga en tant que système de développement physique et mental. C'est un outil prodigieusement intéressant, et parfaitement praticable par les Occidentaux. Ses résultats sur la santé, l'équilibre et la lucidité sont franchement supérieurs aux cultures physiques européennes. Certaines formes de yoga donnent de très beaux résultats mentaux. Elles arrivent à éveiller nos pouvoirs latents et inemployés. Le yoga entraîne le corps : car la pureté de l'esprit n'est pas possible sans l'harmonie corporelle. Les exercices de yoga vont au centre des différents organes, par contractions et torsions de muscles et d'articulations. Ils ont une influence énorme sur le bon fonctionnement des glandes endocrines, sur la circulation du sang et la bonne forme de la colonne vertébrale.

Son principe fondamental? Une solidarité parfaite existe entre toutes les parties du corps. Il y a union absolue entre le physique et le mental. Si l'équilibre d'une seule partie du corps se rompt, tout l'ensemble vacille. Mais, si l'équilibre d'ensemble est réalisé, l'organisme connaît la santé, dans le sens le plus large. Apparaissent l'harmonie, le calme, l'aisance et la volonté. Nous retrouvons donc ici les grands principes européens de la *médecine psychosomatique*, étudiée au cours de cet ouvrage (voir index).

Certaines maladies sont l'expression d'une perturbation psychique, transmise aux organes par l'intermédiaire du système neuro-végétatif. De plus, nos relations affectives les transmettent à nos enfants et à la société. La société devient ainsi une immense répercussion d'états individuels...

Si des désordres brisent en permanence la santé des hommes, et s'ils ne trouvent remède dans un traitement organique, il s'agit de trouver autre chose. C'est la base de la médecine psychosomatique, et celle du yoga; ils permettent de redresser un comportement défectueux du mental.

Il n'y a pas que les maladies graves; il existe également toutes ces infirmités physiques et mentales qui coupent la puissance normale d'un individu. Il suffit de songer aux nerveux, aux émotifs, etc. Les exercices de yoga éliminent souvent ces infirmités partielles, sans que de grands efforts soient demandés. Ils apportent à beaucoup une véritable planche de salut. Certains exercices, pratiqués durant quelques mois, suffisent à éliminer les déséquilibres, et à donner la maîtrise de la personnalité; et il faut avoir pratiqué le yoga pour se rendre compte des transformations qu'il peut apporter.

Le yoga dont je vais parler se base sur deux facteurs : *les postures et la respiration.* Mais avant de présenter cette forme (Hata-Yoga = Yoga de l'énergie corporelle), voici les grandes lignes du Yoga Royal (Raja Yoga), auquel aboutissent peu à peu tous les autres genres.

Les disciplines du Yoga Royal comprennent huit points principaux classiques :

1) *L'abstinence (Yama) :* c'est le refrènement et le contrôle des désirs.

2) *La discipline (Niyâma) :* elle canalise le mental vers l'unité de toutes choses.

3) *Les postures (Asânas) :* ce sont des positions particulières du corps, que nous allons envisager; elles servent également de base à la méditation.

4) *La respiration (Prânâyâma) :* c'est l'une des plus importantes disciplines du Yoga, qui commence à être scientifiquement étudié en Occident.

5) *Le retrait (Pratyâhâra) :* les sens ne doivent plus être troublés; l'homme se retire des sensations extérieures et illusoires.

6) *La concentration (Dhâranâ) :* la pensée parvient à se fixer en un point, sans le moindre effort. Le but de la concentration peut être un objet quelconque, une partie du corps, ou l'absolu.

7) *La contemplation (Dyâna) :* elle suit la concentration; elle « assimile » l'objet sur lequel on se concentre, pénétrant ainsi son essence profonde.

8) *L'identification (Samâdhi) :* c'est la fusion totale avec l'objet contemplé; c'est l'unification de l'âme individuelle avec l'absolu. Il s'agit d'un stade mental très élevé.

LES « POSTURES ».

Un grand principe dirige ce genre de yoga : la lenteur et l'harmonie. Un mouvement de yoga n'est *jamais* saccadé ou rapide. Autre grande loi : *l'esprit de compétition doit faire absolument défaut.*

Une personne pratiquant le yoga doit être préoccupée uniquement par ce qu'elle fait. Elle a à prendre conscience de son action, et rien de plus. Il existe donc ici un monde entre la culture physique d'Occident et le yoga. Dans nos pays, on est trop souvent inquiété par ceci : réussir tel exercice mieux que les autres; arriver le premier; être le plus fort, etc. On n'imagine pas un jeu de tennis occidental où il n'y aurait ni gagnant ni perdant, mais uniquement l'amour du beau geste du corps, et d'un jeu parfait.

On voit donc déjà que le yoga est, en soi, un aboutissement! Se débarrasser de l'esprit de compétition est le résultat d'un dégagement de soi... Donc, avant d'entreprendre quoi que ce soit du yoga, l'esprit doit se libérer de toute sensation de lutte, d'examen, de réussite admirable ou d'échec blâmable, d'infériorité, de réussite à tout prix et du premier coup, etc. Réussir ou manquer une posture n'a aucune importance. L'individu ne doit jamais être en compétition avec lui-même; et ne jamais manifester un dépit ou un énervement s'il échoue dans un exercice.

L'atmosphère du yoga est de calme et de paix. Un éducateur de gymnastique occidentale se cantonne trop souvent dans des attitudes militaires. Il s'agit alors d'un « dressage »... et d'une abdication de la personnalité de la part des élèves. Au contraire, dans le yoga, la personnalité demeure pleine et entière, en s'épanouissant progressivement. Pour un éducateur de yoga, il n'est jamais question d'admirer ou de blâmer; mais uniquement de constater si l'exercice est réussi ou non. Dans la pratique des postures, il ne s'agit jamais d'entrer en compétition avec un « adversaire », comme je l'ai dit. Mais il faut éliminer ses ennemis *intérieurs.* Le yoga a pour but la maîtrise de soi, et non pas la domination du monde extérieur.

Toutes les leçons sont données dans la détente. L'élève doit faire attention à ce qu'il fait, et ne pas se demander anxieusement « ce qu'en pense le maître »! L'instructeur donne des indications précises; jamais d'ordres. De cette façon, l'élève ne se sent pas « en faute », et ne termine aucune leçon sur une déception.

LA RELAXATION.

Dans la vie courante, il est important et agréable de pouvoir se détendre à volonté. Dans le yoga, la détente est indispensable. Or, le genre de vie actuelle prédispose à une tension perpétuelle des muscles. Même durant le sommeil, beaucoup de personnes gardent une demi-tension musculaire, consommant ainsi une grande quantité d'énergie... Elles dorment, mais ne se reposent pas suffisamment. Il suffit d'observer la plupart des gens dans la vie courante; ils sont sans cesse *en état de tension et de défense*. Ils se tiennent « en garde » contre des attaques imaginaires, contre les échecs possibles, contre « les autres », etc. Cette perpétuelle tension est évidemment un signe de faiblesse et de peur.

Apprendre la relaxation a pour but : donner aux muscles une tension normale selon le travail à fournir. Donner, pendant le sommeil, une détente complète autorisant un repos parfait et réparateur. L'apprentissage de la détente calme le système nerveux, et aboutit à la maîtrise et à la conscience de soi. La relaxation dissipe la fatigue résultant du travail; sa durée sera plus ou moins longue selon le résultat visé.

Une bonne pratique de la relaxation permet également une diminution de la sensibilité à la douleur. La respiration se régularise, le pouls ralentit; les mouvements des muscles volontaires cessent; le réflexe rotulien diminue, ou disparaît. De même, l'activité psychique disparaît en grande partie. De plus, la relaxation *préventive* est souvent intéressante; on peut ainsi se mettre en état d'indifférence devant des émotions à venir, des personnes hostiles, etc.

Il existe un certain nombre de techniques de relaxation. Le yoga se pratique comme suit :

— Recouvrir le sol d'un tapis, d'une couverture ou d'un matelas dur.

— Se coucher sur le dos; laisser reposer la tête par l'occiput; allonger le corps et les jambes; paumes et doigts à plat sur le sol.

— Relâcher graduellement les muscles, au maximum. Il s'agit de « se laisser aller ». C'est le point le plus difficile, qui demande souvent la présence d'un instructeur. La méthode se rapproche un peu de l'autosuggestion, avec une prise de conscience de plus en plus grande du corps. Il faut, en y pensant fortement, détendre le cuir chevelu, le front, les paupières, les narines, les mâchoires, les doigts, les bras, les jambes, etc.

L'apprentissage de la relaxation est facile ou difficile selon les différences entre les personnes. En général, un enfant se détend rapidement et d'une façon parfaite. Dans les autres cas, l'instructeur attire l'attention sur l'état de tension musculaire, jusqu'à ce que l'élève en prenne conscience. Le relâchement a lieu progressivement; le sujet doit se sentir comme un « paquet » ayant tendance à s'enfoncer dans le sol. L'esprit est en suspens; la pensée ne s'attache plus à rien; aucune image ne traverse le cerveau... Le bien-être est total; le sujet relâché n'a même plus conscience d'être lui-même. Il est dans un état de repos absolu, pendant lequel les réserves d'énergie réparent les pertes subies par l'organisme.

En général, la relaxation commence et termine la série des postures.

QUE SONT LES POSTURES DU YOGA ?

Ce sont des attitudes particulières du corps, qui doivent être conservées pendant un certain temps. Comme je viens de le dire, ces postures demandent des mouvements d'une lenteur extrême. Aucun mouvement brusque ou saccadé ne doit apparaître. La prise d'une posture doit se faire d'une façon continue et harmonieuse.

Toute posture comprend trois phases :

a) la prise de la posture
b) la conservation de la posture
c) le retour à la position de départ.

La lenteur de la prise de posture a un grand avantage. Dans la gymnastique occidentale, rapide et brusquée, l'organisme reçoit un effet de choc. Rien de semblable dans le yoga. Au contraire, la mesure harmonieuse du mouvement permet une sorte de massage des organes internes.

Il faut trouver la cadence exacte de chaque exercice. Idéalement, l'essoufflement ne doit pas apparaître; mais au début, il est fatal qu'il se produise. Dans ce cas, une relaxation sera immédiatement opérée.

L'objectif de cette forme de yoga (Hatha-Yoga) est donc le contrôle du corps et des énergies vitales. Ces exercices assurent un équilibre des fonctions organiques, et peut aboutir à une action volontaire sur n'importe quel muscle du corps. De plus, comme je l'ai montré, le Hatha-Yoga prépare à d'autres formes de yoga, qui comprennent de hautes révélations spirituelles. Le but des « asânas » (postures) est de reconditionner entièrement l'organisme physique et mental; elles ont une action puissante sur le métabolisme. Toutes les postures ont été étudiées pour obtenir un maximum de résultats avec un minimum de dépense d'énergie. Le nombre de postures théoriquement possibles est, traditionnellement, de 85 X 100.000! 84 d'entre elles sont très importantes, 33 produisent de puissants effets; 2 seulement sont praticables par tout le monde. Beaucoup de postures sont combinées avec les techniques de respiration.

A titre d'exemples, voici quelques postures.

C'est la posture « du cobra ». Couché à plat ventre, les mains à plat sous les épaules, le corps doit se lever très lentement jusqu'à ce que les bras soient tendus. Cette prise de position se fera *en inspirant*, jusqu'à ce que la tête soit rejetée au maximum en arrière. Les cuisses doivent rester en contact avec le sol. Il s'agit ensuite de revenir à la position allongée, très doucement et *en expirant*. L'exercice peut être recommencé deux ou trois fois.

La posture du cobra renforce les muscles du dos, et tonifie les abdominaux. Elle est intéressante dans les troubles utéro-ovariens.

C'est la posture « sauterelle ». Ici également, l'élève se couche à plat ventre. Les bras sont étendus le long du corps, les paumes en haut. Les jambes sont jointes. L'élève lève celles-ci le plus haut possible, en même temps qu'il *inspire*. Il garde la position quelques instants, en retenant son souffle. Il revient ensuite à la

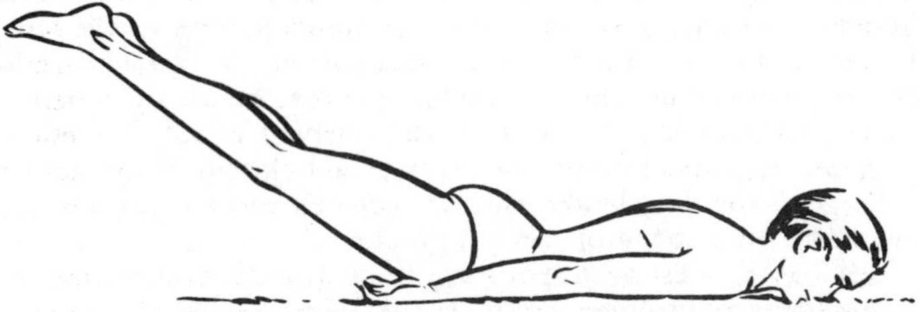

position normale, lentement et en *expirant*. Effets excellents sur les intestins, le foie, les reins et les douleurs lombaires.

Cette posture est appelée « la charrue. » Elle est précédée de la posture de « la perche », que voici :

Cette position de départ, prise lentement, est maintenue quelques instants. L'élève incline ensuite les jambes vers la tête. Les jambes restent rigides. Les pieds passent par-dessus la tête et se posent sur le sol, s'y appuyant par les orteils. Les genoux sont ensuite pliés jusqu'à ce qu'ils touchent le sol de chaque côté des oreilles. On revient ensuite à la position de départ (allongé sur le dos) lentement, mais en se maintenant quelques instants dans la position de « la perche ».

Cet « asâna » est vraiment magnifique pour la santé, assurant un excellent fonctionnement du corps. Il combat de nombreuses affections intestinales, et conserve une flexibilité « de jeune » à la colonne vertébrale. Il est cependant sujet à des contre-indications.

C'est la posture dite « de l'arbre ». Comme toutes les autres, elle doit être atteinte avec une extrême lenteur. L'élève fait glisser le pied le long de la jambe opposée; les bras doivent être tombants. Dès que le pied atteint le genou de l'autre jambe, l'élève saisit la cheville et le fait remonter jusqu'à l'aine. Il se redresse, et joint lentement les mains.

C'est, en premier lieu, un exercice d'équilibre et de méditation. Il exige une grande détente pour pouvoir être accompli convenablement.

Voici encore quelques postures intéressantes :

C'est la *posture secrète*. Elle est excellente pour la pratique des exercices respiratoires et de méditation.

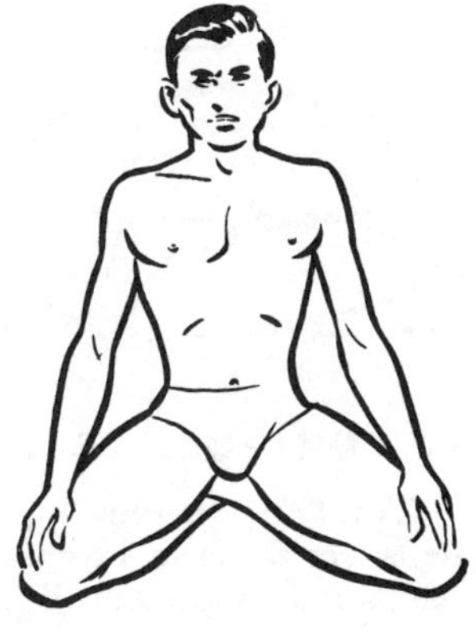

Cette posture, dite *le lion*, sert également aux exercices respiratoires.

Voici la *posture parfaite*. Elle demande une direction et un assez long apprentissage.

Cette posture *du lotus* est considérée comme difficile. Les mouvements demandent une grande souplesse des hanches et des genoux. Cet exercice n'est d'ailleurs abordé qu'après la pratique d'autres postures, de difficulté progressive.

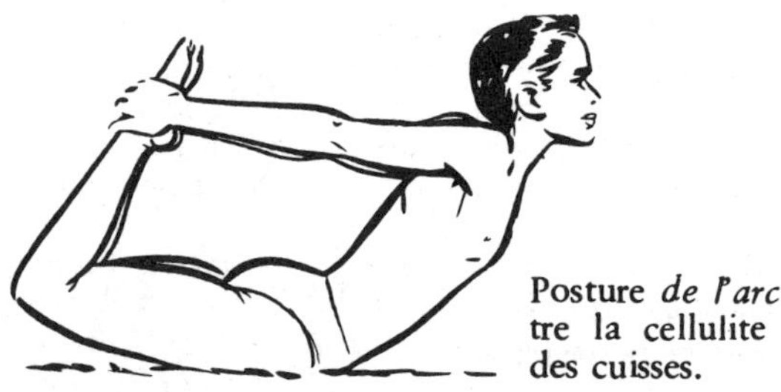

Posture *de l'arc*. Excellent contre la cellulite des hanches et des cuisses.

LE CONTROLE DE LA RESPIRATION (Prâyânâma).

C'est l'une des plus importantes disciplines du Yoga. Il s'agit de la très fameuse « technique du souffle » (prâna). Depuis des temps immémoriaux, l'Inde a reconnu qu'il existe une liaison entre la respiration et les états mentaux et émotifs. La respiration est influencée sans cesse par l'état nerveux, et subit le contrecoup de la moindre émotivité. La vie courante nous le montre suffisamment ! De plus, on peut compter qu'un nombre incalculable d'enfants ont de vicieuses habitudes respiratoires. Leurs poumons sont très mal aérés, et un dépôt d'air vicié y stagne.

Les rythmes respiratoires sont en général trop lents, trop rapides, ou incomplets. Il ne faut pas oublier que, lorsque nous respirons, beaucoup de nos muscles fonctionnent involontairement. Et que, si nous portons notre attention sur notre respiration, nous devenons théoriquement capables de contrôler le fonctionnement de ces muscles. Cela, dans la mesure d'un entraînement plus ou moins poussé, évidemment.

Une pratique respiratoire entraînée permet des états de conscience absolument ignorés de la plupart des hommes; elle est une étape parfaite vers l'unification de l'individu.

Et on se rend compte de ceci : la médecine occidentale et la haute sagesse orientale se rejoignent, par des voies différentes... C'est depuis quelques années seulement que la médecine de nos pays étudie les effets d'une respiration particulière. Ce qui est bien réjouissant pour tous ceux qui désirent bénéficier d'une maîtrise de soi impeccable...

Chacun respire mal... Pourquoi? Parce qu'on respire *inconsciemment*. Chacun croit savoir respirer, mais la plupart vivent sur une respiration automatique... Or, la respiration est une science; l'une des plus importantes, peut-être, des sciences de la vie.

Le rythme respiratoire est d'autant plus important qu'il est lié à l'état émotif. Le contrôle de notre respiration, après un entraînement suivi et souple, est donc probablement un des meilleurs moyens de dominer notre affectivité. En général, les techniques respiratoires se pratiquent en même temps que la prise de certaines postures.

La quantité d'air inspiré, jointe à des rythmes spéciaux, modifie la qualité et la durée de la vie. L'énergie que nous emmagasinons par les narines peut être dosée, contrôlée ou arrêtée; cela, au choix de notre vouloir. *Il s'agit avant tout d'être conscient de sa respiration...* et faisons un essai.

Soyez assis et *calme*. Inspirez lentement et profondément. Le mouvement doit se faire avec harmonie et sans le moindre à-coup. Retenez l'air 2 ou 3 secondes. Expirez ensuite *par le nez*, lentement et absolument *à fond*.

Répétez cette respiration plusieurs fois de suite, *en concentrant* votre pensée sur le trajet accompli par l'air : narines, arrière-nez, arrière-gorge, trachée, poumons, abaissement du diaphragme, dilatation de la cage thoracique, puis trajet inverse durant l'expiration.

Il s'agit ici d'une conscience très élémentaire du souffle; elle donne cependant un aspect de son importance.

I.

Soyez assis confortablement, par terre de préférence. La colonne vertébrale et la nuque seront dans le prolongement l'une de l'autre. Concentrez-vous sur la respiration à accomplir, et *chassez toute autre idée*.

Inspirez lentement et à fond, en comptant mentalement les secondes. Commencez par 2 secondes d'inspiration — Retenez l'air pendant une durée quadruple = 8 secondes — Expirez à fond, sans secousse, pendant une durée double de l'inspiration = 4 secondes.

Cet exercice répété deux ou trois fois, augmentez-en la durée. Le rythme le plus courant se base sur *la durée de l'inspiration.* L'air sera retenu pendant un temps *quadruple.* L'expiration durera le *double* de l'inspiration.

Et nous avons :

INSPIRATION	RETENTION	EXPIRATION
2 secondes	8 secondes	4 secondes
3 secondes	12 secondes	6 secondes
4 secondes	16 secondes	8 secondes

Toujours, il faut obtenir :

a) le maximum de lenteur;

b) un maximum de concentration.

II.

La respiration et l'expiration se font par *une seule narine.* Soyez assis. Placez le majeur et l'index entre les sourcils; servez-vous du pouce et de l'annulaire pour boucher l'autre narine. Concentrez-vous. En général, l'instructeur demande que les yeux soient fermés.

Adoptez un rythme respiratoire, par exemple :

3 secondes d'inspiration
12 » de rétention
6 » d'expiration.

(Je suppose que le majeur et l'index droits sont placés entre les sourcils). Obturez la narine droite avec le pouce. Respirez lentement pendant trois secondes (par la narine gauche évidemment). Concentrez-vous sur le trajet de l'air. Ceci fait, bouchez la narine gauche au moyen de l'annulaire. Retenez l'air durant douze secondes. Libérez la narine droite.

Expirez ensuite par la narine *droite* pendant six secondes.

Recommencez le jeu, mais en commençant par la narine droite, et en expirant par la narine gauche.

Ces pratiques de base donnent une habitude de respiration lente, et favorise le déplissement progressif des alvéoles pulmonaires.

Le rythme de 3 - 12 - 6 secondes est le plus courant et le plus faible. Trois secondes sont d'ailleurs indispensables pour qu'une inhalation puisse se faire à fond. Et retenir l'air durant douze secondes n'a rien d'excessif.

Les exercices de respiration augmentent ensuite leur durée. La respiration dite « moyenne » est la suivante :

Inspiration = 16 secondes
Rétention = 64 secondes
Expiration = 32 secondes
...à ne jamais pratiquer sans entraînement!

Les exercices respiratoires ont sur l'organisme un effet tonique extraordinaire; ils produisent rapidement de considérables changements. Ils favorisent incroyablement l'activité intellectuelle. Mais ils doivent être soumis à un *avis médical.*

Il existe bien d'autres pratiques de la respiration, ayant en vue des buts spéciaux (physiques ou mentaux). Elles sont toujours liées à des postures spéciales.

Notre respiration est donc en connexion plus ou moins étroite avec la plupart de nos fonctions corporelles. Elle fournit à notre organisme l'oxygène et l'énergie dont il a besoin. Elle règle notre équilibre humoral, combat les troubles nerveux, émotifs et fonctionnels... et organiques. La respiration contrôlée agit sur le psychisme, et donne force, équilibre et joie. Elle influence la circulation, le rythme du cœur, la digestion, les reins, le métabolisme. Elle élimine les spasmes, les insomnies, les dépressions, l'irritabilité. Il faut évidemment un entraînement assez poussé, sous une direction compétente. Et l'on peut dire que les Orientaux ont vu juste en attribuant à la respiration volontaire des qualités « miraculeuses »...

En conclusion... Le Yoga éduque à la compréhension supérieure, et aide puissamment dans la vie quotidienne. Au point de vue physique, il peut transformer une personne en quelques mois. Sachons, une fois de plus, que tous les exercices, quels qu'ils soient, doivent être pratiqués avec une concentration maximum et sans le moindre esprit de compétition. Tous les hommes ont soif d'une réalisation consciente; de sortir de leurs mécanismes, de leurs carcans et de leurs émotions nocives. Le Yoga aide à la connaissance de soi, et à la découverte de tout ce qui se trouve en dehors de notre petit *Moi...*

XII

L'ART DE VIVRE...

Nous participons tous à la création; nous sommes tous rois, poètes, musiciens; il n'est que de nous ouvrir comme des lotus, pour découvrir ce qui était en nous.

Henry Miller.

Nous voici devant le dernier ruban de route. Ce sera la fin d'un livre de psychologie, alors que la matière humaine est infinie... C'est pourquoi je souhaite que cette fin soit un commencement. Si monsieur X. pratique le Yoga ou si madame Y. entreprend une psychanalyse, ils peuvent viser l'équilibre et la santé. Mais ils peuvent aussi voir plus loin, et considérer la psychologie comme un départ vers des cimes inconnues de la plupart des hommes.

Je souhaite donc que cet ouvrage serve à une vision plus étendue de notre rôle humain. J'ai fait surtout de la psychologie de « machine »; j'ai démonté des rouages, des soupapes et des pistons humains. Et j'espère avoir pu montrer les causes fréquentes de leur dérèglement.

Il paraît (à l'entendre dire...) que les hommes désirent la paix, le bonheur, l'équilibre et la beauté. Ce serait un beau programme, si on ne faisait souvent exactement le contraire du nécessaire! Mais si on constate que les trois quarts des gens sont apeurés, agressifs, nerveux, névrosés, épuisés... on se rend compte qu'il faille revoir certaines conceptions. Beaucoup d'idées sont appliquées par simple habitude; donnent-elles le bonheur, ou non?...

Vous avez constaté que le psychologue ne fait pas de morale. Il ne dit pas : « ceci est bien ou mal »; mais : « ceci est normal ou anormal ». Encore faut-il étendre le sens du terme « anormal »... Si vos possibilités mentales sont grandes, et que vous n'en utilisez qu'une partie, c'est anormal. Si vous avez des possibilités de conscience de soi, mais demeurez en grande partie inconscient, c'est anormal. Si vous vivez, poussés principalement par vos refoulements et vos complexes, c'est anormal. Et, de plus, c'est bien dommage! Car demeurer en-dessous de ses possibilités est rester en dehors du rôle qui nous est assigné sur terre.

Les hommes veulent changer les conditions actuelles.

Par qui sont faites les conditions actuelles, sinon par nous tous? Si nous sommes agités, nous produirons des actions agitées. Si nous sommes mentalement inertes, nous déclencherons des actes d'inertie. Il est malheureux de constater que trop de gens vivent automatiquement et inconsciemment. Ils ne savent donc pas ce qu'ils font... ou si peu! Qui peut se dire, à la fin d'une journée : « J'ai été conscient jusqu'au fond de moi-même pendant cinq minutes »?... Au lieu de cela, on travaille mécaniquement, on pense mécaniquement, on vit sur ses tics et ses habitudes routinières.

C'est ainsi que certains hommes sont des morts vivants, comme je l'ai déjà dit. Ils sont ballottés par un inconscient qu'ils ne cherchent même pas à dépister. Combien de gestes conscients, pour des millions de gestes inconscients? Combien de paroles de perroquet, apprises depuis l'école et jamais revues? Qu'y a-t-il de personnellement conscient, dans tout cela?

Changer les conditions signifie que nous devons nous changer nous-mêmes. Tout ce que nous faisons est de la plus haute importance. Chacune de nos actions s'inscrit en nous-mêmes et chez les autres. Conçoit-on pouvoir porter une telle responsabilité en ignorant ce que l'on fait? En ignorant ce qui nous pousse à agir?

Devenir conscient est une perfection. Mais la conscience est comme la volonté [1] : elle demande un décrassement intérieur et un apprentissage. *Si la conscience est une chose parfaite, elle demande des conditions parfaites. Elle exige avant tout l'équilibre et la cohérence. Un homme intérieurement incohérent est un automate inconscient.*

[1] Voir le chapitre « Volonté » à l'index.

L'homme est soumis à un danger : devenir une machine. Si un homme est une machine, on ne peut attendre de lui que des actions de machine; même s'il s'occupe de science, de poésie ou de musique. Un homme peut cesser d'être une machine; pour cela, *il doit se connaître*. C'est un assez long travail, mais une splendide découverte.

Pour changer les conditions, nous devons les comprendre. Or, beaucoup croient « comprendre les choses », alors qu'ils ne font que les voir à travers un moi déformé. Si nous devons comprendre l'enchaînement suivant :

A - B - C - D - E - F, il se peut que nous comprenions de A à C, de A à D, etc... Il se peut également que nous comprenions l'enchaînement de A à E; mais sans réaliser celui entre E et F. Beaucoup croiront alors « avoir compris en grande partie ». En fait, ils n'auront rien compris du tout. Car c'est F qu'il faut comprendre; et tout le restant permet simplement d'y arriver...

Beaucoup ont des conceptions fausses ou déformées. Ces conceptions dépendent évidemment de leur *moi*. Je redis qu'un *moi* déformé ne peut comprendre que d'une manière déformée. C'est évident. Tandis qu'un moi lucide et sans complexes saisira les choses d'une façon lucide et étendue. C'est encore évident.

Pour comprendre, nous devons nous libérer de nos conceptions fausses. Sinon, de nouvelles connaissances s'édifieront sur des bases fausses. Changer les conditions? Tout se tient, et tout dépend de tout. C'est nous qui sommes à la base. *Et les choses se feront toujours d'après ce que nous sommes.*

PURIFIER SON CARACTÈRE.

En premier lieu, qu'est-ce que le caractère? C'est la façon dont nous répondons aux circonstances. Notre caractère désigne notre comportement dans les relations sociales, nos dispositions sentimentales, nos humeurs prédominantes. Il dépend de notre tempérament, de notre système nerveux, de nos dispositions mentales.

Or, beaucoup d'hommes grognent : « J'ai mon caractère et je n'y puis rien. Je suis nerveux, je suis rancunier, je suis impulsif, et je-ceci, et je-cela...; et puis, on ne change pas son caractère! ».

Mais cet homme ordonnera à son enfant de changer de comportement, si celui-ci est mauvais ou ne lui plaît pas.

Il ordonne à l'enfant de changer son caractère; mais à lui-même, il n'ordonne rien... ce qui est très facile.

Dire qu'on ne change pas son caractère est un aveu d'inertie. C'est un aveu d'échec. La plupart de ceux qui le déclarent sont des faibles ou des agressifs (ce qui revient au même). Ils se sont construit une façade de protection, qui empêche les problèmes de la vie de les toucher. Ils craignent les nouvelles circonstances, que leur faiblesse ne supporterait pas. Ils n'ont donc à leur disposition *qu'une seule attitude*, raidie et figée.

La plupart des peurs et des conflits intérieurs produisent un arrêt dans l'évolution humaine. Le psychologue voit bien souvent des personnes qui *auraient pu* évoluer avec une lucidité magnifique, mais qui sont bloquées quelque part... Ce sont donc des personnes inertes, qui traversent l'existence sans jamais changer de caractère... justement parce qu'elles sont inertes! Mais ne croyez-vous pas qu'un homme vaille mieux que cela? Il a en lui d'immenses possibilités de lucidité et de jugement, d'énergie et d'action. S'il reste bloqué mentalement, comment voudrait-on qu'il arrive à quoi que ce soit de véritablement humain?

Contrairement à cela, l'homme équilibré et unifié est toujours *vigilant*. A chaque question posée par la vie, il donne la réponse qui s'impose. Il avance toujours, évoluant en parfaite synchronisation avec les circonstances.

Cet homme est un aristocrate de la vie. Il reste lucide et conscient des événements. Il est maître de lui-même. Il plonge dans de nombreux abîmes, cela va de soi. Mais il remonte rapidement sans que son émotivité l'entame en quoi que ce soit.

Il faut toujours dire « non » à l'inertie, quelle qu'elle soit. Et ici, il s'agit de nous entendre! Voici un homme qui abat une besogne considérable; il court de tous côtés; il travaille, il commande, il agit sans cesse. A l'examen, nous constatons qu'il s'agit d'un impulsif ou d'un agressif. Cet homme est-il *mentalement* actif, malgré toutes ses activités physiques? *Pas du tout: il est inerte*. Il ne fait rien consciemment; *ce sont ses impulsions ou ses agressivités qui agissent pour lui*. Il déplace beaucoup d'air, mais ne brasse que du vent...

Toute déviation intérieure, tout complexe, tout refoulement sont des causes de blocage et d'inertie. Une personne bloquée ou possédant un « sale caractère » n'admettra pas ce sale caractère chez un enfant. J'avoue ne pas comprendre... Si un homme est incapable de mettre tout en œuvre pour se connaître et se corriger, doit-il le demander à plus faible que lui? Encore qu'ici, on puisse se demander qui est le plus faible... l'homme, ou l'enfant?

Se libérer soi-même.

Il est banal de dire qu'un « nerveux » pense et agit autrement qu'un « calme ». Ou qu'un « balourd » parle autrement qu'un « agressif »[1]. Ces banalités cachent cependant une grande vérité.

Tout homme devrait se poser la question dix fois par jour : *dans quel état physique et mental suis-je pour l'instant?* Il répondra par exemple : « Je suis fatigué; donc je ne puis qu'accomplir des actions d'homme fatigué ». Ou bien : « Je suis nerveux et angoissé; donc je ne puis penser qu'à travers *mon état* de nervosité et d'angoisse ». C'est la logique même, n'est-ce pas? Si notre état est déficient, endormi ou étouffé, sommes-nous capables d'accomplir intégralement notre rôle? Sommes-nous capables de volonté et de conscience *réelles?* Evidemment non, puisque ces hautes qualités demandent l'harmonie de notre personnalité.

Ou bien cet homme répondra encore : « J'ai des complexes » (bien qu'il soit incapable de les voir lui-même). *Donc il agit et pense à travers ses complexes.* Il existe en lui un prisme intérieur qui déforme sa vision des choses. Il est brisé, cassé, divisé en plusieurs parties. C'est tantôt une partie qui agit, tantôt une autre. Il n'agit jamais entièrement ou librement; mais il est sans cesse commandé par des forces intérieures dont il ignore la puissance, et souvent l'existence!

Presque tous les hommes *croient faire* quelque chose. Ils croient faire « volontairement et librement ». Or, une fois de plus, « faire volontairement » signifie être libéré de soi-même et de ses prismes intérieurs. La volonté est une harmonie puissante, et non une division ou une crispation. Il n'y a aucune liberté tant qu'existent des contraintes intérieures. Il est certain qu'un refoulé sexuel (par ex.) ne sera pas libre intérieurement, tant que ses refoulements n'auront pas été enlevés. De plus, il transmettra ces refoulements à ses descendants... et ce sera l'histoire éternelle des mauvaises éducations.

L'homme croit faire. Mais tant qu'il est soumis à des déficiences intérieures, des habitudes nocives, des tics mentaux, etc., il ne fait rien. *Cela se fait malgré lui. Cela se fait sans qu'il sache pourquoi et comment. Il y a en lui quelque chose*

[1] Voir « Tempéraments » à l'index.

qui l'oblige à agir et penser. Il n'est alors nullement conscient de lui-même. S'il n'est pas conscient, il dort. Mais comme il dort, il ignore qu'il dort.

Nous agissons tous à travers notre état physique et mental. Si notre état est bon, nos actions seront bonnes. Si notre état est puissant, nous produirons des actions puissantes.

Si nous désirons transformer nos actions et notre vie, nous devons changer notre état physique et mental, en l'épurant et le reconstruisant.

Les personnalités multiples.

Nous disons tous *Je*. *Je* fais ceci, *je* pense cela, *etc*... Nous déclarons froidement : *Je* décide, *je* choisis, *je* veux, *j*'hésite, *je* suis timide, etc... Et quand un homme agit d'après de grandes impulsions inconscientes... il dit encore *je* veux! Cela signifie? Qu'il ne sait pas ce qu'il dit.

Voici un homme agressif. Il dira, par exemple : *je* ne me laisse jamais faire, moi! Pourquoi a-t-il sans cesse cette menace à la bouche? Parce qu'il se sent attaqué. Pourquoi se croit-il attaqué? Parce qu'il a peur.

Il devrait donc dire : « *Il y a en moi quelque chose qui me pousse* à être agressif; ce « quelque chose », c'est ma peur ».

AU LIEU DE DIRE :	ON DEVRAIT DIRE :
Je suis timide;	*Il y a en moi quelque chose qui* me pousse à être timide.
Je suis triste;	*Il y a en moi quelque chose qui* me pousse à être triste.
Je hésite;	*Il y a en moi quelque chose qui* m'oblige à hésiter.
Je décide, *je* doute.	*Il y a en moi quelque chose qui* m'oblige à décider ou à douter.
	...Et ainsi de suite.

Car il en est ainsi durant toute la vie. De multiples tiroirs s'ouvrent et se ferment dans une seule personnalité. Neuf fois sur dix, on n'y est pour rien. Mais on dit *Je* tout de même : par habitude, et parce que c'est moins fatigant que de chercher à se connaître soi-même.

L'homme est donc, en général, composé d'une série de tiroirs mentaux. En un seul homme, se trouvent un tiroir de faiblesse, un autre tiroir de peur, d'autres encore de refoulements, d'impulsions, d'agressivités, etc. En une même personnalité, que de personnalités!

En supposant qu'il n'y ait que deux personnalités en un homme, ne gagnerait-il pas à les fusionner? Oui, n'est-ce pas? Or, beaucoup de gens possèdent, non pas deux personnalités différentes, mais des dizaines. Ici encore, l'unification de la personnalité est importante. Car très souvent, chacun des « tiroirs » travaille pour son propre compte. Et chacun d'eux est convaincu d'avoir raison... Ce que l'homme fait est *le* bien; ce qu'il dit est *la* raison... quitte à changer d'avis dix minutes plus tard, parce qu'un autre « tiroir » s'est ouvert. Il dit alors : *Je* ai changé d'avis. L'homme est ainsi plongé dans un tas de contradictions intérieures, se demandant naïvement ce qui lui arrive... Beaucoup passent ainsi toute leur vie.

Dire *je*, ne doit pas être un tic, mais la sensation d'agir avec la totalité de son être. Cela implique la conscience de soi, la lucidité et la volonté véritable. C'est pourquoi tout travail psychologique est la recherche de cette aristocratie humaine.

L'homme et la vie.

La vie avance, et son évolution tourne lentement comme une roue brassant l'eau. L'homme doit être capable (par son équilibre) de laisser glisser sur lui une circonstance défavorable. Quant à la circonstance favorable, elle demande à être utilisée. Mais l'utilisation bonne ou mauvaise dépend de notre lucidité! Souvent, ceux qui restent incapables d'utiliser une circonstance sont des « emprisonnés » mentaux. Ce sont ceux qui possèdent des déviations intérieures. La vie n'est ni juste, ni injuste. Elle n'est ni bonne ni aveugle. Ce sont là des attributs humains. La vie est ce qu'elle est : pourquoi voudrait-on qu'elle soit bonne ou aveugle?

La vie est logique. Elle coule comme un fleuve impassible, portant les barques des hommes. *Le tout est de savoir si notre barque ne permet pas l'entrée de l'eau.* C'est le travail des éducateurs, des médecins et des psychologues.

L'évolution de la vie semble impitoyable aux déprimés, aux faibles, aux malades. Souvent, au lieu de tenter de percer la brume, ils s'appesantissent sur l'échec. Ils recommencent le même acte, sans se demander pourquoi ils ont échoué, et quels moyens employer pour éviter un nouvel échec. Ils recommencent la bataille avec les mêmes armes, ce qui est absurde. Ils échouent encore, naturellement. Ils s'obstinent, toujours avec les mêmes moyens, sans chercher à voir si l'acte leur convient, s'ils l'ont vu sous un angle exact, ou si leurs armes ne sont pas rouillées...

Nouveaux essais, nouveaux échecs. La machine humaine se met en marche, pousse à fond, s'affole... Et la personne s'enlise de plus en plus; elle croit sentir sur elle le talon de la malchance, sans se demander si son échec perpétuel n'est pas dû à un blocage intérieur.

Comme je l'ai déjà dit, *l'homme voit les circonstances à travers son état, comme un poste de radio ne capte que les ondes sur lesquelles il est branché.* Il appartient donc à l'être humain de faire réparer les lampes défectueuses, et de s'acheter un bon condensateur.

Il ne sert à rien de crier contre la vie; il sert à tout de l'utiliser au mieux. La vie n'a pas d'yeux pour voir, ni d'oreilles pour entendre. Mais si un homme, par rétrécissement de sa lucidité, est plus ou moins aveugle, il se heurtera aux circonstances et se cassera le nez.

Maudire la vie est inutile. Pour me battre, je dois *voir* l'adversaire. Sinon, je suis vaincu d'avance. Si je suis fort et équilibré, l'adaptation aux circonstances devient un jeu d'enfant. C'est ce qu'on appelle la réussite intérieure. Ainsi, dans l'échec, j'aurai devant moi un adversaire visible et connu; un adversaire que je pourrai tenter de rendre plus fort encore. Et je constaterai que souvent, cet adversaire sera moi-même...

Psychologie, rayonnement et humanisme.

La condition humaine est une condition d'élite. Si vous croyez ne pas en être, de cette élite, c'est que vous ne l'avez pas cherchée. Ou que vous l'avez cherchée mal.

Les grandes choses sont toujours simples. On ne concevrait pas que Dieu soit compliqué, n'est-il pas vrai? De plus, les grandes choses doivent être accessibles à tous. Sinon, ce ne sont pas de grandes choses. Pour les trouver, il suffit de partir du commencement, et de se comprendre.

La marche des étoiles est simple. Jean-Sébastien Bach est simple. La vie est simple. Il suffit de voir toutes choses dans un enchaînement lucide. Il n'y a de compliqué que ce qui n'est pas dans l'ordre et dans le rythme universel. Les gens compliqués ne sont pas dans l'ordre, parce qu'un désordre intérieur les empêche de voir et de participer. Les déviations intérieures ne sont pas dans l'ordre; la crispation n'est pas dans l'ordre; l'agression n'est pas dans l'ordre.

Les grandes choses sont toujours simples. La simplification intérieure fait la grandeur de l'homme. Et si on me demandait : « Au nom de quoi prônez-vous cette grandeur humaine, l'équilibre et l'énergie vraie? », je répondrais : « Au nom de l'ordre, et par conséquent du bien ».

Beaucoup de gens courent entendre des récits d'aventures, au cinéma ou ailleurs. Ils se pressent et se ruent. Mais ils étudient rarement l'homme qui a accompli cette aventure; ils ne cherchent pas à savoir le pourquoi de cette aventure... Et ainsi, ils ne voient que l'aspect extérieur, et tout demeure lettre morte.

Il est beau de s'ajouter quelque chose un jour; puis une autre chose un autre jour. Il est bien de pouvoir se dire : « Aujourd'hui, ceci s'est ajouté à moi; cela s'est dégagé de moi; aujourd'hui, j'ai changé ». Car c'est ainsi que l'homme devient un faisceau harmonieux, dans une montée vers la simplicité.

Si les gens étaient dégagés de leurs freins intérieurs et de leurs boues, de leurs peurs et de leurs replis sur soi, ils changeraient. Et si les gens se mettaient à changer, tout changerait! La solution est simple! C'est pourquoi elle est difficilement applicable. Car, pour changer, il faut voir ses problèmes.

Beaucoup de gens sont comme ils sont; mais dans dix ans, ils seront encore de même. Rien ne se sera ajouté, ni retranché... Ne valent-ils pas mieux que cela?

On peut tirer enseignement de chaque chose. On ne peut rien retirer de l'inertie humaine. Rien ne sort de l'inertie, que des choses inertes. Rien ne sort de l'inconscience, que des actes inconscients.

On dit que le bonheur est d'être à sa place. C'est très vrai. Mais demandons-nous si nous sommes à notre place dans notre rôle d'homme qui doit penser, éduquer les autres et agir sur le monde...

On dit aussi que l'art d'être un homme est perdu. Pourquoi voudrait-on qu'il en soit ainsi? Les possibilités humaines sont présentes aussi bien aujourd'hui qu'il y a dix mille années. L'homme possède le même clavier; mais combien de fois lui apprend-on à bien jouer?

« Tout le monde ne peut pas devenir un savant »... me disait une personne. Eh!... qui parle de devenir un savant? Et pourquoi le devenir? Si nous nous instruisons pour devenir spécialisés dans un seul domaine, nous contribuons à la misère et à la séparation du monde. Etre un homme de science, et rien que cela n'est rien, et ne compte pas. L'intelligence lucide, sans préjugé, étendue en tous sens, a seule de l'importance.

L'instruction n'a aucune importance en soi. Tant que l'éducation n'enseignera pas une synthèse de la vie, elle restera sèche et sans valeur. Toutes les instructions du monde empêchent-elles l'homme d'être déchiré, plein de contradictions et de peurs? Au lieu d'encourager les différences entre individus, l'éducation doit montrer les rapprochements. Sinon, la vie continuera d'être une série de conflits et de douleurs.

L'homme ne doit pas chercher l'instruction, mais la plénitude. Il doit chercher à connaître ses possibilités, et à les réaliser, dans l'harmonisation de sa personne.

Nous comprenons à travers notre cerveau, nos sens, nos prismes intérieurs. La première chose à faire devant une circonstance est de nous demander si nous l'avons bien vue. L'avons-nous vue en entier? La verrons-nous demain comme nous la voyons aujourd'hui?... Car beaucoup de gens jugent. Ils jugent les autres, la morale, la religion, et le dernier tableau du salon. Ils entament alors une discussion sur laquelle il y a souvent incompréhension automatique. Pourquoi? Parce qu'ils sont subjectifs, et voient les choses à travers un *moi* encombré de toute une quincaillerie inutile. Ils sont pourtant convaincus d'avoir observé le plus correctement du monde.

Atteindre l'objectivité est un des buts les plus nobles qui soient. Sans objectivité, on « croit » comprendre, alors qu'on ne fait que voir à travers un « soi » pétrifié. L'objectivité n'est possible que par le dégagement de soi et des problèmes inconscients. Elle provient de l'éclatement des prismes intérieurs, auxquelles toutes les pensées étaient soumises...

Dans l'objectivité lucide, l'homme atteint le rayonnement. Il est alors une force calme, qui donne. Le rayonnement ne se trouve jamais dans la peur ni dans la faiblesse. Il se produit dans l'aisance mentale, où l'homme n'a plus besoin de fuir ses problèmes. Devenus conscients, ceux-ci n'ont plus le moindre pouvoir de destruction.

Il ne faut pas admirer ce qu'il y a de grand chez certains. Cette grandeur n'est que le résultat de possibilités dégagées. Mais il faut déplorer ce qui manque chez d'autres, en regard de ce qui pourrait être...

Et ainsi, par la psychologie, l'homme peut prendre pied dans la lignée des humanistes actifs. Son équilibre devient un tremplin de départ. Son anxiété et son angoisse disparaissent, par la grâce d'une joie retrouvée. Il monte alors vers un haut plateau, avec des pouvoirs accrus, une lucidité tolérante et généreuse. Il est courtois, tourné vers les autres. Sa générosité et sa bonté ne naissent plus d'un besoin intérieur, mais d'une puissance calme. Il possède la compréhension; parce que, dans son esprit, toute lutte a cessé... Sa gentillesse vient d'une grande force, et non d'une faiblesse.

...C'est la grâce que je vous souhaite à tous,
en vous disant au revoir.

DICTIONNAIRE
des mots courants
utilisés en psychologie

Avertissement.

1) Les termes déjà expliqués au cours de cet ouvrage ne sont pas repris dans ce dictionnaire. Il faut donc consulter l'index.

2) Les termes marqués d'un * sont définis ou étudiés dans le livre ou le dictionnaire. Consultez donc l'index si vous désirez vous y reporter.

A

ABOULIE *(de a = sans ; et boulê = volonté)*

L'aboulie est une insuffisance ou un ralentissement de la volonté*. Nous l'avons étudiée dans le chapitre « Fatigue »*.

L'aboulie *légère* rend la volonté difficile, lente et mal soutenue. Un aboulique disperse ses efforts volontaires, les éparpillant en tous sens. Il entreprend de nombreuses actions, sans en terminer aucune.

Plus grave, l'aboulie oblige le malade à rester au lit (forme de clinomanie*), abandonnant toute activité sociale. L'aboulie se rencontre dans la dépression*, la neurasthénie*, la psychasthénie*, etc... Dans la mélancolie*, la ruine de la volonté est parfois totale. Le sujet reste (parfois durant des mois) dans une inertie absolue, en souffrant beaucoup de cette impuissance qu'il ne parvient pas à surmonter. Certaines aboulies graves proviennent également de l'alcoolisme. De plus, les phobies* et les obsessions* montrent une impuissance de la volonté, qui rend la personne incapable de surmonter ses douloureux symptômes.

ABSENCE

C'est une suspension brusque et passagère de la conscience. Voici le sujet en pleine activité ; il travaille, parle. Soudain, il devient « absent » ; il pâlit, son regard se fixe. Le vide de sa pensée est total. Ensuite, il reprend son travail et ses paroles au point où il les avait laissés. L'absence est fréquemment suivie de perte de mémoire. (Amnésie*). Il n'y a ni chute, ni convulsions. Quand l'absence dure, le malade présente parfois d'incompréhensibles bredouillements, déambule, ou continue machinalement des actions commencées avant la crise. Les absences se prolongent généralement pendant quelques secondes. Souvent, elles sont un symptôme du « petit mal » de l'épilepsie*.

ADAPTATION *(de adaptare = ajuster)*

L'adaptation est une réaction par laquelle une personne modifie son comportement, afin de répondre aux circonstances.

La vie humaine demande une somme inouïe d'adaptations, aussi bien physiques que psychologiques (adaptation aux variations de température, à une situation nouvelle, à un choc émotif, etc...). La plupart des complexes* proviennent d'un « raté » de l'adaptation. L'inadaptation est courante dans les premières années de la vie : inadaptation des enfants aux parents, au milieu scolaire, à la naissance d'un petit frère ou d'une petite sœur, etc... Dans la vie adulte, les inadaptations sont tout aussi fréquentes : à la sexualité*, à la religion, au service militaire, à un emploi, au mariage*, etc... Le manque d'adaptation est une cause fréquente de névroses* et de conflits intérieurs*. L'étude de l'adaptation humaine demande la lecture entière de ce livre... De toute façon, la possibilité de s'adapter à toute circonstances est infiniment précieuse pour un être humain ! Elle est une marque essentielle de l'équilibre*.

AFFECTIVITE

Notre affectivité est l'ensemble de nos réactions psychiques devant la vie. Elle est donc un aspect fondamental de la psychologie humaine. L'affectivité groupe nos instincts, les tendances de notre inconscient*, nos pensées... Elle dirige nos actions. Elle détermine nos émotions*, nos humeurs*, nos passions*. L'affectivité est donc un immense domaine psychologique, et est dès lors sujette à de nombreux troubles. Les conflits intérieurs*, les complexes*, les névroses*, les psychoses*, les refoulements*, sont des réactions affectives.

Les chocs affectifs proviennent de l'apparition brutale d'une circonstance extraordinaire, qui rend le sujet incapable d'adaptation*. Le choc affectif devient alors un choc émotif*. Les chocs affectifs les plus courants sont : les deuils, les ruptures sentimentales, les pertes financières brusques, les surprises extrêmes, les grandes joies, etc. Certains chocs affectifs peuvent produire des névroses* et des psychoses*. Ce sont donc toutes les réactions des émotions* qui apparaissent.

AGE MENTAL

L'âge mental représente le degré de développement intellectuel. On le mesure au moyen de tests* psychotechniques*. Il est certain que, chez beaucoup, l'âge mental ne correspond pas à l'âge physique ! Un âge mental de douze ans est nécessaire pour gagner sa vie (loi de Simon). Les débiles mentaux*, par exemple, ont un âge inférieur à douze ans.

ALCOOLISME

L'alcoolisme est un véritable fléau social et mental. Il conduit à la dégradation psychique et morale, souvent à la psychose* et à l'impulsion* criminelle. On peut être certain que l'alcoolisme est le principal « fournisseur » des hôpitaux psychiatriques. L'alcoolisme *chronique* est la forme la plus dangereuse. Le buveur n'est jamais ivre, mais se prépare lentement aux pires symptômes. Quelles sont les causes principales de l'alcoolisme chronique? Les descendants d'alcooliques se montrent souvent prédisposés à boire; la débilité mentale*, la psychasthénie*, le déséquilibre mènent fréquemment à l'alcoolisme. Cette toxicomanie peut être créée par habitude (circonstances du milieu social, misère, amour-propre mal placé, imitation des autres, entraînements, manque de travail, cafard*, etc.).

Les effets de l'alcoolisme chronique sont tout d'abord physiques : reins, foie, tube digestif, polynévrites, manque de vitamines B, troubles du métabolisme, lésions au cerveau, etc. D'autres troubles graves apparaissent après quelques années : tremblements, grands cauchemars nocturnes, crampes dans les mollets, anorexie*, épuisement*, agitation*, neurasthénie*, etc. C'est ensuite la chute à pic... Disparition de l'énergie* et de la volonté*, indifférence, colères* brusques et parfois épouvantables, jalousie* féroce, violences, abandon des enfants, etc. Chez les femmes peuvent apparaître des formes d'hystérie*.

L'alcoolisme chronique produit souvent des psychoses* graves, des hallucinations*...

Le delirium tremens est une épouvantable réaction du malade alcoolique. Il est en proie à des hallucinations terrifiantes; il assiste à des spectacles de carnage, d'incendie, de mort; il voit défiler devant lui des animaux, des serpents, des rats; il aperçoit sur les murs des araignées immenses. Le delirium tremens est composé d'une terreur intense aboutissant à des fugues, des meurtres et des suicides. C'est un cas d'urgence psychiâtrique des plus fréquents.

ALIENATION MENTALE

Aliéné signifie « étranger ». Une aliénation est donc un trouble mental qui empêche le sujet de participer consciemment à une vie sociale normale. Voir *psychoses** à l'index.

ALTRUISME *(de alter = autrui)*

C'est un penchant à vivre pour autrui, à ne penser qu'aux autres, par bonté naturelle... ou par déséquilibre psychologique. Il existe en effet des altruismes maladifs. Ils ont l'apparence de l'altruisme; mais, en fait, ils recouvrent tout autre chose. Que dit La Rochefoucauld? : « ...nous aurions souvent honte de nos plus belles actions, si le monde voyait tous les motifs qui les produisent... ».

Dans la vie courante, l'autoritarisme* sous certaines formes produit un soi-disant altruisme, dont la bonté, la générosité et la bienveillance proviennent d'un égoïsme* profond. Les sentiments d'infériorité* engendrent fréquemment des actions « altruistes ». Le sujet, dans ce cas, a *besoin* de l'admiration et de la reconnaissance des autres, afin de se croire fort... Il existe aussi de véritables manies* de la bonté et du dévouement. Elles ont été exposées en étudiant Janet* et les personnes fatigantes*.

AMBITION *(de ambire = demander avec insistance)*

C'est une recherche exagérée (et parfois obsédante) de richesse, de gloire et d'honneurs. Si l'ambition a pour but le bien, le beau et le noble, elle est acceptable. Quant aux autres!... Sous son aspect morbide, l'ambition se montre dans la vanité* et l'orgueil*. Elle est fréquente chez les déséquilibrés, les débiles mentaux*, les paranoïaques*, etc.

AMNESIE *(de a = sans ; et mnêsis = mémoire)*

C'est un trouble plus ou moins profond de la mémoire. Il existe plusieurs espèces d'amnésie :

1) le sujet est incapable de se souvenir des événements au fur et à mesure qu'ils se présentent (se rencontre surtout dans la confusion mentale*).

2) le sujet oublie des événements antérieurs à sa maladie.

3) certains événements semblent avoir été oubliés. En fait, la trace des événements existe; on peut croire que l'oubli total n'existe pas. Ces circonstances « oubliées » remontent parfois à la surface de la conscience, à la suite de certaines circonstances.

4) l'amnésie peut être due à des causes affectives. Le sujet « oublie » des choses trop douloureuses pour lui. On rencontre ce type d'amnésie dans les refoulements*.

De plus, en clinique psychiâtrique, les troubles amnésiques sont très courants et variés : chocs émotifs*, hystérie*, dédoublement de la personnalité*, épilepsie*, etc.).

AMOUR-PROPRE

Sentiment de sa dignité personnelle et de sa valeur. L'amour-propre (qu'il soit bien ou mal placé) est presque toujours un signe de faiblesse et de sentiments d'infériorité*. Un sujet vraiment fort n'a nullement besoin de faire appel à son amour-propre; qui dit « amour-propre » dit sensation d'être menacé. Un être réellement fort se sent-il menacé? A-t-il besoin de se rappeler sa valeur... puisqu'il va même jusqu'à l'ignorer?

Une personne atteinte d'amour-propre est sujette à la susceptibilité* et à l'irritabilité*. Elle se préoccupe beaucoup trop de l'appréciation et de l'estime d'autrui.

ANXIETE

C'est une sorte de malaise intérieur, vague et sourd. La personne éprouve un profond sentiment d'insécurité, sans aucun motif objectif. Elle craint un malheur imminent, un accident; son imagination lui décrit des péripéties parfois terrifiantes sans qu'elle puisse les chasser. Le sujet est ainsi en « état d'alerte » perpétuel, et éprouve une pénible sensation d'impuissance devant les dangers « qu'elle sent approcher ».

L'anxiété se rencontre couramment dans la dépression*, la psychasthénie* et la plupart des névroses*. A un degré plus poussé, l'anxiété devient de l'*angoisse**, avec ses nombreuses et douloureuses manifestations.

APATHIE *(du grec = sans émotion ni passion)*

C'est une diminution de l'affectivité*; elle produit l'indifférence, un manque de réaction devant les circonstances habituelles, et une grande inertie physique. Il existe diverses formes d'apathie :

1) *L'apathie constitutionnelle.* Le sujet est mou et indolent par nature et par tempérament*. Son indifférence et sa paresse* marquent une déficience physique ou mentale.

2) *L'apathie est un symptôme* de déficience glandulaire (thyroïde, hypophyse, surrénale, etc.).

3) *La confusion mentale** à ses débuts provoque l'apathie, avec ralentissement intellectuel allant parfois jusqu'à la stupeur*.

4) *La schizophrénie** à ses débuts se marque par une apathie et une indifférence totales. Le schizophrène « tourne le dos » à la réalité extérieure, pour se replier entièrement sur ses rêves intérieurs.

Le traitement de l'apathie dépend de la cause (psychothérapie*, médecine ordinaire ou psychosomatique*, électrochocs*, etc.).

APPROBATIVITE

Il s'agit d'une disposition mentale; le sujet approuve immédiatement les paroles de son interlocuteur, avec des mimiques et des paroles stéréotypées. Parfois, il répète, en écho, les paroles de l'autre; à moins qu'il n'en copie les mimiques.

On rencontre l'approbativité dans des névroses* ou des complexes*. Dans ce cas, le sujet approuve par crainte de contredire ou de déplaire (timidité*, sentiments d'infériorité*, complexe d'Oedipe*, etc.). Certaines approbativités montrent un manque de jugement et de sens critique. On les trouve dans des débilités mentales*, des manies*, etc.

ARRIERATION AFFECTIVE

Un arriéré *affectif* peut être d'une intelligence normale ou supérieure. Cependant son affectivité* n'a pas évolué normalement, entravant ainsi sa maturité psychique.

C'est le cas dans de nombreux complexes*, notamment le complexe d'Oedipe*. Le sujet reste fixé à certaines circonstances du passé; il ne peut donc pas s'adapter aux situations nouvelles qui se présentent à lui. C'est alors l'échec*, l'angoisse*, la névrose*, etc.

Les arriérations affectives se montrent dans de nombreux domaines : sexualité*, sentiments d'infériorité*, timidité*, refoulements*, etc. La psychothérapie en profondeur retire mentalement le sujet d'un passé où il reste accroché, lui donnant ainsi une affectivité* normale.

L'arriération affective n'a rien de commun avec l'arriération mentale (débilité mentale*).

ARTERIOSCLEROSE CEREBRALE

Cette maladie se traduit au début par une série de signes : vertiges, maux de tête, pertes brusques de mémoire ou de l'orientation (le sujet est incapable de donner son nom ou de retrouver son chemin). Ces pertes de mémoire peuvent durer quelques heures ou quelques jours, et sont généralement suivies d'un retour à un comportement normal.

De brusques changements de caractère se manifestent également; le sujet entre dans des colères sans motif; il devient turbulent, insupportable; il manifeste de l'impudeur et un grand « laisser-aller ». Très souvent, le malade se rend compte de son impuissance cérébrale, et en souffre comme d'une déchéance. Sa dépression* peut le conduire à la mélancolie* accompagnée d'anxiété*. Il devient d'une sensiblerie exagérée, et pleure pour un rien.

Les grands accidents de cette maladie peuvent être : paralysies, troubles du langage, impossibilité d'exécuter certains mouvements, épilepsie*, etc. Parfois, un accident grave aboutit à l'infirmité (dans le cas d'une hémorragie, par ex.). On assiste également à un affaissement intellectuel progressif.

On comprend que certaines situations délicates puissent surgir; elles sont produites par les déficiences intellectuelles et les dérèglements du comportement. C'est donc tout un problème médical et légal qui se pose.

ATONIE *(du grec = manque de ressort et de tension)*

C'est un manque de « tonus » (tension) nerveux, avec relâchement musculaire (souvent à l'utérus, à l'estomac, à l'intestin). L'asthénie* et certains épuisements*, affaiblissent le pouvoir contractile des muscles, empêchent parfois le malade de se tenir debout.

AVARICE *(de avarus = âpre au gain)*

L'avarice est une perversion* de l'instinct de conservation. La tendance à l'épargne est assez naturelle chez l'homme, si elle a pour but d'assurer une sécurité future. Rien de tel chez l'avare... Son « épargne » dépasse le but, tels ces mendiants loqueteux qui dorment sur un matelas de gros billets de banque...

L'avarice correspond à un déséquilibre psychique, et est souvent liée à des complexes*. On la rencontre dans certains états pathologiques (mélancolie* et paranoïa*, par exemple).

B

BARBITURISME

Chacun sait que les barbituriques et les hypnotiques s'achètent avec une dérisoire facilité, malgré les « ordonnances obligatoires »... (véronal, dial, amythal, séconal, somnifère, etc.). Ils sont parfois de très précieux auxiliaires (dans les agitations*, les angoisses*, les insomnies*). Mais ils doivent toujours être employés *d'après un avis médical.* Or, on est loin du compte, et on peut être assuré que les intoxications graves ne se comptent plus.

L'intoxication chronique est un résultat fréquent du barbiturisme. L'état physique et mental de l'intoxiqué est caractéristique : troubles de l'humeur*, angoisses*, irritation*, dépression*, relâchement du sens moral; dérèglement nerveux, tremblements, troubles de la marche, de la mémoire et de l'attention*...

L'absorption massive de barbiturique conduit au coma barbiturique; avec fièvre et complications pulmonaires fréquentes, défaillances cardiaques pouvant conduire à la mort.

L'intoxiqué devra subir un traitement minutieux. Il ne suffit pas de désintoxiquer le sujet; encore faut-il trouver pourquoi il a cherché une fuite dans les toxiques. Puisque les insomnies* sont des causes fréquentes du barbiturisme, leur cause sera dépistée avec soin.

La cause est-elle physique ou psychique?... sera la première question à se poser. Le dérèglement nerveux fera l'objet d'une grande attention. L'hygiène de vie, le rythme de vie seront corrigés. De plus, la psychothérapie (notamment la psychanalyse*) trouvera les troubles éventuels ayant servi de point de départ. Elle éliminera donc les conflits affectifs*, les complexes, les anxiétés, * etc.

BEGAIEMENT

Défaut très pénible et moralement douloureux, le bégaiement est un désordre du langage. Il se rapproche des tics*, de l'émotion*, des phobies*, des obsessions*. Le bégaiement montre de nombreux troubles. *Les troubles de l'articulation* viennent en premier lieu. Ou bien le bègue répète convulsivement la même syllabe; ou bien les organes de la parole se bloquent dans une sorte de spasme, suivi d'une libération de mots précipités ou explosifs. Le bègue reste souvent inerte et comme absent, avant de commencer à parler.

Les troubles de la parole sont toujours accompagnés de nombreuses manifestations. Les défauts de *respiration** sont présents (mauvaises inspirations et expirations, spasmes de la glotte). De plus, le sujet grimace, présente des tics*, des contorsions de la bouche; il y a crispation des mains, tapements du pied, froncement des sourcils... Egalement des jurons, que le bègue marmonne entre les dents quand il bloque péniblement sur une syllabe.

Le bégaiement n'est jamais permanent; il disparaît dans le chant, même devant autrui. Le bégaiement se renforce avec l'émotivité*, le trac*, la fatigue* ou dans l'attention que le sujet porte à ses difficultés. On remarque aussi que ce défaut diminue dans la spontanéité* et dans les effusions sentimentales.

Pendant longtemps, on a cru que le bégaiement était dû à l'hyperémotivité*. Il va de soi que les bègues sont émotifs; mais cette émotivité est souvent un résultat du sentiment d'infériorité* provoqué par leur infirmité! Cette émotivité se localise alors aux organes de la parole.

La recherche des causes est très importante. Beaucoup ont été mises en jeu : émotivité* choc émotif*, gaucherie*, contrariée par les éducateurs, troubles nerveux, etc. On constate également que des conflits affectifs* se trouvent souvent au premier plan (conflits intérieurs dus aux climats familiaux ou scolaires; peur inconsciente* d'un parent; refoulements*; complexes*, etc.). Il y a donc dans ces cas arriération affective*.

Le traitement? Il s'agit de rééduquer le rythme de la respiration (par diverses techniques), de surveiller l'accent et l'écoulement des paroles, ainsi que la clarté de la pensée. Des exercices de « relax » musculaire sont importants (la technique du yoga* peut être très intéressante). S'il existe des conflits intérieurs, une névrose* ou des complexes*, il est évident que la psychothérapie doit entrer en jeu. L'élimination des sentiments d'infériorité doit être faite, puisque ceux-ci renforcent la phobie* de parler. La psychanalyse* donne de très bons résultats.

BOUDERIE

La bouderie est une expression d'hostilité... « à l'envers », si je puis dire. Elle se traduit par un mutisme intégral, des moues, un regard fuyant, etc. Pourquoi le sujet boude-t-il? Parce qu'il se sent « froissé » et vexé. Il est convaincu d'avoir raison, et tout aussi convaincu qu'il est inutile de discuter. La bouderie est un symptôme fréquent de sentiment d'infériorité*, d'obstination*, d'entêtement*. D'une part, la personne se sent infériorisée et ridicule; d'autre part, elle prolonge sa bouderie afin de n' « avoir pas l'air de céder ». Il suffit alors d'un rien (taquinerie, humour, etc.) pour déclencher le rire du boudeur et faire cesser la crise.

La bouderie est un phénomène assez normal dans certains tempéraments*. Dans les cas plus graves, on voit apparaître des bouderies extrêmement prolongées, et sans aucun motif visible. Le sujet se retire dans un mutisme* total, s'isole du monde extérieur, se replie sur lui-même... Ce genre de bouderie maladive apparaît dans la schizoïdie*, et peut marquer un début de schizophrénie*.

C

« ÇA »

Voir psychanalyse*, où ce terme est spécialement étudié.

CAFARD

Dans le langage populaire, « avoir le cafard » signifie être dans un état de dépression* ou de nostalgie*. Le cafard, pris dans ce sens, est toujours un symptôme de déficience physique ou psychique (momentané ou durable).

CALOMNIE *(de calumnia = imposture)*

La calomnie invente de toutes pièces un mal imaginaire. Elle salit la personne qui en est victime, et cela, d'une façon insidieuse et indélébile. Chacun sait « qu'il en reste souvent quelque chose »... La calomnie est très souvent une action de *malade*. Par contre, certains humoristes calomnient pour le seul plaisir de faire un bon mot. Mais l'humoriste n'est-il pas souvent un déprimé qui s'ignore?...

CARACTERE

A été étudié en « psychotechnique ».

CARDIAZOL

C'est un produit doté d'une action convulsivante. Il est employé dans le traitement de certaines maladies mentales. Le traitement au cardiazol provoque fréquemment de fortes angoisses*, il est souvent remplacé par l'électro-choc*.

CATALEPSIE *(du grec = surprise)*

On connaît les « sommeils catalepsiques » qui donnent l'impression de la mort. Cet état peut se présenter au moment du réveil, ou à la suite d'émotions* très violentes. Le sommeil cataleptique dure parfois quelques heures; d'autres furent signalés comme se prolongeant pendant des années. Ce sommeil n'est qu'apparent; le malade est *conscient*. Il entend et enregistre tout ce qui se passe autour de lui, demeurant toutefois sans réaction ni défense...

On peut provoquer la catalepsie au moyen de l'hypnotisme*. La catalepsie est un trouble de l'initiative motrice; le cataleptique est incapable de se mouvoir spontanément, et conserve les attitudes musculaires qu'on lui impose. Certains troubles neurologiques peuvent provoquer ce trouble (lésions préfrontales, par ex.). Il existe également des catalepsies dues à l'hystérie*; la crise apparaît brutalement, avec rigidité des membres; le tronc prend la forme d'un arc de cercle. La catalepsie hystérique (paralysies) peut se prolonger pendant des années, jusqu'à ce qu'elle guérisse *instantanément* (par la psychothérapie, l'électricité, un choc émotif, etc.). D'où le caractère « miraculeux » de certaines guérisons paralytiques, devant lesquelles l'Eglise reste toujours d'une extrême prudence.

La catalepsie demeure un symptôme très discuté, étant donné le nombre de causes psychiques pouvant la déclencher.

CHOC AFFECTIF *et* CHOC EMOTIF

Voir affectivité* et émotion*.

CLASTOMANIE

C'est la folie de la destruction. Le malade détruit tous les objets se trouvant à sa portée. Et ce, par n'importe quel moyen. On trouve la clastomanie chez certains idiots*, ou dans l'agitation de la manie-dépressive*.

CLINOMANIE

Consiste à rechercher la position couchée (au lit ou autrement). Pour la psychanalyse*, certaines clinomanies montrent un retour à un comportement enfantin : la recherche du berceau ou même du sein maternel. Cette forme de clinomanie peut être une véritable obsession* pour le malade.

A côté de cette forme, existent de nombreux malades qui restent confinés au lit. La psychasthénie* est une cause fréquente.

COLERE *(du grec = bile, fiel)*

C'est une émotion* violente et agressive, souvent produite par une contrariété, une offense, une injustice... La colère provoque une excitation verbale et motrice; les décharges émotives sont saccadées. Dans certains cas, cette émotion de colère anéantit la conscience*; le sujet perd totalement le contrôle de lui-même; il est « hors de lui », il « ne sait plus ce qu'il fait », etc. La colère est accompagnée d'un cortège de manifestations : pâleur, rougeur à la face, tremblements, troubles cardiaques et respiratoires. Parfois se présentent des phénomènes de conversion* : le sujet devient aphone, muet, paralysé... ou tombe mort. La colère marque souvent une réaction très disproportionnée à sa cause! A moins qu'elle ne soit une soudaine décharge d'hostilités refoulées*, d'agressivité « rentrée », de rumination mentale prolongée, de jalousie*, etc. C'est alors une colère « à retardement ».

Comme toute violente émotion*, la colère produit un manque de maîtrise de soi*, provenant d'une mauvaise harmonie cérébrale (épuisements*, surmenage*, émotivité*, refoulements*, etc.). Nous en avons vu le mécanisme en médecine psychosomatique*. Il existe également des colères purement pathologiques : épilepsie*, intoxications par l'alcool*, certaines manies*, certaines paranoïas*, etc.

CONDESCENDANCE *(de condescendere = s'accorder)*

L'homme condescendant « daigne » descendre au niveau d'un « inférieur ». Cette condescendance-là est *toujours* un symptôme de faiblesse, d'opportunité ou de sentiment d'infériorité*. Certaines personnes, en effet, n'admirent-elles pas la condescendance des « grands », qui ont la « bonté » de descendre jusqu'à elles?... « Il n'est pas fier!... » traduit alors leur sentiment. Mais ce sentiment, capté par la personne condescendante, renforce la très bonne opinion qu'elle a d'elle-même... Elle éprouve une sensation de bonté et de force, dont elle a besoin pour camoufler ses propres sentiments d'infériorité*...

La vraie grandeur n'est *jamais* condescendante. Comment le serait-elle, puisque le véritable grand homme ignore sa grandeur?

CONFLIT

Pour bien comprendre ce terme, il s'agit de lire le chapitre consacré à la « psychanalyse ». Qui dit conflit, dit : lutte. Un conflit apparaît quand il y a contradiction entre plusieurs tendances de l'affectivité*.

(Par exemple) : une tendance sexuelle peut-être en contradiction avec la morale du sujet. Des impulsions hostiles envers un parent sont en contradiction avec le respect et l'amour dus à ce parent, etc.

Les conflits affectifs sont la cause de beaucoup de névroses*, de refoulements* et de complexes*.

CONTRADICTION (ESPRIT DE...)

Est toujours le symptôme d'une déficience psychique ou d'un manque d'adaptation*. L'esprit de contradiction est un tic*; la personne soutient le contraire de ce que dit l'autre, ou accomplit l'opposé de son désir. Cet esprit est généralement automatique et inconscient. Les muscles se contractent, et le sujet peut aller jusqu'à exécuter le mouvement inverse!... Certains malades s'enfuient quand on les appelle, retirent la main qu'on leur demande, etc.

L'esprit de contradiction peut être l'effet d'un complexe* ou d'une inadaptation au milieu (chez des enfants vis-à-vis de leurs parents, par ex.).

Dans la vie adulte, l'esprit de contradiction se rencontre couramment dans la vanité* et le sentiment d'infériorité*. Le sujet s'oppose à l'autre, pour se donner une sensation de force et de savoir (l'automobilisme et la vie quotidienne nous le montrent à foison...).

En pathologie mentale, on le rencontre chez les débiles mentaux*, les paranoïaques*, dans la confusion mentale*, etc.

COPROLALIE *(du grec = parler des excréments)*

C'est un langage ordurier, vulgaire, grossier. Elle se rencontre chez des adolescents* timides*; l'adolescent, par son langage, cherche alors à prouver sa virilité et son besoin de liberté (par opposition aux conventions admises). La coprolalie se trouve aussi dans des psychoses* : la manie* par exemple.

COPROMANIE

Tendance qu'ont certains malades mentaux à se barbouiller de leurs excréments. Ils en souillent leurs vêtements, les murs, boivent leurs urines, etc. La copromanie se trouve à l'état normal chez les enfants. A l'état anormal : chez les idiots*, dans certaines formes de manie*.

COURAGE *(de cor = valeur)*

Le vrai courage provient d'une grande force mentale et physique. Il est alors aussi naturel que la respiration. Ce courage est permanent; rien ne peut l'entamer.

Il est des courages occasionnels. Ils peuvent naître de circonstances extraordinaires. Certains bouleversements (accidents, guerres, etc.) dévoilent de grandes actions courageuses. Il est alors difficile de dire immédiatement si l'acte est le résultat d'une émotion*, d'un raidissement, ou d'une véritable valeur.

CRETIN

Le crétin est un dégénéré physique, avec débilité mentale*. Le crétinisme est lié à une insuffisance thyroïdienne. Il se rencontre surtout dans certains villages de montagne.

CUPIDITE

La cupidité est une passion*. C'est une perversion* de l'instinct de conservation. La cupidité diffère de l'avarice* : l'avare accumule les biens sans dépenser, tandis que le cupide désire en jouir physiquement et moralement. Cette passion le pousse à des vols, des chantages, etc. La cupidité est un symptôme de tare mentale, qu'il faut rechercher.

CYNISME *(du grec = chien)*

Les cyniques eurent leur secte, fondée par Antisthène, disciple du fameux Socrate. Harcelant les passants de leurs railleries*, ils furent comparés à des chiens. Ils ont leurs continuateurs modernes; le cynique secoue l'opinion, brave les convenances, raille les croûtes superficielles des morales...

Le cynisme peut être l'expression d'une intelligence claire qui observe les choses avec la lucidité* d'une lentille photographique. Il peut être également (comme dans l'humour et la raillerie), le symptôme d'un profond découragement.

Mais un cynisme bien compris n'est-il pas souvent nécessaire pour secouer un monde endormi?...

D

DEBILITE MENTALE *(de debilis = incomplet, faible)*

C'est une grande pauvreté des facultés intellectuelles, qui place le sujet en état d'impuissance et d'infériorité sociales. Le débile a un âge mental* situé entre sept et dix ans; alors qu'un âge mental de douze ans est nécessaire pour gagner sa vie.

Un débile mental a souvent besoin de tutelle. On lui donne le maximum d'instruction primaire, sans dépasser ses possibilités. On l'oriente alors vers des travaux faciles. Toute épreuve intellectuelle, même légère, est pour le débile un insurmontable obstacle. Sa mémoire est parfois excellente dans certains domaines (dates historiques, calcul mental, tirades littéraires). Mais ses fonctions supérieures sont quasi nulles; il n'y a ni raisonnement, ni initiative. Le débile est crédule, et facilement suggestionné. Il doit donc être protégé contre les mauvais entraînements. La prostitution, par exemple, guette les filles débiles. La délinquance, le vol organisé, la criminalité sont parfois le résultat de la débilité non surveillée; un débile est une proie toute désignée pour les chefs de bande.

Il ne faut pas confondre avec certains faux-débiles : enfants retardés par l'abandon des parents, par la mauvaise fréquentation scolaire; ou par des troubles tels que myopie et surdité. La débilité mentale réelle se rencontre souvent à la suite de causes organiques touchant le cerveau : méningites de l'enfance, atrophies cérébrales, etc.

DELIRIUM TREMENS

Voir alcoolisme.

DEPERSONNALISATION

C'est un sentiment très pénible éprouvé par certaines personnes; surtout dans la psychasthénie* et la dépression*. Le malade a la sensation de n'être plus lui-même; le monde extérieur lui paraît étrange, bizarre, irréel...

Il a l'impression de ne plus être familiarisé avec ce qui l'entoure. Son corps semble ne plus lui appartenir, et ces sensations s'étendent parfois à toute sa personnalité. La dépersonnalisation correspond toujours à un manque de tension nerveuse ou psychologique.

DESEQUILIBRE PSYCHIQUE

Il se marque par l'impossibilité d'avoir une existence harmonieuse, et qui réponde aux exigences de la vie sociale. Tout déséquilibré montre un manque d'adaptation* plus ou moins grand. Le déséquilibre psychique est le contraire de l'affectivité* harmonieuse. On conçoit bien que le nombre et la cause des déséquilibres soient immensément variés! Il suffit de songer à quelques déséquilibres courants : hyperémotivité*, neurasthénie*, psychasthénie*, obsessions*, cyclothymie*, paranoïa*, etc., pour s'en rendre compte. Les principaux déséquilibres ont été étudiés au cours de cet ouvrage.

DIPSOMANIE *(du grec = folie de la soif)*

C'est le besoin irrésistible de boire de fortes doses d'alcool. La dipsomanie est une véritable obsession*, contre laquelle le sujet lutte en vain.

La dipsomanie se rencontre souvent chez les descendants d'alcooliques, et ne doit pas être confondue avec l'ivrognerie. Elle se montre par crises intermittentes, débutant par une période de tristesse profonde et de rumination mentale.

DISTRACTION

Etre distrait, c'est déplacer son attention vers une circonstance n'ayant rien à voir avec la pensée du moment. On connaît les savants « distraits », qui, en réalité, sont concentrés sur un problème. Cette concentration* les rend distraits pour tout ce qui n'est pas leur problème (mécanisme d'inhibition*).

La distraction peut provenir également d'un manque de concentration : c'est le cas des écoliers distraits pour la moindre chose. Dans le cas du savant, il y a *excès* de concentration; chez l'écolier, il y a *insuffisance* de concentration.

La distraction se rencontre également dans des névroses* et psychoses*; par exemple chez le mélancolique*, qui rumine des idées de culpabilité* dont rien ne peut le distraire. La psychasthénie* montre souvent un manque de concentration avec dispersion des idées.

DOUTE *(de dubitere = hésiter)*

Le doute est *normal* quand il provient de l'examen systématique d'une situation. Nous hésitons entre « oui » et « non », par insuffisance de preuves. Il s'agit alors d'un doute lucide et volontaire, ne produisant qu'un minimum d'anxiété.

Le doute *anormal*, lui, est souvent pénible. Il produit un besoin de vérifier sans cesse; de recommencer les actes les plus simples. Il déclenche un véritable épuisement*. Telle personne, par exemple, revient cent fois sur ses pas pour vérifier avec rage et angoisse* la fermeture d'une porte. Tel médecin se ronge jour et nuit, craignant s'être trompé dans chacune de ses ordonnances, etc. On trouve cette espèce de doute dans certaines névroses*.

Parfois, un doute terrifiant plane sur tous les actes du malade, qui souffre mille morts. C'est, dans ce cas, une variété de l'obsession*.

DROITURE

L'homme droit et loyal est noble, équilibré, généreux, intelligent. Il est dirigé par le respect de lui-même et d'autrui.

Mais la droiture peut avoir de nombreux visages. Elle recouvre parfois une intelligence très médiocre, et devient de la raideur * ou de la fausse pondération*. Elle peut être le résultat d'un complexe d'Œdipe* : l'homme est loyal envers les autres, parce qu'il a besoin de leur admiration indulgente. Ne supportant pas le blâme, il n'oserait pas n'être pas loyal.

Les plus belles qualités n'ont-elles pas leurs revers, qui en font ressortir le charme?

E

ECHEC

La certitude de l'échec peut provenir d'insuccès répétés. Ces insuccès ont des causes diverses : infirmités, manque d'instruction ou de culture, manque d'éducation, etc. A la longue, apparaît alors un manque total de confiance en soi.

Mais il existe des névroses* appelées *névroses d'échec*. L'échec est alors le résultat automatique de la névrose. C'est le cas de nombreux hommes qui « partent battus », alors que cette sensation ne repose sur rien d'objectif. Ce sentiment de l'échec se rencontre surtout dans les sentiments d'infériorité*, le complexe d'Œdipe*, le complexe de castration*. Le sujet fera tout pour éviter d'être blâmé et critiqué; par-dessus tout, il craint l'indifférence et l'hostilité des autres. Il se croit « toléré » partout où il se présente (qu'il soit devant un garçon de café ou devant son directeur). Parfois, le même sujet se fait punir et blâmer, afin de se soulager d'un profond sentiment de culpabilité*. Dans ces cas, c'est l'échec social, sexuel, professionnel, sentimental... Je conseille, pour le mieux comprendre, de lire attentivement le complexe d'Œdipe (voir index).

EGOISME *(de ego = moi)*

Essentiellement, l'égoïsme est un penchant naturel à la conservation de la vie. Le subconscient* humain ne demande qu'une chose : la satisfaction immédiate de ses besoins organiques et psychologiques. Le fait est frappant chez le petit enfant : cette question a été étudiée en psychanalyse*. L'éducation* met un frein à cet égoïsme naturel, en apprenant le respect des autres et la vie en société.

Quant à l'égoïsme adulte, il est souvent le résultat d'un déséquilibre* physique ou mental. Il se rencontre dans des névroses*, où le sujet se replie sur soi, se crispe sur ses complexes*, ses refoulements*, etc.

De plus, l'égoïsme peut exister sous des formes de bonté et d'altruisme*. Beaucoup d'éducateurs sont égoïstes sans le savoir, et avec les meilleures intentions du monde. Nombreux sont les parents qui désirent façonner leurs enfants à leur image. Certaines mères désirent inconsciemment que leur garçon reste « petit garçon » le plus longtemps possible. Des pères veulent que leur fils continuent leur métier, leur nom, etc... Beaucoup d'autoritaristes* « donnent leur chemise pour l'enfant »... afin de le mieux dominer, etc.

Tous ces égoïsmes proviennent de névroses. Voir et constater ses égoïsmes profonds est une tâche difficile et noble.

ENCEPHALITE

Ce nom désigne tous les processus d'inflammation qui touchent l'encéphale (cerveau). Ils peuvent être chroniques ou aigus, diffus ou localisés. Les causes sont nombreuses : microbes, infections, syphilis, tuberculose, paludisme, insolations, suites de mastoïdite ou de sinusite, plaies du crâne, oxyde de carbone, alcoolisme* chronique, etc.

Les encéphalites de l'enfance ont souvent des suites telles que : paralysie, strabisme, aptitude à l'épilepsie*, retard dans les facultés intellectuelles, etc.

ENERGIE *(du grec = action)*

L'énergie *naturelle* permet de passer à l'action, immédiatement et sans effort ni crispation. La véritable énergie est invisible comme l'élégance. Si un homme doit « serrer les dents » et faire appel à son énergie... c'est qu'il en manque. L'énergie rejoint ici la volonté*. Elle doit être tout le contraire de la crispation et de l'obstination*. Qui dit « énergie » dit « aisance », et facilité de s'adapter aux circonstances.

Certaines personnes paraissent énergiques, alors que leur fausse énergie est la compensation* d'une faiblesse. On la rencontre chez des faibles devenus « matamores », chez des peureux devenus cassants, chez des autoritaristes*, etc. Tous ces cas ont été étudiés au cours de cet ouvrage : voir à l'index, fatigue, timidité, agressivité, autoritarisme, volonté).

ENTETEMENT *(de testa = carapace, coquille)*

C'est une forme d'obstination* aveugle et ridicule. C'est un véritable blocage mental, contre lequel tout raisonnement se brise comme du verre. L'entêté est bourré de préjugés, d'opinions toutes faites, de préventions... L'entêtement recouvre parfois des états d'arriération mentale*, mais aussi des sentiments d'infériorité*. Mais, ce qui est un comble, c'est que l'on confonde parfois entêtement et volonté*!...

ENURESIE *(du grec = action d'uriner)*

L'énurésie est le « pipi au lit » chez des enfants ou des adolescents. Il y a émission involontaire d'urines pendant le sommeil; hormis ce défaut, l'enfant est parfaitement normal. Certaines causes physiques sont possibles. Mais on constate souvent que le défaut provient d'une affectivité* troublée. La psychanalyse* montre une cause fréquente : certains enfants âgés sont atteints d'énurésie à la suite d'un choc* affectif (naissance d'un autre enfant, rupture entre les parents, disputes, etc...). Les refoulements* et l'arriération affective* sont également deux causes courantes.

L'énurésie se présente alors comme une véritable « protestation » inconsciente*; elle est fréquemment accompagnée de masturbations*. Les facteurs physiques et psychiques sont souvent liés dans l'énurésie; cependant, il n'est pas rare de trouver une cause purement psychologique.

Le traitement doit être basé sur une étude approfondie de chaque cas particulier (enfant, milieu familial, situations morales, conflits* moraux, etc...). De plus, il est conseillé, en attendant, de réveiller l'enfant après le premier sommeil, afin de le faire uriner. On prescrit également de la belladone, de l'acide phosphorique, etc...

L'énurésie est un défaut bénin... mais ses résultats le sont moins! On se rend compte des sentiments d'infériorité* et de honte qu'éprouve un adolescent qui continue à faire « pipi au lit ». Il existe ainsi un véritable handicap, que la médecine et la psychologie extirpent assez facilement.

ENVIE *(de invidia = chagrin venant d'un bonheur d'autrui)*

L'envie est une sorte de haine* morose, sourde, intérieure, inspirée par les avantages d'autrui. L'envie provient souvent d'un sentiment d'infériorité* ou d'humiliation. L'envieux répand alors des calomnies*, et en arrive aux insinuations les plus basses vis-à-vis d'autrui.

EPILEPSIE *(du grec = saisir brusquement)*

Les accidents épileptiques se produisent à intervalles variables. L'épilepsie est caractérisée par des paroxysmes neuro-psychiques. Ils ont de nombreuses formes, dont la plus connue est la *crise convulsive généralisée* (crise tonico-clonique). Le malade pousse un cri inarticulé, et tombe brusquement sans connaissance. Durant quelques secondes, il demeure dans un état de rigidité : c'est la phase tonique. Ensuite, se produisent des contractions rythmées de tous les muscles : c'est la phase clonique. Ces contractions continuent généralement durant une cinquantaine de secondes. Après cela, le sujet reste inconscient et inerte; sa respiration devient ronflante. On remarque souvent qu'il s'est mordu la langue pendant la crise, ou qu'il a déféqué ou éjaculé.

La crise proprement dite est parfois précédée de ce qu'on appelle *l'aura* : le malade ressent une violente angoisse*, a une impression d'étrangeté... La conscience redevient peu à peu normale après l'attaque; il y a cependant un état intermédiaire de confusion mentale*.

Les autres formes sont très nombreuses. Elles peuvent se déclencher seules, ou alterner avec les crises convulsives. Voici les plus courantes : convulsions localisées à un seul côté — perte de connaissance et chute, mais sans convulsions — rigidité musculaire sans convulsions — sommeil brusque et passager.

Autres manifestations épileptiques : les absences*, des impulsions* de colère*, etc... Les paroxysmes et les crises sont souvent suivies d'amnésie*. La confusion mentale* est un grand symptôme également. Parfois (surtout chez les débiles*), éclate une crise de furieuse colère; cette « fureur épileptique » peut conduire à un meurtre sans motif, avec acharnement sur la victime (ce dont le sujet est irresponsable).

L'épilepsie est une maladie répandue, pouvant donc présenter de nombreuses manifestations allant de la grande crise aux absences*, en passant par certaines fugues. Beaucoup d'épileptiques sont parfaitement capables de travailler; mais il est évident que le travail doit être donné en fonction des accidents possibles.

Les causes de l'épilepsie sont variables : traumatismes crâniens, encéphalite* aiguë, paralysie générale*, urémie, éclampsie (chez les femmes en couche dont le rein fonctionne mal), tumeurs, abcès, etc...

EQUILIBRE *(de æquus = égal, balance)*

Toute manifestation humaine tend vers un équilibre, et le bonheur qui en découle. La maladie* elle-même est une réaction de l'organisme, qui essaie de retrouver un équilibre menacé. Trouver l'équilibre a toujours été le but profond de chacun; tout homme ne cherche-t-il pas le calme, l'accord avec lui-même, l'harmonie? Dans l'équilibre, l'énergie* est grande. Les rapports entre le cerveau et le corps sont parfaitement balancés. Les émotions* sont peu intenses, et n'entraînent pas de désordres. Il n'y a pas d'équilibre possible sans un harmonieux fonctionnement de la machine humaine. De plus, il exige que soient enlevées des caries mentales telles que : complexes*, refoulements*, sentiments d'infériorité*, angoisses*, agressivité*, etc...

L'équilibre corporel et mental n'est-il pas le but de toute thérapeutique?

ERGOTHERAPIE

C'est le « traitement par le travail », appliqué avec succès dans certaines maladies mentales. Elle est la base d'un rétablissement moral, assure la réadaptation sociale et donne le goût du travail bien fait. Le jardinage est particulièrement indiqué; il est bien accepté par les malades de diverses catégories sociales.

EUPHORIE *(du grec = bien porter)*

Disposition de l'humeur* qui porte à l'optimisme et à la joie... L'euphorie *normale* provient d'un bel équilibre* mental et d'une vie organique fonctionnant bien. L'euphorie, dans ce cas, est sœur jumelle de la sérénité*.

Il existe des euphories *anormales*. On en trouve dans la cyclothymie*. Egalement dans l'accès de manie*, qui se marque par un état d'euphorie monstrueuse, caricaturale, absurde... L'euphorie peut avoir un caractère toxique : opium, chanvre, alcool, éther, etc... De plus, certains débiles mentaux* sont plongés dans des états d'euphorie niaise.

EXTASE *(du grec = transport)*

Le sujet en extase est transporté dans un monde psychique inaccessible. Il exprime la béatitude, et cesse d'avoir des communications avec son milieu habituel. Le mysticisme* véritable est une cause d'extase. Mais certaines extases sont purement pathologiques.

L'extase mystique. — La parole est suspendue; la respiration est faible. Le sujet a une sensation de refroidissement du corps et des extrémités. Les sensations sont diminuées ou même arrêtées. Peuvent apparaître certains phénomènes étranges, tels que : auréole lumineuse, émission de parfums... Cette extase montre un état de ravissement intense, une fusion totale avec Dieu. Le vrai mystique en extase conserve un niveau moral très élevé; son état physique reste intact. Il est certain que ces phénomènes doivent être examinés avec infiniment d'objectivité; l'Eglise elle-même montre la plus grande prudence.

L'extase pathologique. — Elle se rencontre dans l'hystérie*, dans certaines débilités mentales*, dans des hallucinations*. La religion et l'érotisme sont souvent mêlés. Ce genre d'extase montre de l'exaltation sexuelle; le malade ne tire aucun profit de son « mysticisme » (à l'encontre du véritable mystique qui réalise de grandes choses avec sérénité*, bon sens et esprit d'organisation). Dans la fausse extase, le malade montre des expressions de joie, reste dans une immobilité absolue sans réagir au monde ambiant. Il peut être brûlé ou piqué sans ressentir la moindre douleur. (Ce manque de douleur se trouve souvent dans les manifestations de l'hystérie*, et chez certains déments).

F

FOLIE

Ancienne expression désignant les dérèglements de l'esprit. Ce mot, très imprécis, a presque disparu du langage psychologique. Il est généralement remplacé par le mot : psychose*.

FOLIE DES GRANDEURS

Voir à l'index : Délire des grandeurs.

FROIDEUR

La froideur peut provenir d'un tempérament*, ou d'une attitude provoquée par des déficiences. Certains grands timides* sont parfois d'une « froideur » qui glace leur entourage. Et cependant, quel bouillonnement en eux qui ne demande qu'à éclater!

La froideur peut être un signe de troubles physiques ou mentaux : affections génitales, déficiences glandulaires, névroses*, complexes*, refoulements*, etc... .

FRUSTRATION

Etre frustré, c'est se sentir privé d'une satisfaction vitale. Les frustrations de l'affectivité* sont nombreuses : un enfant peut se sentir frustré de l'amour de ses parents à la naissance d'un autre enfant; un enfant se sent parfois frustré de l'amour de sa mère à cause de la présence du père, etc...

Les frustrations affectives produisent de nombreux troubles : haine*, refoulements*, complexes*, névroses*, etc...

G

GAIETE

La gaieté est un état d'humeur*. Il y a spontanéité*, vivacité, optimisme sans contrainte... La gaieté est l'expression d'un équilibre physique et mental, et d'une intelligence lucide. Elle est l'apanage de la sérénité*...

Il existe cependant de fausses gaietés qui rejoignent l'agitation*. On les trouve dans la grande fatigue* et la neurasthénie*. Cette fausse gaieté apparaît surtout le soir, quand la dépression* matinale a fait place à l'agitation.

La fausse gaieté se montre aussi dans la cyclothymie*, et dans la psychose* maniaque-dépressive*.

GATISME

C'est, essentiellement, une incontinence des urines et des matières fécales. Le gâtisme peut provenir d'une cause physique (paralysie des sphincters, par ex.), ou d'une déchéance mentale. Certains gâteux se livrent à la copromanie*.

GAUCHERIE

Le gaucher utilise le côté gauche du corps pour accomplir ses mouvements et ses gestes. Contrarier nettement un gaucher peut aboutir à un certain nombre de troubles : mouvements imprécis, lenteur, bégaiement*, tics*, etc... La gaucherie contrariée peut provoquer également l'énurésie* (pipi au lit), de l'hyperémotivité* et des troubles du caractère*.

Il faut donc examiner si on a affaire à un gaucher réel, et si son côté gauche est absolument dominant. On constate d'ailleurs que le gaucher total est exceptionnel. De plus, le temps n'est pas loin où un gaucher était considéré populairement (et même à l'école)! comme un anormal!... Malheureusement pour lui, les machines et les ustensiles divers sont faits pour les droitiers. Il y a donc là un important problème psychologique à résoudre, afin d'assurer au gaucher un harmonieux développement.

H

HAINE

Haines contre les autres, haine contre soi-même, agressivités*, jalousies* féroces, suicides, crimes... Si répandue, la haine serait-elle une caractéristique profonde de l'être humain?... Le problème de la haine apparaît dans toutes les psychologies individuelles et sociale. La haine est comme une plaque d'acier contre laquelle se brisent les plus beaux élans... Où donc la haine prend-elle sa source empoisonnée?

Cette source est immense : elle provient toujours de la peur, de l'impuissance, de la frustration*, de l'humiliation... (réelles ou imaginaires). La haine est parfois normale si elle est passagère; mais elle est pathologique dès qu'elle dure. Les faibles cherchent à éliminer leur souffrance; c'est bien naturel. Ils cherchent à détruire *la cause* de ces souffrances. Dans certains cas d'exaspération, un faible éprouvera donc de la haine : contre d'autres hommes, contre un pays, contre une religion, ou contre lui-même. Par exemple : quel enfant humilié n'a pas eu des « bouffées » de haine contre ce qui l'humiliait?...

De plus, la haine pousse certains faibles à détruire ce qui s'oppose à leur désir de possession (dans la jalousie* enfantine ou adulte, par ex.). Pourquoi? Parce que ces faibles ont une sensation d'impuissance; et la possession absolue d'un être leur donne un sentiment de domination et de force... On rencontre ainsi des éducateurs autoritaristes* éprouvant de la haine envers ceux qui refusent de se laisser « mater »...

La haine apparaît aussi dans le sadisme* sexuel ou moral. Toute manifestation de sadisme est une marque d'impuissance, rageuse et destructrice.

La haine se trouve aussi entre des gens dont l'impuissance se ressemble : par exemple, certains timides qui haïssent d'autres timides.

Et la haine contre soi? La personne hait les parties de son Moi qui l'humilient et l'infériorisent (des complexes*, par exemple). Que font alors certains de ces faibles? Ils cherchent à détruire la cause de leur impuissance. Ils se détruisent eux-mêmes, en se torturant et en se saccageant moralement. Parfois, ils passent à l'acte physique, et se portent le coup mortel qui met fin à leur sensation perpétuelle de peur...

Si l'agressivité* peut être normale, la haine durable est toujours le symptôme d'une névrose* ou d'une psychose*.

HALLUCINATIONS

Dans l'hallucination, le malade se comporte d'après des sensations, des visions ou des auditions qui n'existent pas réellement.

Le nombre des hallucinations est très répandu (hallucinations de la vue, de l'ouïe, du goût, de la génitalité, etc...). Je ne citerai que les plus courantes.

Certaines hallucinations très légères sont normales et quotidiennes : lueurs, bourdonnements, etc... Les rêves* nocturnes et les images du demi-sommeil sont des hallucinations normales.

Les hallucinations *pathologiques* déforment la réalité. Le malade voit une tache sur la porte et croit qu'il s'agit d'une terrifiante araignée; il réagit alors par la terreur, la fuite, l'attaque, etc... Ici, il y a donc une réalité *déformée* : la tache.

D'autres hallucinations se présentent sans la moindre réalité extérieure : le sujet entend des voix, répond à des discours de personnes imaginaires. Il discute avec des interlocuteurs invisibles; il entend des menaces, son regard se fixe en un endroit... Il se défend en se barricadant, en se plaçant des bouchons dans les oreilles. Il fabrique des écrans pour se protéger des ondes qui « captent sa pensée ». Des femmes hallucinées se disent violées par un persécuteur, etc... (voir *Délire de la persécution* à l'index).

Les causes d'hallucinations sont nombreuses. Entre autres : atteinte des centres nerveux, intoxications, épilepsie*. Le « delirium tremens* » offre un exemple de terribles hallucinations.

Les malades réagissent évidemment comme si leurs hallucinations correspondaient à la réalité. Ils fuient ou ils attaquent, devenant ainsi très dangereux.

Des hallucinations se montrent aussi dans la manie*, la mélancolie*, dans certaines névroses* (particulièrement l'obsession*). Mais comme il s'agit de névrose, le sujet ne croit pas à la réalité de l'hallucination.

HUMEUR

Etre « de bonne humeur » ou de « mauvaise humeur » dépend des circonstances et de notre état physique et mental du moment. Certains sont d'humeur égale; d'autres, d'humeur changeante. L'humeur peut être « chaude », vibrante. D'autres sont d'humeur « froide »; ils semblent se désintéresser des événements, et demeurer « en dehors » des autres.

Cela montre une chose : l'humeur est une disposition fondamentale de l'être humain. En général, on ne fait rien pour être de telle ou telle humeur. Notre humeur est formée d'une somme d'instincts et d'émotions, qui donnent à nos réactions une impression agréable ou désagréable. Notre humeur provient de notre tempérament; qu'il soit optimiste, débordant et joyeux; ou pessimiste et tourné « vers le dedans ».

L'humeur est l'expression de notre constitution fondamentale, et notre égalité d'humeur dépend d'un harmonieux fonctionnement de notre machine humaine. La régulation automatique de l'humeur semble être produite par les centres de la base du cerveau (région du thalamus*, étudiée en psychosomatique*). Un dérèglement de ces centres conduit aux humeurs pathologiques (psychose maniaque-dépressive*, mélancolie*, etc...). Une égalité d'humeur provient d'un bon fonctionnement cérébral, et du dégagement de tout ce qui peut troubler ce fonctionnement.

HYPOCRISIE *(du grec = qui met un masque)*

Couramment parlant, l'hypocrisie donne au vice le masque de la vertu... L'hypocrite affecte de beaux sentiments, afin de mieux séduire ou dominer. L'hypocrisie se montre dans de nombreuses névroses*. Le névrosé simule (souvent inconsciemment, donc de bonne foi) des sentiments d'altruisme*. Cela, afin de mieux se faire valoir, de récolter l'admiration des autres. La domination par hypocrisie est courante dans l'autoritarisme*. Quant à l'hypocrisie de la fausse-vertu, elle recouvre presque toujours des refoulements* de la sexualité*.

Un hypocrite serait un malade? Souvent. De toute façon, toujours un faible.

I

IDEE FIXE

C'est une idée obsédante, vivant comme un « parasite » dans l'esprit du malade. Elle est parfois une variété d'obsession*. L'idée fixe a été étudiée : voir index.

IDIOTIE

Etat grave d'insuffisance mentale. L'âge mental* de l'idiot est inférieur à deux ans. Il ne parle pas, est inattentif. Ses connaissances ne dépassent pas celles de la première enfance (dixit de Fursac). L'idiotie représente le degré le plus bas de la débilité mentale*. La face est sans aucune expression; la bouche laisse couler la salive. Tout le corps montre un arrêt du développement. L'idiot frappe parfois aveuglément, brise tout ce qui lui tombe sous la main; il retourne souvent son agressivité* contre lui-même. Il n'apprend à marcher que tardivement; parfois, il en est incapable et reste confiné dans un fauteuil. Les idiots dépassent rarement l'âge de vingt ans.

IMPULSIVITE *(de impulsio = sollicitation, mouvement passionné)*

Déjà étudiée au cours de cet ouvrage (voir index); l'impulsivité provoque un besoin irrésistible surgissant brutalement; le sujet est poussé à des actes parfois dangereux (actes sexuels, sanguinaires, incendiaires, criminels; vols, mutilations, suicides, destructions, fugues, etc...).

L'impulsivité se rencontre quand les tendances de l'instinct et de l'affectivité* sont exaltées. Il se déclenche alors une réaction absolument disproportionnée à la cause... Ce qui montre que le « freinage » par le raisonnement fait défaut.

Impulsivité constitutionnelle. — Se présente dans des cas d'hérédité morbide (alcoolisme*, par ex.), de débilité mentale*, de déséquilibre de l'humeur* et du caractère*. L'impulsivité est une caractéristique de l'épilepsie*.

Impulsivité acquise. — Elle est le résultat d'un déséquilibre* provenant de l'enfance (soit dû à l'enfant lui-même, soit à l'éducation); ou bien des suites d'une encéphalite* ou d'un traumatisme crânien. A un degré plus faible, l'impulsivité dérive souvent de l'hyperémotivité*.

Beaucoup de déments présentent une forte impulsivité (débilité mentale*, idiotie*). Ils frappent et brisent sans aucun discernement. Les épileptiques* montrent des impulsions imprévisibles et dangereuses, qui précèdent ou suivent la crise. Certaines psychoses* poussent le malade à une anxiété telle que des impulsions graves apparaissent (dans certains délires de persécution*, le sujet attaque brusquement un ennemi imaginaire). On les rencontre aussi dans la schizophrénie*, les crises de faux mysticisme*, etc... Beaucoup de médecins ou d'infirmiers aliénistes y ont déjà laissé leur vie...

La mélancolie* provoque souvent des impulsions au suicide. Le malade tente ainsi d'échapper à la souffrance morale qui le torture.

L'impulsion se rencontre encore : dans la passion* (la jalousie* par exemple, où l'on tue « sans savoir ce qu'on a fait ») et dans les obsessions*.

INCENDIAIRES

Dans certaines maladies mentales, l'incendie est accidentel; il est le résultat d'actes irraisonnés. L'incendie volontaire peut être produit par une intention malveillante; il se rencontre chez certains déséquilibrés* ou dans certaines psychoses* (délire de la persécution*). La jalousie*, la haine*, la perversité*, la débilité mentale*, la vanité* poussent également aux incendies volontaires.

L'incendie peut être le résultat d'une obsession*, appelée pyromanie. On a affaire à un véritable obsédé du feu, qui (comme tous les obsédés) lutte férocement contre ses impulsions* opposées à sa morale. Quand cet obsédé provoque un incendie, c'est souvent à la suite d'une maladie organique, d'une dépression*, etc...

INCESTE *(de in = sans; et castus = chaste)*

C'est l'acte sexuel accompli entre mère-fils, père-fille, ou frère-sœur. L'inceste est formellement condamné par la religion chrétienne. *En soi* cependant, la *pensée* d'inceste n'est pas antinaturelle, étant donné qu'une attirance sexuelle apparaît presque automatiquement quand deux sexes opposés sont en présence. Mais il faut établir ici une différence entre sexualité et génitalité, étudiée en psychanalyse*).

L'acte d'inceste montre une baisse du sentiment moral. Les taudis et la misère le provoquent souvent. L'inceste se voit alors pratiqué entre un père alcoolique et sa fille... La *tentation* d'inceste (tentation instinctive) est assez banale en psychanalyse, surtout dans les refoulements*.

INDIFFERENCE

Etat de l'affectivité*, par laquelle un sujet n'éprouve plus de sentiment envers les événements extérieurs. Ses réactions sont nulles. On trouve surtout l'indifférence dans la dépression*. Egalement dans des psychoses*, notamment la schizophrénie*.

INFANTILISME

Physiquement, l'infantilisme est un arrêt du développement au stade infantile. Il peut y avoir répercussions psychiques (infantilismes glandulaires), ou non : le sujet a la taille très réduite, mais reste harmonieusement proportionné et mentalement équilibré).

Psychologiquement, l'infantilisme est une arriération affective* (dans la timidité*, les complexes*, les névroses*). Le sujet est intellectuellement normal ou même supérieurement intelligent; mais une partie de son affectivité* reste accrochée à des événements disparus depuis longtemps. L'éducation* mal comprise est souvent une cause d'infantilisme psychologique.

INQUIETUDE *(de in = sans; et quies = repos)*

C'est un état d'esprit. Le sujet se sent incertain dans le présent, et anxieux pour l'avenir. L'inquiétude est normale si elle est provoquée par des causes réelles (maladie, situation financière et sentimentale, etc...). Mais, souvent, cet état d'esprit est continuel, sans motif apparent. Il est alors le symptôme d'un trouble organique ou psychique. L'inquiet devient instable, éprouve de vagues malaises, et a besoin de « s'étourdir ». L'inquiétude peut aboutir à l'angoisse*.

INSOMNIE *(de in = sans; et somnus = sommeil)*

Ne parlons pas ici du manque de sommeil dû à des douleurs physiques; dans ce cas, ce défaut est normal. N'envisageons dons que les insomnies provoquées par des causes psychologiques. Lec névroses*, les complexes*, les tracas, les refoulements*, les angoisses*, les obsessions*, les conflits affectifs*, sont les causes courantes.

Il existe également de nombreuses personnes qui déclarent : « Je suis horriblement fatiguée au réveil; c'est donc que je n'ai pas dormi »... En fait, elles ont dormi; mais leur sommeil n'a pas restauré leurs forces (cela, pour diverses raisons, soit psychologiques, soit à la suite d'une crispation musculaire permanente). Il y a ensuite les « faux-insomniaques » qui se plaignent « d'entendre tous les bruits de la nuit et chaque quart d'heure qui sonne au clocher ». Malgré cela, on constate souvent que leur santé générale est bonne et leur teint florissant. Il ne se montre aucun amaigrissement (alors que l'amaigrissement est le résultat rapide de l'insomnie). Ce sont donc des personnes qui sommeillent sans s'en rendre compte; à moins qu'ils ne jouent la comédie pour se faire valoir. Le traitement de l'insomnie dépendra évidemment de la cause. Il faudra rechercher les manques d'hygiène physique (café, tabac, alcool, surmenage, émotivité). Quand il y a cause psychique, la psychologie en profondeur donne des résultats rapides.

INSTABILITE *(de in = sans ; et stabilis = solide)*

L'instabilité du caractère* est souvent le symptôme d'une déficience. Elle rejoint alors l'instabilité de l'humeur*. Tout dépend donc de l'intensité et de la cause. Certaines personnes semblent stables, alors qu'elles sont repliées sur elles-mêmes, comme des escargots protégés par leur coquille. L'étude de l'instabilité fait donc partie de l'examen du caractère*.

L'enfant instable est peu assidu, indiscipliné, revendicateur, et marque un goût pour l'école buissonnière et les fugues. L'adulte instable sera possédé par le besoin d'aventures ; il devient déserteur, vagabond, chemineau... On rencontre ce genre d'instabilité dans la paranoïa* et la cyclothymie*.

INSTINCT MATERNEL

Un des instincts les plus puissants et les plus beaux. Malheureusement, il se trouve souvent déformé par des névroses* ou par l'anxiété. Une mère anxieuse gonfle démesurément ses propres craintes, et les reporte sur l'enfant. L'enfant tousse? Il a le croup. L'enfant joue? Il risque de se tuer à chaque instant... La déformation de cet instinct pousse beaucoup de mères à des précautions excessives, dont l'enfant fait les frais. L'enfant devient apeuré, craintif, timide, et aboutit lui-même à la névrose*. Un excès de protection est aussi mauvais qu'un manque... Il ne faut pas oublier que des soins tâtillons révoltent l'enfant et l'adolescent, qui est incapable de se développer spontanément. (Je conseille de lire le passage consacré aux « personnes épuisantes », voir index).

L'instinct maternel peut disparaître dans certaines maladies mentales (la mélancolie*, par exemple). Ou bien l'instinct « se retourne » : l'amour* devient de la haine* et de la répulsion. Il s'agit ici d'une perversion* pouvant conduire à l'infanticide, à l'abandon de l'enfant, etc... L'alcoolisme* en est une cause fréquente.

INTUITION *(de in = dans ; et tueri = voir)*

C'est une révélation qui surgit brusquement... L'intuition permet de connaître directement, sans raisonnement, et donne une conviction. Aucun jugement n'intervient. Certains tempéraments* montrent une grande intuition naturelle. On constate aussi que de légers déséquilibres* de l'affectivité* favorisent les intuitions (psychasthénie*, hyperémotivité*, etc...).

Il existe des intuitions pathologiques ; le malade a la conviction absolue de la réalité de ses illusions... On les rencontre dans des colères*, des jalousies*, des haines*, etc...

IRRITABILITE

Un homme irritable réagit violemment (souvent avec colère*) devant des circonstances très banales. Il cherche querelle pour un rien. L'irritabilité est souvent le résultat d'un affaiblissement nerveux ou psychique. On la rencontre surtout dans la fatigue*, le surmenage*, la neurasthénie*. Elle apparaît surtout le matin, période très pénible pour les nerveux. L'irritabilité rejoint souvent la susceptibilité*.

K et L

KLEPTOMANIE *(du grec = folie de voler)*

C'est une impulsion* obsédante; elle pousse le sujet à s'emparer de l'objet qu'il a sous les yeux. La kleptomanie est une véritable obsession*; le malade lutte avec angoisse* contre son désir; le vol le soulage souvent de cette angoisse. Beaucoup de kleptomanes se recrutent chez les femmes. Mais il est souvent difficile de déclarer s'il s'agit d'une maladie réelle... l'excuse étant souvent trop belle! De toute façon, la véritable kleptomanie se rencontre dans certains déséquilibres*, certaines dépressions*, ou à la suite de bouleversements physiques : ménopause*, grossesse, etc...

LACHETE *(de laxitas = relâchement)*

Comme la paresse*, la lâcheté est souvent une maladie. Elle peut être le résultat d'une déficience physique; mais elle provient fréquemment d'un dérèglement moral (éducation*, faiblesse psychique, complexes*, psychasthénie*, etc...).

N'est pas lâche qui veut!... La lâcheté est souvent un mot, qui recouvre bien des dérèglements cachés.

LIBIDO

Au sens le plus étroit, c'est l'élan de la sexualité*, la recherche de la satisfaction sexuelle. Au sens le plus large, c'est l'énergie* psychique, quel que soit son but.

LOGORRHEE *(du grec = discours et je coule)*

C'est le besoin maladif d'un bavardage intarissable, tournant parfois autour d'un même thème, mais souvent incohérent. Cette

« maladie » se rencontre chez le simple bavard qui parle « pour ne rien dire », surtout de lui-même. On la trouve aussi dans l'absurde futilité de certaines réunions mondaines, etc...

Pathologiquement, la logorrhée se montre dans beaucoup de maladies mentales (surtout la manie*, les hallucinations*, la paranoïa*).

M

MEGALOMANIE

Ce terme est synonyme de délire des grandeurs, étudié dans névroses et psychoses*.

MANIE

Etymologiquement, ce terme signifie : folie, passion désordonnée, fureur divine... Couramment, on appelle « manies » ces tics* tyranniques dont souffrent des millions d'individus.

Psychologiquement parlant, la manie est une psychose* grave, étudiée au chapitre « névroses et psychoses ».

MENOPAUSE

C'est l'arrêt définitif des règles féminines. Elle se produit généralement entre 45 et 55 ans. Des troubles précèdent fréquemment la ménopause proprement dite : vertiges, hypertension artérielle, petites dépressions*, nervosité anormale.

Ensuite, l'ovaire entre dans un repos fonctionnel. La ménopause définitive s'installe, avec dérèglement glandulaire (retentissement sur les centres nerveux de la base du cerveau et sur d'autres glandes, telles que thyroïde et surrénales). Apparaissent ainsi des bouffées de chaleur, de l'hyperpilosité (poils), une certaine « masculinité », etc...

Il est à remarquer que beaucoup de femmes traversent la ménopause sans trouble. Ceci, afin de rassurer toutes celles qui croient que cette période de la vie conduit immanquablement aux « maladies nerveuses », à un « caractère impossible », et même... aux hallucinations*! Rien n'est plus faux. Il y a parfois une véritable hantise, qui ne fait qu'entretenir un climat d'anxiété* continue. Beaucoup de femmes approchant de la ménopause souffrent d'insomnies*, uniquement à cause de cette anxiété! Leur caractère risque alors de se troubler; elles peuvent devenir irritables*, autoritaires, etc... sans que la ménopause elle-même y soit pour rien...

Dans ces cas pathologiques, la ménopause peut provoquer des obsessions*, des phobies*, de la dipsomanie*, la kleptomanie*, etc... Mais, en général, on avait affaire à un climat latent, que la ménopause n'a fait que déclencher.

Soyons donc très prudents avant d'imputer à cette fameuse ménopause des troubles très sérieux, qui, après tout, sont relativement rares.

MODESTIE *(de modeste = mesure, retenue)*

Le mieux est de citer Renan : « Il est très difficile de prouver qu'on est modeste, puisque, du moment qu'on dit l'être, on ne l'est plus...» ! La modestie est souvent un orgueil* masqué. Le sujet recherche ainsi l'admiration des autres, « éblouis par sa modestie ».

La vraie modestie est le fait d'une haute intelligence, qui connaît la faible importance de toutes choses, à commencer par lui-même.

Le manque de modestie se montre souvent chez certains névrosés*, qui ont besoin de se croire grands, puissants, à cause même de leurs sentiments d'infériorité* et d'impuissance. Ce manque de modestie est alors un symptôme, qui disparaît en même temps que la névrose. (Voir aussi « vanité et orgueil », dans ce dictionnaire).

MUTISME *(de mutus = muet)*

Il y a mutisme quand la personne garde le silence, alors que les centres du langage ou les organes de la parole n'ont subi aucune atteinte organique.

Certains mutismes sont évidemment volontaires : peur de se compromettre, par exemple. Le mutisme peut être un phénomène de « conversion » : le sujet devient aphone dans certaines colères* « rentrées », par exemple. Certaines émotions* produisent le même résultat. Ce genre de mutisme se rencontre aussi dans l'hystérie*. Il s'agit donc ici d'un mutisme involontaire. Le mutisme se trouve aussi dans la timidité*; il y est dû à une inhibition* émotive.

De plus, le mutisme est produit par certaines psychoses* (schizophrénie*, paranoïa*, délire de la persécution*, mélancolie*, confusion mentale*).

MYSTICISME *(du grec = initié)*

Philosophiquement, le mysticisme constate l'impuissance de la raison vis-à-vis des grands problèmes divins. Le mystique recherche alors une intuition* spéciale, qui lui permette de s'unir à Dieu. Par cette intuition, le mystique se fond avec le monde divin, au cours de l'extase*.

La méditation, l'ascétisme, une très grande maîtrise de soi*, l'étude, le dégagement de soi, la lucidité, préparent à la voie mystique. Le mystique traverse d'ailleurs de redoutables épreuves mentales, des doutes*, des scrupules parfois terrifiants... Il doit se débarrasser de toutes ses connaissances sensibles, imaginatives et rationnelles. Il arrive ainsi, peu à peu, à un état indescriptible et lumineux, que seuls de très grands esprits peuvent atteindre.

Le mysticisme peut d'ailleurs être un état d'esprit profond, par lequel un être humain se sent profondément relié à l'univers entier.

Il existe évidemment de nombreux faux mystiques. Le faux mysticisme se marque par une dissolution du *moi*. Le rayonnement calme et la chaleur d'un apostolat font absolument défaut. On rencontre fréquemment le faux mysticisme dans l'hystérie*. Certaines psychoses* produisent également le faux mysticisme : avec hallucinations*, érotisme, tourments provoqués par le « diable », tels que viols, piqûres, possessions, etc... Ces crises sont accompagnées de contorsions, d'obscénités et de blasphèmes.

MYTHOMANIE

C'est une tendance à mentir, à créer de toutes pièces des histoires purement imaginaires, ou à simuler certaines maladies. Le terme fut créé par Dupré en 1905.

La mythomanie est courante chez l'enfant. Sa grande imagination créatrice le pousse à inventer de merveilleuses histoires, amplifiées par ce qui lui vient de l'extérieur. Il arrive aussi que l'enfant simule une maladie, afin d'obtenir l'attention et les soins de son entourage. Certains enfants inventent des romans complets dont ils sont souvent les personnages principaux. Il n'y a rien d'anormal dans tout ceci, à condition que la mythomanie enfantine disparaisse avec l'âge. Or, il n'en est pas toujours ainsi!

Chez l'adulte, la mythomanie montre un déséquilibre psychique*, quelle que soit l'intelligence du sujet. La plus simple mythomanie se montre dans la vanité*, dans les sentiments d'infériorité*, le perfectionnisme*, etc. Le sujet se vante de ses relations imaginaires ou non, de ses exploits. Il insinue habilement telle chose qui peut le « grandir » aux yeux des autres; il se vante de faire de la vitesse sur route; il transforme à son avantage des circonstances qui risqueraient de l'inférioriser, etc. Cette mythomanie adulte prouve une débilité mentale* ou une arriération affective*. Dans les sentiments d'infériorité*, on comprend fort bien que le sujet fasse tout pour se donner une sensation d'importance et de force. C'est le phénomène de compensation*.

La mythomanie peut être pathologique, allant jusqu'à la férocité. Ce sont alors des lettres anonymes, les dénonciations, les calomnies*, provoquées par jalousie*, haine* et rancune*...

N

NARCOMANIE

C'est le besoin puissant de prendre des hypnotiques. On la rencontre souvent chez les sujets atteints d'insomnie*. Voir également « barbiturisme » dans ce dictionnaire.

NEGATION *(délire de...)*

Le malade ne reconnaît plus ce qui est évident. Il prétend qu'il ne respire plus, que son cœur a cessé de battre, qu'il n'a plus de poumons, plus de sang, plus d'intestins, etc. Souvent même, il nie l'existence du monde extérieur. Ce délire se rencontre dans certaines psychoses, notamment la mélancolie*.

NONCHALANCE *(de non ; et calere = être chaud)*

Visage à deux faces, la nonchalance peut être l'expression d'une force calme et sûre de soi, d'une intelligence étendue et sereine. L'énergie se dépense à l'aise, sans agitation aucune. Pourquoi un fort se hâterait-il, s'il voit la vérité des choses ? Et s'il sait que sa force lui permet d'atteindre son but avec aisance ?...

L'autre face de la nonchalance est souvent celle de la mollesse et de l'insouciance. Le nonchalant traînaille, montre peu d'intérêt, d'empressement et d'action. Ce défaut dépend alors d'un tempérament*... ou d'une maladie*.

NOSTALGIE *(du grec = retour de la douleur)*

Le sujet est plein de tristesse et de regrets ; il se sent loin des siens ; l'isolement et la solitude ne font que renforcer sa peine. De plus, la nostalgie rend très difficile l'adaptation à de nouvelles circonstances.

La nostalgie est souvent due à un déracinement ; elle peut aboutir au cafard*, au dégoût de la vie, et même à une véritable mélancolie*. La nostalgie des prisonniers de guerre est toujours présente à l'esprit...

O

OBSTINATION *(de ob et tenere = s'opposer)*

L'obstination est une des formes très grossières de la volonté*, avec laquelle elle est trop souvent confondue!... L'obstination est le fait de la vanité*, de la sottise. Elle représente un véritable « blocage » du cerveau. On la trouve aussi dans l'arriération mentale*, les infantilismes*, la peur, les sentiments d'infériorité*, l'agressivité*, l'impulsivité*, etc.

ONIRISME *(du grec = songe)*

L'onirisme est une hallucination*. Il peut être normal (chez le dormeur qui rêve*, par exemple). Mais il existe de nombreux onirismes dus à des conditions pathologiques (infections, intoxications, alcool*, épilepsie*, psychoses*). Autre forme anormale d'onirisme : la rêverie*, par laquelle on cherche à s'évader de la réalité.

OPTIMISME *(de optimus = le meilleur)*

Etat d'euphorie, qui résulte d'une facilité d'adaptation* à la vie. L'optimisme réel provient d'un bon équilibre* physique et mental, et d'un dégagement de tout ce qui peut troubler la paix de l'esprit. L'optimisme réconforte et rayonne : c'est un bienfaiteur de l'humanité!

ORGUEIL *(de urguol = supérieur)*

En général, l'orgueilleux surestime ses capacités (qu'elles soient réelles ou imaginaires). L'orgueil est basé sur une sensation quelconque de supériorité. On est orgueilleux de son nom, de sa fortune (ou de sa pauvreté!), de sa supériorité intellectuelle... Certains le sont de souffrir en silence, et de ce que les autres n'en sachent rien. Il en existe même qui sont orgueilleux d'être orgueilleux, ce qui est une sorte de comble. L'être humain prend sa supériorité où il le peut...

L'orgueil véritable est un proche parent de la vanité*. *C'est toujours un symptôme*, soit d'une faiblesse, d'une névrose*, soit de refoulements*, d'humiliations, de sentiments d'infériorité*, etc.

L'orgueil se manifeste par la crispation, le manque de tolérance*, le mépris et l'hostilité. La fréquentation d'un orgueilleux n'est certes pas chose agréable...

En pathologie mentale, l'orgueil s'observe dans la paranoïa*, le délire des grandeurs*, la manie*. Dans l'arriération mentale, on le trouve couramment.

P

PARALYSIE GENERALE PROGRESSIVE
(ou maladie de Bayle)

C'est une maladie mentale d'origine syphilitique, et liée à des lésions du cerveau. C'est Nogughi qui, en 1913, mit en évidence la présence d'un tréponème dans le cerveau du paralytique général. Cette maladie apparaît généralement dix à quinze ans après la contamination syphilitique. Elle se manifeste par de nombreux troubles mentaux qui s'étendent progressivement. Affaissement intellectuel global, délire des grandeurs*, tremblements de la langue et des doigts, euphorie de la manie*, idées absurdes de richesses, mélancolie*, sont les signes fréquents de cette maladie.

Auparavant incurable, la paralysie générale progressive est, actuellement, fréquemment guérissable.

PARESSE *(du grec = défaillance, relâchement)*

La paresse doit être traitée par un médecin ou un psychologue. Tout être (qu'il soit enfant ou adulte) est naturellement actif. Un enfant paresseux est un enfant mécontent ou malade. La paresse peut provenir d'une déformation du caractère* : manque d'intérêt, manque de goût, perversité*, etc. Certaines anomalies de l'humeur* la provoquent également : hyperémotivité*, dépression*, instabilité du caractère. La paresse peut être liée à de nombreux troubles physiques ou psychiques : troubles intestinaux, fatigue*, déséquilibre neuro-végétatif*, mauvais fonctionnement des glandes endocrines, inadaptation* au milieu familial ou scolaire, dégoût de son travail, crispations, refoulements*, etc.

Etre paresseux signifie manquer d'intérêt pour sa tâche. Au thérapeute et à l'éducateur de trouver d'où vient ce manque!

PARKINSON *(maladie de...)*

Affection neurologique, avec tremblement généralisé, tension musculaire exagérée et contractures. En général, l'esprit reste attentif, malgré le visage figé et le regard fixe. Cette maladie s'annonce souvent par un état de mélancolie*, qui peut durer des mois ou des années avant l'apparition des symptômes moteurs.

La capacité civile de ces malades est souvent conservée, sauf au stade final de la maladie. Le ralentissement intellectuel peut être alors suffisamment sérieux pour qu'on puisse discuter cette capacité civile.

PASSION *(de passio = souffrance)*

Un mot qui recouvre bien des drames!... La passion est une inclination excessive et exclusive. Elle s'accompagne de souffrances, de tourments, de ruminations mentales, d'idées fixes* et d'obsessions*. On la rapproche souvent de l'amour* : elle est alors composée d'instincts, de sensualité, d'estime, de jalousie*, d'égoïsme*, de haine*... Certaines passions peuvent être bénéfiques (passions artistiques, par exemple). D'autres torturent, poussent aux extravagances, aux impulsions*, au crime. Il existe la passion du jeu, de l'alcool, des femmes, des perversions de la sexualité*, de la drogue... Dans toutes ces formes de passions, apparaissent des troubles de la conduite et de la moralité. Il s'agit d'en rechercher les causes (névroses*, sentiments d'infériorité*, complexes*, etc.).

Quand la passion devient-elle morbide? Quand elle entraîne des désordres physiques et mentaux. Le dérèglement envahit la personnalité entière. Toute l'activité cérébrale est détournée au profit de l'affectivité* inconsciente*. L'équilibre mental est troublé, le sens critique s'éteint comme une chandelle soufflée par une tornade. De fortes angoisses* apparaissent, accompagnées d'idées fixes torturantes, de féroces jalousies, provoquant parfois des impulsions* très dangereuses. L'insomnie* et l'épuisement* en sont les résultats fréquents.

Il est des crises passionnelles passagères : l'amour jaloux, l'amour mystique*, la passion idéaliste, politique, etc.

Il existe des états de passion dans les psychoses*.

PASSIVITE

C'est une disposition mentale dans laquelle un sujet reste « sans ressort » et sans initiative; il subit alors facilement les suggestions*. On rencontre la passivité dans la psychasthénie*, l'aboulie*, les intoxications, les dépressions*, etc.

PATIENCE *(de pati = endurer)*

Etymologiquement, être patient signifie : savoir souffrir, endurer et supporter. La patience consiste à savoir attendre, sans agitation, tout ce qui tarde à venir... La patience peut être naturelle, mais est parfois le symptôme d'une déficience. Certaines personnes semblent « patientes », alors qu'elles ne sont qu'indifférentes, découragées, repliées sur elles-mêmes. Dans les cas normaux, la patience est une expression de sagesse et de dégagement de soi. Elle est un effet de la force et de la lucidité.

PERVERSITE *(de pervetere = bouleverser, débaucher)*

C'est une anomalie profonde ou accidentelle du caractère*. Elle porte le sujet (souvent un malade) à nuire volontairement aux autres, par des impulsions* antisociales. La perversité peut être *épisodique et passagère ;* elle se montre couramment dans des actes de cruauté physique ou morale, exécutés sous l'empire de la passion* (haine*, jalousie*, passions politiques ou religieuses, etc.). Cette perversité déclenche de nombreux actes de vandalisme, tels que les déprédations sans motif, des lynchages, des mouvements de foule à la reconstitution d'un crime, etc.

La perversité passagère apparaît souvent chez l'enfant et l'adolescent. Elle est fréquemment causée par un conflit* intérieur vis-à-vis d'un membre de la famille. La perversité rejoint alors la haine*, et est l'expression d'une profonde blessure morale.

La perversité pathologique forme toute une échelle d'anomalies. Elle se montre très tôt; le jeune enfant est cruel, violent, indiscipliné, menteur, etc. Les éducateurs peuvent ainsi se heurter à d'insurmontables difficultés. Le jeune pervers est antisocial; il cherche à satisfaire ses désirs et ses appétits, sans le moindre respect pour autrui. Ses tendances se libèrent sans frein moral. L'éducation* n'a aucune prise; cet enfant a perdu le sens moral. C'est alors la route vers les toxiques, le jeu, l'escroquerie, la tricherie, le vol, le viol, l'incendie volontaire*, la prostitution... De nombreux pervers se rencontrent dans la délinquance juvénile*.

Les perversions pourraient se classer comme suit :

a) Perversion de l'instinct de conservation : toxicomanie*, goinfrerie, avarice*, cupidité*, etc.

b) Perversion de l'instinct de reproduction : déviations de l'instinct maternel*, fétichisme*, sadisme*, masochisme*, etc.

c) Perversités acquises : influence du milieu, infections, encéphalites*, etc.

d) Perversités latentes : qui se déclenchent avec une névrose* ou une psychose*.

PESSIMISME *(de pessum = au fond)*

Le pessimisme est toujours un symptôme de déficience organique ou psychologique. Le pessimiste « voit tout en noir »; ses préoccupations sont douloureuses; pour lui, tout est vain et l'espoir est mort... Le pessimisme peut avoir d'innombrables causes : neurasthénie*, complexes*, hostilité refoulée*, troubles gastriques, etc.

PEYOTL

Cactus mexicain, qui produit des hallucinations*. Certains psychologues et savants l'ont consommé dans un but expérimental.

PONDERATION *(de ponderare = peser, examiner)*

La pondération rejoint le bon sens. Elle peut être l'expression d'une intelligence dégagée... ou d'un simple équilibre corporel. Le pondéré mesure, suppute, pèse, examine le pour et le contre. Elle peut dépendre du tempérament*, de l'intelligence ou d'un penchant.

Certains névrosés* semblent pondérés; mais ils ne sont que peureux, refoulés*, tâtillons ou perfectionnistes*. A moins qu'ils ne « jouent » la pondération, afin de croire à un calme et à une sûreté de jugement qu'ils ne possèdent nullement.

La *fausse pondération* est souvent un symptôme de bêtise. Dans ce cas, l'homme « pondéré », l'index solennellement levé, affirme doctement des choses affreusement banales...

POSSESSION

Le malade se croit possédé (habité) par un être surnaturel : démon, animaux ou personnes. Il croit que ces êtres dirigent ses mouvements et supplantent sa volonté.

PRODIGALITE

C'est une anomalie de l'instinct de conservation; le sujet gaspille ses ressources sans la moindre nécessité. Le prodigue arrive parfois à une forme d'obsession* : il éprouve la manie des achats ou des cadeaux. On rencontre la prodigalité dans la vanité*, chez les joueurs, les « noceurs », etc. Elle est souvent le signe d'une débilité mentale* ou d'une arriération affective*. On la trouve également dans certaines psychoses* : manie*, paralysie générale progressive*... Le malade répand alors d'invraisemblables promesses qu'il est évidemment incapable de tenir.

PSYCHOTHERAPIE *(de psyché = esprit et therapeutes = soigner)*

C'est l'ensemble des moyens par lesquels on agit sur une maladie de l'esprit, ou sur une maladie corporelle dont la cause est psychique. Les grandes psychothérapies ont été étudiées au cours de cet ouvrage. (Voir « la spéléologie du mental » à l'index).

PYROMANIE *(du grec = folie du feu)*

Obsession* d'allumer un incendie, pouvant aller jusqu'à l'impulsion*. Voir « incendiaires » dans ce dictionnaire.

R

RAILLERIE

La raillerie est souvent un jeu d'esprit. Elle est maléfique si elle se fait au détriment des autres; bénéfique si elle a lieu contre soi... Celui qui se raille commence à se voir lui-même; c'est le début de la lucidité!

La raillerie tourne souvent en ridicule les sentiments, les manies, les idées. Gentille ou malicieuse, elle est un coup d'épée sans lendemain. Mais il est des railleries amères et sarcastiques. Elles recouvrent, dans ce cas, une douleur à guérir...

RANCUNE *(de rancor = rancœur)*

C'est un ressentiment tenace, profond, couvé comme une maladie. La rancune est, au fond, une obstination*... Elle est toujours un signe de faiblesse ou de peur. Le sujet « rumine » ses rancunes, et y ajoute souvent des éléments qui ne correspondent plus à la réalité. Un homme fort et compréhensif n'éprouve jamais la moindre rancune.

RAPTUS

C'est une décharge explosive, dont le paroxysme pousse parfois le malade à un meurtre, un suicide, une fugue, etc. On rencontre ces décharges dans la colère*, l'angoisse*, les hallucinations*, la mélancolie*, l'épilepsie*, etc.

S

SANG-FROID

Etat de calme et de lucidité en toutes circonstances. Les émotions ne parviennent pas à dérégler le fonctionnement organique et cérébral.

Le *véritable* sang-froid doit être spontané, sans grand effort, et résulter d'une force équilibrée et intelligente.

Le *faux* sang-froid est obtenu en « domptant ses nerfs », en se crispant, en « stoppant ses réactions ». Il est souvent le résultat d'une éducation* trop autoritaire, de refoulements*, etc.

SERENITE *(de serenus = sans nuage)*

La sérénité rejoint la placidité. L'humeur* est permanente, calme, égale. On accorde généreusement la sérénité aux vieillards, ce qui est une bonne raison de justifier ses propres dérèglements... Rien n'est cependant plus faux : la sérénité n'a pas d'âge. Il n'y a jamais de sérénité sans une compréhension et un dégagement de soi. Aucun homme n'est serein tant qu'il s'accorde une importance quelconque. La sérénité provient d'une force intérieure et d'une absence de tiraillements intérieurs. Elle dépend aussi d'un harmonieux fonctionnement du cerveau, dégagé de ses scories (complexes*, refoulements*, etc.).

La sérénité embrasse la totalité des choses, et ramène les événements à leur juste valeur...

SINCERITE *(de sincerus = sans mélange)*

L'homme sincère exprime, sans aucun masque, ses sentiments, ses idées et ses désirs. Son comportement extérieur traduit exactement ce qu'il est intérieurement. A n'importe quel moment, cet homme montre, sans voile, les méandres de sa vie intérieure...

La sincérité a trois ennemis : la peur, le refoulement* et les complexes*. Elle ne doit pas être confondue avec le « Moi je dis ce que je pense... » qui est un symptôme d'agressivité*.

SPONTANEITE *(de spontaneus = sans contrainte)*

On la trouve au maximum chez l'enfant. Elle montre toutes les formes de l'activité psychique (élans sentimentaux, curiosité de l'esprit, initiative, etc.). Le sujet spontané montre une magnifique sincérité*.

La spontanéité adulte passe souvent, dans notre monde frelaté, pour une marque de naïveté et de crédulité. N'est-il pas souvent obligatoire de cacher ses sentiments et ses réactions? Et ne dit-on pas que « cacher ses sentiments » est une preuve de « maîtrise de soi* »?

En fait, la spontanéité est souvent l'effet d'une fraîcheur d'âme et d'une confiance en soi et en les autres. Evidemment, certaines spontanéités sont des symptômes d'infantilisme*, qu'un observateur averti remarque immédiatement.

La spontanéité disparaît dans certaines névroses* (psychasthénie*, dépression*, obsessions*, refoulements*, etc.). Dans ces cas, son retour est un signe de guérison.

STIGMATISEES

On connaît le cas de Thérèse Neumann, la stigmatisée de Konnersreuth. Elle pratiquait un jeûne absolu depuis trente ans (chaque jour, elle n'absorbe qu'une hostie et un peu d'eau); et cela, sans amaigrissement appréciable. Mais ce sont surtout les stigmates qui ont bouleversé l'opinion, phénomène qui n'est pas rare. Certaines femmes (ou jeunes filles) montrent des hémorragies aux mains, aux pieds, au flanc, à la tête. Et cela, périodiquement. L'endroit où se placent les stigmates rappellent la crucifixion du Christ, ainsi que sa couronne d'épines. Les stigmatisées sont souvent des mystiques*; elles se trouvent en état d'extase* ou de catalepsie* quand se produisent les symptômes sanglants. Très souvent, on trouve dans leur passé des manifestations d'hystérie*, avec paralysie et cécité brusquement guéries. De tels faits sont devenus plus rares de nos jours, mais ont toujours provoqué un vif étonnement. Il est nécessaire, devant de pareils faits, de garder une attitude réservée, comme le montre d'ailleurs l'Eglise. Beaucoup tiennent ces phénomènes pour réels, bien qu'inexplicables encore. L'hystérie* et la médecine psychosomatique*, ainsi que l'hypnotisme* peuvent montrer des phénomènes du même ordre.

STUPEUR *(de stupor = engourdissement, hébétude)*

C'est la suspension de l'activité physique et psychique. La face est figée, le regard morne... Le malade ne montre aucune réaction, ni de l'affectivité*, ni de l'intelligence. L'immobilité est totale; le sujet garde un silence obstiné, et refuse souvent toute nourriture.

Une grande forme de la stupeur apparaît dans la mélancolie*. Mais, malgré son état, le malade enregistre tout ce qui se passe autour de lui. La stupeur cesse parfois brusquement, pour faire place à une réaction dangereusement agressive, ou à une tentative de suicide.

SUSCEPTIBILITE *(de suscipere = prendre)*

La susceptibilité est toujours anormale, et toujours un symptôme de faiblesse. Elle se rencontre, entre autres, dans presque tous les sentiments d'infériorité*. Le névrosé* se sent blessé et froissé pour un rien. Et pour ce même « rien », il éprouve de la rancune* ou même de la haine*.

On pourrait croire que ce défaut est une preuve de vanité* humaine. Mais il montre surtout que l'homme faible a peur de se voir tel qu'il est. Il est facile de l'offenser, parce qu'il se sent en état d'insécurité et de peur. Il est donc logique qu'il cherche à paraître parfait et sûr de lui... Il est comme un individu ne possédant que quelques sous, mais sortant un revolver dès qu'une main se tend... ne serait-ce que pour souhaiter le bonjour.

La susceptibilité se montre dans toutes les formes d'autoritarisme*, qui est à base d'impuissance et de faiblesse. Il va de soi qu'elle se rencontre aussi dans la vanité* et le refoulement. Ces personnes ne craignent-elles pas qu'on découvre que ce qu'elles sont ne correspond nullement à ce qu'elles paraissent être?

La preuve de tout ceci? Dès qu'un homme se dégage de ses faiblesses et arrive à l'équilibre lucide, toute ombre de susceptibilité disparaît...

De T à Z

TOLERANCE

Un mot dangereux! Etre tolérant signifie que l'on « tolère »... c'est-à-dire que l'on admet (souvent avec condescendance*) les opinions des autres. Cette tolérance-là montre un sentiment de supériorité et n'a aucune valeur.

La vraie tolérance est faite de sagesse et de haute intelligence. Elle vient de la certitude profonde que chacun a raison, selon l'observatoire particulier où il est placé... Un aliéné lui-même n'a-t-il pas « raison » vis-à-vis de lui-même, en proclamant une vérité qu'il est seul à croire, mais dont il est convaincu?

TRISTESSE *(de tristis = funeste, sombre)*

Etat affectif* provoqué par une douleur morale. La tristesse s'exprime par l'affaissement des traits du visage, un abaissement des commissures, un ralentissement des fonctions végétatives, un repli sur soi, etc. La tristesse peut être due à un choc émotif, produisant des larmes abondantes, le désarroi et l'agitation*. Elle provient souvent d'une dépression* : le sujet est alors incapable de « sortir de sa tristesse ». On la remarque encore dans la neurasthénie*, la schizophrénie* à ses débuts, etc., etc.

VITALITE (*de vitalis = force vitale*)

La vitalité dépend souvent du tempérament*, et de l'état de l'organisme. Elle est une source d'actions fécondes et débordantes. L'adaptation* aux circonstances se fait rapidement. Le degré de vitalité dépend également de l'ambiance, du climat géographique (montagne, mer, climat oxygéné, sec, humide).

Certaines fausses vitalités traduisent un état d'agitation* ou de déficience physique ou psychique : neurasthénie*, manie*, etc.

Certains tempéraments à bonne vitalité peuvent être « freinés » par des troubles psychiques, comme les angoisses*, les refoulements*, les complexes*, etc.

VANITE (*de vanus = frivole*)

Le vaniteux essaie de se mettre en scène, de paraître, de produire de l'effet. Il se préoccupe de briller, et est avide d'admiration. Tandis que l'orgueil* fait se replier sur soi avec hauteur et mépris, la vanité ouvre les portes à la galerie des admirateurs éblouis... Le vaniteux est capable de tout pour se grandir : il achète des décorations, usurpe des titres, porte illégalement l'uniforme, se vante d'exploits, de relations, etc. La vanité est un délire des grandeurs* à petite échelle...

Bien sûr, la vanité légère est une tendance humaine normale. Il suffit de songer aux innombrables « parades » sexuelles, brillantes et cherchant à « faire de l'effet ». Et cela, aussi bien chez les oiseaux des îles se parant de leurs couleurs, que chez les humains qui montrent leur meilleure cravate ou leur plus jolie robe...

La vanité se remarque également dans des névroses* et des psychoses* : certains malades sont flattés d'avoir des malaises « pas comme les autres »...

Ce défaut, si répandu, ne montre-t-il pas admirablement les sentiments d'infériorité* humains?...

ZOOPHILIE

C'est une sympathie à outrance envers les animaux. Les grands « zoophiles » sont, très souvent, des personnes qui ont manqué de tendresse, et éprouvent une profonde rancune* contre l'humanité...

ANNEXE

La drogue

Au sens strict, une drogue est un produit (voire un comportement) destiné à éliminer une souffrance physique (ou affective), à modifier un état corporel (ou mental) difficilement supportable. Les drogues sont évidemment aussi anciennes que la souffrance humaine. La fuite dans l'abus du vin ou du tabac, la voiture automobile procurant des compensations aux sentiments d'infériorité, sont des « drogues » parfaitement quotidiennes.

Ce que l'on appelle « la drogue » comprend aujourd'hui une série de produits ayant un effet sur le psychisme, provoquant une accoutumance et un état de besoin, et conduisant inexorablement à l'utilisation de produits puissants, extrêmement coûteux et mortellement irréversibles.

En réalité, l'utilisation des drogues représente un des symptômes les plus monstrueux de nos sociétés schizophrènes. Il faut insister : nullement une maladie, mais un symptôme.

Entre les marchands multimilliardaires qui tiennent le haut du pavot et les revendeurs minables en fin de chaîne, guettant les enfants aux portes d'écoles, se trouvent les hallucinants déchets européens, hébétés dans leur agonie et sur lequels on marche sans vergogne quelque part en Orient. Au centre de ce gluant réseau, des millions de parents vivent dans l'angoisse. Car si le chanvre n'est pas méchant, fumé occasionnellement, par curiosité ou contagion mais sans lendemain, les requins de la drogue savent combien ce chanvre peut être l'amorce des produits hors prix qui font leur fortune. Ce que cherchent ces marchands, c'est que la marijuana, par exemple, aboutisse à la vente des grandes tueuses, pourvoyeuses de folie et de mort : L.S.D., héroïne, etc.

Les drogues mineures sont, cependant, extrêmement dangereuses. Parce qu'une partie de la jeunesse les a revêtues de « symboles » qui, pour être lamentablement décadents, n'en existent pas moins. Chacun sait que le chanvre est devenu l'emblème de la lutte actuelle entre les générations. De plus, certains adolescents lui attribuent des pouvoirs « spirituels », voire de découvertes « religieuses ».

Tout drogué véritable est, peu ou prou, un suicidaire. Et

il n'est pas difficile de connaître le pourquoi de cette tendance au suicide mental ou corporel, qui est la part de certaine jeunesse d'aujourd'hui. La pathologie de la drogue est donc celle de l'échec, de la disparition, du suicide devant un monde que l'on refuse. La plupart des jeunes drogués cherchent à se laisser glisser vers la mort, après avoir « vécu intensément » (par la drogue). En réalité, ce qu'ils appellent vivre intensément signifie toucher et dépasser les frontières de la folie et de la schizophrénie, frontières souvent sans retour.

Le plus tragique est qu'il est rigoureusement inutile de moraliser ou de faire peur. Il faut se dire que nombre de « jeunes » se heurtent à des conditions sociales épouvantables. Faut-il rappeler la multiplication des grands ensembles d'habitation, l'ennui qui en découle, la cohabitation forcée, les guerres, le chômage, les études faites en pure perte, l'attente, le monde actuel coupé de ses racines, de la nature, du naturel, de la joie de vivre, le tout étant remplacé par la « haute-valeur » de la finance ? Alors, devant les massacres quotidiens dans le monde, que pourrait faire, aux criminels de la drogue, la mort dans la folie de quelques milliers d'enfants de quinze ans ?

Que peuvent faire les parents ? L'adolescence est, nous l'avons dit, l'époque des grands conflits familiaux, philosophiques, métaphysiques. C'est l'âge le plus excessif, le plus pendulaire et, en fin de compte, le plus malheureux dans une durée de vie. Or, cet âge acéré se heurte au murs les plus épais qui aient jamais existé. Nombre de jeunes gens vivent dans des conditions sociales et familiales proprement épouvantables. De plus, les adolescents sont maintenus dans l'adolescence bien plus longtemps qu'autrefois, pour des raisons économiques. Ils sont ensuite lancés dans un monde qui ne sait qu'en faire, à moins qu'il n'en veuille pas.

Jamais il ne fut autant qu'aujourd'hui demandé aux parents. Le problème de la drogue est avant tout une question de prévention et d'hygiène mentale. La drogue est le terrible moyen, choisi par des jeunes qui veulent se faire entendre par un monde qui refuse de les écouter. Que faire ? Il n'y a pas grand-chose à « faire », dans un univers technologique, destructeur et suicidaire — lui aussi ! — qui, pour l'instant, semble irréversible. Mais il y aurait grand avantage à « être », socialement et familialement. Malgré les efforts accomplis, il est évident que le règne de la drogue ne s'écroulera pas demain ; la demande demeurera forte durant longtemps encore. Aussi, la tâche antidrogue devrait s'installer au niveau familial. La drogue n'est qu'un symptôme, répétons-le encore. Et pratiquement parlant, tout dépend si un adolescent se sent accueilli, écouté, admis, entendu, soutenu, en sécurité, non pas auprès de tel ou tel de ses parents, mais au sein du *couple* parental, sans l'harmonie duquel il n'y a pas grand-chose à faire. Et tout couple parental, au lieu de dire : « Que faire ? » devrait se demander : « Qui sommes-nous ? » Car l'enfant, lui aussi, est un symptôme sain ou malade : celui du couple que forme — ou non — ses parents ; et, de ce fait, armé ou non. Et ce qui pousse des jeunes gens vers la drogue, vers le laisser-aller ou toute autre forme de lent suicide, c'est la glu de l'informulé et des arrières-plans sordides, hypocrites, mercantiles, de notre planète.

INDEX

P

R

S

TABLE DES MATIERES

IMPRIMÉ EN ALLEMAGNE PAR GGP MEDIA GMBH

pour le compte des
Nouvelles Éditions Marabout
D.L. avril 2009
ISBN : 978-2-501-05100-2
40.8955.3/04